Nachhaltigkeit im Bankenaufsichtsrecht

AF829901

Europäische Hochschulschriften Recht

European University Studies in Law

Publications Universitaires Européennes de Droit

Band/Volume **6818**

Tina Kostić

Nachhaltigkeit im Bankenaufsichtsrecht

Eine Untersuchung des europäischen und nationalen Aufsichtsrechts auf Zielkonflikte

PETER LANG

Berlin - Bruxelles - Chennai - Lausanne - New York - Oxford

Bibliografische Information der Deutschen Nationalbibliothek
Die Deutsche Nationalbibliothek verzeichnet diese Publikation in der Deutschen Nationalbibliografie; detaillierte bibliografische Daten sind im Internet über http://dnb.d-nb.de abrufbar.

Zugl.: Frankfurt (Main), Univ., Diss., 2024

D 25
ISSN 0531-7312
ISBN 978-3-631-93390-9 (Print)
E-BOOK 978-3-631-93410-4 (E- PDF)
E-PUB 978-3-631-93411-1 (E- PUB)
DOI 10.3726/b22695

© 2025 Peter Lang Group AG, Lausanne
Verlegt durch: Peter Lang GmbH, Berlin, Deutschland
info@peterlang.com – www.peterlang.com

Alle Rechte vorbehalten.

Das Werk einschließlich aller seiner Teile ist urheberrechtlich geschützt. Jede Verwertung außerhalb der engen Grenzen des Urheberrechtsgesetzes ist ohne Zustimmung des Verlages unzulässig und strafbar. Das gilt insbesondere für Vervielfältigungen, Übersetzungen, Mikroverfilmungen und die Einspeicherung und Verarbeitung in elektronischen Systemen.

Widmung

Für meine Eltern, Blagutin und Jovanka

Vorwort

Diese Arbeit wurde im Sommersemester 2023 vom Promotionsausschuss der Juristischen Fakultät der Goethe-Universität in Frankfurt a. M. als Dissertation angenommen. Die Disputation fand am 29. Februar 2024 statt. Die vorliegende Ausarbeitung berücksichtigt den Rechts-, Rechtsprechungs- und Literaturstand bis einschließlich Juli 2024 und bezieht u. a. die Richtlinie (EU) 2024/1619 (CRD VI) und Verordnung (EU) 2024/1623 (CRR III) ein.

Mein besonderer Dank gilt meiner Doktormutter, Prof. Dr. Katja Langenbucher, deren Betreuung und Engagement maßgeblich zum Gelingen dieser Arbeit beigetragen habe. Mein weiterer Dank gilt Prof. Dr. Tobias Tröger, der als Zweitgutachter mit dieser Arbeit befasst war.

Ein herzliches Dankeschön spreche ich Lisa Miriam Winter, Johanna Ott und Dr. Maria Martina Risse aus, die mir bei der Anfertigung der Arbeit mit konstruktiver Kritik zur Seite standen. Für ihre Korrekturen und die inhaltliche Reflexion meiner Gedanken möchte ich mich besonders bedanken.

Von ganzem Herzen danke ich meinen Eltern, Blagutin und Jovanka, sowie meinen Geschwistern, Novak, Nina und Marko, die mich während des Promotionsvorhabens in jeglicher Hinsicht unterstützt haben. Mein größter Dank gilt meinen Eltern, die mich in sämtlichen Lebensphasen bedingungslos gefördert, ermutigt und inspiriert haben. Ihnen widme ich diese Arbeit.

Frankfurt am Main, Dezember 2024 *Tina Kostić*

Inhaltsverzeichnis

Abkürzungsverzeichnis

a. F.	alte Fassung
AGB	Allgemeine Geschäftsbedingungen
AMLD	Anti-Money Laundering Directive
BaFin	Bundesanstalt für Finanzdienstleistungsaufsicht
BMF	Bundesministerium für Finanzen
BPF	Brown Penalising Factor
BRRD	Bank Recovery and Resolution Directive
BTAR	Banking Book Taxonomy Aligned Ratio, Banking Book Taxonomy Aligned Ratio
CAR	Capital Adequacy Ratio
CCM	Climate Change Mitigation, Climate Change Mitigation
COE	cost of equity capital
COVID-19	Corona Virus Disease 2019
CRD	Capital Requirements Directive
CRR	Capital Requirements Regulation
CSRD	Corporate Sustainability Reporting Directive
DGSD	Deposit Guarantee Schemes Directive
EAD	Exposure at Default
EBA	European Banking Authority
EEFIG	Energy Efficiency Financial Institutions Group
EPC	Energy Performance Certificate, Energy Performance Certificate
ESFS	European System of Financial Supervision
ESMA	European Securities and Markets Authority
ESRB	European Systemic Risk Board
ESZB	Europäisches System der Zentralbanken
EU	Europäische Union
EZB	Europäische Zentralbank
FSAP	Financial Sector Assessment Program

GABV	Global Alliance for Banking on Values
GAR	Green Asset Ratio
GLP	Green Loan Principles
GSF	Green Supporting Factor
HLEG	High-Level Expert Group on Sustainable Finance
ILO	International Labour Organization
IPCC	Intergovernmental Penal on Climate Change
IRB	Internal Ratings Based
IT	Information Technology
ITS	Implementing Technical Standards
IWF	Internationalen Währungsfonds
KfW	Kreditanstalt für Wiederaufbau
KMU	kleine und mittlere Unternehmen
KPI	Key Performance Indicators
LAAP	Internal Liquidity Adequacy Assessment Process
LGD	Loss Given Default
MiFID II	Markets in Financial Instruments Directive
MiFIR	Markets in Financial Instruments Regulation
NACE	Nomenclature des Activités Économiques dans la Communauté Européenne
NGFS	Network for Greening the Financial System
NPL	Non Performin Loans
PD	Probability of Default
PR	Principles for Responsible Banking, Principles for Responsible Banking
PRI	Principles for Responsible Investment
RAROC	Risk Adjusted Return on Capital
ROE	Return on equity
RTS	Regulatory Technical Standards
RWEA	Risk Weighted Exposure Amount
SDGs	Sustainable Development Goals

SREP	Supervisory Review and Evaluation Process
SRM	Single Resolution Mechanism
SSM	Single Supervisory Mechanism
TCFD	Task Force on Climate-related Financial Disclosures
THG	Treibhausgas
UN	United Nations
UNCED	United Nations Conference on Environment and Development
UNEP FI	United Nations Environment Programme Finance Initiative

Einleitung

A. Einführung und Stand der Forschung

Mit dem Aktionsplan „Finanzierung nachhaltigen Wachstums" der Europäischen Kommission aus dem Jahr 2018 wurde der Ruf nach bankenaufsichtsrechtlichen Vorgaben laut, um den Bankensektor aufgrund seiner besonderen Rolle als Intermediär für Nachhaltigkeitsziele zu instrumentalisieren.[1]

„Nachhaltigkeitsziele", verstanden als auf den Bankensektor bezogene Beständigkeitsziele, sind den Regulierungsvorschriften traditionell immanent. Der bisherige Regulierungsansatz fokussierte dabei auf eine Risikobegrenzung und nachhaltige Erhaltung des Bankensektors, ganz im Lichte der Erkenntnisse aus der letzten Finanzkrise. Hieran anknüpfend besteht ein Grundkonsens zur Zielrichtung der Bankenaufsicht:[2] Sie hat den Bankensektor als Gesamtheit und die Bankgläubiger zu schützen.[3] Unter diesem Post-Krisenbewusstsein wird mit dem Stichwort der Bankenaufsicht das Ziel der Stabilität der Banken, wie auch des ganzen (internationalen) Finanzsystems assoziiert.

Das aktuelle Regulierungskonzept ist dagegen von einem veränderten Zielverständnis geprägt. Nachhaltigkeitsziele werden hauptsächlich mit Klimazielen in Verbindung gebracht, was sich nicht ohne Weiteres in den bankenaufsichtlichen Regulierungsansatz einzuordnen vermag. Das Störgefühl kann sich auf ein konzeptionelles Novum stützen, da dem Aktionsplan als Quelle aller „modernen" Nachhaltigkeitsbestrebungen das Pariser Klimaschutzübereinkommen zugrunde liegt, dessen Ziel die Begrenzung der globalen Erderwärmung auf unter zwei Grad

---

1 *Europäische Kommission*, Aktionsplan: Finanzierung nachhaltigen Wachstums.

2 Vor der Jahrtausendwende fielen die wissenschaftlichen Antworten auf die Frage nach den Zielsetzungen der Bankenaufsicht noch sehr heterogen aus, wenngleich die Notwendigkeit einer Bankenaufsicht – trotz verschiedener (ökonomischer) Begründungen – allgemein anerkannt war. Es herrschte weder Einigkeit darüber, welche konkreten Ziele die Bankenaufsicht verfolgt, noch wie einzelne Ziele zueinanderstehen (hierzu *Regnery*, Bankenaufsicht, Bankeneigenkapital und Wettbewerb, S. 5). Es zeigte sich ein „ziemlich verwirrendes Bild von Zielen, Instrumenten und ökonomischen Begründungen" (*Liepmann*, Bankenverhalten und Bankenregulierung, S. 15; hierzu auch *Niethammer*, Die Ziele der Bankenaufsicht, S. 19).

3 *Degenhart*, Zweck und Zweckmäßigkeit bankaufsichtlicher Eigenkapitalnormen, S. 22 spricht vom „spezielle[n] Gläubigerschutzziel" und „sektorale[n] Funktionssicherungsziel".

Celsius über dem vorindustriellen Stand ist.[4] Die Bedeutung der Geschäftstätigkeit der Banken für das Klimaziel zeigt sich dabei durch folgende Gedankenkette: Um das Klimaziel zu erreichen, bedarf es in diesem Jahrhundert eines globalen *Net Zero* an Treibhausgasemissionen.[5] Hierfür sind private Finanzflüsse enormen Ausmaßes nötig.[6] Durch eine entsprechende Lenkung der Kapitalflüsse soll der Privatsektor die erforderlichen Investitionen tätigen. Der Finanzsektor soll bei dieser Lenkung keine untergeordnete, assistierende Rolle einnehmen, die eine klimazielkonsistente Finanzierung lediglich ermöglicht oder vereinfacht. Vielmehr soll er an das Klimaziel angepasst und als Ganzes „akklimatisiert“[7] werden.

Die angesprochenen Investitionen verdeutlichen letztlich den Aussagegehalt von „Sustainable Finance“ (nachhaltige Finanzierung/nachhaltiges Finanzwesen).[8] Das Begriffspaar bezieht sich auf eine Berücksichtigung umweltbezogener, sozialer sowie governance-bezogener Erwägungen in Investitionsentscheidungen und meint mithin die Berücksichtigung von „Nachhaltigkeit“ durch Finanzmarktakteure.[9] Mit Blick auf politische Strategien beschreibt Sustainable Finance

---

4 *Vereinte Nationen*, Pariser Klimaschutzübereinkommen, Art. 2 und 3. Mittlerweile ist auch der sog. Green Deal bedeutsam, der ambitioniertere Treibhausgasreduzierungsziele für die EU festlegt, siehe *Europäische Kommission*, Der europäische Grüne Deal. Das Ziel der Klimaneutralität ist nunmehr im Europäischen Klimagesetz festgehalten, siehe Art. 2 Verordnung (EU) 2021/1119 vom 30.06.2021, ABl. L 243, 1.

5 Dieses Ziel ist im Europäischen Klimagesetz festgehalten, siehe Art. 2 Abs. 1 Verordnung (EU) 2021/1119 vom 30.06.2021, ABl. L 243, 1.

6 Nach Schätzungen der Europäischen Kommission aus dem Jahr 2018 müssen Investitionsrückstände von jährlich mindestens 180 Mrd. Euro aufgeholt werden (siehe *Europäische Kommission*, Aktionsplan: Finanzierung nachhaltigen Wachstums, S. 3). Dies dürfte sich aufgrund der COVID-19-Pandemie deutlich erhöht haben, vgl. *Europäische Kommission*, Strategie zur Finanzierung einer nachhaltigen Wirtschaft, S. 1.

7 Zu dieser treffenden Wortwahl *De Arriba-Sellier*, Common Market Law Review 58 (2021), S. 1097 (1098).

8 Vgl. hierzu *Waschbusch/Kiszka/Strauß*, Nachhaltigkeit in der Bankenbranche, S. 21, dort Fn. 1.

9 *Europäische Kommission*, Aktionsplan: Finanzierung nachhaltigen Wachstums, S. 2; *Europäische Bankenaufsichtsbehörde*, Roadmap on Sustainable Finance, Dezember 2022, S. 3 (dort Fn. 1); *Holle*, BaFin Perspektiven 2/2019, S. 11 (12); hierzu auch *Waschbusch/Kiszka/Strauß*, Nachhaltigkeit in der Bankenbranche, S. 21, dort Fn. 1. „Finance“ kann dabei jegliche Finanzinstrumente oder Anlagen umfassen, inklusive Eigenkapitel, Fremdkapital, die im Austausch für ökologisch nachhaltige Finanzierungen begeben werden, siehe EBA, Leitlinien für die Kreditvergabe und Überwachung vom 29.05.2020, EBA/GL/2020/06, S. 5.

die Aufnahme einer so verstandenen Nachhaltigkeit in die Finanzmarktpolitik, welche sowohl die Finanzmarktregulierung als auch -aufsicht miteinbezieht.[10] „Nachhaltigkeitsregulierung" soll vorliegend diejenigen Finanzmarktregulierungsmaßnahmen erfassen, die sich auf den Aktionsplan (inkl. der Sustainable-Finance-Strategie der Europäischen Kommission)[11] stützen.

Im Zuge der Umsetzung des Aktionsplans ist zu beobachten, dass Vorgaben in das Finanzmarktaufsichtsrecht Einzug finden, welchen Kapitallenkungsgedanken zwecks Erreichung von Klima- und Umweltzielen zugrunde liegen. Die Nachhaltigkeitsregulierung steht im Lichte dieses Lenkungsziels, wenngleich die Regulierung – vor allem im Bankenaufsichtsrecht – auch einen zweiten Risikoblickwinkel betrachtet, indem insbesondere versucht wird, den Gefahren, denen der Finanzsektor durch den Klimawandel ausgesetzt ist, zu begegnen.

Im Sinne eines umfassenden Anpassungsansatzes werden alle drei Säulen der Bankenregulierung durch die Ziele der Nachhaltigkeitsregulierung neu betrachtet: Neben neuen ESG-Risikooffenlegungsvorgaben unter Säule 3 zählen hierzu aufsichtliche Erwartungen und rechtliche Vorgaben zum ESG-Risikomanagement unter Säule 2. Als Lenkungsinstrument für das Ziel der Neuausrichtung der Kapitalflüsse wird zudem ein „grüner" Unterstützungsfaktor (*Green Supporting Factor*) unter Säule 1 diskutiert, mithin ein Eigenmittelrabatt für grüne Risikopositionen.[12] Ob ein solcher den Zielen der Eigenmittelunterlegung gerecht wird, ist dagegen zweifelhaft. Er würde jedenfalls die Kreditvergabefunktion des Bankensektors (wieder) in den Vordergrund rücken, nach jahrzehntelangen Verschärfungen der Eigenmittelvorgaben.

Anhand der angerissenen Diskussion um einen „grünen" Unterstützungsfaktor zeigt sich exemplarisch, dass sich die neuen und geplanten Vorgaben nicht ohne Weiteres unter das klassische Regulierungskonzept fassen lassen, sondern Fremdkörper[13] darstellen können und damit unter Umständen ein Wandel der Zielrichtung der Bankenregulierung erkennbar ist. Dadurch kann es im Bankenaufsichtsrecht zu Zielkonflikten kommen.[14]

---

10 Siehe etwa *Bundesregierung*, Deutsche Sustainable Finance-Strategie, S. 10.

11 *Europäische Kommission*, Strategie zur Finanzierung einer nachhaltigen Wirtschaft.

12 Hierzu Teil 2 B. III.

13 So explizit *Möslein/Mittwoch*, WM 2019, S. 481 (487).

14 Siehe etwa *Bundesministerium für Wirtschaft und Technologie*, Gutachten Nr. 3/10 des Wissenschaftlichen Beirats, Die Reform von Bankenregulierung und Bankenaufsicht nach der Finanzkrise, S. 16; mit Blick auf die Nachhaltigkeitsregulierung siehe Antworten der Bundesregierung auf zwei Kleine Anfragen, BT-Drs. 19/2019, S. 6, BT-Drs. 19/9411, S. 2 f.; *Bundesregierung*, Staatssekretärsausschuss für nachhaltige Entwicklung, Beschluss vom 25.02.2019.

Gegenstand dieser Ausarbeitung ist es zu untersuchen, ob und inwieweit durch die Nachhaltigkeitsregulierung im europäischen und nationalen Bankenaufsichtsrecht Zielkonflikte auftreten und Lösungsvorschläge zu unterbreiten.

Die Forschung hat sich bisher nur begrenzt oder mittelbar mit Zielkonflikten im Bankenaufsichtsrecht durch die Nachhaltigkeitsregulierung befasst. Zielkonflikte werden überwiegend lediglich angerissen[15] oder mittelbar behandelt, indem einerseits danach gefragt wird, ob Aufsichtsbehörden ein „grünes" Aufsichtsmandat zugesprochen werden sollte und im Falle einer Bejahung, inwieweit dieser Auftrag reiche[16] oder indem der mögliche grüne Unterstützungsfaktor auf seine negativen Auswirkungen auf die Finanzstabilität untersucht und abgelehnt wird.[17]

Mit einer eingehenden Untersuchung auf Zielkonflikte hat sich dagegen *Colaert* befasst.[18] Anders als in der vorliegenden Untersuchung betrachtet *Colaert* dabei die gesamte Finanzmarktregulierung und identifiziert einen Zielekanon bestehend aus den Schutzgütern Finanzstabilität, Marktintegrität (und -effizienz) sowie Verbraucherschutz.[19] Nach *Colaert* ist „Sustainable Finance" noch kein autonomes[20] Regulierungsziel, da sich die ergriffenen Maßnahmen (noch) unter den traditionellen Zielen erklären ließen.[21] Dagegen könne insbesondere ein Green

15 Siehe etwa *Bopp/Weber*, Sustainable Finance: Risiken und Chancen für Banken aus dem Klimawandel, S. 56; *Dombret*, ZfgK 2018, S. 330 (333); *Neus*, ZBB 2023, S. 233 (240 f.).

16 Siehe *De Arriba-Sellier*, Common Market Law Review 58 (2021), S. 1097 ff.; *Alexander/Fisher*, in: Beekhoven van den Boezem/Jansen/ Schuijling (Hrsg.), Sustainability and Financial Markets, S. 7 ff.; *Alexander/Fisher*, in: Fisher (Hrsg.), Making the Financial System Sustainable, S. 49, 65 ff.; *Richardson*, 10 Maastricht J. Eur. & Comp. L. 3 (2003), S. 233 (247 ff., 250); vgl. auch etwa *Schoenmaker/van Tilburg*, Comparative Economic Studies (2016) 58, S. 317 ff.

17 U. a. *D´Orazio/Popoyan*, Ecological Economics 160 (2019), S. 25 (28 f.); *Berenguer/Cardona*/Evain, I4CE, März 2020, S. 11 ff.; *Dunz/Naqvi/Monasterolo*, Journal of Financial Stability, 54 (2021) 100872; *Dafermos/Nikolaidi*, Journal of Financial Stability 54 (2021) 100871.

18 *Colaert*, Common Market Law Review 59 (2022), S. 1669 ff.; auf *Colaert* referenzierend zudem *Schemmer*, Klimarisiken im Bankenaufsichtsrecht, S. 227, 430.

19 *Colaert*, Common Market Law Review 59 (2022), S. 1669 (1671 ff.).

20 Nach *Colaert* ist ein Ziel erst dann als autonom einzustufen, wenn sich Instrumente nicht durch andere Ziele erklären lassen, siehe *Colaert*, Common Market Law Review 59 (2022), S. 1669 (1670).

21 *Colaert*, Common Market Law Review 59 (2022), S. 1669 (1701).

Supporting Factor Sustainable Finance zu einem eigenständigen Regulierungsziel erstarken lassen.[22] Ein solcher würde aber einen Zielkonflikt zu den traditionellen Zielen bedeuten.[23] Nach *Colaert* sei das Finanzstabilitätsziel im Konfliktfall vorrangig, da die Finanzstabilität fundamental für das Sustainable-Finance-Ziel sei und dieses durch alternative, nicht-konfliktäre Instrumente verwirklicht werden könne.[24] Anders als die Untersuchung von *Colaert* begrenzt die vorliegende Arbeit die Ziel- und Zielkonfliktuntersuchung auf das Bankenaufsichtsrecht und soll auch rechtliche Lösungsparameter aufzeigen.

Im Hinblick auf die Identifizierung der Ziele der Nachhaltigkeitsregulierung wird in der Forschung hauptsächlich der Aktionsplan herangezogen.[25] Dagegen erfolgt vorliegend eine vorrangige Betrachtung der bankenaufsichtsrechtlichen Vorgaben und gesetzgeberischen Aussagen. Diese Vorgehensweise impliziert zwar keinen unterschiedlichen Zielkanon. Im Gegenteil, der Aktionsplan als Ausgangspunkt der Regulierung definiert die Zielrichtung. Durch eine isolierte Betrachtung der bankenaufsichtsrechtlichen Normen werden die Ziele der Nachhaltigkeitsregulierung aber eingegrenzt. Die so eingegrenzten Ziele werden durch die Heranziehung der ihnen dienenden bankenaufsichtlichen Instrumente zudem materiell definiert.

Mit Blick auf die Teilfrage der traditionellen Ziele des Bankenaufsichtsrechts finden sich einige Untersuchungen, die die „Ziele" des Finanzmarktaufsichtsrechts bzw. der Finanzmarktaufsicht als Vor- oder Nebenfrage zu anderen juristischen oder wirtschaftlichen Themen behandeln.[26] Auch inhaltlich eingehende Untersuchungen der Zielsetzungen des Aufsichtsrechts sind zu finden.[27] Die bisherige Forschung schließt es gleichwohl nicht aus, eine eigene Herleitung

---

22 *Colaert*, Common Market Law Review 59 (2022), S. 1669 (1698).

23 *Colaert*, Common Market Law Review 59 (2022), S. 1669 (1698).

24 *Colaert*, Common Market Law Review 59 (2022), S. 1669 (1705 ff.).

25 *Schemmer*, Klimarisiken im Bankenaufsichtsrecht, S. 17 f.; so insbesondere auch *Colaert*, Common Market Law Review 59 (2022), S. 1669 (1678 f.).

26 Bspw. *Tieben*, Drei-Säulen-System, S. 70 ff.; *Reiling*, Der Hybride, S. 138 ff.; *Paraschiakos*, Bankenaufsicht zwischen Risikoverwaltung und Marktbegleitung, S. 64 ff.; in Bezug auf ältere Literatur siehe *Niethammer*, Die Ziele der Bankenaufsicht, S. 18, dort Fn. 4 und 5.

27 Siehe *Niethammer*, Die Ziele der Bankenaufsicht; *Krämer*, Ziele, Adressaten und Risiken der Bankenaufsicht; speziell mit Fokus auf die Eigenmittelregulierung *Degenhart*, Zweck und Zweckmäßigkeit bankaufsichtlicher Eigenkapitalnormen, S. 22 ff.; *Krümmel*, Bankenaufsichtsziele und Eigenkapitalbegriff, S. 78 ff.; *Uhlmann*, Individualschutz im Kapitalmarkt- und Bankenaufsichtsrecht, S. 552 ff.; *Kaufhold*, in: Augsberg (Hrsg.), Extrajuridisches Wissen im Verwaltungsrecht, S. 151, 156 ff.

der Ziele vorzunehmen, da einerseits der Zielbegriff durch die anschließende Zielkonfliktuntersuchung und die entsprechenden Lösungsansätze beeinflusst wird und andererseits die tatsächlich bestehende Zielpolygonlandschaft im Bankenaufsichtsrecht aufgezeigt und in Relation zu den ausgemachten Hauptzielen gesetzt wird.

B. Gang der Untersuchung

Die Arbeit soll zeigen, dass die aktuellen bankenaufsichtsrechtlichen Vorgaben der Nachhaltigkeitsregulierung nicht in einem Zielkonflikt zu den traditionellen Zielen des Bankenaufsichtsrechts stehen. Vielmehr werden traditionelle Ziele weiterverfolgt und die (geplanten) Vorgaben verhalten sich zielkonform, auch soweit sie sich positiv auf das Neuausrichtungsziel auswirken. Dagegen kann mit Blick auf einen möglichen grünen Unterstützungsfaktor als ein exklusives Instrument für das Neuausrichtungsziel ein Zielkonflikt auftreten. Für die Lösung des Zielkonflikts wird trotz einer ausgemachten grundsätzlichen Legitimität des Neuausrichtungsziels als Aufsichtsziel ein Vorrang der traditionellen Ziele des Bankenaufsichtsrechts aufgezeigt.

In Teil 1 werden die traditionellen Ziele des Bankenaufsichtsrechts dargestellt. Nachdem die Grundlagen aufgezeigt werden, insbesondere die relevanten Rechtsquellen und das Zielbegriffsverständnis für die vorliegende Untersuchung (Teil 1A.), werden die Ziele Finanzstabilität (Teil 1 B. II.) und Kundenschutz (Teil 1B.III.) anhand des Aufsichtsrechts und der Rechtsetzungsmaterialien belegt und materiell ausgefüllt. Im Anschluss wird ihr Verhältnis zueinander geklärt (Teil 1B.IV.). Schließlich werden sie den weiteren Zielen des Bankenaufsichtsrechts gegenübergestellt (Teil 1B.V.).

In Teil 2 werden die Ziele der Nachhaltigkeitsregulierung im Bankenaufsichtsrecht dargestellt und erläutert. Hierfür wird zunächst das Nachhaltigkeitsverständnis im Lichte der Nachhaltigkeitsregulierung beleuchtet (Teil 2 A. I.) und vom traditionellen Nachhaltigkeitsverständnis im Bankenaufsichtsrecht abgegrenzt (Teil 2 A. II.). Im Anschluss werden die Ziele der Nachhaltigkeitsregulierung, die mit bankenaufsichtlichen Mitteln verfolgt werden, aufgezeigt, und anhand der ihnen dienenden aufsichtsrechtlichen Instrumente erläutert (Teil 2 B. II.Teil 2 B. III.). Soweit auch traditionelle Ziele mit der Nachhaltigkeitsregulierung verfolgt werden, werden die neuen Instrumente auf ihre Zielkonformität untersucht (Teil 2B.II.1. und Teil 2B.II.2.).

In Teil 3 erfolgt nach dem Aufzeigen denkbarer Zielbeziehungen (Teil 3A.) eine Zielkonfliktuntersuchung am Beispiel möglicher Anpassungsfaktoren unter Säule 1 (Teil 3B.). Nachdem die grundsätzliche Legitimität des Neuausrichtungsziels als Aufsichtsziel untersucht wird (Teil 3C.I.), werden Lösungsansätze für einen Vorrang des bankenaufsichtsrechtlichen Finanzstabilitätsziels aufgezeigt (Teil 3C.II.).

Teil 1 Die Ziele des Bankenaufsichtsrechts

A. Grundlagen

I. Bankenaufsicht und Rechtsquellen des Bankenaufsichtsrechts

Das Bankenaufsichtsrecht ist in keinem „Hauptgesetzbuch“ niedergeschrieben. Es ist vielmehr von einer Vielzahl nationaler und europäischer Rechtsquellen unterschiedlichster Gattung geprägt, die zudem einem außergewöhnlich schnellen Wandel unterworfen und mittlerweile kaum zu überblicken sind.[28] Ein bloßer Verweis auf das Aufsichtsrecht für Banken ist daher wenig *ziel*führend, sodass es einer Definition und Eingrenzung der maßgeblichen Rechtsquellen und des Aufsichtsapparats bedarf.

Für eine erste Abgrenzung des Aufsichtsrechts und der Bankenaufsicht von anderen Rechtsgebieten und Institutionen kann der ökonomische Regulierungsbegriff herangezogen werden.[29] Regulierungsmaßnahmen werden getroffen, um (vermutetes) Marktversagen („*market failures*“), wie imperfekten Wettbewerb, Informationsasymmetrien, Transaktionskosten und negative Externalitäten zu korrigieren.[30] Finanzmarktregulierung meint daher jeden – über die Gewährleistung eines allgemeinen Ordnungsrahmens hinausgehenden – hoheitlichen Einfluss auf und Eingriff in Wirtschaftsaktivitäten, insbesondere durch Einschränkung der Handlungs- und Gewerbefreiheit.[31] Teil dieser Regulierung ist die Bankenregulierung,

---

28 Siehe hierzu etwa *Sekker*, Bankenaufsicht und Kapitalgesellschaft, S. 54 f.

29 Zur Regulierungstheorie aus ökonomischer Sicht eingehend etwa *Leschke*, in: Fehling/Ruffert (Hrsg.), Regulierungsrecht, § 6.

30 In einem Idealmarkt herrscht dagegen vollkommener Wettbewerb, perfekte Transparenz, Marktakteure agieren rational, mit dem Ziel, die Wohlfahrt zu maximieren, es fehlen Transaktionskosten und negative Externalitäten (mithin Kosten Dritter, die nicht in den Marktpreisen berücksichtigt werden); dazu näher *Leschke*, in: Fehling/Ruffert (Hrsg.), Regulierungsrecht, § 6 Rn. Rn. 23 ff.; *Ruffert*, in: Fehling/Ruffert (Hrsg.), Regulierungsrecht, § 7 Rn. 19; hierzu auch *Colaert*, Common Market Law Review 59 (2022), S. 1669 (1671); *Kohtamäki*, Die Reform der Bankenaufsicht in der Europäischen Union, S. 7; siehe auch *Cardona/Berenguer*, I4CE Bericht Juni 2020, S. 12.

31 *Leschke*, in: Fehling/Ruffert (Hrsg.), Regulierungsrecht, § 6 Rn. 18; *Lach*, Marktinformation durch Bankrechnungslegung im Dienste der Bankenaufsicht, S. 27 f.; vgl. zum Regulierungsbegriff auch *Kluth*, Öffentliches Wirtschaftsrecht, § 2 Rn. 38 f.

die sich isoliert an den Bankensektor und die Banktätigkeit richtet. Im Folgenden meinen die Begriffe „Bank", „Institut" und „Kreditinstitut" CRR-Kreditinstitute im Sinne des § 1 Abs. 3d KWG i. V. m. Art. 4 Abs. 1 Nr. 1 lit. a CRR, mithin solche, die mindestens das Einlagen- und Kreditgeschäft betreiben.[32] Eine genauere Eingrenzung des Bankenbegriffs ist für die Zwecke der Arbeit nicht erforderlich.

Der Begriff der Bankenaufsicht wird im Folgenden institutionell verstanden und bezeichnet den Verwaltungsapparat zur Überwachung von Kreditinstituten, welcher mit hoheitlichen Befugnissen oder Aufgaben ausgestattet ist.[33] Im Rahmen des Einheitlichen Aufsichtsmechanismus (*Single Supervisory Mechanism*, SSM)[34] erfolgt die praktische Aufsicht durch die Europäische Zentralbank und die nationalen Aufsichtsbehörden der Euro-Staaten.[35] Die nationale Aufsichtsbehörde in

---

32 Dagegen umfasst der Kreditinstitutsbegriff des KWG alle Unternehmen, die Bankgeschäfte (§ 1 Abs. 1 Satz 2 KWG) gewerbsmäßig oder in einem Umfang betreiben, der einen in kaufmännischer Weise eingerichteten Geschäftsbetrieb erfordert. „KWG-Kreditinstitute" werden für Zwecke des KWG CRR-Kreditinstituten gleichgestellt (§ 1a Abs. 1 KWG).

33 Mit Ausnahme der Aufsicht über z. B. Finanzanlagenvermittler (§ 34f GewO), die bei den Gewerbeämtern angesiedelt ist, unterliegen Finanzmarktakteure einer branchenspezifischen Aufsicht. Die Finanzmarktaufsicht unterteilt sich neben der Banken-, in die Wertpapierdienstleistungs- und Versicherungsaufsicht, vgl. für diese traditionelle Dreiteilung §§ 1 Abs. 1, 4 Abs. 1 FinDAG. Die Bankenaufsicht ist national eine Spezialform der Gewerbeaufsicht (siehe *Albert*, in: Reischauer/Kleinhans, KWG, Werkstand: 6. EL 2024, § 6 Rn. 3; *Schäfer*, in: Fischer/Schulte-Mattler (Hrsg.), KWG, 6. Aufl. 2023, § 6 Rn. 2; *Habetha/Schwennicke*, in: Schwennicke/Auerbach (Hrsg.), KWG, 4. Aufl. 2021, § 6 Rn. 1).

34 Durch Verordnung (EU) Nr. 1024/2013 vom 15.10.2013, ABl. EG 2013 L 287, 63 („SSM-Verordnung") und Verordnung (EU) Nr. 1022/2013 vom 22.10.2013, ABl. EG 2013 L 287, 5, siehe Art. 2 Nr. 9 SSM-Verordnung. Komplementiert wird diese erste Säule der Bankenunion durch den einheitlichen Abwicklungsmechanismus (Verordnung (EU) Nr. 806/2014 vom 15.07.2014, ABl. EG 2014 L 173, 49 („SRM-Verordnung")) und das geplante Europäische Einlagensicherungssystem (vgl. bereits Richtlinie 2014/49/EU vom 16.04.2014, ABl. L 173, 149); siehe bereits *Europäische Kommission*, Fahrplan für eine Bankenunion, COM(2012) 510 final, S. 4 f.

35 Art. 2 Nr. 9, Art. 6 Abs. 1 SSM-Verordnung. Die EZB übt über dem Euro-Währungsgebiet die direkte Aufsicht über bedeutende CRR-Kreditinstitute aus, wobei sich ihre sachliche Zuständigkeit nach den Art. 4 Abs. 1, 2, Art. 5, Art. 6 Abs. 4 der SSM-Verordnung richtet. Bedeutende CRR-Kreditinstitute unterliegen partiell der direkten Aufsicht der nationalen Behörden, und zwar in den Bereichen, die nicht durch den SSM erfasst werden wie der Durchsetzung des Geldwäscherechts oder im Verbraucherschutzrecht (Art. 6 Abs. 5 lit. a) SSM-Verordnung). Näher zu den Zuständigkeiten der EZB *Ohler*, Bankenaufsicht und Geldpolitik in der Währungsunion, S. 184 ff.

Deutschland ist – neben der Deutschen Bundesbank[36] – die Bundesanstalt für Finanzdienstleistungsaufsicht (BaFin).[37] Die Bankenaufsicht umfasst ferner die Europäische Bankenaufsichtsbehörde (*European Banking Authority*, EBA),[38] deren Hauptaufgabe in der Erstellung von Entwürfen für technische Regulierungs- und Durchführungsstandards sowie Leitlinien und Empfehlungen und der Durchführung von vergleichenden Analysen besteht.[39] In makroprudenzieller Hinsicht ist der Europäische Ausschuss für Systemrisiken relevant (*European Systemic Risk Board*, ESRB), der für die Abwendung von Systemrisiken zuständig ist (Art. 3 Abs. 1 ESRB-Verordnung[40]). Zentrale Aufgabe des ESRB ist es Informationen der Aufsichtsbehörden zu sammeln, um hieraus Gefahren systemischer Risiken zu erkennen.[41]

Die Eingrenzung des Bankenaufsichtsrechts erfolgt durch das Regelungspaket Basel III.[42] Bereits mit Basel II[43] wurde das Drei-Säulensystem, das sich bis heute auch in der juristischen Auseinandersetzung mit dem Aufsichtsrecht für Banken bewährt hat, eingeführt.[44] Die wichtigsten Level-1-Maßnahmen[45] stellen

---

36 Siehe § 6 KWG. Die Bundesbank agiert als Aufsichtsbehörde im Rahmen des ihr in § 7 Abs. 1 KWG übertragenen Aufgabenbereichs (§ 6 Abs. 1 Satz 3 KWG). Dieser beinhaltet die Auswertung der eingereichten Institutsunterlagen, der Prüfungsberichte nach § 26 KWG und der Jahresabschlussunterlagen sowie die Durchführung und Auswertung der bankgeschäftlichen Prüfungen zur Beurteilung der angemessenen Eigenkapitalausstattung und Risikosteuerungsverfahren der Institute und das Bewerten von Prüfungsfeststellungen.

37 Siehe § 1 Abs. 1 FinDAG.

38 Errichtet durch die Verordnung (EU) 1093/2010 vom 24.11.2020, ABl. L 331, 12 („EBA-Verordnung").

39 Siehe für diese Befugnis Art. 8 Abs. 2 EBA-Verordnung.

40 Verordnung (EU) 1092/2010 vom 24.11.2010, ABl. L 331, 1 („ESRB-Verordnung").

41 Siehe Art. 3 Abs. 2, Art. 15 ESRB-Verordnung.

42 *Basler Ausschuss für Bankenaufsicht*, Basel III.

43 *Basler Ausschuss für Bankenaufsicht*, Basel II.

44 Säule 1: Mindestkapitalanforderungen, Säule 2: aufsichtliches Überprüfungsverfahren (inkl. Risikomanagement- und Governance-Vorgaben), Säule 3: Marktdisziplin (Offenlegung).

45 Auf europäischer Ebene ist das Rechtsetzungsverfahren für den EU-Finanzsektor seit 2003 durch eine Vierdimensionalität geprägt (sog. Lamfalussy-Verfahren): Stufe eins betrifft das Sekundärrecht (Level-1-Maßnahmen), Stufe zwei (technische) Durchführungsstandards in Form von Durchführungsverordnungen (Level-2-Maßnahmen), Stufe drei Verlautbarungen der Aufsichtsbehörden zur Auslegung der Level-1-und 2-Maßnahmen (Level-3-Maßnahmen) und Stufe vier Überwachungsmaßnahmen der Europäischen Kommission (Level-4-Maßnahmen), siehe *Europäische Kommission*, Lamfalussy-Bericht.

die Kapitaladäquanzrichtlinie (*Capital Requirements Directive* – CRD)[46] und die Kapitaladäquanzverordnung (*Capital Requirements Regulation* – CRR)[47] dar.[48] Die CRR und CRD werden von Delegierten Rechtsakten (technischen Regulierungsstandards (*Regulatory Technical Standards*, RTS)[49]) und Durchführungsrechtsakten (*Implementing Technical Standards*, ITS)[50] als Level-2-Maßnahmen begleitet.[51]

Nicht zu vernachlässigen sind die Abwicklungsrichtlinie (*Bank Recovery and Resolution Directive*, BRRD)[52] und die SRM-Verordnung sowie das Sanierungs- und Abwicklungsgesetz (SAG). Sie setzen den aufsichtsrechtlichen Rahmen für die Bankenabwicklung fest. Schließlich ist auch die Einlagensicherungsrichtlinie (*Deposit Guarantee Schemes Directive*, DGSD)[53] sowie das Einlagensicherungsgesetz (EinSiG)[54] zu nennen. Zum europäischen Bankenaufsichtsrecht zählen auch die SSM-, EBA- und ESRB-Verordnungen sowie die Verlautbarungen der EZB in ihrer Aufsichtsfunktion, wie etwa EZB-Leitfäden, z. B. der Leitfaden zur Beurteilung der fachlichen Qualifikation und persönlichen Zuverlässigkeit.[55]

---

46 Richtlinie 2013/36/EU vom 26.06.2013, ABl. L 176, 338 („CRD"). Im Folgenden meint die Bezeichnung „CRD" den Stand der CRD durch die CRD VI.

47 Verordnung (EU) Nr. 575/2013 vom 26. 06.2013, ABl. L 176, 1 („CRR"). Im Folgenden meint die Bezeichnung „CRR" den Stand der CRR durch die CRR III.

48 Daneben lassen sich z. B. Teile der Wohnimmobilienkreditrichtlinie (Richtlinie 2014/17/EU vom 04.02.2014, ABl. L 60, 34) sowie der Verordnung über Interbankentgelte für kartengebundene Zahlungsvorgänge (Verordnung (EU) 2015/751 vom 29.04.2015, ABl. L 123, 1) und der Richtlinie über den Fernabsatz von Finanzdienstleistungen an Verbraucher (Richtlinie 2002/65/EG vom 23.09.2002, ABl. L 271, 16) als zum Aufsichtsrecht zugehörig einordnen.

49 Diese basieren – soweit für die vorliegende Untersuchung von Bedeutung – auf Art. 10 EBA-Verordnung und ESMA-Verordnung.

50 Basierend auf Art. 15 EBA-Verordnung und ESMA-Verordnung. Die ESA können Entwürfe solcher Standards erarbeiten, die von der Europäischen Kommission erlassen werden.

51 Basierend auf Art. 290 Abs. 1 und 291 Abs. 2 AEUV. Ihnen wird zwar kein Legislativcharakter zuteil, sie gelten dennoch allgemein und sind bindend (Art. 290 Abs. 1 Unterabs. 1 AEUV).

52 Richtlinie 2014/59/EU vom 15.05.2014, ABl. L 173, 190 („BRRD").

53 Richtlinie 2014/49/EU vom 16.04.2014, ABl. L 173, 149.

54 Einlagensicherungsgesetz (EinSiG) vom 28. Mai 2015 (BGBl. I 2015, S. 786), zuletzt geändert durch Art. 7 Absatz 15 des Gesetzes vom 12. Mai 2021 (BGBl. I 2021, S. 990).

55 EZB, Leitfaden zur Beurteilung der fachlichen Qualifikation und persönlichen Zuverlässigkeit, Dezember 2021.

Der Hauptrechtsakt für die Beaufsichtigung von Banken in Deutschland ist das Kreditwesengesetz (KWG) in der Neufassung vom 01.01.1962,[56] welches seitdem stetig – u. a. unter europäischem Einfluss – geändert worden ist.[57] Daneben ist das Finanzdienstleistungsaufsichtsgesetz (FinDAG)[58] die Rechtgrundlage der Finanzmarktaufsicht in Deutschland.

Neben den formellen Gesetzen existieren im nationalen Bankenaufsichtsrecht zahlreiche Rechtsverordnungen, die entweder die materiellen Regelungen der formellen Gesetze näher ausführen oder, im Sinne von technischen Vorgaben, das formelle Verfahrensrecht oder Innenrechtsbeziehungen der Aufsichtsbehörden regeln.[59] Daneben sind in der Rechtspraxis die Verlautbarungen der BaFin und Deutschen Bundesbank von enormer Bedeutung. Hierzu zählen Rundschreiben

---

56 Gesetz über das Kreditwesen vom 10.07.1961, BGBl. I 1961, S. 881.

57 Siehe hierzu *Sekker*, Bankenaufsicht und Kapitalgesellschaft, S. 64 ff. Daneben existieren Spezialgesetze wie das Bausparkassengesetz (BauSparkG) und das Pfandbriefgesetz (PfandBG). Diese sollen wegen unterschiedlicher Zielrichtungen vernachlässigt werden; zu den unterschiedlichen Zielsetzungen der Bankenaufsicht und Anstaltsaufsicht bereits Regierungsbegründung zum KWG-Entwurf von 1961, 25.05.1959, BT-Drs. 3/1114, S. 25 f. Gleiches gilt für das Depotgesetz (DepotG) sowie die Sparkassengesetze der Länder wie z. B. das Hessische Sparkassengesetz vom 10.11.1991 in der Fassung vom 24.02.1991, GVBl. I 1991, 78.

58 Gesetz über die Bundesanstalt für Finanzdienstleistungsaufsicht (Finanzdienstleistungsaufsichtsgesetz – FinDAG) vom 22. April 2002 (BGBl. I 2002, S. 1310), zuletzt geändert durch Art. 21 des Gesetzes vom 3. Juni 2021 (BGBl. I 2021, S. 1568).

59 Zu den Rechtsverordnungen zählen beispielsweise die Verordnung über die Anzeigen nach § 2c des Kreditwesengesetzes und § 104 des Versicherungsaufsichtsgesetzes (Inhaberkontrollverordnung – InhKontrollV) vom 20. März 2009 (BGBl. I 2009, S. 562, 688), zuletzt geändert durch Art. 21 des Gesetzes vom 11. Dezember 2023 (BGBl. 2023 I Nr. 354), die das Verfahren für Anzeigen nach § 2c KWG näher regelt sowie die Verordnung über die aufsichtsrechtlichen Anforderungen an Vergütungssysteme von Instituten (Institutsvergütungsverordnung – InstitutsVergV) vom 16. Dezember 2013 (BGBl. I 2013, S. 4270), zuletzt geändert durch Art. 1 der Verordnung vom 14. Februar 2023 (BGBl. 2023 I Nr. 41) („InstitutsVergV"), die Vergütungsvorgaben des Kreditwesengesetzes konkretisiert. Wichtige Rechtsverordnungen zum KWG sind zudem die Solvabilitätsverordnung (SolvV), Großkredit- und Millionenkreditverordnung (GroMiKV) und Liquiditätsverordnung (LiqV).

zu einzelnen Themenkomplexen,[60] Merkblätter zu Einzel- und Auslegungsfragen[61] sowie Hinweise und Auslegungsentscheidungen.

Auch das Geldwäscherecht, soweit es für Kreditinstitute gilt, soll im Vorliegenden zum Bankenaufsichtsrecht zählen, da die Geldwäscheaufsicht über Kreditinstitute durch die BaFin als „besondere Bankenaufsichtsaufgabe“[62] ausgeübt wird (§ 50 Abs. 1 Geldwäschegesetz (GwG)). Entsprechend Art. 1 Abs. 2 UnterAbs. 2 EBA-Verordnung wird auch der EBA die Geldwäscheaufsicht auf Grundlage der Geldwäscherichtlinie (*Anti-Money Laundering Directive*, AMLD)[63] und der Geldtransferverordnung[64] übertragen. Das Geldwäscherecht ist damit ein wichtiges Rechtsgebiet für die Bankenaufsicht.[65]

Aufgrund des auch in Deutschland herrschenden Universalbankensystems betreiben Banken (im Gegensatz zu einer Spezialbank) verschiedene Bankgeschäfte und erbringen zusätzlich verschiedene Finanzdienstleistungen.[66] Dies zeigt bereits, dass sich das auf Banken anwendbare Aufsichtsrecht in der Praxis nicht nur auf ihre Banktätigkeit bezieht, sondern z. B. auch diejenigen Rechtsnormen umfasst, die die Erbringung von Finanzdienstleistungen regeln, sodass auch die

60 Zu den wichtigsten Rundschreiben zählt das Rundschreiben 05/2023 (BA) – Mindestanforderungen an das Risikomanagement – MaRisk vom 29.05.2024 („MaRisk“), welches als norminterpretierende Verwaltungsvorschrift der BaFin die aufsichtsrechtlichen Anforderungen an die Ausgestaltung des Risikomanagements präzisiert.

61 Zum Beispiel Deutsche Bundesbank, Merkblatt über die Erteilung einer Erlaubnis zum Erbringen von Finanzdienstleistungen gemäß § 32 Absatz 1 KWG, vom 06.08.2019, zuletzt geändert am 25.06.2020; BaFin, Merkblatt zu den Mitgliedern von Verwaltungs- und Aufsichtsorganen gemäß KWG und KAGB, vom 04.01.2016, geändert am 17.11.2023; BaFin, Merkblatt zu den Geschäftsleitern gemäß KWG, ZAG und KAGB, vom 04.01.2016, geändert am 24.06.2021; BaFin, Merkblatt zur Inhaberkontrolle, 27.11.2015.

62 Siehe *Wissenschaftliche Dienste des Deutschen Bundestags*, Einzelfragen zur Geldwäsche, S. 11.

63 Richtlinie (EU) 2015/849 vom 20.05.2015, ABl. L 141, 73.

64 Verordnung (EU) 2015/847 vom 20.05.2015, ABl. L 141, 1.

65 Vgl. auch *Basler Ausschuss für Bankenaufsicht*, Leitlinien: Solides Management der Risiken im Zusammenhang mit Geldwäsche und Terrorismusfinanzierung, Ziffer 5.

66 *Freis-Janik*, in: Kümpel/Mülbert/Früh/Seyfried (Hrsg.), Bankenaufsichtsrecht, Rn. 2.41; *Deutsche Bundesbank*, Glossar, Stichwort: „Universalbank“. Zu den Spezialbanken zählen Realkreditinstitute (etwa Hypotheken- und Pfandbriefbanken), Bausparkassen, Banken mit Sonderaufgaben (insb. KfW) und sonstige Spezialbanken (etwa Bürgschaftsbanken, Wohnungsunternehmen mit Spareinrichtung), siehe *Deutsche Bundesbank*, Glossar, Stichwort: „Spezialbank“; zudem *Freis-Janik*, in: Kümpel/Mülbert/Früh/Seyfried (Hrsg.), Bankenaufsichtsrecht, Rn. 2.45.

Wertpapieraufsicht relevant ist. Um eine sinnvolle Zielanalyse vornehmen zu können, soll das sonstige (aufsichtliche) Kapitalmarktrecht[67] gleichwohl nicht unter das Bankenaufsichtsrecht fallen. Grundsätzlich existiert zwar die Möglichkeit, die Ziele der Finanzmarktregulierung übergreifend zu analysieren, aufgrund der in allen Bereichen der Aufsicht vorzufindenden Angleichung der aufsichtsrechtlichen Regelungen, sodass große materielle Überschneidungen bestehen.[68] Wegen der unterschiedlichen Zielrichtungsnuancen soll das sonstige Kapitalmarktrecht gleichwohl ausgeklammert werden.[69]

II. Zur Herleitung aufsichtsrechtlicher Ziele

Ausführungen zu „Zielen" (oder auch Aufgaben/ Funktionen) der Bankenaufsicht sind in Aussagen der Aufseher, Politikprogrammen, in wissenschaftlichen Veröffentlichungen und auch in der Rechtsprechung zu finden. Dem Zielbegriff wird in der Regel kein weiteres Augenmerk gewidmet.[70] So wird auch nicht durchgehend

---

67 Für die Zwecke der Aufsicht lassen sich die erfassten Rechtsquellen anhand der Aufgabenzuweisung der ESMA in Art. 1 Abs. 2 ESMA-Verordnung umreißen und erfassen eine Vielzahl von Rechtsakten, darunter insbesondere die MiFID II (Richtlinie 2014/65/EU Rates vom 15.05.2014, ABl. L 173, 349 („MiFID II")), die MiFIR (Verordnung (EU) Nr. 600/2014 vom 15.05.2014, ABl. L 173, 84 („MiFIR")) sowie die entsprechenden Level-2-Rechtsakte. Banken sind von der MiFID II erfasst, wenn sie Wertpapierdienstleistungen erbringen (siehe für die MiFIR Art. 1 Abs. 2 MiFIR). Die Rechtsquellen des deutschen Wertpapieraufsichtsrechts sind hauptsächlich Umsetzungsakte zu den europäischen Rechtsakten. Zu den wichtigsten nationalen Gesetzen zählen das Wertpapierhandelsgesetz (WpHG), Wertpapiererwerbs- und Übernahmegesetz (WpÜG), Wertpapierprospektgesetz (WpPG), elektronische Wertpapiergesetz (eWpG), Vermögensanlagengesetz (VermAnlG).

68 So etwa *Colaert*, Common Market Law Review 59 (2022), S. 1669 (1671 ff.), die als Hauptziele die Finanzstabilität, Marktintegrität und den Verbraucherschutz sieht.

69 Vgl. etwa *Paraschiakos*, Bankenaufsicht zwischen Risikoverwaltung und Marktbegleitung, S. 65, dort Fn. 13, der diese Ausweitung ebenfalls nicht weiterverfolgt, u. a. da zwischen der Zielsetzung des Kapitalmarktrechts (Funktionsfähigkeit des Kapitalmarkts) und der Finanzstabilität des Bankensektors erhebliche Unterschiede bestünden. Hinsichtlich der Unterschiede zu den kapitalmarktrechtlichen Zielen mit Blick auf den Anlegerschutz siehe auch Teil 1 B. III. 2.

70 Siehe etwa *Tieben*, Drei-Säulen-System, S. 70 ff.; *Reiling*, Der Hybride, S. 138 ff.; *Regnery*, Bankenaufsicht, Bankeneigenkapital und Wettbewerb, S. 5 ff.; *Paraschiakos*, Bankenaufsicht zwischen Risikoverwaltung und Marktbegleitung, S. 64 ff.; anders *Niethammer*, Die Ziele der Bankenaufsicht, S. 25 ff.

von „Zielen", sondern unter anderem vom „Wesen"[71] oder der „Grundkonzeption"[72] der Bankenaufsicht oder ihrer „Begründung"[73] gesprochen. Die begriffliche Diversität zeigt, dass sich die Anknüpfungspunkte für eine Zieldarstellung bzw. -untersuchung unterscheiden können. Neben einer unmittelbaren Anknüpfung an rechtliche Grundlagen im Sinne von Zielformulierungen in Normen oder Gesetzesmaterialien, sind mitunter rein ökonomische oder wirtschaftspolitische Argumentationsmuster zu finden.[74] Dies muss keinen unterschiedlichen Zielkatalog indizieren. Vielmehr wurzelt das Aufsichtsrecht in finanzmarktregulatorischen – und damit ökonomischen – Überlegungen und erfasst ihre rechtliche Umsetzung. Der in der vorliegenden Untersuchung zu verwendende Zielbegriff muss gleichwohl präzisiert werden, um einen mit Blick auf die Untersuchung von Zielkonflikten sinnvollen Ausgangspunkt zu schaffen. Nur dies gewährleistet die Grundlage für die weitergehende rechtliche Handhabung von Zielkonflikten.

Der Zielkatalog des Bankenaufsichtsrechts wird dafür durch gesetzliche Zieldefinitionen und, falls es an solchen fehlt, durch gesetzgeberische Aussagen bestimmt. Für den vorliegenden Untersuchungskontext soll dabei nur der (einfache[75]) Gesetzgeber als Zielsetzer betrachtet werden.

Der gewählte Ansatz bedeutet insbesondere, dass der Zielkatalog nicht durch eine rein normative Betrachtung eingegrenzt werden soll, indem nach den „Soll"-Zielen des Bankenaufsichtsrechts gefragt würde.[76] Ein normativer Ansatz würde

---

71 So etwa *Röh*, Die Stellung der Bankenaufsicht in der Wirtschaftsordnung des Grundgesetzes, S. 31 ff., wobei dieser das Wesen der Bankenaufsicht aus ihren „Zielen" ableiten möchte.

72 *v. Heinemann*, Ermächtigt das Kreditwesengesetz die Bankenaufsicht zu währungspolitischen Maßnahmen?, S. 25 ff.

73 Etwa *Waschbusch*, Bankenaufsicht, S. 10; *Büsselmann*, Bankenaufsicht und marktbezogenes Eigenkapital, S. 9 ff.

74 Etwa bei *Büsselmann*, Bankenaufsicht und marktbezogenes Eigenkapital, S. 9 ff.; *Lach*, Marktinformation durch Bankrechnungslegung im Dienste der Bankenaufsicht, S. 33 f.; *Markel*, Qualitative Bankenaufsicht, S. 28 ff.

75 Für die Zielidentifizierung wird insbesondere nicht danach gefragt, ob sich aus den Gesetzgebungskompetenzen verfassungsrechtliche Zieldefinitionen für das Bankenaufsichtsrecht ergeben. Diese sollen erst im Rahmen der rechtlichen Behandlung von Zielkonflikten relevant werden, siehe Teil 3 C. I. 1. a).

76 Vgl. zu diesem Ansatz *Lach*, Marktinformation durch Bankrechnungslegung im Dienste der Bankenaufsicht, S. 28 ff.; *Markel*, Qualitative Bankenaufsicht, S. 28 ff.; zu diesem Herleitungsansatz auch *Colaert*, Common Market Law Review 59 (2022), S. 1669 (1671 f.) unter Verweis auf einen normativen Ansatz der ökonomischen Analyse des Rechts (Law and Economics). Zu verschiedenen Ansätzen, die Ziele der

z. B. nach den zugrundeliegenden ökonomischen Besonderheiten des Bankensektors suchen und aus der ökonomischen Rechtfertigung einer Bankenregulierung eine Zieldefinition generieren, indem danach gefragt würde, wieso es eines regulatorischen Eingriffs in das Marktgeschehen bedarf.[77] Eine solche rein normative Betrachtung führt zur „kritischen Würdigungen einer gesetzlichen Zieldefinition, hat diese aber nicht als Ausgangspunkt“[78].

Die vorliegende Zielbegriff und die Frage nach der ökonomischen Rechtfertigung eines bankenregulatorischen Eingriffs sind zwar in der Tat eng miteinander verbunden, kann die normative Betrachtungsweise auch die rechtliche Eingriffsrechtfertigung aufzeigen.[79] In der Finanzmarktregulierung stehen zudem tatsächliche oder als solche jedenfalls definierte, ökonomische Missstände traditionell im Hintergrund der Rechtsetzung. Dies zeigt sich bereits an der Kriseninduktion des Aufsichtsrechts, wurde der Regulierungsrahmen für Bank- und Finanzdienstleistungen als Reaktion auf die Finanzkrise ab 2007/08 grundlegend reformiert.[80] Die Frage nach der ökonomischen Rechtfertigung kann damit zunächst mit der Frage nach der Zielsetzung gleichgesetzt werden. Ein solcher Ansatz soll für die Zielidentifizierung gleichwohl nicht herangezogen werden: Einerseits würde das normative Moment die Zielsetzungskompetenz des Gesetzgebers, die mit der Rechtsetzungskompetenz einhergeht, eingrenzen. Eine ökonomisch-normative Betrachtung verkennt, dass das Aufsichtsrecht fähig ist, Ziele zu verfolgen, die aus einer ökonomischen Sicht nicht wünschenswert bzw. „effizient“ sind wie etwa ethische Werte (Integrität, Fairness, Investorenautonomie).[81] Ein solcher Ansatz kann damit keine neuen Ziele erklären, die nicht ökonomisch begründbar sind, aber tatsächlich verfolgt werden.[82] Andererseits bestehen zwar natürliche Interdependenzen zwischen einer normativen Betrachtung und einer positiven Herleitung aus

Bankenaufsicht zu bestimmen, eingehender *Krämer*, Ziele, Adressaten und Risiken der Bankenaufsicht, S. 14 ff.

77 So *Lach*, Marktinformation durch Bankrechnungslegung im Dienste der Bankenaufsicht, S. 33 ff; hierzu *Markel*, Qualitative Bankenaufsicht, S. 28 ff.

78 *Lach*, Marktinformation durch Bankrechnungslegung im Dienste der Bankenaufsicht, S. 29 dort Fn. 3; vgl. auch *Büsselmann*, Bankenaufsicht und marktbezogenes Eigenkapital, S. 40.

79 Ähnlich auch *Colaert*, Common Market Law Review 59 (2022), S. 1669 (1671); vgl. zudem *Markel*, Qualitative Bankenaufsicht, S. 34.

80 Zur Bezeichnung des Bankenaufsichtsrechts als krisengetrieben: *Lach*, Marktinformation durch Bankrechnungslegung im Dienste der Bankenaufsicht, S. 21.

81 Zwar nicht auf die rechtliche Seite bezogen, aber ähnlich *Colaert*, Common Market Law Review 59 (2022), S. 1669 (1672, dort Fn. 7).

82 So auch *Colaert*, Common Market Law Review 59 (2022), S. 1669 (1671 f.).

gesetzlichen Zieldefinitionen und den Rechtsetzungsmaterialien.[83] Um Ziele für eine rechtliche Untersuchung fassbar zu machen, soll der Blickpunkt gleichwohl nicht *von* der ökonomischen Begründung oder der Frage nach den wirtschafts-/sozialpolitischen „Soll-Zielen hin *zum* Recht gehen. Solche „Soll"-Ziele können die Zielsetzung einer Norm nicht tragen, wenn der Zielsetzer diese nicht in seine Überlegungen aufgenommen hat. Es kann damit nur auf die Ziele ankommen, die der Normgeber, der die Norm erlassen hat, gesetzt hat.[84] Der Blick muss *von* der Norm und die sie begleitenden Gesetzesmaterialien *hin* zu ökonomischen Theorien gehen. Der gewählte Ansatz findet dort seine Grenzen, wo es an konkreten Zielbestimmungen und -hierarchien fehlt, sodass normative Wertungen nötig sind.[85] Auch die zunächst wertneutrale Untersuchung der Wirkung von Mitteln auf Ziele ist nicht wertneutral, da bereits die Klassifizierung als Mittel oder Ziel nur unter Zugrundelegung eines bestimmten Sachverhalts richtig sein kann.[86]

Die vorliegende Untersuchung fragt nach den Zielen des Bankenaufsichtsrechts. In der öffentlichen Diskussion wird dagegen verbreitet nach den „Zielen der Bankenaufsicht"[87] gefragt. Sofern dabei auf die Normen des Bankenaufsichtsrechts Bezug genommen wird, werden diese lediglich inzident als (eine mögliche) Herleitung zur Zielformulierung herangezogen.[88] Auch wenn – wie vorliegend – die Bankenaufsicht rein institutionell verstanden wird, kann die Frage nach ihren Zielen aber nicht anders beantwortet werden als die Frage nach den Zielen des

83 Hierzu auch *Krämer*, Ziele, Adressaten und Risiken der Bankenaufsicht, S. 5 ff. Die Herleitung von Zielsetzungen aus der gesetzlichen Definition entspricht einem positiven Herleitungsansatz, siehe *Lach*, Marktinformation durch Bankrechnungslegung im Dienste der Bankenaufsicht, S. 29, dort Fn. 3; hierzu *Markel*, Qualitative Bankenaufsicht, S. 40; *Büsselmann*, Bankenaufsicht und marktbezogenes Eigenkapital, S. 40.

84 Ähnlich *Neus*, ZBB 2023, S. 233 (234), der für die Diskussion möglicher Zielkonflikte in der Regulierung einen praktisch-deskriptiven Ansatz einem theoretisch-normativen Ansatz vorzieht.

85 Hierzu etwa *Niethammer*, Die Ziele der Bankenaufsicht, S. 28 ff.

86 Hierzu *Niethammer*, Die Ziele der Bankenaufsicht, S. 28 f.

87 So *Paraschiakos*, Bankenaufsicht zwischen Risikoverwaltung und Marktbegleitung, S. 64 ff.; *Niethammer*, Die Ziele der Bankenaufsicht, S. 23 ff.; *Kohtamäki*, Die Reform der Bankenaufsicht in der Europäischen Union, S. 20 ff., wobei dabei teilweise unter „Bankenaufsicht" auch die Bankenregulierung verstanden wird und nicht wie vorliegend der reine Verwaltungsapparat (vgl. etwa *Humm*, Bankenaufsicht und Währungssicherung, S. 35).

88 Etwa *Paraschiakos*, Bankenaufsicht zwischen Risikoverwaltung und Marktbegleitung, S. 65 ff.; *Niethammer*, Die Ziele der Bankenaufsicht, S. 32 ff.; *Krämer*, Ziele, Adressaten und Risiken der Bankenaufsicht, S. 16 ff.

Bankenaufsichtsrechts, legt man einen Zielbegriff zugrunde, der sich nicht im Regelungsgehalt aufsichtsrechtlicher Normen erschöpft, sondern vielmehr ihr Leitmotiv beleuchtet.[89] Bei den Bankenaufsichtszielen handelt es sich gleichzeitig um vom Gesetzgeber gesetzte „Endzwecke der Aufsichtsbehörde“[90]. Die Ziele der Bankenaufsicht[91] und des Bankenaufsichtsrechts unterscheiden sich damit nicht.[92] Vielmehr schreiben die verlautbarten Normen die Zielsetzungen vor, die die Bankenaufsicht als Verwaltungsapparat verfolgen soll. Diese Relation zwischen Aufsichtszielen und Zielen des Aufsichtsrechts verdeutlicht auch, wieso gerade die Aufgabenzuweisungsnormen, wichtige Anknüpfungspunkte für eine Zielherleitung bieten.[93]

Für den aufsichtsrechtlichen Zielbegriff ist schließlich entscheidend, dass durch das traditionelle Aufsichtsrecht die Rahmenbedingungen für das Wirtschaften festgelegt werden.[94] Die Ziele, die mit dem Bankenaufsichtsrecht, einschließlich der Institution der Bankenaufsicht, verfolgt werden, sind unter einem wirtschaftspolitischen Gesichtspunkt damit hauptsächlich ordnungspolitische Ziele.[95] Erkenntnisse aus der wirtschaftspolitischen Ziellehre[96] können daher für eine rechtliche Zieluntersuchung grundsätzlich herangezogen werden.[97]

---

89 *Degenhart*, Zweck und Zweckmäßigkeit bankaufsichtlicher Eigenkapitalnormen, S. 22 spricht in diesem Kontext vom unmittelbaren und mittelbaren Normzweck.

90 *Paraschiakos*, Bankenaufsicht zwischen Risikoverwaltung und Marktbegleitung, S. 64.

91 Der EZB werden mit Blick auf ihre Aufsichtstätigkeit nur besondere Aufgaben übertragen, sodass sich ihr Aufgabenmandat (Art. 127 Abs. 6 AEUV) nicht vollständig mit den Zielen des Bankenaufsichtsrechts deckt.

92 Ähnlich bereits *Humm*, Bankenaufsicht und Währungssicherung, S. 42, welcher davon spricht, dass im KWG „nicht zwischen einem Aufsichts- und einem Gesetzeszweck“ unterschieden werden könne. Nach *Niethammer*, Die Ziele der Bankenaufsicht, S. 32, sei der Gesetzeszweck des KWG mit den Aufsichtszielen gleichzusetzen.

93 Diesen Ansatz verfolgend auch *Paraschiakos*, Bankenaufsicht zwischen Risikoverwaltung und Marktbegleitung, S. 68; *Burghof/Rudolph*, Bankenaufsicht, S. 18 f.

94 Hierzu auch *Neck/Schneider*, Wirtschaftspolitik, S. 49; *Lachmann*, Volkswirtschaftslehre, S. 231.

95 So auch *Niethammer*, Die Ziele der Bankenaufsicht, S. 26; vgl. zudem Regierungsbegründung zum KWG-Entwurf von 1961, BT-Drs. 3/1114 vom 25.05.1959, S. 19; vgl. auch *BVerfG*, Urteil v. 24.07.1962 – 2 BvF 4, 5/61, 1, 2/62, Rz. 77 = BVerfGE 14, 197 (S. 216).

96 Hierzu *Tuchtfeldt*, Bausteine zur Theorie der Wirtschaftspolitik, S. 163 ff.; *Tuchtfeldt*, in: Albers/Born/Dürr/ Hesse u. a. (Hrsg.), Handwörterbuch der Wirtschaftswissenschaft, S. 178, 181 f.

97 So auch *Niethammer*, Die Ziele der Bankenaufsicht, S. 26.

In der wirtschaftspolitischen Ziellehre finden sich dabei Versuche, Ziele kategorisch durch Zielarten zu erfassen,[98] wobei sich z. B. ökonomische und außerökonomische Ziele[99], Zwischen-, Haupt- und Nebenziele sowie kurz-, mittel- und langfristige Ziele unterscheiden lassen.[100] Die Kategorisierungen können zwar als „ergebnislose und unfruchtbare Systembasteleien"[101] betitelt werden. Dennoch soll, angelehnt an die wirtschaftspolitische Ziellehre, die Unterscheidungen zwischen Haupt- und Nebenzielen und Zwischen- und Endzielen aufgegriffen werden, um den Zielkatalog des Bankenaufsichtsrechts näher zu definieren und durch die Betrachtung von Haupt- und Nebenzielen die Zielkonfliktuntersuchung einzugrenzen. Ein Zwischenziel soll dabei ein solches Ziel erfassen, dessen Instrumente auch unter mindestens einem anderen Endziel erklärt werden können.[102] Damit ist das Zwischenziel gleichzeitig Instrument eines anderen Endziels, sodass eine Ziel-Mittel-Beziehung besteht.[103] Endziele können Haupt- oder Nebenziele (je nach Bedeutung) sein. Es lassen sich zudem, je nach Bestimmbarkeit und Bestimmtheit, qualitative und quantitative Ziele unterscheiden.[104] Qualitative Ziele sind solche Ziele, deren Soll-Inhalt nicht eindeutig umschrieben ist wie z. B. das politische Ziel einer „gerechten Verteilung".[105] Quantitative Ziele hingegen weisen einen empirischen Gehalt auf, der unterschiedlich stark ausgeprägt sein kann.[106]

---

98 Hierzu bereits *Schachtschabel*, Wirtschaftspolitische Konzeptionen, S. 24.

99 Wobei Überschneidungen offensichtlich ist, können ökonomische Ziele außerökonomische (positive) Folgen mit sich bringen, hierzu *Schachtschabel*, Wirtschaftspolitische Konzeptionen, S. 24.

100 *Schachtschabel*, Wirtschaftspolitische Konzeptionen, S. 24.

101 *Schachtschabel*, Wirtschaftspolitische Konzeptionen, S. 24.

102 *Tuchtfeldt*, Bausteine zur Theorie der Wirtschaftspolitik, S. 238: „Vorziel"; explizit in Bezug auf Finanzmarktregulierung zudem auch *Colaert*, Common Market Law Review 59 (2022), S. 1669 (1670): „supporting policy objective" vs. „autonomous policy objective".

103 *Niethammer*, Die Ziele der Bankenaufsicht, S. 27.

104 *Tuchtfeldt*, in: Albers/Born/Dürr/Hesse u. a. (Hrsg.), Handwörterbuch der Wirtschaftswissenschaft, S. 178, 182 f.; hierzu auch *Gemper*, Wirtschaftspolitik, S. 16 f.

105 Wobei sie sich weiter in deklaratorische (bloße Leerformeln) und skalierte (der Soll-Zustand ist durch ein ordinales Kriterium (z. B. „besser als") bestimmter) Ziele unterteilen lassen, siehe *Tuchtfeldt*, in: Albers/Born/Dürr/Hesse u. a. (Hrsg.), Handwörterbuch der Wirtschaftswissenschaft, S. 178, 182 ff.; hierzu auch *Gemper*, Wirtschaftspolitik, S. 17; *Niethammer*, Die Ziele der Bankenaufsicht, S. 26.

106 Näher *Tuchtfeldt*, in: Albers/Born/Dürr/Hesse u. a. (Hrsg.), Handwörterbuch der Wirtschaftswissenschaft, S. 178, 184.

Das Vorliegen eines Zielkonflikts lässt sich umso deutlicher aufzeigen, um so quantitativ messbarer die Zielerreichung ist.

Die Qualifikation als Endziel soll dabei auf das Bankenaufsichtsrecht begrenzt sein. Dies bedeutet, dass auch wenn sich die ausgemachten bankenaufsichtsrechtlichen Endziele wiederum als Instrumente höherrangiger Ziele (faktisch des magischen Vierecks) bestimmen lassen, ihnen für die Untersuchung dennoch ein eigenständiger und abschließender Endzielcharakter zugesprochen wird.[107] Sie verlieren ihren Endzielcharakter mithin nicht dadurch, dass sie sich wiederum gänzlich als Instrumente für andere wirtschaftspolitische Ziele darstellen lassen. Diese höherstehenden Ziele können dagegen beim Umgang mit Zielkonflikten von Bedeutung sein.

Zusammenfassend ist damit folgender Zielbegriff zugrunde zu legen: *Die Ziele des Bankenaufsichtsrechts bilden wirtschaftspolitische, außerrechtliche Leitmotive ab, die der Rechtsetzer durch gesetzliche Zieldefinitionen unmittelbar im Bankenaufsichtsrecht setzt und/oder durch dieses subjektiv verfolgt.*

III. Zur Maßgeblichkeit des Sekundärrechts und der formellen Gesetze

Das Bankenaufsichtsrecht besteht neben Sekundärrechtsakten und formellen Gesetzen vornehmlich aus materiellen Gesetzen und Tertiärrecht.[108] Wenngleich diese für die Praxis enorme Bedeutung haben, sind sie für die Zieluntersuchung zu vernachlässigen. Da die Rechtsetzungskompetenz mit der Zielsetzungskompetenz einhergeht, wird deutlich, dass mit den materiellen Gesetzen und dem Tertiärrecht keine neuen Zielsetzungen erfolgen, kann es sich bei solchen Zielsetzungen nur um abgeleitete handeln, da diese ihre Grundlage in formellen Gesetzen oder

---

107 Prominentestes Beispiel ist § 1 Satz 2 des Stabilitätsgesetzes, wonach wirtschafts- und finanzpolitische Maßnahmen so zu treffen sind, dass „sie im Rahmen der marktwirtschaftlichen Ordnung gleichzeitig zur Stabilität des Preisniveaus, zu einem hohen Beschäftigungsstand und außenwirtschaftlichem Gleichgewicht bei stetigem und angemessenem Wirtschaftswachstum beitragen". In der Wirtschaftspolitik sind dabei sog. Zielpyramiden entstanden, hierzu etwa *Tuchtfeldt*, in: Albers/Born/Dürr/Hesse u. a. (Hrsg.), Handwörterbuch der Wirtschaftswissenschaft, S. 178, 183. Als (gesellschaftliches) Endziel wird dabei die „Maximierung der gesellschaftlichen Wohlfahrt" angenommen, s. *Klump*, Wirtschaftspolitik, S. 263; vgl. auch *Tuchtfeldt*, in: Albers/Born/Dürr/Hesse u. a (Hrsg.), Handwörterbuch der Wirtschaftswissenschaft, S. 178, 188 ff.; ähnlich mit Blick auf die Ziele der Finanzmarktregulierung auch *Colaert*, Common Market Law Review 59 (2022), S. 1669 (1672 f.).

108 Dazu Teil 1I.

dem Sekundärrecht haben. Die Endziele sind damit vornehmlich in Gesetzen der Legislative und dem Sekundärrecht zu finden. Neben diesen grundlegenden Überlegungen wird insbesondere auf europäischer Ebene deutlich, dass die Level 1-Maßnahmen maßgeblich sind, statuieren sie „*framework principles*“[109]. So ist auch im Lamfalussy Bericht zu lesen: „*The framework principles are the core political principles, the essential elements of each proposal. They reflect the key political choices to be taken by the European Parliament and the Council of Ministers on the basis of a proposal by the European Commission. They determine the political direction and orientation, the fundamentals of each decision (...)*”[110]. Bei Level-2-Maßnahmen handelt es sich dagegen um technische Regelungen, die insbesondere die quantitativen Regelungen des Sekundärrechts komplettieren, und damit um „keine strategischen oder politischen Entscheidungen“ (siehe Art. 10 Abs. 1 UnterAbs. 2 und Art. 15 Abs. 1 Satz 2 EBA-Verordnung). Aus alledem folgt, dass mit Blick auf das EU-Aufsichtsrecht nur die Level 1-Maßnahmen für die Zieluntersuchung relevant sind. Die Zielanalyse erfolgt entsprechend des vorliegend verwendeten Zielbegriffs daher anhand des Sekundärrechts und der formellen Gesetze, einschließlich der Gesetzesmaterialien.[111] Die weiteren Rechtsquellen werden nur herangezogen, um festgestellte Ziele mit einem materiellen Aussagegehalt zu füllen.

Trotz der starken Europäisierung des Aufsichtsrechts soll das nationale Aufsichtsrecht für die Zieluntersuchung herangezogen werden. Die Zielsetzungskompetenz des europäischen Gesetzgebers ist zwar jedenfalls für die unmittelbar geltenden EU-Rechtsakte (etwa die CRR) und für diejenigen nationalen Aufsichtsnormen offensichtlich, die in zwingender Umsetzung von EU-Richtlinien[112] (insbesondere die CRD) erlassen wurden. Darüber hinaus kommt dem nationalen Aufsichtsrecht aber eine eigene Zielsetzungsbedeutung zu. Dort, wo das EU-Recht

---

109 *Europäische Kommission*, Lamfalussy-Bericht, S. 22. Diese „framework principles“ lassen sich mit Endzielen vergleichen, zu „Endzielen“ vgl. II.

110 *Europäische Kommission*, Lamfalussy-Bericht, S. 22 f.

111 So auch *Paraschiakos*, Bankenaufsicht zwischen Risikoverwaltung und Marktbegleitung, S. 65, wobei eine Beschränkung auf die CRR, CRD, SSM-VO und das KWG erfolgt; für das KWG siehe etwa *Niethammer*, Die Ziele der Bankenaufsicht, S. 32 ff.

112 Darüber hinaus bestimmt auch Art. 288 Abs. 3 AEUV ausdrücklich, dass Richtlinien für jeden betroffenen Mitgliedstaat „hinsichtlich des zu erreichenden Ziels verbindlich“ sind. Mit „Ziel“ sind in diesem Kontext die Ergebnisse der Richtlinie gemeint, hierzu näher *Schroeder*, in: Streinz (Hrsg.), EUV/AEUV, 3. Aufl. 2018, Art. 288 AEUV Rn. 61 ff.

Abweichungen erlaubt, muss es nicht zu einer Eins-zu-Eins Umsetzung kommen. Es können damit weitergehende (Neben-)ziele verfolgt werden. Darüber hinaus steht es dem nationalen Gesetzgeber grundsätzlich für diejenigen Bereiche, die nicht durch europäische Rechtsakte geregelt und überlagert sind, frei, im Rahmen der verfassungsmäßigen Ordnung, eigenständige regulatorische Regelungen zu treffen. Zudem ist der Maßstab ein anderer, hat sich das nationale Aufsichtsrecht unmittelbar am Grundgesetz zu messen. Darüber hinaus kann es sich im Rahmen der rechtlichen Behandlung von Zielkonflikten auswirken, ob in nationalen Rechtsnormen Zielsetzungen normiert sind. Der nationale Aufsichtsaufbau ist, trotz der Etablierung eines einheitlichen Aufsichtsmechanismus durch den SSM, weiterhin national legitimiert (vgl. § 1 Abs. 1 FinDAG, § 2 Satz 1 BBankG).[113] Seine Rechtsgrundlagen und die sich daraus ergebenden Ziele sind daher nicht europäisch abgeleitet. Die BaFin übt die Aufsicht entsprechend der bundesgesetzlichen Zuweisungen im FinDAG und dem KWG aus und nicht durch eine „Rückdelegation von Zuständigkeiten der EZB“[114], was neben der Systematik der SSM-Verordnung bereits daran zu sehen ist, dass nach Art. 127 Abs. 6 AEUV nur „besondere Aufgaben“ auf die EZB übertragen werden.[115] Es sind mithin eigenständige Zielsetzungen durch den nationalen Gesetzgeber möglich, wenngleich die Ziele des Aufsichtsrechts wegen ihres wirtschaftspolitischen Ursprungs stark europäisiert sind. Dass sich die Ziele, die in nationalen Rechtsnormen zum Ausdruck kommen, dabei mit denen aus dem Sekundärrecht decken, schadet der Zielanalyse nicht.

B. Der Zielkatalog des europäischen und nationalen Bankenaufsichtsrechts

I. Zielherleitung

Im Bankenaufsichtsrecht sind Ziele tatsächlich nur vereinzelt ausdrücklich normiert.[116] In der CRR wird im Zusammenhang mit Ausnahmen von der Einbeziehung in den Konsolidierungskreis in Art. 19 Abs. 2 lit. b CRR zwar auf Ziele

---

113 Hierzu auch *BVerfG*, Urteil v. 30.07.2019 – 2 BvR 1685/14, 2 BvR 2631/14, Rz. 225 = BVerfGE 151, 202 (S. 335).

114 *BVerfG*, Urteil v. 30.07.2019 – 2 BvR 1685/14, 2 BvR 2631/14, Rz. 185 = BVerfGE 151, 202 (S. 317).

115 Zu Art. 127 Abs. 6 AEUV näher unter Teil 3C.I.1.b) und Teil 3C.II.1.

116 Dagegen etwa § 3 Satz 2 Bundesbankgesetz, wonach die Deutsche Bundesbank (in ihrer Zentralbankfunktion) an der Erfüllung der Aufgaben des Europäischen

Bezug genommen, indem dort von Instituten[117] die Rede ist, die mit Blick auf „die Ziele der Aufsicht über die Institute"[118] nicht bedeutsam sind. „Ziele der Aufsicht" werden in der CRR und den Level 2-Maßnahmen aber nicht weiter konkretisiert. Diesbezüglich findet sich auch in § 46c Abs. 2 Satz 2 KWG in Bezug auf insolvenzrechtliche Haftungsfragen ein Verweis auf die „Ziele des Gesetzes". Danach handelt die BaFin pflichtgemäß, soweit sie „vernünftigerweise annehmen durfte, auf Grundlage angemessener Informationen die Ziele des Gesetzes erreichen zu können". Eine weitere Konkretisierung durch den Gesetzgeber erfolgt im Normtext dagegen nicht. Auch in der entsprechenden Gesetzesbegründung erfolgen keine Ausführungen.[119]

Das Fehlen zentraler gesetzlicher Zielbestimmungen wird durch zahlreiche Zielformulierungen in den Erwägungsgründen und den Gesetzesmaterialien kompensiert.[120] Wegen ihrer Vielfalt und begrifflichen Heterogenität könnte auf

---

Systems der Zentralbanken „mit dem vorrangigen Ziel [...] [mitwirkt], die Preisstabilität zu gewährleisten".

117 Zum Institutsbegriff der CRR siehe Art. 4 Abs. 1 Nr. 3 CRR.

118 Vgl. auch Art. 19 Abs. 1 lit. c CRR: „Ziele der Beaufsichtigung von Instituten".

119 Siehe Regierungsentwurf zum Restrukturierungsgesetz, BT-Drs. 17/3024 vom 27.09.2010, S. 61. In den Rechtsnormen des sonstigen zielrelevanten Aufsichtsrechts finden sich dagegen vereinzelt Zielbestimmungen und -ausführungen. Die BRRD und SRM-Verordnung sowie das SAG normieren sog. „Abwicklungsziele" (Art. 31 Abs. 2 BRRD, Art. 14 SRM-Verordnung, § 67 Abs. 1 SAG). Bei den Abwicklungszielen handelt es sich (auch) um die Ziele der BRRD und des SAG im Allgemeinen (vgl. Regierungsentwurf zum BRRD-Umsetzungsgesetz, BT-Drs. 18/2575 vom 22.09.2014, S. 3). Wenngleich es Überschneidungspunkte gibt, sind die Ziele der Bankenabwicklung aber grundsätzlich von denen der Zulassung und laufenden Aufsicht verschieden, denn die laufende Aufsicht zielt auf die Aufrechterhaltung (wenn auch nicht um jeden Preis) der Geschäftstätigkeit von Kreditinstituten ab, während mit der aufsichtlichen Abwicklung die Funktionsfähigkeit der Bank endet. Die rechtliche Fixierung der Abwicklungsziele kann daher nur bedingt für die Zielanalyse herangezogen werden.

120 Dies ist nicht verwunderlich, statuiert doch Art. 296 Unterabs. 2 AEUV, dass Rechtsakte mit einer Begründung zu versehen sind. Daraus folgt gleichwohl nicht die Pflicht, die Ziele auch ausdrücklich zu normieren, dazu etwa *De Witte*, in: Nic Shuibhne (Hrsg.), Regulating the Internal Market, S. 61, 81; vgl. auch *EuGH*, Urteil v. 07.11.2000 – C-168/98 (Luxemburg/Parlament und Rat), ECLI:EU:C:2000:598, Rz. 62, 64. Im nationalen Bankenaufsichtsrecht erfolgen Zielausführungen spiegelbildlich in den Gesetzesmaterialien, insbesondere unter den Ausführungen im Allgemeinen Teil der Entwurfs-Drucksachen. Im Gegensatz zu den Zielausführungen in den Präambeln der Level-1-Maßnahmen, sind Zielausführungen in den

ein Zielpolygon[121] im europäischen und nationalen Aufsichtsrecht für Banken geschlossen werden. Wenngleich diejenigen Zielformulierungen herausgefiltert werden können, die sich unmittelbar oder mittelbar auf den Regelungsgehalt des jeweiligen Rechtsakts beziehen, besteht weiterhin ein Zielbündel. Der jeweilige Rechtsetzer hat dabei weder ausdrücklich bestimmt, inwieweit sich einzelne Zielformulierungen trotz begrifflicher Unterscheidung inhaltlich decken („Finanzstabilität", „Funktionsfähigkeit des Bankenwesens"), noch hat er dargelegt, inwieweit einzelne Ziele als Zwischenziele und damit selbst als Instrumente für andere Ziele dienen, um so eine Hierarchiebildung und damit Komprimierung zu (End-)Zielen zu ermöglichen.[122] Zu dieser aufsichtsrechtlichen Zielpolygonlandschaft kommt die im europäischen Aufsichtsrecht bestehende natürliche Zweigliedrigkeit der Ziele hinzu.[123] Neben speziell bankenaufsichtsrechtlichen Zielen werden im europäischen Kontext stets allgemeine europäische Ziele verfolgt wie im Aufsichtskontext Binnenmarktziele.[124] Diese europarechtlichen Ziele sollen für die bankenaufsichtliche Zielanalyse zunächst ausgeklammert werden.[125]

Soweit horizontale und vertikale Zielbeziehungen zwischen bankenaufsichtsrechtlichen Zielen im Folgenden dargelegt werden, kann bereits konstatiert werden, dass keine allgemeingültige, „richtige" Reihenfolge aufgezeigt werden kann.[126] Jedwede Darstellung von Zielbeziehungen umfasst eigene Wertungen des Herstellers,

---

Bundestagsdrucksachen und den begleitenden Materialien kritisch zu betrachten, da die letztliche Fassung des Gesetzes nicht dem Entwurf entsprechen muss, vgl. hierzu auch *Wank*, Juristische Methodenlehre, § 11 Rn. 8 ff.

121 In der wirtschaftspolitischen Ziellehre wird dieser Terminus verwendet, um Zielbündel zu erfassen, die über das sog. magischen Viereck hinausgehen, siehe *Tuchtfeldt*, in: Albers/Born/Dürr/Hesse u. a. (Hrsg.), Handwörterbuch der Wirtschaftswissenschaft, S. 178, 182. Im Vorliegenden soll unter Zielpolygon ebenfalls ein Zielkanon verstanden werden, der aus mehreren Endzielen besteht.

122 Für das nationale Bankenaufsichtsrecht hat das Gutachten des wissenschaftlichen Beirats aus dem Jahr 2010 treffend ausgeführt, dass Regulierungssysteme klare Ziele setzen und bei Zielpolygonen klare Zuordnungen zu Regulierungsinstrumenten erfolgen müssen, woran es aber fehle, siehe *Bundesministerium für Wirtschaft und Technologie*, Gutachten Nr. 3/10 des Wissenschaftlichen Beirats, Die Reform von Bankenregulierung und Bankenaufsicht nach der Finanzkrise, S. 10.

123 Hierzu näher Teil 3 C. I. 1. a).

124 So auch *Paraschiakos*, Bankenaufsicht zwischen Risikoverwaltung und Marktbegleitung, S. 65, der von „spezifische[n] bankenaufsichtsrechtliche[n] Zielsetzungen" und „genuin europarechtliche[n] Ziele[n]" spricht.

125 Siehe zu diesen Zielen Teil 3 C. I. 1. a) bb).

126 Vgl. auch *Tieben*, Drei-Säulen-System, S. 70 f.

insbesondere wenn – und dies trifft für das Aufsichtsrecht zu – ausdrückliche Zielbeziehungsaussagen des Gesetzgebers (einschließlich Hierarchiebildungen) fehlen.[127]

1. Europäisches Bankenaufsichtsrecht

Bereits die Entwicklung des Aufsichtsrechts zeigt, dass jede neue Reform des Aufsichtssystems, sei es mit Blick auf die praktische Aufsicht, sei es mit Blick auf die Etablierung eines einheitlichen Regelwerks, stets zum Ziel hatte, den Finanzmarkt zu stabilisieren: Der europäische Rechtsetzer nimmt auf das Schutzgut der Stabilität des Finanzsystems[128] direkt oder indirekt in vielen Rechtsnormen des Bankenaufsichtsrechts sowie in den Präambeln Bezug.[129] Die Aufgabenzuweisungsnormen spiegeln dies entsprechend wider: Art. 1 Abs. 5 Unterabs. 1 Satz 1 EBA-Verordnung bestimmt explizit als Ziel der Aufsichtstätigkeit der EBA den Schutz des öffentlichen Interesses, „indem sie für die Wirtschaft der Union, ihre Bürger und Unternehmen zur kurz-, mittel- und langfristigen Stabilität und Wirksamkeit des Finanzsystems beiträgt". Laut Art. 1 Unterabs. 1 SSM-Verordnung werden der EZB mit dem Ziel der Verhinderung von Aufsichtsarbitrage Aufsichtsaufgaben in Bezug auf Kreditinstitute übertragen, „um einen Beitrag zur Sicherheit und Solidität von Kreditinstituten sowie zur Stabilität des Finanzsystems in der Union und jedem einzelnen Mitgliedstaat zu leisten".[130]

Auch das weitere europäische Bankenaufsichtsrecht enthält klare Bezugnahmen auf das Ziel der Sicherstellung der Finanzstabilität. Die CRR soll nach den Erwägungsgründen „die Finanzstabilität der Wirtschaftsteilnehmer an diesen Märkten sichern sowie einen hohen Grad an Anleger- und Einlegerschutz

---

127 Dazu bereits Teil 1II.

128 Art. 2 lit. b ESRB-Verordnung definiert „Finanzsystem" als alle Finanzinstitute, -märkte, -produkte und -marktinfrastrukturen.

129 Vgl. nur Art. 1 Abs. 5 EBA-Verordnung; Art. 1 Unterabs. 1 SSM-Verordnung; Erwägungsgrund 7 CRR; Erwägungsgrund 47 CRD; Art. 31 Abs. 2 lit. b BRRD, Art. 14 Abs. 2 lit. b SRM-Verordnung, Art. 3 Abs. 1 ESRB-Verordnung; Erwägungsgründe 1, 2 AMLD; Erwägungsgrund 1 Geldtransferverordnung; *Bauerschmidt*, ZHR 2019, S. 476 (479) spricht von einem „roten Faden", der sich durch die Gesetzgebung zur Bankenunion ziehe.

130 Siehe auch Erwägungsgründe 16, 26, 30, 65 SSM-Verordnung. Nach Art. 1 Unterabs. 3 SSM-Verordnung hat die EZB im Rahmen ihrer aufsichtlichen Aufgabenwahrnehmung „unbeschadet des Ziels, die Sicherheit und Solidität von Kreditinstituten zu gewährleisten" auch Eigenarten der Kreditinstitute zu berücksichtigen. Es wird somit explizit von einem Aufsichtsziel gesprochen. So spricht auch Art. 7 Abs. 7 Unterabs. 4 lit. c, Spiegelstrich 2 SSM-Verordnung von „Ziele des Artikels 1".

gewährleisten“[131]. Nach Erlass der CRR erfolgten mehrfache Änderungen der Verordnung, durch welche aber keine Änderungen der Zielvorgabe erfolgte.[132]

Das identifizierte Ziel spiegelt sich zudem in Regelungen wider, die nationale Abweichungen von den Vorgaben der CRR oder die Anwendung bestimmter Artikel erlauben. Solche Ausnahmen sind insbesondere eröffnet, wenn „Bedenken hinsichtlich der Finanzstabilität“ im jeweiligen Mitgliedstaat aufkommen.[133] Der Zielbefund wird schließlich ausdrücklich in den Bestimmungen bestätigt, die Mandate für europäische Aufseher begründen. So hat die EBA bei der Ausarbeitung von Leitlinien betreffend Großkreditobergrenzen gegenüber Schattenbankunternehmen nach Art. 395 Abs. 2 CRR[134] hinsichtlich zusätzlicher Obergrenzen „wesentliche nachteilige Auswirkungen auf das Risikoprofil europäischer Institute, die Kreditvergabe an die Realwirtschaft oder die Stabilität und das reibungslose Funktionieren der Finanzmärkte“ zu beachten (Art. 395 Abs. 2 Unterabs. 2 CRR). Ein weiteres Beispiel ist die jährliche Berichtspflicht der EBA nach Art. 509 Abs. 1 Unterabs. 1 CRR. Sie hat der Europäischen Kommission darzulegen, ob eine Spezifizierung der allgemeinen Liquiditätsdeckungsanforderungen die „Stabilität und das ordnungsgemäße Funktionieren der Finanzmärkte

131 Erwägungsgrund 7, vgl. auch Erwägungsgründe 16, 31, 51, 76, 123 CRR.

132 Insbesondere erfolgte durch die Verordnung (EU) 2019/876 vom 20.05.2019, ABl. L 150, 1 („CRR II“) keine Zieländerung, sondern eine „Stärkung und Präzisierung“ der Vorschriften (Erwägungsgrund 72 zur CRR II). An dieser Stelle sollen die durch COVID-19 bedingten Verordnungen (EU) 2020/873 vom 24.06.2020, ABl. L 204, 4 und (EU) 2021/558 vom 31.03.2021, ABl. L 116, 25; zwar nicht außer Acht gelassen werden. Mit ihnen ist jedoch keine grundsätzliche Änderung der Zielrichtung einhergegangen. Es handelt sich um eine vorübergehende – außerreguläre – Änderung der CRR, um die Kreditvergabe zu erleichtern und damit zur wirtschaftlichen Erholung beizutragen (siehe Erwägungsgründe 5-7, 23 der Verordnung (EU) 2020/873 vom 24.06.2020, ABl. L 204, 4). Auch die weiteren Änderungen der CRR spiegeln kein verändertes Zielbild wider, vgl. etwa Erwägungsgrund 2 zur Verordnung (EU) 2020/873 vom 24.06.2020, ABl. L 204, 4; Erwägungsgrund 1 zur Verordnung (EU) 2017/2401 vom 12.12.2014, ABl. L 347, 1: „Integrität des Finanzsystems“; Verordnung (EU) 2019/2033 vom 27.11.2019, ABl. L 314, 1, Erwägungsgrund 5; Verordnung (EU) 2020/873 vom 24.06.2020, ABl. L 204, 4, Erwägungsgrund 1.

133 Vgl. Art. 124 Abs. 1a Unterabs. 2, Abs. 2 Unterabs. 2; 164 Abs. 5, 6; 254 Abs. 4; 458 CRR.

134 Siehe EBA, Leitlinien zu Obergrenzen für Risikopositionen gegenüber Schattenbankunternehmen, die außerhalb eines Regelungsrahmens Banktätigkeiten ausüben, gemäß Artikel 395 Absatz 2 der Verordnung (EU) Nr. 575/2013 vom 03.06.2016, EBA/GL/2015/20.

oder die Wirtschaft und die Stabilität der Kreditversorgung durch Banken [...] wesentlich beeinträchtigen würde".

Der Zielbefund der CRR findet sich in der CRD wieder. In der Präambel zur CRD wurde im Kontext der Beaufsichtigung auf konsolidierter Basis das Ziel erklärt, „die Interessen von Einlegern und Anlegern zu schützen und die Stabilität des Finanzsystems sicherzustellen"[135]. Diese allgemeinen Zielformulierungen spiegeln sich in den restlichen Erwägungsgründen, die auf konkrete Regelungen Bezug nehmen, wider.[136] Auch die Änderungsrechtsakte zur CRD haben diese Zieldefinition nicht geändert.[137] Auf die Finanzstabilität (europäische oder nationale)[138] wird in der CRD an vielen weiteren Stellen Bezug genommen.[139]

Neben diesen klaren Bezügen zum Schutzgut der Finanzstabilität lässt sich aber auch ein weiteres Schutzgut ausmachen, das einen vergleichbaren Stellenwert im europäischen Zielekanon haben könnte. Art. 1 Abs. 5 Unterabs. 1 Satz 2 EBA-Verordnung bestimmt als eines der Ziele bzw. „öffentliche[n] Werte"[140] einen verbesserten Kunden- und Verbraucherschutz.[141] Nach Erwägungsgrund 30 SSM-Verordnung soll die EZB neben dem Finanzstabilitätsziel die Einheit und Integrität des Binnenmarkts und somit auch den Einlegerschutz sicherstellen und

---

135 Erwägungsgrund 47 CRD.

136 Auf die Stabilität des Finanzsystems wird an mehreren Stellen Bezug genommen, siehe Erwägungsgründe 26, 40, 47, 51, 67, 81 CRD.

137 Die wichtigsten Änderungen durch die CRD V erfolgten zwecks Klarstellung einiger Regelungen, um unterschiedliche Auslegungsmöglichkeiten zu beseitigen, Berücksichtigung der Belastung bestimmter Institute und Anpassungen an andere EU-Rechtsakte, siehe Erwägungsgründe 2, 29 der CRD V.

138 Art. 7; 43 Abs. 1, 2; 50 Abs. 4; 51 Abs. 3 Unterabs. 2; 52 Abs. 3; 56 lit. b und c; 68 Abs. 2 lit. b; 98 Abs. 2; 114 Abs. 1; 116 Abs. 8; 133 Abs. 13 Unterabs. 2; 155 Abs. 3; 158 Abs. 6 CRD.

139 Mit Blick auf den aufsichtsrechtlichen Rahmen der Bankenabwicklung (BRRD, SRM-Verordnung) wurde in Fn. 119 bereits ausgeführt, dass spezielle Abwicklungsziele verfolgt werden. Letztlich stehen aber auch diese im Lichte des Finanzstabilitätsziels der laufenden Aufsicht. Auch mit der SRM-Verordnung und der BRRD sollen Gefahren für die Finanzstabilität bei Bankenzusammenbrüchen verhindert werden, siehe nur Erwägungsgründe 2, 10, 12 SRM-Verordnung; Erwägungsgründe 3, 18 BRRD; vgl. zudem *Ohler*, in: Ruffert (Hrsg.), Europäisches Sektorales Wirtschaftsrecht, § 10 Rn. 138; siehe auch *BVerfG*, Urteil v. 30.07.2019 – 2 BvR 1685/14, 2 BvR 2631/14, Rzn. 248, 262 = BVerfGE 151, 202 (S. 346, 352).

140 Siehe Formulierung in Erwägungsgrund 11 EBA-Verordnung.

141 In der Ursprungsfassung der EBA-Verordnung fehlten in Art. 1 Abs. 5 Unterabs. 1 Satz 2 EBA-Verordnung Bezugnahmen auf den Kundenschutz. Dies wurde durch die Verordnung (EU) 2019/2175 vom 18.12.2019, ABl. L 334, 1, eingefügt.

die Funktionsweise des Binnenmarkts verbessern.[142] Die CRR soll nach den Erwägungsgründen auch einen „hohen Grad an Anleger- und Einlegerschutz gewährleisten".[143] Auch in den Erwägungsgründen der CRD wird auf das Ziel des Schutzes der Interessen von Einlegern und Anlegern Bezug genommen.[144]

Diese Dualität wird auch in den Vorgaben der Level-1-Rechtsakte deutlich, z. B. sind strukturelle Maßnahmen sind durch Mitgliedsstaaten möglich, „um Einleger zu schützen und die Finanzstabilität" in dem jeweiligen Mitgliedstaat zu wahren (Art. 395 Abs. 6 CRR). Des Weiteren erlaubt Art. 43 Abs. 1, 2 CRD einstweilige Sicherungsmaßnahmen durch die Behörden des Aufnahmemitgliedstaats, „die zum Schutz vor finanzieller Instabilität notwendig sind", welche „die gemeinsamen Interessen von Einlegern, Anlegern und Kunden" ernsthaft gefährden würde. Art. 50 Abs. 4 CRD erlaubt den Behörden des Aufnahmemitgliedstaats, Maßnahmen zu ergreifen, um „die Interessen der Einleger, Anleger und sonstigen Personen, für die Dienstleistungen erbracht werden, zu schützen oder die Stabilität des Finanzsystems zu sichern".[145] Art. 18 lit. d CRD bestimmt, dass die Zulassung zu entziehen ist, wenn das Kreditinstitut „keine Gewähr mehr für die Erfüllung seiner Verpflichtungen gegenüber seinen Gläubigern und insbesondere keine Sicherheit mehr für die ihm von Einlegern anvertrauten Vermögenswerte bietet". Auch im Rahmen der Zusammenarbeit der Aufsicht bei grenzüberschreitenden Sachverhalten haben die Aufsichtsbehörden des Herkunftsmitgliedstaats den Behörden des Aufnahmemitgliedstaats Informationen über die Zweigstelle eines Instituts zu übermitteln, sofern dies dem Einleger- und Anlegerschutz des Aufnahmemitgliedstaats dient (Art. 50 Abs. 2 CRD). Auf den Einleger- und Anlegerschutz[146] wird in der CRD an vielen weiteren Stellen Bezug genommen.

Aus den Erwägungsgründen zur DGSD ergibt sich, dass die Richtlinie – entsprechend des unmittelbaren Regelungszwecks – den Schutz der Einleger zum Ziel hat sowie damit einhergehend die Stabilität des Bankensystems/Finanzstabilität.[147] Laut Erwägungsgrund 14 sei „Kernaufgabe" eines Einlagensicherungssystems der Schutz der Einleger, insbesondere mit Blick auf Folgen von Bankeninsolvenzen.

---

142 Zu den speziellen europäischen Zielen Teil 3 C. I. 1. a).

143 Erwägungsgrund 7, vgl. auch Erwägungsgründe 7, 76, 123, 127 CRR.

144 Erwägungsgrund 47 CRD.

145 Vgl. zur Befugnis von vor-Ort-Prüfungen in Zweigstellen durch Behörden des Aufnahmemitgliedstaats Art. 52 Abs. 3 CRD, siehe auch Art. 154 CRD.

146 Art. 9 Abs. 2; 18 lit. d; 43 Abs. 1, 2; 50 Abs. 2, 4; 154 CRD.

147 Siehe etwa Erwägungsgründe 3, 4, 6, 7, 9, 11, 14, 21, 26, 28, 43, 45, 47 DSGD.

2. Nationales Bankenaufsichtsrecht

Das Kreditwesengesetz enthält keine gesetzlichen Zielformulierungen. Aus den der BaFin übertragenen Aufgaben in § 6 KWG, insbesondere aus der Missstandsaufsicht in § 6 Abs. 2, 3 Satz 1 KWG[148], lassen sich gleichwohl Ziele der nationalen Bankenaufsicht und damit des Aufsichtsrechts aus dem Gesetz ableiten.[149] Wie unter Teil 1 II erläutert, zeigen Aufgabenzuweisungsnormen Schutzwerte auf, die zugleich allgemeine Aufsichtsziele darstellen.

§ 6 Abs. 2 KWG verweist auf Missstände im Kredit- und Finanzdienstleistungswesen, welche die Sicherheit der den Instituten anvertrauten Vermögenswerte gefährden, die ordnungsmäßige Durchführung der Bankgeschäfte oder Finanzdienstleistungen beeinträchtigen oder erhebliche Nachteile für die Gesamtwirtschaft herbeiführen können. § 6 Abs. 3 Satz 1 KWG (sog. konkrete Missstandsaufsicht) verweist ohne Bezug auf die Gesamtwirtschaft auf entsprechende Missstände in einem einzelnen Institut.[150] Auch an anderen Stellen im Kredit-

---

148 Die allgemeine Missstandsaufsicht bezieht sich – entsprechend des Wortlauts des § 6 Abs. 2 KWG – nicht auf institutsbezogene Missstände, sondern auf die Gesamtwirtschaft und damit „unerwünschte allgemeine Tendenzen im Kredit- und Finanzdienstleistungswesen“ (*Albert*, in: Reischauer/Kleinhans, KWG, Werkstand: 6. EL 2024, § 6 Rn. 41); siehe auch *BGH*, Urteil v. 15.02.1979 – III ZR 108/76, II. 2 = BGHZ 74, 144 (S. 148); *Habetha/Schwennicke*, in: Schwennicke/Auerbach (Hrsg.), KWG, 4. Aufl. 2021, § 6 Rn. 46; vgl. auch *Schäfer*, in: Fischer/Schulte-Mattler (Hrsg.), KWG, 6. Aufl. 2023, § 6 Rn. 32, 65; *Albert*, in: Reischauer/Kleinhans, KWG, Werkstand: 6. EL 2024, § 6 Rn. 43, 50 f.

149 So auch *Paraschiakos*, Bankenaufsicht zwischen Risikoverwaltung und Marktbegleitung, S. 68; ähnlich *Waschbusch*, Bankenaufsicht, S. 161 f., 167; *Niethammer*, Die Ziele der Bankenaufsicht, S. 32, der hierin eine „generelle Zielsetzung“, „generelle Aufsichtsziele“ sieht; vgl. auch *BVerfG*, Urteil v. 07.11.2017 – 2 BvE 2/11, Rz. 313 = BVerfGE 147, 50 (S. 164 f.). Das FinDAG enthält dagegen keine materielle Zuweisungsnorm. § 4 Abs. 1 FinDAG ist historisch auf die Zusammenlegung der drei Bundesaufsichtsämter für das Kredit- und Versicherungswesen sowie den Wertpapierhandel zurückzuführen und bestimmt (nur), dass die Aufgaben übernommen werden. Entsprechend der Gesetzesbegründung zum FinDAG sollen mit der Allfinanzaufsicht durch Errichtung der BaFin folgende „Aufsichtsziele“ verfolgt werden: Solvenzaufsicht (KWG), Marktaufsicht (WpHG) und Kundenschutz (Regierungsentwurf, Entwurf eines Gesetzes über die integrierte Finanzdienstleistungsaufsicht, BT-Drs. 14/7033 vom 05.10.2001, S. 31).

150 Vgl. Regierungsentwurf zum Vierten Finanzmarktförderungsgesetz BT-Drs. 14/8017 vom 18.01.2002, S. 116 zur konkreten Missstandsaufsicht. Zu Beispielen für Missstände nach Abs. 3 siehe weiter *Habetha/Schwennicke*, in: Schwennicke/Auerbach (Hrsg.), KWG, 4. Aufl. 2021, § 6 Rn. 40, 47 f.

wesengesetz finden sich vergleichbare Formulierungen.[151] Wenngleich sich das Aufsichtsobjekt der Einzelinstitutsaufsicht in § 6 Abs. 1 KWG von der Missstandsaufsicht unterscheidet, resultieren aus den genannten Schutzwerten ableitbare, umgreifende Ziele des Kreditwesengesetzes und der Bankenaufsicht.[152] Die in der Missstandsaufsichtsregelung aufgezeigten Schutzwerte spiegeln mithin die Ziele der Institutsaufsicht wider.[153]

Die Zielbestimmung in § 6 Abs. 2 KWG entspricht im Kern der Fassung des Kreditwesengesetzes aus dem Jahr 1961[154] und entstammt damit einer Zeit, in welcher der Gesetzgeber das nationale Bankenaufsichtsrecht noch nicht europäisierte.[155] Aus der Gesetzesbegründung zu § 6 Abs. 2 KWG wird deutlich, dass die Missstandsaufsicht die „Funktionsfähigkeit" des Bankensektors sicherstellen soll:

---

151 Vgl. §§ 29 Abs. 4; 25b Abs. 4a Nr. 2; 46g Abs. 1 KWG.

152 Vgl. auch *Waschbusch*, Bankenaufsicht, S. 169 f.; *Habetha/Schwennicke*, in: Schwennicke/Auerbach (Hrsg.), KWG, 4. Aufl. 2021, § 6 Rn. 43.

153 Eine solche Verknüpfung wird besonders im nationalen Versicherungsaufsichtsrecht deutlich. Zwar erklärt § 294 Abs. 1 Versicherungsaufsichtsgesetz (VAG) ausdrücklich als „Hauptziel" der (Einzel-)Aufsicht, den Versicherungsnehmerschutz und den Schutz der weiteren Begünstigten der Versicherungsleistungen. Eine entsprechende Zielformulierung ist im KWG (insb. in § 6 Abs. 1 KWG), wie gezeigt, nicht anzufinden. Dennoch kann § 6 KWG herangezogen werden, denn auch § 298 VAG, welcher die allgemeinen Aufsichtsbefugnisse regelt, ermächtigt die BaFin zum Einschreiten bei Missständen. Nach § 298 Abs. 1 Satz 2 VAG sei ein Missstand jedes Verhalten eines Versicherungsunternehmens, das den „Aufsichtszielen des § 294 Abs. 2" widerspreche. Bei § 294 VAG handelt es sich wiederum um eine Aufgabenzuweisungsnorm für die Aufsicht. Die Relation zwischen Aufsichtszielen und den Zielen des Aufsichtsrechts wurde bereits an mehreren Stellen aufgezeigt.

154 Gesetz über das Kreditwesen vom 10.07.1961, BGBl. I 1961, S. 881.

155 Nach § 6 Abs. 2 KWG a. F. hatte das – für die Bankenaufsicht damals noch zuständige – Bundesaufsichtsamt für das Kreditwesen „Mißständen im Kreditwesen entgegenzuwirken, die die Sicherheit der den Kreditinstituten anvertrauten Vermögenswerte gefährden, die ordnungsmäßige Durchführung der Bankgeschäfte beeinträchtigen oder erhebliche Nachteile für die Gesamtwirtschaft herbeiführen können" (Gesetz über das Kreditwesen vom 10.07.1961, BGBl. I 1961, S. 881, 883). Dieser ursprüngliche Aussagegehalt ist weiterhin in § 6 KWG anzutreffen. In § 6 Abs. 2 KWG wurden lediglich die Ausweitung der Aufsicht auf Finanzinstitute berücksichtigt sowie die Behördenzuständigkeit und -bezeichnung geändert (siehe Gesetz zur Umsetzung von EG-Richtlinien zur Harmonisierung bank- und wertpapieraufsichtsrechtlicher Vorschriften vom 22.10.1997, BGBl. I 1997, S. 2518, vgl. auch BT-Drs. 13/7142 vom 06.03.1997 S. 74, und das Gesetz über die integrierte Finanzdienstleistungsaufsicht vom 22.04.2002 (BGBl. I 2002, S. 1310).

In der Regierungsbegründung zum Kreditwesengesetz aus dem Jahr 1961 werden explizit die Ziele, die „Funktionsfähigkeit des Kreditapparates zu wahren und die Gläubiger der Kreditinstitute nach Möglichkeit vor Verlusten zu schützen“[156] genannt.[157] Auch im Bericht des Wirtschaftsausschusses (sog. Ruland-Bericht)[158] wird die „gesamtwirtschaftliche Zielsetzung“[159] des Kreditwesengesetzes erläutert und Regelungen gefordert, um Störungen im Bankwesen zu vermeiden.[160] § 6 Abs. 2 KWG übertrage der Bankenaufsichtsbehörde entsprechend die „Wahrung der gesamtwirtschaftlichen Funktionsfähigkeit des Kreditgewerbes“[161]. Im Kontext des § 6 Abs. 2 KWG wird damit traditionell auf die Funktionsfähigkeit des Bankenwesens abgestellt.[162]

Blickt man auf die Gesetzesbegründungen zu den Änderungen des Kreditwesengesetzes in der Folgezeit, die insbesondere in Umsetzung von europäischen Vorgaben erfolgten, wird vornehmlich vom Ziel der Stabilität

---

156 Regierungsbegründung zum KWG-Entwurf von 1961, BT-Drs. 3/1114 vom 25.05.1959, S. 20.

157 Die Regierungsbegründung spricht zudem von der „Gesundhaltung des Kreditapparates und der Sicherung der Institutsgläubiger“ (Regierungsbegründung zum KWG-Entwurf von 1961, BT-Drs. 3/1114 vom 25.05.1959, S. 22) und „Funktionsstörungen im Kreditwesen“ (Regierungsbegründung zum KWG-Entwurf von 1961, BT-Drs. 3/1114 vom 25.05.1959, S. 30.). Eine weitere inhaltliche Definition wird durch den Gesetzesentwurf nicht geboten (so auch *Niethammer*, Die Ziele der Bankenaufsicht, S. 19). Gleichwohl wird jedenfalls darauf Bezug genommen, dass die Regelungen des Kreditwesengesetzes die Krisenanfälligkeit vermindern sollen (Regierungsbegründung zum KWG-Entwurf von 1961, BT-Drs. 3/1114 vom 25.05.1959, S. 20).

158 Schriftlicher Bericht des Wirtschaftsausschusses über den von der Bundesregierung eingebrachten Entwurf eines Gesetzes über das Kreditwesen, Drucksachen 114, 2563 zu Drucksache 2563, 13.03.1961, Bericht des Abgeordneten Ruland („Ruland-Bericht“).

159 Ruland-Bericht, S. 2.

160 Ruland-Bericht, S. 2.

161 Ruland-Bericht, S. 7. Eine Bezugnahme auf den Gläubigerschutz erfolgt im Ruland-Bericht eher im besonderen Teil, dort insbesondere zu §§ 44, 45, 46 KWG jeweils a. F., siehe dort, S. 16; hierzu *Niethammer*, Die Ziele der Bankenaufsicht, S. 38 f.

162 So bei *Niethammer*, Die Ziele der Bankenaufsicht, S. 33; *Burghof/Rudolph*, Bankenaufsicht, S. 18; *Habetha/Schwennicke*, in: Schwennicke/Auerbach (Hrsg.), KWG, 4. Aufl. 2021, § 6 Rn. 43; *Albert*, in: Reischauer/Kleinhans, KWG, Werkstand: 6. EL 2024, § 6 Rn. 1 spricht hingegen von der Sicherung der Funktionsfähigkeit und Stabilität des Finanzsektors.

des Finanzsystems gesprochen.[163] Zwar wird in § 6 Abs. 2, 3 Satz 1 KWG weiterhin nicht auf das Schutzgut „Finanzstabilität" Bezug genommen.[164] Das Finanzstabilitätsziel wird mittlerweile aber an vielen Stellen im Kreditwesengesetz ausdrücklich aufgegriffen.[165]

In der Tat ließe sich aber zwischen Funktionenschutz und Finanzstabilität differenzieren, indem zwischen einem Schutz der ordnungsgemäßen Durchführung der Geschäfte, mithin der Transformationsfunktionen (Größen-, Fristen-, und Risikotransformation) der Banken[166] und einem Systemrisikoschutz (Krisenbetrachtung) unterschieden wird.[167] Diese Schutzgüter können aber in keiner getrennten Zielbeziehung betrachtet werden, denn eine notwendige

163 Beispielsweise Regierungsentwurf, Entwurf eines Gesetzes zur Umsetzung der geänderten Bankenrichtlinie und der geänderten Kapitaladäquanzrichtlinie, BT-Drs. 17/1720 vom 17.05.2010, S. 26; Regierungsentwurf zum Risikoreduzierungsgesetz, BT-Drs. 19/22786 vom 23.09.2020, S. 127; Regierungsentwurf zum Finanzmarktintegritätsstärkungsgesetz, BT-Drs. 19/26966 vom 24.02.2021, S. 55.

164 Tatsächlich enthält nur § 6 Abs. 4 KWG eine Bezugnahme auf die „Finanzstabilität", wonach sichergestellt werden soll, dass die BaFin bei Entscheidungen die Auswirkungen auf die Stabilität des Finanzsystems anderer Mitgliedstaaten des Europäischen Wirtschaftsraums berücksichtigt. Insoweit kommt dem Absatz 4 aber keine eigenständige Zielbedeutung zu.

165 Die Schutzgüter „Finanzstabilität" bzw. „Stabilität des Finanzsystems" tauchen neben § 6 Abs. 4 KWG insbesondere im grenzüberschreitenden Kontext auf, indem das Gesetz der BaFin entsprechend § 6 Abs. 4 KWG aufträgt, die Stabilität des Finanzsystems in den jeweiligen Staaten zu berücksichtigen (§§ 8 Abs. 3 Unterabs. 4 Nr. 3; 8e Abs. 4; 8f Abs. 3; 8g Satz 2; 53b Abs. 11 KWG) sowie im Abschnitt 3, Unterabschnitt 4a, der Maßnahmen zur Begrenzung makroprudenzieller oder systemischer Risiken behandelt (§§ 48t Abs. 2 Nr. 1 lit. a, b; 48u Abs. 1 KWG), vgl. zudem § 10e Abs. 3 Satz 4 Nr. 2 KWG. „Stabilität des Finanzsystems" und „Finanzstabilität" sind synonyme Begriffe, wie die Legaldefinition von Finanzstabilität in § 1 FinStabG zeigt. Vgl. zudem „Finanzmarktstabilität" (§§ 10 Abs. 4 Satz 1 Nr. 1 und S. 4; 45c Abs. 1 Satz 2 Hs. 1 KWG); „Stabilität der Finanzmärkte" (§§ 10e Abs. 7 Satz 2; 53b Abs. 12 Satz 1; 60b Abs. 3, 4 Nr. 2; 60c Abs. 3; 60d Abs. 3 KWG).

166 Näher dazu etwa *Hartmann-Wendels/Pfingsten/Weber*, Bankbetriebslehre, S. 12 ff.; *Neus/Riepe*, in: Binder/Glos/Riepe (Hrsg.), Handbuch Bankenaufsichtsrecht, § 6 Rn. 3 ff.; *Uhlmann*, Individualschutz im Kapitalmarkt- und Bankenaufsichtsrecht, S. 560 ff.

167 So etwa *Neus/Riepe*, in: Binder/Glos/Riepe (Hrsg.), Handbuch Bankenaufsichtsrecht, § 6 Rn. 25 ff, die zwischen Funktionenschutz und Systemschutz unterscheiden; ähnlich auch *Veil*, in: Veil (Hrsg.), Europäisches und deutsches Kapitalmarktrecht, § 2 Rn. 15 ff. mit Blick auf das Kapitalmarktrecht, der neben der Funktionsfähigkeit/Effizienz der Kapitalmärkte die Finanzstabilität als gesetzgeberisches Ziel ausmacht.

Bedingung des bankenaufsichtsrechtlichen Finanzstabilitätsziels ist der Erhalt des Bankensektors und damit seiner Funktionsfähigkeit.[168] Das Funktionenschutzziel hat damit keine andere Schutzrichtung, sondern verdeutlicht den Wesensgehalt des bankenaufsichtsrechtlichen Finanzstabilitätsziels.[169]

Auch in nationalen Bankenaufsichtsrecht zeigt sich eine Zieldualität. In der Gesetzesbegründung zum Kreditwesengesetz aus dem Jahr 1961 wird neben der Funktionsfähigkeit des Bankensektor als Ziel, „(…) die Gläubiger der Kreditinstitute nach Möglichkeit vor Verlusten zu schützen"[170], genannt.[171] Anhaltspunkte finden sich auch im Gesetz selbst. So wird in § 6 Abs. 2 KWG auf die Sicherheit der den Instituten anvertrauten Vermögenswerte abstellt.[172] Auch § 11 KWG spricht von der Gewährleistung einer „ausreichenden Zahlungsbereitschaft" und zeigt den Gläubigerschutzgedanken. Das EinSiG hat entsprechend der DGSD zum Ziel, „die Leistungsfähigkeit der Einlagensicherungssysteme zu verbessern und

168 Vgl. für das Kapitalmarktrecht auch *Veil*, in: Veil (Hrsg.), Europäisches und deutsches Kapitalmarktrecht, § 2 Rn. 18, der eine Trennung nicht für erforderlich hält. Zur Bedeutung einer proaktiven Effizienzförderung siehe Teil 1B.II.2.

169 Da es sich damit nicht vom Finanzstabilitätsziel unterscheiden lässt, kann es auch nicht als ein Zwischenziel eingeordnet werden. Siehe zur engen Beziehung von Funktionsfähigkeit des Bankensystems und gesamtwirtschaftlicher Finanzstabilität etwa *Kaufhold*, in: Augsberg (Hrsg.), Extrajuridisches Wissen im Verwaltungsrecht, S. 151, 156 f. Nach *Uhlmann*, Individualschutz im Kapitalmarkt- und Bankenaufsichtsrecht, S. 563 ff. hat das Finanzstabilitätsziel dagegen neben der Sicherung der (institutionellen) Funktionsfähigkeit keine eigenständige Bedeutung, sondern deckt sich mit dieser.

170 Regierungsbegründung zum KWG-Entwurf von 1961, BT-Drs. 3/1114 vom 25.05.1959, S. 20.

171 Auch in der Literatur wird vom Ziel des Gläubigerschutzes gesprochen, so etwa *Paraschiakos*, Bankenaufsicht zwischen Risikoverwaltung und Marktbegleitung, S. 64, 69 ff.; *Niethammer*, Die Ziele der Bankenaufsicht, S. 122 (dort Fn. 62) unterscheidet zudem zwischen Einleger- und Gläubigerschutz.

172 Vgl. *Habetha/Schwennicke*, in: Schwennicke/Auerbach (Hrsg.), KWG, 4. Aufl. 2021, § 6 Rn. 34; siehe auch *BVerwG*, Urteil v. 22.04.2009 – 8 C 2.09, Rz. 26 = BVerwGE 133, 358 (S. 363). Das wird auch in § 10 Abs. 1 KWG deutlich: „im Interesse der Erfüllung der Verpflichtungen der Institute […] gegenüber ihren Gläubigern, insbesondere im Interesse der Sicherheit der ihnen anvertrauten Vermögenswerte", diese Verknüpfung bereits herstellend BGH, Urteil v. 15.02.1979 – III ZR 108/76, II. 3. a) = BGHZ 74, 144 (S. 149). Eine Gefahr für die Sicherheit der Vermögenswerte kann zudem einen Grund zum Erlaubnisentzug darstellen (§ 35 Abs. 2 Nr. 4 KWG) und einstweilige Maßnahmen erlauben (§ 46 Abs. 1 KWG).

den Zugang der Einleger zur Entschädigung zu vereinfachen“[173], um hierdurch „das Vertrauen und […] [den] Schutz der Bankkunden“[174] zu stärken, wobei sich der Vertrauensschutz neben den Einlagensicherungssystemen auch auf die allgemeine Finanzstabilität bezieht.[175] So wird auch als „Kernaufgabe eines Einlagensicherungssystems“ der Schutz vor den Insolvenzfolgen von Kreditinstituten bestimmt.[176]

3. *Zwischenergebnis*

Das Vorstehende zeigt, dass sich sowohl im europäischen als auch nationalen Bankenaufsichtsrecht eine formale Dualität des Zielekanons ausmachen lässt. Ein Schutzgut stellt die Sicherstellung der Finanzstabilität dar, worunter sich auch das Funktionenschutzziel im nationalen Bankenaufsichtsrecht subsumieren lässt. Als zweites Ziel lässt sich ein auf die Kunden der Bank bezogener Schutz ausmachen. Zu diesem zählt vornehmlich der Einlegerschutz. Daneben wurden aber auch anleger- und verbraucherschützende Bezugnahmen ausgemacht. Es soll unter Zusammenfassung der drei, sich überschneidenden (Gläubiger-)Gruppen (Verbraucher, Einleger, Anleger) daher vom Kundenschutz gesprochen werden.[177]

II. Zum Ziel der Sicherstellung der Finanzstabilität

Die zahlreichen Bezugnahmen auf das Ziel der Sicherstellung der Finanzstabilität können zwar die formale Zielstellung dieses Schutzwertes darlegen, sagen aber noch nichts über den materiellen Aussagegehalt aus. Aussagen über den materiellen Aussagegehalt von (wirtschafts-)politischen Zielen zu treffen, ohne eine Eingrenzung durch die finalen Instrumente vorzunehmen, gestaltet sich

173 Regierungsentwurf zum DGSD-Umsetzungsgesetz, BT-Drs. 18/3786 vom 20.01.2015, S. 49.
174 Regierungsentwurf zum DGSD-Umsetzungsgesetz, BT-Drs. 18/3786 vom 20.01.2015, S. 49.
175 Regierungsentwurf zum DGSD-Umsetzungsgesetz, BT-Drs. 18/3786 vom 20.01.2015, S. 51.
176 Regierungsentwurf zum DGSD-Umsetzungsgesetz, BT-Drs. 18/3786 vom 20.01.2015, S. 51.
177 Ähnlich *Ohler*, in: Ruffert (Hrsg.), Europäisches Sektorales Wirtschaftsrecht, § 10 Rn. 76, wenngleich in Bezug auf die gesamte Finanzmarktaufsicht, für das Bankenaufsichtsrecht unter Verweis auf Erwägungsgrund 7 der CRR (Anleger, Einleger).

schwierig. Wirtschaftspolitische Ziele werden entsprechend als „Leerformeln“[178] bezeichnet, da ihr materieller Gehalt, insbesondere bei qualitativen Zielen, stets einer subjektiven Interpretation zugänglich ist (z. B. das gesellschaftspolitische Ziel der „sozialen Gerechtigkeit“).[179] Dagegen lassen sich Ziele wie „Preisniveaustabilität“, „wirtschaftliches Wachstum“ als quantitative Ziele durchaus messbar machen.[180] Die Schwierigkeiten gehen mit einer geringen Operationalisierbarkeit einher.[181]

Die Erschließung des bankenaufsichtsrechtlichen Finanzstabilitätsziels und damit eine operationalisierbare Definition ohne vorrangige Heranziehung der materiell-rechtlichen Normen gestaltet sich entsprechend schwierig. Einerseits geben die Rechtsetzer im Bankenaufsichtsrecht keine Legaldefinition für den Zustand der Finanzstabilität vor.[182] Andererseits handelt es sich um ein qualitatives Ziel, wie sich insbesondere im nationalen Jargon (vgl. Sicherstellung der „Funktionsfähigkeit“) zeigt.

Wenngleich es sich um einen ökonomischen Begriff handelt, ist der Zustand der „Finanzstabilität“ weder quantitativ bestimmbar noch allgemein definiert.[183] Nach einem Definitionsansatz setzt der Zustand der Finanzstabilität allgemein voraus, dass die Glieder des Finanzsystems ihre Aufgaben ohne besondere Stö-

---

178 *Tuchtfeldt*, Bausteine zur Theorie der Wirtschaftspolitik, S. 164; ders. in: Albers/Born/Dürr/Hesse u. a. (Hrsg.), Handwörterbuch der Wirtschaftswissenschaft, S. 178, 182.

179 Aber auch deren Erreichung ist einer Ermessensentscheidung der jeweiligen Politik unterworfen, hierzu eingehender *Tuchtfeldt*, Bausteine zur Theorie der Wirtschaftspolitik, S. 164, dort Fn. 6, S. 188.

180 Der Zustand der Preisstabilität wird durch den EZB-Rat näher konkretisiert als „Anstieg des Harmonisierten Verbraucherpreisindex (HVPI) für das Euro-Währungsgebiet von unter 2 % gegenüber dem Vorjahr“ (siehe *Europäische Zentralbank*, Die geldpolitische Strategie der EZB). Wenngleich auch eine stabilitätsorientierte Währungspolitik verfolgt wird, kann damit kein Rückschluss auf die Finanzstabilität gezogen werden. Mit Blick auf dieses Begriffsverständnis wird bereits deutlich, dass das Finanzstabilitätsziel bzw. dessen Erreichung weit weniger messbar ist als etwa der Zustand der Preisstabilität, bei dem der Verbraucherpreisindex herangezogen werden kann; hierzu auch *Bauerschmidt*, ZHR 2019, S. 476 (478).

181 Hierzu eingehend *Tuchtfeldt*, in: Albers/Born/Dürr/Hesse u. a. (Hrsg.), Handwörterbuch der Wirtschaftswissenschaft, S. 178, 191.

182 Auch das Finanzstabilitätsgesetz vom 28.11.2012, BGBl. I 2012, S. 2369, zuletzt geändert am 10.07.2020 (BGBl. I 2020, S. 1633) schweigt dazu, wann die Finanzstabilität gefährdet ist, vgl. § 1 FinStabG.

183 Siehe dazu etwa *Borio/Drehmann*, BIS Working Papers, No. 284, Juni 2009, S. 3 ff. Zur Einordnung bankaufsichtlicher Ziele als qualitative Ziele *Niethammer*, Die Ziele der Bankenaufsicht, S. 26.

rungen erfüllen können; ein Finanzsystem sei dann stabil, wenn es auch nicht vorhersehbaren Schocks oder sonstigen Störungen standhalte und somit funktionsfähig bleibe.[184] Bezogen auf Banken bedeute dies, dass diese ihre Rolle im Finanzsystem auch bei entsprechenden negativen Ereignissen ohne besondere Probleme erfüllen können, was wiederum die Parallelität zum traditionellen Funktionenschutzziel im nationalen Aufsichtsrecht anschaulich zeigt.[185] Ein weiterer makroökonomischer Definitionsansatz verweist, unter Zugrundelegung der primärrechtlichen Festsetzung in Art. 127 Abs. 5 AEUV, auf „die allgemeine Stabilität des Finanzsystems (...), die dauerhafte Aufrechterhaltung der Geldversorgung der Wirtschaft und die Widerstandsfähigkeit von Banken und Finanzinstituten gegenüber Systemkrisen“[186]. Die Deutsche Bundesbank beschreibt Finanzstabilität als einen Zustand, „in dem das Finanzsystem jederzeit seine volkswirtschaftlichen Funktionen erfüllen kann“[187]. Ein solcher erfordere, „dass sich Marktteilnehmer stetig an verändernde Rahmenbedingungen anpassen oder aus dem Markt ausscheiden [können], ohne die Funktionsfähigkeit des Finanzsystems zu gefährden“[188]. Als Beispiele werden etwa die Sicherung der Kreditvergabe in wirtschaftlich schweren Zeiten, die Versicherung von Risiken und die Fähigkeit, strukturelle Umbrüche wie den Ausstieg aus der fossilen Energie zu überwinden, genannt.[189] Im Allgemeinen wird damit auf die Fähigkeit verwiesen, „Schocks ohne größere Beeinträchtigungen“[190] zu verkraften. Zu beachten ist schließlich, dass im allgemeinen Sprachgebrauch die Begriffe „Finanzstabilität“ und „Finanzmarktstabilität“ zwar oft synonym verwendet werden, das Begriffsverständnis zur Finanzstabilität aber insofern weitergeht, als es sich nicht nur

184 Hierzu etwa *Bauerschmidt*, ZHR 2019, S. 476 (477 f.); vgl. auch *Allen/Wood*, Journal of Financial Stability 2 (2006), S. 152 (155); *Tuori/Tuori*, The Eurozone Crisis, S. 58; *Veil*, in: Veil (Hrsg.), Europäisches und deutsches Kapitalmarktrecht, § 2 Rn. 19; zu einem negativen Definitionsansatz (Instabilität) siehe *Borio/Drehmann*, BIS Working Papers, No. 284, Juni 2009, S. 4 ff.

185 Es ließe sich zwar zwischen Finanzstabilität und Bankenstabilität unterscheiden, Finanzstabilität deckt dies aber jedenfalls ab, vgl. dazu auch *Tuori/Tuori*, The Eurozone Crisis, S. 58 f.

186 *Selmayr*, in: von der Groeben/Schwarze/Hatje (Hrsg.), Europäisches Unionsrecht, 7. Aufl. 2015, Art. 127 AEUV Rn. 38.

187 *Deutsche Bundesbank*, Glossar, Stichwort: „Finanzstabilität“.

188 *Deutsche Bundesbank*, Glossar, Stichwort: „Finanzstabilität“.

189 *Deutsche Bundesbank*, Glossar, Stichwort: „Finanzstabilität“.

190 *Europäische Zentralbank*, Finanzstabilität.

auf den Markt selbst, sondern auch auf den Marktzugang sowie das Ausscheiden aus dem Markt bezieht.[191]

Das Finanzstabilitätsziel im Bankenaufsichtsrecht lediglich anhand dieser allgemeinen, gesamtwirtschaftlichen, wenig operationalisierbaren Definitionen zu beschreiben, füllt den materiellen Aussagegehalt des aufsichtsrechtlichen Ziels nicht hinreichend aus. Vielmehr prägen vornehmlich die Instrumente, namentlich die materiellen Vorgaben, die diesem qualitativen Ziel dienen, dessen Aussagegehalt.[192] Dies zeigt sich bereits darin, dass die gesamte Finanzmarktregulierung diesem Ziel dient.[193] Das Bankenaufsichtsrecht ist damit ein Teilinstrument zur Erreichung des finanzmarkregulatorischen/ gesamtwirtschaftlichen Finanzstabilitätsziels. Insoweit ist insbesondere das „Wie" der Verhinderung dieser Schockszenarien entscheidend. Dies bedeutet, dass das Ziel der Finanzstabilität im Bankenaufsichtsrecht keiner allgemeinen Beschreibung zugänglich ist, sondern für Zielkonflikte vornehmlich die Ausgestaltung der materiellen Dimensionen des Finanzstabilitätsziels im Bankenaufsichtsrecht (1) sowie die dahinterliegende ordnungspolitische Begründung (2) herangezogen werden müssen.

1. Mikro- und makroprudenzielle Dimension

Das Ziel der Sicherstellung der Finanzstabilität im Bankenaufsichtsrecht ist im Sinne einer mikro- und makroprudenziellen Aufsicht sowohl instituts-, als auch marktbezogen zu verstehen.[194] Diese Zweigliedrigkeit des Ziels wird in der SSM-Verordnung besonders deutlich, indem Art. 1 Unterabs. 1 SSM-Verordnung statuiert, dass der EZB mit dem Ziel der Verhinderung von Auf-

---

191 So *Bauerschmidt*, ZHR 2019, S. 476, 477. Soweit im KWG auf eine Gefahr für die Finanzmarktstabilität bzw. Stabilität der Finanzmärkte Bezug genommen wird, betrifft dies zum einen die Befugnis der BaFin, das Vorhalten höherer Eigenmittel zu fordern (§ 10 Abs. 4 Satz 1 Nr. 1, S. 4 KWG). Zum anderen taucht das Schutzgut hauptsächlich in Bestimmungen auf, die das Nichtveröffentlichen von Aufsichtsmaßnahmen erlauben (§§ 10e Abs. 7 Satz 2; 60b Abs. 3, 4 Nr. 2; 60c Abs. 3; 60d Abs. 3 KWG).

192 Vgl. hierzu auch *Bauerschmidt*, ZHR 2019, S. 476 (478 f.), der dem Unionsgesetzgeber hierfür wegen der Verflechtung des Finanzsystems eine hervorgehobene Stellung beimisst.

193 Vgl. nur Art. 1 Abs. 6 der Verordnung (EU) 1094/2010 vom 24.11.2010, ABl. L 331, 48 für die Versicherungsaufsicht und Art. 1 Abs. 5 der Verordnung (EU) 1095/2010 vom 24.11.2020, ABl. L 331, 84 für die Wertpapieraufsicht.

194 *Paraschiakos*, Bankenaufsicht zwischen Risikoverwaltung und Marktbegleitung, S. 82; vgl. hierzu auch *Bauerschmidt*, ZHR 2019, S. 476 (483 ff.).

sichtsarbitrage[195] Aufsichtsaufgaben in Bezug auf Kreditinstitute übertragen werden, „um einen Beitrag zur Sicherheit und Solidität von Kreditinstituten sowie zur Stabilität des Finanzsystems in der Union und jedem einzelnen Mitgliedstaat zu leisten".[196]

Der Bezug zur Sicherheit und Solidität einzelner Kreditinstitute zeigt die mikroprudenzielle Seite des Finanzstabilitätsziels.[197] Die Anforderungen des Kreditwesensgesetzes bezwecken mikroprudenziell eine „Unternehmenssicherung".[198] Eine solche wird durch die qualitativen Organisationspflichten zur Risikobeobachtung sowie quantitativ insbesondere durch Eigenmittelvorgaben und Liquiditätsvorschriften verfolgt.[199] Das Aufsichtsrecht zielt unter dieser mikroprudenziellen Perspektive damit zunächst und traditionell auf die Solvabilität (angemessene Eigenmittelausstattung) und Risikotragfähigkeit einzelner Banken ab. Die Bankenaufsicht wird in der Tat traditionell als Instituts- und damit Solvenzaufsicht verstanden.[200]

---

195 Das ausdrücklich als solches benannte Ziel der Aufsichtsarbitrage kann aufgrund der Formulierung in Art. 1 nur eine Komponente des Soliditäts- und/oder Stabilitätswunsches sein.

196 Dass es sich hierbei um eine Zielformulierung handelt, wird in Art. 1 Unterabs. 3 SSM-Verordnung deutlich, wonach die EZB im Rahmen ihrer aufsichtlichen Aufgabenwahrnehmung auch Eigenarten der Kreditinstitute zu berücksichtigen hat, „unbeschadet des Ziels, die Sicherheit und Solidität von Kreditinstituten zu gewährleisten". Es wird somit explizit von einem Ziel gesprochen. So spricht auch Art. 7 Abs. 7 Unterabs. 4 lit. c, Spiegelstrich 2 SSM-Verordnung von „Ziele des Artikels 1".

197 Zum Beispiel nimmt auch Art. 8 Abs. 1a lit. b EBA-Verordnung auf das Ziel der Gewährleistung sicherer und solider Finanzinstitute Bezug. Mit Blick auf das Bankenaufsichtsrecht ist erklärtes Ziel der CRD entsprechend der CRR, die „Solvenz von Instituten zu sichern" (Erwägungsgrund 34, vgl. auch 43, 44).

198 Die Unternehmenssicherung ist dabei aber nicht als eigenständiges Ziel des Bankenaufsichtsrechts zu verstehen, so bereits *Waschbusch*, Bankenaufsicht, S. 165 f.

199 Vgl. Art. 4 Abs. 1 lit. d SSM-Verordnung, hierzu auch *Paraschiakos*, Bankenaufsicht zwischen Risikoverwaltung und Marktbegleitung, S. 83 und *Ohler*, in: Ruffert (Hrsg.), Europäisches Sektorales Wirtschaftsrecht, § 10 Rn. 19 ff.

200 Siehe Regierungsentwurf zum Gesetz über die integrierte Finanzdienstleistungsaufsicht, BT-Drs. 14/7033 vom 05.10.2001, S. 31; hierzu auch *Schäfer*, in: Fischer/Schulte-Mattler (Hrsg.), KWG, 6. Aufl. 2023, § 6 Rn. 2. Der BGH bezeichnete § 6 Abs. 1 KWG als „die Generalklausel für die ‚eigentliche' Bankenaufsicht", verstanden als die Einzelinstitutsaufsicht, durch welche die aufsichtsrechtlichen Struktur- und Ordnungsnormen des KWG durchgesetzt werden (*BGH*, Urteil v. 15.02.1979 – III ZR 108/76, II. 3. = BGHZ 74, 144 (S. 148)). Heute ist § 6 Abs. 1 hinsichtlich einer Anordnungskompetenz obsolet wegen § 6 Abs. 3 KWG.

Die Ansteckungsgefahr im Finanzwesen und damit die Verbindung von Insolvenzen (systemrelevanter) Banken zu Bankenkrisen und von Bankenkrisen zu Wirtschaftskrisen suggerieren zwar zunächst, dass die Insolvenzverhinderung einzelner Banken Finanzkrisen und damit negativen gesamtwirtschaftlichen Folgen effektiv entgegenwirken könnte. Die besondere Verflechtung der Banken im Wirtschaftssystem, sowohl hinsichtlich ihrer internationalen als auch internen und externen (Staaten, Zentralbanken) Dimensionen, und damit die Folgen von Krisen einer Bank für das Finanzsystem und Banken untereinander, insbesondere wegen der Vertrauensinterdependenz der Finanzintermediation, bedingt aber gerade, dass es neben der Institutsaufsicht (insbesondere über systemrelevante Banken) einer weiteren Systemaufsicht bedarf, die das Finanzsystem als Ganzes im Blick hat und sich auf die Vorbeugung von systemischen Risiken konzentriert.[201] Systemrisiken[202] entstehen durch die Risikofreudigkeit von Finanzmarktakteuren in Boomzeiten und damit während eines zyklischen Risikoaufbaus und der damit gleichzeitig einhergehenden Ansteckungsgefahr.[203] Auf europäischer Ebene ist für die Systembeaufsichtigung eigens der ESRB im Europäischen Finanzaufsichtssystem (ESFS) zuständig, der insbesondere Warnungen und Empfehlungen herausgeben kann.[204]

Der Bankenaufsicht stehen neben mikroprudenziellen Instrumenten, die auch zur Bekämpfung von Systemrisiken eingesetzt werden können (z. B. höhere Eigenmittelanforderungen, § 10 Abs. 3, § 48t Abs. 1 Nr. 1 KWG), entsprechend auch spezielle makroprudenzielle Instrumente zur Verfügung.[205] Als makroprudenzielle Instrumente der Bankenaufsicht gelten insbesondere die antizyklischen Kapitalpuffer (*Countercyclical capital buffer*) nach Art. 130, 135 bis 140 CRD, umgesetzt in § 10d KWG (i. V. m. § 64r KWG), die die Widerstandsfähigkeit des Finanzsystems stärken, aber auch die Kreditvergabe abbremsen sollen. Daneben

---

201 *Paraschiakos*, Bankenaufsicht zwischen Risikoverwaltung und Marktbegleitung, 83 f.; vgl. hierzu auch *Bauerschmidt*, ZHR 2019, S. 476 (486 ff.).

202 Art. 2 lit. c Satz 1 ESRB-Verordnung, vgl. auch Art. 3 Abs. 1 Nr. 10 CRD.

203 *Gurlit*, WM 2015, S. 1217 (1218); *Borio*, BIS Working Papers, No. 128, Februar 2003, S. 6 ff.

204 Siehe Art. 3 Abs. 1; 16 Abs. 1, 3 ESRB-Verordnung. Der nach dem Finanzstabilitätsgesetz (FinStabG) errichtete Ausschuss für Finanzstabilität beim BMF ist das nationale Pendant zum ESRB. Erkennt der Ausschuss für Finanzstabilität eine Erhöhung von Systemrisiken nach Art. 458 Abs. 2 CRR, sieht das KWG Maßnahmen zur Begrenzung makroprudenzieller und systemischer Risiken vor (vgl. § 48t, 48u KWG).

205 § 6 Abs. 1 Satz 2 KWG enthält u. a. die Zuständigkeit der BaFin für die Makroaufsicht und das Systemrisiko (Art. 458 CRR). Näher zu den makroprudenziellen Instrumenten *Gurlit*, WM 2015, S. 1217 ff., 1257 ff.

sieht das Recht Kapitalpuffer für Systemrisiken (§ 10e KWG, Art. 133 CRD) und für systemrelevante Banken (§§ 10f, 10g KWG, Art. 131 CRD) vor.[206] Auch die Anordnung weiterer Liquiditätsanforderungen (§§ 11 Abs. 3, 48t Abs. 1 Nr. 5 K WG) kann die Kreditvergabe ausbremsen. Systemrisiken können zudem mit einer Veränderung von Risikogewichten einzelner Sektoren begegnet werden (§ 48t Abs. 5 KWG).

Der Regulierungsansatz unter dem Finanzstabilitätsziel ist damit, die Krisenresistenz und somit die Sicherung der Funktionsfähigkeit einzelner Banken und die des gesamten Finanzsystems durch eine Risikobetrachtung und -eingrenzung zu gewährleisten. In der Makroaufsicht liegt faktisch die größte Herausforderung für die Zielerreichung.

2. *Zur ordnungspolitischen Begründung des Finanzstabilitätsziels*

Um das Finanzstabilitätsziel im Bankenaufsichtsrecht vollumfänglich für die Untersuchung auf Zielkonflikte zu erfassen, ist schließlich bedeutsam, wieso der Bankensektor mit dem Ziel der Finanzstabilität reguliert wird. Dies ist dem qualitativen Charakter des Ziels geschuldet, welcher bedingt, dass auf die zugrundeliegenden Beweggründe geblickt werden muss, um maßgebende Nuancen der Zielrichtung zu erfassen.

Das Bankenaufsichtsrecht suggeriert für das Bankenwesen eine Sonderstellung im Finanzmarkt, deren Begründung nicht nur für die Frage der Rechtmäßigkeit bzw. rechtlichen Rechtfertigung von aufsichtsrechtlichen Normen und Maßnahmen, sondern auch für die Beurteilung des Aussagegehalts von Regulierungs- und Aufsichtsziele bedeutsam ist.[207]

Die – aufgrund der Zunahme der Bedeutung neuer Geschäftsmodelle (z. B. Crowdfunding) zugegebenermaßen nicht mehr exklusive – Sonderstellung des Bankensektors lässt sich einerseits im Lichte der Bedeutung des Bankensektors (positiver Ansatz), andererseits im Lichte der Gefahren, die von diesem für den Finanzsektor und die Realwirtschaft ausgehen können (negativer Ansatz), begründen, wobei offenkundige Abhängigkeiten bestehen.

Die negative Sonderstellung des Bankensektors ist durch seine besondere Vertrauensempfindlichkeit geprägt, die dessen wichtige Stellung überschattet und

---

206 Im Einzelfall kann auch die EZB anstelle der nationalen Aufsichtsbehörden strengere Kapitalpuffer gegenüber CRR-Instituten vorschreiben (vgl. Art. 5 Abs. 2 SSM-Verordnung) und dies unabhängig von ihrer Zuständigkeit im SSM, dazu näher *Gurlit*, WM 2015, S. 1217 (1221).

207 Vgl. *Müller*, Bankenaufsicht und Gläubigerschutz, S. 17.

insbesondere die Fristentransformation stören kann.[208] Die hohe Vertrauensempfindlichkeit hat bekanntlich verschiedene Ursachen und ist entscheidend auf die Sensibilität der Bankeinleger zurückzuführen. Bankeinleger reagieren dann sensibel auf geschäftliche Negativereignisse bei Banken, wenn keine Schutzvorkehrungen zu ihren Gunsten getroffen werden.[209] Ein dadurch bedingter *Run* auf die Schalter einer Bank kann einen allgemeinen *Bank Run* auslösen.[210] Der Zusammenbruch einer Bank kann damit das Bankensystem und einhergehend die Gesamtwirtschaft gefährden. Die Stellung der Kreditwirtschaft als Finanzintermediär bedingt, dass Störungen in der Bankenbranche auf die gesamte Wirtschaft durchschlagen können.[211] Ein „reibungsloses Arbeiten des Kreditapparates"[212] ist erforderlich, um eine funktionsfähige Kreditwirtschaft zu erhalten. Die Vertrauensempfindlichkeit zeigt sich damit insbesondere in dieser Situation des *Bank Runs*, mithin im Überschlagen der Insolvenz einzelner Institute auf andere, da Kunden ihre Einlagen einziehen und hierdurch die Kreditvergabe an die Realwirtschaft beeinträchtigt werden kann.[213] Die Ansteckungsgefahr ist dabei umso höher, je größer die Bank ist, je mehr sie sich über Fremdkapital finanziert und je mehr sie (insbesondere auch international) im Finanzsystem verflochten

---

208 Hierzu *Waschbusch*, Bankenaufsicht, S. 19.

209 *Waschbusch*, Bankenaufsicht, S. 20; vgl. zum Run auch *Neus/Riepe*, in: Binder/Glos/Riepe (Hrsg.), Handbuch Bankenaufsichtsrecht, § 6 Rn. 10 f.; *Burghof/Rudolph*, Bankenaufsicht, S. 19 ff.

210 Siehe etwa *BVerfG*, Urteil v. 07.11.2017 – 2 BvE 2/11, Rz. 318 = BVerfGE 147, 50 (S. 167); *BVerfG*, Beschluss v. 24.11.2015 – 2 BvR 355/12, Rz. 43 = NVwZ 2016, 606 (S. 607); *BVerfG*, Beschluss v. 16.11.2009 – 2 BvR 852/07, Rz. 24 = BVerfGE 124, 235 (S. 246 f.); *BVerfG*, Beschluss v. 24.11.2009 – 2 BvR 1387/04, Rz. 65 f. = BVerfGE 124, 348 (S. 369 f.).

211 Hierzu etwa *BVerfG*, Urteil v. 07.11.2017 – 2 BvE 2/11, Rzn. 313, 318 = BVerfGE 147, 50 (S. 164 f., 167); *BVerfG*, Beschluss v. 24.11.2015 – 2 BvR 355/12, Rz. 43 = NVwZ 2016, 606 (S. 607); *BVerfG*, Beschluss v. 16.11.2009 – 2 BvR 852/07, Rz. 24 = BVerfGE 124, 235 (S. 246 f.); *BVerfG*, Beschluss v. 24.11.2009 – 2 BvR 1387/04, Rz. 65 f. = BVerfGE 124, 348 (S. 369 f.), mit Bezugnahme auf die Bankenkrise 1931; *EuGH*, Urteil v. 16.07.2020 – C-686/18 (Adusbef u. a./Banca d'Italia u. a.), ECLI:EU:C:2020:567, Rz. 93; *EuGH*, Urteil v.19.07.2016 – C-526/14 (Kotnik u. a.), ECLI:EU:C:2016:570, Rz. 50; *EuGH*, Urteil v. 20.09.2016 – C-8-15 P bis C-10/15 P (Ledra Advertising u. a./Kommission und EZB), ECLI:EU:C:2016:701, Rz. 72.

212 Regierungsbegründung zum KWG-Entwurf von 1961, BT-Drs. 3/1114 vom 25.05.1959, S. 19.

213 Vgl. bereits Regierungsbegründung zum KWG-Entwurf von 1961, BT-Drs. 3/1114 vom 25.05.1959, S. 19 f. unter Bezugnahme auf die Bankenkrise von 1931; *Albert*, in: Reischauer/Kleinhans, KWG, Werkstand: 6. EL 2024, § 6 Rn. 1.

ist.[214] Diese Ansteckungsgefahren (Vertrauensverlust bei Einlegern einer Bank – Run auf die Schalter dieser Bank – Vertrauensverlust bei der breiten Masse an Einlegern – allgemeiner Run – Gefährdung Bankensystem – Gefährdung Gesamtwirtschaft) grenzen den Bankensektor von anderen Wirtschaftszweigen charakteristisch ab. Exemplarisch sprechen bereits §§ 340f Abs. 1, 340g Abs. 1 HGB von den „besonderen Risiken des Geschäftszweigs".[215] Diese gesamtwirtschaftliche Bedeutung des Geschäftsgebarens einzelner Banken rechtfertigt es, Kreditinstitute einer besonderen Gewerbeaufsicht zu unterwerfen.[216] Insoweit verwundert nicht, dass große, aufsichtsrechtliche Reformen seit jeher in Folge von Banken- und Finanzkrisen erfolgten und die Zielbildung prägten.[217]

Die Regulierung unter dem Finanzstabilitätsziel setzt damit an den Risiken an, die von Banken ausgehen. Zweck der Aufsicht ist die Bewältigung „marktspezifischer Risiken"[218]. Die Bankenaufsicht soll „das Interesse der Allgemeinheit an einer funktionsfähigen Gesamtwirtschaft schützen"[219].

Im Gegensatz zur negativen Sonderstellung beschreibt die positive Sonderstellung die hervorgehobene Bedeutung des Bankensektors als Einlagensammler und gleichzeitig Kreditgeber. Die banktypischen Transformationsfunktionen

---

214 *Albert*, in: Reischauer/Kleinhans, KWG, Werkstand: 6. EL 2024, § 6 Rn. 1.

215 Vgl. dazu auch *Neus/Riepe*, in: Binder/Glos/Riepe (Hrsg.), Handbuch Bankenaufsichtsrecht, § 6 Rn. 3.

216 *Waschbusch*, Bankenaufsicht. S. 22.

217 Die Überlegungen lagen auch dem Kreditwesengesetz-Entwurf aus 1961 zugrunde, wonach der Finanzmarkt für seine Tätigkeit das Vertrauen der Öffentlichkeit in die Sicherheit und ein solides Geschäftsgebaren erfordert und zieht sich bis heute in der Bankenregulierung fort, vgl. nur Regierungsbegründung zum KWG-Entwurf von 1961, BT-Drs. 3/1114 vom 25.05.1959, S. 19; hierauf bezugnehmend etwa *BVerfG*, Urteil v. 07.11.2017 – 2 BvE 2/11, Rz. 318 = BVerfGE 147, 50 (S. 167); *BVerfG*, Beschluss v. 16.11.2009 – 2 BvR 852/07, Rz. 24 = BVerfGE 124, 235 (S. 246 f.); *BVerfG*, Beschluss v. 24.11.2009 – 2 BvR 1387/04, Rz. 66 = BVerfGE 124, 348 (S. 369 f.); so auch *BVerfG*, Beschluss v. 24.11.2015 – 2 BvR 355/12, Rz. 43 = NVwZ 2016, 606 (S. 607). Die Anfänge der CRD und CRR sind ebenfalls auf diese ökonomische Begründung zurückzuführen, lagen ihnen die Lehren aus der Finanzkrise 2007/08 zugrunde, siehe *The High-Level Group on Financial Supervision in the EU*, De-Larosière-Bericht.

218 *BVerfG*, Urteil v. 07.11.2017 – 2 BvE 2/11, Rz. 313 = BVerfGE 147, 50 (S. 164 f.); siehe auch *BVerfG*, Beschluss v. 16.11.2009 – 2 BvR 852/07, Rz. 24 = BVerfGE 124, 235 (S. 246 f.); *BVerfG*, Beschluss v. 24.11.2009 – 2 BvR 1387/04, Rz. 66 = BVerfGE 124, 348 (S. 369 f.).

219 *BVerfG*, Urteil v. 07.11.2017 – 2 BvE 2/11, Rz. 313 = BVerfGE 147, 50 (S. 164 f.); *BVerfG*, Beschluss v. 16.09.2009 – 2 BvR 852/07, Rz. 26 = BVerfGE 124, 235 (S. 247).

(Größen-, Fristen-, und Risikotransformation) sind essenzieller Reiter der Volkswirtschaft.[220] Das nationale Bankenaufsichtsrecht stellt traditionell auf diese Funktionsfähigkeit ab.[221] Auch in § 6 Abs. 2 KWG wird auf die „ordnungsgemäße Durchführung der Bankgeschäfte oder Finanzdienstleistungen“ Bezug genommen.

Es soll damit auch unter Betrachtung der positiven Sonderstellung die ordnungsgemäße Funktionsweise des Bankenmarktes sichergestellt werden, wobei dies vornehmlich als Sicherheitspostulat verstanden wird.[222] An einigen Stellen im europäischen Bankenaufsichtsrecht wird zusätzlich auf die Gewährleistung effizienter und ordnungsgemäß funktionierender Finanzmärkte Bezug genommen.[223] Erwägungsgrund 51 der CRR nennt zudem die Sicherstellung einer „optimale[n] Kapitalallokation“ als Ziel. Mit der (effizienten) Allokationsfunktion, die mit Blick auf den Bankensektor die Transformationsfunktion beschreibt, sollen finanzielle

---

220 Näher dazu etwa *Hartmann-Wendels/Pfingsten/Weber*, Bankbetriebslehre, S. 12 ff.; *Neus/Riepe*, in: Binder/Glos/Riepe (Hrsg.), Handbuch Bankenaufsichtsrecht, § 6 Rn. 3 ff.; *Uhlmann*, Individualschutz im Kapitalmarkt- und Bankenaufsichtsrecht, S. 560 ff.

221 Dazu bereits unter Teil 1B.I.2. Zur Verbindung zwischen Transformationsfunktion und dem kreditwesengesetzlichen Ziel der Sicherstellung der Funktionsfähigkeit siehe *Niethammer*, Die Ziele der Bankenaufsicht, S. 196 f.

222 Vgl. Regierungsbegründung zum KWG-Entwurf von 1961, BT-Drs. 3/1114 vom 25.05.1959, S. 20, wonach die Krisenanfälligkeit vermindert werden soll; zudem Ruland-Bericht, S. 7: „Wahrung der gesamtwirtschaftlichen Funktionsfähigkeit des Kreditgewerbes“; siehe auch *Paraschiakos*, Bankenaufsicht zwischen Risikoverwaltung und Marktbegleitung, S. 69, 82 dort insb. Fn. 99; *Tieben*, Drei-Säulen-System, S. 73; vgl. auch *Neus/Riepe*, in: Binder/Glos/Riepe (Hrsg.), Handbuch Bankenaufsichtsrecht, § 6 Rn. 25 ff.; *Ohler*, in: Ruffert (Hrsg.), Europäisches Sektorales Wirtschaftsrecht, § 10 Rn. 80 f., mit Bezug auf die Funktionsfähigkeit der Finanzmärkte und Systemstabilität, wobei *Ohler* auch eine Effizienzkomponente aufnimmt.

223 Siehe etwa Art. 1 Abs. 5 Unterabs. 1 Satz 2 EBA-Verordnung: „Gewährleistung integrierter, transparenter, effizienter und ordnungsgemäß funktionierender Finanzmärkte“; siehe auch Erwägungsgrund 27 der EBA-Verordnung; die CRR soll nach Erwägungsgrund 7 „unter anderem die Aufsichtsanforderungen der Institute [festlegen], die sich strikt auf die Funktionsweise der Bank- und Finanzdienstleistungsmärkte beziehen und die Finanzstabilität der Wirtschaftsteilnehmer an diesen Märkten sichern sowie einen hohen Grad an Anleger- und Einlegerschutz gewährleisten“ (vgl. auch Erwägungsgründe 16, 31, 51, 76, 123 CRR).

Mittel zu derjenigen Nachfrage gelenkt werden, die sie am effizientesten verwenden kann.[224]

Bisher wurde das Finanzstabilitätsziel ausschließlich unter einer kriseninduzierten Betrachtungsweise dargestellt, auch soweit auf die Funktions*fähigkeit* und damit die positive Sonderstellung Bezug genommen wurde. Die sich aufdrängende zusätzliche Komponente einer Funktions*förderung* suggeriert dagegen, dass das Finanzstabilitätsziel über die Schutzfunktion hinaus auch weitere Ausprägungen haben muss.[225] Wenngleich sich die Bezugnahme auf ordnungsgemäß funktionierende Finanzmärkte noch unter der negativen Sonderstellung begründen lässt, suggeriert insbesondere das Postulat der Effizienz ein aktives Fördern der Allokationsfunktion der Banken in ihrer Kreditvergabefunktion und damit auch einen gewissen Lenkungscharakter.[226]

Im Recht ist nicht eindeutig dargelegt, wie sich diese beiden Richtungen zueinander verhalten. Dies betrifft insbesondere die Frage, inwieweit das Ziel der Funktionsförderung durch das Bankenaufsichtsrecht angestrebt aber auch eingegrenzt werden soll.[227] Hierbei hilft eine Heranziehung der Ziele der aufsichtsrechtlichen Normen des Kapitalmarktrechts einschließlich der Aufsicht: Wenngleich sich das Mandat der ESMA weitestgehend mit dem Mandat der EBA materiell deckt,[228] und damit die Aufsicht grundsätzlich dieselben Zielrichtungen

---

224 *Uhlmann*, Individualschutz im Kapitalmarkt- und Bankenaufsichtsrecht, S. 560 f.; vgl. auch *Veil*, in: Veil (Hrsg.), Europäisches und deutsches Kapitalmarktrecht, § 2 Rn. 8.

225 So auch *Paraschiakos*, Bankenaufsicht zwischen Risikoverwaltung und Marktbegleitung, S. 84.

226 Dazu *Paraschiakos*, Bankenaufsicht zwischen Risikoverwaltung und Marktbegleitung, S. 84 ff.

227 Dass eine solche Überwachung und damit auch die Entscheidung für eine grundsätzliche Bankenüberwachung getroffen werden muss, ist dagegen eindeutig, um Schäden für die Realwirtschaft einzudämmen; hierzu *Tieben*, Drei-Säulen-System, S. 72 f.; zudem *Paraschiakos*, Bankenaufsicht zwischen Risikoverwaltung und Marktbegleitung, S. 85 ff.

228 Statt von der Verbesserung des Kunden- und Verbraucherschutzes spricht die ESMA-Verordnung von der Verbesserung des Kunden- und Anlegerschutzes (Art. 1 Abs. 5 Satz 2 lit. f) ESMA-Verordnung); entsprechend nimmt die ESMA-Verordnung auf Anlagerisiken Bezug, wenn sie davon spricht, dass u. a. ihre Übernahme angemessen reguliert und beaufsichtigt werden soll (Art. 1 Abs. 5 Satz 2 lit. e ESMA-Verordnung); die Geldwäscheaufsicht obliegt zudem nur der EBA.

verfolgt,[229] zeigen sich doch unterschiedliche Nuancen. Aus dem Mandat der BaFin nach § 6 WpHG und § 4 WpÜG lassen sich für die nationale Wertpapieraufsicht ebenfalls Zielsetzungen ableiten.[230] Dabei soll nicht vernachlässigt werden, dass auch die aufsichtsrechtlichen Normen des Kapitalmarktrechts, insbesondere jene, die auch auf Banken Anwendung finden, dem Finanzstabilitätsziel dienen.[231] Neben dem Anlegerschutz stehen im Kapitalmarktrecht aber insbesondere das Postulat der Markttransparenz[232] und -integrität[233] (vgl. bereits Art. 31 f. MiFID II)

---

229 Vgl. hierzu etwa *EuGH*, Urteil v. 22.01.2014 – C-270/12 (Vereinigtes Königreich/Parlament und Rat), ECLI:EU:C:2014:18, Rz. 84 f.

230 Siehe § 6 Abs. 1 Satz 2 WpHG. Das WpHG ist im Lichte der MiFID II zu lesen (Umsetzung durch das 1. FiMaNoG (Erstes Finanzmarktnovellierungsgesetz vom 30.06.2016, BGBl. I 2016, S. 1514) und das 2. FiMaNoG (Zweites Finanzmarktnovellierungsgesetz vom 23.06.2017, BGBl. I 2017, S. 1693)). Siehe auch § 4 Satz 2 WpÜG.

231 Hervorzuheben ist hierfür auch Art. 42 MiFIR, wonach aufsichtsrechtliche Produktinterventionen unter den kumulativ zu erfüllenden Voraussetzungen des Art. 42 Abs. 2 Unterabs. 1 lit. a bis f MiFIR zulässig sind, u. a. müssen „erhebliche Bedenken für den Anlegerschutz" aufkommen oder „das ordnungsgemäße Funktionieren und die Integrität der Finanz- oder Warenmärkte" oder die Finanzstabilität in mindestens einem Mitgliedstaat ganz oder teilweise gefährdet sein. Die EU-Kommission hat die Begriffe/Schutzgüter in Kapitel V der Delegierten Verordnung (EU) 2017/567 vom 18.05.2016, ABl. L 87, 90, näher ausgeführt. In der Delegierten Verordnung werden Faktoren und Kriterien genannt, um zu bestimmen, ob erhebliche Bedenken in Bezug auf den Anlegerschutz vorliegen oder eine Gefahr für das ordnungsgemäße Funktionieren sowie die Integrität der Finanz- oder Warenmärkte oder für die Finanzstabilität bestehen.

232 Siehe auch Transparenzrichtlinie (Richtlinie 2004/109/EG vom 15.12.2004, ABl. L 390, 38). Die SFTR-Verordnung (Verordnung (EU) 2015/2365 vom, 25.11.2015, ABl. L 337, 1) dient der Stärkung der Transparenz etwa bei der Verwendung von Wertpapierfinanzierungsgeschäften, um die Kontrolle und Identifizierung von Risiken zu ermöglichen (Erwägungsgrund 35 SFTR-Verordnung).

233 Nicht zuletzt durch die Marktmissbrauchsverordnung (Verordnung (EU) 696/2014 vom 24.06.2014, ABl. L 184, 1). Nach Art. 1 soll durch einen gemeinsamen Rechtsrahmen für die Behandlung und Verhinderung von Marktmissbrauch die Sicherstellung der Integrität der EU-Finanzmärkte, die Stärkung des Anlegerschutzes und ihres Vertrauens in diese Märkte verfolgt werden. Die Marktmissbrauchsrichtlinie (Richtlinie 2014/57/EU vom 16.04.2014, ABl. L 173, 179) enthält Mindestvorgaben für strafrechtliche Sanktionen bei Insider-Geschäften, Marktmanipulationen sowie der unerlaubten Offenlegung von Insiderinformationen mit dem Ziel, die Integrität der EU-Finanzmärkte sicherzustellen sowie zur Stärkung des Anlegerschutzes und ihres Vertrauens in die Märkte (Art. 1 Abs. 1 Marktmissbrauchsrichtlinie).

sowie die Markteffizienz[234] und damit das Funktionieren der Finanzmärkte im Vordergrund.[235]

Dass das Bankenaufsichtsrecht in einer entsprechenden Weise zur Markteffizienzförderung instrumentalisiert wird, ist nicht ersichtlich.[236] Vornehmlich dient nämlich gerade das Kapitalmarktrecht (auch über seine aufsichtsrechtlichen Normen hinaus) der „Maximierung der Allokationseffizienz"[237], insbesondere durch die Überwindung von Informationsasymmetrien und die Förderung der Transparenz am Markt.[238] Der Gesetzgeber stellt im Bankenaufsichtsrecht aber Effizienzvorteile zugunsten eines risikotragfähigen und stabilen Bankensystems zurück.[239] Die europäischen und nationalen Bankenvorgaben sind eher mit höheren (Compliance-)Kosten für die Finanzintermediation verbunden.[240] Die Kreditallokation ist dabei durch das Aufsichtsrecht nicht unmittelbar tangiert, sondern durch z. B. Eigenmittelvorgaben mittelbar begrenzt.[241] Im Bankenaufsichtsrecht steht damit die Widerstandsfähigkeit des Finanzsystems im Vordergrund, nicht die Effizienzförderung. Dies zeigt Erwägungsgrund 32 CRR deutlich, der „vor dem Hintergrund der verheerenden Auswirkungen der letzten Finanzkrise" ausführt, dass

234 Erwägungsgrund 164 der MiFID II bestimmt als ausdrückliches Richtlinienziel, „die Schaffung eines integrierten Finanzmarkts, in dem die Anleger wirksam geschützt und Effizienz und Integrität des gesamten Marktes gesichert sind" sowie die einheitliche Regulierung von Wertpapierfirmen und Handelssystemen, „um zu verhindern, dass mangelnde Transparenz oder Störungen auf einem Markt das reibungslose Funktionieren des Finanzsystems der Union insgesamt beeinträchtigen", siehe auch Erwägungsgründe 3, 4, 5, 86 MiFID II.

235 Wobei die einzelnen Regelungen, etwa Transparenzvorgaben, wiederum auch dem Anlegerschutz dienen. Ausweislich Erwägungsgrund 41 ist Ziel der Transparenzrichtlinie (Richtlinie 2004/109/EG vom 15.12.2004, ABl. L. 390, 38), durch eine hohe Transparenz das Anlegervertrauen zu sichern, um so den Binnenmarkt zu vollenden (Erwägungsgrund 41).

236 So auch *Paraschiakos*, Bankenaufsicht zwischen Risikoverwaltung und Marktbegleitung, S. 86; vgl. auch *Niethammer*, Die Ziele der Bankenaufsicht, S. 197 f.

237 *Paraschiakos*, Bankenaufsicht zwischen Risikoverwaltung und Marktbegleitung, S. 86.

238 Diesen Ansatz verfolgend auch *Paraschiakos*, Bankenaufsicht zwischen Risikoverwaltung und Marktbegleitung, S. 86.

239 So auch *Paraschiakos*, Bankenaufsicht zwischen Risikoverwaltung und Marktbegleitung, S. 87; vgl. auch *Tieben*, Drei-Säulen-System, S. 73.

240 *Paraschiakos*, Bankenaufsicht zwischen Risikoverwaltung und Marktbegleitung, S. 87.

241 Aber auch hieran zeigt sich, dass Eigenmittelvorgaben auch vertrauensbildende Aufsichtsmaßnahmen darstellen. Dies trägt wiederum zur Allokation bei.

die CRR bezweckt, „wirtschaftlich nützliche Banktätigkeiten zu fördern, die dem allgemeinen Interesse dienen, und untragbare Finanzspekulationen, die keinen Mehrwert erzeugen, zurückzudrängen". Im Anschluss hieran wird ausgeführt, dass Aufsichtsbehörden ermächtigt sein sollen, bei systemrelevanten Instituten, deren Geschäftstätigkeiten für die weltweite Wirtschaft gefährlich werden könnten, Eigenmittelanforderungen zu erhöhen, „um ein dauerhaft tragfähiges und vielfältiges Bankenumfeld in der Union zu erhalten". Wenngleich daher Bezugnahmen auf effiziente Finanzmärkte erfolgen, können diese, jedenfalls für das Finanzstabilitätsziel im Bankenaufsichtsrecht nicht auf eine vornehmliche Effizienzsteigerung gerichtet sein. Die Aufsichtsregeln sollen vielmehr ganzheitlich stabilisierend wirken.[242] Historisch lässt sich dies auch daran aufzeigen, dass die abstrakten Aufgaben des Bankensektors für sich allein nicht den Ruf nach einer Bankenregulierung bedingten, sondern erst die Störung oder eine Gefahr hierfür, die während Finanzkrisen erkennbar wurden.[243]

III. Zum Kundenschutzziel

Das europäische und nationale Bankenaufsichtsrecht rekurriert wie gezeigt vornehmlich auf einen Einlegerschutz.[244] Darüber hinaus wird auch der Verbraucherschutz ergänzend aufgezählt oder besonders hervorgehoben, oftmals wird vom Einleger- und Anlegerschutz (teilweise auch mit einem weiteren Bezug auf „Kunden") gesprochen.[245]

Wenngleich die Ausführungen zum Finanzstabilitätsziel zeigen, dass dieses Ziel mehrere Facetten hat, zeigt das Ziel des Kundenschutzes zunächst gar keine materiellen Konturen.[246] Zwar ließe sich der „Einlegerschutz" ohne Hinzuziehung der finalen Rechtsnormen bereits im Sinne eines Gläubiger- und damit Vermögensschutzes auslegen. Aber bereits die Formulierung „Gläubigerschutz"

---

242 So auch *Paraschiakos*, Bankenaufsicht zwischen Risikoverwaltung und Marktbegleitung, S. 87 f.; *Tieben*, Drei-Säulen-System, S. 73.

243 Dazu näher *Niethammer*, Die Ziele der Bankenaufsicht, S. 45 ff.

244 Soweit in Zielausführungen auf „Einleger" Bezug genommen wird, dürfte auf die Definition in der DGSD zurückgegriffen werden können. Nach Art. 2 Abs. 1 Nr. 6 DGSD ist ein Einleger jeder Inhaber einer Einlage nach Art. 2 Abs. 1 Nr. 3 DGSD.

245 Zur Zielherleitung Teil 1 B. I.

246 Dagegen kann die Zielverfehlung beim Gläubigerschutzziel einfacher bestimmt werden (dann, wenn mindestens ein umfasster Gläubiger einen Verlust erleidet), wohingegen eine Verfehlung des Finanzstabilitätsziels auf die fließenden Grenzen zwischen Instabilität/Funktionsunfähigkeit und Stabilität/Funktionsfähigkeit abstellen müsste, hierzu bereits *Niethammer*, Die Ziele der Bankenaufsicht, S. 160.

zeigt, dass dieser speziell aufsichtsrechtlich beleuchtet werden muss, da jeder Gläubiger einer schuldrechtlichen Forderung prinzipiell schutzwürdig ist, muss er doch auf die Erfüllung eines Versprechens vertrauen dürfen, sodass sich der Gläubigerschutz allgemein durch die Rechtsordnung zieht und bereits durch das Zivilrecht verfolgt wird.[247]

Wenngleich das benannte Kundenschutzziel mit Blick auf das Bankenaufsichtsrecht zwar hauptsächlich einen Gläubigerschutz widerspiegeln dürfte, soll dennoch von einem Kundenschutz gesprochen werden.[248] Der materielle Aussagegehalt des Gläubigerschutzziels erschöpft sich in einer Sicherung der Ansprüche gegen die Bank. Eine isolierte Bezugnahme auf das Ziel des Gläubigerschutzes würde damit implizieren, dass die Schutzrichtung auf einen reinen Vermögensschutz beschränkt ist. Insbesondere die Bezugnahme auf die Gruppe der Verbraucher suggeriert dagegen einen weitergehenden Schutzzweck, sind sie – anders als Einleger und Anleger – nicht primär als Gläubiger angesprochen. Wenn vorliegend von einem Gläubigerschutz gesprochen wird, ist damit ein Vermögensschutz gemeint. Kundenschutz soll dagegen auch den aufsichtsrechtlichen Verbraucherschutz erfassen (näher sogleich unter 3.).

1. *Einlegerschutz*

Der Kundenschutz im Bankenaufsichtsrecht kann neben der Heranziehung gesetzgeberischer Ausführungen vornehmlich nur durch die kundenschützenden Rechtsnormen umschrieben werden. Anhand einer solchen Betrachtung wird deutlich, dass der Einlegerschutz im Bankenaufsichtsrecht sowohl unmittelbar als auch mittelbar erfolgt. Unmittelbar einlegerschützende Normen sind solche, die sich vom Regelungsgegenstand bereits exklusiv auf die Gruppe der Einleger beziehen. Dies sind die Artikel der DGSD sowie die Rechtsnormen des EinSiG und damit die das Einlagensicherungssystem betreffende Rechtsnormen. Neben diesem unmittelbaren Schutz dienen alle bankenaufsichtsrechtlichen Normen, insbesondere die CRD und CRR als auch das KWG der Absicherung der Einlagengläubiger. Insbesondere die Eigenmittelanforderungen, Vorgaben zu Kapitalpuffern und zum Risikomanagement sollen die Ansprüche der Einlagengläubiger

---

247 Allgemeine Gläubigerschutzvorschriften bilden bereits das allgemeine Schadensersatzrecht bei Nicht- oder einer Schlechtleistung; *Müller*, Bankenaufsicht und Gläubigerschutz, S. 53; *Niethammer*, Die Ziele der Bankenaufsicht, S. 90.

248 Insbesondere im nationalen Kontext wird vom Gläubigerschutz gesprochen, vgl. etwa *Burghof/Rudolph*, Bankenaufsicht, S. 18.

absichern.[249] Ohne hierbei die Begründung des Kundenschutzziels vorwegzunehmen, bieten die gesetzlichen Solvabilitätsanforderungen eine Vertrauensbasis für Kunden, als sie damit rechnen können, dass Verluste aus der laufenden Geschäftstätigkeit nicht durch sie getragen werden.[250] Die Eigenmittelnormen bezwecken, dieses Vertrauen wirtschaftlich tragfähig zu machen, indem eine Insolvenzhaftungsmasse zur Befriedigung der (nicht-nachrangigen) Gläubiger sichergestellt wird.[251] Die Einlagensicherung bis zu 100.000 Euro zeigt aber, dass gesetzlich keine vollständige materielle Absicherung bezweckt ist.

Eine grundlegende Komponente des Einlegerschutzes ist, dass die einlegerschützenden Normen keine subjektiv öffentlich-rechtlichen Ansprüche der Einleger auf Tätigwerden der Aufsichtsbehörde generieren.[252] Grundsätzlich bestehen solche Ansprüche im deutschen Rechtskontext nach der sog. Schutznormtheorie, wenn die fragliche Norm nicht nur dem öffentlichen Interesse, sondern auch dem Individualinteresse dient und der Einzelne vom Schutzkreis der jeweiligen Norm erfasst ist.[253] Der Gesetzgeber hat für das nationale Aufsichtsrecht bereits ausdrücklich klargestellt, dass die Bankenaufsicht nur im öffentlichen Interesse erfolgt und damit auch die aufsichtsrechtlichen Normen keine Individualinteressen schützen: Durch die Änderung des Kreditwesengesetzes im Jahr 1984 wurde in § 6 Abs. 3 KWG a. F. klarstellend aufgenommen, dass das Bundesaufsichtsamt nur im öffentlichen Interesse tätig wird.[254] Entsprechend der Gesetzesbegründung sollte hierdurch verdeutlicht werden, dass die Gläubiger keine Schadensersatzansprüche gegen den Staat wegen eines bestimmten Handelns oder Unterlassens des Bundesaufsichtsamts richten können.[255] Mittlerweile wurde die Regelung in § 4 Abs. 4 FinDAG aufgenommen, wonach die BaFin ihre Aufgaben nur im öf-

---

249 *Paraschiakos*, Bankenaufsicht zwischen Risikoverwaltung und Marktbegleitung, S. 71; zum Zweck des Eigenkapitalrechts siehe auch *Ohler*, in: Ruffert (Hrsg.), Europäisches Sektorales Wirtschaftsrecht, § 10 Rn. 87.

250 *Ohler*, in: Ruffert (Hrsg.), Europäisches Sektorales Wirtschaftsrecht, § 10 Rn. 87.

251 *Ohler*, in: Ruffert (Hrsg.), Europäisches Sektorales Wirtschaftsrecht, § 10 Rn. 87; *Tarullo*, Banking on Basel, S. 16.

252 Der unmittelbare Gläubigerschutz soll vielmehr durch die Einlagensicherungssysteme erfolgen, *Waschbusch*, Bankenaufsicht, S. 172.

253 Siehe nur *BVerwG*, Urteil vom 17.06.1993 – 3 C 3/89, Rz. 32 = BVerwGE 92, 313 (S. 317).

254 Drittes Gesetz zur Änderung des Gesetzes über das Kreditwesen vom 20.12.1984, BGBl. I 1984, S. 1693.

255 Regierungsentwurf, Drittes Gesetz zur Änderung des Gesetzes über das Kreditwesen, 14.05.1984, BT-Drs. 10/1441, S. 20.

fentlichen Interesse wahrnimmt.[256] Inwieweit die im nationalen Recht grundsätzlich anwendbare Schutznormtheorie auch für europäische Aufsichtsvorschriften herangezogen werden kann, ist zwar fraglich.[257] Dies kann aber dahinstehen, da auch für den europäischen Kontext jedenfalls ausdrückliche Aussagen der Rechtsetzer maßgebend sind. Zwar fehlt in der SSM-Verordnung eine entsprechende Regelung, nichtsdestotrotz ergibt sich aus einer Zusammenschau der Artikel und Erwägungsgründe, dass auch die EZB nur im öffentlichen Interesse tätig wird.[258] Einerseits regelt die SSM-Verordnung kein entsprechendes Verfahren, andererseits ist insbesondere mit Blick auf die Bestimmungen zu den Mitgliedern des Aufsichtsgremiums der subjektiv öffentlich-rechtliche Charakter zu verneinen: Nach Erwägungsgrund 68 der SSM-Verordnung soll das Aufsichtsgremium „(…) seine Pflichten im Interesse der Union als Ganzes wahrnehmen“. Entsprechend bestimmt Art. 26 Abs. 1 Satz 2 SSM-Verordnung, dass alle Mitglieder des Aufsichtsgremiums im Interesse der Union als Ganzes handeln.[259] Zudem verweist Erwägungsgrund 44 der SSM-Verordnung im Zusammenhang mit der in nationaler Zuständigkeit verbleibenden Kompetenz zur Bestimmung des Rechtsrahmens für Rechtsformänderungen von Tochtergesellschaften bzw. Zweigstellen auf „das öffentliche Interesse“. Dem Bankenaufsichtsrecht ist allgemein inne, dass es nicht die Rechte Privater durchsetzen möchte, sondern diese insbesondere durch die Förderung der Disziplinierung durch die Märkte (insbesondere durch Offenlegungsvorgaben) mittelbar gesichert werden.[260] Der Einlegerschutz im Bankenaufsichtsrecht ist damit ein reiner Vermögensschutz.

2. *Anlegerschutz als Ziel des Bankenaufsichtsrechts*

Die Zielausführungen beziehen sich auch auf Anleger.[261] „Anleger“ sind Personen, die einer Wertpapierfirma im Zusammenhang mit Wertpapiergeschäften Gelder

---

256 *Paraschiakos*, Bankenaufsicht zwischen Risikoverwaltung und Marktbegleitung, S. 75.

257 Dazu *Paraschiakos*, Bankenaufsicht zwischen Risikoverwaltung und Marktbegleitung, S. 76 f.

258 Hierzu ausführlich *Paraschiakos*, Bankenaufsicht zwischen Risikoverwaltung und Marktbegleitung, S. 75 ff.

259 Siehe auch Art. 19 Abs. 1 Satz 2 SSM-Verordnung, wonach die Mitglieder des Aufsichtsgremiums und des Lenkungsausschusses unabhängig und „objektiv im Interesse der Union als Ganzes“ handeln.

260 Dazu bereits Teil 1 B.I. In diesem Sinne auch *Paraschiakos*, Bankenaufsicht zwischen Risikoverwaltung und Marktbegleitung, S. 81.

261 Vgl. nur Erwägungsgrund 7 CRR: „Anleger- und Einlegerschutz“.

oder Instrumente anvertrauen.[262] Banken sind in der Tat in einem großen Umfang an der Vermittlung von Finanzprodukten oder ihrer Emission beteiligt, sodass wertpapieraufsichtsrechtliche Regelungen auch auf diese Anwendung finden. Das gilt insbesondere für die Wohlverhaltenspflichten des Wertpapierhandelsgesetzes und der MiFID II.[263] Das Kapitalmarktrecht dient neben dem Funktionsschutz (vgl. dazu Teil 1 B. II. 2) maßgeblich dem Anlegerschutz (insbesondere Kleinanlegerschutz), wobei sich der besondere individuelle Anlegerschutz in den dort begründeten Aufklärungs- und Publizitätspflichten zeigt.[264]

Fraglich ist aber, inwieweit das Bankenaufsichtsrecht dem Anlegerschutz dient. Alle exemplarisch aufgeführten kapitalmarktrechtlichen Vorgaben zeigen, dass vornehmlich das sonstige Kapitalmarktrecht einen individuellen Anlegerschutz bezweckt und dem Schutz der Funktionsfähigkeit des Kapitalmarkts dient.[265] Soweit aber in den bankenaufsichtsrechtlichen Zielausführungen auf den Anlegerschutz Bezug genommen wird, werden die Interessen der Anleger hauptsächlich als ein Teil der gemeinsamen Interessen der Bankkunden angesprochen und damit etwa von den Sicherungsmaßnahmen nach Art. 43, 154 CRD sowie von Art. 50 CRD erfasst. Entsprechende Bezugnahmen in der EBA-Verordnung (etwa Art. 8 Abs. 1 lit. h, i EBA-Verordnung) verdeutlichen diesen allgemeinen Anlegerschutz weiter. Daneben dienen die mittelbar einlegerschützenden Normen des Bankenaufsichtsrechts ebenfalls den Anlegern, als sie auch für diese dazu beitragen sollen, dass die Bank als Schuldnerin zahlungsfähig bleibt.[266] Sofern ein unmittelbarer anlegerschützender Charakter des Bankenaufsichtsrechts ausgemacht werden kann, erschöpft sich dieser in einem reinen Vermögensschutz, indem das EinSiG bestimmte Verbindlichkeiten als fiktive Einlagen unter dem Einlagensicherungssystem schützt (§ 2 Abs. 3 Satz 2 EinSiG) und im Übrigen eine

---

262 Siehe Art. 1 Nr. 4 Richtlinie 97/9/EG vom 03.03.1997, ABl. L 84, 22.

263 Zum Universalbankensystem siehe Teil 1 I.

264 Das Ziel zeigt auch unmittelbar Kapitel II Abschnitt 2 der MiFID, das explizit mit Bestimmungen zum Anlegerschutz umschrieben ist (Art. 24-30 MiFID II). Siehe auch Art. 1 und Erwägungsgrund 40 PRIIPS-Verordnung (Verordnung (EU) 1286/2014 vom 26.11.2014, ABl. L 352, 1).

265 *Augsberg*, Rechtsetzung zwischen Staat und Gesellschaft, S. 39; siehe auch *Bundesanstalt für Finanzdienstleistungsaufsicht*, Wertpapieraufsicht: „Ziel der Wertpapieraufsicht ist es, die Transparenz und Integrität des Finanzmarktes sowie den Anlegerschutz zu gewährleisten".

266 Letztlich zeigen das Abwicklungsziel „Schutz der Kundengelder- sowie Vermögenswerte" sowie § 6 Abs. 2 KWG: „Sicherheit der anvertrauten Vermögenswerte", dass Anleger als Bankgläubiger auch durch das Bankenaufsichtsrecht – wenn auch mittelbar und nur in Bezug auf ihre Vermögenswerte – geschützt werden sollen.

Entschädigung unter dem Anlegerentschädigungsgesetz[267] (vgl. § 5 Abs. 2 EinSiG) zubilligt.

Der bankenaufsichtliche Anlegerschutz ist damit nicht vergleichbar mit dem kapitalmarktrechtlichen Anlegerschutz. Der (individuelle) Anlegerschutz erschöpft sich – entsprechend der Einlegergruppe – in vermögensschützenden Aspekten.

3. *Zum Verbraucherschutz im Bankenaufsichtsrecht*

Die Zielausführungen zum Einleger- und Anlegerschutz nehmen schließlich Bezug auf einen Verbraucherschutz.[268] Dies erklärt sich zunächst vor dem Hintergrund, dass Verbraucher jedenfalls insoweit von der Schutzwirkung bankenaufsichtsrechtlicher Vorgaben erfasst sind, als sie Teil der Einleger- und Anlegergruppe[269] sind.[270] Sie sind insoweit von der Schutzrichtung der Vorgaben, die dem Schutz der (allgemeinen) Gruppe der Einleger und Anleger dienen, mitumfasst. Dass diese Vorgaben sogar vornehmlich die Teilgruppe der Verbraucher schützen, zeigt die DGSD besonders deutlich, soll die Einlagensicherung „das Vertrauen der Verbraucher in die Finanzstabilität im gesamten Binnenmarkt verbessern"[271].[272] Neben den aufsichtsrechtlichen Vorgaben, die sich speziell mit dem Schutz von Einlagen befassen, entfalten die Solvenzsicherung und die Sicherstellung der Funktionsfähigkeit der Finanzmärkte ebenfalls eine

267 Anlegerentschädigungsgesetz vom 16.07.1998 (BGBl. I 1998, S. 1842), zuletzt geändert durch Gesetz vom 12.05.2021 (BGBl. I 2021, S. 990).

268 Dazu bereits Teil 1 B. I.

269 Der Begriff der Kleinanleger im Sinne von Art. 4 Abs. 1 Nr. 11 MiFID II und der Verbraucherbegriff des BGB haben dabei keine unmittelbare Schnittstelle. Für die Einordnung als Privatanleger ist insbesondere die Investitionssumme entscheidend, während professionelle Anleger gleichzeitig auch Verbraucher sein können. Faktisch sind Verbraucher aber vornehmlich erfasst (Stichwort: „Sparerschutz").

270 Zu diesem mittelbaren Verbraucherschutz auch *Tröger*, in: Schulze/Janssen/Kadelbach (Hrsg.), Europarecht, § 21 Rn. 64.

271 Erwägungsgrund 7 DGSD, zur Wichtigkeit des Vertrauens der Einleger vgl. auch Erwägungsgründe 3, 23, 33, 38, 43 DGSD.

272 Dabei wird auch in Erwägungsgrund 13 davon gesprochen, dass jedes Kreditinstitut Teil eines Einlagensicherungssystems sein sollte, um „ein hohes Verbraucherschutzniveau und gleiche Wettbewerbsbedingungen für alle Kreditinstitute sicherzustellen und Regulierungsarbitrage zu verhindern". Mit Blick auf die festgesetzte Deckungssumme von 100.000 Euro schreibt Erwägungsgrund 21 vor, dass im „Interesse sowohl des Verbraucherschutzes als auch der Stabilität des Finanzsystems möglichst viele Einlagen erfasst werden" sollen.

verbraucherschützende Wirkung wie sie auch eine generelle kundenschützende Wirkung entfalten.[273]

Neben dieser simultanen Miterfassung, die einen Rechtsreflex zur Regulierung bildet und dies nicht nur in Bezug zum Ziel der Finanzstabilität, sondern ebenfalls mit Blick auf das Kundenschutzziel im Sinne eines Vermögens- und damit Gläubigerschutzes, kommt dem Verbraucherschutz im Aufsichtsrecht aber auch eine eigenständige Bedeutung zu. Auf europäischer Ebene ist der Verbraucherschutz ausdrücklich Teil des Zielekanons der europäischen Finanzmarktaufsicht geworden.[274] Entsprechend Art. 9 Abs. 1 EBA-Verordnung soll das Ziel verfolgt werden, Transparenz, Einfachheit und Fairness von Finanzprodukten und -dienstleistungen für Verbraucher im Binnenmarkt sicherzustellen. Art. 2 EBA-Verordnung bestimmt als Hauptziel des ESFS zudem die Gewährleistung der Rechtseinhaltung, um neben der Finanzstabilität auch einen wirksamen und ausreichenden Schutz der Kunden und Verbraucher sicherzustellen.[275] Daneben gehört der Verbraucherschutz zwar nicht zu den Aufsichtsaufgaben der EZB, dies aber nur, da ein solcher in nationaler Aufsichtszuständigkeit verbleiben soll.[276]

Der isolierte Verbraucherschutz zählt zwar traditionell nicht zu den Schutzwerten in § 6 KWG und damit den nationalen Aufsichtszielen.[277] Der vermögensbezogene Verbraucherschutz ist aber, wie dargelegt, ein Rechtsreflex zu vielen aufsichtsrechtlichen Vorgaben, sodass die Aufsichtstätigkeit der BaFin verbraucherschützende Wirkung entfaltete, ohne dass der Verbraucherschutz als Ziel angesehen werden musste.[278] Eine isolierte Zielbedeutung kommt nunmehr im FinDAG zum Ausdruck. Der Gesetzgeber hat bereits in Bezug auf § 4 Abs. 4 FinDAG, wonach die BaFin ihre Aufgaben und Befugnisse nur im öffentlichen Interesse wahrzunehmen habe, dargelegt, dass dieses öffentliche Interesse einen

273 Hierzu bereits *Albert*, in: Reischauer/Kleinhans, KWG, Werkstand: 6. EL 2024, § 6 Rn. 2.

274 Art. 1 Abs. 5 Satz 2 lit. f); Art. 8 Abs. 1 lit. h) EBA-Verordnung.

275 Mit Blick auf die Aufgaben der EBA siehe Art. 8 Abs. 1 lit. h, i EBA-Verordnung; zum Verbraucherschutz siehe zudem Art. 9 EBA-Verordnung.

276 Erwägungsgrund 28 der SSM-Verordnung führt hierzu aus, dass zu den „Aufsichtsaufgaben", die nicht auf die EZB übertragen werden, auch der Verbraucherschutz zähle, welcher in nationaler Zuständigkeit verbleibe.

277 Hierzu *Habetha/Schwennicke*, in: Schwennicke/Auerbach (Hrsg.), KWG, 4. Aufl. 2021, § 6 Rn. 31; *Schäfer*, in: Fischer/Schulte-Mattler (Hrsg.), KWG, 6. Aufl. 2023, § 6 Rn. 2; wenngleich die Solvenzsicherung und die Funktionsfähigkeit des Finanzsektors bereits verbraucherschützend wirken (hierzu *Albert*, in: Reischauer/Kleinhans, KWG, Werkstand: 6. EL 2024, § 6 Rn. 2).

278 Zum Zielbegriff bereits Teil 1 II.

sog. kollektiven Verbraucherschutz umfasse.[279] Durch das Gesetz zur Stärkung der Finanzaufsicht wurde dieser kollektive Verbraucherschutz durch § 4b FinDAG (Beschwerdeverfahren) sowie § 8a FinDAG (Verbraucherbeirat) ausdrücklich ins FinDAG aufgenommen.[280] Insbesondere das Beschwerdeverfahren, das Kunden und Verbraucherverbänden erlaubt, Beschwerden gegen Kreditinstitute einzureichen, ohne dabei aber einen Rechtsanspruch auf Tätigwerden der BaFin zu begründen, soll der BaFin Erkenntnisse über Verstöße liefern, die ihr für aufsichtsrechtliche Maßnahmen dienen sollen.[281] Durch das Kleinanlegerschutzgesetz[282] wurde nunmehr § 4 Abs. 1a S. 1 FinDAG eingefügt, der bestimmt, dass die BaFin „innerhalb ihres gesetzlichen Auftrags auch dem Schutz der kollektiven Verbraucherinteressen verpflichtet" ist.[283] Satz 1 des § 4 Abs. 1a FinDAG wird von der Regierungsbegründung selbst als „gesetzliche Zielbestimmung"[284] bezeichnet. Damit wurde der „kollektive Verbraucherschutz" jedenfalls ab diesem Zeitpunkt ausdrückliches Aufsichtsziel der BaFin.[285] Der Verbraucherschutz steht dabei im Lichte des ESFS und insbesondere der bereits angeführten Art. 2 Abs. 1 und Art. 9 EBA-Verordnung.[286]

Der Zielinhalt des kollektiven Verbraucherschutzes bezieht sich dabei auf die Verhinderung verbraucherschutzrelevanter Missstände. Zur Verhinderung oder Beseitigung solcher Missstände kann die BaFin gegenüber beaufsichtigten Un-

279 Regierungsentwurf zum Gesetz zur Stärkung der deutschen Finanzaufsicht, BT-Drs. 17/10040 vom 19.06.2012, S. 13; Regierungsentwurf zum Kleinanlegerschutzgesetz, BT-Drs. 18/3994 vom 11.02.2015, S. 37.

280 Gesetz zur Stärkung der deutschen Finanzaufsicht vom 28.11.2012, BGBl. I 2012, S. 2369.

281 Regierungsentwurf zum Gesetz zur Stärkung der deutschen Finanzaufsicht, BT-Drs. 17/10040 vom 19.06.2012, S. 18; hierzu *Albert*, in: Reischauer/Kleinhans, KWG, Werkstand: 6. EL 2024, § 6 Rn. 22.

282 Kleinanlegerschutzgesetz vom 03.07.2015, BGBl. I 2015, S. 1114.

283 Aufgrund des Wortlauts („innerhalb ihres gesetzlichen Auftrags") ist fraglich, ob § 4 Abs. 1a S. 1 FinDAG einen eigenen Regelungsgehalt aufweist (darauf hinweisend *VGH Kassel*, Urteil vom 30.04.2020 – 6 A 2149/18, Rz. 83); anders *VG Frankfurt*, Urteil v. 24.06.2021 – 7 K 2237/20.F = Rzn. 27 f. = WM 2021, 1490 (S. 1493), wonach der Regelungsgehalt eindeutig sei.

284 Regierungsentwurf zum Kleinanlegerschutzgesetz, BT-Drs. 18/3994 vom 11.02.2015, S. 36.

285 Laut Gesetzesbegründung soll die BaFin in allen Bereichen den kollektiven Verbraucherschutz stärker berücksichtigen, siehe Regierungsentwurf zum Kleinanlegerschutzgesetz, BT-Drs. 18/3994 vom 11.02.2015, S. 36.

286 Regierungsentwurf zum Kleinanlegerschutzgesetz, BT-Drs. 18/3994 vom 11.02.2015, S. 37.

ternehmen Anordnungen treffen, „wenn eine generelle Klärung im Interesse des Verbraucherschutzes geboten erscheint" (§ 4 Abs. 1a S. 2 FinDAG). Ein „verbraucherschutzrelevanter Missstand" im Sinne von S. 2 wird legaldefiniert als „ein erheblicher, dauerhafter oder wiederholter Verstoß gegen ein Verbraucherschutzgesetz, der nach seiner Art oder seinem Umfang die Interessen nicht nur einzelner Verbraucherinnen oder Verbraucher gefährden kann oder beeinträchtigt" (§ 4 Abs. 1a S. 3 FinDAG). Verbraucherschutzgesetze sollen entsprechend der Gesetzesbegründung generelle Gesetze umfassen, die dem Verbraucherschutz dienen, mithin der Verbraucherschutz deren „eigentlicher Zweck"[287] sei, wobei auch andere Zwecke verfolgt werden könnten, der Verbraucherschutz aber jedenfalls nicht untergeordnet sein dürfe.[288] Diese Formulierung ist angelehnt an § 2 UKlaG. Umfasst sind zivil- und öffentlich-rechtliche, verbraucherschützende Rechtsnormen.[289] Die BaFin hat insoweit nur Befugnisse mit Blick auf solche Verbraucherschutzgesetze, die ihrem übrigen Aufsichtsmandat entsprechen („innerhalb ihres gesetzlichen Auftrags", § 4 Abs. 1a S. 1 FinDAG).[290] Hierzu zählen insbesondere die BGB-Vorschriften zum Verbraucherkredit,[291] Fernabsatz von Finanzdienstleistungen[292] und das UWG mit Blick auf Finanzdienstleistungen.[293] Ein verbraucherschutzrelevanter Missstand mit Blick auf zivilrechtliche Normen ist, um dem grundsätzlich gebotenen ordentlichen Rechtsweg weiterhin den Vorrang zu geben, anzunehmen, wenn eine einschlägige BGH-Entscheidung bzgl. der Anwendung von Verbraucherschutznormen des Zivilrechts nicht beachtet wird.[294] Die „Einschlägigkeit" sei insbesondere gegeben, wenn gleiche AGB oder andere Vertragspraktiken angesprochen sind.[295] Daneben soll die BaFin auch

287 Regierungsentwurf zum Kleinanlegerschutzgesetz, BT-Drs. 18/3994 vom 11.02.2015, S. 37.

288 Regierungsentwurf zum Kleinanlegerschutzgesetz, BT-Drs. 18/3994 vom 11.02.2015, S. 37; zu den übrigen Voraussetzungen der Ermächtigungsgrundlage siehe *Rott*, WM 2019, S. 1189, 1190 ff.

289 Regierungsentwurf zum Kleinanlegerschutzgesetz, BT-Drs. 18/3994 vom 11.02.2015, S. 37.

290 Hierzu auch *Rott*, WM 2019, S. 1189 (1190).

291 Siehe auch Verbraucherkreditrichtlinie (Richtlinie 2008/48/EG vom 23.04.2008, ABl. L 133, 66).

292 Siehe auch Richtlinie über den Fernabsatz von Finanzdienstleistungen an Verbraucher (Richtlinie 2002/65/EG vom 23.09.2002, ABl. L 271, 16).

293 *Rott*, WM 2019, S. 1189 (1190).

294 Regierungsentwurf zum Kleinanlegerschutzgesetz, BT-Drs. 18/3994 vom 11.02.2015, S. 36.

295 *Rott*, WM 2019, S. 1189 (1190).

einschreiten dürfen, falls sie von gewichtigen bzw. systematischen Verstößen Kenntnis erlangt und eine absehbare höchstrichterlicher Klärung nicht zu erwarten ist.[296] In Umsetzung mehrerer Urteile des Bundesgerichtshofs hat die BaFin am 21. Juni 2021 per Allgemeinverfügung deutsche Kreditinstitute auf Grundlage von § 4 Abs. 1a S. 2 FinDAG verpflichtet, Verbraucherkunden zu informieren, wenn ihre Prämiensparverträge unwirksame Zinsanpassungsklauseln enthielten.[297]

Die kollektive Komponente des Verbraucherschutzziels kommt zum Ausdruck, indem der Gesetzgeber das kollektive Interesse als berührt ansieht, falls ein Verstoß gegen Verbraucherschutzgesetze vorliegt, der in seiner Bedeutung und seinem Gewicht über einen Einzelfall hinausgeht und eine allgemeine Klärung geboten ist.[298] Dies soll insbesondere klarstellen, dass keine individuellen Ansprüche auf ein Tätigwerden der BaFin bestehen.[299] Die BaFin setzt damit nicht die Rechte einzelner Verbraucher durch.[300]

Der Verbraucherschutz zeigt sich ebenfalls in speziellen aufsichtsrechtlichen Normen. Nach § 23 Abs. 1 KWG kann die BaFin zudem, um Missständen bei der Werbung durch Institute entgegenzuwirken, bestimmte Arten der Werbung untersagen. Dabei liegt ein Missstand insbesondere vor, wenn die Werbung für Verbraucherdarlehensverträge falsche Erwartungen in Bezug auf die Möglichkeit, ein Darlehen zu erhalten oder in Bezug auf die Kosten eines Darlehens weckt.[301] Die Wohnimmobilienkreditrichtlinie,[302] die den Verbraucherimmobilienkredit

---

296 Regierungsentwurf zum Kleinanlegerschutzgesetz, BT-Drs. 18/3994 vom 11.02.2015, S. 36; hierzu auch *VG Frankfurt*, Urteil v. 24.06.2021 –7 K 2237/20.F, Rzn. 27 f. = WM 2021, 1490 (S. 1493).

297 BaFin, Allgemeinverfügung bezüglich Zinsanpassungsklauseln bei Prämiensparverträgen vom 21.06.2021.

298 Regierungsentwurf zum Gesetz zur Stärkung der deutschen Finanzaufsicht, BT-Drs. 17/10040 vom 19.06.2012, S. 13; siehe auch *Albert*, in: Reischauer/Kleinhans, KWG, Werkstand: 6. EL 2024, § 6 Rn. 22.

299 Regierungsentwurf zum Kleinanlegerschutzgesetz, BT-Drs. 18/3994 vom 11.02.2015, S. 37.

300 Regierungsentwurf zum Kleinanlegerschutzgesetz, BT-Drs. 18/3994 vom 11.02.2015, S. 37. Ausnahmen müssen gleichwohl gelten, wenn sie hierzu spezialgesetzlich ermächtigt ist. Als Beispiel lässt sich § 48 ZKG i. V. m. § 49 Abs. 1 ZKG anführen, der die BaFin dazu ermächtigt, den Abschluss eines Basiskontovertrags anzuordnen, wenn der Verpflichtete diesen einem Berechtigten gegenüber verweigert und hierfür keine gesetzlichen Gründe bestehen (vgl. § 49 Abs. 1 Satz 2 ZKG).

301 § 23 KWG dürfte insoweit eine Spezialermächtigung zu § 4 Abs. 1a FinDAG sein, so auch *Rott*, WM 2019, S. 1189 (1190).

302 Richtlinie 2014/17/EU vom 04.02.2014, ABl. L 60, 34.

regelt, soll laut Erwägungsgrund 82 einen wirksamen und wettbewerbsfreudigen Binnenmarkt für Wohnimmobilienkreditverträge inklusive eines hohen Verbraucherschutzniveaus gewährleisten. Die Umsetzung erfolgte in § 18a KWG (Verbraucherdarlehen) und betrifft insbesondere die aufsichtsrechtliche Pflicht zur Kreditwürdigkeitsprüfung.[303] Aus den weiteren Erwägungsgründen wird deutlich, dass auch die Finanzstabilität in den Blick genommen wurde, insbesondere mit Blick auf die Lehren aus der Finanzkrise, in welcher unter den Verbrauchern in der EU ein großes Verschuldensausmaß festgestellt wurde, wobei dieses größtenteils in Wohnimmobilienkreditverträgen konzentriert gewesen sei.[304] Insoweit ist ebenso im Kontext des Verbraucherschutzes erklärtes Ziel, die Finanzstabilität zu stärken.

Hervorzuheben ist daneben § 5 Abs. 1 Nr. 3 InstitutsVergV, wonach angemessene Vergütungssysteme Verbraucherrechte und -interessen berücksichtigen müssen, insbesondere durch die Verwendung von qualitativen Vergütungsparametern, falls Verbraucherinteressen konkret betroffen sind. Hierdurch soll gewährleistet werden, dass Mitarbeiter ihre eigenen Interessen oder die des Instituts nicht über die Verbraucherinteressen stellen.[305] Mit dieser Vorgabe sind insbesondere die Vergütungssysteme derjenigen Mitarbeiter angesprochen, die unmittelbar mit Verbrauchern in Kontakt kommen und ihnen Bankprodukte anbieten, ihnen gegenüber Bankdienstleistungen erbringen oder die Personalverantwortung für solche Mitarbeiter tragen.[306] Unzulässig sind neben der Verwendung von ausschließlich quantitativen Zielvorgaben insbesondere Vergütungspraktiken, die zum Nachteil des Verbrauchers das Anbieten von Bankprodukten gegenüber anderen Produkten präferieren, etwa weil sie für den Mitarbeiter oder das Institut profitabler sind.[307] §§ 5 Abs. 1 Nr. 4, 5 InstitutsVergV bestimmen zudem (in Umsetzung von Art. 7 Abs. 2 und Abs. 3 Wohnimmobilienkreditrichtlinie) weitere verbraucherschützende Anforderungen für die Angemessenheit der Vergütungssysteme, insbesondere mit Blick auf den Abschluss von Immobiliar-Verbraucherdarlehensverträgen (§ 491 Abs. 3 BGB). So verbietet beispielsweise § 5 Abs. 1 Nr. 5 InstitutsVergV Mitarbeitern, die für die Prüfung der Kreditwürdigkeit von Darlehensnehmern bei Immobiliar-Verbraucherdarlehensverträgen verantwortlich sind, eine quantitative Anknüpfung der variablen Vergütung an die absolute Zahl oder den relativen Anteil

---

303 Zivilrechtlich in §§ 505a ff. BGB normiert.

304 Wohnimmobilienkreditrichtlinie Erwägungsgrund 3, siehe auch Erwägungsgründe 17, 27, 66, 67, 75.

305 BaFin, Auslegungshilfe zur InstitutsVergV, B., Zu § 5, S. 14.

306 BaFin, Auslegungshilfe zur InstitutsVergV, B., Zu § 5, S. 14.

307 BaFin, Auslegungshilfe zur InstitutsVergV, B., Zu § 5, S. 14.

der genehmigten Anträge. Damit enthält auch das materielle Bankenaufsichtsrecht unmittelbar verbraucherschützende Vorschriften.

Zusammenfassend lässt sich festhalten, dass der Grund der Erfassung des Verbraucherschutzes durch das Bankenaufsichtsrecht zweigeteilt ist. Einerseits lassen die Zielausführungen darauf schließen, dass der Verbraucherschutz im Sinne einer Sicherung ihres Vertrauens in das Finanzsystem ein wichtiger Zwischenschritt für ein stabiles Finanzsystem ist. Andererseits ist der Verbraucherschutz sowohl durch die Befugnisnormen der Aufseher als auch das materielle Bankenaufsichtsrecht erfasst und damit als neben dem Einleger- und Anlegerschutz eigenständiges Ziel erkennbar, was sich bereits an einer Abkehr von einem reinen Vermögensschutz zeigt. Damit ist ein eigenständiger Schutzzweck erkennbar.

IV. Zum Verhältnis der Ziele

Die Zielaussagen der Rechtsetzer zeigen, dass die beiden Ziele, Finanzstabilität und Kundenschutz (insbesondere in Form des Vermögens- und damit Gläubigerschutzes) eng miteinander verwoben sind. Es stellt sich daher die Frage, ob sich zwischen diesen Zielen eine Verbindung dergestalt ausmachen lässt, dass sich ein Ziel als Instrument des anderen Ziels ausmachen lässt. Sollte diese Instrumentalisierung so weit reichen, dass ein Ziel keine eigenständige Zielbedeutung hat, stellt dieses ein Zwischenziel zum anderen Endziel dar.[308]

Die Literatur stellt das Finanzstabilitäts-/Funktionenschutzziel hauptsächlich dem Gläubigerschutzziel entgegen.[309] Dabei wird die Sicherung der Werthaltigkeit von Forderungen gegenüber Kreditinstituten teilweise als ein Zwischenziel verstanden.[310] Dieser Stellenwert wird insbesondere mit dem Fehlen subjektiv öffentlich-rechtlicher Ansprüche zum Tätigwerden der Verwaltung begründet.[311] Der Schutz der Bankgläubiger sei daher nur ein Rechtsreflex.[312] Der Gläubiger-

308 Siehe zu diesen Zielbeziehungen bereits Teil 1II. Die Frage nach der Zielbeziehung ist nicht zuletzt mit Blick auf die nachfolgende Frage nach Zielkonflikten angebracht, verändert sich der Bezugspunkt, falls ein Endziel ausgemacht werden kann.

309 Vgl. hierzu etwa *Büsselmann*, Bankenaufsicht und marktbezogenes Eigenkapital, S. 30 f.; ähnlich auch *Burghof/Rudolph*, Bankenaufsicht, S. 18, ähnlich *Degenhart*, Zweck und Zweckmäßigkeit bankaufsichtlicher Eigenkapitalnormen, S. 37-39.

310 *Paraschiakos*, Bankenaufsicht zwischen Risikoverwaltung und Marktbegleitung, S. 71 f.

311 *Paraschiakos*, Bankenaufsicht zwischen Risikoverwaltung und Marktbegleitung, S. 72.

312 *Paraschiakos*, Bankenaufsicht zwischen Risikoverwaltung und Marktbegleitung, S. 75.

schutz sei entsprechend ein „notwendiges Zwischenziel" und damit Instrument und kein Endzweck des Bankenaufsichtsrechts.[313]

Nach einer weiteren Literaturmeinung sei dagegen der „Kerngedanke" des Kreditwesengesetzes, die Gläubigeransprüche durch eine präventive Institutssicherung zu schützen, mithin verfolge das Aufsichtsrecht vornehmlich einen (mittelbaren) Gläubigerschutz durch die Sicherung der Liquidität und Solvabilität einzelner Kreditinstitute.[314] Dies ginge mit einer Vertrauensstärkung im Bankensektor einher und leiste damit (unterstützt durch unmittelbare Gläubigerschutzmaßnahmen (Einlagensicherungs- und Anlegerentschädigungssysteme, aber auch handelsrechtliche Rechnungslegungs- und Publizitätsvorschriften)) einen Beitrag zur Funktionserhaltung.[315] Damit stünden die beiden Ziele nicht nebeneinander, sie bedingten sich, da beide Folgewirkung der gewollten Insolvenzverhinderung seien.[316] Der Funktionsschutz verlange aber keine anderen Regelungen, die nicht bereits aus Gläubigerschutzgesichtspunkten erforderlich seien.[317]

Nach einer weiteren Ansicht müsse differenziert werden: Sofern der Gläubigerschutz unter einer sozialpolitischen Begründung betrachtet werde, sei er eigenständiges Endziel.[318] Lege man stattdessen die wirtschaftspolitische Begründung zugrunde, die den Schutzzweck über den unmittelbaren Schutz der Gläubiger hinaus erweitert und damit insbesondere gesamtwirtschaftliche Implikationen und Negativfolgen in den Blick nimmt, könnten die Ziele „Gläubigerschutz" und „Sicherung der Funktionsfähigkeit" nicht unabhängig nebeneinander stehen, vielmehr müsse der Gläubigerschutz ein Zwischenziel bilden.[319]

In der Tat dürfte die Entscheidung für eine Zielbeziehung (Finanzstabilität neben Kundenschutz; Kundenschutz durch Finanzstabilität, Finanzstabilität

313 *Paraschiakos*, Bankenaufsicht zwischen Risikoverwaltung und Marktbegleitung, S. 81.

314 *Waschbusch*, Bankenaufsicht, S. 166 f. m. w. N.

315 *Waschbusch*, Bankenaufsicht, S. 166 f. m. w. N.

316 *Waschbusch*, Bankenaufsicht, S. 167: „miteinander verwobene Aufsichtsvorstellungen".

317 *Waschbusch*, Bankenaufsicht, S. 167.

318 *Niethammer*, Die Ziele der Bankenaufsicht, S. 102.

319 *Niethammer*, Die Ziele der Bankenaufsicht, S. 102 f. Letztlich entscheidet sich *Niethammer* dafür, den Gläubigerschutz aufgrund dessen Bedeutung als eigenständiges Hauptziel anzusehen, wenngleich nach seiner Ansicht die wirtschaftspolitische Begründung überwiege (siehe *Niethammer*, Die Ziele der Bankenaufsicht, S. 105); vgl. *Büsselmann*, Bankenaufsicht und marktbezogenes Eigenkapital, S. 30 f. zum Gläubigerschutz als untergeordnetem Ziel und Nebenbedingung; *Markel*, Qualitative Bankenaufsicht, S. 34 zum Gläubigerschutz als Unterziel.

durch Kundenschutz) maßgeblich davon abhängen, welchen Beweggrund für die Aufnahme des Kundenschutzziels in das Bankenaufsichtsrecht ausgemacht wird. Dies spricht die Frage nach der besonderen Schutzbedürftigkeit der Bankkunden an, mithin die Frage, wieso es für die Gruppe der Bankkunden, über die regulären, insbesondere zivil- und insolvenzrechtlichen Schutzmechanismen hinaus, eines zusätzlichen Schutzes durch die Instrumente des Bankenaufsichtsrechts bedarf.

Das Kundenschutzziel lässt sich dabei hauptsächlich ordnungs- und sozialpolitisch begründen.[320] Die ordnungspolitische Begründung setzt an der Begründung des Finanzstabilitätsziels an und fußt auf den unmittelbar einlegerschützenden Normen, namentlich auf den Gefahren eines Gläubiger-Runs.[321] Unter einer solchen Betrachtungsweise werden nicht die Wirkung von Bankzusammenbrüchen auf die Vermögenslage der Gläubiger betrachtet, sondern die gesamtwirtschaftlichen Folgen eines durch Bankzusammenbrüche erzeugten Verhaltens der Bankgläubiger. *Krümmel* spricht treffend von einem „verhaltenspsychologischen Aspekt des Gläubigerschutzes“[322]. Entsprechend verhielten sich bereits die Gesetzesbegründung des Kreditwesengesetzes 1961 und der Ruland-Bericht, wenn dort konstatiert wird, dass gläubigerschützende Normen verhindern sollen, dass bei Gläubigern Vertrauensverluste entstünden, die Kettenreaktionen auslösen könnten.[323] Diese ordnungspolitische Begründung wird zudem im Kreditwesengesetz deutlich, wenn § 10 Abs. 4 KWG den Schutz des allgemeinen Vertrauens der Einleger sowie weiterer Marktteilnehmer in ein funktionsfähiges Finanzsystem (§ 10 Abs. 4 Satz 1 Nr. 2 KWG) und die „Stärkung des Vertrauens in die Widerstandsfähigkeit des europäischen Bankensektors“ (§ 10 Abs. 4 Satz 4 KWG) nennt. Das Bundesverfassungsgericht beschreibt die Entschädigungssysteme zudem als „Instrument zur Stabilisierung des für funktionsfähige Finanzmärkte essenzi-

320 So insbesondere auch *Niethammer*, Die Ziele der Bankenaufsicht, S. 95 ff., 97 ff. *Niethammer* führt auch andere Begründungen an, z. B., dass durch einen Einlageneinzug auch währungspolitische Probleme entstehen, siehe auch *Niethammer*, Die Ziele der Bankenaufsicht, S. 99 f. Für die Zwecke der Arbeit, insbesondere mit Blick auf die Begründung eines öffentlichen Interesses, erübrigt sich die Anführung weiterer Begründungsversuche.

321 Hierzu *Niethammer*, Die Ziele der Bankenaufsicht, S. 97 ff.

322 *Krümmel*, Kredit und Kapital 1975, S. 524 (528).

323 Regierungsbegründung zum KWG-Entwurf von 1961, 25.05.1959, BT-Drs. 3/1114, S. 19 f.; Ruland-Bericht, S. 2; auch *Niethammer*, Die Ziele der Bankenaufsicht, S. 98.

ellen gegenseitigen Vertrauens“[324]. Auch das europäische Bankenaufsichtsrecht ist von dieser Begründung, insbesondere für den Einlegerschutz, geprägt.[325] Die ordnungspolitische Begründung setzt damit an den Gefahren, die von Bankgläubigern ausgehen können, an. *Niethammer* spricht zutreffend vom „Schutz vor den Gläubigern“[326].

Eine sozialpolitische Begründung des Kundenschutzziels blickt dagegen auf die Schutzwürdigkeit der Bankgläubiger.[327] Die Schutzwürdigkeit betrifft einerseits die Frage, ob sich unter den Bankkunden eine besondere Gruppe befindet, deren Vermögensinteressen besonders schutzwürdig sind und andererseits die Frage, inwieweit ihre Geldanlagen bei Kreditinstituten besonderen (sektorspezifischen) Verlustgefahren ausgesetzt sind.[328] Unter einer solchen Prämisse seien einerseits Kleineinleger besonders schutzwürdig, da sich Verluste bei ihnen besonders auswirkten und sie in wirtschaftlichen Angelegenheiten unerfahren seien.[329] Andererseits befänden sich die meisten Bankgläubiger in einer nachteiligen Verhandlungsposition, da sie keine hinreichende Verhandlungsstärke besäßen, um bei der Einlagenüberlassung risikoreduzierende, vertragliche Bedingungen individualvertraglich auszuhandeln, weshalb grundsätzlich alle Einleger schützenswert seien.[330] Gewöhnliche Bankeinleger seien darüber hinaus kaum in der Lage, die Informationen (außerhalb der gesetzlichen Berichterstattung) zu sammeln, um

324 *BVerfG*, Beschluss v. 24.11.2009 – 2 BvR 1387/04, Rz. 67 = BVerfGE 124, 348 (S. 371), vgl. zudem Rz. 74 (= BVerfGE 124, 348 (S. 373)): „Finanzierungsverantwortung für die Stabilität des Finanzmarktes durch Vertrauen in die Sicherheit der Anlagen“, Rz. 76 (= BVerfGE 124, 348 (S. 375)): „vertrauensschützende Sicherungssysteme“; siehe auch bestätigt durch *BVerfG*, Beschluss v. 24.11.2015 – 2 BvR 355/12, Rz. 42 = NVwZ 2016, 606 (S. 607).

325 Vgl. nur Erwägungsgrund 33 DGSD.

326 *Niethammer*, Die Ziele der Bankenaufsicht, S. 98.

327 *Niethammer*, Die Ziele der Bankenaufsicht, S. 95 f.; *Waschbusch*, Bankenaufsicht, S. 11; ähnlich *Neus/Riepe*, in: Binder/Glos/Riepe (Hrsg.), Handbuch Bankenaufsichtsrecht, § 6 Rn. 23, welche aber nicht von einer „sozial-politischen“ Begründung sprechen, sondern diese Argumente heranziehen, um einen ökonomischen Nutzen zu begründen.

328 So *Waschbusch*, Bankenaufsicht, S. 11; ähnlich auch *Neus/Riepe*, in: Binder/Glos/Riepe (Hrsg.), Handbuch Bankenaufsichtsrecht, § 6 Rn. 23; *Bieg/Krämer/Waschbusch*, in: Bieg/Krämer/Waschbusch/Igl (Hrsg.), Bankenaufsicht in Theorie und Praxis, S. 65, 68 ff.

329 Vgl. *Niethammer*, Die Ziele der Bankenaufsicht, S. 112 ff; vgl. auch *Neus/Riepe*, in: Binder/Glos/Riepe (Hrsg.), Handbuch Bankenaufsichtsrecht, § 6 Rn. 23 zu Sparern.

330 *Niethammer*, Die Ziele der Bankenaufsicht, S. 109 f. in Abgrenzung zu anderen Bankgläubigern.

eine angemessene Bonitätsprüfung durchführen zu können.[331] Aber auch mit einer ausreichenden Informationsgrundlage fehlte ihnen Expertise und die Urteilsfähigkeit, um die wirtschaftliche Situation der Bank beurteilen zu können, sodass für die Mehrheit der Bankeinleger eine Schutzwürdigkeit bestehe.[332] Die besondere Schutzbedürftigkeit lasse sich aus dem geringen Eigenkapitalanteil bei Banken begründen, welcher die Einlagen bereits bei einem kleinen Verlustbruchteil bedrohe.[333] Die zusätzliche besondere Krisenanfälligkeit des Bankensektors bedinge, die Gruppe der Bankgläubiger (Einleger und Anleger) aus der Gläubigergruppe herauszuheben.[334]

Fraglich ist, ob der europäische und nationale Rechtsetzer für die Aufnahme des Kundenschutzes im Bankenaufsichtsecht auch eine solche sozialpolitische Begründung zugrunde legt. Mit Blick auf den aufsichtsrechtlichen Verbraucherschutz könnte dies naheliegen. Gleichwohl lässt sich der Verbraucherschutz im Vergleich zu den weiteren Komponenten des Kundenschutzziels als Nebenziel im Aufsichtsrecht einstufen. Gesetzgeberische Ausführungen dazu, wie sich der Verbraucherschutz zu den sonstigen (originären) Aufsichtszielen verhält, finden sich mit Blick auf das Mandat der BaFin. Das Ziel soll ausweislich der Gesetzesbegründung *neben* die Ziele der BaFin, „die Stabilität der beaufsichtigten Institute sowie ein funktionsfähiges, stabiles und integres deutsches Finanzsystem zu gewährleisten“[335], treten. Der Regierungsentwurf zu den §§ 4b, 8a FinDAG hat klargestellt, dass die der BaFin zugewiesenen „Primäraufgaben“ u. a. ein funktionsfähiges Kreditwesen sowie funktionsfähige Wertpapiermärkte sicherstellen sollen.[336] Insoweit ist der Verbraucherschutz zwar als selbständiges Teilziel des

331 *Niethammer*, Die Ziele der Bankenaufsicht, S. 96; *Paraschiakos*, Bankenaufsicht zwischen Risikoverwaltung und Marktbegleitung, S. 70.

332 *Niethammer*, Die Ziele der Bankenaufsicht, S. 96 nennt als vierten Grund die zwangsweise Gläubigerstellung von Arbeitnehmern, da die Zahlungen bargeldlos erfolgen; vgl. auch *Bieg/Krämer/Waschbusch*, in: Bieg/Krämer/Waschbusch/Igl (Hrsg.), Bankenaufsicht in Theorie und Praxis, S. 65, 68 f.

333 So *Niethammer*, Die Ziele der Bankenaufsicht, S. 93 f.; *Bieg/Krämer/Waschbusch*, in: Bieg/Krämer/Waschbusch/Igl (Hrsg.), Bankenaufsicht in Theorie und Praxis, S. 65, 69 ff. Dies könnte zwar vernachlässigt werden, würde diese kleine Eigenkapitalbasis mit einer verminderten Risikobereitschaft einhergehen. Dies ist aber bei Banken bekanntlich nicht der Fall.

334 Vgl. zu diesen beiden Komponenten auch *Paraschiakos*, Bankenaufsicht zwischen Risikoverwaltung und Marktbegleitung, S. 70.

335 Regierungsentwurf zum Kleinanlegerschutzgesetz, BT-Drs. 18/3994 vom 11.02.2015, S. 36.

336 Regierungsentwurf zum Gesetz zur Stärkung der deutschen Finanzaufsicht, BT-Drs. 17/10040 vom 19.06.2012, S. 13.

Kundenschutzes zu sehen, gleichwohl kommt ihm eine Nebenzielfunktion zu, wird der isolierte Verbraucherschutz in den Blick genommen.

Wird die einleger- und anlegerschützende Komponente und damit der Gläubigerschutz betrachtet, legen die angeführten Aussagen des historischen Gesetzgebers als auch die Bezüge in § 10 KWG nahe, dass die ordnungspolitische Begründung jedenfalls unter dem Einlegerschutzziel vorherrschend ist. Ob hierdurch aber eine Instrumentenbetrachtung angezeigt ist, ist fraglich. Die grundsätzliche Zweiteilung der Zielformulierungen im europäischen und nationalen Bankenaufsichtsrecht suggeriert, dass die Rechtsetzer von einer eigenständigen und vergleichbaren herausgehobenen Bedeutung der beiden Ziele ausgehen. Im europäischen Aufsichtsrecht deuten zunächst die CRR und CRD an, dass die Ziele grundsätzlich nebeneinander Bedeutung erlangen.[337] Dies spiegelt sich in den Aufsichtsmandaten wider.[338]

---

337 Erwägungsgrund 7 der CRR suggeriert, dass die Ziele nebeneinanderstehen („die Finanzstabilität der Wirtschaftsteilnehmer an diesen Märkten sichern sowie einen hohen Grad an Anleger- und Einlegerschutz gewährleisten“). Siehe auch Erwägungsgrund 123 CRR: „zum Schutze der Einleger und zur Wahrung der Finanzstabilität“. Entsprechend verhält sich Erwägungsgrund 47 der CRD („die Interessen von Einlegern und Anlegern zu schützen und die Stabilität des Finanzsystems sicherzustellen“).

338 Art. 2 Abs. 1 EBA-Verordnung bestimmt als „Hauptziel“ des ESFS die Kontrolle der Einhaltung von Vorschriften des Finanzsektors, „um die Finanzstabilität zu erhalten und für Vertrauen in das Finanzsystem insgesamt und für einen wirksamen und ausreichenden Schutz der Kunden und Verbraucher, die Finanzdienstleistungen in Anspruch nehmen, zu sorgen“. Siehe auch Erwägungsgrund 1 der Änderungsverordnung zur EBA-Verordnung (Verordnung (EU) 2019/2175 vom 18.12.2019, ABl. L 334, 1). Zwar beziehen sich diese Ausführungen auf die Finanzmarktaufsicht als Ganzes, aber auch Art. 8 Abs. 1 lit. h EBA-Verordnung listet den Einleger-, Verbraucher- und Anlegerschutz separat auf. Erwägungsgrund 30 der SSM-Verordnung bestimmt dagegen, dass die EZB ihre Aufgaben mit dem Ziel wahrzunehmen habe, die „Sicherheit und Solidität der Kreditinstitute, die Stabilität des Finanzsystems der Union und der einzelnen Mitgliedstaaten sowie die Einheit und Integrität des Binnenmarkts und somit auch den Einlegerschutz zu gewährleisten und die Funktionsweise des Binnenmarkts zu verbessern“. Hierdurch könnte eine Instrument-Ziel-Beziehung in dem Sinne angedeutet sein, dass die Finanzstabilität einen Einlegerschutz bedinge. Dass der Einlegerschutz zum Schluss genannt wurde („und somit auch“), kann nur ein schwaches Argument für die Zielbeziehung bilden. Hierin ist lediglich zu erkennen, dass sich die Sicherstellung der Finanzstabilität auch positiv auf den Einlegerschutz auswirkt.

In der EuGH-Rechtsprechung wird bei Zielausführungen zwar hauptsächlich auf die Sicherstellung der Finanzstabilität Bezug genommen.[339] Es ergibt sich aber dennoch ein duales Zielbild, wobei die Entscheidungsgründe auf die Erwägungsgründe sowie Artikel der Rechtsakte Bezug nehmen.[340] In zwei Entscheidungen zur alten Einlagensicherungsrichtlinie[341] spricht der EuGH zudem explizit von einem „zweifachen Ziel"[342].

Im nationalen Bankenaufsichtsrecht fehlen Ausführungen zu Zielbeziehungen gänzlich.[343]Die Gesetzesbegründung zum KWG könnte einen Vorrang des

---

339 Vgl. nur *EuGH*, Urteil v. 02.10.2019 – C-152/18 P und C-153/18 P (Crédit mutuel Arkéa/ EZB), ECLI:EU:C:2019:810, Rz. 55 ff. mit Blick auf den SSM.

340 Für die SSM-Verordnung: *EuGH*, Urteil v. 02.10.2019 – C-152/18 P und C-153/18 P (Crédit mutuel Arkéa/ EZB), ECLI:EU:C:2019:810, Rz. 5 f.; *EuGH*, Urteil v. 08.05.2019 – C-450/17 P (Landeskreditbank Baden-Württemberg – Förderbank/ EZB), ECLI:EU:C:2019:372, insb. Rz. 86 bestätigte (indirekt) die Zielausführungen des *EuG*, Urteil v. 16.05.2017 – T-122/15 (Landeskreditbank Baden-Württemberg – Förderbank/ EZB), ECLI:EU:T:2017:337, Rz. 78; für die SRM-Verordnung: *EuG*, Urteil v. 20.01.2021 – T-758/18 (ABLV Bank AS/SRB), ECLI:EU:T:2021:28, Rz. 70-72; *EuGH*, Urteil v. 06.05.2021 – C 551/19 P und C-552/19 P (ABLV Bank AS/ EZB), ECLI:EU:C:2021:369, Rz. 55; noch zur alten Einlagensicherungsrichtlinie RL 94/19: *EuGH*, Urteil v. 21.12.2016 – C-76/15 (Paul Vervloet u. a./Ministerraad), ECLI:EU:C:2016:975, Rz. 84; *EuGH*, Urteil v. 02.09.2015 – C-127/14 (Andrejs Surmačs/ Finanšu un kapitāla tirgus komisija), ECLI:EU:C:2015:522, Rz. 21; *EuGH*, Urteil v. 12.10.2004 – C-222/02 (Paul u. a./Deutschland), ECLI:EU:C:2004:606, Rz. 26; zur EBA-Verordnung: *EuGH*, Urteil v. 15.07.2021 – C-911/19 (FBF/ACPR), ECLI:EU:C:2021:599, Rz. 82, unter Verweis auf Art. 1 Abs. 5 EBA-Verordnung; zur CRR: *EuGH*, Urteil v. 16.07.2020 – C-686/18 (Adusbef u. a./Banca d'Italia u. a.), ECLI:EU:C:2020:567, Rz. 70; *EuGH*, Urteil v. 14.11.2018 – C-215/17 (Nova Kreditna Banka Maribor d.d./Republika Slovenija), ECLI:EU:C:2018:901, Rz. 38, indirekt zur CRD allgemein: *EuGH*, Urteil v. 13.09.2018 – C-594/16 (Buccioni/ Banka d'Italia), ECLI:EU:C:2018:717, Rz. 29.

341 Richtlinie 94/19/EG vom 30.05.1994, ABl. L 135, 5.

342 *EuGH*, Urteil v. 21.12.2016 – C-76/15 (Paul Vervloet u. a./Ministerraad) ECLI:EU:C:2016:975, Rz. 84; *EuGH*, Urteil v. 02.09.2015 – C-127/14 (Andrejs Surmačs/ Finanšu un kapitāla tirgus komisija), ECLI:EU:C:2015:522, Rz. 21.

343 Anders verhält es sich im Rahmen der bereits vorgestellten sog. Abwicklungsziele. Art. 31 Abs. 3 BRRD und § 67 Abs. 2 Hs. 1 SAG bestimmen, dass die Abwicklungsziele als gleichrangig anzusehen sind. § 67 Abs. 2 Hs. 2 SAG hebt hervor, dass es der Abwicklungsbehörde obliegt, im Einzelfall eine Abwägung vorzunehmen. Für das Versicherungsaufsichtsrecht bestimmt § 294 Abs. 1 VAG, dass Hauptziel der Beaufsichtigung der Schutz der Versicherungsnehmer und der Begünstigten von Versicherungsleistungen ist.

Finanzstabilitätsziels/Funktionenschutzziels suggerieren.[344] Im Zusammenhang mit der dritten KWG-Änderung im Jahr 1984 und der Einführung des § 6 Abs. 3 KWG a. F. (§ 4 Abs. 4 FinDAG) wurde das Finanzstabilitätsziel in der Regierungsbegründung zudem besonders hervorgehoben.[345] Dies könnte bedeuten, dass dem Gläubigerschutz keine eigenständige, sondern eine das Ziel der Funktionsfähigkeit unterstützende Rolle zukommen soll.

Ein dualer Zielbefund kommt dagegen in der nationalen Rechtsprechung zum Ausdruck, die als Ziel des Kreditwesengesetzes die Wahrung der Funktionsfähigkeit des Kreditapparats und den Schutz der Bankgläubiger vor Verlusten nennt.[346] In einer Entscheidung hieß es, die Bankenaufsicht solle „die allgemeine Ordnung im Kreditwesen gewährleisten, die Funktionsfähigkeit des Kreditapparates auch in Krisenzeiten erhalten und die Gläubiger von Kreditinstituten vor Verlusten schützen“[347]. Das Bundesverfassungsgericht nimmt nicht ausdrücklich dazu Stellung, wie sich die beiden Ziele im Sinne einer Zielbeziehung zueinander verhalten. Die Entscheidungsgründen deuten aber an, dass der Kundenschutz im Sinne eines Einlegerschutzes ein Instrument für die Finanzstabilität darstellen soll: So wird dargelegt, dass Verluste bei Einlegern eines Instituts zu Vertrauensverlusten in Bezug auf andere Institute führen.[348] Dagegen suggeriert eine Entscheidung aus dem Jahr 1962, dass das Kreditwesengesetz zwei nebeneinanderstehende Ziele verfolgt.[349]

---

344 In der Gesetzesbegründung zum Kreditwesengesetz 1961 wird ausgeführt, dass das Ziel des Entwurfs darin liege, „die Funktionsfähigkeit des Kreditapparates zu wahren und die Gläubiger der Kreditinstitute nach Möglichkeit vor Verlusten zu schützen“. Die Formulierung, „nach Möglichkeit vor Verlusten zu schützen“, könnte eine untergeordnete Bedeutung des Gläubigerschutzes suggerieren, zumal das Gläubigerschutzziel hauptsächlich in Verbindung mit dem Funktionssicherungsziel angesprochen wird (so *Niethammer*, Die Ziele der Bankenaufsicht, S. 38 f.).

345 Vgl. die Ausführungen im Regierungsentwurf, Drittes Gesetz zur Änderung des Gesetzes über das Kreditwesen, BT-Drs. 10/1441 vom 14.05.1984, S. 20, wonach die Aufsichtstätigkeit „zur Sicherstellung der Funktionsfähigkeit der Kreditwirtschaft ausschließlich im öffentlichen Interesse wahrgenommen werden [sollte.] (…) Der Einlegerschutz, dem unter sozialen Gesichtspunkten eine besondere Bedeutung zuzuerkennen ist, wird durch die Gesetzesänderung nicht beeinträchtigt, denn er beruht vor allem auf den Einlagensicherungseinrichtungen des Kreditgewerbes“.

346 *BVerfG*, Urteil v. 24.07.1962 – 2 BvF 4, 5/61, 1, 2/62 = BVerfGE 14, 197 (S. 198); *BGH*, Urteil v. 15.02.1979 – III ZR 108/76, II. 1 = BGHZ 74, 144 (S. 147).

347 *BVerfG*, Urteil v. 24.07.1962 – 2 BvF 4, 5/61, 1, 2/62 = BVerfGE 14, 197 (S. 198).

348 Siehe etwa *BVerfG*, Urteil v. 07.11.2017 – 2 BvE 2/11, Rz. 313 m. w. N. = BVerfGE 147, 50 (S. 164 f.).

349 *BVerfG*, Urteil v. 24.07.1962 – 2 BvF 4, 5/61, 1, 2/62 = BVerfGE 14, 197 (S. 198).

Die Aussagen der Rechtsetzer als auch ihre Interpretationen durch die höchstrichterliche Rechtsprechung zeigen damit kein eindeutiges Zielbeziehungsbild, sodass für die Untersuchung nicht von einer ausschließlichen Instrument-Ziel-Beziehung ausgegangen werden kann, wenngleich der Kundenschutz – wir der Verbraucherschutz ausgeklammert – national hauptsächlich ordnungspolitisch begründet wird. Die Zielformulierungen suggerieren, dass kein ausschließlicher Zwischenzielcharakter ausgemacht wird. Auch die Interpretationen der gesetzgeberischen Aussagen durch die höchstrichterliche Rechtsprechung zeigen, dass grundsätzlich von einer Zieldualität ausgegangen wird.

Zusammenfassend lässt sich damit festhalten, dass von einer Zieldualität auszugehen ist. Es existieren zwar Überschneidungen zwischen dem Finanzstabilitäts- und Kundenschutzziel im Sinne von Ziel-Mittel-Beziehungen, die auch im Verhältnis Kundenschutz (Ziel) – Finanzstabilität (Mittel) nicht negiert werden können. Die Ziele bedingen sich wechselseitig, gehen aber nicht völlig ineinander auf. Die Tendenzen zur Heraushebung des Finanzstabilitätsziels deuten zwar an, dass bei diesem von einem Hauptziel gesprochen werden kann. Dagegen kann aufgrund der gesetzgeberischen Aussagen mit Blick auf den Kundenschutz, jedenfalls in Form des Einleger- und Anlegerschutzes, nicht von einer niedrigeren Priorität (im Sinne eines Nebenziels) ausgegangen werden, insbesondere im Lichte der Europäisierung des Bankenaufsichtsrechts.

V. Zu den weiteren Zielen des Bankenaufsichtsrechts

Das Bankenaufsichtsrecht wird von weiteren, mannigfaltigen Zielformulierungen begleitet, sodass sich die Frage stellt, wie sich diese zum Finanzstabilitäts- und Kundenschutzziel verhalten. Besonders deutlich ist dies in der EBA-Verordnung erkennbar: Art. 1 Abs. 5 Unterabs. 1 Satz 2 EBA-Verordnung bestimmt, auf welche Ziele[350] bzw. „öffentliche[n] Werte“[351] sich das Mandat bezieht.[352] Die Präambel

---

350 Der Zielbegriff fällt zwar nicht in Satz 2, aber z. B. erteilt Art. 9 Abs. 3 EBA-Verordnung der EBA die Befugnis zur Herausgabe von Warnungen, wenn „die in Artikel 1 Absatz 5 festgelegten Ziele“ ernsthaft bedroht sind.

351 Siehe Formulierung in Erwägungsgrund 11 EBA-Verordnung.

352 Namentlich Verbesserung des Funktionierens des Binnenmarktes, Gewährleistung integrer, transparenter, effizienter und ordnungsgemäß funktionierender Finanzmärkte, Ausbau der weltweiten Aufsichtskoordination, Prävention von Aufsichtsarbitrage und Förderung gleicher Wettbewerbsbedingungen, Regulierung und Beaufsichtigung von Risikoübernahmen, Verbesserung des Kunden- und Verbraucherschutzes, Förderung der Vereinheitlichung der Aufsicht im Binnenmarkt, Geldwäscheprävention und Verhinderung der Terrorismusfinanzierung durch Nutzung des Finanzsystems.

der EBA-Verordnung spiegelt die Zielsetzungen in Art. 1 Abs. 5 EBA-Verordnung wider.[353] In Erwägungsgrund 66 werden mit Blick auf die Ausführungen zum Subsidiaritätsprinzip nach Art. 5 EUV explizite „Ziele" formuliert, die sich nicht in allgemeinen Binnenmarktzielen und dem Ziel der Vereinheitlichung der Aufsicht und der Aufsichtsstandards erschöpfen. Sie spiegeln die Ziele in Art. 1 Abs. 5 Unterabs. 1 EBA-Verordnung weitestgehend materiell wider.[354]

Art. 1 Abs. 5 Unterabs. 1 Satz 2 EBA-Verordnung lässt damit zunächst auf ein Zielpolygon schließen, das über die aufgezeigten Ziele hinausgeht. Gleichwohl suggeriert bereits die Systematik der Aufgabenzuweisung in der EBA-Verordnung, dass die Schutzgüter in Art. 1 Abs. 5 Unterabs. 1 Satz 2 EBA-Verordnung Teilaspekte übergeordneter Ziele darstellen. Die Zielformulierungen lassen sich jedenfalls dem bankenaufsichtsrechtlichen Finanzstabilitätsziel als Zwischenziele unterordnen, wobei diese Einordnung durch die Begrenzung der Zielhierarchiebetrachtung auf das Bankenaufsichtsrecht bedingt ist.[355] Diese Hierarchiebildung stellt zwar eine Wertung dar, da die Ziele tatsächlich so miteinander verflochten sind, dass eine klare Trennung der jeweiligen Ziele nur bedingt möglich ist. Gleichwohl lässt sich die Hierarchiebildung durch die Ausführungen des Gesetzgebers untermauern.[356]

---

353 Siehe insbesondere Erwägungsgrund 11, wobei ausdrücklich auch von der „Stabilität des Finanzsystems" die Rede ist, während dies in der Aufzählung in Art. 1 Abs. 5 Unterabs. 1 Satz 2 EBA-Verordnung fehlt, sondern in der allgemeinen Beschreibung in S. 1 widergespiegelt ist. Siehe zudem Erwägungsgründe 27, 42 EBA-Verordnung.

354 Die Änderungen der EBA-Verordnung (insbesondere durch die Verordnung (EU) 1022/2013 vom 22.10.2013, ABl. L 287, 5 und die Verordnung (EU) 2019/2175 vom 18.12.2019, ABl. L 334, 1) bewirkten keine Änderungen dieser Zielformulierung. Das Ziel der Bekämpfung der Geldwäsche und Terrorismusfinanzierung, das in der aktuellen Fassung der EBA-Verordnung explizit genannt ist, ist in Erwägungsgrund 66 nicht genannt und auch nicht nachträglich eingefügt worden. Aus Art. 1 Abs. 5 EBA-Verordnung sowie Erwägungsgrund 37 wird aber deutlich, dass auch dieses als Ziel einzustufen ist. Entsprechendes gilt für den Verbraucherschutz, der bereits in der Ursprungsfassung der EBA-Verordnung in Art. 1 Abs. 5 genannt wurde. Zum Verbraucherschutz siehe näher unter Teil 1 B. III. 3.

355 Zur Eingrenzung der Zielbeziehungen durch das Bankenaufsichtsrecht siehe Teil 1 I I.

356 Die Ziele der Prävention von Aufsichtsarbitrage und Schaffung gleicher Wettbewerbsbedingungen zählen zur Finanzstabilität. Entsprechendes gilt für die Ziele der Integrität, Transparenz, Effizienz und des ordnungsgemäßen Funktionierens der Finanzmärkte. Zur Bedeutung von Funktionsfähigkeit und Effizienz im Rahmen des Finanzstabilitätsziels siehe bereits Teil 1 B. I. 2. und B. II. 2. Im De-Larosière-Bericht wurde bereits ausgeführt: „Durch unterschiedliche Aufsichtspraktiken bedingte

In der Ursprungsfassung der EBA-Verordnung fehlten in Art. 1 Abs. 5 Unterabs. 1 Satz 2 EBA-Verordnung Bezugnahmen auf das Ziel der Geldwäscheprävention und Verhinderung der Terrorismusfinanzierung.[357] Hervorzuheben ist zudem § 6a KWG, der als besondere Aufgabe der BaFin auch die Verhinderung der Terrorismusfinanzierung enthält.[358] Hieran werden die Ziele der Geldwäscheprävention und Bekämpfung der Terrorismusfinanzierung auch im Kreditwesengesetz deutlich. Fraglich ist, wie sich diese Zielformulierung zu den ausgemachten Hauptzielen verhält, insbesondere ob diese neben die Hauptziele treten (in Form eines weiteren Haupt- oder Nebenziels) oder in diesen aufgehen. Laut Erwägungsgrund 1 der AMLD können illegale Geldströme die „Integrität, Stabilität und das Ansehen des Finanzsektors schädigen" und den Binnenmarkt bedrohen. Erwägungsgrund 2 AMLD führt hierzu weiter aus, dass die „Solidität, Integrität und Stabilität der Kreditinstitute und Finanzinstitute sowie das Vertrauen in das Finanzsystem insgesamt [...] schweren Schaden nehmen [können], wenn Straftäter und ihre Mittelsmänner versuchen, die Herkunft von Erträgen aus Straftaten zu verschleiern oder Geld aus rechtmäßigen oder unrechtmäßigen Quellen terroristischen Zwecken zuzuführen".[359] Als Ziele werde dabei der Schutz „der Gesellschaft vor Kriminalität und [...] [der Schutz] der Stabilität und Integrität des Finanzsystems der Union" genannt. Schließlich werden in Bezug auf die notwendigen Ausführungen zur Einhaltung des Subsidiaritätsprinzips nach Art. 5 EUV als Ziel der Richtlinie „der Schutz des Finanzsystems durch Prävention, Aufdeckung und Untersuchung von Geldwäsche und Terrorismusfinanzierung"[360] genannt. Hieran zeigt sich, dass die Bekämpfung von Terrorismusfinanzierung und Geldwäsche im Aufsichtsrecht formal ein Zwischenziel bildet. Dies deckt sich insbesondere mit den Ausführungen in der CRD V,[361] als nach Erwägungsgrund 20 „die Bekämpfung von Geldwäsche und Terro-

---

Wettbewerbsverzerrungen und Arbitrage müssen vermieden werden, weil sie die Stabilität des Finanzsystems unter anderem dadurch untergraben können, dass sie die Verlagerung von Finanztätigkeiten in Länder mit laxer Aufsicht fördern. Das Aufsichtssystem muss als fair und ausgewogen empfunden werden" (*The High-Level Group on Financial Supervision in the EU*, De-Larosière-Bericht, Rn. 150).

357 Diese wurden durch die Verordnung (EU) 2019/2175 vom 18.12.2019, ABl. L 334, 1 eingefügt.

358 Dem widmet sich Abschnitt 2, Unterabschnitt 5a: „(...) Verhinderung von Geldwäsche, Terrorismusfinanzierung und sonstigen strafbaren Handlungen zu Lasten der Institute".

359 Siehe auch Erwägungsgründe 5, 28, 32 AMLD.

360 Erwägungsgrund 64 AMLD.

361 Richtlinie (EU) 2019/878 vom 20.05. 2019, ABl. L 150, 253 („CRD V").

rismusfinanzierung […] von entscheidender Bedeutung für den Erhalt der Stabilität und Integrität des Finanzsystems“ sei. Auch aus den Erwägungsgründen der Geldtransferverordnung wird deutlich, dass auf die Integrität, Stabilität und Solidität des Finanzsektors, einschließlich und im Speziellen des Geldtransfersystems, abgestellt wird.[362] Dieses Ergebnis wird zudem durch Erwägungsgrund 14 der Änderungsverordnung zur EBA-Verordnung unterstützt, wonach die EBA wegen den Auswirkungen eines solchen Missbrauchs auf die Finanzstabilität und weil Risiken im Zusammenhang mit Geldwäsche und Terrorismusfinanzierung im Bankensektor Systemrisiken erzeugen können, eine führende, neue Rolle übernehmen muss. Auch der Basler Ausschuss legt dar, dass ein solides Management der Risiken der Geldwäsche und der Terrorismusbekämpfung für die Sicherheit und Solidität der Banken und des Bankensystems von großer Bedeutung sei, sodass es seinem Mandat (Finanzstabilität) entspreche.[363] Die Zielbeziehung, die eine aufsichtliche Befassung mit Geldwäschefragen rechtfertigen soll, kann kritisch hinterfragt werden, wird der Bankensektor ein Stück weit zur Kriminalitätsbekämpfung operationalisiert. Die Ziele des Geldwäscherechts dürften vielmehr einen neuen bankenaufsichtlichen Zielcharakter widerspiegeln und damit Nebenziele im Bankenaufsichtsrecht bilden, wenngleich eine besondere Verbindung zum Finanzstabilitätsziel besteht.

Neben den im Grundsatz bekannten Zielen der Stärkung der Finanzstabilität und Verbesserung des Einleger- und Anlegerschutzes nennen auch die Erwägungsgründe der CRR viele weitere „Ziele“, die sich nicht offensichtlich mit dem Regelungsgehalt der jeweiligen Vorschrift decken. Die Fülle an „Zielen“ suggeriert erneut ein Zielpolygon. Aber auch diesbezüglich ist zweierlei zu beachten. Einerseits handelt es sich oftmals nicht um Ziele nach der vorliegend gewählten Definition, sondern um Ausführungen zum Regelungsgehalt.[364] Andererseits

---

362 Siehe Erwägungsgrund 1 der Geldtransferverordnung, der sich fast mit Erwägungsgrund 1 der AMLD deckt.

363 Siehe *Basler Ausschuss für Bankenaufsicht*, Leitlinien: Solides Management der Risiken im Zusammenhang mit Geldwäsche und Terrorismusfinanzierung, Ziffer 5.

364 Laut Erwägungsgrund 42 der CRR dient die Entwicklung von Kreditrisikomanagement- und Kreditrisikomessungssystemen dem „Ziel dieser Verordnung, bessere Methoden für Risikomessung und -management anzuwenden und diese Methoden auch im Hinblick auf die vorgeschriebenen Eigenmittel zu nutzen“. Es handelt sich um ein unmittelbar aus dem Regelungsgehalt erfüllbares Ziel.

beziehen sich eine Vielzahl von Zielausführungen in den Erwägungsgründen auf Zwischenziele, sodass sie wiederum Endzielen zugeordnet werden können.[365]

Daneben sind im Bankenaufsichtsrecht – neben den noch zu untersuchenden Sustainable-Finance-Zielen – auch atypische Zielformulierungen zu finden: Die Erwägungsgründe der CRR und ihrer Änderungsrechtsakte nehmen Bezug auf das Wirtschaftswachstum und die Schaffung von Arbeitsplätzen, u. a. im Zusammenhang mit der Förderung einer Kreditvergabe an kleine und mittlere Unternehmen (KMU).[366] Wirtschaftswachstum ist dabei ein allgemeines europäisches (wirtschaftspolitisches) Ziel.[367] Diese Ziele sollen daher nicht den Hauptzielkatalog des Aufsichtsrechts widerspiegeln, sondern können allenfalls Nebenziele im Bankenaufsichtsrecht bilden.

C. Zusammenfassung und Ergebnisse Teil 1

Für die Zieluntersuchung wurde mit Blick auf die weitere Zielkonfliktuntersuchung ein eigener Zielbegriff definiert, der eine Orientierung an den rechtlichen Grundlagen vorsieht und insbesondere eine normative Herangehensweise so weit wie möglich ausschließt, wenngleich eine aufsichtliche Zielanalyse ohne eine Wertung, sei es mit Blick auf die Zielidentifizierung oder mit Blick auf die Hierarchiebildung, nicht auskommt. Das Bankenaufsichtsrecht ist zwar durch eine Vielzahl an Rechtsquellen, insbesondere Level-2-Maßnahmen und Verlautbarungen der Aufseher geprägt. Dennoch wurden vornehmlich die formellen Gesetze (KWG,

365 In Erwägungsgrund 33 zur CRR wird z. B. davon gesprochen, dass „Sparern vergleichbare Sicherheiten […] [geboten] und gerechte Bedingungen für den Wettbewerb zwischen vergleichbaren Gruppen von Instituten" gewährleistet werden sollen. Als weitere Zielbestimmungen werden u. a. die „Vermeidung von Marktstörungen und Aufsichtsarbitrage" (Erwägungsgrund 9 zur CRR, vgl. auch Erwägungsgrund 14 zur CRR) sowie die Beseitigung und Vermeidung von „Handelshemmnisse[n] und Wettbewerbsverzerrungen" (Erwägungsgründe 11 und 12 zur CRR) genannt. Es ist ersichtlich, dass diese Aufzählung nur Zwischenziele zu den Endzielen benennt. Auch das Ziel der Stärkung der Marktdisziplin ist unter die Ziele einzuordnen, siehe Bezugnahmen in den Erwägungsgründen 76, 77, 114 zur CRR, Erwägungsgrund 46 zur CRD; hierzu auch *BVerfG*, Urteil v. 07.11.2017 – 2 BvE 2/11, Rz. 320 ff. = BVerfGE 147, 50 (S. 168 ff.). Soweit Zwischenziele ausgemacht wurden, gilt diese Zielbeziehung selbstverständlich nur für den vorliegenden Kontext, wie sich insbesondere am Ziel der Bekämpfung der Geldwäsche und Terrorismusfinanzierung zeigt. Zudem ließe sich auch begründen, dass es sich um Nebenziele handelt, da sie sich (und dies stellt wiederum eine Wertung dar) nicht gänzlich als Instrumente zu Endzielen darstellen lassen.

366 Vgl. nur Erwägungsgrund 44 CRR.

367 Siehe Teil 1 II. zur wirtschaftspolitischen Einordnung der bankaufsichtlichen Ziele.

FinDAG etc.) und die Level-1-Maßnahmen (CRR, CRD etc.) für die Zielidentifizierung herangezogen, da dem formellen Gesetzgeber die Zielsetzungskompetenz zukommt. Das weitere Aufsichtsrecht setzt keine eigenen Ziele, sondern füllt bereits formulierte Ziele mit einem Aussage- und Bedeutungsgehalt aus.

Das umgrenzte europäische und nationale Bankenaufsichtsrecht verfolgt zwei Hauptziele: die Sicherstellung der Finanzstabilität sowie den Kundenschutz. Dabei wurde eine Kohärenz zwischen den aufsichtsrechtlichen Zielen des EU-Rechts und den Zielen des nationalen Aufsichtsrechts festgestellt. Allen Rechtsnormen liegen die ausgemachten Hauptziele zugrunde. In bestimmten Rechtsnormen kommen sie besonders zum Ausdruck, indem dort Zielformulierungen indirekt übernommen wurden. Die Ziele des Bankenaufsichtsrechts spiegeln sich insbesondere in den Aufgabenzuweisungsnormen der Aufsichtsbehörden wider.

Das Finanzstabilitätsziel hat eine mikro- und makroprudenzielle Dimension und ist unter der ordnungspolitischen Begründung vornehmlich mit der negativen Sonderstellung des Bankensektors begründet. Der Funktionenschutz steht im Bankenaufsichtsrecht über einer Effizienzförderung. Der Kundenschutz teilt sich in einen Einleger-, Anleger- und Verbraucherschutz. Wenngleich der Einlegerschutz einen Vermögensschutz bedeutet, zeigt die Bezugnahme auf Verbraucher, dass das Bankenaufsichtsrecht mittlerweile über einen reinen vermögensrechtlichen Schutz hinausgeht. Verbraucher sind zwar von bankenaufsichtsrechtlichen Schutzmechanismen erfasst, weil sie gleichzeitig Gläubiger sind, die Schutzaufgabe der Bankenaufsicht beschränkt sich aber im Verbraucherschutz nicht auf einen Anspruchsschutz. Der bankenaufsichtsrechtliche Anlegerschutz zielt wie der Einlegerschutz dagegen auf einen Vermögensschutz und zeigt damit keine materielle Vergleichbarkeit mit dem kapitalmarktrechtlichen Kleinanlegerschutz.

Das Finanzstabilitätsziel hat eine herausgehobene Bedeutung für das Bankenaufsichtsrecht, die es aber nicht erlaubt, das Kundenschutzziel gänzlich als ein Zwischenziel einzuordnen. Daneben besteht im Bankenaufsichtsrecht ein Zielpolygon. Die weiteren Ziele stellen gleichwohl echte Zwischenziele oder jedenfalls Nebenziele zum bankenaufsichtsrechtlichen Finanzstabilitäts- und Kundenschutzziel dar.

Teil 2 Nachhaltigkeitsregulierung im Bankenaufsichtsrecht: ein neuer Zielekanon?

A. Nachhaltigkeitsverständnis unter Sustainable Finance vs. traditionelles aufsichtsrechtliches Verständnis

„Nachhaltigkeitsziele" werden in der öffentlichen Diskussion vornehmlich mit ökologischen Themen assoziiert.[368] Auch in der Nachhaltigkeitsregulierung wird

368 Dieses Begriffsverständnis entspricht im Grundsatz dem allgemeinen Sprachgebrauch, wonach Nachhaltigkeit als ein forstwirtschaftliches Prinzip beschrieben wird, „nach dem nicht mehr Holz gefällt werden darf, als jeweils nachwachsen kann" bzw. als ein Prinzip, „nach dem nicht mehr verbraucht werden darf, als jeweils nachwachsen, sich regenerieren, künftig wieder bereitgestellt werden kann" (siehe *Duden*, „Nachhaltigkeit"). Daneben wird unter Nachhaltigkeit auch eine „längere Zeit anhaltende Wirkung" verstanden (siehe *Duden*, „Nachhaltigkeit"). In der Tat geht der Nachhaltigkeitsbegriff auf die Forstwirtschaft zurück: Der Begriff stammt aus dem 1713 erschienenen Werk „Sylvicultura Oeconomica" von Hans Carl von Carlowitz. Der kurfürstlich-sächsische Oberberghauptmann forderte eine „continuierliche beständige und nachhaltende Nutzung […], weiln es eine unentberliche Sache ist, ohne welche das Land in seinem Esse nicht bleiben mag" (zitiert nach *Schuler*, Schweizerische Zeitschrift für Forstwesen 2000, S. 497 (498), im Original: *v. Carlowitz*, Sylvicultura oeconomica, S. 105; siehe auch *Fifka*, CSR- und Nachhaltigkeitsmanagement, S. 35). Der Forstwissenschaftler Georg Ludwig Hartig präzisierte dieses Nachhaltigkeitsverständnis, indem er einleitend schrieb „(…) es lässt sich keine dauerhafte Forstwirtschaft denken und erwarten, wenn die Holzabgabe aus den Wäldern nicht auf Nachhaltigkeit berechnet ist. Jede weise Forstdirektion muss daher die Waldungen des Staates ohne Zeitverlust taxieren lassen und sie zwar so hoch als möglich, doch so zu benutzen suchen, dass die Nachkommenschaft wenigstens ebenso viel Vorteil daraus ziehen kann, als sich die jetzt lebende Generation zueignet" (das Zitat wurde an die neue Rechtschreibung angepasst), siehe *Hartig*, Anweisung zur Taxation und Beschreibung der Forste, Einleitung, S. 1. Als forstwirtschaftliches Prinzip, das sich bis heute bewährt hat, soll damit nicht mehr Holz geschlagen werden, als jährlich nachwachsen kann (*Hartig*, Anweisung zur Taxation und Beschreibung der Forste, Einleitung, S. 2); siehe hierzu auch *Klos*, in: Bauer/Schuster (Hrsg.), Nachhaltigkeit im Bankensektor, S. 289, 290 f.; *Bauer/Stegmaier*, in: Bauer/Schuster (Hrsg.), Nachhaltigkeit im Bankensektor, S. 5, 6 f.

„Nachhaltigkeit" entsprechend der Taxonomie-Verordnung[369] primär mit EU-Klimazielen in Verbindung gebracht.[370] Die Beweggründe der Nachhaltigkeitsregulierung resultieren aus der UN-Agenda 2030 für nachhaltige Entwicklung[371], dem Pariser Klimaschutzübereinkommen 2015[372] und den europäischen Klimazielen (insbesondere dem „Green Deal"[373]).[374] Das Begriffsverständnis ist damit maßgeblich durch die internationalen Bemühungen um eine „nachhaltige Entwicklung" geprägt (I.). Dieses sich aufdrängende ökologische Moment erscheint im Bankenaufsichtsrecht zunächst befremdlich, da es ein eigenes (ökonomisches) Nachhaltigkeitspostulat verfolgt (II.).

I. Nachhaltigkeitsverständnis im Lichte von Sustainable Finance

Als Ausgangspunkt der Nachhaltigkeitsregulierung im europäischen und nationalen Bankenaufsichtsrecht dient der Aktionsplan der Europäischen Kommission.[375] Er baut auf den Arbeiten der zuvor eingesetzten High-Level Expert Group on Sustainable Finance (HLEG)[376] auf und ist mittlerweile in Verbindung mit der neuen Sustainable-Finance-Strategie 2021 der Europäischen Kommission[377] zu lesen.[378] Den Arbeiten liegt im Allgemeinen das Ziel einer „nachhaltigen Entwicklung"[379] der Gesamtgesellschaft zugrunde und damit ein Regulierungskonzept, das über den Bankensektor hinaus reicht.

---

369 Verordnung (EU) 2020/852 vom 18.06.2020, ABl. L 198, 13 („Taxonomie-Verordnung").

370 Vgl. nur Taxonomie-Verordnung, Erwägungsgründe 1-5.

371 *Vereinte Nationen*, 2030 Agenda.

372 *Vereinte Nationen*, Pariser Klimaschutzübereinkommen.

373 *Europäische Kommission*, Der europäische Grüne Deal.

374 Siehe zu diesen Bezugnahmen: *Europäische Kommission*, Aktionsplan: Finanzierung nachhaltigen Wachstums, S. 1 f.; BaFin, Merkblatt zum Umgang mit Nachhaltigkeitsrisiken, Stand: 13.01.2020, Kap. 2.1 und 2.2; *Europäische Kommission*, Strategie zur Finanzierung einer nachhaltigen Wirtschaft, S. 1; siehe auch *Europäische Kommission*, CRR III-Entwurf, S. 35.

375 *Europäische Kommission*, Aktionsplan: Finanzierung nachhaltigen Wachstums.

376 Siehe insbesondere *High-Level Expert Group on Sustainable Finance*, Zwischenbericht 2017 und *High-Level Expert Group on Sustainable Finance*, Final Report 2018.

377 *Europäische Kommission*, Strategie zur Finanzierung einer nachhaltigen Wirtschaft.

378 Dies ist konsistent mit der nationalen Ebene, siehe etwa *Bundesregierung*, Deutsche Sustainable Finance-Strategie, S. 21 f., 26 f.; *Sustainable-Finance-Beirat der Bundesregierung*, Shifting the Trillions, S. 4 ff.

379 Vgl. nur Taxonomie-Verordnung, Erwägungsgründe 1-5; *Europäische Kommission*, Aktionsplan: Finanzierung nachhaltigen Wachstums, S. 1.

1. Das Konzept der nachhaltigen Entwicklung

Nach einem allgemeinen Definitionsansatz beschreibt eine nachhaltige Entwicklung eine Entwicklung, die „die Bedürfnisse der Gegenwart erfüllt, ohne die Fähigkeit künftiger Generationen zu gefährden, ihre eigenen Bedürfnisse zu befriedigen"[380]. Der nachhaltigen Entwicklung liegt mithin das Leitkonzept einer dauerhaften Sicherung der natürlichen Lebensgrundlagen der Menschen zugrunde. Dieses Konzept der „Generationengerechtigkeit" wurde in der Agenda 21 der Vereinten Nationen 1992 verankert, die neben der rein ökologischen Dimension eine ökonomische und soziale Komponente aufnahm.[381] Das hierdurch erzeugte sog. „Drei-Säulen-Modell" ist in seiner Grundkonzeption heute noch herrschend.[382] Die ökologische Säule beschreibt das Ziel der Aufrechterhaltung der dauerhaften Funktionsfähigkeit des Ökosystems.[383] Die Säule der sozialen nachhaltigen Entwicklung ist nur bedingt eingrenzbar und umfasst z. B. eine gerechte Nutzung von personellen Ressourcen und die Armutsbekämpfung.[384] Wenn in diesem Zusammenhang von „ökonomischer Nachhaltigkeit" gesprochen

---

380 *Weltkommission für Umwelt und Entwicklung der UN*, Brundtland-Bericht, Kapitel 2, Ziffer 1: „Sustainable development is development that meets the needs of the present without compromising the ability of future generations to meet their own needs".

381 *Vereinte Nationen*, Agenda 21; vgl. dazu auch *Waschbusch/Kiszka/Strauß*, Nachhaltigkeit in der Bankenbranche, S. 30; zur Entwicklung des Nachhaltigkeitsverständnisses siehe etwa *Bauer/Stegmaier*, in: Bauer/Schuster (Hrsg.), Nachhaltigkeit im Bankensektor, S. 5, 6 ff.

382 Auf EU-Ebene fand es 1997 seinen Niederschlag im Vertrag von Amsterdam (ABl. C 340, 1), in welchem die Europäische Gemeinschaft diese drei Komponenten erstmalig als Ziele definierte (s. dort Art. 2). In der Strategie für nachhaltige Entwicklung 2001 wurden die Komponenten sodann aufgenommen (*Kommission der Europäischen Gemeinschaften*, Strategie für die nachhaltige Entwicklung, S. 2). Zudem ist „nachhaltige Entwicklung" im Umweltschutz in Art. 11 AEUV primärrechtlich aufgegriffen. Auch auf deutscher Ebene ist das Drei-Säulen-Modell die Grundlage des politischen Nachhaltigkeitskonzepts, siehe Enquete-Kommission, Abschlussbericht, Schutz des Menschen und der Umwelt – Ziele und Rahmenbedingungen einer nachhaltig zukunftsverträglichen Entwicklung, Konzept Nachhaltigkeit, 26.06.1998, BT-Drs. 13/11200, S. 18.

383 *Kropp*, Grundlagen der Nachhaltigen Entwicklung, S. 11; *Waschbusch/Kiszka/Strauß*, Nachhaltigkeit in der Bankenbranche, S. 31.

384 Vgl. *Vereinte Nationen*, Agenda 21, S. 2 ff.; *Kropp*, Grundlagen der Nachhaltigen Entwicklung, S. 11; vgl. *Waschbusch/Kiszka/Strauß*, Nachhaltigkeit in der Bankenbranche, S. 31 f.

wird, beschreibt dies die dauernde ökonomische Leistungsfähigkeit der Gesellschaft durch langfristig funktionierende Wirtschaftssysteme.[385]

In Anlehnung an die Millenniums-Entwicklungsziele der Vereinten Nationen[386] kam es im September 2015 zwischen den UN-Staaten zur Verständigung über die Agenda 2030 für nachhaltige Entwicklung.[387] Kernpunkt der Agenda, die zum 1. Januar 2016 in Kraft trat, sind 17 Ziele für eine nachhaltige Entwicklung (*Sustainable Development Goals*, SDGs), die die drei Ebenen (Umwelt, Soziales und Wirtschaft) berücksichtigten. „Nachhaltige Entwicklung" wird damit grundsätzlich in drei Dimensionen beschrieben und ist mittlerweile insbesondere durch die 17 SDGs ausgefüllt.

Dieses Konzept der „nachhaltigen Entwicklung", wobei ein Schwerpunkt auf die ökologische Säule gelegt wurde, liegt der Nachhaltigkeitsregulierung im Aufsichtsrecht ab 2018 zugrunde. Im Dezember 2015 haben sich die Mitgliedstaaten der Klimarahmenkonvention[388] im Pariser Klimaschutzübereinkommen[389] auf eine Begrenzung des Anstiegs der weltweiten Durchschnittstemperatur auf zwei Grad Celsius über dem vorindustriellen Stand geeinigt, wobei eine Begrenzung des Anstiegs auf 1,5 Grad Celsius als Wunschziel gesetzt wurde (*pursuing efforts*).[390] Das Pariser Klimaschutzübereinkommen ist die erste rechtsverbindliche, konkrete globale Klimaschutzvereinbarung.[391] Daran anknüpfend erfolgten eigene europäische Initiativen wie der Green Deal und die Verankerung der Klimaziele im Europäischen Klimagesetz.[392]

---

385 Vgl. *Kropp*, Grundlagen der Nachhaltigen Entwicklung, S. 11; *Waschbusch/Kiszka/Strauß*, Nachhaltigkeit in der Bankenbranche, S. 32; *Becke*, Zeitschrift für Unternehmensentwicklung und Change Management, Heft 4, 2010, S. 4 (6); siehe auch *Pufé*, Nachhaltigkeit, S. 101 f.

386 Abgeleitet aus *Vereinte Nationen*, Millenniums-Erklärung.

387 *Vereinte Nationen*, 2030 Agenda.

388 *Vereinte Nationen*, UNFCCC.

389 *Vereinte Nationen*, Pariser Klimaschutzübereinkommen.

390 *Vereinte Nationen*, Pariser Klimaschutzübereinkommen, Art. 2 Abs. 1 lit. a.

391 Zur Ratifizierung siehe für Deutschland: Gesetz zu dem Übereinkommen von Paris vom 12. Dezember 2015, (BGBl. II, 2016, S. 1082), siehe zudem Bundes-Klimaschutzgesetz vom 12.12.2019 (BGBl. I 2019, S. 2513) und für die Europäische Union: Beschluss (EU) 2016/1841 des Rates vom 05.10.2016, ABl. L 282, 1.

392 *Europäische Kommission*, Der europäische Grüne Deal; siehe zudem *Europäische Kommission*, Ein sauberer Planet für alle; Verordnung (EU) 2021/1119 vom 30.06.2021, ABl. L 243, 1.

Die Verbindung zwischen den Klimazielen und dem Finanzsektor schafft das benötigte Investitionsvolumen.[393] Kapitalmärkte könnten einen entscheidenden Beitrag leisten, Kapitalströme auf Investitionen in jene Sektoren umzulenken, die zur ökologischen Nachhaltigkeit der Wirtschaft beitragen können.[394] Das Pariser Klimaschutzübereinkommen legt entsprechend fest: „*Making finance flows consistent with a pathway towards low greenhouse gas emissions and climate resilient development*"[395].

Die Parteien haben sich verpflichtet, die Ziele mit „*ambitious efforts*" zu verfolgen.[396]

2. *Abgrenzung zum unternehmerischen Nachhaltigkeitskonzept*

Parallel zur politischen Entwicklung findet sich im unternehmerischen Kontext ein (eigenständiges) Nachhaltigkeitskonzept, teilweise abgeleitet aus dem beschriebenen politischen Kontext, teilweise originär aus dem Unternehmenssektor heraus. Die Termini sind nicht einheitlich und im Wesentlichen werden die Konzepte der sog. *Corporate Social Responsibility* (CSR) und der unternehmerischen Nachhaltigkeit (*Corporate Sustainability*) genannt, wobei einheitliche Definitionen und Abgrenzungen fehlen.[397] Seinen Ursprung hatte das CSR-Konzept im Gedanken einer freiwilligen – mithin über eine Compliance hinausgehenden –

393 Um die Reduktion zu erreichen, sind mindestens 180 Mrd. Euro an zusätzlichen Investitionen pro Jahr erforderlich, wobei die Summe von öffentlicher Hand nicht erbracht werden könne, sodass Anreize für private Investitionen gesetzt werden sollen, siehe *Europäische Kommission*, FAQ zum Aktionsplan: Finanzierung nachhaltigen Wachstums.

394 Siehe *Europäische Kommission*, FAQ zum Aktionsplan: Finanzierung nachhaltigen Wachstums.

395 *Vereinte Nationen*, Pariser Klimaschutzübereinkommen, Art. 2 Abs. 1 lit. c.

396 Das Umsetzungspaket von Kattowitz (angenommen im Dezember 2018) enthält detailliertere Verfahren und Leitlinien für die Implementierung des Pariser Klimaschutzübereinkommens (*Vereinte Nationen*, Umsetzungspaket von Kattowitz).

397 Siehe zudem Definitionsansatz in *Wissenschaftliche Dienste des Deutschen Bundestags*, Sachstand CSR, S. 4: „(…) die gesellschaftliche Verantwortung von Unternehmen im Sinne eines nachhaltigen Wirtschaftens. Hierbei geht es z. B. um faire Geschäftspraktiken, mitarbeiterorientierte Personalpolitik, sparsamen Einsatz von natürlichen Ressourcen, Schutz von Klima und Umwelt, Engagement vor Ort und Verantwortung in der Lieferkette".

Berücksichtigung von Umweltbelangen und sozialen Belangen im Rahmen der unternehmerischen Tätigkeit.[398]

Das Konzept der unternehmerischen Nachhaltigkeit (*Corporate Sustainability*) rekurriert ebenfalls auf ein Drei-Säulen-Modell. Es wird vom sog. Triple-Bottom-Line-Ansatz[399] von *Elkington* gesprochen (*planet, people, profit*).[400] Unternehmen sollen demnach nicht nur wirtschaftliche, sondern auch soziale und ökologische Aspekte in ihre Bilanzen aufnehmen.[401] Letztlich beschreibt Corporate Sustainability den Beitrag eines Unternehmens zur nachhaltigen Entwicklung. Die Anwendung des Triple-Bottom-Ansatzes hat sich auch im Bankensektor etabliert, wobei Banken die Kriterien hauptsächlich auf ihre Geschäftspartner, zum Beispiel im Rahmen der Kreditwürdigkeitsprüfung, anwenden.[402]

Das CSR-Konzept und das Konzept der unternehmerischen Nachhaltigkeit liegt mittlerweile zahlreichen internationalen und nationalen Initiativen zugrunde,[403] die teilweise auch einen rechtlichen Niederschlag gefunden haben,

---

398 *Bowen*, Social Responsibilities of the Businessman, S. 3 ff.; *Lee*, International Journal of Management Reviews 2008, Volume 10, Issue 1, S. 53 (56 ff.); siehe bereits *Kommission der Europäischen Gemeinschaften*, Grünbuch, S. 7; siehe auch *Waschbusch/Kiszka/Strauß*, Nachhaltigkeit in der Bankenbranche, S. 33 ff.; *Klos*, in: Bauer/ Schuster (Hrsg.), Nachhaltigkeit im Bankensektor, S. 289, 293 f.

399 *Elkington*, Cannibals with forks, S. 69 ff.

400 „Bottom Line" meint dabei, bildlich gesprochen, den Strich unter der Bilanz. Siehe *Waschbusch/Kiszka/Strauß*, Nachhaltigkeit in der Bankenbranche, S. 37; *v. Hauff*, Nachhaltige Entwicklung, S. 168; *Schaltegger/Burritt*, in: Folmer/Tietenberg (Hrsg.), The International Yearbook of Environmental and Resource Economics, S. 185, 189.

401 *Elkington*, Cannibals with forks, S. 73 ff.

402 So auch *Waschbusch/Kiszka/Strauß*, Nachhaltigkeit in der Bankenbranche, S. 48; *Bauer/Stegmaier*, in: Bauer/Schuster (Hrsg.), Nachhaltigkeit im Bankensektor, S. 5, 8; siehe hierzu bereits *Bundesverband deutscher Banken*, Nachhaltigkeitsmanagement, S. 4, 7. Der Bankensektor spielte bei der Entwicklung des Nachhaltigkeitsverständnisses im unternehmerischen Bereich dagegen keine große Rolle, so auch *Waschbusch/Kiszka/Strauß*, Nachhaltigkeit in der Bankenbranche, S. 48.

403 *UN Global Compact*, Leitfaden für nachhaltiges Wirtschaften; *OECD*, Leitsätze für multinationale Unternehmen; *Global Reporting Initiative*, Leitlinien zur Nachhaltigkeitsberichterstattung; auf nationaler Ebene ist insbesondere der sog. Deutsche Nachhaltigkeitskodex zu nennen, der seit 2011 vom Rat für Nachhaltige Entwicklung als unverbindlicher Standard vor allem für KMU (betrifft Berichterstattung) herausgegeben wird (s. *Rat für nachhaltige Entwicklung*, Deutscher Nachhaltigkeitskodex); siehe für eine Übersicht zu den Initiativen und Selbstverpflichtungen etwa *Voland*, in: Bauer/ Schuster (Hrsg.), Nachhaltigkeit im Bankensektor, S. 251, 264 ff.; vgl. bereits *Kommission der Europäischen Gemeinschaften*, Grünbuch, Ziffer 11 f.

insbesondere mit Blick auf die mittlerweile gesetzliche Pflicht zur Nachhaltigkeitsberichterstattung nach §§ 289b-289e HGB mit Grundlage in der sog. *Non-Financial-Reporting-Directive* (NFRD)[404] und der *Corporate Social Responsibility Directive* (CSRD)[405] als auch durch die *Corporate Sustainability Due Diligence Directive* (CS3D)[406] und das Lieferkettensorgfaltspflichtengesetz[407].

Die Initiativen sind teilweise auch für die Maßnahmen im Rahmen der Nachhaltigkeitsregulierung als Ausgangspunkt genommen worden wie die Äquator-Prinzipien[408], die Prinzipien für verantwortungsvolles Investieren (*Principles for Responsible Investment* (PRI))[409], der Bericht der Global Alliance for Banking on Values (GABV)[410] und die Grundsätze für verantwortungsbewusstes Bankwesen (*Principles for Responsible Banking* (PRB))[411].[412] Die Initiativen des Finanzsektors zeigen, dass Banken infolge einer Selbstverpflichtung, parallel zu möglichen aufsichtsrechtlichen Vorgaben, Aspekte der nachhaltigen Entwicklung bereits in ihren Geschäftsmodellen und -strategien berücksichtigen.[413]

Es wird deutlich, dass das CSR-Konzept wie auch das Konzept der unternehmerischen Nachhaltigkeit mittlerweile starke Überschneidungspunkte zur Nachhaltigkeitsregulierung aufweisen. Wenngleich sich das CSR-Konzept nicht gänzlich durch seine Freiwilligkeit von rechtlichen Maßnahmen unter dem Kon-

---

404 Richtlinie 2014/95/EU vom 22.10.2014, ABl. L 330, 1.

405 Richtlinie (EU) 2022/2464 vom 14.12.2022, ABl. L 322, 15.

406 Richtlinie (EU) 2024/1760 vom 13.06.2024, Abl. L 58, 1.

407 Gesetz über die unternehmerischen Sorgfaltspflichten zur Vermeidung von Menschenrechtsverletzungen in Lieferketten vom 16.07.2021, BGBl. I 2021, S. 2959.

408 *Equator Principles Association (Hrsg.)*, Equator Principles.

409 *UNPRI*, Principles for Responsible Investment.

410 Die GABV ist eine unabhängige Organisation, die aus Banken besteht, die nachhaltige Projekte unterstützen wollen, *Global Alliance for Banking on values*, Strong and Straightforward: The Business Case for Sustainable Banking, Bericht 2012.

411 *UNEP FI*, Principles for Responsible Banking.

412 Den Initiativen liegt insbesondere die UNEP-Erklärung der Finanzinstitute zur Umwelt und zur nachhaltigen Entwicklung (*UNEP FI*, Statement on the Environment & Sustainable Development 1997) im Nachgang der UNCED Konferenz in Rio de Janeiro 1992 zugrunde. Mit Blick auf den Finanzdienstleistungssektor wurde insbesondere eine Verpflichtung zur nachhaltigen Entwicklung festgehalten, wie auch die Absicht, eine offene Kommunikation mit der Öffentlichkeit über die Förderung der Integration von Umweltanliegen in ihre Geschäftstätigkeiten zu betreiben (*UNEP FI*, Statement on the Environment & Sustainable Development 1997, 1.1, 2.2, 3.1.). Dazu auch *Waschbusch/Kiszka/Strauß*, Nachhaltigkeit in der Bankenbranche, S. 45; zu den Initiativen näher *Voland*, in: Bauer/ Schuster (Hrsg.), Nachhaltigkeit im Bankensektor, S. 251, 265 ff.

413 Dazu nur *Bundesverband deutscher Banken*, Nachhaltigkeitsmanagement.

zept der nachhaltigen Entwicklung unterscheiden lässt, kann es gleichwohl dadurch abgegrenzt werden, dass, soweit Verrechtlichungen erfolgten, diese nicht aufsichtsrechtlich, sondern vielmehr bilanz- und gesellschaftsrechtlich zu verorten sind, wie durch die Offenlegung der nichtfinanziellen Erklärung unter dem HGB und das Lieferkettensorgfaltspflichtengesetz. Somit lässt es sich jedenfalls vom aufsichtsrechtlichen Nachhaltigkeitsverständnis abgrenzen, obgleich inhaltliche Überschneidungen bestehen, z. B. durch die Offenlegungspflicht unter Art. 8 Taxonomie-Verordnung, die im Rahmen des Jahressabschlusses Teil der Offenlegung nichtfinanzieller Informationen ist.

3. *Einreihung des ESG-Konzepts*

Zwar dürfte der Schwerpunkt der Nachhaltigkeitsregulierung im Bankenaufsichtsrecht auf der ökologischen Nachhaltigkeitsdimension liegen (*Green Finance*[414]). Gleichwohl ziehen die neuen bzw. geplanten bankenaufsichtsrechtlichen Vorgaben im Allgemeinen „ESG" („Environmental", „Social", „Governance") heran. Seine Anfänge hatte das ESG-Konzept als Bewertungskriterium von Investoren.[415] Ethikverletzungen durch Unternehmen werden mit einem höheren Investitionsrisiko in Verbindung gebracht.[416] Einige Ratingagenturen bieten hierfür spezielle ESG-Ratings an.[417] „ESG" bezeichnet im Aufsichtsrecht ebenfalls Bewertungskriterien bzw. -aspekte, wobei diese nicht exklusiv auf Investitionsentscheidungen bezogen sind. Das Akronym ist in der bankenaufsichtsrechtlichen Nachhaltigkeitsregulierung vielmehr jeweils im Zusammenhang mit den Vorgaben materiell

414 Zum Begriff etwa *De Arriba-Sellier*, Common Market Law Review 58 (2021), S. 1097, 1098 (dort Fn. 5).

415 Auf Grundlage der *UNPRI*, Principles for Responsible Investment. Das Akronym taucht erstmalig in einer Studie der UN Global Compact auf, siehe *UN Global Compact*, Who Cares Wins, Report 2004, S. ii.

416 „ESG" lässt sich von CSR abgrenzen, wobei mehrheitlich auf den qualitativen Ansatz beim CSR-Konzept im Gegensatz zum quantitativen Ansatz bei ESG abgestellt wird; CSR beschreibt danach, wie sich ein Unternehmen ethisch verhalten soll, wohingegen sich ESG mit den angemessenen Verfahren und Messgrößen zur Messung der ethischen Performance befasst (siehe *Gupta*, Part I und *Gupta*, Part II).

417 Wie Moody's, S&P und Sustainalytics. Siehe etwa *MSCI*, ESG-Rating. Die ökologische Performance ("E") wird u. a. an den Treibhausgasemissionen (im Produktionsprozess) und am Anteil nachhaltiger Investitionen gemessen. Die soziale Performance („S") wird anhand von Faktoren, wie der Diversität, Inklusion, Arbeitsplatzumfeld, Kinderarbeit etc., gemessen. Die Governance-Performance („G") beschreibt im Wesentlichen die Leistung der Unternehmensstrukturen, die die Einhaltung des Rechts und „ethischer" Werte sicherstellen sollen.

ausgeformt („ESG-Risiken", „ESG-Faktoren").[418] Es steht dabei allgemein „für die drei wichtigsten Säulen der Nachhaltigkeit"[419]. „ESG" ist im Bankenaufsichtsrecht daher eng mit dem Drei-Säulen-Modell des politischen Konzepts der nachhaltigen Entwicklung verbunden.[420] Während „Nachhaltigkeit" in der bankenaufsichtsrechtlichen Nachhaltigkeitsregulierung hauptsächlich final zu verstehen ist, wird „ESG" für die Ausformung der konkreten Vorgaben herangezogen.

II. Das traditionelle aufsichtsrechtliche Nachhaltigkeitsverständnis

1. Finales Nachhaltigkeitsverständnis

Neben der Bezugnahme auf nachhaltige Entwicklungsziele, kommt dem Nachhaltigkeitsbegriff im allgemeinen Sprachgebrauch auch eine zweite Bedeutung zu. „Nachhaltigkeit" kann – im Sinne einer betriebswirtschaftlichen, zeitlichen Betrachtungsweise – auf einen lange andauernden wirtschaftlichen Erfolg Bezug nehmen.[421] Ein so verstandenes Nachhaltigkeitskonzept liegt dem Bankenaufsichtsrecht als Ausprägung des Finanzstabilitätsziels zugrunde.[422] Das traditionelle Nachhaltigkeitskonzept der Bankenregulierung baut auf dem Ziel eines nachhaltigen – langfristigen – Bestehens des Bankensektors auf und ist aus einem post-Krisenbewusstsein entstanden.[423] Als so verstandene Zielvorgabe des Bankenaufsichtsrechts ist Nachhaltigkeit damit vornehmlich banksektorspezifisch-ökonomisch zu verstehen (finales Nachhaltigkeitsverständnis).

---

418 Ähnlich bereits *Coleton u. a.*, EBA Staff Paper Series, N. 6 – Januar 2020, S. 7.

419 CRD VI, Erwägungsgrund 39.

420 Insoweit seien ESG-Risiken „eng mit dem Konzept der Nachhaltigkeit verbunden", siehe CRD VI, Erwägungsgrund 39.

421 So auch *Klos*, in: Bauer/ Schuster (Hrsg.), Nachhaltigkeit im Bankensektor, S. 289, 290. Zur situativen Auslegung des Nachhaltigkeitsbegriff siehe auch *Waschbusch/Kiszka/Runco*, BKR 2020, S. 615 (616).

422 Vgl. auch *Tröger*, in: Bauer/ Schuster (Hrsg.), Nachhaltigkeit im Bankensektor, S. 137, 139 ff.; *Bauer/Schuster*, in: Bauer/Schuster (Hrsg.), Nachhaltigkeit im Bankensektor, S. 1, 1 f.; *Bauer/Stegmaier*, in: Bauer/Schuster (Hrsg.), Nachhaltigkeit im Bankensektor, S. 5, 17 f.

423 Auf nationaler Ebene sind die Anfänge einer umfassenden Bankenregulierung auf die Bankenkrise 1931 zurückzuführen.

2. *Materielles Nachhaltigkeitsverständnis*

Daneben ist „Nachhaltigkeit" ein Tatbestandsmerkmal einiger bankenaufsichtsrechtlicher Regelungen (materielles Nachhaltigkeitsverständnis). Dass auch diesen Vorgaben vornehmlich ein ökonomisches, zeitliches Verständnis zugrunde liegt, drängt sich bereits bei den Nachhaltigkeitsbezügen in der CRR auf. Die Aufsichtsbehörden sind nach Art. 78 Abs. 1 Unterabs. 1 lit. a CRR ermächtigt, Eigenmittelerleichterungen zu beschließen, „zu Bedingungen, die im Hinblick auf die Ertragsmöglichkeiten des Instituts nachhaltig sind".[424]

Im nationalen Bankenaufsichtsrecht ist Nachhaltigkeit als materielle Vorgabe vornehmlich unter den nationalen Säule-2-Vorgaben relevant. Das Aufsichtsrecht fordert von Instituten „die Festlegung einer auf die nachhaltige Entwicklung des Instituts gerichteten Geschäftsstrategie und einer damit konsistenten Risikostrategie" (§ 25a Abs. 1 Satz 3 Hs. 2 Nr. 1 KWG).[425] Die Basis der aufsichtsrechtlichen Anforderungen an das Risikomanagement von Instituten bildet damit eine nachhaltige Geschäftsstrategie.[426] Das Nachhaltigkeitsverständnis erschließt sich – anders als in der CRR – nicht unmittelbar aus dem Gesetzestext. Es ist vielmehr einer umfänglichen Auslegung zugänglich. Die Nachhaltigkeitskomponente wur-

---

424 Es wird bereits aus dem Wortlaut deutlich (engl.: „*sustainable for the income capacity*"), dass „nachhaltig" zeitlich und ökonomisch (vgl. „Ertragsmöglichkeiten") zu verstehen ist (dazu auch *Bauer/Stegmaier*, in: Bauer/Schuster (Hrsg.), Nachhaltigkeit im Bankensektor, S. 5, 21.). Dies bestätigt auch die Präzisierung des Tatbestandsmerkmals durch Art. 27 der Delegierten Verordnung (EU) Nr. 241/2014 vom 07.01.2014, ABl. L 74, 8. Das Kriterium liegt entsprechend vor, wenn „(...) die Rentabilität des Instituts zum betreffenden Zeitpunkt und in absehbarer Zeit solide bleiben bzw. sich nicht negativ verändern wird (...)". Vgl. zu diesem Nachhaltigkeitserfordernis auch Art. 78 Abs. 2 CRR; vgl. zudem Art. 78 Abs. 4 lit. d CRR. Art. 78a Abs. 1 lit. a, Abs. 2, Abs. 3 lit. d CRR enthalten entsprechend die Erlaubnis zur Verringerung von Instrumenten berücksichtigungsfähiger Verbindlichkeiten.

425 Die europäischen Grundlagen sind in Art. 73, 74 Abs. 1 CRD sowie den konkretisierenden EBA, Leitlinien zur internen Governance vom 02.07.2021, EBA/GL/2021/05, zu finden, wobei allgemein von Strategien gesprochen wird.

426 Dies bedeutet, dass auch die Risikostrategie auf eine nachhaltige Entwicklung des Instituts ausgerichtet sein muss. Die Geschäftsleitung hat zudem eine mit der Geschäftsstrategie konsistente, nachhaltige IT-Strategie festzulegen (II. Modul 1. Tz. 1 BAIT). Im Endeffekt meint damit das Nachhaltigkeitserfordernis für die IT-Strategie, dass diese die Umsetzung der Geschäftsstrategie ermöglichen und nicht behindern soll.

de mit dem CRD IV-Umsetzungsgesetz[427] mit Wirkung zum 1. Januar 2014 in das Kreditwesengesetz aufgenommen und stammt aus der Verwaltungspraxis der BaFin,[428] welche das Nachhaltigkeitskriterium erstmalig in der MaRisk-Fassung vom 14. August 2009[429] aufgenommen hatte.[430] Konkrete aufsichtliche Ausführungen zum Begriffsverständnis sind dagegen erst im BaFin-Jahresbericht 2013 zu finden, in welchem die BaFin darlegt, dass eine Geschäftsstrategie nachhaltig ist, wenn sie „langfristig geeignet ist, um nachhaltige Erträge erwirtschaften zu können, die die Unternehmensexistenz sichern“[431]. Auch die EBA-Leitlinien zur internen Governance legen entsprechend fest, dass Institute die Geschäftsstrategie mit dem Ziel der Sicherstellung der „langfristigen finanziellen Interessen und (…) Solvenz des Instituts“ festlegen.[432] Diese ökonomische Betrachtung des Nachhaltigkeitsverständnisses im Sinne einer langfristigen Sicherstellung der eigenen Existenz spiegelt sich in den MaRisk wider.[433] Nunmehr nimmt die BaFin in den MaRisk zudem ausdrücklich auf eine ökonomisch nachhaltige Geschäftsstrategie

---

427 Gesetz zur Umsetzung der Richtlinie 2013/36/EU über den Zugang zur Tätigkeit von Kreditinstituten und die Beaufsichtigung von Kreditinstituten und Wertpapierfirmen und zur Anpassung des Aufsichtsrechts an die Verordnung (EU) Nr. 575/2013 über Aufsichtsanforderungen an Kreditinstitute und Wertpapierfirmen (CRD IV-Umsetzungsgesetz) vom 28.08.2013, BGBl. I 2013, S. 3395.

428 BT-Drs. 17/10974, S. 85; zur Überführung der Strategieanforderungen allgemein, BT-Drs. 16/1335, 82; hierzu auch *Langen/Donner*, in: Schwennicke/Auerbach (Hrsg.), KWG, 4. Aufl. 2021, § 25a Rn. 52.

429 *Bundesanstalt für Finanzdienstleistungsaufsicht*, Rundschreiben 15/2009 (BA) – Mindestanforderungen an das Risikomanagement vom 14.08.2009.

430 Interessant ist dabei, dass das Nachhaltigkeitserfordernis im ersten Entwurf noch nicht vorhanden war (siehe *Bundesanstalt für Finanzdienstleistungsaufsicht*, Entwurf der MaRisk in der Fassung vom 16.02.2009). Die Stellungnahmen zum finalen Entwurf nehmen keinen Bezug auf dieses Erfordernis (abrufbar unter *Deutsche Bundesbank*, Stellungnahmen zu MaRisk-Entwürfen 2009) und auch die Erläuterungen zur MaRisk 2009 führen das Kriterium nicht weiter aus; es wird lediglich klargestellt, dass der Inhalt der Geschäftsstrategie nicht Gegenstand von externen Prüfungen (Jahresabschlussprüfern) oder der internen Revision sei (siehe *Bundesanstalt für Finanzdienstleistungsaufsicht*, Anlage 1: Erläuterungen zu den MaRisk in der Fassung vom 14.08.2009, S. 9 und Erläuterung zu AT 4.2 Tz. 1).

431 *Bundesanstalt für Finanzdienstleistungsaufsicht*, Jahresbericht 2013, III, 1.1.7, S. 73.

432 EBA, Leitlinien zur internen Governance vom 02.07.2021, EBA/GL/2021/05, Ziffer 22.

433 So auch *Hannemann/Weigl/Zaruk*, MaRisk, AT 4.2 Rn. 31 ff.; so auch *Waschbusch/Kiszka/Strauß*, Nachhaltigkeit in der Bankenbranche, S. 99 f.

Bezug.[434] Nachhaltigkeit ist demnach ein Kriterium, welches als ein Gegenbegriff zu kurzfristigen Ausrichtungen und hoher Risikoübernahme (aber nicht im Gegensatz zu Profitabilität) gesehen werden kann. Es lässt sich damit eine Parallele zur betriebswirtschaftlichen Bedeutung ziehen, wenngleich Erhalt und Stabilität den Begriff im aufsichtsrechtlichen Kontext maßgeblich prägen.

Der Nachhaltigkeitsbegriff erfährt weitere Konkretisierungen in den SREP-Leitlinien der EBA.[435] Die Geschäftsmodellanalyse beinhaltet u. a. die Bewertung der „Nachhaltigkeit der Strategie“[436]. Während die (Geschäfts-)Strategie und das Geschäftsmodell inhaltlich nicht bewertet werden, sondern die Strategiefestlegung in den Verantwortungsbereich der Institute (konkret der Geschäftsleiter) fällt, werden diese gleichwohl auf den Aspekt der Nachhaltigkeit hin untersucht.[437] Im Rahmen der Geschäftsmodellanalyse wird die Nachhaltigkeit der Strategie des Instituts danach beurteilt, ob das Institut aufgrund der strategischen Pläne und finanziellen Prognosen fähig ist, mit der Strategie eine akzeptable Rendite in mindestens den kommenden drei Jahren zu erzielen.[438] Dafür erfolgt zunächst eine Bewertung der Tragfähigkeit des aktuellen Geschäftsmodells danach, ob es geeignet ist, eine akzeptable Rendite in den kommenden zwölf Monaten zu er-

---

434 MaRisk, AT 4.2 Tz. 1.

435 EBA, Leitlinien zu gemeinsamen Verfahren und Methoden für den aufsichtlichen Überprüfungs- und Bewertungsprozess (Supervisory Review and Evaluation Process, „SREP“) sowie für die aufsichtlichen Stresstests, 18.03.2022, EBA/GL/2022/03 („EBA, SREP-Leitlinien vom 18.03.2022, EBA/GL/2022/03“).

436 EBA, SREP-Leitlinien vom 18.03.2022, EBA/GL/2022/03, Ziffern 75 lit. h), 93 f. Bei der Bestimmung der Schwerpunktbereiche für die Geschäftsmodellanalyse sind zudem vornehmlich solche Geschäftsfelder zu berücksichtigen, die u. a. für die „Nachhaltigkeit des aktuellen Geschäftsmodells“ am relevantesten sind (EBA, SREP-Leitlinien, Ziffer 80, siehe auch Ziffer 98).

437 Dazu *Bundesanstalt für Finanzdienstleistungsaufsicht*, Jahresbericht 2013, III, 1.1.7, S. 73; hierzu auch *Langen/Donner*, in: Schwennicke/Auerbach (Hrsg.), KWG, 4. Aufl. 2021, § 25a Rn. 53; *Reppenthien*, in: Beck/Samm/Kokemoor (Hrsg.), KWG, Werkstand: 238. Lfg. 8/2024, § 25a Rn. 77; siehe zudem *Hannemann/Weigl/Zaruk*, MaRisk AT 4.2, Rdn. 99 und 200 ff.

438 EBA, SREP-Leitlinien vom 18.03.2022, EBA/GL/2022/03, Ziffer 71. Ob eine „akzeptable Rendite“ erzielt wird, wird unter Heranziehung des Geschäftsumfelds anhand der Eigenkapitalrendite (ROE) im Verhältnis zu Eigenkapitalkosten (COE) oder einer äquivalenten Kennzahl (z. B. Gesamtkapitalrentabilität oder risikoadjustierte Kapitalrendite (RAROC)), anhand der Finanzierungsstruktur und anhand des Risikoappetits beurteilt (EBA, SREP-Leitlinien vom 18.03.2022, EBA/GL/2022/03, Ziffer 92, siehe Ziffer 94 zu den Bewertungskriterien).

wirtschaften.[439] Anhand der Bewertung der Tragfähigkeit des Geschäftsmodells und der Nachhaltigkeit der Geschäftsstrategie erfolgt eine Gesamtbeurteilung des Instituts, einschließlich der Risiken für die „Überlebensfähigkeit“[440]. Anhand dessen wird ein Scorewert für die Überlebensfähigkeit gebildet, je nach dem, was für ein Risiko das Geschäftsmodell und die Strategie für die Überlebensfähigkeit des Instituts darstellen (Score 1 bis 4).[441] Die Bezugnahme auf die Rendite zeigt, dass eine Geschäftsstrategie, die (hypothetisch) gänzlich risikoavers ist, sich aber dafür nicht rentiert, aus aufsichtsrechtlicher Sicht ebenso abzulehnen ist wie eine übermäßig riskante Geschäftsstrategie.[442] Es gilt mithin, zwischen Profitabilität (laufende Erträge) und Sicherheit (langfristige Existenz) den aufsichtsrechtlichen Mittelpunkt zu finden.[443]

Damit beschreibt „nachhaltige Geschäftsstrategie“ – ganz im Sinne einer ökonomischen Nachhaltigkeit[444] – eine „unternehmerische Ausrichtung der Bank, die geeignet ist, nachhaltige Erträge zu generieren und langfristig die Unternehmensexistenz zu sichern“[445], wobei eine akzeptable Rendite über drei Jahre im Prüfungskontext vorausgesetzt wird. Dagegen sind ökologische oder soziale Aspekte traditionell jedenfalls kein ausdrücklicher Bestandteil aufsichtsrechtlicher Anforderungen an die Geschäftsstrategie.

Das Nachhaltigkeitskriterium findet sich schließlich im Zusammenhang mit aufsichtsrechtlichen Vergütungsregelungen wieder. Zum Risikomanagement zählen „angemessene, transparente und auf eine nachhaltige Entwicklung des Instituts ausgerichtete Vergütungssysteme für Geschäftsleiter und Mitarbeiter“ (§ 25

---

439 EBA, SREP-Leitlinien vom 18.03.2022, EBA/GL/2022/03, Ziffer 91.

440 EBA, SREP-Leitlinien vom 18.03.2022, EBA/GL/2022/03, Ziffer 97.

441 EBA, SREP-Leitlinien vom 18.03.2022, EBA/GL/2022/03, Ziffer 97, Tabelle 2.

442 Vgl. hierzu auch *Döding*, ZBB 2020, S. 168 (172).

443 Die EZB führte entsprechend aus: „Persistently high levels of profitability can be alarming signals. Very high profitability can imply excessive risk-taking and a build up of vulnerabilities, which would eventually jeopardise sustainable profitability. The focus should be on predictability and low volatility of earnings in order to enable performance sustainability“, siehe *Europäische Zentralbank*, Beyond RoE – How to measure bank performance, Ziffer 4.1, S. 27, vgl. dort auch Executive Summary, S. 5 ff.

444 So ausdrücklich für den SREP *Europäische Bankenaufsichtsbehörde*, ESG-Bericht, Ziffer 333 (S. 136).

445 *Waschbusch/Kiszka/Strauß*, Nachhaltigkeit in der Bankenbranche, S. 99; *Döding*, ZBB 2020, S. 168, 172; vgl. auch *Hannemann/Weigl/Zaruk*, MaRisk, AT 4.2 Rn. 32; dazu auch *Bauer/Stegmaier*, in: Bauer/Schuster (Hrsg.), Nachhaltigkeit im Bankensektor, S. 5, 21 ff.

a Abs. 1 Satz 3 Hs. 2 Nr. 6 KWG). Das Gesetz definiert ebenfalls nicht, was unter dem Nachhaltigkeitserfordernis im Sinne der Vergütungsregulierung zu verstehen ist.[446] Es deckt sich aber mit den Nachhaltigkeitsverständnis im Rahmen der Strategien, wenngleich die Nachhaltigkeitskomponente zeitlich signifikant früher als die Nachhaltigkeitsvorgabe im Rahmen der Strategien eingeführt wurde.[447] Die Gesetzesbegründung führte aus, dass eine auf kurzfristige Parameter gerichtete Vergütungspolitik „den langfristigen und nachhaltigen Unternehmenserfolg“[448] behindern könnte. Ziel der Vergütungsregulierung sei es daher, die vor der Finanzkrise bestehenden Vergütungssysteme, welche aufgrund ihrer Orientierung an kurzfristigen Erfolgen und fehlenden Folgen bei Misserfolgen als Mitursache für die Finanzkrise gesehen wurden, *nachhaltiger* zu gestalten.[449] Wenn im Geset-

446 Einzelheiten werden zwar in der auf § 25a Abs. 6 KWG (i. V. m. § 1 Satz 1 Nr. 5 BaFinBefugV) gestützten InstitutsVergV geregelt. Während das Transparenzerfordernis durch Offenlegungsvorgaben (vgl. etwa § 16 InstitutsVergV) und das Angemessenheitserfordernis (insb. in § 5 InstitutsVergV) näher konkretisiert werden, wird der Nachhaltigkeitsbegriff gleichwohl nicht ausdrücklich aufgegriffen und näher erläutert. Aus der Formulierung in § 25a KWG wird aber deutlich, dass das Nachhaltigkeitserfordernis anders als die Vorgabe der Angemessenheit und Transparenz eine Zielvorgabe darstellt und damit final zu verstehen ist.

447 Durch das Gesetz über die aufsichtsrechtlichen Anforderungen an die Vergütungssysteme von Instituten und Versicherungsunternehmen vom 21.07.2010, BGBl. I 2010, S. 950. Bereits vor der gesetzlichen Verankerung enthielt die (aufgehobene) MaRisk 2009 (*Bundesanstalt für Finanzdienstleistungsaufsicht*, Rundschreiben 15/2009 (BA) – Mindestanforderungen an das Risikomanagement vom 14.08.2009) sowie das (aufgehobene) Rundschreiben 22/2009 (BA) (*Bundesanstalt für Finanzdienstleistungsaufsicht*, Rundschreiben 22/2009 (BA) vom 21.12.2009) Anforderungen an die Vergütungssysteme, wobei bereits das Rundschreiben 22/2009 (BA) Nachhaltigkeitsvorgaben enthielt.

448 Regierungsentwurf, Entwurf eines Gesetzes über die aufsichtsrechtlichen Anforderungen an die Vergütungssysteme von Instituten und Versicherungsunternehmen vom 31.03.2010, BT-Drs. 17/1291, S. 1, vgl. auch S. 9.

449 Regierungsentwurf, Entwurf eines Gesetzes über die aufsichtsrechtlichen Anforderungen an die Vergütungssysteme von Instituten und Versicherungsunternehmen vom 31.03.2010, BT-Drs. 17/1291, S. 1, 9; BaFin, Auslegungshilfe zur InstitutsVergV, A. Vorbemerkung, S. 1. Die Vergütungspolitik großer Finanzinstitute gilt als ein wesentlicher Treiber der Finanzkrise im Jahr 2007/08, insbesondere exorbitant unverhältnismäßige Risikoübernahmen, die kurzfristige Erfolge generierten und hohe Bonuszahlungen auslösten, sollen zu einer unangemessenen Berücksichtigung von Risiken geführt haben (siehe *Financial Stability Board*, Principles for Sound Compensation Practices, S. 1; hierzu auch *Glasow*, in: Bauer/Schuster (Hrsg.), Nachhaltigkeit im Bankensektor, S. 105, 106 f.; *Braun*, in: Fischer/Schulte-Mattler

zestext auf Vergütungssysteme abgestellt wird, die auf eine nachhaltige Entwicklung des Instituts ausgerichtet sind, wird damit traditionell die Ausrichtung der Vergütungssysteme „auf den längerfristigen Erfolg des Unternehmens“[450] gefordert. Dies alles zeigt, dass das Augenmerk des Regelungszwecks vornehmlich auf einer zeitlichen und ökonomischen Perspektive der Nachhaltigkeitsdimensionen liegt, zumal die Vergütungsstrategie konsistent zur Geschäftsstrategie sein muss (vgl. § 4 InstitutsVergV).[451] Dieses Verständnis liegt auch der CRD zugrunde, die interessanterweise nur im Rahmen der Vergütungspolitik den Begriff der Nachhaltigkeit verwendet.[452]

3. *Parallelen zum Nachhaltigkeitsverständnis unter Sustainable Finance*

„Nachhaltigkeit“ ist im Bankenaufsichtsrecht einerseits als allgemeine Zielvorgabe, andererseits in Form konkreter materieller Nachhaltigkeitsvorgaben zeitlich-ökonomisch als Erhaltungspostulat zu verstehen.[453] Hieran zeigt sich die Parallelität zum vorgestellten Nachhaltigkeitsverständnis im Lichte von Sustainable Finance, als auch dort der Erhalt und damit die Stabilität eines Systems im Vordergrund steht.[454] Es lässt sich auch eine Parallele zur ökonomischen Dimension des Konzepts der nachhaltigen Entwicklung ziehen insbesondere mit Blick auf das finale Nachhaltigkeitsverständnis, wenngleich sich das bankenaufsichtsrechtliche Nachhaltigkeitsverständnis nicht hieraus entwickelte. Darüber hinaus waren ESG-Themen oder etwa eine sich ökologisch positiv auswirkende

---

(Hrsg.), KWG, 6. Aufl. 2023, § 25a Rn. 729). Während des Gesetzgebungsverfahrens wurde die (vermeintliche) Konturenlosigkeit des Begriffs „Nachhaltigkeit“ kritisiert und vorgeschlagen, diesen Begriff durch „Langfristigkeit“ zu ersetzen, siehe Beschlussempfehlung und Bericht des Finanzausschusses (7. Ausschuss), vom 16.06.2010, BT-Drs. 17/2181, S. 10.

450 Regierungsentwurf, Entwurf eines Gesetzes über die aufsichtsrechtlichen Anforderungen an die Vergütungssysteme von Instituten und Versicherungsunternehmen, vom 31.03.2010, BT-Drs. 17/1291, S. 9; BaFin, Auslegungshilfe zur InstitutsVergV, A. Vorbemerkung, S. 1; siehe auch *Glasow*, in: Bauer/Schuster (Hrsg.), Nachhaltigkeit im Bankensektor, S. 105, 116 ff.

451 *Waschbusch/Kiszka/Strauß*, Nachhaltigkeit in der Bankenbranche, S. 107.

452 Art. 92 Abs. 2 lit. g Nr. ii CRD. Die europäischen Vorgaben werden durch EBA, Leitlinien für solide Vergütungspolitik gemäß Richtlinie 2013/35/EU vom 02.07.2021, EBA/GL/2021/04, konkretisiert, vgl. dort insb. Ziffer 185 lit. b, iii.

453 In diese Richtung auch *Bauer/Stegmaier*, in: Bauer/Schuster (Hrsg.), Nachhaltigkeit im Bankensektor, S. 5, 23 f., 26.

454 So bereits *Bauer/Schuster*, in: Bauer/Schuster (Hrsg.), Nachhaltigkeit im Bankensektor, S. 1.

Geschäftsstrategie – über das Postulat einer dauerhaften Bestandssicherung und der ökonomischen Betrachtung hinaus – nicht Bestandteil der bankenaufsichtsrechtlichen Vorschriften, da rechtliche Vorgaben zur Berücksichtigung von umweltbezogenen und sozialen Aspekten für die Geschäftsstrategien nicht etabliert waren.[455]

Das Bankenaufsichtsrecht schloss eine Berücksichtigung aber auch nicht aus, vielmehr sind die rechtlichen Vorgaben zur ordnungsgemäßen Geschäftsorganisation flexibel, entsprechende Aspekte zu beleuchten, um eine (ökonomisch) nachhaltige Entwicklung des Instituts zu erreichen. Auch wenn das Bankenaufsichtsrecht zu sozialen und ökologischen Nachhaltigkeitskomponenten damit größtenteils schwieg, spielt Nachhaltigkeit i. S einer Berücksichtigung von ökologischen und sozialen Belangen bei Geschäftsentscheidungen eine wichtige Rolle. Dies ist einerseits bereits rechtlich indiziert, z. B. durch das Umwelt- und Arbeitsrecht, aber auch durch die Berichterstattungspflichten nach der NFRD und CSRD oder durch die aktienrechtlichen Regelungen.[456] Andererseits haben Banken bereits ohne rechtliche Vorgaben, u. a. durch private Initiativen und Selbstverpflichtungen, Nachhaltigkeitskonzepte aufgenommen, wie Risikoüberlegungen zu Klima- und Umweltzielen als auch weitergehende ESG-Überlegungen in der Analyse ihres Geschäftsumfelds.[457] Der Bundesverband deutscher Banken hat bereits 2014 verkündet, dass sich die privaten Banken „zum Leitbild einer nachhaltigen Entwicklung"[458] bekennen. Ein angemessenes Nachhaltigkeitsmanagement soll einerseits neue Geschäftsfelder erschließen, andererseits diene es als ein „‚Frühwarnsystem' für ökonomische Risiken"[459]. Als Beispiele werden ge-

455 Vgl. Überblick bei *Bauer/Stegmaier*, in: Bauer/Schuster (Hrsg.), Nachhaltigkeit im Bankensektor, S. 5, 12, 17 ff., 21. Vielmehr erfolgte allenfalls eine mittelbare Beeinflussung durch bestimmte Aufsichtsvorschriften. Zu nennen ist zum Beispiel die Vorgabe geschlechtsneutraler Vergütungssysteme (§ 5 Abs. 1 Nr. 6 InstitutsVergV). Ökologische Aspekte waren dagegen insbesondere aus Risikosicht relevant, etwa bei der Beurteilung von Länderrisken, die auch Naturkatastrophen berücksichtigen, siehe EBA, SREP-Leitlinien vom 18.03.2022, EBA/GL/2022/03, Ziffer 192 lit. d. Dazu auch *Bierman*, in: Beekhoven van den Boezem/Jansen/ Schuijling (Hrsg.), Sustainability and Financial Markets, S. 129, 151.

456 Vgl. Überblick bei *Bauer/Stegmaier*, in: Bauer/Schuster (Hrsg.), Nachhaltigkeit im Bankensektor, S. 5, 10 ff., 28.

457 Siehe etwa *Bauer/Stegmaier*, in: Bauer/Schuster (Hrsg.), Nachhaltigkeit im Bankensektor, S. 5, 27 ff; zur Relevanz etwa *Schünemann/Weltin*, imug Impuls 2019 – Stresstest Nachhaltigkeit. Zu den privaten Initiativen im Bankensektor siehe Teil 2A.I.

458 *Bundesverband deutscher Banken*, Nachhaltigkeitsmanagement, S. 4.

459 *Bundesverband deutscher Banken*, Nachhaltigkeitsmanagement, S. 4, 6.

nannt: Menschenrechtsverstöße, fatale Arbeitsbedingungen, die Erzeugung von Schäden an der Umwelt oder eine unethische Geschäftspraxis.[460] Nach dem Bundesverband bedeutet „Nachhaltigkeit“ dabei, „ökonomisch dauerhaft erfolgreich zu sein und gleichzeitig ökologisch, sozial und gesellschaftlich verantwortlich zu handeln“[461], wobei das Nachhaltigkeitsziel Teil der Geschäftsstrategie sei und nicht parallel zu dieser verfolgt werden solle.[462] Die ökologische Seite betreffe zum einen die Betriebsökologie, zum anderen die Integration von ökologischen Aspekten in das operative Bankgeschäft wie bei der Kreditvergabe.[463] Mit Blick auf die soziale und gesellschaftliche Seite wird insbesondere auf die Einhaltung der Menschenrechte und die Verhinderung von Korruption verwiesen wie auch auf gesellschaftliches Engagement (z. B. Spenden, *Corporate Volunteering*) und die Mitarbeiterförderung, etwa in Form von Angeboten zur Kinderbetreuung oder auch der Förderung einer Work-Life-Balance.[464] Diese Implikationen sind keine aufsichtsrechtlichen, sondern haben sich aus der Innenperspektive des Bankensektors entwickelt.[465]

III. Zwischenergebnis

Wenngleich die Anfänge des Nachhaltigkeitsbegriffs in der Tat in der Forstwirtschaft zu finden sind,[466] zeigt die hierin begründete Zukunftsgerichtetheit des Nachhaltigkeitsbestrebens doch, dass sich dieses Grundprinzip bis heute im allgemeinen Nachhaltigkeitsverständnis widerspiegelt, indem die Bedeutung des ökologischen Fundaments für eine künftige wirtschaftliche Entwicklung und soziale Lebensgrundlage weiterhin hervorgehoben wird, wenngleich der Nachhaltigkeitsbegriff verbreitet eindimensional und schnell mit dem Faktor Ökologie assoziiert wird.

Es existieren mehrere artverwandte Konzepte zu Sustainable Finance, die sich mittlerweile schwer unterscheiden lassen, zumal es keine einheitlichen Unter-

---

460 *Bundesverband deutscher Banken*, Nachhaltigkeitsmanagement, S. 11.

461 *Bundesverband deutscher Banken*, Nachhaltigkeitsmanagement, S. 4, 7.

462 *Bundesverband deutscher Banken*, Nachhaltigkeitsmanagement, S. 4, 9.

463 *Bundesverband deutscher Banken*, Nachhaltigkeitsmanagement, S. 8.

464 *Bundesverband deutscher Banken*, Nachhaltigkeitsmanagement, S. 8 f., 12.

465 Zur unternehmerischen Nachhaltigkeit und dem sog. Triple-Bottom-Line-Ansatz bereits Teil 2A.I. Siehe zudem zu „Nachhaltigkeitsbanken” *Klos*, in: Bauer/ Schuster (Hrsg.), Nachhaltigkeit im Bankensektor, S. 289, 298 ff.; zu „ethischen Banken“ und Förder- und Entwicklungsbanken *Voland*, in: Bauer/ Schuster (Hrsg.), Nachhaltigkeit im Bankensektor, S. 251, 254 ff.

466 Siehe näher Fn. 368.

scheidungs- und Definitionsansätze gibt. Für die vorliegenden Zwecke der Herunterbrechung des Nachhaltigkeitspostulats auf das Bankenaufsichtsrecht lässt sich das CSR-Konzept/Konzept der unternehmerischen Nachhaltigkeit jedenfalls formal von der Sustainable-Finance-Regulierung abgrenzen, da dieses, soweit rechtliche Vorgaben hieraus abgeleitet werden, nicht im Aufsichtsrecht, sondern im Gesellschafts- und Handelsrecht etabliert worden ist. Dennoch sind diese Hintergründe aus der Innenperspektive der Banken relevant und verdeutlichen, dass die Geschäftsmodelle – über verbindliche CSR-Offenlegungsvorgaben oder durch eine (gedrängte) Selbstverpflichtung – auch ohne die aufsichtsrechtliche Regulierung bereits angepasst wurden bzw. werden. Das ESG-Konzept lässt sich dagegen im Zusammenhang mit den einzelnen Vorgaben und durch den jeweiligen Bezugsbegriff (ESG-Risiken, ESG-Faktoren, etc.) für das Aufsichtsrecht erklären. Es erfährt bereits aus diesem Grund eine bankenaufsichtsrechtlich spezifische Ausprägung, da die drei Komponenten durch die Regulierer näher beschrieben werden, wenngleich das Akronym im Aufsichtsrecht auch Bewertungskriterien beschreibt, während „Nachhaltigkeit" – wie auch das traditionelle Verständnis im Aufsichtsrecht – final zu verstehen ist.

Das Nachhaltigkeitsverständnis unter der bankenaufsichtsrechtlichen Nachhaltigkeitsregulierung ist konzeptionell (Klimaziele vs. originär aufsichtliche Motive) und deklaratorisch (nachhaltige Entwicklung, drei Nachhaltigkeitsdimensionen, „ESG") vom traditionellen Nachhaltigkeitsverständnis im Aufsichtsrecht zu unterscheiden. Neben finaler „Nachhaltigkeit" als allgemeine Ausprägung des aufsichtsrechtlichen Finanzstabilitätsziels, enthält das Bankenaufsichtsrecht auch einige Regelungen, die Nachhaltigkeit als Tatbestandsmerkmal aufweisen. Dies betrifft insbesondere die zentrale Regelung der Ausrichtung der Geschäftsstrategie auf eine nachhaltige Entwicklung des Instituts. Während dies die Berücksichtigung von ökologischen und sozialen Aspekten nicht ausschließt, liegt der Fokus aber auf einer langfristigen ökonomischen Entwicklung, sodass sich jedwede Risiko- und Geschäftsüberlegung an ökonomischen Parametern zu orientieren hat. Wenngleich es sich nicht aus diesen Konzeptionen entwickelt hat, lässt sich das traditionelle Nachhaltigkeitsverständnis im Aufsichtsrecht aber im weitesten Sinne mit der ökonomischen Nachhaltigkeit im Sinne des Drei-Säulen-Modells in Verbindung mit dem Triple-Bottom-Line-Ansatz vergleichen. Denn dem ökonomischen Nachhaltigkeitsverständnis im Bankenaufsichtsrecht liegt das Mantra zugrunde, dass sich „(…) jede Bank die Frage (…) [stellen muss], wo und wie sie heute und in Zukunft die Erträge erwirtschaften kann, die sie braucht, um langfristig am Markt bestehen zu können"[467], sodass sich

---

467 *Bundesanstalt für Finanzdienstleistungsaufsicht*, Jahresbericht 2013, I, 1.2, S. 15.

dieses Langfristigkeitspostulat deckt. Allen Konzepten liegt damit der Erhalt eines Systems zugrunde, wobei im Aufsichtsrecht traditionell der Erhalt allein anhand ökonomischer Größen bewirkt werden sollte. Ökologische oder soziale Nachhaltigkeitsaspekte wurden aufsichtsrechtlich entweder als Unterkomponenten des ökonomischen Verständnisses verstanden (und waren je nach Geschäftsmodell der Bank aus ökonomischer (Risiko-)Perspektive auch bereits erforderlich) oder durften sich jedenfalls nicht negativ auf die ökonomisch nachhaltige Entwicklung des Instituts auswirken.

Mit Blick auf die Nachhaltigkeitsregulierung und das dargestellte traditionelle Nachhaltigkeitsverständnis stellen sich zwei Fragen, die für die Zielbeziehungsuntersuchung zu den traditionellen Zielen des Bankenaufsichtsrecht relevant sind. Zunächst wird zu beleuchten sein, inwieweit das finale Nachhaltigkeitsverständnis betroffen ist. Die Nachhaltigkeitsregulierung kann neue Ziele im Bankenaufsichtsrecht etablieren und/oder sie kann an den traditionellen Zielen ansetzen. Während im ersten Fall eine Zielkonflikt möglich ist, ist im letzten Fall die Zielkonformität zu untersuchen.

Hieran anknüpfend stellt sich die Frage, inwieweit die materiellen Nachhaltigkeitsvorgaben durch die Nachhaltigkeitsregulierung betroffen sind.[468] Die Nachhaltigkeitsregulierung kann diese entweder unangetastet lassen und die neuen Ziele mit anderen Vorgaben verfolgen oder sie kann an ihnen ansetzen und dabei entweder andere Nuancen aufnehmen, ohne das traditionelle Verständnis zu berühren (ökologische und soziale Komponenten als Unterpunkte des ökonomischen Verständnisses) oder einen neuen Fokus auf ökologische und soziale Ziele setzen, der nicht unter dem traditionellen materiellen Verständnis erklärbar ist.

B. Die Ziele der Nachhaltigkeitsregulierung im Bankenaufsichtsrecht

I. Zielherleitung

Den Ursprung konkreter (politischer) Zielformulierungen bildet der Aktionsplan „Finanzierung nachhaltigen Wachstums“ der Europäischen Kommission.[469] Die

468 Dies ist eng mit der ersten Frage verbunden, da die Instrumente die Ziele erst mit einem Aussage- und damit Bedeutungsgehalt füllen. Zum hiesigen Zielbegriff siehe Teil 1II.

469 *Europäische Kommission*, Aktionsplan: Finanzierung nachhaltigen Wachstums.

Europäische Kommission formuliert darin drei „Ziele“: (1) Neuausrichtung der Kapitalflüsse hin zu einer nachhaltigeren Wirtschaft, (2) Einbettung der Nachhaltigkeit in das Risikomanagement und (3) Förderung von Transparenz und Langfristigkeit.[470] Sie verfolgt diese finale Ausrichtung in der neuen Sustainable-Finance-Strategie[471] weiter.[472] Für den bankenaufsichtsrechtlichen Zielkatalog werden diese Zielformulierungen relevant, wenn und soweit sie auch durch das Bankenaufsichtsrecht verfolgt werden. Erst hierdurch erhalten sie ihren rechtlichen Wesens- und damit für die vorliegende Untersuchung Bedeutungsgehalt. Dies ist im konkreten Fall auch deshalb bedeutsam, da sich der Aktionsplan und die neue Sustainable-Finance-Strategie grundsätzlich auf das gesamte Finanzmarktaufsichtsrecht beziehen, sodass Differenzierungen bei den Rechtsgebieten möglich sind.

Die nationalen, formellen Bankenaufsichtsgesetze wurden (noch) nicht geändert bzw. angepasst, sodass für die Zielidentifizierung zunächst nur die europäische Ebene relevant ist.[473] Im Zuge der Implementierung wurden keine eigenen bankenaufsichtlichen Level-1-Maßnahmen erlassen.[474] Vielmehr erfolgten zunächst zielfinale Änderungen der CRR durch die CRR II. Der hierdurch

---

470 *Europäische Kommission*, Aktionsplan: Finanzierung nachhaltigen Wachstums, S. 3: „(...) die Kapitalflüsse auf nachhaltige Investitionen umzulenken, um ein nachhaltiges und integratives Wachstum zu erreichen“, „(...) finanzielle Risiken, die sich aus dem Klimawandel, der Ressourcenknappheit, der Umweltzerstörung und sozialen Problemen ergeben, zu bewältigen“, „(...) Transparenz und Langfristigkeit in der Finanz- und Wirtschaftstätigkeit zu fördern“, siehe zudem dort S. 4. Dazu auch *Europäische Bankenaufsichtsbehörde*, ESG-Bericht, S. 15; *Coleton u. a.*, EBA Staff Paper Series, N. 6 – Januar 2020, S. 6.

471 *Europäische Kommission*, Strategie zur Finanzierung einer nachhaltigen Wirtschaft.

472 Vgl. *Europäische Kommission*, Strategie zur Finanzierung einer nachhaltigen Wirtschaft, S. 24 und zudem *Europäische Kommission*, Arbeitspapier zur Strategie zur Finanzierung einer nachhaltigen Wirtschaft, S. 1 und Annex, S. 11 ff.

473 Da sich die Ziele aus dem Aktionsplan der Europäischen Kommission ableiten lassen, gelten die Zielausführungen entsprechend, insbesondere da keine eigenständigen nationalen Maßnahmen ergriffen wurden.

474 Wenngleich die Taxonomie-Verordnung aufsichtsrechtlich rechtsgebietsübergreifend eingeordnet werden kann, kann sie aus diesem Grund und wegen ihres letztlich formalen, Taxonomie-gebenden und nicht unmittelbar zielfinalen Charakters nicht für eine Zielidentifizierung mit Blick auf das Bankenaufsichtsrecht herangezogen werden (ähnlich auch *Colaert*, Common Market Law Review 59 (2022), S. 1669 (1683)). Zur Einordnung der Offenlegungsverordnung siehe Teil 2B.II.2.b).

aufgenommene Art. 449a CRR regelt die Offenlegung von sog. ESG-Risiken.[475] Zudem wurde die EBA-Verordnung durch die Änderungsverordnung (EU) 2019/2175 geändert.[476] Bereits die HLEG hatte eine Erweiterung des Aufsichtsmandats der ESA vorgeschlagen.[477] Unbeschadet des Zwecks der Sicherung des Finanzstabilität und des Funktionierens der Finanzmärkte, sollten die ESA den notwendigen Regulierungs- und Aufsichtsrahmen zur Unterstützung der allgemeinen Wirtschaftspolitik der Union setzen.[478] Die Sustainable-Finance-Ziele werden in Art. 1 Abs. 5 EBA-Verordnung zwar (noch) nicht berücksichtigt. Diese wurden aber mittelbar in spezifischeren Vorgaben/Aufgabenmandaten aufgenommen.[479] Nach Art. 8 Abs. 1a lit. c EBA-Verordnung hat die EBA bei der Wahrnehmung ihrer Aufgaben „der technologischen Innovation, innovativen und nachhaltigen Geschäftsmodellen und der Einbeziehung ökologischer, sozialer und die Governance betreffender Faktoren Rechnung“ zu tragen.[480] In Art. 8 Abs. 1 lit. f EBA-Verordnung, wonach der EBA die Aufgabe der Überwachung und Bewertung von Marktentwicklungen in ihrem Zuständigkeitsbereich zukommt, einschließlich der Kreditvergabetendenzen, wurde, neben innovativen Finanzdienstleistungen, entsprechend neu aufgenommen, dass „sie Entwicklungen im Zusammenhang mit ökologischen, sozialen und die Governance betreffenden Faktoren gebührend“ berücksichtigen soll. Entsprechend hat sie (in Zusammenarbeit mit dem ESRB[481]) „gemeinsame Methoden

475 Dazu näher Teil 2 B. II. 2. b). Erstaunlicherweise verzichtete der EU-Gesetzgeber auf entsprechende Zielausführungen in der Präambel zur CRR II.

476 Verordnung (EU) 2019/2175 vom 18.12.2019, ABl. L 334, 1.

477 *High-Level Expert Group on Sustainable Finance*, Final Report 2018, S. 42.

478 *High-Level Expert Group on Sustainable Finance*, Final Report 2018, S. 42: „Without prejudice to the objective of financial stability and orderly functioning of financial markets, the ESAs shall implement the regulatory and supervisory framework to support the general economic policies in the Union, contributing to the achievement of the objectives of the Union“.

479 Hierzu auch *Colaert*, Common Market Law Review 59 (2022), S. 1669 (1699).

480 Eine entsprechende Formulierung findet sich in Art. 1 Abs. 3 EBA-Verordnung, welcher die Kompetenz der EBA zum Erlass von Maßnahmen im Hinblick auf Fragen, die zwar nicht unmittelbar von den in Art. 1 Abs. 2 EBA-Verordnung aufgelisteten Rechtsakten erfasst, aber für eine einheitliche und effektive Anwendung dieser Rechtsakte erforderlich sind, regelt.

481 Entsprechend führt Erwägungsgrund 6 Verordnung (EU) 2019/2176 vom 18.12.2019, ABl. L 334, 146, zur ESRB-Verordnung aus, dass die Zuständigkeit für die Überwachung und Bewertung von Finanzstabilitätsrisiken auch Risiken „(…) aufgrund ökologischer (…) Faktoren“ erfasse.

zur Bewertung der Auswirkungen ökologischer Risiken auf die Finanzstabilität der Finanzinstitute" (Art. 32 Abs. 2 Satz 2 lit. e EBA-Verordnung) sowie „zur Bewertung der Auswirkungen ökonomischer Szenarien auf die Finanzlage eines Finanzinstituts [zu erarbeiten], wobei unter anderem Risiken Rechnung getragen wird, die aus ungünstigen ökologischen Entwicklungen erwachsen" (Art. 32 Abs. 2 Satz 2 lit. a EBA-Verordnung). Mit Blick auf die Schaffung einer gemeinsamen Aufsichtskultur in der Europäischen Union hat die EBA ebenfalls die Aufgabe, „ein Überwachungssystem zur Bewertung wesentlicher ökologischer, sozialer und die Governance betreffender Risiken […] [einzurichten], wobei sie dem Übereinkommen von Paris im Rahmen des Rahmenübereinkommens der Vereinten Nationen über Klimaänderungen Rechnung trägt" (Art. 29 Abs. 1 Satz 2 lit. f EBA-Verordnung).

Die Änderung des Mandats der EBA in Art. 1 und 8 der EBA-Verordnung ist ein Novum und schafft die rechtliche Basis für eine aufsichtliche Berücksichtigung des Klimawandels, indem nicht ausschließlich von Risiken gesprochen wird.[482] Wenngleich in den aufgeführten Aufgabenmandaten Zielformulierungen nicht klar formuliert sind, so wird dennoch deutlich, dass der Einbezug von ökologischen, sozialen und die Governance betreffenden Faktoren in die Unternehmensführung (einschließlich ökologisch nachhaltiger Geschäftsmodelle) und die Berücksichtigung von Auswirkungen ökologischer Risiken auf Institute und die Systemstabilität im Zentrum stehen.

Die weitere Umsetzung des Aktionsplans im Level 1-Bankenaufsichtsrecht erfolgte durch die CRR III[483] und CRD VI.[484] Die Erwägungsgründe zur CRD VI lassen dabei zwei Zielrichtungen erkennen: Einerseits verdeutlichen sie die Rolle des Finanzsystems beim Übergang zu einer nachhaltigen Wirtschaft und bei der Erfüllung der EU-Klimaziele für 2050, andererseits weisen sie auf die Gefahren hin, die sich aus klimabedingten Folgen für das Finanzsystem ergeben.[485] Insoweit seien bei Kreditinstituten „Anpassungen nötig, um bis 2050 das Ziel einer treibhausgasneutralen Wirtschaft in der Union zu erreichen und gleichzeitig die

482 Hierzu auch *De Arriba-Sellier*, Common Market Law Review 58 (2021), S. 1097, 1103: „The onus is not on the risks that are material to the business or to which financial firms are exposed, but, more widely, on the contribution of investments and businesses to sustainability".

483 Verordnung (EU) 2024/1623 vom 31.05.2024, ABl. L 189, S. 1.

484 Richtlinie (EU) 2024/1619 vom 31.05.2024, ABl. L 68, S. 1. Nach Inkrafttreten der CRD VI haben die Mitgliedstaaten 18 Monate Zeit, die Vorgaben in nationales Recht umzusetzen. Zu den Vorgaben Teil 2B.II.2.

485 Vgl. nur CRD VI, Erwägungsgründe 37 f.

inhärenten Risiken unter Kontrolle zu halten“[486]. Dabei wird die Geldgeberrolle der Banken und ihre Relevanz für die europäischen Klimaziele besonders hervorgehoben.[487] Die Erwägungsgründen führen andererseits aus, dass Regeln nötig sind, um die Widerstandsfähigkeit gegenüber den negativen Auswirkungen von ESG-Faktoren sicherzustellen.[488] Diese Zweiteilung deckt sich auch mit den Erwägungsgründen der CRR III.[489]

Die ausgemachte Dualität der Ziele zeigt eine Parallelität zu den bereits von der HLEG formulierten wesentlichen Zielrichtungen: einerseits der Beitrag des Finanzsektors zu nachhaltigem Wachstum und zur Bewältigung des Klimawandels, andererseits die Stärkung der Finanzstabilität durch eine Integration von Nachhaltigkeitserwägungen.[490] Ein Vergleich mit den politischen Zielformulierungen im Aktionsplan zeigt dagegen, dass das dortige dreigliedrige Zielmuster nicht ohne Weiteres auf den Zielkatalog des Bankenaufsichtsrechts übertragen werden kann. Das dritte Ziel des Aktionsplans 2018, mithin die Förderung von Transparenz und Langfristigkeit wirtschaftlichen Handelns (3), welches die Stärkung der Vorschriften zur Offenlegung von Nachhaltigkeitsinformationen und zur Rechnungslegung beabsichtigt, lässt sich nicht als ein gesondertes Ziel für die Nachhaltigkeitsregulierung im Bankenaufsichtsrecht ausmachen.[491] Es sind vielmehr die Überarbeitungen der Nachhaltigkeitsberichterstattung durch die NFRD und die CSRD, Art. 8 Taxonomie-Verordnung und die Of-

486 CRD VI, Erwägungsgrund 39.

487 CRD VI, Erwägungsgrund 41: „*Als wichtige Geldgeber für Unternehmen und Haushalte in der Union spielen Institute eine maßgebliche Rolle bei der Förderung einer nachhaltigen Entwicklung in der gesamten Union. Damit die Union ihr Gesamtziel der Klimaneutralität bis 2050 gemäß der Verordnung (EU) 2021/1119 erreichen kann, müssen Institute die Förderung einer nachhaltigen Entwicklung in ihre Politik und ihre Tätigkeiten einbeziehen. Um diesem Prozess der Einbeziehung Rechnung zu tragen, müssen die Geschäftsmodelle und -strategien von Instituten anhand der einschlägigen regulatorischen Ziele der Union für eine nachhaltige Wirtschaft getestet werden, z. B. auch anhand der vom Europäischen Wissenschaftlichen Beirat für Klimawandel vorgeschriebenen Maßnahmen, um ESG-Risiken aufgrund von mangelnden Übereinstimmungen zu ermitteln.*“ Eine solche proaktive Aussage war im Kommissionsentwurf noch nicht enthalten.

488 CRD VI, Erwägungsgrund 40, vgl. auch Erwägungsgrund 42.

489 Vgl. CRR III, Erwägungsgründe 54 ff.

490 *High-Level Expert Group on Sustainable Finance*, Zwischenbericht 2017, S. 3.

491 *Colaert*, Common Market Law Review 59 (2022), S. 1669 (1680 f.) sieht es bereits nicht als ein autonomes Ziel der Nachhaltigkeitsregulierung, sondern als ein unterstützendes Ziel für das Neuausrichtungsziel.

fenlegungsverordnung[492] bedeutsam und damit Rechtsakte/Normen, die formal nicht dem Bankenaufsichtsrecht zugeordnet wurden.[493] Zwar existiert mit Art. 449a CRR auch eine bankaufsichtsrechtliche Offenlegungsvorgabe. Aber diese ist unter Risikogesichtspunkten zu betrachten und soll damit, wie das ESG-Risikomanagement, dem Finanzstabilitätsziel zugeordnet werden.[494] Die Etablierung von Nachhaltigkeitserwägungen im Risikomanagement, als ein weiteres Ziel des Aktionsplans 2018 (siehe (1)), kann dem Finanzstabilitätsziel zugeordnet werden, da es eine Risikobetrachtung fordert.[495] Das zweite Ziel der Lenkung der Kapitalflüsse (2) spiegelt sich ebenfalls im Aufsichtsrecht wider, wie sich nicht zuletzt aus den angeführten Erwägungsgründen der CRD VI ergibt. Die Erwägungsgründe zur EBA-Änderungsverordnung führen ferner aus, dass es entscheidend sei, „dass das Finanzsystem seinen Beitrag zur Bewältigung kritischer Herausforderungen im Bereich der Nachhaltigkeit“[496] leiste. Daneben wird auf die „wichtige Rolle [der ESA] bei der Ermittlung und Meldung von Risiken, die der Finanzmarktstabilität aufgrund von Umwelt-, Sozial- und Governance-Faktoren drohen sowie dabei [...], die Tätigkeiten auf den Finanzmärkten besser auf Nachhaltigkeitsziele abzustimmen“[497], verwiesen. Hieran wird der Lenkungsgedanke besonders deutlich, wenngleich Bezugnahmen auf das Lenkungsziel in den Rechtsakten des Bankenaufsichtsrechts (noch) zurückhaltend sind.

---

492 Verordnung (EU) 2019/2088 vom 27.11.2019, ABl. L 317, 1 („Offenlegungsverordnung“).

493 Der BaFin wird die Einhaltung dieser Regelungen im Rahmen der Wertpapieraufsicht übertragen (siehe §§ 1 Abs. 1 Nr. 8 lit. k, l; 10 Abs. 3 WpHG). Dazu näher Teil 2B.II.2.b).

494 Zum Zwischenzielcharakter des Ziels der Markdisziplin im Bankenaufsichtsrecht siehe bereits Teil 1B.IV.

495 Ähnlich auch *Colaert*, Common Market Law Review 59 (2022), S. 1669 (1680), welche zwar der bezweckten Integration von ESG-Faktoren in das Risikomanagement nicht den Zielcharakter abschreibt, dieses Ziel aber bereits unter einer formalen Betrachtungsweise (mithin ohne Hinzunahme der konkreten Instrumente) den traditionellen Zielen der Finanzmarktregulierung (namentlich der Finanzstabilität) als Zwischenziel unterordnet und sie es damit letztlich nicht als eigenständiges, autonomes Ziel sieht.

496 Erwägungsgrund 7 der Verordnung (EU) 2019/2175 vom 18.12.2019, ABl. L 334, 1.

497 Erwägungsgrund 8 der Verordnung (EU) 2019/2175 vom 18.12.2019, ABl. L 334, 1.

Die beiden ausgemachten Zielrichtungen (Finanzstabilität und Neuausrichtung der Kapitalflüsse) beschreiben damit die Zielrichtung von „Sustainable Finance“ im Bankenaufsichtsrecht.[498]

Das Neuausrichtungsziel unterscheidet sich konzeptionell und ansatzbezogen von den traditionellen Zielen im Bankenaufsichtsrecht, wobei diese formalen Unterscheidungen bereits Zielkonflikte implizieren können. Das Ziel resultiert einerseits nicht aus Arbeiten des Basler Ausschusses, sondern aus europäischen (letztlich internationalen) Bestrebungen, private finanzielle Mittel für die Bekämpfung des Klimawandels und die hierfür benötigte Transformation der Wirtschaft aufzubringen. Andererseits ist es, anders als die Ziele der Finanzstabilität und des Kundenschutzes, die einen genuin protektiven Charakter aufweisen, konzeptionell proaktiv und leitend ausgeformt. Es setzt mithin nicht an der negativen Sonderstellung des Bankensektors an, sondern ausschließlich an der

498 Die Ziele ließen sich damit unter einem übergeordneten Sustainable-Finance-Ziel zusammenfassen, ähnlich *Colaert*, Common Market Law Review 59 (2022), S. 1669 (1679). Dabei kann auch dieses Ziel wiederum im Kontext des übergeordneten Ziels, eine nachhaltigere Wirtschaft zu schaffen, gesehen werden, ähnlich *Colaert*, Common Market Law Review 59 (2022), S. 1669 (1681 f.); vgl. zudem Europäische Kommission, Strategie zur Finanzierung einer nachhaltigen Wirtschaft, S. 5. Der Nachhaltigkeitsregulierung liegt entsprechend das Ziel zugrunde, „den Finanzsektor mit dem europäischen Grünen Deal in Einklang zu bringen“ (*Europäische Kommission*, Strategie zur Finanzierung einer nachhaltigen Wirtschaft, S. 13). Das allgemeine Ziel für das Finanzsystem ist es, „private Finanzströme in relevante Wirtschaftstätigkeiten zu lenken“, siehe *Europäische Kommission*, Strategie zur Finanzierung einer nachhaltigen Wirtschaft, S. 2, wonach der Sustainable-Finance-Rahmen „vor allem“ hierauf ziele. Hierdurch würde aber die gesamte Finanzmarktregulierung in den Blick genommen werden und nicht nur das Bankenaufsichtsrecht, was bereits einen veränderten Zielkanon, auch hinsichtlich der Gewichtung der Ziele impliziert. Zudem würde dies die beiden identifizierten Ziele vermischen und implizieren, dass die Neuausrichtung der Kapitalflüsse das Hauptziel der Nachhaltigkeitsregulierung auch im Bankenaufsichtsrecht darstellt. Auch der Gesetzgeber, wie dargelegt, unterscheidet zwischen den Zielen. Wie zu zeigen sein wird, werden sie auch mit anderen Instrumenten verfolgt, stellt das Finanzstabilitätsziel zudem ein traditionelles Ziel dar. Darüber hinaus zeigt die Stabilitätsrichtung, dass die Bekämpfung des Klimawandels zwar Ausgangspunkt des Aktionsplans 2018 war, mit der Berücksichtigung von ESG-Risiken aber ein zusätzlicher Regulierungsbereich erkennbar ist. Dieser hängt nicht unmittelbar mit den proaktiven Klimazielen zusammen, wenngleich die Bekämpfung der Auswirkungen des Klimawandels eine formale Verbindung herstellt.

Intermediärsfunktion, ohne den Funktionen*schutz* hervorzuheben.[499] Es handelt sich daher nicht um ein genuin prudenzielles[500] Ziel, sondern um ein rein wirtschaftspolitisches Ziel der Europäischen Union.[501]

Die Ziele weisen aber auch formale Gemeinsamkeiten auf: Beide Zielrichtungen knüpfen an der besonderen (negativen/positiven) Rolle des Bankensektors im Finanzsystem an.[502] Die positive Sonderstellung des Bankensektors ist der Grund, wieso dieser auch eine besondere Rolle bei der Lenkung von Kapitalflüssen hin zu einer nachhaltigen Entwicklung der Wirtschaft spielen soll.[503] Die Banken werden für die Nachhaltigkeitsziele damit aus demselben Grund instrumentalisiert, aus dem eine Regulierung aus prudenzieller Sicht legitim erscheint. Die besondere Rolle für die Nachhaltigkeitsregulierung resultiert insbesondere nicht aus dem direkten Einfluss von Banken auf die nachhaltige Entwicklung (sog. Prozessdimension), da direkte Faktoren (wie die Verwendung von Energie[504], Ressourcen[505], Personal, Dienstreisen) im täglichen Geschäftsbetrieb, die Personalpolitik und andere Faktoren einen geringeren Einfluss im Vergleich zu Unternehmen der Realwirtschaft auf die nachhaltige Entwicklung der Gesamtwirtschaft haben.[506] Vielmehr setzt die besondere Rolle an dem indirekten Einfluss der Banken (sog. Produktdimension) an, dem wegen ihrer Schlüsselstellung eine große Bedeutung zukommt.[507] Insbesondere aufgrund ihrer Finanzierungen und Investitionen üben Banken einen entscheidenden Einfluss auf Unternehmen der Realwirtschaft und

499 Zu der Sonderstellung des Bankensektors siehe bereits Teil 1B.II.2.

500 Der Ausdruck „prudenziell" wird im Englischen hauptsächlich als Ausdruck für die Eigenmittelregulierung verwendet, wohingegen im nationalen Kontext die gesamte Bankenregulierung erfasst ist.

501 Zu den hiervon wiederum zu unterscheidenden Zielen der Art. 114, 53 AEUV siehe Teil 3 C. I. 1. a).

502 Zu den besonderen Funktionen und der Schlüsselrolle des Bankensektors, siehe Teil 1B.II.2.

503 Dazu etwa *Waschbusch/Kiszka/Strauß*, Nachhaltigkeit in der Bankenbranche, S. 54 f. Bereits im Abschlussbericht der HLEG hat diese die besondere Rolle des Bankensektors für die Nachhaltigkeitsziele der EU hervorgehoben (*High-Level Expert Group on Sustainable Finance*, Final Report 2018, S. 67).

504 Klimatisierung, Heizung, Beleuchtung, EDV (vgl. *Waschbusch/Kiszka/Strauß*, Nachhaltigkeit in der Bankenbranche, S. 101).

505 Wasser, Papier etc. (vgl. *Waschbusch/Kiszka/Strauß*, Nachhaltigkeit in der Bankenbranche, S. 101).

506 *Waschbusch/Kiszka/Strauß*, Nachhaltigkeit in der Bankenbranche, S. 55, 103 ff.

507 Dazu näher *Waschbusch/Kiszka/Strauß*, Nachhaltigkeit in der Bankenbranche, S. 55.

Privatpersonen für die Umsetzung von politischen Nachhaltigkeitszielen aus.[508] Zudem wird auch mit Blick auf die durch den Klimawandel verursachten negativen Externalitäten[509] als auch die kurzfristigen finanziellen Renditeerwartungen (*short termism*) ein „*market failure*“[510], auch „*the biggest market failure the world has seen*“[511] identifiziert.[512]

Zusammenfassend zeigt sich, dass die Nachhaltigkeitsregulierung einerseits ein neues Ziel einführt, andererseits das Finanzstabilitätsziel weiterverfolgt. Während mit Blick auf das bankenaufsichtsrechtliche Finanzstabilitätsziel insbesondere zu untersuchen sein wird, ob ein ESG-Risikomanagement tatsächlich einen Beitrag zu diesem Ziel leistet, oder entsprechende materielle Ausformungen vielmehr dem zweiten Ziel der Neuausrichtung der Kapitalströme zugeordnet werden können, ist mit Blick auf das Ziel der Neuausrichtung der Kapitalströme die Zielbeziehung zu den traditionellen Zielen zu untersuchen. Die aufgezeigten formalen Unterschiede deuten dabei Zielkonflikte an. Gleichwohl muss diese formale Zielbeziehung nicht auch materiell bestehen. Vielmehr sind die ergriffenen Maßnahmen zu beleuchten, die den Zielen ihren einzig entscheidenden Aussagegehalt geben. Mit dem Bezug auf eine „nachhaltigere Wirtschaft“ hat das Neuausrichtungsziel zudem einen besonderen Leerformelcharakter. Das Ziel muss im Aufsichtsrecht damit vornehmlich durch die zielfinalen Instrumente ausgefüllt werden.

II. Das Finanzstabilitätsziel als Ziel der Nachhaltigkeitsregulierung

Wenngleich mit der Nachhaltigkeitsregulierung vornehmlich ökologische Themen und nachhaltige Finanzierungen assoziiert werden, wird mit ihr im Banken-

508 *Waschbusch/Kiszka/Strauß*, Nachhaltigkeit in der Bankenbranche, S. 56.

509 Solche Externalitäten sind die Kosten der Umweltverschmutzung, die nicht über Produktionskosten im Preis von Gütern abgebildet werden, sodass sie „braune“ Güter nicht verteuern, vgl. auch *Dafermos*, in: Kappes/Rochon/Vallet (Hrsg.), The future of central banking, S. 175 (178); siehe auch *Alexander*, Principles of Banking Regulation, S. 352, 357; vgl. auch *Cardona/Berenguer*, I4CE Bericht Juni 2020, S. 8.

510 Siehe nur *Breitenfellner/Pointner/Schuberth*, Vierteljahrshefte zur Wirtschaftsforschung, Volume 88, 02.2019, S. 55, 56; *Stern*, 98 American Economic Review (2008), S. 1, 1.

511 *Stern*, 98 American Economic Review (2008), S. 1, 1.

512 Dazu etwa *Cardona/Berenguer*, I4CE Bericht Juni 2020, S. 8 f., 14; siehe zudem *Dobarganes*, International Investment Law Journal 2021, S. 102 (108).

aufsichtsrecht auch das Finanzstabilitätsziel (weiter-)verfolgt.[513] Die Regulatoren und Aufseher gehen davon aus, dass eine Berücksichtigung von ESG-Risiken in der Finanzmarktregulierung vonnöten ist, um die Finanzstabilität sicherzustellen.[514] Im Mittelpunkt der Risikobetrachtung stehen sog. ESG-Risiken. Mit Blick auf das Bankenaufsichtsrecht bedeutet eine ESG-Risikobetrachtung insbesondere ein ESG-Risikomanagement.

Da es sich beim Finanzstabilitätsziel um ein traditionelles bankenaufsichtliches Ziel handelt, erübrigt sich zwar eine Untersuchung auf Ziel(-konflikt-)beziehungen zu den traditionellen Zielen des Aufsichtsrechts. Gleichwohl ist die Frage nach der Zielkonformität[515] der ergriffenen Instrumente/Mittel, konkret der ESG-Risikoberücksichtigung, angebracht.[516] Einer solchen Untersuchung liegt die Frage zugrunde, ob die ESG-Risikobetrachtung, so wie sie derzeit in der Bankenregulierung vorgesehen ist, geeignet ist, das aufsichtsrechtliche Ziel der Sicherstellung der Finanzstabilität zu fördern. Dies bezieht sich einerseits auf die grundsätzliche Entscheidung, ESG-Risiken zu berücksichtigen (1.) (abstrakte Zielkonformität). Andererseits ist auf die konkrete Ausgestaltung der aufsichtlichen Vorgaben/Erwartungen unter den drei Säulen (2.) zu blicken (konkrete Zielkonformität), da die Ziele durch die materiell-rechtlichen Vorgaben ausgeformt werden.

---

513 Währenddessen wird das Kundenschutzziel nicht ausdrücklich durch die Nachhaltigkeitsregulierung im Bankenaufsichtsrecht verfolgt. Anders sieht dies etwa im kapitalmarktrechtlichen Teil der Nachhaltigkeitsregulierung unter dem dortigen Anlegerschutzziel aus, indem Nachhaltigkeitspräferenzen (siehe Art. 2 Nr. 7, Art. 33, 54 Abs. 2 lit. a, Abs. 5, 10, 12, 13 Delegierte Verordnung (EU) 2017/565) aufgegriffen werden.

514 Auch der Basler Ausschuss ist mittlerweile an der Nachhaltigkeitsregulierung beteiligt, siehe *Basler Ausschuss für Bankenaufsicht*, Principles for the effective management and supervision of climate-related financial risks, Juni 2022; siehe zudem *Europäische Bankenaufsichtsbehörde*, Sustainable-Finance-Aktionsplan.

515 Es handelt sich ebenfalls um eine Begrifflichkeit aus der wirtschaftspolitischen Ziellehre, vgl. nur *Streit*, Theorie der Wirtschaftspolitik, S. 307 ff.

516 Wird die Etablierung von ESG-Risikoerwägungen als ein „Ziel" eingeordnet, so wie es der Aktionsplan suggeriert (so auch *Colaert*, Common Market Law Review 59 (2022), S. 1669 (1680), welche das ESG-Risikomanagement zunächst als ein eigenständiges Unterziel von Sustainable Finance sieht), so wäre an dieser Stelle eine Zielidentität gegeben, da hierunter das Finanzstabilitätsziel zu fassen wäre. Zum hiesigen Zielbegriff siehe Teil 1 II.

1. *Zielkonformität der Berücksichtigung von ESG-Risiken*

Die Berücksichtigung von ESG-Risiken im Bankenaufsichtsrecht ist abstrakt zielkonform, falls es sich bei ESG-Risiken um finanzielle und damit aufsichtliche Risiken handelt. Bei finanziellen Risiken – mithin Verlustrisiken – handelt es sich nämlich um solche, „denen die Institute ausgesetzt sind oder ausgesetzt sein könnten" (vgl. Art. 97 Abs. 1 lit. a CRD) und die sich folglich potenziell auf das bankenaufsichtsrechtliche Finanzstabilitätsziel auswirken können. Die Einordnung von ESG-Risiken als finanzielle Risiken hat auch eine wichtige zuständigkeitsbezogene Bedeutung, da sie hierdurch ohne Weiteres in den Zuständigkeitsbereich der (internationalen) Aufseher fallen.[517] Es lässt sich dann auch von einer aufsichtlichen Pflicht zur Berücksichtigung von ESG-Risiken sprechen.[518]

Die CRR III sieht erstmalig eine bankenaufsichtsrechtliche Legaldefinition für ESG-Risiken vor (sog. „Umwelt-, Sozial- und Governance-Risiko oder ESG- Risiko").[519] Nach Art. 4 Abs. 1 Nr. 52d CRR beschreibt das ESG-Risiko das Risiko etwaiger negativer finanzieller Auswirkungen auf ein Institut, die sich aus den derzeitigen oder künftigen Auswirkungen von Umwelt-, Sozial- oder Governance-Faktoren (ESG-Faktoren) auf die Gegenparteien oder die angelegten Vermögenswerte dieses Instituts ergeben, wobei ESG-Risiken in Form der traditionellen Kategorien finanzieller Risiken eintreten.[520] Im Allgemeinen beschreiben

---

517 So bereits *Network for Greening the Financial System*, First Progress Report, Oktober 2018, Ziffer 1 (S. 5), *Network for Greening the Financial System*, First Comprehensive Report, April 2019, Ziffer 1.1 (S. 12).

518 *De Arriba-Sellier*, Common Market Law Review 58 (2021), S. 1097 (1136).

519 Die Offenlegungsverordnung spricht zwar vom sog. Nachhaltigkeitsrisiko (Art. 2 Nr. 22 Offenlegungsverordnung). Die Definition ist aber auf die Offenlegungsverordnung beschränkt und bezieht sich begrifflich bereits exklusiv auf die Berücksichtigung dieser Risiken im Rahmen von Investitionsentscheidungen sowie der Anlage- und Versicherungsberatung (vgl. Art. 3 Offenlegungsverordnung).

520 Die CRD VI enthält einen entsprechenden Verweis auf die CRR-Definition, siehe Art. 3 Abs. 1 Nr. 68 CRD. Die Definition ist für die Offenlegung nach Art. 449a CRR bereits vor der CRR III rechtlich festgehalten worden, siehe Durchführungsverordnung (EU) 2021/637 vom 15.03.2021, ABl. L 136, 1, Anhang XL Nr. 2 a), eingeführt durch die Durchführungsverordnung (EU) 2022/2453 vom 30.11.2022, ABl. L 324, 1. Die CRR III orientiert sich an dem Definitionsansatz der EBA und deckt sich materiell mit diesem, zur Definition der EBA siehe *Europäische Bankenaufsichtsbehörde*, ESG-Bericht, Ziffer 42 (S. 33) und S. 6. Die EZB bespricht lediglich „Klima- und Umweltrisiken", während diese in den Verlautbarungen der BaFin und dem EBA-Bericht zwar den Schwerpunkt bilden, die Definition von ESG-Risiken bzw.

ESG-Risiken für Banken damit die Verwirklichung von negativen ESG-Faktoren bei ihren Gegenparteien oder angelegten Vermögenswerten mit negativen finanziellen Auswirkungen für die Bank.[521]

Nach der Definition bedarf es damit einerseits aktueller oder künftiger Auswirkungen von ESG-Faktoren auf die Gegenparteien[522] oder die angelegten Vermögenswerte und andererseits muss aus diesen Auswirkungen ein Verlustrisiko („negative finanzielle Auswirkungen") für das Institut entstehen. Während Letzteres einen Rechtfertigungsansatz für eine Berücksichtigung in der Bankenregulierung bietet (dazu unter b)), zeigt der erste Teil der Definition, dass ESG-Risiken ihren Ursprung neben der Wirkung auf die angelegten Vermögenswerte in der Wirkung von ESG-Faktoren auf die Gegenparteien haben.

a) ESG-Faktoren

ESG-Faktoren sind wegen ihrer Eigenarten eine besondere Form von Risikotreibern. Neben ihrer nichtfinanziellen Bezugsgrundlage (z. B. Treibhausgasemissionen[523], „ökologischer Fußabdruck") und den schwer absehbaren Realisierungszeitpunkten (kurz-, mittel-, langfristig) zählt hierzu die (in der Regel bestehende) mangelnde Abbildung durch Marktpreise (negative Externalitäten wie Umweltverschmutzungen).[524] Dies zeigt, dass ESG-Faktoren sowohl einen negativen als auch positiven Effekt, z. B. in Form der Erschließung von neuen Geschäftsmodellen, haben können, wobei sich die Aufseher und die Regulierung

---

Nachhaltigkeitsrisiken sich aber nicht auf diese beschränkt. Die BaFin verwendet in ihrem Merkblatt den Terminus „Nachhaltigkeitsrisiken" (BaFin, Merkblatt zum Umgang mit Nachhaltigkeitsrisiken, Stand: 13.01.2020, Kap. 2.4). Dabei handelt es sich um „ESG-Risiken", sodass der begriffliche Unterschied keinen materiellen Unterschied impliziert. Mittlerweile verwendet auch die BaFin den Terminus ESG-Risiken, siehe MaRisk, Erläuterungen zu AT 2.2 Tz. 1. Für die Zwecke des Rundschreibens definiert die BaFin ESG-Risiken entsprechend ihres Merkblatts, wobei sie aber den Verweis auf mögliche Reputationsrisiken nicht übernommen hat. Dies dürfte keine Einschränkung bedeuten, da Reputationsrisiken finanzielle Risiken darstellen.

521 Vgl. auch *Europäische Bankenaufsichtsbehörde*, ESG-Bericht, Ziffer 40 (S. 32).

522 Gegenparteien umfassen Kreditnehmer, Kunden oder einen Emittenten (auch Staaten) (*Europäische Bankenaufsichtsbehörde*, ESG-Bericht, Ziffer 43 (S. 33)).

523 Treibhausgasemissionen beschreiben Emissionen von Treibhausgas im Sinne von Art. 3 Nr. 1 Verordnung (EU) 2018/842 vom 30.05.2018, ABl. L 156, 26; vgl. auch Art. 1 lit. a Delegierte Verordnung (EU) 2020/1818 vom 17.06.2020, ABl. L 406, 17.

524 *Europäische Bankenaufsichtsbehörde*, ESG-Bericht, Ziffer 32 (S. 27 ff.); siehe zudem *Dobarganes*, International Investment Law Journal 2021, S. 102 (107 f.).

im Bankenaufsichtsrecht auf die negativen Auswirkungen fokussieren, verfolgt die Aufsicht einen Risikoansatz.[525]

Ein abschließender Katalog ist in der Praxis als auch im Bankenaufsichtsrecht nicht zu finden.[526] Bei Umweltfaktoren handelt es sich jedenfalls um solche Faktoren, die sich auf die Beschaffenheit oder Qualität und das Funktionieren der Umwelt und Systeme beziehen.[527] Sie sind im Kontext des Aufsichtsrechts auf die Umweltbelange bezogen, die sich negativ oder positiv auf die Finanzlage oder Solvenz der Gegenparteien (oder angelegten Vermögenswerte) auswirken können.[528] Zu den E-Faktoren zählen jedenfalls Faktoren im Zusammenhang mit den Umweltzielen entsprechend Art. 9 Taxonomie-Verordnung (Klimaschutz, Anpassung an den Klimawandel, nachhaltige Nutzung und Schutz von Wasser- und Meeresressourcen, Übergang zu einer Kreislaufwirtschaft, Vermeidung und Verminderung der Umweltverschmutzung, Schutz und Wiederherstellung der Biodiversität und der Ökosysteme) (vgl. Art. 4 Abs. 1 Nr. 52e CRR).[529]

Sozialfaktoren umfassen dagegen die „Rechte, das Wohlergehen und die Interessen von Menschen und Gemeinschaften“[530]. Aus Risikosicht sind dies diejenigen sozialen Belange, die sich positiv oder negativ auf die Finanzlage oder

---

525 Vgl. hierzu auch *Europäische Bankenaufsichtsbehörde*, ESG-Bericht, Ziffer 36 (S. 31); CRR III, Erwägungsgrund 54.

526 Dagegen definiert die Offenlegungsverordnung sog. Nachhaltigkeitsfaktoren (*sustainability factors*) allgemein als Faktoren, welche „Umwelt-, Sozial- und Arbeitnehmerbelange, die Achtung der Menschenrechte und die Bekämpfung von Korruption und Bestechung“ (Art. 2 Nr. 24 Offenlegungsverordnung) umfassen. Außeraufsichtsrechtlich wurden bisher verschiedene internationale Rahmenwerke (z. B. *Global Reporting Initiative*, Leitlinien zur Nachhaltigkeitsberichterstattung, SGDs, PRI) oder eigene Definitionen verwendet, siehe *Coleton u. a.*, EBA Staff Paper Series, N. 6 – Januar 2020, S. 8 ff. und dort Annex; *Europäische Bankenaufsichtsbehörde*, ESG-Bericht, Ziffer 29 (S. 22 ff.), mit weiterer Aufzählung.

527 Vgl. auch *Europäische Bankenaufsichtsbehörde*, ESG-Bericht, Ziffer 47 (S. 34).

528 Vgl. *Europäische Bankenaufsichtsbehörde*, ESG-Bericht, Ziffer 47 (S. 34); siehe auch dort Glossar, S. 6.

529 Vgl. auch *Europäische Bankenaufsichtsbehörde*, ESG-Bericht, Ziffer 47 (S. 34): Klimawandel, Biodiversität, Energieverbrauch, Umweltverschmutzung und Abfallwirtschaft; Ziffer 48 (S. 34): Luftverschmutzung, Wasserverschmutzung, Entwaldung. Die aufgeführten Faktoren decken sich weitestgehend mit den im BaFin-Merkblatt genannten E-Faktoren, siehe BaFin, Merkblatt zum Umgang mit Nachhaltigkeitsrisiken, Stand: 13.01.2020, Kap. 2.3.

530 *Europäische Bankenaufsichtsbehörde*, ESG-Bericht, Ziffer 75 (S. 43).

Solvenz der Gegenparteien auswirken können.[531] Hierzu zählen die Einhaltung von arbeitsrechtlichen Standards[532] sowie faire Bedingungen am Arbeitsplatz, Diversität, Produktsicherheit und Menschenrechte.[533] Die nachhaltigkeitsbezogenen Offenlegungspflichten für Finanzmarktteilnehmer erfassen zudem einzelne Sozialfaktoren, wie z. B. „soziale Ziele" unter der Offenlegungsverordnung.[534] Darüber hinaus ist für die Zwecke von Art. 449a CRR eine (nicht abschließende) Aufzählung von „sozialen Aspekten" nunmehr rechtlich festgehalten worden.[535]

Schließlich sind Governance Faktoren („Unternehmensführungsfaktoren") diejenigen Governance-Belange, die sich positiv oder negativ auf die Finanzlage oder Solvenz der Gegenparteien auswirken können.[536] Als positive und negative

---

531 Vgl. *Europäische Bankenaufsichtsbehörde*, ESG-Bericht, Ziffer 75 (S. 43), siehe dort auch Glossar, S. 7.

532 Hierzu zählen z. B. die ILO-Kernarbeitsnormen (siehe *Internationale Arbeitsorganisation*, Kernarbeitsnormen) oder die UN-Leitprinzipien für Wirtschaft und Menschenrechte (siehe *Vereinte Nationen*, Leitprinzipien für Wirtschaft und Menschenrechte), siehe BaFin, Merkblatt zum Umgang mit Nachhaltigkeitsrisiken, Stand: 13.01.2020, Kap. 2.3.

533 Näher BaFin, Merkblatt zum Umgang mit Nachhaltigkeitsrisiken, Stand: 13.01.2020, Kap. 2.3; siehe auch *Europäische Bankenaufsichtsbehörde*, ESG-Bericht, Ziffer 75 (S. 43); zu den Sozialfaktoren, die Banken bereits verwenden, auch *Coleton u. a.*, EBA Staff Paper Series, N. 6 – Januar 2020, S. 9 f.; vgl. auch CRR III, Erwägungsgrund 54: „Menschenrechte sowie Arbeits- und Beschäftigungsaspekte".

534 Siehe Definition von „nachhaltige Investition" gemäß Art. 2 Nr. 17 Offenlegungsverordnung; siehe zudem Konkretisierung in Anhang I Tabelle 3 Delegierte Verordnung (EU) 2022/1288 vom 06.04.2022, ABl. L 196, 1.

535 Siehe Anhang XL, Ziffer 5 der Durchführungsverordnung (EU) 2021/637 der Kommission vom 15.03.2021, ABl. L 136, 1, dort Erläuterung zu Tabelle 2 lit. b. Auch Sozialfaktoren werden zunehmend in den Geschäftsstrategien der Banken und Gegenparteien berücksichtigt (dazu *Europäische Bankenaufsichtsbehörde*, ESG-Bericht, Ziffer 76 (S. 43)). An den exemplarisch aufgezeigten Sozialfaktoren zeigt sich bereits, dass aber keine feste Verbindung zwischen ihnen ausgemacht werden kann, sodass es in der Praxis weniger Übereinstimmungen als bei den Umweltfaktoren gibt, siehe dazu etwa *Europäische Bankenaufsichtsbehörde*, Diskussionspapier vom 02.05.2022, S. 13 (dort Ziffer 9). Eine allgemeine, umgrenzende Definition von Sozialfaktoren – über den Aufsichtskontext hinaus – bietet das „European Pillar of Social Rights" der EU-Kommission, in dem 20 Prinzipien aufgestellt werden, siehe *Europäische Kommission*, Aktionsplan European Pillar of Social Rights. Zum Vorhaben einer Sozialtaxonomie siehe zuletzt *Platform on Sustainable Finance*, Report on social taxonomy.

536 *Europäische Bankenaufsichtsbehörde*, ESG-Bericht, Ziffer 84 (S. 47), siehe dort auch Glossar, S. 7.

Governance-Faktoren werden der Grad der Steuerehrlichkeit, die Zusammensetzung der Geschäftsleitervergütung, insbesondere deren Abhängigkeit von Nachhaltigkeitsbelangen, der Korruptions(-bekämpfungs)grad, die Art, wie Unternehmen E- und S-Faktoren in ihre Policies und operativen Prozesse integrieren und das Nachhaltigkeitsmanagement durch die Geschäftsleiter, interne Kontrollen und Prüfungen, die Offenlegung von Informationen sowie die Ermöglichung von *Whistle Blowing* genannt.[537] Governance-Faktoren können auch rechtlich verankert sein, etwa für Deutschland durch den Deutschen Corporate Governance Kodex.[538] Aktuell ist zudem die sog. Sustainable Corporate Governance Initiative (nachhaltige Unternehmensführung) bedeutsam, wozu die *Corpoate Sustainability Due Diligence Directive* (CS3D) erlassen wurde.[539]

Die Relevanz von ESG-Faktoren für die Finanzlage der Gegenparteien wird anhand einer sog. doppelten Wesentlichkeit („*double materiality*") beschrieben: Unternehmen können einen *Einfluss auf* ESG-Faktoren (sog. inside-out-Betrachtung) haben, etwa durch Umweltverschmutzungen (sog. ökologische, soziale Wesentlichkeit) bzw. sind von ihnen *betroffen* (sog. outside-in-Betrachtung), z. B. durch den politisch initiierten Wandel der Wirtschaft hin zu einer ökologisch-nachhaltigen (sog. finanzielle Wesentlichkeit).[540] Während die Betrachtung der finanziellen Wesentlichkeit der ESG-Faktoren deren Auswirkungen auf die wirtschaftlichen und finanziellen Aktivitäten eines Unternehmens durch die Lieferketten hindurch, die wiederum den Wert (Ertrag) dieser Aktivitäten beeinflussen, beschreibt, resultiert die mögliche ökologische und soziale Wesentlichkeit aus den Auswirkungen unternehmerischer Aktivitäten auf ESG-Faktoren, die wiederum finanziell wesentlich werden können, wenn diese den Wert (die Rendite) der Aktivitäten beeinflussen.[541]

537 BaFin, Merkblatt zum Umgang mit Nachhaltigkeitsrisiken, Stand: 13.01.2020, Kap. 2.3; *Europäische Bankenaufsichtsbehörde*, ESG-Bericht, Ziffer 84 (S. 47). Siehe zudem die Definition von „nachhaltige Investition" gemäß Art. 2 Nr. 17 Offenlegungsverordnung; vgl. auch CRR III, Erwägungsgrund 54: „Rechte und Verantwortlichkeiten leitender Angestellter und Vergütung".

538 Deutscher Corporate Governance Kodex in der Fassung vom 16.12.2019.

539 Richtlinie (EU) 2024/1760 vom 13.06.2024, Abl. L 58, 1.

540 Siehe auch *Europäische Bankenaufsichtsbehörde*, ESG-Bericht, Ziffer 33, 34 (S. 29 f.).

541 *Europäische Bankenaufsichtsbehörde*, ESG-Bericht, Ziffer 41 lit. a, b (S. 32); siehe bereits Mitteilung der Europäischen Kommission, Leitlinien für die Berichterstattung über nichtfinanzielle Informationen: Nachtrag zur klimabezogenen Berichterstattung, ABl. C 209, 1, 4 f.

b) ESG-Risiken als finanzielle Risiken

Anhand der zweiten Komponente des Definitionsansatzes („negative finanzielle Auswirkungen") kommt zum Ausdruck, dass Regulatoren und Aufseher ESG-Risiken als finanzielle Risiken für Banken betrachten.[542] Hierdurch wird der eigentliche Risikocharakter von ESG-Faktoren beschrieben. Negative ESG-Faktoren wirken sich auf Banken durch sog. Transmissionskanäle (*transmission channels*) aus, indem sich eine negative Verwirklichung bei den Gegenparteien bzw. den angelegten Vermögenswerten durch negative Auswirkungen auf die Vermögens-, Finanz- oder Ertragslage des Instituts bilanziell bei diesem niederschlägt.[543] Die sich in der und auf die Realwirtschaft auswirkenden Faktoren können auf das Finanzsystem bilanziell durch Finanzmarktverluste (Aktien, Anleihen, Rohstoffe), Kreditmarktverluste (Unternehmens- und Privatkundenkredite) und in Form des operationellen Risikos überschlagen.[544] Als Transmissionskanäle werden insbesondere eine geringere Rentabilität, ein gesunkener Immobilienwert, ein geringeres Haushaltsvermögen, eine geringere *asset performance*, höhere Compliance-Kosten und gestiegene Rechtskosten gesehen.[545]

---

542 BaFin, Merkblatt zum Umgang mit Nachhaltigkeitsrisiken, Stand: 13.01.2020, Kap. 2.3: „schwerwiegende finanzielle Auswirkungen" des Klimawandels, Kap. 2.4.: „negative Auswirkungen auf die Vermögens-, Finanz- und Ertragslage". Die Aufseher folgen der Einschätzung des NGFS, deren Mitglieder anerkennen, dass klimabedingte Risiken eine Quelle finanzieller Risiken sind, siehe *Network for Greening the Financial System*, First Progress Report, Oktober 2018, Ziffer 1 (S. 5); zudem *Network for Greening the Financial System*, First Comprehensive Report, April 2019, Ziffer 2.1 (S. 20).

543 *Europäische Bankenaufsichtsbehörde*, ESG-Bericht, Ziffer 46 (S. 33); BaFin, Merkblatt zum Umgang mit Nachhaltigkeitsrisiken, Stand: 13.01.2020, Kap. 2.4; MaRisk, Erläuterungen zu AT 2.2 Tz. 1; zu ESG-Risiken als finanzielle Risiken auch *Schemmer*, Klimarisiken im Bankenaufsichtsrecht, S. 396 ff.

544 BaFin, Merkblatt zum Umgang mit Nachhaltigkeitsrisiken, Stand: 13.01.2020, Kap. 2.5.

545 *Europäische Bankenaufsichtsbehörde*, ESG-Bericht, Figure 4 (S. 34). Die Europäische Kommission hat sich diesbezüglich bereits in ihren Leitlinien für die Berichterstattung über nichtfinanzielle Informationen unter Bezugnahme auf Transitionsrisiken ähnlich geäußert, siehe Mitteilung der Europäischen Kommission, Leitlinien für die Berichterstattung über nichtfinanzielle Informationen: Nachtrag zur klimabezogenen Berichterstattung, ABl. C 209, 1, 6; dazu auch *Europäische Bankenaufsichtsbehörde*, ESG-Bericht, Ziffer 64 (S. 39); vgl. zudem bereits *Task Force on Climate-related Financial Disclosures*, Finaler Bericht 2017.

Entsprechend der Aufteilung in Umwelt-, Sozial- und Governance-Faktoren können ESG-Risiken in Form von Umwelt-, Sozial- und Governace-Risiken auftreten.

aa) Umweltrisiken

Umweltrisiken beschreiben solche ESG-Risiken, die aus Umweltfaktoren resultieren (vgl. Art. 4 Abs. 1 Nr. 52e CRR). Während bei den Aufsehern noch von „Klima- und Umweltrisiken“ bzw. klimabedingten Risiken und Umweltrisiken (*climate-related/environmental risks*) gesprochen wird,[546] sieht die CRR III lediglich eine umfassende Definition von Umweltrisiken vor. Wenngleich daher Klimarisiken bei den Aufsehern noch eigens aufgeführt werden, handelt es sich bei diesen letztlich um eine Unterkategorie von Umweltrisiken.[547]

Die Regulatoren und Aufseher unterteilen Umweltrisiken in sog. physische Risiken und Transitionsrisiken (Art. 4 Abs. 1 Nr. 52e Hs. 2 CRR).[548] Es handelt sich gleichzeitig um die hauptsächlichen Risikotreiber für Umweltrisiken.

Die sog. physischen Risiken beschreiben solche Umweltrisiken, die sich aus den (künftigen) Auswirkungen der physischen Effekte von Umweltfaktoren auf Gegen-

---

546 Siehe *Europäische Bankenaufsichtsbehörde*, ESG-Bericht, S. 6 sowie Ziffern 48, 52 (S. 34 f.).

547 Der Klimawandel ist eine eigene Unterkategorie der Umweltrisiken und zudem unmittelbar mit anderen Umweltrisikoarten verbunden, da er zur Degradation der Umwelt beiträgt und umgekehrt. Als Beispiel lassen sich die Auswirkungen des Anstiegs der Temperatur um 1,5 Grad Celsius auf die biologische Vielfalt und die Ökosysteme an Land und Wasser, als auch die Bedeutung gesunder Ökosysteme für die Widerstands- und Anpassungsfähigkeit an den Klimawandel nennen. Das klimabedingte Risiko gilt zudem als die anerkannteste Art des Umweltrisikos, dazu *Europäische Bankenaufsichtsbehörde*, ESG-Bericht, Ziffern 50, 51 (S. 35). Insoweit erklärt es sich auch, dass die CRR III auf den Terminus der Klimarisiken verzichtet, und den Klimawandel in die Definition des Umweltrisikos als einen Umweltfaktor integriert.

548 Dies entspricht bereits dem EBA-Bericht (*Europäische Bankenaufsichtsbehörde*, ESG-Bericht, Ziffer 53 (S. 35), wie auch dem BaFin-Merkblatt (BaFin, Merkblatt zum Umgang mit Nachhaltigkeitsrisiken, Stand: 13.01.2020, Kap. 2.4.) und dem EZB-Leitfaden (EZB, Leitfaden zu Klima- und Umweltrisiken, November 2020, Ziffer 3.1 (S. 11). Die Aufseher folgen hierbei den Ausführungen des NGFS, welches auf die „Environmental Risk Analysis“ (ERA) verweist und die diesbezüglichen Ausführungen der (damals noch so genannten) Green Finance Study Group auf G20-Level, vgl. *Network for Greening the Financial System*, First Progress Report, Oktober 2018, Ziffer 1.1 (S. 5); *G20 Green Finance Study Group*, Synthesis Report, 15.07.2016, Ziffer 6, S. 23 ff.

parteien oder angelegte Vermögenswerte ergeben (Art. 4 Abs. 1 Nr. 52f CRR).[549] Mit Blick auf die Art von physischen Effekten lassen sich grundsätzlich direkte und indirekte Risikotreiber (*risk drivers*) unterscheiden.[550] Direkte Risikotreiber beschreiben beispielsweise Folgen von einzelnen Extremwetterereignissen[551] (z. B. Sachschäden, eine gesunkene Produktivität, sog. „akute physische Risiken"[552]) wie auch Umweltzerstörungen (z. B. Wasser- und Luftverschmutzung, Entwaldung).[553] Hierzu gehören aber auch Faktoren wie Wassermangel und der Rückgang der Biodiversität.[554] Zudem spielen insbesondere auch langfristige Veränderungen der klimatischen und ökologischen Rahmenbedingungen eine wichtige Rolle (sog. „chronische physische Effekte"[555]) wie z. B. der Meeresspiegelanstieg und

---

549 Die Definition orientiert sich an dem ESG-Bericht, vgl. *Europäische Bankenaufsichtsbehörde*, ESG-Bericht, Ziffer 60 (S. 38), siehe auch dort S. 7. Die Definition ist mittlerweile für die Offenlegung nach Art. 449a CRR rechtlich festgehalten worden, siehe Durchführungsverordnung (EU) 2021/637 vom 15.03.2021, ABl. L 136, 1, Anhang XL Nr. 2 c), eingeführt durch die Durchführungsverordnung (EU) 2022/2453 vom 30.11.2022, ABl. L 324, 1.

550 BaFin, Merkblatt zum Umgang mit Nachhaltigkeitsrisiken, Stand: 13.01.2020, Kap. 2.4; EZB, Leitfaden zu Klima- und Umweltrisiken, November 2020, Ziffer 3.1 (S. 11); siehe zudem *Schemmer*, Klimarisiken im Bankenaufsichtsrecht, S. 25 ff., 397 ff.

551 Siehe etwa BaFin, Merkblatt zum Umgang mit Nachhaltigkeitsrisiken, Stand: 13.01.2020, Kap. 2.4, vgl. auch EZB, Leitfaden zu Klima- und Umweltrisiken, November 2020, Ziffer 3.1 (S. 11); bereits *Network for Greening the Financial System*, First Comprehensive Report, April 2019, Ziffer 1.1 (S. 12); *Network for Greening the Financial System*, First Progress Report, Oktober 2018, Ziffer 1.1 (S. 5).

552 Siehe *Europäische Bankenaufsichtsbehörde*, ESG-Bericht, Ziffer 61 (S. 38), Ziffer 54 (S. 36). Diese Unterscheidung ist auf die Arbeiten der TCFD zurückzuführen, siehe *Task Force on Climate-related Financial Disclosures*, Finaler Bericht 2017, S. 6; siehe zudem *Network for Greening the Financial System*, Guide for Supervisory, Mai 2020, S. 4, 10; *Basler Ausschuss für Bankenaufsicht*, Climate-related risk drivers and their transmission channels, Report, April 2021, S. iv, v.

553 BaFin, Merkblatt zum Umgang mit Nachhaltigkeitsrisiken, Stand: 13.01.2020, Kap. 2.4; EZB, Leitfaden zu Klima- und Umweltrisiken, November 2020, Ziffer 3.1 (S. 11).

554 *Europäische Bankenaufsichtsbehörde*, ESG-Bericht, Box 3 m. w. N. (S. 36 f.) mit Verweis auf eine wissenschaftliche Schätzung (s. *Intergovernmental Science-Policy Platform on Biodiversity and Ecosystem Services*, Summary for policymakers of the global assessment report on biodiversity and ecosystem services of the Intergovernmental Science, 2019, S. 11, 22), wonach die Agrarwirtschaft durch den Rückgang der Bestäuber mit einem jährlichen Verlust von 577 Mrd. USD zu rechnen hat.

555 *Europäische Bankenaufsichtsbehörde*, ESG-Bericht, Ziffer 61 (S. 38); Ziffer 54 (S. 36); siehe bereits *Task Force on Climate-related Financial Disclosures*, Finaler Bericht 2017, S. 6.

der Anstieg der Durchschnittstemperaturen.[556] Indirekte physische Risikotreiber beschreiben dagegen indirekte Effekte von direkten Risikotreibern, wie den Zusammenbruch von Lieferketten.[557] Physische Risikotreiber, wie langfristig der Klimawandel, wirken sich auf die Realwirtschaft aus, indem sie beispielsweise zu Betriebsstörungen und einem Anstieg der Rohstoffpreise führen.[558]

Diese Auswirkungen können sich auch finanziell negativ auf die Institute auswirken: Physische Risikotreiber beeinflussen z. B. die Bewertung von Vermögenswerten und die Preisgestaltungen (z. B. Auswirkungen des Meeresspiegelanstiegs auf die Bewertung von Grundstücken und Immobilien in Küstenregionen).[559] Daneben können sich physische Risiken auf die Vermögenslage natürlicher Personen auswirken, etwa durch Überflutungen, wobei sie neben der Finanzkraft auch den Wert von Sicherheiten mindern können.[560] Auswirkungen auf Staaten sind beispielsweise infolge höherer öffentlicher Ausgaben nach einer Umweltkatastrophe möglich.[561] Sektoren, die vornehmlich von physischen Risiken betroffen sind bzw. sein werden, sind insbesondere die Land- und Forstwirtschaft, der Energiesektor und die Infrastruktur.[562] Unterhalten Banken Geschäftsbeziehungen zu

---

556 Näher BaFin, Merkblatt zum Umgang mit Nachhaltigkeitsrisiken, Stand: 13.01.2020, Kap. 2.4; EZB, Leitfaden zu Klima- und Umweltrisiken, November 2020, Ziffer 3.1 (S. 11); siehe bereits *Network for Greening the Financial System*, First Comprehensive Report, April 2019, Ziffer 1.1 (S. 12).

557 Näher BaFin, Merkblatt zum Umgang mit Nachhaltigkeitsrisiken, Stand: 13.01.2020, Kap. 2.4; siehe auch EZB, Leitfaden zu Klima- und Umweltrisiken, November 2020, Ziffer 3.1 (S. 11); vgl. auch *Network for Greening the Financial System*, First Progress Report, Oktober 2018, Ziffer 1.1 (S. 5). Auch die staatliche oder gerichtliche Heranziehung von Umweltstörern und -schädigern sollen physische Risiken darstellen, siehe BaFin, Merkblatt zum Umgang mit Nachhaltigkeitsrisiken, Stand: 13.01.2020, Kap. 2.4 m. w. N.

558 BaFin, Merkblatt zum Umgang mit Nachhaltigkeitsrisiken, Stand: 13.01.2020, Kap. 2.5.

559 Näher zu anderen Verbindungen *De Arriba-Sellier*, Common Market Law Review 58 (2021), S. 1097, 1131 (1132); *Nicholls u. a.*, in: King/Schrag/Dadi/Ye/Ghosh (Hrsg.), Climate Change: A Risk Assessment, S. 94 ff.; siehe auch *Bianchini/Gianfrate*, in: Boubaker/Cumming/Nguyen (Hrsg.), Research Handbook of Finance and Sustainability, S. 436 ff.; *Schellekens/van Toor*, Values at risk? Sustainability risks and goals in the Dutch financial sector, 2019.

560 *Europäische Bankenaufsichtsbehörde*, ESG-Bericht, Ziffer 59 (S.38).

561 *Europäische Bankenaufsichtsbehörde*, ESG-Bericht, Ziffer 59 (S.38).

562 Siehe EZB, Leitfaden zu Klima- und Umweltrisiken, November 2020, Kap. 3.2, S. 14 mit weiteren Beispielen.

diesen Sektoren, etwa in Form von Unternehmenskrediten, könnte dies negative finanzielle Auswirkungen haben.[563]

Transitionsrisiken beschreiben dagegen die Unsicherheiten, die mit der Anpassung an eine ökologisch-nachhaltige Wirtschaft verbunden sind.[564] Art. 4 Abs. 1 Nr. 52g CRR definiert das Transitionsrisiko entsprechend als die möglichen finanziellen Auswirkungen auf ein Institut, die sich aus den (künftigen) Auswirkungen der Transition zu einer ökologisch nachhaltigen Wirtschaft auf die Gegenparteien oder die angelegten Vermögenswerte ergeben. Es kann daher auch von einem „Übergangsrisiko"[565] gesprochen werden.

Mit Blick auf Risikotreiber können grundsätzlich drei Kategorien unterschieden werden: (1) klima- und umweltbezogene Politikänderungen, (2) Technologieveränderungen und (3) ein verändertes Verbraucher-/ Investorenverhalten.[566] Zu den Faktoren der ersten Kategorie zählen beispielsweise (kurzfristige) politische Klima- und Umweltschutzmaßnahmen, die fossile Energieträger oder Treibhausgasemissionszertifikate verteuern/verknappen (z. B. *carbon tax*, der Kohleausstieg).[567] Weitere Auswirkungen dieser Maßnahmen können Investitionskosten sein, die wegen einer geforderten Anpassung von Gebäuden und Anlagen entstehen oder auch Wertsenkungen von Sicherheiten, die keine Nachhaltigkeitsstandards erfüllen.[568] Veränderungen aufgrund eines technischen

---

563 Hierzu näher sogleich unter c).

564 Es erfolgte eine Orientierung an dem Definitionsansatz der EBA (*Europäische Bankenaufsichtsbehörde*, ESG-Bericht, Ziffer 70 (S. 41), siehe dort auch Glossar, S. 7).

565 EZB, Leitfaden zu Klima- und Umweltrisiken, November 2020, Ziffer 3.1 (S. 11).

566 *Europäische Bankenaufsichtsbehörde*, ESG-Bericht, Ziffer 63 (S. 38), Ziffer 71 (S. 41); vgl. auch EZB, Leitfaden zu Klima- und Umweltrisiken, November 2020, Kap. 3.1 (S. 11), 3.2 (S. 12); BaFin, Merkblatt zum Umgang mit Nachhaltigkeitsrisiken, Stand: 13.01.2020, Kap. 2.5 (S. 17). Die Aufseher nehmen hierbei insbesondere Bezug auf die Studien im *Network for Greening the Financial System*, Guide for Supervisors, Mai 2020, S. 12 ff., und auf *Basler Ausschuss für Bankenaufsicht*, Climate-related risk drivers and their transmission channels, Report, April 2021; vorher bereits *Network for Greening the Financial System*, First Progress Report, Oktober 2018, Ziffer 1.1 (S. 5); siehe zudem für das Kreditrisiko EBA, Leitlinien für die Kreditvergabe und Überwachung vom 29.05.2020, EBA/GL/2020/06, Ziffer 57; vgl. auch bereits *Carney*, Breaking the Tragedy of the horizon, Rede vom 29.09.2015, S. 6; *Bolton u. a.*, The green swan, BIS, Januar 2020, S. 18; vgl. auch *Schemmer*, Klimarisiken im Bankenaufsichtsrecht, S. 27 f.

567 BaFin, Merkblatt zum Umgang mit Nachhaltigkeitsrisiken, Stand: 13.01.2020, Kap. 2.4 (S. 14).

568 EZB, Leitfaden zu Klima- und Umweltrisiken, November 2020, Ziffer 3.2 (S. 13); BaFin, Merkblatt zum Umgang mit Nachhaltigkeitsrisiken, Stand: 13.01.2020, Kap.

Fortschritts bzw. Wandels (etwa E-Mobilität) können die Wettbewerbsfähigkeit bestehender Technologien beeinträchtigen.[569] Schließlich wirken sich veränderte (z. B. durch den technologischen Fortschritt verursachte) Präferenzen und Erwartungen des Geschäftsumfelds/der Gesellschaft aus, indem sie beispielsweise zur Vermeidung von Investitionen in nicht-nachhaltige Vermögenswerte führen, was das Angebot von Anlageprodukten beeinflusst.[570] Ein weiterer Faktor ist ein möglicher Anstieg von Rechtsstreitigkeiten mit Geschäftspartnern bzgl. Umweltfragen, was wiederum erhöhte Kosten und Reputationsverluste auslöst.[571]

An den Beispielen zeigt sich, dass Transitionsrisiken bedeutende Auswirkungen auf Banken haben können, wirken sie sich besonders auf die Profitabilität von Geschäftsmodellen der Gegenparteien aus.[572] So können sich Umweltrisiken in zwei Weisen materialisieren: Einerseits kann das Finanzergebnis der Gegenpartei unmittelbar, beispielsweise durch eine CO_2-Steuer, beeinflusst werden, indem die Faktoren Profitabilität bzw. Wettbewerbsfähigkeit betroffen sind. Andererseits kann eine negative Auswirkung der Geschäftstätigkeit auf die Umwelt wiederum einen negativen finanziellen Einfluss auslösen oder verstärken (siehe zur doppelten Wesentlichkeit bereits unter a)).[573] Vom Transitionsrisiko sind insbesondere der Energie- und der Transportsektor betroffen.[574]

Schließlich ist zu beachten, dass physische Risiken und Transitionsrisiken in einer dynamischen Wechselbeziehung zueinanderstehen, was sich bereits an der

---

2.4 (S. 14); *Europäische Bankenaufsichtsbehörde*, ESG-Bericht, Ziffer 67 (S. 40). Es kann aber auch genauso Staaten betreffen, wenn es z. B. zu einer Erhöhung der Arbeitslosenquote durch einen Rückgang des braunen Sektors kommt und damit auch zu einem Rückgang der Steuereinnahmen oder direkt durch Staatsausgaben zur Förderung/Ermöglichung der Transition, siehe *Europäische Bankenaufsichtsbehörde*, ESG-Bericht, Ziffer 67 (S. 40).

569 BaFin, Merkblatt zum Umgang mit Nachhaltigkeitsrisiken, Stand: 13.01.2020, Kap. 2.4 (S. 14); *Europäische Bankenaufsichtsbehörde*, ESG-Bericht, Ziffer 63 (S. 38).

570 *Europäische Bankenaufsichtsbehörde*, ESG-Bericht, Ziffer 63 (S. 38 f.).

571 *Europäische Bankenaufsichtsbehörde*, ESG-Bericht, Ziffer 63 (S. 38 f.); EZB, Leitfaden zu Klima- und Umweltrisiken, November 2020, Ziffer 3.2 (S. 12).

572 Dazu etwa *De Arriba-Sellier*, Common Market Law Review 58 (2021), S. 1097 (1133 f.). Siehe etwa die Insolvenz des kalifornischen Energieunternehmens PG&E: *Gold*, The Wall Street Journal, 18.01.2019; *Europäische Zentralbank*, Report, Risks from misalignment, Januar 2024.

573 *Europäische Bankenaufsichtsbehörde*, ESG-Bericht, Ziffer 49 (S. 35).

574 EZB, Leitfaden zu Klima- und Umweltrisiken, November 2020, Kap. 3.2, S. 14; *Europäische Kommission*, In-depth analysis in support of the commission communication COM (2018)773, S. 57 ff.

angeführten doppelten Wesentlichkeit zeigt.[575] Nehmen physische Risiken stark zu, sind rechtzeitige politische Maßnahmen erforderlich, sodass sich die Transitionsrisiken erhöhen.[576] Wird die Umstellung der Wirtschaft nicht rechtzeitig vorgenommen oder verzögert, steigen physische Risiken.[577]

Neben dieser theoretischen Herleitung des finanziellen Risikocharakters von Umweltrisiken, existieren bereits einige Untersuchungen, die die Verbindung zwischen Umweltrisiken und finanziellen Risiken zeigen.[578] Der ESRB hat bereits in einem Bericht aus dem Jahr 2016 und das NGFS in einem Bericht 2019 dargelegt, dass sich Umweltrisiken höchstwahrscheinlich auf die Bilanzen der europäischen Institute und den Wert ihrer Engagements auswirken werden.[579]

Der finanzielle Risikocharakter von Umweltrisiken begründet die abstrakte Zielkonformität einer Berücksichtigung in der Bankenregulierung. Gleichwohl bestehen Schwierigkeiten bei der Identifizierung und Messung von ESG-Risikofaktoren als auch ihren Transmissionskanälen.[580] Diese können dazu führen, dass

575 So auch etwa *Europäische Bankenaufsichtsbehörde*, ESG-Bericht, Ziffer 72 ff. (S. 42 f.); BaFin, Merkblatt zum Umgang mit Nachhaltigkeitsrisiken, Stand: 13.01.2020, Kap. 2.4.

576 BaFin, Merkblatt zum Umgang mit Nachhaltigkeitsrisiken, Stand: 13.01.2020, Kap. 2.4.

577 BaFin, Merkblatt zum Umgang mit Nachhaltigkeitsrisiken, Stand: 13.01.2020, Kap. 2.4; *Europäische Bankenaufsichtsbehörde*, ESG-Bericht, Ziffer 73 (S. 42).

578 Siehe dazu *Europäische Zentralbank*, Financial Stability Review, Mai 2019; *Network for Greening the Financial System*, First Progress Report, Oktober 2018; *Network for Greening the Financial System*, First Comprehensive Report, April 2019; *Network for Greening the Financial System*, Technical supplement to the First comprehensive report, Juli 2019; *Network for Greening the Financial System*, Guide for Supervisors, Mai 2020; zudem etwa *Bank of England*, Transition in thinking, September 2018; *Matikainen/Campiglio/Zenghelis*, The climate impact of quantitative easing, Mai 2017, Technical Report, London School of Economics; zudem für den Versicherungssektor *Bank of England*, The impact of climate change in the UK insurance sector, September 2015. Dazu auch *De Arriba-Sellier*, Common Market Law Review 58 (2021), S. 1097 (1131 m. w. N.).

579 *Network for Greening the Financial System*, First Comprehensive Report, April 2019, S. 4, 12; *Europäischer Ausschuss für Systemrisiken*, Reports of the Advisory Scientific Committee, No 6 / Februar 2016, S. 9 ff.; dazu EZB, Leitfaden zu Klima- und Umweltrisiken, November 2020, S. 12.

580 *Europäische Bankenaufsichtsbehörde*, Diskussionspapier vom 02.05.2022, Kap. 4.3, Ziffer 30 lit. c (S. 19); vgl. auch EZB, Leitfaden zu Klima- und Umweltrisiken, November 2020, S. 14; *Network for Greening the Financial System*, First Comprehensive Report, April 2019.

ESG-Risiken falsch gemessen bzw. unterschätzt werden. Die Herausforderungen im Umgang mit Umweltrisiken lassen sich in vier Kategorien unterteilen.[581] In der ersten Kategorie – dem Datenmangel – zeigt sich die hauptsächlichen Schwierigkeit, da verlässliche und konkrete Daten, z. B. in Bezug auf wissenschaftliche Befunde und Umweltmerkmale von Risikopositionen der Banken, fehlen.[582] Bereits hierdurch wird die Risikoklassifizierung und -analyse erschwert.[583] Die zahlreichen Offenlegungspflichten (wie die Taxonomie- und Offenlegungsverordnung und Art. 449a CRR), und mit Blick auf KMUs insbesondere die CSRD[584], sollen Abhilfe schaffen und durch die Meldepflicht für ESG-Risiken nach Art. 430 Abs. 1 lit. h CRR[585] auch die Aufseher und letztlich Rechtsetzer unterstützen.[586] Dies dürfte neben der Datensammlung auch einen Qualitätsvorteil schaffen. Mit Blick auf Nicht-EU Unternehmen sind Banken dagegen auf die freiwillige Offenlegung und freiwillige Informationen angewiesen.

Unter die zweite Kategorie fällt das Fehlen eines einheitlichen und abschließenden Klassifizierungssystem. Ein einheitliches und umfängliches rechtliches Klassifizierungssystem ist nötig, da Sustainable-Finance-Parameter, wie „grün" und „braun", keine aufsichtsrechtlich bekannten Parameter darstellen.[587] Die

---

581 Vgl. *Europäische Bankenaufsichtsbehörde*, Diskussionspapier vom 02.05.2022, Annex 2 (S. 68 f.); zu den Charakteristika von Umweltrisiken vgl. zudem eingehender *Schemmer*, Klimarisiken im Bankenaufsichtsrecht, S. 47 ff.; S. 414 ff.

582 *Europäische Bankenaufsichtsbehörde*, Diskussionspapier vom 02.05.2022, Kap. 4.3.1, Ziffer 33 lit. a (S. 19); vgl. nur *Network for Greening the Financial System*, Technical Document, Mai 2020, S. 17. Die Art. 19a und 29a der Richtlinie 2013/34/EU vom 26.06.2013, ABl. L 182, 19 (Bilanzrichtlinie), die durch die NFRD eingeführt wurden, verpflichten bestimmte Unternehmen zur Nachhaltigkeitsberichterstattung in ihren Lagebericht. Eine solche Verpflichtung trifft andere Unternehmen dagegen nicht. Diesbezüglich sind die Institute auf freiwillige Erklärungen oder Schätzungen angewiesen. Durch die Umsetzung der CSRD ist aber ein Anstieg der verfügbaren Informationen und Daten zu erwarten.

583 *Europäische Bankenaufsichtsbehörde*, Diskussionspapier vom 02.05.2022, Kap. 4.3.1, Ziffer 33 lit. a (S. 19). Dazu zudem unter Teil 2B.II.2.a)bb).

584 Richtlinie (EU) 2022/2464 vom 14.12.2022, ABl. L 322, 15.

585 Es sind physische Risiken und Transitionsrisiken zu melden sowie Risikopositionen gegenüber Unternehmen im fossilen Brennstoffsektor (Art. 430 Abs. 1 lit. h (i), (ii) CRR).

586 *Europäische Bankenaufsichtsbehörde*, Diskussionspapier vom 02.05.2022, Kap. 4.3.1, Ziffer 33 lit. a (S. 19); Ziffer 35 (S. 20). Zu den Offenlegungsvorgaben näher Teil 2 B. II. 2. b).

587 Dazu näher unter Teil 2B.III.

Taxonomie-Verordnung ist nur begrenzt in der Lage, Abhilfe zu schaffen.[588] Darüber hinaus bestehen besondere Hürden im Hinblick auf die Bewertung von physischen Risiken und ihrer finanziellen Auswirkungen, da eine angemessene Bewertung umfassende Daten über Abhilfemaßnahmen in Bezug auf z. B. Sicherheiten und Versicherungen bedarf, wohingegen die gängigen, für Bewertungen verwendeten Näherungswerte auf Schätzungen auf Länderebene beruhen.[589]

Eine weitere grundsätzliche Schwierigkeit besteht in der granularen Messung der finanziellen Auswirkungen von Umweltrisikofaktoren, mithin in der Messung der Übertragungskanäle, durch welche ESG-Risikofaktoren auch zu tatsächlichen Verlusten führen.[590] Es bestehen zudem große Unsicherheiten über den Realisierungszeithorizont (kurz-, mittel-, langfristig) und das Ausmaß künftiger Ereignisse (nichtlinearer Verlauf).[591] Es muss daher eine langfristige, vorausschauende Perspektive eingenommen werden.[592] Eine Zukunftsanalyse ausschließlich auf Grundlage historischer Daten (z. B. mit Blick auf CO_2-intensive Gewerbe) aufzubauen, ist hierfür unzureichend.[593] Es bestehen zudem die bereits angesprochenen wechselseitigen Verstärkungseffekte zwischen physischen Risiken und Transitionsrisiken (je später eine Transition erfolgt, desto stärker sind die Auswirkungen auf und damit von der Umwelt).[594]

Schließlich bestehen – unter der vierten Kategorie – auch Herausforderungen in Bezug auf ESG-Ratings und ESG-Scores mit Blick auf Qualität, Transparenz und Vergleichbarkeit.[595]

---

588 Näher dazu unter Teil 2 B. III. 2. b). Dazu auch *Europäische Bankenaufsichtsbehörde*, Diskussionspapier vom 02.05.2022, Annex 2 (S. 69).

589 *Europäische Bankenaufsichtsbehörde*, Diskussionspapier vom 02.05.2022, Kap. 4.3.1, Ziffer 33 lit. c (S. 20).

590 *Europäische Bankenaufsichtsbehörde*, Diskussionspapier vom 02.05.2022, Kap. 4.3, Ziffer 30 lit. b (S. 19).

591 BaFin, Merkblatt zum Umgang mit Nachhaltigkeitsrisiken, Stand: 13.01.2020, Kap. 2.6.

592 *Europäische Bankenaufsichtsbehörde*, Diskussionspapier vom 02.05.2022, Kap. 4.3, Ziffer 30 lit. c (S. 19), Kap. 4.3.3, Ziffer 41 (S. 21).

593 So explizit Erläuterungen zu MaRisk AT 4.1 Tz. 2; siehe auch *Europäische Bankenaufsichtsbehörde*, ESG-Bericht, Ziffer 334 (S. 136).

594 BaFin, Merkblatt zum Umgang mit Nachhaltigkeitsrisiken, Stand: 13.01.2020, Kap. 2.6.

595 Dazu bereits *Europäische Bankenaufsichtsbehörde*, ESG-Bericht, Rzn. 138 ff.: intransparent hinsichtlich Methoden, schlechte Qualität; siehe auch *Europäische Bankenaufsichtsbehörde*, Diskussionspapier vom 02.05.2022, Kap. 4.3.1, Ziffer 33 lit. d (S. 19); siehe zu ESG-Ratings zudem *Europäische Wertpapier- und Marktaufsichtsbe-*

Die Faktoren der fehlenden historischen Daten, die Vielzahl an zu berücksichtigenden Faktoren sowie Unsicherheiten über künftige Klima- und Politikszenarien zeigen deutlich, dass die Messung und Bewertung von Umweltrisiken vor besonderen Herausforderungen stehen.[596] Es werden neue, innovative Instrumente zur Messung, Steuerung und Risikominderung zu entwickeln sein.[597] All dies führt zu Hürden bei der Bewertung des finanziellen Risikocharakters, der mit umweltschädigenden Aktivitäten erzeugt wird.[598] Diese Hürden schließen eine abstrakte Zielkonformität dagegen nicht aus. Im Gegenteil, das Aufsichtsrecht kann solche zunächst durch qualitative Annahmen berücksichtigen,[599] sodass die konkreten Vorgaben die Bewertung der Zielkonformität maßgeblich beeinflussen.[600]

bb) Sozialrisiken

Die Nachhaltigkeitsregulierung im Bankenaufsichtsrecht behandelt nicht ausschließlich ökologische Themen. „ESG-Risiken" sind ganzheitlich Teil des Nachhaltigkeitsverständnisses, wenngleich der Schwerpunkt der Regulierung derzeit auf Umweltrisiken liegt.[601] Während sich dies zunächst mit Blick auf die Transitionsbestrebungen erklären lässt, liegt der Grund hierfür aber auch darin, dass

---

hörde, Ergebnisse des Call for evidence zu ESG-Ratings, 24.06.2022 und *Europäische Kommission*, Summary Report der Konsultation zu ESG-Ratings vom 03.08.2022.

596 BaFin, Merkblatt zum Umgang mit Nachhaltigkeitsrisiken, Stand: 13.01.2020, Kap. 1.3. Die gängigen Mess- bzw. Bewertungsmethoden sind die sog. Portfolio-Alignment-Methode (Orientierung am Übereinstimmungsgrad mit den globalen Klimazielen), die Risk-Framework-Methode (Klimastresstests, Analyse der Klimaempfindlichkeit) sowie die Exposure-Methode (Hinzuziehung von ESG-Ratings, ESG-Scores von Gegenparteien), siehe näher *Europäische Bankenaufsichtsbehörde*, ESG-Bericht, Ziffer 22 (S. 20), vgl. auch S. 10 sowie dort Kapitel 3 (S. 50-79).

597 BaFin, Merkblatt zum Umgang mit Nachhaltigkeitsrisiken, Stand: 13.01.2020, Kap. 1.3.

598 *Europäische Bankenaufsichtsbehörde*, Diskussionspapier vom 02.05.2022, Kap. 4.3.1, Ziffer 34 (S. 20).

599 Ebenso ausdrücklich für die Zwecke des ICAAP, vgl. EZB, Leitfaden für den bankinternen Prozess zur Sicherstellung einer angemessenen Kapitalausstattung (Internal Capital Adequacy Assessment Process – ICAAP), November 2018 („EZB, ICAAP-Leitfaden, November 2018"), Ziffer 74; EZB, Leitfaden zu Klima- und Umweltrisiken, November 2020, Erwartung 7.3 (S. 35).

600 Zu diesen sogleich Teil 2B.II.2.

601 Siehe zu Vorhaben der Europäischen Kommission in Bezug auf eine Sozialtaxonomie *Europäische Kommission*, Anhang der Strategie zur Finanzierung einer nachhaltigen Wirtschaft, S. 4 f.; zuletzt etwa *Platform on Sustainable Finance*, Report on Social Taxonomy.

Methoden zur Messung von Sozial- und Governance-Risiken noch weniger fortgeschritten sind als für Umweltrisiken.[602]

Sozialrisiken sind solche ESG-Risiken, die aus Sozialfaktoren resultieren (vgl. Art. 4 Abs. 1 Nr. 52h CRR).[603] Sozialrisikotreiber stellen dabei bereits Umweltrisiken in Form von Transitionsrisiken dar, da sich der Technologiewandel und regulatorische Veränderungen auf den Arbeitsmarkt auswirken, wodurch sich Sozialrisiken verstärken, so z. B. in braunen Sektoren.[604] Darüber hinaus gehört die soziale Transition hin zu einer inklusiveren und gerechteren Gesellschaft zu den Treibern von Sozialrisiken, was Unternehmen z. B. in Form des Ausbaus der Arbeitnehmerrechte betrifft.[605] Die Forderung der Gesellschaft nach gerechten Arbeitsbedingungen und diesbezüglichen rechtlichen Umsetzungen kann sich auf die Finanzlage eines Unternehmens in Form von höheren Compliance-Kosten auswirken, wenn es einen Produktionsschritt in einem Land durchführen lässt oder dort Lieferbeziehungen unterhält, das schlechte Arbeitnehmerrechte bietet.[606] Zudem sind Politikmaßnahmen zu nennen.[607] Solche Maßnahmen können sich auf Unternehmen negativ finanziell auswirken, die eine Etablierung ablehnen oder nicht rechtzeitig vornehmen, wodurch sie sich Beschwerden, auch in Form von Gerichtsverfahren und Reputationsverlusten ausgesetzt sehen können.[608] Sozialrisikotreiber sind damit, neben Umweltrisiken, Änderungen des Rechtsrahmens und gesellschaftliche Forderungen. Das finanzielle Risiko aus Sozialrisiken

---

602 Siehe auch *Europäische Bankenaufsichtsbehörde*, Diskussionspapier vom 02.05.2022, S. 13 (dort Ziffer 9).

603 Siehe auch *Europäische Bankenaufsichtsbehörde*, ESG-Bericht, Ziffer 83 (S. 47), siehe dort auch Glossar, S. 7.

604 *Europäische Bankenaufsichtsbehörde*, ESG-Bericht, Ziffer 78 (S. 43 f.); bereits Europäische Kommission, Aktionsplan: Finanzierung nachhaltigen Wachstums, S. 2. Zum Attribut „braun" näher Teil 2B.III.3. Prominent sind diesbezüglich auch die Auswirkungen der COVID-19 Pandemie, dazu *Europäische Bankenaufsichtsbehörde*, ESG-Bericht, Box 5 (S. 44).

605 *Europäische Bankenaufsichtsbehörde*, ESG-Bericht, Ziffer 79 (S. 45 f.).

606 *Europäische Bankenaufsichtsbehörde*, ESG-Bericht, Ziffer 79 (S. 45 f.); zu weiteren Beispielen siehe etwa *Schemmer*, Klimarisiken im Bankenaufsichtsrecht, S. 402 ff.

607 Diese dürften wegen der Umsetzung der Sozialziele der SDGs in den kommenden Jahren zunehmen; *Europäische Bankenaufsichtsbehörde*, ESG-Bericht, Ziffer 80 (S. 46).

608 *Europäische Bankenaufsichtsbehörde*, ESG-Bericht, Ziffer 80 (S. 46).

betrifft insbesondere mögliche Reputationsschäden oder negative Auswirkungen auf Stakeholder.[609]

Während jedenfalls für Umweltrisiken als Sozialrisikotreiber eine gewisse Verbindung zu finanziellen Risiken aufgestellt werden kann, ist mit Blick auf andere Sozialfaktoren, einhergehend mit einer fehlenden einheitlichen Taxonomie für Sozialfaktoren,[610] eine grundsätzliche Aussage schwierig.[611] Gleichwohl lässt sich ein finanzieller Risikocharakter auch für diese Risikoart jedenfalls aufgrund der aufgezeigten Transmissionskanäle theoretisch nicht ausschließen. Aber auch Sozialrisiken stehen vor denselben Herausforderungen wie Umweltrisiken. Die Schwierigkeiten zeigen sich bei Sozialrisiken besonders, da bereits ein einheitlicher Katalog an Sozialfaktoren fehlt. Die Zielkonformität ist damit auch bei Sozialrisiken maßgeblich anhand der konkreten Vorgaben (und damit konkreten Zielkonformität) zu bestimmen.

cc) Governance-Risiken

Das sog. Governance-Risiko („Unternehmensführungsrisiko") bezeichnet schließlich das ESG-Risiko, welches aus den Auswirkungen von Governance-Faktoren resultiert (Art. 4 Abs. 1 Nr. 52i CRR).[612] Es erfolgt keine Bezugnahme auf die Governance in Instituten selbst, sondern auf die Wirkung von Governance-Faktoren auf ihre Gegenparteien.[613]

Es existieren verschiedene Governance-Risikotreiber wie z. B. unzureichendes Management von Umwelt- und Sozialfragen, da die Berücksichtigung solcher Belange bzw. jedenfalls die Anerkennung der Bedeutung des Klimawandels als „*good governance*" angesehen wird.[614] Es sind auch unmittelbare Verknüpfungen zu Umweltfaktoren denkbar wie es etwa beim Diesel-Skandal zu beobachten war, bei dem sich eine schlechte Unternehmensführung und interne Kontrollen (einschließlich Berichterstattung), die zur Irreführung der Behörden, Kunden und der Öffentlichkeit führten, auf Umweltbelange ausgewirkt haben.[615] Hier-

---

609 BaFin, Merkblatt zum Umgang mit Nachhaltigkeitsrisiken, Stand: 13.01.2020, Kap. 2.4.

610 Siehe dazu bereits Teil 2B.II.1.a).

611 Dazu auch *Europäische Bankenaufsichtsbehörde*, Diskussionspapier vom 02.05.2022, S. 13 (dort Ziffer 9).

612 Siehe auch *Europäische Bankenaufsichtsbehörde*, ESG-Bericht, Ziffer 88 (S. 49), zudem Glossar, S. 6.

613 *Europäische Bankenaufsichtsbehörde*, ESG-Bericht, Ziffer 84 (S. 47).

614 *Europäische Bankenaufsichtsbehörde*, ESG-Bericht, Ziffer 86 (S. 48).

615 Vgl. hierzu auch *Europäische Bankenaufsichtsbehörde*, ESG-Bericht, Box 7, S. 48 f.

an zeigt sich die Verbindung zwischen Governance und umweltbezogenen und sozialen Erwägungen.[616] Klassische Risikotreiber stellen auch Verstöße gegen Corporate-Governance-Vorschriften/Kodizes dar, was sich wiederum auf das Leistungs- und Renditepotenzial auswirken kann.[617] Erfährt die Öffentlichkeit von dem „schlechten" Verhaltenskodex, kann das zu einem Vertrauensverlust bei Verbrauchern und Anlegern führen und sich damit negativ auf die Geschäftsbeziehungen auswirken.[618]

Eine grundsätzliche abstrakte Zielkonformität ist aufgrund des aufgezeigten möglichen finanziellen Risikocharakters (vgl. Art. 97 CRD) damit auch für Governance-Risiken gegeben. Aber auch in Bezug auf Governance-Faktoren, die insbesondere durch E- und S-Faktoren bedingt sind, zeigen sich die Schwierigkeiten einer Berücksichtigung in der Bankenregulierung, die mit der Eigenart von ESG-Risiken zusammenhängen.[619]

Die Schwierigkeiten hinsichtlich der Messbarkeit schließen durch die Möglichkeit von qualitativen Annahmen die abstrakte Zielkonformität nicht aus, zumal ESG-Risiken nicht unter jeder Säule (gleich intensiv) berücksichtigt werden müssen. Die Beurteilung der Zielkonformität hängt damit in einem entscheidenden Maße auch bei Governance-Risiken von den konkreten Vorgaben ab.

c) ESG-Risiken als Treiber bekannter Risikoarten

Wurde der (abstrakte) finanzielle Risikocharakter von ESG-Risiken aufgezeigt, so lässt sich dieser weiter untermauern, wenn ESG-Risiken auch die bekannten bankenaufsichtsrechtlichen Risiken beeinflussen. Nach einhelliger Ansicht der Aufseher und Regulatoren stellen ESG-Risiken selbst Treiber bekannter – wesentlicher[620] – Risikoarten dar, sodass sie aufsichtsrechtlich nicht als separate

---

616 Siehe dazu bereits *Europäische Kommission*, Aktionsplan: Finanzierung nachhaltigen Wachstums, S. 2 (dort Fn. 9).

617 *Europäische Bankenaufsichtsbehörde*, ESG-Bericht, Ziffer 86 (S. 48); zu weiteren Beispielen *Schemmer*, Klimarisiken im Bankenaufsichtsrecht, S. 407 ff.

618 *Europäische Bankenaufsichtsbehörde*, ESG-Bericht, Ziffer 86 (S. 48).

619 Dazu bereits oben Teil 2B.II.1.b)aa).

620 Die Wesentlichkeit ist insbesondere im Rahmen der MaRisk relevant. Wesentlich sind dabei grundsätzlich solche Risiken, die die Vermögens-, Ertrags- oder Liquiditätslage wesentlich beeinträchtigen können (MaRisk AT 2.2 Tz. 2). Zu den wesentlichen Risiken einer Bank gehören grundsätzlich jedenfalls die Adressenausfall- (einschließlich Länderrisiken), Marktpreis- und Liquiditätsrisiken sowie operationelle Risiken (MaRisk AT 2.2 Tz. 1).

Risikoart behandelt werden.[621] Diese Beziehung ist durch die Legaldefinition von ESG-Risiken unter Art. 4 Abs. 1 Nr. 52d Hs. 2 CRR nunmehr sekundärrechtlich verankert.

aa) Kreditrisiko

ESG-Risiken können auf alle Geschäftsbereiche und Risikoarten durchschlagen.[622] ESG-Faktoren können insbesondere Auswirkungen auf das Kreditrisiko haben, wobei sich dies anhand von Umweltrisiken besonders zeigen lassen. Dies bedeutet z. B. für das Kreditrisiko, dass sowohl die als Sicherheit gestellten Immobilien, die durch Naturereignisse beschädigt werden können, als auch die Risikobewertungen (Ausfallwahrscheinlichkeit) betroffen sein können.[623]

Finanzielle Auswirkungen von ESG-Faktoren bei betroffenen Gegenparteien können die von der Bank zu bewertende Ausfallwahrscheinlichkeit (*Probability of Default* – PD)[624], wie auch die Verlustquote bei Ausfall[625] (*Loss Given Default* – LGD), als auch den Kreditparameter der Ausfallkredithöhe (*Exposure at Default* – EAD) beeinflussen.[626]

---

621 Siehe MaRisk BTR Tz. 1 sowie BTR 1 Tz. 1 (Adressenausfallrisiken), BTR 2.1 Tz. 1 (Marktpreisrisiken), BTR 3.1 Tz. 1 (Liquiditätsrisiken), BTR 4 Tz. 2 (operationelle Risiken), bereits BaFin, Merkblatt zum Umgang mit Nachhaltigkeitsrisiken, Stand: 13.01.2020, Kap. 1.1, Kap. 2.7; *Europäische Bankenaufsichtsbehörde*, ESG-Bericht, Ziffer 39 (S. 32), siehe auch S. 10; EZB, Leitfaden zu Klima- und Umweltrisiken, November 2020, Kap. 1 (S. 3), Kap. 3.2 (S. 12), Tabelle 1 (S. 13); siehe zudem *Deutsche Bundesbank*, Monatsbericht April 2023, S. 75, 77 f. Dies entspricht zudem der Meinung der Aufseher international, hierzu näher *De Arriba-Sellier*, Common Market Law Review 58 (2021), S. 1097 (1135 f.). Da sich ESG-Risiken in bekannte Risikoarten „übersetzen" lassen, kann dies auch zu ihrer Wesentlichkeit führen.

622 Siehe weiter *Europäische Bankenaufsichtsbehörde*, ESG-Bericht, Ziffer 39 (S. 32); Ziffern 260 ff. (S. 116); EZB, Leitfaden zu Klima- und Umweltrisiken, November 2020, Kap. 3.2 (S. 12), Tabelle 1 (S. 13); BaFin, Merkblatt zum Umgang mit Nachhaltigkeitsrisiken, Stand: 13.01.2020, Kap. 2.7.

623 Die Sicherheiten können zwar entsprechend versichert sein; dies ist den Banken gegenüber aber in der Regel nicht offengelegt, sodass eine entsprechende Kalkulation für extreme Umweltereignisse nicht möglich ist, siehe hierzu etwa *Alexander/Fisher*, in: Fisher, Making the Financial System Sustainable, S. 49, 65; siehe auch *Schemmer*, Klimarisiken im Bankenaufsichtsrecht, S. 39.

624 Art. 4 Abs. 1 Nr. 54 CRR.

625 Art. 4 Abs. 1 Nr. 55 CRR.

626 *Europäische Bankenaufsichtsbehörde*, ESG-Bericht, Figure 5 (S. 37); Figure 6 (S. 40); Ziffer 259 (S. 115 f.); vgl. auch EZB, Leitfaden zu Klima- und Umweltrisiken,

Dies lässt sich theoretisch z. B. anhand einer Kreditvergabe an ein Unternehmen aufzeigen, dessen Geschäftsmodell durch die ESG-Politik beeinträchtigt wird (z. B. der Automobilsektor mit Fokus auf benzinverbrauchenden Autos oder durch neue Energieeffizienzstandards verursachte hohe Anpassungskosten) oder das physischen Risiken (z. B. schlechtere Bewertung von Sicherheiten durch zunehmende Überschwemmungsrisiken) ausgesetzt ist.[627] Die physischen Risikotreiber und Transitionsrisikotreiber wirken sich entsprechend auf das Risikoprofil und die Kreditwürdigkeit der Gegenparteien aus.[628]

Im Hinblick auf Verstöße gegen Corporate-Governance-Vorschriften/Kodizes als klassische Governance-Risikotreiber wird eine Verbindung zu einer geringeren Rentabilität (Vertrauensverlust der Kunden) angenommen, die wiederum das Kreditrisiko erhöhen würde.[629] Entsprechendes gilt mit Blick auf die Verletzung von Sozialfaktoren (z. B. Arbeitnehmerschutzrechte) durch Darlehensnehmer.[630]

Die Verbindung zur PD und LGD ist mittlerweile in den EBA-Leitlinien für Umweltrisiken aufgenommen, wobei Umweltrisiken insbesondere das Ausfallrisiko (PD) des Kreditnehmers beeinflussen sollen.[631] In Bezug auf den E-Faktor Klimawandel sind physische Risiken (einschließlich Haftungsrisiken mit Blick auf einen negativen Beitrag zum Umweltschutz) und Transitionsrisiken für die finanzielle Leistungsfähigkeit der Kreditnehmer von Bedeutung.[632] Weitere Risikofaktoren stellen Veränderungen der Markt- und Verbraucherpräferenzen und

---

November 2020, Kap. 3.2, Tabelle 1 (S. 13); zur Steuerung des Kreditrisikos in Bezug auf ESG-Risiken siehe näher Teil 2 B. II. 2. a) bb) (1).

627 BaFin, Merkblatt zum Umgang mit Nachhaltigkeitsrisiken, Stand: 13.01.2020, Kap. 2.7; EZB, Leitfaden zu Klima- und Umweltrisiken, November 2020, Kap. 3.2, Tabelle 1 (S. 13); *Europäische Bankenaufsichtsbehörde*, ESG-Bericht, Figure 6 (S. 40).

628 Negative Auswirkungen auf die Agrarwirtschaft könnten sich beispielsweise durch das physische Risiko eines Rückgangs der Nahrungsmittelproduktion auf das Risikoprofil und die Kreditwürdigkeit entsprechender Darlehensnehmer auswirken, was sich in der Bilanz der Banken („Darlehen an Agrarwirtschaft") widerspiegelt, siehe *Europäische Bankenaufsichtsbehörde*, ESG-Bericht, Figure 5 (S. 37); vgl. auch EZB, Leitfaden zu Klima- und Umweltrisiken, November 2020, Kap. 3.2, Tabelle 1 (S. 13).

629 *Europäische Bankenaufsichtsbehörde*, ESG-Bericht, Ziffer 86 (S. 48).

630 *Europäische Bankenaufsichtsbehörde*, ESG-Bericht, Ziffer 82 (S. 46) und Figure 7 (S. 47).

631 EBA, Leitlinien für die Kreditvergabe und Überwachung vom 29.05.2020, EBA/GL/2020/06, Ziffern 57, 126, 127, 146, 149, 188.

632 EBA, Leitlinien für die Kreditvergabe und Überwachung vom 29.05.2020, EBA/GL/2020/06, Ziffer 57.

rechtliche Risiken dar, die sich auf den Wert der zugrundeliegenden Vermögenswerte auswirken können.[633]

Im Hinblick auf Umweltrisikotreiber existieren darüber hinaus bereits einige Studien, welche die Auswirkungen auf Kreditrisikoparameter untersuchen. Der Fokus der Studien liegt auf dem Privatkundengeschäft (sog. Mengengeschäft[634]) und insbesondere auf Hypothekarkrediten als „durch Immobilien besicherte Risikopositionen" (Art. 112 lit. i CRR).[635] Risikodifferenzen (im Vergleich zu nichtumweltrisikobetroffenen Gegenparteien) sollen beim Wert der Sicherheiten (und bei der LGD) und bei der Ausfallwahrscheinlichkeit des Kreditnehmers (PD) auftreten.[636]

In Bezug auf den Wert von Sicherheiten gibt es für Transitionsrisiken erste Beweise, dass der Faktor Energieeffizienz[637] ein relevanter Preisfaktor (sowohl für Kauf wie auch Miete) sein kann.[638] Mit Blick auf den Wert von Sicherhei-

---

633 EBA, Leitlinien für die Kreditvergabe und Überwachung vom 29.05.2020, EBA/GL/2020/06, Ziffer 57.

634 Jargon des CRR, vgl. Art. 123 CRR, wobei hierunter neben Privatkunden aber auch KMU zu zählen seien, was sich wiederum nicht in den Studien widerspiegeln muss.

635 Vgl. dazu *Europäische Bankenaufsichtsbehörde*, Diskussionspapier vom 02.05.2022, Kap. 5.1, Ziffern 53, 54 (S. 24) m. w. N.

636 Die EBA hat im Diskussionspapier vom 02.05.2022 eine umfassende Untersuchung der verfügbaren Literatur vorgenommen, siehe *Europäische Bankenaufsichtsbehörde*, Diskussionspapier vom 02.05.2022, insb. ab Kap. 5.1.1, Ziffern 54 ff. (S. 24 ff.).

637 Die „Gesamtenergieeffizienz eines Gebäudes" beschreibt nach Art. 2 Nr. 4 Richtlinie 2010/31/EU vom 19.05.2010, ABl. L 153, 13 „die berechnete oder gemessene Energiemenge, die benötigt wird, um den Energiebedarf im Rahmen der üblichen Nutzung des Gebäudes (u. a. Heizung, Kühlung, Lüftung, Warmwasser und Beleuchtung) zu decken". Wenngleich den Studien abweichende Definitionen zugrunde liegen können, ist die sekundärrechtliche Definition insbesondere für die Zwecke des Bankenaufsichtsrechts relevant, siehe Erwägungsgrund 3 der Durchführungsverordnung (EU) 2022/2453 der Kommission vom 30.11.2022, ABl. L 342, 1.

638 *Europäische Bankenaufsichtsbehörde*, Diskussionspapier vom 02.05.2022, Kap. 5.1.1, Ziffern 55-57 (S. 24 f.) mit Verweis auf u. a. *Zancanella/Bertoldi/Boza-Kiss*, JRC Science for Policy Report 2018; *Næss-Schmidt u. a.*, Copenhagen Economics, Februar 2016; *Jensen*, Copenhagen Economics, Oktober 2021. Nach einer Studie der EBA in Zusammenarbeit mit der Banque de France, in der eine Meta-Analyse zur verfügbaren wissenschaftlichen Literatur vorgenommen wurde, ergibt sich ein „*green premium*" von 8,67 Prozent, siehe hierzu *Europäische Bankenaufsichtsbehörde*, Diskussionspapier vom 02.05.2022, Kap. 5.1.1, Ziffer 57 (S. 25), siehe auch „Risikounterschiede und Eigenkapitalvorschriften", in *Europäische Kommission*, Anhang zur Strategie zur Finanzierung einer nachhaltigen Wirtschaft, S. 6.

ten im Kontext von physischen Risiken ist insbesondere eine Gesamtstudie der UNEP FI aus dem Jahr 2021 anzuführen.[639] Deren Ergebnisse zeigen zwar, dass es im Allgemeinen nur einen moderaten und kurzzeitigen Rückgang in umweltereignisanfälligen Gebieten gibt, für bisher nicht anfällige Gebiete bestehen aber Anhaltspunkte, dass bestimmte Wetterereignisse einen längerfristigen negativen Effekt auf Immobilienpreise haben können.[640]

Die Studien widmen sich auch der Beziehung zwischen der Ausfallwahrscheinlichkeit (PD) bei Hypothekarkrediten und der Energieeffizienz der Immobilie, welche als Sicherheit gestellt wurde.[641] Es gäbe Anzeichen, dass weniger Zahlungsrückstände bei Energieeffizienz-Häusern auftreten.[642] Der im April 2022 veröffentlichte finale Bericht der Energy Efficiency Financial Institutions Group (EEFIG) präsentiert zudem anschauliche Analysen für Deutschland.[643] Die entsprechende Arbeitsgruppe untersuchte den Stand der Forschung zur Beziehung zwischen Energieeffizienz, Performance des Kredits und dem Wert der Sicherheiten und stellte – obgleich weitere Forschung nötig sei – eine negative Beziehung zwischen der Energieeffizienz und der PD fest: Energieeffizientere Gebäude wiesen eine relativ geringere PD auf (Hypothekarkredite mit Hoch- oder Medium-

---

639 *Clayton/Devaney/Sayce/van de Wetering*, Climate Risk and Commercial Property Values, UNEP FI, August 2021.

640 *Clayton/Devaney/Sayce/van de Wetering*, Climate Risk and Commercial Property Values, UNEP FI, August 2021, S. 5, 18; vgl. auch *Europäische Bankenaufsichtsbehörde*, Diskussionspapier vom 02.05.2022, Kap. 5.1.1, Ziffer 58 (S. 25), bezugnehmend auf u. a. die globale Analyse von *Beltrán/Maddison/Elliot*, Ecological Economics Vol. 146 (2018), S. 668 ff; siehe zudem für den deutschen Immobilienmarkt: *Hirsch/Hahn*, Journal of Property Investment & Finance Vol. 36 No. 1(2018), S. 50 ff.

641 Vgl. hierzu auch *Europäische Bankenaufsichtsbehörde*, Diskussionspapier vom 02.05.2022, Kap. 5.1.1, Ziffer 59 (S. 25) mit Bezugnahmen auf Studien.

642 Siehe *Guin/Korhonen*, Bank of England, Staff Working Paper No. 852, Januar 2020, S. 12 f. In diesem Zusammenhang ist insbesondere auch die Studie der Energy Efficient Mortgage Initiative aus 2020 relevant, die schlussfolgerte, dass Hypothekarkredite mit A-Effizienz-Gebäuden weniger wahrscheinlich ausfallen/in Verzug geraten und hierbei sogar signifikante negative Korrelationen zu beobachten seien, wobei sich die Studien auf den italienischen Markt bezogen (*Energy efficiency Data Protocol and* Portal, EeDaPP Final Report 2020, S. 31); vgl. zu einer der ersten Studien (US-amerikanisch) *Kaza/Quercia/Chao*, Cityscape, Vol. 16 (2014), No. 1, S. 279 ff.

643 *Energy Efficiency Financial Institutions Group*, Final report on risk assessment, 08.04.2022, S. 40; siehe hierzu auch, *Europäische Bankenaufsichtsbehörde*, Diskussionspapier vom 02.05.2022, Kap. 5.1.1, Box 1 (S. 26).

Effizienzgrundstücken seien 20 Prozent weniger wahrscheinlich auszufallen im Vergleich zu „*low energy efficiency*").[644]

Während die Studien hinsichtlich den Auswirkungen von Umweltrisiken auf den Wert von Sicherheiten nachvollziehbar sind, zeigt sich hinsichtlich der PD bereits die Schwierigkeit des Nachweises von Umweltrisikotreibern, da die Finanzierung einer energieeffizienten Immobilie doch ein gewisses Vermögen des (Privat-)Kreditnehmers voraussetzt.[645] Mithin dürfte die empirische Begründung der Auswirkung von Umweltrisikotreibern auf die PD des Privatkundenkreditnehmers schwerer fallen als für Unternehmenskunden.

Mit Blick auf sonstige Risikopositionen aus dem Mengengeschäft existieren weniger Untersuchungen.[646] Insbesondere in Bezug auf Kfz-Kredite können zukünftig mehr Daten verfügbar werden, da diese Darlehen von den Offenlegungsvorgaben der Taxonomie-Verordnung erfasst sind.[647]

Im Hinblick auf Kreditrisikopositionen gegenüber Unternehmen zeigen Studien, dass ESG-Risiken finanzielle Auswirkungen auf Unternehmen haben können, die sich wiederum auf das Kreditrisiko auswirken, wobei den Studien hauptsächlich sog. CO_2-Emissions- oder ESG-Ratings der Unternehmen zugrunde liegen.[648]

644 *Energy Efficiency Financial Institutions Group*, Final report on risk assessment, 08.04.2022, S. 41; siehe hierzu auch, *Europäische Bankenaufsichtsbehörde*, Diskussionspapier vom 02.05.2022, Kap. 5.1.1, Box 1 (S. 26).

645 Dazu auch etwa *Guin/Korhonen*, Bank of England, Staff Working Paper No. 852, Januar 2020, S. 13.

646 Näher *Europäische Bankenaufsichtsbehörde*, Diskussionspapier vom 02.05.2022, Kap. 5.1.4, Ziffer 65 (S. 28).

647 Siehe Delegierte Verordnung (EU) 2021/2178 vom 06.07.2021, ABl. L 443, 9, Anhang V, Ziffer 1.2.1.3, ii), wonach Kreditinstitute einen KPI für Kredite an private Haushalte zum Erwerb eines Kraftfahrzeugs offenlegen sollen, wobei dieser den Anteil von Krediten in Verbindung mit Kraftfahrzeugen beschreibt, die den technischen Bewertungskriterien nach Anhang I, Abschnitt 6.5 der Delegierte Verordnung (EU) 2021/2139 vom 04.06.2021, ABl. L 442, 1, entsprechen.

648 Einen umfassenden Überblick über die Studien, auch in Bezug auf Unternehmensanleihen, bietet die EBA, siehe *Europäische Bankenaufsichtsbehörde*, Diskussionspapier vom 02.05.2022, Kap. 5.1.2, Ziffer 60 (S. 26 f.), u. a. mit Verweis auf *Höck u. a.*, Journal of Asset Management (2020) 21, S. 85 ff., die zeigen, dass nachhaltigere Unternehmen, u. a. aufgrund geringerer Reputations-, Finanz- und Regulierungsrisiken ein geringeres Kreditrisiko aufweisen sowie auf eine Studie von *Moody's Investors Service*, nach der Projektfinanzierungskredite für umweltfreundliche Projekte (Erträge werden in grüne Projekte investiert) ein geringeres Ausfallrisiko aufweisen als andere Projekte, siehe *Moody's Investors Service*, Project finance bank loans for green use-of-proceeds projects demonstrate lower default risk, Research

Einer Studie zufolge werden hohe Treibhausgasemissionen bei einem Unternehmen mit einem höheren Kreditrisiko verbunden, während eine Offenlegung solcher Emissionen als auch Geschäftspläne, Treibhausgasemissionen zukünftig zu minimieren, mit einem geringeren Kreditrisiko einhergingen.[649] Die Studie zeigt auch, dass sich nach dem Pariser Klimaschutzübereinkommen die Ratings solcher Unternehmen, die am stärksten Umweltrisiken ausgesetzt sind, im Vergleich zu anderen Unternehmen, die nicht davon betroffen sind, verschlechtert hätten, wobei dies bei europäischen Unternehmen stärker zu beobachten sei als etwa bei US-amerikanischen Unternehmen.[650] Eine andere Studie zeigt auf, dass die NPL-Rate bei Banken mit schlechtem ESG-Management-Rating während der COVID-19-Krise in der ersten Jahreshälfte 2020 höher ausfiel, während Banken mit einem guten ESG-Rating seit der ersten Jahreshälfte 2017 bis einschließlich 2020 einen stetigen Rückgang der NPL-Rate verzeichnen konnten.[651]

Wenngleich den Studien keine einheitlichen Definitionen in Bezug auf ESG-Risiken zugrunde liegen und sie damit nicht vollständig miteinander vergleichbar sind, zeigen die Studien doch, dass insbesondere Umweltrisiken Auswirkungen auf das Kreditrisiko bei Unternehmen haben können. Institute sind dabei von ESG-Faktoren betroffen, wenn sie z. B. Darlehen an Sektoren vergeben, die einen negativen *Einfluss auf* die Umwelt haben oder (bzw. dadurch) von Transitionsbemühungen *betroffen* sind, da diese E-Faktoren Auswirkungen auf das Risikoprofil der Darlehensnehmer haben können.[652]

Announcement 18.02.2018. Zudem erfolgt ein Verweis auf die Untersuchungen von *Hermes Investment*, die zeigen, dass Unternehmen mit besseren ESG-Ratings geringere Credit-Default-Swap-Spreads aufweisen, siehe *Reznick/Viehs*, Pricing ESG Risk in Credit Markets, Research Paper, Hermes Investment, Q2 2017, S. 2.

649 *Carbone u. a.*, ECB Working Paper Series No. 2631, Dezember 2021, S. 41 ff., 51 f. unter Orientierung an Ratings und der marktimplizierten sog. Distance-to-Default; siehe auch *Capasso/Gianfrate/Spinello*, EDHEC-Risk Institute Working Paper 2020.

650 *Carbone u. a.*, ECB Working Paper Series No. 2631, Dezember 2021, S. 35 ff., 56.

651 Siehe *Malich*, Banks, ESG and Nonperforming Loans During Covid-19, MSCI Internetbeitrag vom 01.10.2020.

652 *Europäische Bankenaufsichtsbehörde*, ESG-Bericht, Ziffer 34 (S. 30). Die EBA erwartet eine Berücksichtigung der Ergebnisse der inside-out-Betrachtung jedenfalls insoweit, als sich hieraus eine Verschärfung der Resultate der outside-in-Betrachtung ergibt, siehe *Europäische Bankenaufsichtsbehörde*, ESG-Bericht, Ziffer 40 (S. 32). So kann angenommen werden, dass es einem umweltverschmutzenden Unternehmen in der Regel schwerer fällt, sich und seine Geschäftstätigkeiten an die politischen und rechtlichen Forderungen eines Wandels der Wirtschaft anzupassen.

Für Risikopositionen gegenüber Staaten existieren derzeit nur in begrenztem Umfang Studien.[653] Aber auch diesbezüglich bestehen Anzeichen, dass die Anfälligkeit eines Staates gegenüber Klimarisiken Auswirkungen auf dessen Kreditwürdigkeit und Zahlungsfähigkeit haben kann.[654] ESG-Risiken können sich insbesondere auf das Steuereinkommen, die wirtschaftliche Performance und den Rückgang natürlicher Ressourcen auswirken.[655]

bb) Markt(-preis)- und Liquiditätsrisiko

Das Markt(-preis)risiko (vgl. Art. 4 Abs. 1 Nr. 141 CRR) beschreibt die Gefahr negativer finanzieller Auswirkungen auf das Kreditinstitut durch Änderungen relevanter Marktpreise wie z. B. eine Börsenkursänderung bei Wertpapieren oder der Wechselkurs bei Fremdwährungen sowie Zinsänderungsrisiken.[656] Es lassen sich dieselben Erwägungen anführen wie für das Kreditrisiko, etwa im Hinblick auf den Wert von Sicherheiten (insb. Immobilien) als auch den Einfluss von Transitionsrisiken auf den Unternehmenswert. Transitionsrisikotreiber können insbesondere zur Neubewertung von Investitionen führen, z. B. in „braune Unternehmen".[657] Mit Blick auf physische Risiken können zudem plötzliche und schwere physische Ereignisse eine Veränderung der Markterwartung mit sich bringen und damit zu Neubewertungen, wie auch einer gestiegenen Volatili-

---

653 Zusammenstellung bei *Europäische Bankenaufsichtsbehörde*, Diskussionspapier vom 02.05.2022, Kap. 5.1.3, Ziffer 62 (S. 27).

654 Siehe etwa Studie des Internationalen Währungsfonds, *Cevik/Jalles*, IMF Working Paper No. 2020/231, wobei die Anfälligkeit durch den sog. Notre Dame Global Adaption Index gemessen wird, welcher die Klimaanpassungsleistung von Ländern misst. Näher *Europäische Bankenaufsichtsbehörde*, Diskussionspapier vom 02.05.2022, Kap. 5.1.3, Ziffer 62 f. (S. 27 f.).

655 *Europäische Bankenaufsichtsbehörde*, Diskussionspapier vom 02.05.2022, Kap. 5.1.3, Ziffer 61 (S. 27).

656 Vgl. *Deutsche Bundesbank*, Glossar „Marktrisiko"; siehe auch etwa *Bieg/Krämer/Waschbusch*, in: Bieg/Krämer/Waschbusch/Igl (Hrsg.), Bankenaufsicht in Theorie und Praxis, S. 1, 31 f., 42 f.

657 BaFin, Merkblatt zum Umgang mit Nachhaltigkeitsrisiken, Stand: 13.01.2020, Kap. 2.7; vgl. auch EZB, Leitfaden zu Klima- und Umweltrisiken, November 2020, S. 13; hierzu näher *De Arriba-Sellier*, Common Market Law Review 58 (2021), S. 1097 (1134). Zum Attribut „braun" näher Teil 2B.III.3.

tät und allgemein zu Wertverlusten bei eigenen Positionen (*stranded assets*) führen.[658]

Praktisch bedeutet dies, dass zum Beispiel Anlagen in Unternehmen mit nicht ökologisch nachhaltigen Geschäftsmodellen oder die Standorte mit einem erhöhten physischen Risiko haben, an Wert verlieren können, wenn Transitionsrisikotreiber (Politikmaßnahmen, Marktstimmung, Technologieänderungen) bzw. physische Risikotreiber (Wetterereignisse etc.) auftreten.[659] Zu beachten ist aber auch, dass innovative Technologien und neue Geschäftsmodelle, die zur Transition der Wirtschaft beitragen sollen, ebenso wesentliche Marktrisiken generieren können, wenn sie sich nicht behaupten können.[660]

Auch der Wert liquider Vermögenswerte der Bank kann sich durch Transitionsrisikotreiber plötzlich verringern, was sich auf die Liquiditätspuffer auswirkt.[661] Indirekte Auswirkungen auf das Liquiditätsrisiko sind insbesondere über einen Anstieg von Kredit- und Marktrisiken möglich, welcher eine Refinanzierung erschwert.[662] Eine direkte Auswirkung auf das Liquiditätsrisiko wäre z. B. der Fall, dass ein Großteil der Bankkunden eines Instituts zwecks Finanzierung der Schadensbeseitigung nach einer Umweltkatastrophe Geld von ihren Konten abhebt und das Institut gezwungen ist, Aktiva zu veräußern, um diesen Forderungen nachzukommen.[663]

---

658 Siehe dazu EZB, Leitfaden zu Klima- und Umweltrisiken, November 2020, S. 13; *Europäische Bankenaufsichtsbehörde*, Diskussionspapier vom 02.05.2022, Kap. 9.2.2, Ziffer 235 (S. 62), S. 66, die insbesondere auf Gesetzesvorhaben der französischen und britischen Regierung verweist, die Vermietung von Immobilien, die bestimmten Energiestandards nicht entsprechend zu begrenzen oder zu verbieten. Vgl. auch *Schemmer*, Klimarisiken im Bankenaufsichtsrecht, S. 40.

659 EZB, Leitfaden zu Klima- und Umweltrisiken, November 2020, Kap. 6.4 (S. 44).

660 *De Arriba-Sellier*, Common Market Law Review 58 (2021), S. 1097 (1134).

661 EZB, Leitfaden zu Klima- und Umweltrisiken, November 2020, Kap. 3.2, Tabelle 1 (S. 13); auch *Europäische Bankenaufsichtsbehörde*, ESG-Bericht, Ziffer 265 (S. 117).

662 Siehe *Bolton u. a.*, The green swan, BIS, Januar 2020, S. 20; EZB, Leitfaden zu Klima- und Umweltrisiken, November 2020, Kap. 6.6 (S. 47, dort Fn. 122); vgl. auch *Europäische Bankenaufsichtsbehörde*, ESG-Bericht, Ziffer 266 (S. 117).

663 BaFin, Merkblatt zum Umgang mit Nachhaltigkeitsrisiken, Stand: 13.01.2020, Kap. 2.7; EZB, Leitfaden zu Klima- und Umweltrisiken, November 2020, Kap. 3.2, Tabelle 1 (S. 13); siehe auch *Europäische Bankenaufsichtsbehörde*, ESG-Bericht, Ziffer 265 (S. 117); vgl. dazu auch *Schemmer*, Klimarisiken im Bankenaufsichtsrecht, S. 41.

cc) Operationelles Risiko und Reputationsrisiken

Schließlich können ESG-Risiken auch Treiber operationeller Risiken und Reputationsrisiken sein. Als Treiber des operationellen Risikos (vgl. Art. 4 Abs. 1 Nr. 52 CRR) können durch eine Umweltkatastrophe verursachte Sachschäden an den Filialen des Kreditinstituts oder die Nichtverfügbarkeit von ausgelagerten Dienstleistungen oder der IT und damit Störungen des Geschäftsbetriebs genannt werden.[664] Veränderte Verbraucherpräferenzen können im Zusammenhang mit öffentlich kontroversen Finanzierungen zudem zu Reputations-[665] und Haftungsrisiken führen.[666] Dies ist vor allem im Zusammenhang mit Sozialrisiken zu sehen, wenn Darlehen an entsprechende Unternehmen vergeben werden, was langfristig gesehen zu höheren Reputationsrisiken bei den Banken selbst und schließlich auch zu einem Anstieg von Rechtsrisiken führen kann.[667] Auch das strategische Risiko könnte betroffen sein, wenn ein Kreditinstitut strategisch darauf gepolt ist, braune Anlagen (etwa Kohlebergbau) zu finanzieren und infolge der ESG-Politik seine Geschäftsbasis verliert.[668]

d) Zwischenergebnis

Die Einordnung von ESG-Risiken als finanzielle Risiken begründet die abstrakte Zielkonformität einer Berücksichtigung im Bankenaufsichtsrecht und damit die Rechtfertigung für eine Berücksichtigung durch die Banken und Aufseher. Dies kann insbesondere für Umweltrisiken begründet werden. Die aufsichtlichen Ausführungen zu Umweltrisiken als Treiber bestehender Risiken sind plausibel, betreffen die Faktoren bekannte Parameter wie die Kreditwürdigkeit und

---

664 BaFin, Merkblatt zum Umgang mit Nachhaltigkeitsrisiken, Stand: 13.01.2020, Kap. 2.7; EZB, Leitfaden zu Klima- und Umweltrisiken, November 2020, Kap. 3.2, Tabelle 1 (S. 13), Kap. 6.3, Erwartung 9 (S. 42); *De Arriba-Sellier*, Common Market Law Review 58 (2021), S. 1097 (1134); vgl. auch *Schemmer*, Klimarisiken im Bankenaufsichtsrecht, S. 41 f.

665 BaFin, Merkblatt zum Umgang mit Nachhaltigkeitsrisiken, Stand: 13.01.2020, Kap. 2.4. Hinsichtlich der Bewertung des Reputationsrisikos durch die zuständigen Behörden im Kontext des operationellen Risikos siehe EBA, SREP-Leitlinien vom 18.03.2022, EBA/GL/2022/03, Ziffer 275.

666 EZB, Leitfaden zu Klima- und Umweltrisiken, November 2020, Kap. 3.2, Tabelle 1 (S. 13), Kap. 6.3, Erwartung 9.2 (S. 43).

667 *Europäische Bankenaufsichtsbehörde*, ESG-Bericht, Ziffer 82 (S. 46) und Figure 7 (S. 47). Dazu etwa *Solana*, 2 Green Finance (2020), S. 344 ff.

668 BaFin, Merkblatt zum Umgang mit Nachhaltigkeitsrisiken, Stand: 13.01.2020, Kap. 2.7. Zum Attribut „braun" näher unter Teil 2B.III.3.

die Bewertung der Sicherheiten. Physische Risiken bilden dabei insbesondere Kreditrisiken und operationelle Risiken ab. Transitionsrisiken manifestieren sich dagegen insbesondere in Markt- und Liquiditätsrisiken. Aber auch für Sozial- und Governance-Risiken lässt sich die Möglichkeit von finanziellen Auswirkungen aufzeigen. Damit kann festgehalten werden, dass eine Berücksichtigung von ESG-Risiken im aufsichtsrechtlichen Rahmenwerk unter Zugrundelegung der traditionellen Ziele abstrakt zielkonform ist.

Aus der abstrakten Zielkonformität lässt sich auch eine Pflicht der Aufseher (und mittelbar auch der Regulatoren) begründen, ESG-Risiken zu berücksichtigen. Dieser Ansatz ist aus aufsichtsrechtlicher Sicht (für Umweltrisiken mehr als für Sozial- und Governance-Risiken) begründbar, stellen sich ESG-Risiken als finanzielle Risiken dar. Es bestehen Herausforderungen einer Berücksichtigung, die eine solche aber nicht ausschließen. Für die allgemeine Bewertung der Zielkonformität ist vielmehr die Ausgestaltung der konkreten Vorgaben bedeutsam.

2. *Zielkonformität der bankenaufsichtsrechtlichen ESG-Risikovorgaben*

Die abstrakte Zielkonformität einer Berücksichtigung von ESG-Risiken im bankenaufsichtsrechtlichen Rahmenwerk dürfte ein Indiz für die konkrete Zielkonformität der neuen ESG-Risikovorgaben sein. Die formale Zuordnung zu „ESG-Risikovorgaben" muss gleichwohl nicht zwingend mit einer materiellen Zielkonformität zum Finanzstabilitätsziel einhergehen. Vielmehr sind die konkreten Vorgaben und Erwartungen zu beleuchten.

Während der Fokus der bankenaufsichtsrechtlichen Nachhaltigkeitsregulierung auf der zweiten Basler Säule, mithin auf den Anforderungen an eine ordnungsgemäße Geschäftsorganisation und den Regelungen zum aufsichtlichen Überprüfungs- und Bewertungsprozess liegt (a)), betreffen die ESG-Risikovorgaben aber auch die Offenlegung unter der dritten Säule (b)). Zudem sind Implikationen für die Eigenmittelregulierung unter Säule 1 (c)), als auch Auswirkungen auf die makroprudenzielle Aufsicht (d)) relevant.

a) *ESG-Risikomanagement als Bestandteil einer ordnungsgemäßen Geschäftsorganisation*

Ein „ESG-Risikomanagement" ist Banken grundsätzlich nicht fremd, da sie Umweltrisiken und einige ESG-Faktoren auch ohne eine entsprechende bankenaufsichtsrechtliche Regulierung in ihrer Geschäftsorganisation (insbesondere auch durch entsprechende Policies, KPIs etc.) aufgrund von eigenen Nachhaltigkeitszielen (etwa durch eine Bekennung zu den PRB), Geschäftsoptionen (Angebot

„grüner“ Produkte[669]) oder ggfs. nur aufgrund eines (Nachfrage-)Drucks durch Kunden und Investoren berücksichtigen.[670]

Trotz der bereits bestehenden praktischen Bedeutung fehlten einheitliche Definitionen zu ESG-Risiken, ESG-Faktoren und nur wenige Banken haben vor der Nachhaltigkeitsregulierung aussagekräftige ESG-Risikostrategien aufgestellt.[671] Zudem spiegelte sich auch die aufsichtliche Haltung, dass ESG-Risiken Treiber bekannter Risikoarten darstellen können und dies über Reputationsrisiken und strategische Risiken hinaus, nicht vertieft in den Strategien und dem konkreten Risikomanagement wider.[672]

Die gesetzliche Grundlage für das Risikomanagement bildet § 25a Abs. 1 Satz 1 KWG, wonach Institute[673] über eine ordnungsgemäße Geschäftsorganisation verfügen müssen, in deren Mittelpunkt ein angemessenes und wirksames Risikomanagement nach Maßgabe des § 25a Abs. 1 Satz 3 KWG steht.[674] Mit der

---

669 Dazu zählen Green Bonds, Social Bonds, grüne Projektfinanzierungen, grüne Unternehmensdarlehen, grüne Baufinanzierungen, Elektroauto-Finanzierungen, siehe *Europäische Kommission*, Studie Mai 2021, S. 8. Zu den Produkten näher unter Teil 2B.II.2.a)aa)(4).

670 Dazu *Bauer/Stegmaier*, in: Bauer/Schuster (Hrsg.), Nachhaltigkeit im Bankensektor, S. 5, 34 ff.; *Coleton u. a.*, EBA Staff Paper Series, N. 6 – Januar 2020, S. 6 f., 11 ff.; *Alexander/Fisher*, in: Beekhoven van den Boezem/Jansen/ Schuijling (Hrsg.), Sustainability and Financial Markets, S. 7, Kap. 1.2. Bereits in der UNEP FI Erklärung aus 1997 haben die beteiligten Institute anerkannt, „dass die Identifizierung und Quantifizierung von Umweltrisiken Bestandteil der üblichen Risikobeurteilungs- und Risikomanagementverfahren im In- und Auslandgeschäft bilden müssen“, frei übersetzt aus *UNEP FI*, Statement on the Environment & Sustainable Development 1997, Ziffer 2.3.

671 Dazu *Europäische Kommission*, Studie Mai 2021, S. 5 f.

672 Siehe *Europäische Kommission*, Studie Mai 2021, S. 5.

673 Der Institutsbegriff des Kreditwesengesetzes erfasst neben CRR-Kreditinstituten insbesondere auch Finanzdienstleistungsinstitute im Sinne des § 1 Abs. 1a KWG.

674 Die gesetzlichen Anforderungen an eine ordnungsgemäße Geschäftsorganisation werden u. a. durch die MaRisk konkretisiert (inkl. Risikotragfähigkeitsleitfaden: BaFin/ Deutsche Bundesbank, Aufsichtliche Beurteilung bankinterner Risikotragfähigkeitskonzepte und deren prozessualer Einbindung in die Gesamtbanksteuerung („ICAAP“) – Neuausrichtung, 24.05.2018, Geschäftszeichen BA 54-FR 2210-2018/0004 („BaFin/ Deutsche Bundesbank, Risikotragfähigkeitsleitfaden vom 24.05.2018“)); siehe für durch die EZB beaufsichtigte Institute insbesondere EZB, ICAAP-Leitfaden, November 2018 sowie EBA, Leitlinien zur internen Governance vom 02.07.2021, EBA/ GL/2021/05; EBA, SREP-Leitlinien vom 18.03.2022, EBA/GL/2022/03; EBA, Leitlinien für die Kreditvergabe und Überwachung vom 29.05.2020, EBA/GL/2020/06; EBA, Leitlinien zu den Stresstests der Institute, EBA/GL/2018/04.

Umsetzung der CRD VI wird diese formell-gesetzliche Vorgabe voraussichtlich angepasst werden.[675] Die BaFin hat ESG-Risiken bereits in ihren überarbeiteten MaRisk ausdrücklich aufgenommen, sodass in Deutschland beaufsichtigte Institute seit dem 1. Januar 2024 unter § 25a Abs. 1 KWG verpflichtet sind, diese zu berücksichtigen.[676]

Die Level-3-Maßnahmen enthalten zudem bereits ausdrückliche ESG-Risikobezüge. Die EBA-Leitlinien zur internen Governance vom 2. Juli 2021 führen ESG-Faktoren als einschlägige Risikofaktoren für das Risikomanagement an.[677] Nach den Leitlinien können ESG-Faktoren die aufsichtlichen Risiken verstärken, inklusive die Kredit-, Markt-, Liquiditäts-, operationelle Risiken und Reputationsrisiken und Governance- und Sozialfaktoren seien u. a. auch bei Auslagerungsvereinbarungen zu berücksichtigen.[678] Zudem enthalten die EBA-Leitlinien zur Kreditgewährung und Überwachung[679] als auch die neuen EBA-Leitlinien für eine solide Vergütungspolitik[680] Bezüge zu ESG-Risiken und -Faktoren. Durch die SREP-Leitlinien der EBA vom 18. März 2022 sind ESG-Risiken zudem aufgrund einer ausdrücklichen Bezugnahme in den Vorgaben zur Ermittlung der wesentlichen Anfälligkeiten („*key vulnerabilities*") unter der Geschäftsmodellanalyse aufgenommen.[681] Durch einen Verweis auf die EBA-Leitlinien für eine solide Vergütungspolitik als auch die EBA-Leitlinien zur internen Governance sind ESG-

---

675 Dagegen regelt die Delegierte Verordnung (EU) 2021/1253 vom 21.04.2021, ABl. L 277, 1, welche die Delegierte Verordnung (EU) 2017/565 vom 25.04.2016, ABl. L 87, 1, zu MiFID II ändert, seit dem 02.08.2022 das ESG-Risikomanagement. Nach Art. 23 Abs. 1 lit. a Delegierte Verordnung (EU) 2017/565, welcher Art. 16 Abs. 5 MiFID II konkretisiert, haben Wertpapierfirmen bei der Festlegung von angemessenen Strategien und Verfahren für ihr Risikomanagement auch Nachhaltigkeitsrisiken im Sinne von Art. 2 Nr. 22 Offenlegungsverordnung zu berücksichtigen. Dies betrifft auch Banken, wenn sie Wertpapierdienstleistungen erbringen (Art. 4 Abs. 1 Nr. 1 MiFID II).

676 Siehe zur vorausgegangenen Konsultation: *Bundesanstalt für Finanzdienstleistungsaufsicht*, Konsultation 06/2022 – MaRisk, Entwurf der Änderungsversion.

677 EBA, Leitlinien zur internen Governance vom 02.07.2021, EBA/GL/2021/05, Ziffer 23 (S. 11), siehe auch Ziffer 152 (S. 42).

678 EBA, Leitlinien zur internen Governance vom 02.07.2021, EBA/GL/2021/05, Ziffer 23 (S. 11 f.).

679 Leitlinien für die Kreditvergabe und Überwachung vom 29.05.2020, EBA/GL/2020/06.

680 EBA, Leitlinien für solide Vergütungspolitik gemäß Richtlinie 2013/35/EU vom 02.07.2021, EBA/GL/2021/04.

681 EBA, SREP-Leitlinien vom 18.03.2022, EBA/GL/2022/03, Ziffer 95 lit. g).

Risiken auch mittelbar im Rahmen der Bewertung der internen Governance und der institutsweiten Kontrollen im SREP relevant.[682] Entsprechendes gilt für die Bewertung der Kreditrisiken durch eine Bezugnahme auf die EBA-Leitlinien für die Kreditvergabe und Überwachung.[683]

Trotz Bezugnahmen in den bekannten Level-3-Maßnahmen wird die Nachhaltigkeitsregulierung im Bankenaufsichtsrecht – neben den MaRisk und der CRR III – derzeit weiterhin durch spezifische Verlautbarungen der BaFin, EZB sowie der EBA bestimmt. Die ESG-Vorgaben der CRD VI sind nämlich noch in nationales Recht umzusetzen.

Die BaFin hat sich mit ihrem Merkblatt „zum Umgang mit Nachhaltigkeitsrisiken“[684] erstmalig in Gestalt eines Aufsichtsinstrumentariums als Bankenaufseherin spezifisch zum Thema Nachhaltigkeit geäußert.[685] Das Merkblatt ist sektorenübergreifend; es richtet sich mithin an alle von der BaFin beaufsichtigten Unternehmen und daher neben Kreditinstituten auch an Versicherungsunternehmen, Pensionsfonds, Kapitalverwaltungsgesellschaften und Finanzdienstleistungsinstitute.[686] Es stellt keine konkreten Prüfungsanforderungen, sondern dient als „Kompendium unverbindlicher Verfahrensweisen“[687] (Good-Practice-Ansätze).[688] Trotz der rechtlichen Unverbindlichkeit dürften sich die Institute maßgeblich am Merkblatt orientieren, auch um bei einer aufsichtsrechtli-

---

682 EBA, SREP-Leitlinien vom 18.03.2022, EBA/GL/2022/03, Kapitel 5.

683 EBA, Leitlinien für die Kreditvergabe und Überwachung vom 29.05.2020, EBA/GL/2020/06; EBA, SREP-Leitlinien vom 18.03.2022, EBA/GL/2022/03, Kap. 6.2.

684 BaFin, Merkblatt zum Umgang mit Nachhaltigkeitsrisiken vom 20.12.2019, zuletzt geändert am 01.10.2021. In Bezug auf ihre bankenaufsichtliche Funktion beschäftigte sich die BaFin erstmalig in den BaFin Perspektiven 2/2019 konkret mit Nachhaltigkeitsaspekten im Sinne des neuen Sustainable-Finance-Ansatzes (*Röseler*, BaFinPerspektiven 2/2019, S. 19 ff.).

685 Die BaFin folgt dabei den Empfehlungen des NGFS, siehe BaFin, Merkblatt zum Umgang mit Nachhaltigkeitsrisiken, Stand: 13.01.2020, Kap. 1.1 mit Verweis auf *Network for Greening the Financial System*, First Comprehensive Report, April 2019, 2.1 Recommendation 1, insb. Ziffer 2) (S. 20).

686 BaFin, Merkblatt zum Umgang mit Nachhaltigkeitsrisiken, Stand: 13.01.2020, Kap. 1.2.

687 BaFin, Merkblatt zum Umgang mit Nachhaltigkeitsrisiken, Stand: 13.01.2020, Zusammenfassung, S. 9. Der unverbindliche Ansatz des Merkblatts ist vor dem Hintergrund verständlich, dass die Befassung mit Nachhaltigkeitsfragen im deutschen Bankenaufsichtsrecht und der Aufsichtspraxis noch einer eindeutigen – insbesondere auch unionsrechtlichen – Antwort bedurfte.

688 BaFin, Merkblatt zum Umgang mit Nachhaltigkeitsrisiken, Stand: 13.01.2020, Kap. 1.1.

chen Prüfung des Riskomanagements unter § 25a KWG taugliche Berichte liefern zu können. Zudem ist zu erwarten, dass von der BaFin beaufsichtigte Institute, die das BaFin-Merkblatt nicht als Grundlage für die Befassung mit ESG-Risiken verwenden, vor einem Rechtfertigungszwang stehen. Durch die Änderung der MaRisk zum 29. Juni 2023 hat das Merkblatt nicht an Bedeutung verloren. Im Gegenteil, die MaRisk berücksichtigen nunmehr die „Leitplanken" aus dem Merkblatt, sodass das Merkblatt jedenfalls durch die von der BaFin beaufsichtigten Institute als Auslegungshilfe heranzuziehen ist.

Für die von der EZB beaufsichtigten Institute ist – neben den MaRisk für die dem deutschen Aufsichtsrecht unterliegenden Institute – der Leitfaden zu Klima- und Umweltrisiken der EZB relevant.[689] In dem Leitfaden wird dargelegt, welche aufsichtlichen Erwartungen an den Umgang mit Klima- und Umweltrisiken bestehen, insbesondere an ihre Berücksichtigung bei der Festlegung und Umsetzung der Geschäftsstrategie und der Rahmenwerke für die Governance sowie an die Offenlegung dieser Risiken.[690] Auch der Leitfaden entfaltet formal keine rechtliche Bindung, sondern soll als Basis des aufsichtlichen Dialogs dienen – die Institute sollen ihn „nutzen".[691] Nichtsdestotrotz haben beaufsichtigte Banken darzulegen, wie sie den Erwartungen entsprechen wollen.[692]

Der EBA wurde durch mehrere Mandate aufgetragen, zu prüfen, wie ESG-Risiken in den drei Säulen der Bankenregulierung berücksichtigt werden können. Eines der Mandate folgt aus Art. 98 Abs. 8 CRD[693] für Säule 2. Hierfür veröffentlichte sie am 23. Juni 2021 einen Bericht zum Management von und zur Aufsicht über ESG-Risiken für Kreditinstitute und Wertpapierfirmen (im Folgenden: ESG-Bericht).[694] Der ESG-Bericht enthält Ansätze zur Bewertung und zum Management von ESG-Risiken sowie Vorschläge, wie ESG-Risiken in den SREP integriert werden können.[695] Im Allgemeinen soll die Resilienz der Institute gegenüber den

---

689 EZB, Leitfaden zu Klima- und Umweltrisiken, November 2020. Mittlerweile wird er durch Good-Practice-Empfehlungen begleitet, siehe *Europäische Zentralbank*, Good practices for climate-related and environmental risk management, November 2022.

690 EZB, Leitfaden zu Klima- und Umweltrisiken, November 2020, Kap. 1 (S. 3 f.).

691 EZB, Leitfaden zu Klima- und Umweltrisiken, November 2020, Kap. 1 (S. 4), Kap. 2.1 (S. 6).

692 EZB, Leitfaden zu Klima- und Umweltrisiken, November 2020, Kap. 2.2 (S. 7).

693 Entsprechend aus Art. 35 IFD in Bezug auf Investmentfirmen.

694 *Europäische Bankenaufsichtsbehörde*, ESG-Bericht. Dem Bericht war eine Konsultation vorausgegangen (siehe *Europäische Bankenaufsichtsbehörde*, Diskussionspapier vom 30.10.2020).

695 *Europäische Bankenaufsichtsbehörde*, ESG-Bericht, S. 10.

möglichen finanziellen Auswirkungen von ESG-Risiken über verschiedene Zeithorizonte sichergestellt werden.[696] Der ESG-Bericht gibt dabei zunächst die aufsichtliche Erwartungshaltung an die Institute wieder und galt als Vorbereitung für die CRD VI und mögliche Leitlinien zum ESG-Risikomanagement wie auch für die Überarbeitung der SREP-Leitlinien.[697] Die EBA hat bereits Leitlinien zu einem angemessenen ESG-Risikomanagement zur Konsultation gestellt.[698]

Derzeit bilden damit die MaRisk, das BaFin-Merkblatt zum Umgang mit Nachhaltigkeitsrisiken, der EZB-Leitfaden zu Klima- und Umweltrisiken sowie der ESG-Bericht der EBA, die EBA-Leitlinien zur Kreditgewährung und Überwachung, die EBA-Leitlinien zur internen Governance und die EBA-SREP-Leitlinien den Rahmen für die Nachhaltigkeitsregulierung unter Säule 2.[699] Die aufsichtlichen Erwartungen können zusammen dargestellt werden, da sie sich – wie zu zeigen sein wird – im Wesentlichen decken und damit alle Institute unter einem vergleichbaren aufsichtlichen Regime mit Blick auf ESG-Risiken stehen.

Durch die sekundärrechtliche Festsetzung der Nachhaltigkeitsregulierung sind auch die CRR III und CRD VI zu berücksichtigen, die sich maßgeblich am ESG-Bericht der EBA orientieren. Insoweit können die Regelungen der CRD VI und CRR III als Ausgangspunkt genommen und der ESG-Bericht als Auslegungshilfe herangezogen werden.

Die aufsichtsrechtlichen ESG-Risikovorgaben bilden erstmalig einen einheitlichen und umfassenden Rahmen für ein ESG-Risikomanagement durch europäische Banken. Dabei ist ersichtlich, dass der praktische Aufsichtsansatz „Nachhaltigkeit“ primär als Risikokomponente einordnet und diese Risiken *integraler* und nicht etwa losgelöster Bestandteil eines gesunden Risikomanagements sein sollen.[700] Für die Untersuchung der konkreten Zielkonformität zum ban-

696 *Europäische Bankenaufsichtsbehörde*, ESG-Bericht, S. 10.

697 *Europäische Bankenaufsichtsbehörde*, ESG-Bericht, S. 12, Ziffer 18 (S. 19); siehe zudem *Europäische Bankenaufsichtsbehörde*, Roadmap on Sustainable Finance, Dezember 2022, Ziffer 43.

698 *Europäische Bankenaufsichtsbehörde*, Consultation Paper on ESG risk management guidelines, Januar 2024.

699 Auch der Basler Ausschuss für Bankenaufsicht hat entsprechende Leitlinien veröffentlicht, siehe *Basler Ausschuss für Bankenaufsicht*, Principles for the effective management and supervision of climate-related financial risks, Juni 2022.

700 Dies entspricht auch der Umsetzung eigener Nachhaltigkeitskonzepte der Banken, siehe *Bundesverband deutscher Banken*, Nachhaltigkeitsmanagement, S. 12; *Bauer/Stegmaier*, in: Bauer/Schuster (Hrsg.), Nachhaltigkeit im Bankensektor, S. 5, 34.

kenaufsichtsrechtlichen Finanzstabilitätsziel sind nichtsdestotrotz die einzelnen Erwartungen und (beabsichtigten) Vorgaben zu beleuchten.

aa) Berücksichtigung von ESG-Risiken in der Geschäftsstrategie

Eine zentrale aufsichtliche Erwartung ist, dass ESG-Risiken bei der Festlegung der Geschäftsstrategie berücksichtigt werden, da sie sich auf die wirtschaftliche Widerstandsfähigkeit der Institute auswirken könnten.[701] In den MaRisk AT 4.2 Tz. 1 hat die BaFin nunmehr ausdrücklich aufgenommen, dass zu den externen Einflussfaktoren, die bei der Festlegung und Anpassung der Geschäftsstrategie zu berücksichtigen sind, auch veränderte Umweltbedingungen und die Transition zu einer nachhaltigen Wirtschaft unter Berücksichtigung möglicher Entwicklungen über einen angemessen langen Zeitraum zählen.

Wenngleich jedenfalls die aufsichtlichen Erwartungen grundsätzlich keine verbindliche Rechtswirkung entfalten, dürfte durch die Einordnung von ESG-Risiken als finanzielle Risiken eine allgemeine Berücksichtigung im Rahmen der Strategiefestlegung („Ob“) grundsätzlich bereits durch die allgemeinen Vorgaben – auch ohne entsprechende Nennung in den MaRisk – rechtlich vorgegeben sein. Dies ist folgerichtig, wurden ESG-Risiken als finanzielle Risiken eingestuft[702] und betreffen sie das Geschäftsumfeld der Banken (vgl. Art. 97 CRD).

Eine ausdrückliche Berücksichtigung im europäischen Bankenaufsichtsrecht ist nunmehr durch Art. 87a CRD („Umwelt-, Sozial- und Unternehmensführungsrisiken“) vorgesehen. Nach Art. 87a Abs. 1 CRD haben Aufsichtsbehörden sicherzustellen, dass die durch sie beaufsichtigten Institute

701 Mit Blick auf die Auswirkungen von ESG-Risiken auf Institute, sieht es die EBA aus regulatorischer Perspektive als angebracht an (vgl. „from a prudential point of view, there are sound reasons (…)“), dass Institute ESG-Risiken bei der Festlegung der Geschäftsstrategie und -prozesse berücksichtigen (*Europäische Bankenaufsichtsbehörde*, ESG-Bericht, Ziffer 157 (S. 82)). Eine Berücksichtigung sei „unumgänglich für (…) [die] längerfristige wirtschaftliche Widerstandsfähigkeit“ der Institute (*Europäische Bankenaufsichtsbehörde*, ESG-Bericht, Ziffer 158 (S. 82): „(…) inevitable for their longer-term economic resilience (…)”). Entsprechend erwartet auch die EZB, dass Institute bei der Festlegung und Umsetzung ihrer Geschäftsstrategie Umweltrisiken einbeziehen, die sich kurz-, mittel- oder langfristig auf ihr Geschäftsumfeld auswirken (EZB, Leitfaden zu Klima- und Umweltrisiken, November 2020, Kap. 4.2, Erwartung 2 (S. 18)). Auch nach der EZB können sich Umweltrisiken unmittelbar auf die Widerstandsfähigkeit auswirken und damit die Wirksamkeit der aktuellen Geschäftsstrategien in Frage stellen; siehe auch BaFin, Merkblatt zum Umgang mit Nachhaltigkeitsrisiken, Stand: 13.01.2020, Kap. 3 (S. 19 ff.).

702 Dazu Teil 2 B. II. 1.

über „belastbare Strategien, Grundsätze, Verfahren und Systeme zur Ermittlung, Messung, Steuerung und Überwachung von ESG-Risiken auf kurze, mittlere und lange Sicht verfügen". Diese müssen dem Geschäftsmodell und der Geschäftstätigkeit angemessen sein (je nach Umfang, Art und Komplexität der ESG-Risiken) und neben einem kurz- und mittelfristigen auch einen langfristigen Zeithorizont von mindestens zehn Jahren berücksichtigen (Art. 87a Abs. 2 CRD). Entsprechend den Erwartungen der EBA soll damit der Einfluss von ESG-Risiken „angemessen" berücksichtigt und dadurch die Resilienz der Geschäftsmodelle über einen kurz-, mittel-, und langfristigen Zeithorizont von mindestens zehn Jahren sichergestellt werden.[703] Hinsichtlich der konkreten Berücksichtigung von ESG-Risiken im Rahmen der Strategiefestlegung wird die EBA ihre Erwartungen in Level-3-Maßnahmen aufnehmen, die wiederum durch die BaFin und EZB umgesetzt werden. Die EBA hat hierzu bereits Leitlinien zum ESG-Risikomanagement zur Konsultation gestellt.[704]

Wenngleich die Vorgaben grundsätzlich von ESG-Risiken sprechen, stehen aktuell vornehmlich Umweltrisiken und insbesondere klimabezogene („E"-)Faktoren im Fokus.[705] Aber auch Sozial- und Governance-Risiken sollen angemessen im Risikomanagement berücksichtigt werden, z. B. in Form einer Integrierung von Governance-Faktoren in die Kreditrisikobewertung.[706] Die Erwartungen an ein diesbezügliches Risikomanagement sind aber allgemeiner und qualitativer Natur.

Wie die Berücksichtigung der Auswirkungen von ESG-Risiken im Rahmen der Strategiefestlegung letztlich erfolgt, bleibt zwar im Verantwortungsbereich der Institute.[707] Die Aufseher und Regulatoren stellen gleichwohl konkretere Anforderungen hinsichtlich des „Wie".

(1) Analyse des Geschäftsumfelds

Eine Berücksichtigung von ESG-Risiken bedeutet zunächst, dass die Auswirkungen von ESG-Faktoren auf das eigene Geschäftsumfeld ermittelt, analysiert und überwacht werden müssen.[708] Die Institute sollen durch eine Berücksich-

---

703 *Europäische Bankenaufsichtsbehörde*, ESG-Bericht, S. 10.

704 *Europäische Bankenaufsichtsbehörde*, Consultation Paper on ESG risk management guidelines, Januar 2024.

705 Die EZB behandelt in ihrem Leitfaden zu Klima- und Umweltrisiken, November 2020, zudem nur Umweltrisiken.

706 *Europäische Bankenaufsichtsbehörde*, ESG-Bericht, Ziffer 156 (S. 81).

707 Dazu bereits Teil 2 A. II. 2.

708 *Europäische Bankenaufsichtsbehörde*, ESG-Bericht, Ziffer 167 (S. 87); EZB, Leitfaden zu Klima- und Umweltrisiken, November 2020, Kap. 4 (S. 17).

tigung von ESG-Risiken dafür Sorge tragen, dass „ihr Geschäftsmodell auch in Zukunft trag- und widerstandsfähig“[709] ist. Die Aufseher erwarten entsprechend, dass die Geschäftsfelder ausfindig gemacht werden, die kurz-, mittel-, und langfristig[710] einem physischen Risiko und/oder Transitionsrisiken ausgesetzt sind und die Wesentlichkeit der Risiken bewertet wird.[711] Die möglichen Auswirkungen von ESG-Faktoren auf das Institut werden ausschließlich aus finanzieller Sicht betrachtet, mithin, wie sich diese negativ auf die Finanzlage des Instituts oder indirekt finanziell in Form von Reputationsschäden auswirken könnten.[712]

Institute sollen eine Herangehensweise wählen, die ihrem Risiko- und Geschäftsmodell angemessen ist.[713] Im Einzelnen bedeutet dies, dass Institute ein Verständnis über ESG-Faktoren entwickeln und den Einfluss dieser Faktoren auf die makroökonomischen Bedingungen sowie ihr Geschäftsumfeld (kurz-, mittel- und langfristig), z. B. in Form von veränderten Verbraucherpräferenzen, neuen Technologien oder politischen Initiativen, überwachen müssen.[714] Dabei sind institutsspezifische Besonderheiten, wie geografische Besonderheiten, die Strategien der Geschäftspartner und die Wirtschaftssektoren zu beachten.[715] Dadurch, dass sich Umweltrisiken praktisch auf alle Bereiche der Bewertung des

709 EZB, Leitfaden zu Klima- und Umweltrisiken, November 2020, Kap. 4 (S. 17).

710 Zu diesen Zeitspannen näher sogleich unter (2).

711 BaFin, Merkblatt zum Umgang mit Nachhaltigkeitsrisiken, Stand: 13.01.2020, Kap. 3.2.1 (S. 19 f.), Kap. 3.2.2, (S. 20); *Europäische Bankenaufsichtsbehörde*, ESG-Bericht, Ziffern 154, 155 (S. 81); EZB, Leitfaden zu Klima- und Umweltrisiken, November 2020, Kap. 4.1, Erwartung 1.1 (S. 17 f.): auf Ebene der „relevantesten“ Sektoren, geografischen Gebiete, Produkte und Dienstleistungen. Stellen sich diese Risiken als wesentlich heraus, müssen entsprechend stärkere Governance- und Risikomanagementmaßnahmen eingeleitet werden, *Europäische Bankenaufsichtsbehörde*, ESG-Bericht, Ziffer 155 (S. 81).

712 *Europäische Bankenaufsichtsbehörde*, ESG-Bericht, Ziffer 167 (S. 87), Ziffer 172 (S. 88); vgl. hierzu auch EZB, Leitfaden zu Klima- und Umweltrisiken, November 2020, Kap. 3.2 (S. 12).

713 BaFin, Merkblatt zum Umgang mit Nachhaltigkeitsrisiken, Stand: 13.01.2020, Kap. 1.3.

714 *Europäische Bankenaufsichtsbehörde*, ESG-Bericht, Ziffer 167 (S. 87); EZB, Leitfaden zu Klima- und Umweltrisiken, November 2020, Kap. 4.1, Erwartung 1 (S. 17, 19); BaFin, Merkblatt zum Umgang mit Nachhaltigkeitsrisiken, Stand: 13.01.2020, Kap. 4.2 (S. 22).

715 Vgl. *Europäische Bankenaufsichtsbehörde*, ESG-Bericht, Ziffer 169 (S. 87 f.).

Geschäftsumfelds auswirken können, ist ein granularer Ansatz gefordert, der auch detaillierte Daten erfordert.[716]

Die Bewertung des Geschäftsumfelds hat anhand von Szenarioanalysen zu erfolgen, da historische Daten im ESG-Kontext nur bedingt herangezogen werden können.[717] Es sind neueste Analysemethoden zu verwenden.[718] Die Aufseher erwarten, dass verschiedene Szenarien verwendet werden, wobei die EBA insbesondere eine Heranziehung der drei Szenarien „*orderly*", „*disorderly*" und „*hot house world*" des NGFS – die auf das Geschäftsumfeld des Instituts angepasst werden müssen – als Beispiele heranzieht und eine Orientierung an den Politikmaßnahmen (z. B dem Green Deal) für erforderlich hält.[719] Institute haben sich auch auf „*less likely, adverse*" Szenarien einzustellen.[720]

(2) Ausweitung des Zeithorizonts für die strategische Planung

Nach Art. 87a Abs. 2 CRD ist eine Ausweitung des Zeithorizonts für die strategische Planung auf zehn Jahre vorgesehen. Während die BaFin noch einen mehrjährigen/angemessen langen Zeithorizont fordert,[721] und auch die EZB bisher nur die Erwartung geäußert hat, dass Szenarien verschiedene Zeithorizonte (kurz- bis mittelfristig: gängiger Geschäftsplanungshorizont (drei bis fünf Jahre), langfristig: länger als fünf Jahre) abbilden sollen,[722] enthält der ESG-Bericht der EBA eine konkrete 10-Jahres-Mindestspanne für die langfristige Betrachtung, die in Art. 87a Abs. 2 CRD übernommen wurde.[723]

---

716 So ausdrücklich EZB, Leitfaden zu Klima- und Umweltrisiken, November 2020, Kap. 4.1 (S. 18).

717 *Europäische Bankenaufsichtsbehörde*, ESG-Bericht, Ziffern 168 (S. 88), 334 (S. 136); EZB, Leitfaden zu Klima- und Umweltrisiken, November 2020, Kap. 4.2, Erwartung 2.1 (S. 19 f.); siehe zudem Erläuterungen zu MaRisk AT 4.1 Tz. 2.

718 EZB, Leitfaden zu Klima- und Umweltrisiken, November 2020, Kap. 4.1 (S. 19).

719 *Europäische Bankenaufsichtsbehörde*, ESG-Bericht, Ziffer 168 (S. 87); *Europäische Bankenaufsichtsbehörde*, ESG-Bericht, Ziffer 168 (S. 88); EZB, Leitfaden zu Klima- und Umweltrisiken, November 2020, Kap. 4.2, Erwartung 2.1 (S. 19 f.).

720 *Europäische Bankenaufsichtsbehörde*, ESG-Bericht, Ziffer 168 (S. 87).

721 BaFin, Merkblatt zum Umgang mit Nachhaltigkeitsrisiken, Stand: 13.01.2020, Kap. 3.2.1 und 3.2.2 (S. 20); siehe entsprechende Erläuterungen zu MaRisk AT 4. 2 Tz. 1.

722 EZB, Leitfaden zu Klima- und Umweltrisiken, November 2020, Erwartung 2.1 (S. 19 f.).

723 *Europäische Bankenaufsichtsbehörde*, ESG-Bericht, Ziffer 170 (S. 88).

Die Ausweitung des Zeithorizonts gründet sich einerseits in den ausgemachten längerfristigen Effekten von ESG-Risiken, insbesondere mit Blick auf physische Risiken.[724] Für die Verlängerung des Zeithorizonts auf mindestens zehn Jahre wird andererseits eine Orientierung an und ein Gleichlauf mit den EU-Klimazielen und sonstigen zukünftigen Politikmaßnahmen ermöglicht.[725]

Die Ausweitung des Planungshorizonts auf das zumindest Zweifache bedingt eine Anpassung der Leistungskennzahlen (KPI).[726] KPIs können dabei entweder anhand eigener ESG-Risikobewertungsmethoden festgelegt werden oder es sind (zusätzlich) die in den ESG-Offenlegungsrechtsakten entwickelten KPIs zu verwenden.[727] Als mögliche KPIs werden insbesondere die Green Asset Ratio (GAR),[728] der CO_2-Fußabdruck, und Scope-3-Treibhausgasemissionen[729] der Portfolios (etwa des Unternehmenskreditportfolios), der Energieausweis der Immobilienkreditportfolios sowie die sog. *„principal adverse impact indicators“*[730] (PAIs) genannt.[731] Die KPIs müssen – soweit möglich – messbar und quantifizierbar sein.[732]

Entsprechend dem ESG-Bericht der EBA ist zu erwarten, dass der 10-Jahres-Zeitraum zunächst nur qualitativ gelten wird, sodass eine quantitative Beurteilung auf fünf Jahre beschränkt bliebe und darüber hinaus qualitative Analysen für Vorhersagen verwendet werden können.[733] Die qualitativen Analysen sollen die

---

724 *Europäische Bankenaufsichtsbehörde*, ESG-Bericht, Ziffer 170 (S. 88).

725 *Europäische Bankenaufsichtsbehörde*, ESG-Bericht, Ziffer 170 (S. 88); EZB, Leitfaden zu Klima- und Umweltrisiken, November 2020, Erwartung 2.1 (S. 20).

726 Nach Art. 87a Abs. 5 lit. c CRD wird die EBA entsprechend mandatiert, entsprechende KPIs zu entwickeln.

727 *Europäische Bankenaufsichtsbehörde*, ESG-Bericht, Ziffer 173 (S. 88 f.).

728 Hierzu näher unter Teil 2B.II.2.b).

729 Scope-3-Treibhausgasemissionen umfassen sonstige indirekten Emissionen, die in der Wertschöpfungskette eines Unternehmens entstehen, siehe Anhang III Nr. 1 lit. e Ziffer iii der Verordnung (EU) 2016/1011 vom 08.06.2015, ABl. L 171, 1.

730 Siehe näher Delegierte Verordnung (EU) 2022/1288 vom 06.04.2022, ABl. L 196, 1, Anhang I, Tabelle 1.

731 Die EBA verweist schließlich auf die Beispiele im Annex zum ESG-Bericht, der zu den ESG-Faktoren auch ihre Indikatoren nennt, siehe *Europäische Bankenaufsichtsbehörde*, ESG-Bericht, Ziffer 173 (S. 88 f.); vgl. zudem EZB, Leitfaden zu Klima- und Umweltrisiken, November 2020, Kap. 4.2, Kasten 2 (S. 21).

732 EZB, Leitfaden zu Klima- und Umweltrisiken, November 2020, Kap. 4.2, Erwartung 2.2 (S. 21). Siehe auch MaRisk BTO 1.3.1 Tz. 2 sowie Erläuterungen zu AT 2.2 Tz. 1, AT 4.2 Tz. 2, BT 3.1 Tz. 1.

733 So bereits *Europäische Bankenaufsichtsbehörde*, ESG-Bericht, S. 11, Ziffer 171 (S. 88).

Institute in die Lage versetzten, dennoch Geschäftsentscheidungen über einen längerfristigen Planungshorizont zu treffen.[734]

(3) Strategische Ziele und Transitionspläne

Der Einbezug von ESG-Risiken in die Analyse des Geschäftsumfelds als auch die formale Ausweitung des Betrachtungszeithorizonts für die Geschäftsstrategie wirken sich auf die Festlegung der strategischen Ziele aus. Der Einbezug von ESG-Risiken bedingt zudem, dass die strategischen Ziele und Limite granularer festgesetzt werden müssen, z. B. in Form von Ausschlüssen bestimmter Regionen, Untersektoren oder Gegenparteien mit Tätigkeiten, die einen hohen CO_2-Verbrauch verbuchen oder geringe Sozial- bzw. Governance-Standards haben.[735] Auch die Offenlegungsvorgaben werden sich mittelbar auf die Festlegung von strategischen Zielen und Limite auswirken, ohne dass es konkreter aufsichtlicher Vorgaben bedarf.[736]

Die EBA führte im ESG-Bericht ausdrücklich aus, dass ESG-risikobezogene strategische Ziele und Limite (*ESG-risk related strategic objectives/limits*) festgesetzt und umgesetzt werden sollen.[737] Unter ESG-risikobezogenen Zielen/Limits werden solche strategischen Ziele und Limite verstanden, die darauf abzielen, die Exposition eines Instituts gegenüber ESG-Risiken über kurz-, mittel- und langfristige Zeithorizonte zu steuern.[738] Wenngleich qualitative Ziele und Limite naheliegen, sollen diese durch quantitative Ziele/Limite ergänzt werden.[739] Die Institute können für die Formulierung der strategischen Ziele und Limite beispielsweise die SDGs oder die Taxonomie-Verordnung heranziehen, z. B. in der Form eines (quantitativen) GAR-Ziels, da taxonomiekonforme Tätigkeiten in der Regel, jedenfalls in Bezug auf Transitionsrisiken, weniger risikobehaftet seien.[740]

Während die EBA im ESG-Bericht noch – entsprechend den traditionellen Aufsichtsmandaten – die Risikoperspektive hervorhebt, sieht die CRD VI eine so in den Säule-2-Anforderungen bisher nicht vorzufindende Verknüpfung mit den EU-politischen Klima- und Transitionszielen vor. Während der ESG-Bericht der

---

734 *Europäische Bankenaufsichtsbehörde*, ESG-Bericht, Ziffer 171 (S. 88).

735 *Europäische Bankenaufsichtsbehörde*, ESG-Bericht, Ziffer 177 (S. 89 f.).

736 Siehe Teil 2B.II.2.b).

737 *Europäische Bankenaufsichtsbehörde*, ESG-Bericht, S. 11, Ziffer 176 (S. 89); siehe zudem auch EZB, Leitfaden zu Klima- und Umweltrisiken, November 2020, Kap. 4.2 (S. 21).

738 *Europäische Bankenaufsichtsbehörde*, ESG-Bericht, Ziffer 176 (S. 89).

739 *Europäische Bankenaufsichtsbehörde*, ESG-Bericht, S. 96.

740 *Europäische Bankenaufsichtsbehörde*, ESG-Bericht, Ziffern 178, 179 (S. 90).

EBA vorsieht, dass die Geschäftsleitung (entsprechend ihrer Gesamtverantwortung für die ordnungsgemäße Geschäftsorganisation nach § 25c Abs. 3 KWG) die kurz- und langfristigen Ziele und Strategien festlegen und die Umsetzung überwachen soll,[741] sieht ein neuer Unterabsatz 2 in Art. 76 Abs. 2 CRD weiter vor, dass das jeweilige Leitungsorgan „spezifische Pläne mit quantifizierbaren Zielen und Verfahren" aufzustellen und deren Umsetzung zu überwachten hat, „um die finanziellen Risiken zu überwachen und anzugehen, die sich kurz-, mittel- und langfristig aus ESG-Faktoren ergeben". Hierunter zählen nach Art. 76 Abs. 2 Unterabs. 2 CRD auch „Risiken, die sich aus dem Anpassungsprozess und den Trends beim Übergang im Zusammenhang mit den einschlägigen regulatorischen Zielen und Rechtsakten der Union und der Mitgliedstaaten in Bezug auf ESG-Faktoren, insbesondere mit dem Ziel der Erreichung der Klimaneutralität, sowie – falls für international tätige Institute relevant – mit den rechtlichen und regulatorischen Zielen von Drittländern ergeben".[742] Nach Art. 76 Abs. 2 Unterabs. 3 Satz 1 CRD sollen dabei die jüngsten Berichte des Europäischen Wissenschaftlichen Beirats für Klimawandel berücksichtigt werden, einschließlich der vorgeschriebenen Maßnahmen, insbesondere in Bezug auf die Erreichung der EU-Klimaziele. Damit wird eine konkrete Verbindung zu den EU-Klimazielen, insbesondere dem Ziel der Klimaneutralität bis 2050 hergestellt.

Der konkrete Inhalt der Pläne ist zwar noch nicht durch die EBA konkretisiert, wird aber die übrigen Erwartungen an das ESG-Risikomanagement reflektieren müssen. Aus dem für die EBA vorgesehenen Leitlinienmandat in Art. 87a Abs. 5 lit. b CRD wird zudem deutlich, dass die Transitionspläne unter Art. 76 Abs. 2 CRD konkrete Fristen, quantifizierbare Zwischenziele und Etappenziele enthalten müssen. Die Vorgabe impliziert – allein aufgrund der Schwierigkeiten einer Quantifizierung von tatsächlichen Auswirkungen –, einen besonderen Druck, die Geschäftsmodelle an die politischen Ziele anzupassen. Die EBA hat bereits Leitlinien zum ESG-Risikomanagement zur Konsultation gestellt, die konkretere Vorgaben hinsichtlich der Ausgestaltung der Transitionspläne haben werden.[743] Das Konsultationspapier der EBA sieht z. B. vor, dass verschiedene Zeithorizonte festzulegen sind, mit einem ersten Zwischenziel 2030

741 *Europäische Bankenaufsichtsbehörde*, ESG-Bericht, Ziffer 208 (S. 99); vgl. auch Art. 76 Abs. 1 Unterabs. 1 CRD.

742 Die Mitgliedstaaten können Ausnahmeregelungen oder vereinfachte Verfahren für kleine und nicht komplexe Institute vorsehen, vgl. Art. 76 Abs. 2 Unterabs. 4 CRD.

743 *Europäische Bankenaufsichtsbehörde*, Consultation Paper on ESG risk management guidelines, Januar 2024, S. 36 ff.

(entsprechend des EU-Klimaziels, CO_2-Emissionen um 55 % im Vergleich zu 1990 gesenkt zu haben[744]).[745]

Art. 76 Abs. 2 Unterabs. 3 Satz 3 CRD bestimmt zudem, dass die Transitionspläne unter Art. 76 Abs. 2 Unterabs. 2 CRD kohärent zur Nachhaltigkeitsberichterstattung unter der CSRD (und den entsprechend offengelegten Plänen) sein müssen.[746] Es ist zu erwarten, dass Institute nur einen Transitionsplan aufzustellen haben werden, der neben den Vorgaben des Art. 76 Abs. 2 CRD in Bezug auf finanzielle Risiken auch den Vorgaben der CSRD und der CS3D entspricht.[747]

(4) Entwicklung nachhaltiger Produkte

Nach der EBA sollen Institute den potenziellen Bedarf an der Entwicklung nachhaltiger Produkte oder an einer Anpassung bestehender Produkte ermitteln, um die Erreichung der strategischen Ziele bzw. Einhaltung der Limite sicherzustellen.[748] Auch die BaFin führt aus, dass mit Blick auf Umweltrisiken und dem Nachhaltigkeitsbewusstsein von Vertragspartnern (insbesondere von Kreditnehmern) über eine notwendige bzw. „sinnvolle" Anpassung des Geschäftsmodells nachgedacht werden soll.[749] Insoweit sei Teil der Strategiefestlegung auch die Fragestellung, ob Nachhaltigkeitsziele verfolgt bzw. inwieweit nachhaltige Bankprodukte entwickelt/angeboten werden sollen wie z. B. „grüne" Produkte (grüne Kredite[750],

---

744 Art. 4 Abs. 1 Europäisches Klimagesetz.

745 *Europäische Bankenaufsichtsbehörde*, Consultation Paper on ESG risk management guidelines, Januar 2024, Zifer 76 (S. 36).

746 Diese Pläne wirken sich zudem auf die Kriterien und Methoden für die Transitionspläne unter Art. 76 Abs. 2 CRD aus, vgl. Art. 87a Abs. 5 Unterabs. 2 CRD.

747 *Europäische Bankenaufsichtsbehörde*, Public Hearing on Consultation Paper on ESG risk management guidelines, Februar 2024, S. 20.

748 *Europäische Bankenaufsichtsbehörde*, ESG-Bericht, S. 11.

749 BaFin, Merkblatt zum Umgang mit Nachhaltigkeitsrisiken, Stand: 13.01.2020, Kap. 3.2.3 (S. 20).

750 Für die Kriterien grüner Kredite (*green loans*) werden derzeit entweder interne Standards verwendet oder es erfolgt eine Orientierung an Marktstandards wie den Green Loan Principles (GLP), siehe *Loan Market Association*, Green Loan Principles. Dazu bereits *Coleton u. a.*, EBA Staff Paper Series, N. 6 – Januar 2020, S. 33 f.; *Europäische Bankenaufsichtsbehörde*, ESG-Bericht, Ziffer 193 (S. 94 f.).

grüne Anleihen[751]) und soziale Anleihen.[752] Neben grünen Krediten kommen auch sog. *sustainability-linked loans/bonds* in Betracht, die anders als grüne Kredite und Anleihen, nicht vorschreiben, für welche Zwecke die Gelder verwendet werden dürfen, sondern im Falle von Krediten darauf abzielen, das Nachhaltigkeitsprofil des Kreditnehmers zu verbessern, indem die Kreditkonditionen an die Performance des Kreditnehmers in Bezug auf bestimmte Nachhaltigkeitsziele angepasst werden.[753] ESG-Ziele können etwa die Erhöhung der Frauenquote oder die Verbesserung des ESG-Ratings sein. Solche Produkte sollen im Idealfall mit verfügbaren Standards und Labels korrespondieren wie der Taxonomie-Verordnung und dem EU-Green-Bond-Standard.[754]

Auch soziale Produkte kommen in Betracht, die Tätigkeiten mit positiven sozialen Ergebnissen finanzieren (*social bonds, social loans*), wenngleich sie derzeit nicht so weit entwickelt sind wie grüne Produkte.[755]

---

751 Grüne Anleihen (*Green Bonds*) werden zur Finanzierung und Refinanzierung von Vermögenswerten und Projekten mit einem positiven Beitrag zum Umweltschutz ausgegeben und dürften das verbreitetste grüne Produkt darstellen; zu den Marktpraktiken und verwendeten Standards bereits *Coleton u. a.*, EBA Staff Paper Series, N. 6 – Januar 2020, S. 31 ff.; siehe auch EU-Green-Bond-Standard durch Verordnung (EU) 2023/2631 vom 22.11.2023, ABl. L 2631, 1.

752 *Europäische Bankenaufsichtsbehörde*, ESG-Bericht, Ziffern 190 (S. 93), 192 (S. 93 f.), 193 (S. 94 f.); BaFin, Merkblatt zum Umgang mit Nachhaltigkeitsrisiken, Stand: 13.01.2020, Kap. 3.2.3 (S. 20). Als weiteres Produkt, das Institute zur Erreichung ihrer ESG-Risikoziele nutzen können, nennt die EBA Verbriefungen etwa in Form einer Besicherung „grüner" Risikopositionen oder einer Besicherung, um dieses Kapital für Investitionen in „grüne" Vermögenswerte zu verwenden (*Europäische Bankenaufsichtsbehörde*, ESG-Bericht, Ziffer 195 (S. 95)). Der europäische Verbriefungsrahmen ist noch nicht so fortgeschritten wie die sonstige Regulierung, siehe *Europäische Bankenaufsichtsbehörde*, Report on developing a framework for sustainable securitization, 02.03.2022 sowie den Bericht der Europäischen Kommission nach Art. 519a CRR, *Europäische Kommission*, Art. 591a CRR-Bericht vom 22.10.2022, S. 14 ff.).

753 *Europäische Bankenaufsichtsbehörde*, ESG-Bericht, Ziffer 194 (S. 95); siehe etwa die sog. Sustainability-Linked Loan Principles, *Loan Market Association*, Sustainability-Linked Loan Principles.

754 *Europäische Bankenaufsichtsbehörde*, ESG-Bericht, Conclusions and policy recommendations, S. 96, zum EU-Green-Bond-Standard siehe Verordnung (EU) 2023/2631 vom 22.11.2023, ABl. L 2631, 1.

755 *Europäische Bankenaufsichtsbehörde*, ESG-Bericht, Ziffer 196 (S. 95). Es existieren Marktstandards wie die Social Bonds Principles, siehe *International Capital Market Association*, Social Bond Principles.

Die überarbeiteten Leitlinien der EBA für die Kreditvergabe und Überwachung enthalten zudem bereits aufsichtliche Anforderungen im Zusammenhang mit der Finanzierung ökologisch nachhaltiger Wirtschaftstätigkeiten (sog. ökologisch nachhaltigen Kreditvergabe) ohne eine solche jedoch vorzuschreiben.[756] In den MaRisk ist mittlerweile aufgenommen, dass Institute, die ökologisch nachhaltige Kreditfazilitäten einrichten, die Anforderungen aus den EBA-Leitlinien für die Kreditvergabe und Überwachung zur ökologisch nachhaltigen Kreditvergabe zu beachten haben.[757] Nach den Leitlinien muss einerseits eine Liste der geeigneten Projekte und Aktivitäten sowie der Kriterien für ökologisch nachhaltige Kredite bereitgestellt werden (entweder institutseigene oder Verweis auf einschlägige Standards, die Kriterien aufstellen) und andererseits müssen die Prozesse beschrieben werden, anhand derer beurteilt wird, ob die Erträge aus den gewährten ökologisch nachhaltigen Krediten auch für ökologisch nachhaltige Tätigkeiten verwendet werden.[758] Für die Kreditvergabe an Unternehmen werden zudem konkretere Anforderungen aufgestellt. So sollen die Prozesse mindestens umfassen: (1) die Einholung von Informationen über klimabezogene und ökologische oder sonst nachhaltige Geschäftsziele des Kreditnehmers, (2) eine Beurteilung, ob die zu finanzierenden Projekte der Kreditnehmer die Anforderungen an ökologisch nachhaltige Produkte oder Aktivitäten und die damit zusammenhängenden Kriterien erfüllen; (3) zudem muss sichergestellt sein, dass die Kreditnehmer in der Lage sind, die Zuweisung der Erträge an ökologisch nachhaltige Projekte oder Tätigkeiten angemessen zu überwachen und hierüber Bericht zu erstatten und (4) das Institut muss eine regelmäßige Überwachung der ordnungsgemäßen Zuweisung der Erträge sicherstellen, z. B. indem dem Kreditnehmer aufgelegt wird, Informationen über die Verwendung der Erträge an das Institut zu übermitteln.[759]

bb) ESG-Risikosteuerung

Eine Berücksichtigung von ESG-Risiken in der Geschäftsstrategie wirkt sich simultan auf die Risikostrategien der Institute aus, sind sie das Ergebnis der Ge-

756 EBA, Leitlinien für die Kreditvergabe und Überwachung vom 29.05.2020, EBA/GL/2020/06, S. 5.

757 Siehe Erläuterungen zu MaRisk BTO 1.2 Tz. 1.

758 EBA, Leitlinien für die Kreditvergabe und Überwachung vom 29.05.2020, EBA/GL/2020/06, Ziffer 58.

759 EBA, Leitlinien für die Kreditvergabe und Überwachung vom 29.05.2020, EBA/GL/2020/06, Ziffer 58.

schäftsstrategie, einschließlich der Risikomessungen.[760] Nach MaRisk AT 4.2 Tz. 2 sind ESG-Risiken nunmehr explizit zu berücksichtigen.[761] Da sich ESG-Risiken insbesondere auch auf die wesentlichen Risiken auswirken,[762] müssen Institute daher prüfen, ob ihre Risikostrategien ESG-Risiken angemessen berücksichtigen.[763] Die Berücksichtigung von ESG-Risiken wirkt sich dabei insbesondere auf die Festlegung des Risikoappetits und der Risikolinien und -limite aus.[764]

Veränderte bzw. angepasste strategische Leitlinien haben zudem unmittelbare Folgen für das operative Geschäft und müssen unter einer ordnungsgemäßen Geschäftsführung umgesetzt werden können. ESG-bezogene Aspekte der Geschäftsstrategie sind angemessen in den internen Prozessen (wie beim Due-Diligence-Prozess) und Verfahren umzusetzen.[765] Die Einbettung wesentlicher ESG-Risiken in den Risikoappetit-Rahmen hat damit nicht nur durch eine allgemeine Beschreibung der Risikobereitschaft zu erfolgen. Institute sollen vielmehr konkrete Indikatoren und Grenzen für die verschiedenen Geschäftseinheiten bereithalten.[766]

Während mit Blick auf die interne Revision erwartet wird, dass diese den angemessenen Umgang mit ESG-Risiken adressiert (sog. dritte Verteidigungslinie),[767] sind die Erwartungen hinsichtlich des internen Kontrollsystems als Folge der

---

760 Die Vorgaben der MaRisk fordern, dass die Risikostrategie die Ziele der Risikosteuerung der wesentlichen Geschäftsaktivitäten und die Maßnahmen zur Zielerreichung umfassen müssen; hierbei ist insbesondere für alle wesentlichen Risiken, unter Berücksichtigung von Risikokonzentrationen, der Risikoappetit, im Sinne einer bewussten Entscheidung der Geschäftsleitung, in welchem Umfang sie bereit ist, Risiken einzugehen, festzulegen, siehe MaRisk, AT 4.2 Tz. 2.

761 Siehe zudem BaFin, Erläuterungen zu MaRisk AT 4.2 Tz. 2. Es gilt die Übergangsfrist zum 01.01.2024.

762 Dazu bereits Teil 2 B. II. 1. c).

763 MaRisk AT 4.2 Tz. 2; BaFin, Merkblatt zum Umgang mit Nachhaltigkeitsrisiken, Stand: 13.01.2020, Kap. 3.3 (S. 21 f.).

764 Näher BaFin, Merkblatt zum Umgang mit Nachhaltigkeitsrisiken, Stand: 13.01.2020, Kap. 3.3.2, 3.3.3, 3.3.4.

765 *Europäische Bankenaufsichtsbehörde*, ESG-Bericht, Ziffern 218 f. (S. 101 f.); EZB, Leitfaden zu Klima- und Umweltrisiken, November 2020, Kap. 5.3, Erwartung 5.3, S. 29, Kap. 6.1, Erwartung 7.5 (S. 36 f.).

766 Vgl. auch EZB, Leitfaden zu Klima- und Umweltrisiken, November 2020, Kap. 6.1, Erwartung 7.4 (S. 35 f.).

767 *Europäische Bankenaufsichtsbehörde*, ESG-Bericht, Ziffer 222 (S. 103); BaFin, Merkblatt zum Umgang mit Nachhaltigkeitsrisiken, Stand: 13.01.2020, Kap. 5.10, S. 24; EZB, Leitfaden zu Klima- und Umweltrisiken, November 2020, Kap. 5.3, Erwartung 5.6 (S. 30).

Strategievorgaben entsprechend detaillierter.[768] Sie sind zudem in der CRD VI adressiert, indem neben Art. 87a Abs. 1 und 2 CRD in Art. 74 Abs. 1 lit. b CRD (Interne Unternehmensführung und Kontrolle) eine ausdrückliche Berücksichtigung von ESG-Risiken und verschiedenen Zeithorizonten aufgenommen wurde.[769] Im Einzelnen wirkt sich die Berücksichtigung von ESG-Risiken auf die Risikomessung, -überwachung und -begrenzung sowie auf die institutsinternen Stresstests aus.[770]

Für eine angemessene ESG-Risikomessung und -Risikosteuerung sind zunächst geeignete Risikoindikatoren (KPIs) festzulegen, damit Institute besser auf plötzliche Übergangsmaßnahmen bzw. physische Ereignisse reagieren können, die ihre Kreditportfolios betreffen.[771] Entsprechende Kennzahlen können z. B. die Auswirkungen von unterschiedlichen Treibhausgasemissionsentwicklungen auf die Risiken abbilden.[772] Aufgrund der Herausforderungen im Zusammenhang mit der Verfügbarkeit von verlässlichen Daten und Quantifizierbarkeit von ESG-Risiken wird erwartet, dass Institute für die Risikosteuerung in einem ersten Schritt die Lücken in Bezug auf diese Datensätze und fehlende Methoden identifizieren und entsprechende Abhilfemaßnahmen hierfür schaffen.[773] In diesem Sinne bieten insbesondere die neuen Offenlegungsvorgaben nach der

---

768 Die Risikosteuerung und -überwachung ist Teil des internen Kontrollsystems, welches zum internen Kontrollverfahren zählt (§ 25a Abs. 1 Satz 3 Hs. 2 Nr. 3 KWG). Das interne Kontrollsystem erfasst angemessene Risikosteuerungs- und -controllingprozesse sowie Stresstests (vgl. § 25a Abs. 1 Satz 3 Hs. 2 Nr. 3 lit. b KWG), vgl. auch MaRisk, AT. 4.3.

769 Art. 87a Abs. 5 lit. a CRD mandatiert die EBA zur Präzisierung der Vorgaben mit Blick auf Mindeststandards und Referenzmethoden. Die EBA hat in den überarbeiteten Leitlinien zur internen Governance bereits ausdrücklich aufgenommen, dass die „relevanten Risiken", die im Risikomanagement-Rahmen berücksichtigt werden sollen, auch ESG-Risiken erfassen, siehe EBA, Leitlinien zur internen Governance vom 02.07.2021, EBA/GL/2021/05, Ziffer 152.

770 Siehe MaRisk AT 4.3.2 Tz. 1, 4.3.3 Tz. 1; vgl. zudem EBA-Bericht, Ziffer 228 (S. 106); zu den Stresstests näher unter Teil 2B.II.2.a)cc).

771 EZB, Leitfaden zu Klima- und Umweltrisiken, November 2020, Kap. 5.2, Erwartung 4.2 (S. 25); BaFin, Merkblatt zum Umgang mit Nachhaltigkeitsrisiken, Stand: 13.01.2020, Kap. 6.1.5, S. 27; zudem MaRisk AT 4.2 Tz. 2 und Erläuterungen dazu. Beispiele hierzu bei *Network for Greening the Financial System*, Technical supplement to the First comprehensive report, Juli 2019, Annex 1 (S. 42 ff.); BaFin, Merkblatt zum Umgang mit Nachhaltigkeitsrisiken, Stand: 13.01.2020, Kap. 6.1.5 (S. 27).

772 EZB, Leitfaden zu Klima- und Umweltrisiken, November 2020, Kap. 5.2, Erwartung 4.2 (S. 26).

773 *Europäische Bankenaufsichtsbehörde*, ESG-Bericht, S. 123.

Offenlegungsverordnung und der Taxonomie-Verordnung sowie die Offenlegung nach Art. 449a CRR Hilfen, wenn die jeweilige Gegenpartei diesen Vorgaben unterliegt.[774] Der Kreditvergabeprozess ist zudem geeignet, die erforderlichen ESG-bezogenen Informationen und Daten im Rahmen der Exploration des Darlehensnehmers, der Verwendung des Kredits und der Sicherheiten zu sammeln.[775] Die Bankberater können relevante Informationen zu ESG-Risiken der Gegenparteien, worunter auch Branchen- und Länderrisiken fallen, bereits bei der Erstprüfung von Kreditvergaben sammeln und diese bei der Entscheidung (jedenfalls bei den Konditionen) berücksichtigen.[776]

Die aufsichtlichen Erwartungen und Vorgaben hinsichtlich der Kreditrisikosteuerung sind im Gegensatz zu den sonstigen Risiken (dazu sogleich unter (2)) entsprechend detaillierter.[777]

(1) Steuerung des Kreditrisikos

Bereits die EBA-Leitlinien zur Kreditvergabe und Überwachung enthalten die Vorgabe, dass Institute ESG-Risiken in ihrer Kreditrisikopolitik und ihren Kreditrisikoverfahren berücksichtigen sollen.[778] Zur Steuerung bzw. Minderung von ESG-Risiken ist ein strategischer Ansatz zu verfolgen, der mit der Geschäfts- und Risikostrategie, insbesondere dem Risikoappetit übereinstimmt.[779] Im Allgemeinen wird ein proaktiver Ansatz seitens der Institute erwartet.[780]

Veränderungen der strategischen Ziele/Limite wirken sich neben der Risikostrategie auch auf z. B. die Kreditleitlinien und den Kreditvergabeprozess aus.[781] Möchte ein Institut z. B. eine bestimmte GAR im Rahmen seines Unternehmenskreditportfolios erzielen, wirkt sich dies auf die Kreditleitlinien für Neukredite

---

774 Siehe auch *Europäische Bankenaufsichtsbehörde*, ESG-Bericht, Ziffern 249 ff. (S. 113 ff.); dazu bereits Teil 2 B. II. 1

775 *Europäische Bankenaufsichtsbehörde*, ESG-Bericht, Ziffer 252 (S. 114).

776 MaRisk BTO 1.2 Tz. 4; BaFin, Merkblatt zum Umgang mit Nachhaltigkeitsrisiken, Stand: 13.01.2020, Kap. 5.6 (S. 23), Kap. 6.6.3 (S. 31); siehe auch Kap. 6.3.5 (S. 30).

777 Dies zeigt sich auch in MaRisk BTO 1.2 und 1.2.1, da auf die entsprechenden Abschnitte in den EBA-Leitlinien für die Kreditvergabe und Überwachung vom 29.05.2020, EBA/GL/2020/06 verwiesen wird.

778 Siehe EBA, Leitlinien zur Kreditvergabe und Überwachung vom 29.05.2020, EBA/GL/2020/06, Ziffern 57, 126, 127, 146, 149, 188; zudem EZB, Leitfaden zu Klima- und Umweltrisiken, November 2020, Kap. 6.2, Erwartung 8 (S. 38).

779 EZB, Leitfaden zu Klima- und Umweltrisiken, November 2020, Kap. 6.1, Erwartung 7.4 (S. 35).

780 *Europäische Bankenaufsichtsbehörde*, ESG-Bericht, Ziffer 251 (S. 113 f.).

781 Vgl. *Europäische Bankenaufsichtsbehörde*, ESG-Bericht, Ziffer 180 (S. 90 f.).

und die Ausgestaltung der Kundenbeziehung (Engagement Policy) aus, da Geschäftstätigkeiten taxonomiekonformer ausgestaltet werden müssen.[782]

Für eine angemessene Risikosteuerung muss insbesondere die erste Verteidigungslinie des Instituts alle für die Kreditwürdigkeit und das Scoring/Rating eines Kunden relevanten ESG-Risiken ermitteln, bewerten und überwachen können.[783] Hierzu zählen das Einholen von Informationen, eine geeignete Datenerhebung und ein klares Verständnis über die Auswirkungen von ESG-Aspekten und die Anfälligkeit des Instituts diesbezüglich sowie welche Risikosteuerungsansätze sie hierfür verfolgen.[784] Dabei können ESG-Risikoexperten oder -Referenten innerhalb der Geschäftsbereiche in Betracht gezogen werden.[785]

Im Konkreten betreffen die aufsichtlichen Erwartungen zur Steuerung des Kreditrisikos sowohl die Kreditwürdigkeitsprüfung, Bewertung von Sicherheiten und Kreditvergabekriterien als auch die Preisgestaltung und Umsetzung der Engagement Policy. Der Fokus liegt wieder auf Umweltrisiken.[786]

(a) Kreditwürdigkeitsprüfung, Bewertung von Sicherheiten und Kreditvergabekriterien

Es sind angemessene Policies, Prozesse und Kriterien zur Bewertung der Rückzahlungsfähigkeit und der Kreditwürdigkeit von Gegenparteien zu etablieren und ESG-Faktoren und -Risiken in den Kreditvergabekriterien zu berücksichtigen.[787]

---

782 *Europäische Bankenaufsichtsbehörde*, ESG-Bericht, Ziffer 180 (S. 90 f.); dazu näher Teil 2 B. II. 2. a) bb) (1).

783 EZB, Leitfaden zu Klima- und Umweltrisiken, November 2020, Kap. 5.2, Erwartung 5.3 (S. 29).

784 EZB, Leitfaden zu Klima- und Umweltrisiken, November 2020, Kap. 6.1, Erwartung 7.5 (S. 36 f.).

785 *Europäische Bankenaufsichtsbehörde*, ESG-Bericht, Ziffer 219 (S. 102).

786 Da in Bezug auf Sozial- und Governance-Risiken Szenarioanalysen (derzeit) nicht so weit entwickelt sind wie in Bezug auf Umweltrisiken, regt die EBA in Bezug auf diese Risiken an, zunächst auf qualitative Informationen zurückzugreifen; dies könnte etwa Analysen zum Ausschluss bestimmter Sozial- oder Governance-Praktiken umfassen, die sich nicht mit dem Risikoappetit des Instituts vertragen, siehe *Europäische Bankenaufsichtsbehörde*, ESG-Bericht, Ziffer 256 (S. 115).

787 *Europäische Bankenaufsichtsbehörde*, ESG-Bericht, Ziffer 248 (S. 112 f.), siehe dort auch S. 123; vgl. auch EZB, Leitfaden zu Klima- und Umweltrisiken, November 2020, Kap. 6.2, Erwartungen 8 und 8.1 (S. 38).

Bereits nach den EBA-Leitlinien für die Kreditvergabe und Überwachung aus 2020[788] sind ESG-Risiken, insbesondere Umweltrisiken, in der Kreditwürdigkeitsprüfung angemessen zu berücksichtigen.[789] Die Auswirkungen von ESG-Risiken können entweder separat, z. B. als Bestandteil des Risikoklassifizierungsverfahrens (bonitätsinduzierte Auswirkungen) oder durch einen ESG-Score bewertet werden.[790] Für eine Berücksichtigung ist jedenfalls erforderlich, dass Institute durch ihre Kreditnehmer verursachte Umweltrisiken zumindest qualitativ bewerten können.

Problematisch ist insoweit, dass die klassischen Indikatoren für die Kreditwürdigkeit, wie PD[791] und LGD[792], auf historischen Daten beruhen.[793] In Bezug auf die Verwendung von Methoden müssen daher aktuelle Entwicklungen beobachtet werden[794]

Kreditratings spiegeln entsprechend der EU-Ratingverordnung[795] zudem nur solche Faktoren wider, die für die Bewertung der Bonität und des Kreditrisikos relevant sind, sodass ESG-Faktoren, die im Einzelfall keinen Einfluss hierauf haben, nicht widergespiegelt werden.[796] Um eine Nachhaltigkeitsbewertung vorzunehmen, bieten sich daher sog. ESG-Ratings an.[797] Da bisher kein Marktstandard

---

788 EBA, Leitlinien für die Kreditvergabe und Überwachung vom 29.05.2020, EBA/GL/2020/06. Diese sind durch die MaRisk-Novelle umgesetzt, siehe Verweise auf die Leitlinien in den Erläuterungen zur MaRisk.

789 EBA, Leitlinien für die Kreditvergabe und Überwachung vom 29.05.2020, EBA/GL/2020/06, Ziffer 57; ESG-Faktoren und -Risiken sind bei der Kreditrisikokultur, dem Kreditrisikoappetit und sonstigen Kreditrisikomanagement zu berücksichtigen (EBA, Leitlinien für die Kreditvergabe und Überwachung vom 29.05.2020, EBA/GL/2020/06, Ziffern 27, 56); siehe auch EZB, Leitfaden zu Klima- und Umweltrisiken, November 2020, Kap. 6.2, Erwartung 8.1 (S. 38 f.).

790 Erläuterung zu MaRisk BTO 1.2 Tz. 6.

791 Art. 4 Abs. 1 Nr. 54 CRR.

792 Art. 4 Abs. 1 Nr. 55 CRR.

793 Dazu *Europäische Bankenaufsichtsbehörde*, ESG-Bericht, Ziffer 254 (S. 114).

794 Es wird insbesondere auf *Network for Greening the Financial System*, Technical Document, September 2020 und *Network for Greening the Financial System*, Occasional Paper, September 2020 verwiesen. Institute werden insbesondere verschiedene, bereits bestehende Ansätze vergleichen müssen, *Europäische Bankenaufsichtsbehörde*, ESG-Bericht, Ziffer 254 (S. 114); Ziffer 269 (S. 117).

795 Verordnung (EG) Nr. 1060/2009 vom 16.09.2009, ABl. L 302, 1.

796 Vgl. auch BaFin, Merkblatt zum Umgang mit Nachhaltigkeitsrisiken, Stand: 13.01.2020, Kap. 10.1 (S. 39).

797 BaFin, Merkblatt zum Umgang mit Nachhaltigkeitsrisiken, Stand: 13.01.2020, Kap. 6.3.3 (S. 29). Die Europäische Kommission hat am 13.06.2023 zur einheit-

existiert, sind solche Ratings angemessen zu plausibilisieren und insbesondere sollen Aspekte der Nachhaltigkeit von denen der Bonität oder des Kreditrisikos unterschieden werden, falls keine Interdependenzen bestehen.[798] Damit ist der Rückgriff auf externe Anbieter erlaubt, unterliegt aber einer Plausibilitätskontrolle durch die Institute, insbesondere durch Heranziehung eigener Erkenntnisse in der Kreditvergabeentscheidung.[799]

Die Geschäftsmodellanalyse des Kreditnehmers soll mehrerer Szenarien betrachten wie die künftigen Auswirkungen von ESG-Vorschriften auf diese Unternehmen und ihre Treibhausgasemissionen.[800] Hierdurch soll gewährleistet werden, dass rechtzeitig angemessene Maßnahmen zur Risikominderung (insbesondere auch in Form der Preisgestaltung) ergriffen werden können.[801] Engagements mit einer Anfälligkeit für Umweltrisiken („erhöhtes" ESG-Risiko) sollen ausdrücklich identifiziert und für diese eine konkretere Geschäftsmodellanalyse durchgeführt werden.[802] Die Tiefe der Herausarbeitung der Aspekte, die für die Beurteilung des jeweiligen Kreditrisikos relevant sind, sollte damit vom Risikogehalt abhängen, sodass das Geschäftsmodell von Vertragspartnern, die besonders betroffen sind, intensiver zu analysieren ist, etwa mit Blick auf Treibhausgasemissionen,[803] das Marktumfeld, regulatorische Vorgaben und die voraussichtlichen Auswirkungen

---

lichen Regulierung von ESG-Ratings einen Verordnungsvorschlag zu einer ESG-Rating-Verordnung veröffentlicht, siehe *Europäische Kommission*, Entwurf einer ESG-Rating-Verordnung.

798 BaFin, Merkblatt zum Umgang mit Nachhaltigkeitsrisiken, Stand: 13.01.2020, Kap. 10.2, 10.3, 10.4 (S. 39).

799 BaFin, Merkblatt zum Umgang mit Nachhaltigkeitsrisiken, Stand: 13.01.2020, Kap. 6.3.2, S. 28, Kap. 6.6.3 (S. 31 f.); vgl. auch *Basler Ausschuss für Bankenaufsicht*, FAQs zu Klimarisiken, FAQ 13.

800 EBA, Leitlinien für die Kreditvergabe und Überwachung vom 29.05.2020, EBA/GL/2020/06, Ziffern 127, 149.

801 Vgl. EZB, Leitfaden zu Klima- und Umweltrisiken, November 2020, Kap. 6.2, Erwartung 8.2 (S. 39).

802 EBA, Leitlinien für die Kreditvergabe und Überwachung vom 29.05.2020, EBA/GL/2020/06, Ziffern 127, 149; vgl. auch EZB, Leitfaden zu Klima- und Umweltrisiken, November 2020, Kap. 6.2, Erwartung 8.2 (S. 39).

803 Scope-1-Tresibhausgasemissionen stellen direkte Emissionen aus eigenen oder kontrollierten Quellen dar; Scope-2-Treibhausgasemissionen beschreiben indirekte Emissionen aus dem Verbrauch von gekauftem Strom, Dampf, etc.; Scope-3-Treibhausgasemissionen umfassen alle sonstigen indirekten Emissionen, die in der Wertschöpfungskette eines Unternehmens entstehen, siehe Anhang III Nr. 1 lit. e Ziffern i bis iii der Verordnung (EU) 2016/1011 vom 08.06.2015, ABl. L 171, 1.

auf die Profitabilität und Solvenz sowie Zukunftsstrategien.[804] Hierzu hat die EBA bereits in ihren Leitlinien zu Kreditvergabe und -überwachung ausgeführt, dass eine gezielte Due-Diligence in Bezug auf das ESG-Risikoprofil insbesondere für solche Gegenparteien durchzuführen sei, die oder deren Vermögenswerte besonders von Umweltrisiken betroffen seien.[805] Hierfür können qualitativ ausgestaltete Fragebögen verwendet werden.[806]

Werden ESG-Risiken nicht als Teil des Risikoklassifizierungsverfahrens betrachtet, können entsprechende Kreditnehmer beispielsweise durch ein ESG-Scoring-System eingestuft werden.[807] Institute sollen zudem erwägen, Kreditnehmer mit „direkt oder indirekt erhöhten Risiken" durch Risikokarten (sog. *Heatmaps*) zu identifizieren, die z. B. Umweltrisiken einzelner Sektoren durch ein Diagramm oder entsprechendes Skalierungssystem ausweisen.[808]

Bei der Bewertung von Sicherheiten sollen Institute, sofern relevant, ESG-Faktoren berücksichtigen, die sich auf den Wert der Sicherheit auswirken können, etwa die Energieeffizienz von Gebäuden oder den lokalen Standort.[809] Bei Projektfinanzierungen sollen auch Umweltvorschriften berücksichtigt werden, wenn bewertet wird, inwieweit künftige Erträge aus dem Projekt generiert werden können.[810]

Die Kreditrisikosteuerung in Bezug auf ESG-Risiken kann durch das Verfolgen einer Ausschluss-Policy oder durch Anwendung bestimmter Limite erfolgen

---

804 BaFin, Merkblatt zum Umgang mit Nachhaltigkeitsrisiken, Stand: 13.01.2020, Kap. 6.6.3 (S. 31), Kap. 6.3.3 (S. 28).

805 *Europäische Bankenaufsichtsbehörde*, ESG-Bericht, Ziffer 253 (S. 114); vgl. zudem *Basler Ausschuss für Bankenaufsicht*, FAQs zu Klimarisiken, FAQ 1.

806 *Europäische Bankenaufsichtsbehörde*, ESG-Bericht, Ziffer 253 (S. 114).

807 *Europäische Bankenaufsichtsbehörde*, ESG-Bericht, Ziffer 243 (S. 111).

808 EBA, Leitlinien für die Kreditvergabe und Überwachung vom 29.05.2020, EBA/GL/2020/06, Ziffern 127, 149; EZB, Leitfaden zu Klima- und Umweltrisiken, November 2020, Kap. 6.2, Erwartung 8.2 (S. 39).

809 EBA, Leitlinien für die Kreditvergabe und Überwachung vom 29.05.2020, EBA/GL/2020/06, Ziffer 208; zudem auf die Vorgaben der EBA-Leitlinien verweisend Erläuterungen zu MaRisk BTO 1.2.1 Tz. 2; siehe auch EZB, Leitfaden zu Klima- und Umweltrisiken, November 2020, Kap. 6.2, Erwartung 8.3 (S. 40); BaFin, Merkblatt zum Umgang mit Nachhaltigkeitsrisiken, Stand: 13.01.2020, Kap. 6.6.4 (S. 32); vgl. auch *Basler Ausschuss für Bankenaufsicht*, FAQs zu Klimarisiken, FAQ 7.

810 EBA, Leitlinien für die Kreditvergabe und Überwachung vom 29.05.2020, EBA/GL/2020/06, Ziffer 188; siehe unter Verweis auf die EBA-Leitlinien auch Erläuterungen zu MaRisk BTO 1.2.1 Tz. 1.

(z. B. in Form von Kreditvergabekriterien).[811] Dies gilt insbesondere mit Blick auf institutsindividuelle Risikokonzentrationen in bestimmten Sektoren oder geografischen Gebieten.[812] Institute können in den jeweiligen Leitlinien damit Limite oder Ausschlusskriterien in Bezug auf die Finanzierung bestimmter (Teil-) Sektoren/Geschäfte/Immobilienengagements (entsprechend ihrer strategischen Ziele) aufnehmen oder sogar die Kreditvergabe in Bezug auf bestimmte (Teil-) Sektoren/Kreditnehmer/Projekte gänzlich ausschließen.[813] Mit Blick auf Transitionsrisiken könnten „Nachhaltigkeitsanforderungen" an Dritte gestellt werden, z. B. könnte die Unternehmens- bzw. Immobilienfinanzierung für Unternehmen eingeschränkt werden, die wesentlich auf fossile Energieträger bauen.[814]

Spiegelbildlich könnten Unternehmen auf sog. Positivlisten gesetzt werden, wenn sie bestimmte, durch die Institute festgelegte Nachhaltigkeitskriterien erfüllen.[815] Dies bedeutet z. B., dass risikomindernde Maßnahmen des Kreditnehmers als Kreditvergabekriterium betrachtet werden können.[816] Bei der Bewertung könnten Institute damit miteinfließen lassen, wie „gut" Umweltrisiken durch ihre

---

811 *Europäische Bankenaufsichtsbehörde*, ESG-Bericht, Ziffer 273 (S. 118); BaFin, Merkblatt zum Umgang mit Nachhaltigkeitsrisiken, Stand: 13.01.2020, Kap. 6.3.4.6 (S. 30), Kap. 5.7 (S. 24), Kap. 6.6.3 (S. 31).

812 EZB, Leitfaden zu Klima- und Umweltrisiken, November 2020, Kap. 6.2, Erwartung 8.4 (S. 40); vgl. allgemein zum Rahmen für die Kreditrisikoüberwachung EBA, Leitlinien für die Kreditvergabe und Überwachung vom 29.05.2020, EBA/GL/2020/06, Ziffer 245.

813 Dazu Teil 2B.II.2.a)aa)(3). Siehe zudem EZB, Leitfaden zu Klima- und Umweltrisiken, November 2020, Kap. 6.1, Erwartung 7.4 (S. 36); BaFin, Merkblatt zum Umgang mit Nachhaltigkeitsrisiken, Stand: 13.01.2020, Kap. 6.2.1, S. 27; *Europäische Bankenaufsichtsbehörde*, ESG-Bericht, Ziffern 240f. (S. 110 f.), Ziffer 243 (S. 111).

814 BaFin, Merkblatt zum Umgang mit Nachhaltigkeitsrisiken, Stand: 13.01.2020, Kap. 3.2.2.

815 BaFin, Merkblatt zum Umgang mit Nachhaltigkeitsrisiken, Stand: 13.01.2020, Kap. 6.2.2 (S. 27); etwas abgeschwächt berücksichtigt die BaFin auch den sog. Best-in-Class-Ansatz, der Unternehmen miteinbezieht, die bei Nachhaltigkeitskriterien besser abschneiden als andere ihrer Branche, siehe Kap. 6.2.3 (S. 27). Neben individuell festgelegten Nachhaltigkeitskriterien kommt auch ein sog. normbasiertes Screening in Betracht, mithin Bezugnahmen auf anerkannte Normen wie die UN Global Compact oder die Principles for Responsible Banking.

816 EBA, Leitlinien für die Kreditvergabe und Überwachung vom 29.05.2020, EBA/GL/2020/06, Ziffern 126, 146, Anhang I, Nr. 23 (S. 64); die BaFin hat dies übernommen, siehe Erläuterungen zu MaRisk BTO 1.2.1 Tz. 1, die auf die entsprechenden Abschnitte in den EBA-Leitlinien verweisen.

Kunden gesteuert werden.[817] Die EBA stellt insbesondere klar, dass die Dokumentation der Kreditentscheidung auch die – ggf. vorhandenen – Bedingungen zur Minderung der bei der Kreditwürdigkeitsprüfung ermittelten, mit ESG-Faktoren verbundenen Risiken beinhalten sollte.[818]

(b) Preisgestaltung und Umsetzung der Engagement Policy

Neben den Kreditvergabekriterien sind ESG-Risiken explizit bei der Preisgestaltung zu berücksichtigten. Entsprechend der allgemeinen Grundsätze zur Bepreisung[819] wird aufsichtlich erwartet, dass Institute ihre ESG-Risikoziele, die sie in ihrer Risikobereitschaft festlegen, mit ihren Preisstrategien verknüpfen.[820] Sehen Institute beispielsweise eine Senkung ihrer Engagements in umweltschädlichen Sektoren oder eine Reduzierung von Krediten vor, die durch energieineffiziente Immobilien besichert sind, sollte das Rahmenwerk für die Preisgestaltung z. B. unterschiedliche Kreditpreise für verschiedene Engagements (je nach Energieeffizienz) oder eine „kunden-/sektorspezifische Gebühr"[821] beinhalten.[822] Entsprechend könnte auch eine Anpassung der Kreditkonditionen auf der Basis des ESG-Scores der Darlehensnehmer erfolgen.[823]

Die Aufseher empfehlen zudem, dass Institute ihren Gegenparteien mithilfe der Preisgestaltung aktive Anreize bieten, ESG-Risiken zu mindern und ihr Geschäftsmodell nachhaltiger zu gestalten, insbesondere durch eine günstige Anpassung

---

817 EZB, Leitfaden zu Klima- und Umweltrisiken, November 2020, Kap. 6.2, Erwartung 8.1 (S. 38).

818 EBA, Leitlinien für die Kreditvergabe und Überwachung vom 29.05.2020, EBA/GL/2020/06, Ziffer 196.

819 Siehe EBA, Leitlinien für die Kreditvergabe und Überwachung vom 29.05.2020, EBA/GL/2020/06, Ziffern 199 ff.

820 *Europäische Bankenaufsichtsbehörde*, ESG-Bericht, Ziffer 275 (S. 118); siehe auch EZB, Leitfaden zu Klima- und Umweltrisiken, November 2020, Kap. 6.2, Erwartung 8.5 (S. 40), Erwartung 8.6 (S. 41).

821 EZB, Leitfaden zu Klima- und Umweltrisiken, November 2020, Kap. 6.2, Erwartung 8.5 (S. 40).

822 EZB, Leitfaden zu Klima- und Umweltrisiken, November 2020, Kap. 6.2, Erwartung 8.5 (S. 40).

823 *Europäische Bankenaufsichtsbehörde*, ESG-Bericht, Ziffer 243 (S. 111); ähnlich auch Erläuterungen zu MaRisk BTO 1.2 Tz. 6. Insbesondere die EZB erwartet, dass höhere Finanzierungskosten für Vermögenswerte vorgesehen werden, die „besonders stark" von Umweltrisiken betroffen sind, EZB, Leitfaden zu Klima- und Umweltrisiken, November 2020, Kap. 6.2, Erwartung 8.6 (S. 41).

des Zinssatzes bei einem ökologisch nachhaltigen Kredit.[824] Bei einer nachhaltigen Kreditvergabe könnte die Zinsanpassung auch an das Erreichen von bestimmten Nachhaltigkeitszielen während eines gewissen Zeitraums geknüpft werden.[825]

Eng mit der Steuerungsaufgabe der Preisgestaltung ist auch die Umsetzung der Engagement Policy verbunden. Institute sollen aufzeigen, wie sie durch ihre Engagement Policy gewährleisten wollen, dass ESG-Risiken abgemildert werden.[826] Grundsätzlich kann zwischen einem direkten und indirekten Engagement unterschieden werden.[827] Ein direktes Engagement erfolgt beispielweise durch einen Dialog mit Stakeholdern hinsichtlich ihrer Adaption an die Transition hin zu einer nachhaltigen Wirtschaft oder in Form von Stimmrechtsausübungen.[828] In Bezug auf Verbraucherkreditnehmer kann das direkte Engagement in Form eines Dialogs über die Energieeffizienz des Eigenheims erfolgen (Auswirkungen auf die Bewertung des Kreditrisikos und des Werts der Sicherheiten).[829] Ein indirektes Engagement kann z. B. durch eine Veröffentlichung der ESG-risikobasierten Strategien und Erwartungen der Institute oder durch einen Dialog mit Industrieverbänden erfolgen.[830]

Während sich ein direkter Dialog insbesondere anbietet, wenn konkrete Nachhaltigkeitsziele durch das Institut verfolgt werden (z. B. kann die Stimmrechtsausübung dazu genutzt werden, variable Vergütungsbestandteile in Vergütungssystemen in beteiligten Unternehmen zu etablieren, die an taxonomiekonforme Tätigkeiten geknüpft sind), ermöglicht ein indirektes Engagement die Erfassung einer ganzen Stakeholdergruppe.[831] Der direkte Dialog könnte sogar

---

824 *Europäische Bankenaufsichtsbehörde*, ESG-Bericht, Ziffer 275 (S. 118 f.); EZB, Leitfaden zu Klima- und Umweltrisiken, November 2020, Kap. 6.2, Erwartung 8.5 (S. 40 f.).

825 EZB, Leitfaden zu Klima- und Umweltrisiken, November 2020, Kap. 6.2, Erwartung 8.5 (S. 41); *Europäische Bankenaufsichtsbehörde*, ESG-Bericht, Ziffer 275 (S. 119).

826 *Europäische Bankenaufsichtsbehörde*, ESG-Bericht, Ziffer 183 (S. 91).

827 *Europäische Bankenaufsichtsbehörde*, ESG-Bericht, Ziffer 182 (S. 91).

828 *Europäische Bankenaufsichtsbehörde*, ESG-Bericht, Ziffern 182, 184, 189 (S. 91 f.); siehe auch BaFin, Merkblatt zum Umgang mit Nachhaltigkeitsrisiken, Stand: 13.01.2020, Kap. 3.2.2; Kap. 6.3.4.2 (S. 29). Die BaFin nennt als Beispiel die Aufnahme eines „kritischen Dialogs“ mit Unternehmen, die (in)direkt auf Verbrennungsmotoren angewiesen sind; Institute könnten zudem von Vertragspartnern fordern, bei ihren Offenlegungen den Marktstandards bzw. regulatorischen Offenlegungsvorgaben zu entsprechen, BaFin, Merkblatt zum Umgang mit Nachhaltigkeitsrisiken, Stand: 13.01.2020, Kap. 3.2.2.

829 *Europäische Bankenaufsichtsbehörde*, ESG-Bericht, Ziffer 187 (S. 92).

830 *Europäische Bankenaufsichtsbehörde*, ESG-Bericht, Ziffern 182, 185 (S. 91 f.).

831 Vgl. hierzu auch *Europäische Bankenaufsichtsbehörde*, ESG-Bericht, Ziffern 184, 185, 189 (S. 91 ff.).

insoweit gehen, dass eine aktive Hilfestellung bei der Entwicklung von Aktionsplänen zur Senkung von ESG-Risiken gegeben wird.[832] Als konkrete Steuerungsmaßnahmen wird (neben der Preisgestaltung) daher die Aufnahme eines Dialogs verstanden, um „eine Zukunftsstrategie zu entwickeln"[833]. Es kommt die Entwicklung eines Aktionsplans in Betracht oder aber es können vertraglich Fortschritte vereinbart werden, inkl. eines Zeitplans und Berichtpflichten.[834] Darüber hinaus könnte eine Beratung mit Blick auf Förderkredite erfolgen.[835]

Die Umsetzung der Engagement Policy obliegt maßgeblich den jeweiligen Geschäftseinheiten, indem sie die Gegenparteien darüber informieren, wie ihre jeweiligen Investitionen mit der Risikobereitschaft und den strategischen Zielen des Instituts im Zusammenhang mit ESG-Risiken in Einklang gebracht werden können.[836] Die Vertragspartner sollen über einen solchen Dialog oder durch eine sonstige Einflussnahme auf einen „nachhaltigeren Kurs"[837] gebracht werden. Insbesondere ein Dialog mit den wichtigsten Geschäftspartnern wird angeregt, um hierdurch z. B. das Nachhaltigkeitsrating (bzw. Kreditrating) der jeweiligen Geschäftspartner zu verbessern.[838]

(2) Steuerung sonstiger Risiken

Die Erwartungen an die Steuerung sonstiger Risiken sind allgemeiner Natur.[839] Auswirkungen von Umweltfaktoren auf die Marktrisikopositionen seien zu über-

---

832 *Europäische Bankenaufsichtsbehörde*, ESG-Bericht, Ziffer 186 (S. 92).

833 BaFin, Merkblatt zum Umgang mit Nachhaltigkeitsrisiken, Stand: 13.01.2020, Kap. 6.3.4.1 (S. 29).

834 BaFin, Merkblatt zum Umgang mit Nachhaltigkeitsrisiken, Stand: 13.01.2020, Kap. 6.3.4.3, 6.3.4.4 (S. 29).

835 BaFin, Merkblatt zum Umgang mit Nachhaltigkeitsrisiken, Stand: 13.01.2020, Kap. 6.3.4.5, S. 30.

836 *Europäische Bankenaufsichtsbehörde*, ESG-Bericht, Ziffer 219 (S. 102).

837 BaFin, Merkblatt zum Umgang mit Nachhaltigkeitsrisiken, Stand: 13.01.2020, Kap. 6.2.5 (S. 28).

838 EZB, Leitfaden zu Klima- und Umweltrisiken, November 2020, Kap. 6.1, Erwartung 7.4 (S. 36).

839 Während sich alle Aufseher mit Anforderungen an die Steuerung des Kreditrisikos beschäftigen, enthält der EZB-Leitfaden weitere Erwartungen an die Steuerung weiterer Risiken (EZB, Leitfaden zu Klima- und Umweltrisiken, November 2020, S. 42 ff.). In den MaRisk ist lediglich aufgenommen, dass ESG-Risiken angemessen zu berücksichtigten sind, siehe MaRisk BTR Tz. 1 sowie BTR 2.1 Tz. 1 (Marktpreisrisiken), BTR 3.1 Tz. 1 (Liquiditätsrisiken), BTR 4 Tz. 2 (operationelle Risiken).

wachen (insbesondere Rohstoffhandel, bestimmte Länder, geänderte Nachfrage).[840] Mit Blick auf die Steuerung operationeller Risiken sollen sich Institute damit auseinandersetzen, wie Umweltfaktoren ihren Geschäftsbetrieb beeinträchtigen können und inwieweit ihre aktuelle Geschäftstätigkeit von Reputations- bzw. Haftungsrisiken betroffen ist.[841] Es wird z. B. empfohlen, die Konformität der Anlageprodukte mit dem EU-Green-Bond-Standard sicherzustellen.[842] Zudem könnten Institute erwägen, „ihre Geschäftspartner regelmäßig auf kontroverse Tätigkeiten zu durchleuchten“[843], z. B. auf den ökologischen Fußabdruck.

Mit Blick auf die Steuerung des Liquiditätsrisikos (Art. 86 Abs. 1 CRD) wird erwartet, dass Institute beurteilen, ob wesentliche Umweltrisiken zum massiven Abbau von Liquiditätspuffern führen könnten und falls dies der Fall sein sollte, sollten diese Faktoren in die Steuerung des Liquiditätsrisikos und die Kalibrierung des Liquiditätspuffers einbezogen werden.[844] Diese Überlegungen könnten insbesondere im internen Prozess zur Sicherstellung einer angemessenen Liquiditätsausstattung (*Internal Liquidity Adequacy Assessment Process*, „ILAAP“) integriert und Umweltrisiken sowohl bei der ökonomischen als auch normativen Perspektive berücksichtigt werden.[845] Die Bewertungen sollten zukunftsbezogen sein und es sollten normale und Stressbedingungen zugrunde gelegt werden.[846]

cc) Berücksichtigung von ESG-Risiken im ICAAP und in Stresstests

Für das Einpflegen von ESG-Risiken in das Risikorahmenwerk als Treiber bestehender Risikokategorien ist es grundsätzlich erforderlich, dass ESG-Risiken

---

840 Näher EZB, Leitfaden zu Klima- und Umweltrisiken, November 2020, Kap. 6.4, Erwartung 10 (S. 44 f.).

841 EZB, Leitfaden zu Klima- und Umweltrisiken, November 2020, Kap. 6.3, Erwartung 9 (S. 42).

842 EZB, Leitfaden zu Klima- und Umweltrisiken, November 2020, Kap. 6.3, Erwartung 9.2 (S. 43); zum EU-Green-Bond-Standard siehe Verordnung (EU) 2023/2631 vom 22.11.2023, ABl. L 2631, 1.

843 EZB, Leitfaden zu Klima- und Umweltrisiken, November 2020, Kap. 6.3, Erwartung 9.2 (S. 43).

844 EZB, Leitfaden zu Klima- und Umweltrisiken, November 2020, Kap. 6.6, Erwartung 12 (S. 47).

845 EZB, Leitfaden zu Klima- und Umweltrisiken, November 2020, Kap. 6.6, Erwartung 12 (S. 47).

846 EZB, Leitfaden zu Klima- und Umweltrisiken, November 2020, Kap. 6.6, Erwartung 12 (S. 47).

angemessen quantifiziert werden können.[847] Während für die Strategiefestlegung auch qualitative Aussagen ausreichend sind, stellt sich dies mit Blick auf eine Berücksichtigung im sog. internen Prozess zur Sicherstellung der Risikotragfähigkeit (Internal Capital Adequacy Assessment Process, „ICAAP“) (vgl. § 25a Abs. 1 Sa tz 3 Hs. 2 Nr. 2 KWG) schwieriger dar.

Die Aufseher erwarten, dass Umweltrisiken im Rahmen der Risikoidentifizierung und -bewertung sorgfältig beschrieben werden (sog. Risikoinventar als Ergebnis des Risikoidentifizierungsprozesses).[848] (Wesentliche) ESG-Risiken als Treiber klassischer Bankrisiken müssen als Risikoinventar auch im ICAAP bestimmt und (soweit es möglich ist) quantifiziert werden.[849] Die angemessene Bestimmung und Quantifizierung von ESG-Risiken im ICAAP ist für das gesamte Risikomanagement, insbesondere auch die Risikosteuerung bedeutsam.[850] Entsprechend den aufsichtlichen Erwartungen ist durch Art 73 Unterabs. 1 CRD eine Konkretisierung und Ausweitung insoweit erfolgt, als mit Blick auf die Absicherung aktueller und etwaiger künftiger Risiken ausdrücklich statuiert wird, dass bei ESG-Risiken ein kurz-, mittel und langfristiger Zeithorizont anzusetzen ist (Art. 73 Unterabs 1 Satz 2 CRD). Die Bewertung der Wesentlichkeit (*materiality*) hat mithin – entsprechend den Eigenarten von ESG-Risiken – über verschiedene Zeithorizonte (kurz-, mittel- und langfristiger Sicht)zu erfolgen, wobei auch Konzentrationsrisiken in Bezug auf z. B. bestimmte Gegenparteien oder bestimmte geografische Gebiete aufgedeckt werden sollen.[851]

---

847 Mit Blick auf Umweltrisiken EZB, Leitfaden zu Klima- und Umweltrisiken, November 2020, Kap. 6.1, Erwartung 7.3 (S. 35).

848 Nach dem MaRisk AT 2.2 Tz. 1 sind die Auswirkungen von ESG-Risiken ausdrücklich und angemessen in die Risikoinventur einzubeziehen, siehe zudem Erläuterungen zu MaRisk AT 2.2 Tz. 1; vgl. auch EZB, Leitfaden zu Klima- und Umweltrisiken, November 2020, Kap. 5.2, Erwartung 4.1 (S. 25).

849 Nach MaRisk AT 4.1 Tz. 1 sind ESG-Risiken ausdrücklich und angemessen zu berücksichtigen, wobei dies in einem ersten Schritt Umweltrisiken betrifft, siehe Erläuterungen zu MaRisk AT 4.1 Tz. 1; Übersicht bei EZB, Leitfaden zu Klima- und Umweltrisiken, November 2020, Kap. 1, S. 4, Erwartung 7.6 (S. 37); vgl. zudem BaFin, Merkblatt zum Umgang mit Nachhaltigkeitsrisiken, Stand: 13.01.2020, Kap. 6.6.2. Dies ergibt sich zudem bereits aus dem EZB, ICAAP-Leitfaden, November 2018, da alle Risiken zu berücksichtigen sind (Ziffer 60 des Leitfadens). Zur ESG-Risikoidentifizierung und insbesondere Quantifizierung siehe auch Teil 2B.II.2.a)bb).

850 Zur ESG-Risikosteuerung Teil 2B.II.2.a)bb).

851 *Europäische Bankenaufsichtsbehörde*, ESG-Bericht, S. 11, 123, Ziffer 245 (S. 111 f.) und BaFin, Merkblatt zum Umgang mit Nachhaltigkeitsrisiken, Kap. 3.3.3 (S. 21); EZB, Leitfaden zu Klima- und Umweltrisiken, November 2020, Kap. 6.1, Erwartung 7.2 (S. 34). Dazu bereits Teil 2 B. II. 2. a) aa) (1) und Teil 2 B. II. 2. a) bb) (1).

Institute müssen damit die Auswirkungen von Umweltrisiken[852] auf die Angemessenheit ihrer Kapitalausstattung aus ökonomischer und normativer Perspektive prüfen.[853] Dies bedeutet, dass Transmissionskanäle von physischen und Transitionsrisiken angemessen identifiziert und verschiedene Szenarien verwendet werden müssen.[854] Gerade aufgrund des weiten Zeithorizonts im Vergleich zu anderen Risikokategorien sind vorausschauende Tools erforderlich, wie z. B. besondere Stresstests und Szenarioanalysen, die auch späte Transitionsmaßnahmen und die Ergebnisse des IPCC zum Klimawandel berücksichtigen.[855] Auch bei der normativen Perspektive soll eine Analyse ggf. über einen dreijährigen Betrachtungszeithorizont hinaus erfolgen.[856]

Eine Folge hiervon ist, dass Stresstests insbesondere bei wesentlichen Risiken angepasst werden müssen.[857] Die institutsinternen Stresstests dienen dazu, die Widerstandfähigkeit der Institute bei der Erfüllung von Solvenz- und Liquiditätsanforderungen unter Stressbedingungen zu testen und sind insbesondere im ICAAP relevant, darüber hinaus aber auch für die Risikoüberwachung generell. Sie umfassen die Identifizierung künftiger Veränderungen von wirtschaftlichen Bedingungen, die sich negativ auf die Bank auswirken können.[858] Mit Blick hierauf

---

852 Die Beschränkung auf Umweltrisiken resultiert aus der formalen Begrenzung des EZB-Leitfadens auf diese. Gleichwohl ist generell ein Fokus auf Umweltrisiken anzunehmen, obwohl die CRD VI allgemein von ESG-Risiken spricht.

853 Siehe Erläuterungen zu MaRisk 4.1 Tz. 2; siehe zudem EZB, Leitfaden zu Klima- und Umweltrisiken, November 2020, Kap. 6.1, Erwartungen 7. 1 (S. 34) und 7.6 (S. 37); zu den beiden Perspektiven MaRisk AT 4.1 Tz. 2 Satz 2; BaFin/Deutsche Bundesbank, Risikotragfähigkeitsleitfaden vom 24.05.2018, Ziffer 21.

854 EZB, Leitfaden zu Klima- und Umweltrisiken, November 2020, Kap. 6.5, Erwartung 11 (S. 46). Auch für die Zwecke des ICAAP ist eine ausführliche Dokumentation aller qualitativen und quantitativen Informationen (einschließlich der Transmissionskanäle, des Einflusses auf das Risikoprofil) erforderlich und eine Beurteilung als unwesentlich muss gerechtfertigt werden, siehe bereits EZB, ICAAP-Leitfaden, November 2018, Ziffer 63; mit Blick auf Umweltrisiken ausdrücklich EZB, Leitfaden zu Klima- und Umweltrisiken, November 2020, Kap. 6.1, Erwartung 7.2 (S. 34).

855 *Europäische Bankenaufsichtsbehörde*, ESG-Bericht, Ziffer 255 (S. 114 f.); EZB, Leitfaden zu Klima- und Umweltrisiken, November 2020, Kap. 6.1, Erwartung 7.3 (S. 35), Kap. 6.5, Erwartung 11 (S. 45 f.).

856 EZB, Leitfaden zu Klima- und Umweltrisiken, November 2020, Kap. 6.1, Erwartung 7.6 (S. 37), Kap. 6.5, Erwartung 11 (S. 46 f.).

857 Übersicht EZB, Leitfaden zu Klima- und Umweltrisiken, November 2020, Kap. 1 (S. 5); zur Berücksichtigung von Klimarisiken in Stresstests siehe auch *Schemmer*, Klimarisiken im Bankenaufsichtsrecht, S. 268 ff.

858 Vgl. EZB, ICAAP-Leitfaden, November 2018, S. 39 ff.

sieht Art. 87a Abs. 3 Satz 1 CRD vor, dass Institute ihre Resilienz gegenüber langfristigen negativen Auswirkungen von ESG-Faktoren testen sollen (im Basisszenario und in ungünstigen Szenarien), wobei zunächst klimabezogene Faktoren berücksichtigt werden sollen. Im Rahmen der Resilienztests sollen eine Reihe von ESG-Szenarien verwendet werden, welche die möglichen Auswirkungen auf das langfristige Geschäftsumfeld berücksichtigen (Art. 87a Abs. 3 Satz 2 CRD). Die Szenarien sollen glaubwürdig sein und auf von internationalen Organisationen entwickelten Szenarien beruhen (Art. 87a Abs. 3 Satz 3 CRD). Dies entspricht bereits den Erwartungen der Aufseher.[859] Nach Art. 87a Abs. 5 lit. d CRD wird die EBA mandatiert, Kriterien für die Festlegung der genannten Szenarien, einschließlich der Parameter und Annahmen, die in jedem der Szenarien und für die spezifischen Risiken und Zeithorizonte zu verwenden sind, zu entwickeln.

In den unternehmensindividuellen Stresstests sind damit insbesondere Umweltrisiken angemessen zu berücksichtigen.[860] Stresstests müssen entsprechend angepasst werden und Sensitivitäts- und Szenarioanalysen zur Verwirklichung von Umweltrisiken (Transitionsszenarien,[861] (Klima-) Auswirkungsszenarien[862]) enthalten.[863] Mit Blick auf Transitionsrisiken sollen Szenarien beruhend auf verschiedenen – im Sinne eines früheren oder späteren Übergangs – Politik-

859 Nach den Aufsehern sollen Stresstests eingesetzt werden, um die Widerstandsfähigkeit gegenüber den langfristigen negativen Auswirkungen von ESG-Faktoren zu testen, siehe *Europäische Bankenaufsichtsbehörde*, ESG-Bericht, Ziffer 278 (S. 119); EZB, Leitfaden zu Klima- und Umweltrisiken, November 2020, Kap. 6.5, Erwartung 11 (S. 45 f.); BaFin, Merkblatt zum Umgang mit Nachhaltigkeitsrisiken, Stand: 13.01.2020, Kap. 7 (S. 34 ff.), Kap. 7.5 (S. 36); siehe zudem *Europäische Zentralbank*, Good practices for climate stress testing, Dezember 2022 mit Beispielen und Vorschlägen zur Verbesserung der Stresstests. In den Erläuterungen zu MaRisk AT 4.3.3 spricht die BaFin von einem „angemessen langen, über den regulären Risikobetrachtungshorizont hinausgehenden Zeitraum".

860 BaFin, Merkblatt zum Umgang mit Nachhaltigkeitsrisiken, Stand: 13.01.2020, Kap. 7.1 (S. 34); EZB, Leitfaden zu Umweltrisiken, Kap. 6.5, Erwartung 11 (S. 45). Die Fokussierung auf klimabezogene Faktoren dürfte die Herausforderungen widerspiegeln, vor denen ESG-Risiko-Stresstests stehen, dazu *Europäische Bankenaufsichtsbehörde*, ESG-Bericht, Ziffern 280 ff. (S 119 f.).

861 BaFin, Merkblatt zum Umgang mit Nachhaltigkeitsrisiken, Stand: 13.01.2020, Kap. 7.3 (S. 35).

862 BaFin, Merkblatt zum Umgang mit Nachhaltigkeitsrisiken, Stand: 13.01.2020, Kap. 7.4 (S. 36).

863 BaFin, Merkblatt zum Umgang mit Nachhaltigkeitsrisiken, Stand: 13.01.2020, Kap. 7.2 (S. 34).

maßnahmen verwendet werden.[864] Sofern Analysen zeigen, dass ESG-Risiken zur Wesentlichkeit der betroffenen Risikoarten im Rahmen der Risikoinventur beitragen, sollen diese bei den Stresstests für wesentliche Risiken berücksichtigt werden.[865]

dd) Gestaltung von Vergütungssystemen

Die Aufseher und Regulatoren haben sich bisher nicht verstärkt mit ESG-Vergütungsvorgaben beschäftigt. Neben vereinzelten Ausführungen sind aber – insbesondere über die Änderungen der Strategien – mittelbare Auswirkungen auf die Vergütungssysteme bedeutsam, sind angemessene Vergütungssysteme Bestandteil des Risikomanagements (vgl. § 25a Abs. 1 Satz 3 Nr. 6 KWG). So bestimmt auch § 4 Satz 1, 3 InstitutsVergV, dass die Vergütungsstrategie und Vergütungssysteme[866] auf die Ziele der Geschäfts- und Risikostrategien ausgerichtet sein müssen, wobei die Vergütungsparameter[867] an den Strategien auszurichten sind und die strategischen Ziele unterstützen müssen.[868] Insoweit sind auch Vergütungssysteme notwendig, die im Einklang mit den langfristigen Interessen des Instituts, der Geschäftsstrategie und den Zielen stehen.[869]

Entsprechend wird durch die Aufsicht ein Gleichlauf zwischen den Vergütungssystemen und den ESG-Zielen des Instituts und damit den langfristigen Interessen des Instituts, insbesondere in Form einer Anpassung der variablen Vergütung, angeregt.[870] Dies ist eine Konsequenz der Anpassung des Risikomanagementrahmens, denn Vergütungssysteme dürfen insbesondere keine Risikoübernahmen anregen, die über das Toleranzlevel des Instituts hinausgehen. Laut der EBA sollen Institute daher erwägen, wie sie ESG-Risiken in die Vergütungssysteme integrieren können, wobei der Fokus jedenfalls auf Risikoträgern liegen

864 EZB, Leitfaden zu Klima- und Umweltrisiken, November 2020, Kap. 6.5, Erwartung 11 (S. 46), siehe etwa *Network for Greening the Financial System*, NGFS Scenarios for central banks and supervisors, September 2022 und *International Energy Agency*, Global Energy and Climate Model, Report, Oktober 2022.

865 BaFin, Merkblatt zum Umgang mit Nachhaltigkeitsrisiken, Stand: 13.01.2020, Kap. 7.7 (S. 36).

866 Zur Definition siehe § 2 Abs. 2 InstitusVergV.

867 Siehe § 2 Abs. 9 InstitutsVergV.

868 Dazu bereits oben traditionelles Nachhaltigkeitsverständnis Teil 2A.II.

869 *Europäische Bankenaufsichtsbehörde*, ESG-Bericht, S. 11. ESG-Risiken und -Faktoren sollen entsprechend in die Bewertung der Vergütungssysteme und -praktiken bei den Risikoträgern einfließen, um einen Gleichlauf zu den langfristigen Zielen zu erreichen (*Europäische Bankenaufsichtsbehörde*, ESG-Bericht, Ziffer 348 (S. 141)).

870 *Europäische Bankenaufsichtsbehörde*, ESG-Bericht, Ziffer 226 (S. 104).

sollte.[871] Insoweit führt auch die BaFin aus, dass eine Verknüpfung von Boni und dem Management von ESG-Risiken angebracht sein könnte und bewertet werden sollte, ob Vergütungssysteme im Fall einer konkreten Nachhaltigkeitsstrategie mit jener in Einklang stünden, insbesondere mit definierten Nachhaltigkeitszielen.[872] Schließlich führt die EZB aus, dass Institute sicherstellen sollen, dass die Vergütungspolitik und -praktiken „Verhaltensweisen fördern, die mit ihrem Ansatz für Klima- und Umwelt(risiken) sowie mit freiwillig von ihnen eingegangenen Verpflichtungen vereinbar sind“[873]. Die EZB schlägt vor, dass Institute variable Vergütungskomponenten etablieren können, um Verhaltensweisen zu fördern, die konsistent mit ihrem klima- und umweltbezogenen (Risiko-)Ansatz sind.[874] Auch für eine Berücksichtigung in den Vergütungssystemen wurden die Schwierigkeiten der Quantifizierung der finanziellen Folgen von Umweltrisiken gesehen und es wird vorgeschlagen, qualitative Kriterien in der Vergütungspolitik zu etablieren.[875]

In Art. 74 Abs. 1 lit. e CRD ist nunmehr vorgesehen, dass die Vergütungspolitik und -praxis auch die Risikobereitschaft der Institute in Bezug auf ESG-Risiken zu berücksichtigen hat. Nach Art. 94 Abs. 1 lit. a CRD spielt der Umgang mit den ESG-Risiken unter Art. 76 Abs. 2 CRD zudem für die Leistungsbeurteilung eine Rolle.

Eine über eine ESG-Risikoperspektive hinausgehende Berücksichtigung von konkreten Nachhaltigkeitszielen bei der Festlegung von variablen Vergütungsparametern fordern die Aufseher weiterhin nicht. Die Ausführungen tasten – entsprechend den Geschäfts- und Risikostrategien – insbesondere nicht das Verständnis einer Ausrichtung der Vergütungssysteme an einer nachhaltigen Entwicklung an.[876]

Auch den aktualisierten EBA-Leitlinien für eine solide Vergütungspolitik liegt weiterhin ausschließlich das ökonomische Nachhaltigkeitsverständnis zugrunde.[877]

---

871 *Europäische Bankenaufsichtsbehörde*, ESG-Bericht, Ziffer 225 (S. 103 f.).

872 BaFin, Merkblatt zum Umgang mit Nachhaltigkeitsrisiken, Stand: 13.01.2020, Kap. 4.4 (S. 22).

873 EZB, Leitfaden zu Klima- und Umweltrisiken, November 2020, Kap. 5.2, Erwartung 4.3 (S. 27).

874 EZB, Leitfaden zu Klima- und Umweltrisiken, November 2020, Kap. 5.2, Erwartung 4.3 (S. 27).

875 EZB, Leitfaden zu Klima- und Umweltrisiken, November 2020, Kap. 5.2, Erwartung 4.3 (S. 27).

876 Siehe dazu Teil 2A.II.

877 Vgl. EBA, Leitlinien für solide Vergütungspolitik gemäß Richtlinie 2013/35/EU vom 02.07.2021, EBA/GL/2021/04, Ziffer 185, wonach eine Umgehung insbesondere vorliege, „wenn eine andere variable Vergütung als eine garantierte Vergütung gewährt oder bezogen wird, obwohl tatsächlich (…) die variable Vergütung entsprechend der finanziellen Lage des Instituts nicht nachhaltig ist“.

Zwar soll die Vergütungspolitik „mit den Zielen der Geschäfts- und Risikostrategie des Instituts, einschließlich risikobezogener Umwelt-, Sozial- und Governance-Ziele (ESG) (...) in Einklang stehen (...)“[878]. Damit ist aber noch kein eigenständiger, strategieunabhängiger ökologischer oder sozialer Nachhaltigkeitsbezug erkennbar.

Schließlich können Implikationen durch Offenlegungsvorgaben gegeben sein. Grundsätzlich begründen Offenlegungsvorgaben keine materiellen Anforderungen an die offenzulegenden Inhalte. Insoweit erschöpfen sich die Vorgaben in der Art und Weise der Offenlegung und ihrer inhaltlichen Tiefe. Gleichwohl wirken sich Offenlegungsvorgaben mittelbar auf die Ausgestaltungsebene aus, indem ein Compliance-Druck durch befürchtete Reputationsverluste und einer sonstigen negativen Öffentlichkeitswahrnehmung ausgeübt wird.[879] Insoweit können Offenlegungsvorgaben Auswirkungen auf die materielle Nachhaltigkeitstiefe haben, insbesondere wenn ausdrücklich erklärt werden muss, ob bestimmte Nachhaltigkeitsfaktoren/-risiken berücksichtigt wurden. In diesem Zusammenhang dürfte insbesondere die Offenlegungsvorgabe nach Art. 5 Offenlegungsverordnung relevant werden. Nach Art. 5 Abs. 1 Offenlegungsverordnung müssen Finanzmarktteilnehmer und Finanzberater und damit auch Kreditinstitute, die Portfolioverwaltung betreiben oder Anlageberatung anbieten (Art. 2 Nr. 1, lit. j, Nr. 11, lit. c Offenlegungsverordnung) im Rahmen der Angaben zur Vergütungspolitik auf ihrer Internetseite auch angeben, inwiefern diese mit der Einbeziehung von Nachhaltigkeitsrisiken[880] in Einklang steht. Anhand dieser Offenlegungsvorgabe wird deutlich, dass aufsichtsrechtlich und damit auch aufsichtlich erwartet wird, dass die betroffenen Kreditinstitute neben ökonomischen Faktoren auch ökologische und soziale Faktoren bei der Ausgestaltung ihrer Vergütungssysteme berücksichtigen,[881] wenngleich auch diesbezüglich auf eine Risikoperspektive abgestellt wird. Zwar ist die Offenlegungsverordnung nach dem vorliegenden Verständnis nicht Teil des Bankenaufsichtsrechts.[882] Die Offenlegungsvorgabe hat gleichwohl eine faktische Auswirkung auf die Ausgestaltung der Vergütungssysteme. Die bankenaufsichtsrechtliche Offenlegungspflicht für die

---

878 EBA, Leitlinien für solide Vergütungspolitik gemäß Richtlinie 2013/35/EU vom 02.07.2021, EBA/GL/2021/04, Ziffer 16. Die entsprechende Vorgabe in den EBA-Leitlinien findet sich allgemein in § 4 Satz 1 InstitutsVergV wieder.

879 Zur Marktdisziplin als Unterkomponente des Finanzstabilitätsziels siehe Teil 1 B.IV.

880 Legaldefiniert in Art. 2 Nr. 22 Offenlegungsverordnung.

881 So auch *Waschbusch/Kiszka/Strauß*, Nachhaltigkeit in der Bankenbranche, S. 119.

882 Zur Eingrenzung des Bankenaufsichtsrechts Teil 1 I.

Vergütungspolitik ist in Art. 450 CRR[883] verankert und in § 16 InstitutsVergV[884] konkretisiert und erweitert. Entsprechende Änderungen, insbesondere ein ausdrücklicher Einbezug von ESG-Risiken, ist (noch) nicht vorgesehen. Aufgrund der mittelbaren Auswirkung durch die ESG-Risikovorgaben zur Strategie dürfte aber eine entsprechende Offenlegung zu erfolgen haben.

Die aktienrechtlichen Vergütungsvorgaben können weitergehende Nachhaltigkeitsbezüge fordern. Für börsennotierte (vgl. § 3 Abs. 2 AktG) Aktiengesellschaften schreibt § 87 Abs. 1 Satz 2 AktG nämlich vor, dass die Vergütungsstruktur[885] der Vorstandsvergütung[886] „auf eine nachhaltige und langfristige Entwicklung der Gesellschaft" ausgerichtet sein muss. Wenngleich diese Regelungen für die Zieluntersuchung im Aufsichtsrecht keine Bedeutung haben, wirken sie sich auf die praktische Ausgestaltung der Vergütungssysteme der Banken aus.[887]

---

883 Art. 450 Abs. 1 CRR enthält Offenlegungsvorgaben für die Vergütungspolitik und -praxis für Risikoträgern und Art. 450 Abs. 2 CRR weitet dies bei großen Instituten auf die kollektive Vergütung des Leitungsorgans aus (inkl. Aufsichtsrat).

884 § 16 Abs. 1 InstitutsVergV enthält eine eigenständige Offenlegungspflicht für bedeutende Institute (für nicht bedeutende siehe § 16 Abs. 2 InstitutsVergV) mit Blick auf Vergütungssysteme und insbesondere den Gesamtbetrag aller Vergütungen, unterteilt nach fixer und variabler. Darüber hinaus bietet die BaFin in ihrer Auslegungshilfe (Anlage 2) eine Vorlage.

885 „Vergütungsstruktur" ist als Oberbegriff für die konkrete Vergütungsfestsetzung nach § 87 AktG und das abstrakte Vergütungssystem nach § 87a AktG zu verstehen, siehe Regierungsentwurf, Entwurf eines Gesetzes zur Umsetzung der zweiten Aktionärsrechterichtlinie (ARUG II), vom 29.04.2019, BT-Drs. 19/9739, S. 72.

886 Daneben enthält das Aktienrecht auch Vorgaben an die Aufsichtsratsvergütung (§ 113 AktG), auf welche wegen des fehlenden (ausdrücklichen) Nachhaltigkeitsbezugs nicht näher eingegangen wird.

887 Siehe Beschlussempfehlung und Bericht des Rechtsausschusses vom 17.06.2009, BT-Drs. 16/13433, S. 1. Es ist insbesondere interessant, inwieweit der Ausdruck „nachhaltige und langfristige Entwicklung" jeweils einen eigenständigen Bedeutungsgehalt aufweisen oder vom Bedeutungsgehalt zusammen zu betrachten sind. Denn grundsätzlich hat die aufsichtsrechtliche Seite des Nachhaltigkeitsbegriffs gezeigt, dass Nachhaltigkeit genuin im Sinne von Langfristigkeit, mithin eines langfristigen Bestehens des Instituts, zu verstehen ist. Insoweit ist fraglich, ob die Vergütungsregelungen des Aktienrechts bereits zum gegenwärtigen Zeitpunkt weitere Nachhaltigkeitsanforderungen an die Vergütung bzw. die Vergütungssysteme von Banken stellen. Die materiellen Vorgaben werden durch den Deutscher Corporate Governance Kodex konkretisiert (siehe Deutscher Corporate Governance Kodex in der Fassung vom 28.04.2022). In der Begründung wird zu Grundsatz 23 in der Fassung vom 16.12.2019 näher ausgeführt, dass die Ausrichtung der Vergütungsstruktur an einer nachhaltigen Unternehmensentwicklung so zu verstehen sei, dass

Die branchenübergreifenden Regelungen für die Vorstandsvergütung im Aktienrecht stehen aber neben den aufsichtsrechtlichen Vorgaben.[888] Etwaige aktienrechtliche Implikationen für die Vergütungssysteme der Bankenvorstände können sich daher nicht auf das aufsichtsrechtliche Nachhaltigkeitsverständnis auswirken. Für das Aufsichtsrecht folgt aus § 3 InstitutsVergV zudem, dass die Vergütungsstrategie in jedem Fall konsistent zu der Geschäftsstrategie sein muss.

Zusammenfassend lässt sich sagen, dass soweit aufsichtsrechtlich eine Ausrichtung auf Nachhaltigkeit bzw. eine Berücksichtigung von ESG gefordert wird, dies weiterhin auf eine langfristige Performance-Sicherung bezogen ist. Zum Beispiel

---

der Aufsichtsrat „auch soziale und ökologische Gesichtspunkte in den Blick zu nehmen" habe (siehe Begründung des Deutschen Corporate Governance Kodex in der Fassung vom 16.12.2019, Zu Grundsatz 23). Dies findet sich zwar nicht mehr in der aktuellen Begründung vom 28.04.2022, gleichwohl ist hierdurch keine Abkehr vom Nachhaltigkeitsverständnis gegeben. Im Gegenteil, die aktuelle Fassung des Deutscher Corporate Governance Kodex legt nunmehr explizit fest, dass in der Unternehmensstrategie neben „langfristigen wirtschaftlichen Zielen" auch „ökologische und soziale Ziele" angemessen zu berücksichtigen sind und die Unternehmensplanung daher „finanzielle und nachhaltigkeitsbezogene Ziele" umfasse. Entsprechend führt die Begründung vom 28.04.2022 aus, dass der in dem Kodex verwendete Nachhaltigkeitsbegriff „auf die Umwelt (Ökologie) und auf Soziales bezogene Ziele" meint (siehe Begründung des Deutschen Corporate Governance Kodex in der Fassung vom 28.04.2022, S. 1). Hinzu kommt, dass § 87 Abs. 1 Satz 2 AktG in der Fassung des VorstAG vom 31.07.2009 noch die Formulierung „nachhaltige Unternehmensentwicklung" enthielt (BGBl. I 2009, S. 2509). Die aktuellen Vorstandsvergütungsregeln gehen hingegen auf die Umsetzung der geänderten Aktionärsrechterichtlinie (Richtlinie (EU) 2017/828 vom 17.05.2017, ABl. L 132, 1) zurück (siehe ARUG II vom 12.12.2009, BGBl. 2019 I, S. 2637). In der Literatur ist daher streitig, ob dem Nachhaltigkeitskriterium eine eigenständige, vom ökonomischen Verständnis losgelöste, Bedeutung zukommt (vgl. nur *Weber*, in: Hölters/Weber (Hrsg), AktG, 4. Aufl. 2022, § 87 Rn. 30a m. w. N.). Eine eigenständige Bedeutung könnte insbesondere implizieren, dass ESG-Ziele (z. B. die Messung variabler Vergütungsbestandteile an der Reduzierung von CO_2-Emissionen) neben der (weiterhin geforderten) „Sicherstellung einer dauerhaften, periodenübergreifenden Rentabilität" (*Weber*, in: Hölters/Weber (Hrsg), AktG, 4. Aufl. 2022, § 87 Rn. 30a) aufzustellen sind. Sie können aber auch vielmehr als möglicher Faktor der ökonomischen Dimension zu betrachten sein, falls sie einen Beitrag zur langfristgien Unternehmenswertsteigerung leisten. Dies ist insbesondere mit Blick auf mögliche Konflikte zwischen diesen beiden Zielrichtungen relevant.

888 Regierungsentwurf, Entwurf eines Gesetzes über die aufsichtsrechtlichen Anforderungen an die Vergütungssysteme von Instituten und Versicherungsunternehmen, vom 31.03.2010, BT-Drs. 17/1291, S. 9.

wird nicht vorgegeben, dass die variable Vergütung neben der ökonomischen Nachhaltigkeitsperspektive auch auf soziale[889] und ökologische Faktoren Bezug nehmen muss, indem die variable Vergütung beispielsweise vom Nachhaltigkeitsranking der Bank abhängig gemacht wird.[890]

ee) Anforderungen an das Leitungsorgan und die Besonderen Funktionen

Die Aufseher stellen klar, dass die Endverantwortung für die Anpassung und Neudefinierung von Risiko- und Geschäftsstrategien sowie ihre Kommunikation bei der Geschäftsleitung liegt und diese „mit gutem Beispiel vorangehen"[891] sollte (*tone from the top*).[892] Im Allgemeinen sollte in der Unternehmens- und Risikokultur eine „ESG-Risiko-Awareness" aufgebaut werden.[893]

Die Schlüsselfunktion der Geschäftsleitung für die Sicherstellung einer ordnungsgemäßen Geschäftsorganisation (vgl. § 25c Abs. 3 KWG, siehe zudem unter aa)(3)) bedingt es, spezifische Anforderungen an die Geschäftsleiter zu stellen, in dem Sinne, dass diese über ausreichende Kenntnisse und Fähigkeiten verfügen müssen, um ihrer Leitungsaufgabe auch in Bezug auf ESG-Risiken ausreichend nachkommen zu können.[894] Die Geschäftsleitung muss in der Lage sein, die Wirkung von ESG-Faktoren und die damit verbundene Entstehung von ESG-Risiken

---

889 Eine eigenständige Sozialfaktoren-Bedeutung kann der Vorgabe zugesprochen werden, dass Vergütungssysteme geschlechtsneutral auszugestalten sind (§ 5 Abs. 1 Nr. 6 InstitutsVergV, Art. 74 Abs. 1 Unterabs. 2 CRD i. V. m. Art. 3 Abs. 1 Nr. 65 CRD). Dies ergibt sich bereits aus § 25d Abs. 5 Satz 2, 3 KWG für die Mitglieder des Verwaltungs- oder Aufsichtsorgans. Hierbei handelt es sich um eine Folge des Art. 157 AEUV (siehe Erwägungsgrund 9 der CRD V). Es handelt sich damit nicht um eine finale Regelung zur Umsetzung der Sustainable-Finance-Ziele.

890 Zu diesem Beispiel vgl. *Waschbusch/Kiszka/Strauß*, Nachhaltigkeit in der Bankenbranche, S. 118.

891 BaFin, Merkblatt zum Umgang mit Nachhaltigkeitsrisiken, Stand: 13.01.2020, Kap. 4.4 (S. 22).

892 Vgl. MaRisk AT 3 Tz. 1; EZB, Leitfaden zu Klima- und Umweltrisiken, November 2020, Kap. 5.1, Erwartung 3.3 (S. 24); BaFin, Merkblatt zum Umgang mit Nachhaltigkeitsrisiken, Stand: 13.01.2020, Kap. 4.4 (S. 22); *Europäische Bankenaufsichtsbehörde*, ESG-Bericht, Ziffer 101 (S. 101).

893 So die EBA mit Blick auf ihre Erwartung hinsichtlich der aufsichtlichen Bewertung der Unternehmens- und Risikokultur (EBA, SREP-Leitlinien vom 18.03.2022, EBA/GL/2022/03, Kapitel 5.4), siehe *Europäische Bankenaufsichtsbehörde*, ESG-Bericht, Ziffer 346 (S. 141).

894 Siehe MaRisk AT 3 Tz. 1; siehe auch *Europäische Bankenaufsichtsbehörde*, ESG-Bericht, Ziffer 212 (S. 100); BaFin, Merkblatt zum Umgang mit Nachhaltigkeitsrisiken, Stand: 13.01.2020, Kap. 4.2 (S. 22).

für das Geschäftsmodell zu verstehen.[895] Das erklärt sich bereits allgemein aus Art. 91 CRD, wonach das Leitungsorgan ein angemessenes Verständnis über die Hauptrisiken aufweisen muss.

Ein modifizierter Art. 91 Abs. 2b Satz 1 CRD sieht nunmehr vor, dass „das Leitungsorgan[896] kollektiv über die Kenntnisse, Fähigkeiten und Erfahrung verfügen, um relevante ESG-Risiken und -Faktoren verstehen zu können.[897] Entsprechende Schulungen in Bezug auf ESG-Risiken müssen durchgeführt werden (Art. 91 Abs. 7 CRD). Die EBA ist nach Art. 91 Abs. 11 lit. c CRD zudem mandatiert, Leitlinien zur Konkretisierung der kollektiven Eignung in Bezug auf ESG-Risiken nach Art. 91 Abs. 2b CRD zu erlassen. In den EBA-Leitlinien zur internen Governance aus dem Jahr 2021 wurde bereits aufgenommen, dass das Leitungsorgan bei der Berücksichtigung der relevanten Risiken und Risikofaktoren im Geschäftsmodell und den sonstigen Governance-Regelungen auch u. U. umweltbezogene, soziale und Governance-bezogene Risikofaktoren zu berücksichtigen hat.[898]

Die weiteren Erwartungen zur Berücksichtigung von ESG-Risiken betreffen die Mitarbeiter der Kontrollfunktionen („Besonderen Funktionen“ nach MaRisk). Diese müssen in Bezug auf ESG-Risiken über angemessene Fähigkeiten und Tools verfügen, um ihre Funktionen ausüben zu können.[899] Diesbezüglich können Weiterbildungen erforderlich sein.[900] Nach den MaRisk und weiteren aufsichtlichen Erwartungen hat die Risikocontrolling-Funktion nämlich erhebliche ESG-Risiken an die Geschäftsleitung zu berichten und sich mit den verschiedenen

---

895 *Europäische Bankenaufsichtsbehörde*, ESG-Bericht, Ziffer 207 (S. 99). Im Allgemeinen gilt diese Anforderung auch für das Verwaltungs-/Aufsichtsorgan, vgl. auch EZB, Leitfaden zu Klima- und Umweltrisiken, November 2020, Kap. 5.1, Erwartung 3.2 (S. 23) (Leitungsorgan in Aufsichts- und Leitungsfunktion).

896 Dies betrifft neben dem Geschäftsleitungs- auch das Aufsichtsorgan.

897 Neben der Berücksichtigung von ESG-Risiken betrifft eine weitere Änderung im Vergleich zur aktuellen Fassung des Art. 91 Abs. 7 CRD, dass derzeit ein Verständnis über die „Hauptrisiken“ anstatt „damit verbundenen Risiken“ gefordert wurde. Damit deutet sich auch eine Ausweitung an.

898 EBA, Leitlinien zur internen Governance vom 02.07.2021, EBA/GL/2021/05, Ziffer 23.

899 Die CRD VI sieht gleichwohl keine europarechtlichen Anforderungen an die Schlüsselfunktionen in Bezug auf ESG-Risiken vor, vgl. Art. 91c CRD.

900 *Europäische Bankenaufsichtsbehörde*, ESG-Bericht, Ziffer 223 (S. 103); siehe auch EZB, Leitfaden zu Klima- und Umweltrisiken, November 2020, Kap. 5.3, Erwartung 5.2 (S. 28 f.).

ESG-Risikobewertungsmethoden auseinanderzusetzen.[901] Die Tätigkeit der Compliance-Funktion erstreckt sich entsprechend auf die rechtlichen Vorgaben zur Nachhaltigkeit (etwa bei der Genehmigung neuer Produkte, die als „ökologisch nachhaltig" betitelt werden sollen).[902] Das hierfür erforderliche Know-how kann durch eine Verstärkung der Besonderen Funktionen oder durch die Etablierung einer eigenen sog. Nachhaltigkeitseinheit gewährleistet werden.[903] Auch die EBA stellt es den Instituten (zunächst) frei, bestehende Prozesse anzupassen oder einen eigenen ESG-Risikoausschuss zu etablieren.[904] Dieser könnte z. B. herangezogen werden, wenn der Kreditnehmer einem Sektor mit hohen Transitionsrisiken angehört.[905]

ff) Bewertung der Zielkonformität

Die Zielkonformität der ESG-Risikomanagementvorgaben zum bankenaufsichtsrechtlichen Finanzstabilitätsziel bestimmt sich – entsprechend der abstrakten Zielkonformität – maßgeblich danach, inwieweit „ESG" unter einer (reinen) finanziellen Risikoperspektive betrachtet wird und damit insbesondere die Geschäftsstrategie weiterhin auf eine ökonomisch nachhaltige Entwicklung des Instituts gerichtet ist ((1)). Auch starke Lenkwirkungen zugunsten des Neuausrichtungsziels schließen eine Zielkonformität zum bankenaufsichtsrechtlichen Finanzstabilitätsziel nicht aus. Vielmehr ist eine solche nur zu verneinen, wenn die Lenkwirkung nicht mehr durch aufsichtsrechtliche Risikoüberlegungen begründet werden kann. Da die ESG-Risikomanagementvorgaben qualitativer Natur

---

901 Vgl. MaRisk AT 4.4.1 Tz. 1, Erläuterungen zu MaRisk BT 3.1 Tz. 1, MaRisk BT 3.2 Tz. 1 sowie Erläuterungen dazu; *Europäische Bankenaufsichtsbehörde*, ESG-Bericht, Ziffer 220 (S. 102 f.); BaFin, Merkblatt zum Umgang mit Nachhaltigkeitsrisiken, Stand: 13.01.2020, Kap. 5.8 (S. 24); vgl. auch EZB, Leitfaden zu Klima- und Umweltrisiken, November 2020, Kap, 5.3, Erwartung 5.4 (S. 29).

902 BaFin, Merkblatt zum Umgang mit Nachhaltigkeitsrisiken, Stand: 13.01.2020, Kap. 5.9 (S. 24); siehe auch EZB, Leitfaden zu Klima- und Umweltrisiken, November 2020, Kap. 5.3, Erwartung 5.5 (S. 29 f.); *Europäische Bankenaufsichtsbehörde*, ESG-Bericht, Ziffer 221 (S. 103).

903 BaFin, Merkblatt zum Umgang mit Nachhaltigkeitsrisiken, Stand: 13.01.2020, Kap. 5.4 (S. 23).

904 *Europäische Bankenaufsichtsbehörde*, ESG-Bericht, Ziffer 213 (S. 100); vgl. auch EZB, Leitfaden zu Klima- und Umweltrisiken, November 2020, Kap. 5.1, Erwartung 3.1 (S. 22 f.), Kap. 5.3, Erwartung 5.1 (S. 28).

905 Dazu bereits BaFin, Merkblatt zum Umgang mit Nachhaltigkeitsrisiken, Stand: 13.01.2020, Kap. 5.5 (S. 23).

sind, sind zudem Implikationen im SREP bedeutsam, da die aufsichtliche Prüfung die Zielrichtung maßgeblich bestimmt ((2)).

(1) Konfliktträchtiger Wandel des bankaufsichtsrechtlichen Nachhaltigkeitsverständnisses?

Bereits die Berücksichtigung von (negativen) ESG-Faktoren im Rahmen der Bewertung des Geschäftsumfelds dürfte eine mittelbare Auswirkung auf das Lenkungsziel haben, da durch eine Berücksichtigung von ESG-Risiken simultan eine Anpassung der Geschäftsstrategie erfolgen kann, wenn sich der Risikopool verändert, in welchem sich das Geschäftsmodell des Instituts bewegt. Wenngleich damit ein Lenkcharakter auch durch die risikobasierte Betrachtung gegeben sein dürfte, ist ein solcher aber für die Analyse des Geschäftsumfelds risikobasiert und damit zielkonform zum bankenaufsichtsrechtlichen Finanzstabilitätsziel.

Die Ausweitung des Planungshorizonts und damit die Betrachtung von langfristigen Risiken könnte aus Finanzstabilitätssicht in Frage gestellt werden, wird der Blick auf die Risikopositionen der Banken gelenkt. Langfristige Umweltrisiken (insbesondere Klimarisiken) treten in der Regel erst nach Ende der Laufzeit von Krediten ein, sodass sie sich während der Laufzeit von Krediten nicht finanziell für die Banken auswirken können.[906] Eine Berücksichtigung von langfristigen Risiken schließt eine Zielkonformität zum Finanzstabilitätsziel aber nicht aus. Einerseits würden insbesondere langfristige Finanzierungen erfasst werden können.[907] Andererseits muss das Ende der Laufzeit (bzw. Fälligkeit) von Darlehen nicht dazu führen, dass die Finanzierung bzw. Geschäftsbeziehung endet.[908] Eine durch die Ausweitung des Planungshorizonts ausgelöste Lenkwirkung beruht aufgrund der Risikosicht weiterhin auf einer Resilienz-Betrachtung, da lediglich der aufsichtsrechtliche Betrachtungszeitraum erweitert und eine langfristige Resilienz der Geschäfts- und Risikostrategie betrachtet wird. Durch die ESG-Risikobetrachtung ist die Anpassung des Planungshorizonts an die zeitliche Umsetzung der Klimaziele damit auch unter dem Finanzstabilitätsziel noch begründbar.

Die praktische Anwendung gestaltet sich dagegen schwierig. Je länger der Zeithorizont ist, desto weniger verlässlich oder möglich werden quantitative Vorhersagen und Analysen. Die grundsätzlichen Probleme einer Quantifizierung von

---

906 Dazu *Europäische Bankenaufsichtsbehörde*, Report on undue short-term pressure, 18.12.2019, S. 21.

907 *Europäische Bankenaufsichtsbehörde*, Report on undue short-term pressure, 18.12.2019, S. 21.

908 *Europäische Bankenaufsichtsbehörde*, Report on undue short-term pressure, 18.12.2019, S. 21.

ESG-Risiken[909] werden durch die Ausweitung des Zeithorizonts auf das zumindest zweifache Maß, wie es bisher praktiziert wurde, damit weiter vertieft. Da der 10-Jahres-Zeitraum aller Voraussicht nach zunächst nur qualitativ gelten wird, sodass eine quantitative Beurteilung auf fünf Jahre beschränkt bliebe und darüber hinaus qualitative Analysen für Vorhersagen verwendet werden können, wird diesen Schwierigkeiten aber entgegengewirkt.

Durch den Risikoansatz und die Möglichkeit einer qualitativen Analyse lässt sich damit auch die Ausweitung des Betrachtungshorizonts (noch) unter dem aufsichtsrechtlichen Finanzstabilitätsziel erklären, wenngleich dieses durch den langfristigen Betrachtungsansatz eine besondere Wandlung erfahren hat. Anhand dessen wird deutlich, dass die Zielkonformität zum Finanzstabilitätsziel nicht ausschließt, dass die Vorgaben zugleich eine besondere Lenkwirkung zugunsten des Neuausrichtungsziels haben können. Mit Blick auf Transitionsrisiken zeigt sich die Lenkwirkung besonders, da mittels einer langfristigen Betrachtung bereits aktuell die Finanzierung von z. B. Unternehmen, die auf fossilen Brennträgern bauen, eingeschränkt werden könnte.[910] Die Ausweitung des Planungshorizonts bei Banken ist mithin ein entscheidender Faktor für das Neuausrichtungsziel, als die Gegenparteien erst hierdurch mittelbar (etwa durch verbesserte Kreditkonditionen) beeinflusst werden können, sich an die Transition der Wirtschaft anzupassen.[911]

Auch den Vorgaben und Erwartungen zur Setzung strategischer Ziele und Limite, Entwicklung nachhaltiger Produkte als auch zum Aufstellen von Transitionsplänen liegt formal eine ESG-Risikobetrachtung zugrunde. Unter dem Gesichtspunkt, dass die Geschäftsstrategie als solche nicht Teil der aufsichtlichen Prüfung ist,[912] kann eine durch die Pflicht zur Aufstellung von Transitionsplänen verursachte Lenkwirkung aus bankenaufsichtsrechtlichen Überlegungen aber kritisiert werden. Wenngleich die Aufseher betonen, dass die konkrete Festsetzung der Geschäftsstrategie in den Verantwortungsbereich des Instituts fällt,[913] und auch die Transitionspläne keinen Zwang begründen sollen, das Geschäfts-

909 Dazu bereits unter Teil 2B.II.1.b)aa) und näher sogleich unter Teil 2B.II.2.a)cc).

910 Zu einer solchen Fragestellung explizit BaFin, Merkblatt zum Umgang mit Nachhaltigkeitsrisiken, Stand: 13.01.2020, Kap. 3.2.2 (S. 20).

911 *Europäische Bankenaufsichtsbehörde*, Report on undue short-term pressure, 18.12.2019, S. 21 f.; zur ESG-Risikosteuerung sogleich bb).

912 Dazu bereits unter Teil 2 A. II.

913 Siehe etwa *Europäische Bankenaufsichtsbehörde*, ESG-Bericht, Ziffer 158 (S. 82).

modell entsprechend den EU-Klimazielen auszurichten,[914] so wird durch die Erwartungen und CRD VI-Vorgaben deutlich, dass die Aufseher und Regulatoren eine stärkere Ausrichtung des Geschäftsmodells auf grüne Produkte und das Neuausrichtungsziel anregen. Zudem verdeutlichen die Ausführungen der EBA, dass eine (starke) Abweichung von den politischen Zielen ein Indikator für ein entsprechend hohes Transitionsrisiko sein kann.[915] Dagegen soll eine Anpassung des Geschäftsmodells an die Transformation wahrscheinlicher zur Vermeidung negativer finanzieller Auswirkungen führen, die mit der Transition verbunden sind.[916]

Auch den Erwartungen und (beabsichtigten) Vorgaben hinsichtlich der Setzung ESG-risikobezogener Ziele und Limite, dem Aufstellen von Transitionsplänen als auch der Entwicklung nachhaltiger Produkte kommt damit eine entscheidende Lenkwirkung zu.

Gleichwohl wird auch im Hinblick auf diese (beabsichtigten) Vorgaben und Erwartungen jedenfalls formal ein Risikoansatz herangezogen. Insbesondere unter Transitionsrisikogesichtspunkten sind ESG-risikobezogene strategische Ziele und Limite begründbar. Werden entsprechende Anpassungen der Geschäftsstrategien durch die Banken nicht vorgenommen, können Stabilitätsrisiken entstehen.[917] Darüber hinaus schreiben die Aufseher eine Entwicklung nachhaltiger Produkte, etwa im Sinne einer verpflichtenden Quote, nicht vor. Die Entwicklung nachhaltiger Produkte bzw. die Anpassung bestehender Produkte kann vielmehr erforderlich sein, um die ESG-risikobasierten strategischen Ziele bzw. Limite auch praktisch umzusetzen.[918] Damit lassen sich strategische Änderungen unter einer ökonomisch nachhaltigen Betrachtungsweise rechtfertigen, insbesondere durch die Ausweitung des Resilienzbetrachtungszeithorizonts.

Die Vorgaben und aufsichtlichen Erwartungen hinsichtlich der Steuerung des Kreditrisikos stützen sich formal auf ESG-Risiken und damit einen finanziellen Risikoansatz, sodass eine Zielkonformität zum bankenaufsichtsrechtlichen Fi-

---

914 *Europäische Bankenaufsichtsbehörde*, Consultation Paper on ESG risk management guidelines, Januar 2024, S. 9.

915 *Europäische Bankenaufsichtsbehörde*, ESG-Bericht, Ziffer 158 (S. 82).

916 Dazu *Europäische Bankenaufsichtsbehörde*, ESG-Bericht, Ziffer 158 (S. 82) unter Verweis auf *Bank of England*, Transition in thinking, September 2018; *Banque de France/Autorité de Contrôle Prudentiel et de Résolution*, French banking groups facing climate change-related risks 2019.

917 Dazu etwa *Bopp/Weber*, WPg 2020, S. 899 (901).

918 *Europäische Bankenaufsichtsbehörde*, ESG-Bericht, Conclusions and policy recommendations, S. 96.

nanzstabilitätsziel gegeben ist. Gleichwohl zeigen die Erwartungen hinsichtlich der Kreditrisikosteuerung auch starke Lenkungstendenzen. Zwar wird keine von (risiko-)strategischen Überlegungen losgelöste Steuerung erwartet, etwa in dem Sinne, dass bestimmte grüne Kreditquoten zu erfüllen sind. Dennoch wird die Lenkwirkung insbesondere ersichtlich, wenn die Finanzierungskosten für Gegenparteien mit höheren ESG-Risiken erhöht werden.[919] Auch die Erwartungen an die Anpassung der Preisgestaltung zeigen eine starke Lenkwirkung, wirken sich diese auf die Kreditkonditionen aus. Letztlich verzeichnen auch die Erwartungen hinsichtlich der Engagement Policy eine Lenkwirkung, insbesondere durch direkte Dialoge mit Gegenparteien.

Wie bereits bei der Bewertung der Zielkonformität der Vorgaben und aufsichtlichen Erwartungen an die Festlegung der Geschäftsstrategie ausgeführt, schließen starke Lenkwirkungen zugunsten des Neuausrichtungsziel eine Zielkonformität zum bankenaufsichtsrechtlichen Finanzstabilitätsziel nicht aus. Vielmehr ist eine solche nur verneinen, wenn die Lenkwirkung nicht mehr durch aufsichtsrechtliche Risikoüberlegungen begründet werden kann. Unter Zugrundelegung dessen sind auch die aufsichtlichen Erwartungen und Vorgaben hinsichtlich der ESG-Risikosteuerung (noch) zielkonform zum aufsichtsrechtlichen Finanzstabilitätsziel, da sie keine bestimmten, von risikostrategischen Überlegungen losgelösten, Kreditvergabekriterien oder -konditionen vorschreiben und der Preisgestaltung weiterhin eine Risikosicht zugrunde liegt. Auch die Engagement Policy ist weiterhin von (geschäfts-)strategischen Überlegungen bestimmt. Anpassungen der Engagement Policy können aus Risikosicht gerechtfertigt werden, da sich z. B. die Anpassungsfähigkeit der Gegenparteien an den Wandel der Wirtschaft auf ihr Kreditwürdigkeitsprofil (insbesondere bei Unternehmenskunden aus bestimmten Sektoren) auswirken kann.

Hieraus folgt auch, dass sich das aufsichtliche Verständnis einer Ausrichtung der Geschäftsstrategie an einer ökonomisch nachhaltigen Entwicklung nicht gewandelt hat,[920] sondern vielmehr eine langfristige Perspektive aufgenommen wurde, wenngleich (gerade dadurch) eine besondere Verbindung zu den politischen Neuausrichtungszielen hergestellt wird. Diese mittelbare Neuausrichtung ist daher zielkonsistenter Ausfluss der Risikoperspektive.[921] Dagegen kann die Pflicht

---

919 So auch etwa *Colaert*, Common Market Law Review 59 (2022), S. 1669 (1697).

920 Siehe dazu Klarstellung in MaRisk AT 4.2 Tz. 1: „ökonomisch nachhaltige Geschäftsstrategie".

921 Ähnlich *Dafermos*, SOAS Department of Economics Working Paper No. 243, September 2021, S. 6; vgl. auch *De Arriba-Sellier*, Common Market Law Review 58 (2021), S. 1097 (1134).

zum Aufstellen konkreter Transitionspläne – wobei deren konkreter Inhalt noch nicht absehbar ist – eine überschießende Lenkung beinhalten, die nicht (mehr) aus bankenaufsichtsrechtlicher Finanzstabilitätssicht geboten erscheint. Letztlich wird dies davon abhängen, welche Bedeutung diese Pläne für die Bewertung der Institute im SREP haben werden.

Eine Berücksichtigung von Umweltrisiken im ICAAP und in Stresstests ist grundsätzlich zielkonform zum Finanzstabilitätsziel. Stresstests sind aufgrund der Zukunftsgerichtetheit grundsätzlich geeignet Umweltrisiko-Szenarien aufzunehmen, wobei insbesondere langfristige Szenarien erforderlich sein dürften.[922] Die Szenarien für klimabezogene Stresstests des NGFS, des ESRB und der EZB und Deutschen Bundesbank können als Anhaltspunkt für die Stresstests genommen werden, wenngleich diese zunächst Aufsichtszwecken dienen.[923] Die Risikoidentifizierung und -bewertung stellt insbesondere für die Zwecke des ICAAP aber eine Herausforderung dar. Dies zeigt sich daran, dass in Bezug auf Umweltrisiken eine granulare Risikoanalyse zu erfolgen hat, da die Tätigkeiten und Vermögenswerte der Gegenparteien konkreter zu erfassen sind.[924] Probleme einer Quantifizierung von Risiken schließen eine Berücksichtigung im ICAAP aber nicht aus, da diese durch qualitative Annahmen zu ersetzen sind.[925] Die EZB fordert auch für Umweltrisiken bis zur Entwicklung geeigneter quantitativer Kennzahlen, die Verwendung qualitativer Erklärungen.[926]

Zusammenfassend kann festgehalten werden, dass „ESG" unter einer Risikobetrachtung in der Strategiefestlegung berücksichtigt werden soll. Damit hat sich das traditionelle Verständnis einer Ausrichtung der Geschäfts- und Risikostrategie auf eine „nachhaltige Entwicklung" des Instituts (vgl. § 25a KWG),

---

922 Es sind Szenarien zu verwenden, die den aktuellen Erkenntnissen zum Klimawandel entsprechen, wie die Szenarien des IPCC, EZB, Leitfaden zu Klima- und Umweltrisiken, November 2020, Kap. 6.5, Erwartung 11 (S. 46).

923 BaFin, Merkblatt zum Umgang mit Nachhaltigkeitsrisiken, Stand: 13.01.2020, Kap. 7.2 (S. 34). Zu dem Klimastresstest der EZB *Europäische Zentralbank*, Klimarisiko-Stresstest 2022; zu den Auswirkungen auf die makroprudenzielle Aufsicht, siehe d).

924 Vgl. *Europäische Bankenaufsichtsbehörde*, ESG-Bericht, Ziffer 246 (S. 112). Mit Blick auf die allgemeine Datenerhebung, Identifizierung und Beurteilung von ESG-Risiken können bestehende Risikoanalyse- bzw. -klassifizierungsverfahren angepasst oder neue genutzt werden (dazu bereits unter Teil 2B.II.2.a)bb)), siehe BaFin, Merkblatt zum Umgang mit Nachhaltigkeitsrisiken, Stand: 13.01.2020, Kap. 6.3.1, S. 28.

925 EZB, ICAAP-Leitfaden, November 2018, Ziffer 74; EZB, Leitfaden zu Klima- und Umweltrisiken, November 2020, Erwartung 7.3 (S. 35).

926 EZB, Leitfaden zu Klima- und Umweltrisiken, November 2020, Kap. 5.2, Erwartung 4.2 (S. 26).

einschließlich der Vergütungssysteme, im Grundsatz nicht gewandelt. Gleichwohl starke Lenkungstendenzen ersichtlich sind, herrscht weiterhin eine genuine Risikoperspektive, die eine Zielkonformität zum Finanzstabilitätsziel begründet. Die ESG-Vorgaben unter Säule 2 qualifizieren damit wie auch die übrigen Säule-2-Vorgaben als (qualitative) Risikobegrenzungsregeln.[927] Diese Risikoperspektive wurde um ESG-Nuancen angepasst, einerseits durch die Berücksichtigung von ESG-Risiken, andererseits durch einen längeren Betrachtungshorizont. Diese Nuancen formen das aufsichtsrechtliche Finanzstabilitätsziel, ohne dieses aber im Kern zu berühren. Die Aufnahme von ESG-Risiken erzeugt zwar Kosten. Die ESG-Risikovorgaben können zudem kleine Institute härter treffen, wenn sie z. B. viele Vermögenswerte in Überschwemmungsgebieten halten. Diese müssen daher u. U. ein umfangreicheres ESG-Risikomanagement vorweisen, wenngleich sich dieses aus Kostenperspektive bei ihnen stärker auswirkt.[928] Diese Kosten sind aber aus Zielsicht hinzunehmen, da sich bei ihnen ESG-Risiken stärker auswirken und damit unter Proportionalitätsgesichtspunkten (vgl. Art. 74 Abs. 2 CRD) ein granulares ESG-Risikomanagement von Nöten ist.

(2) Implikationen der Berücksichtigung von ESG-Risiken im aufsichtlichen Überprüfungs- und Bewertungsprozess (SREP)

Entsprechend den Erwartungen zum ESG-Risikomanagement sollen nach der EBA auch die Aufseher zukünftig ESG-Risiken im SREP berücksichtigen, zunächst mit einem Schwerpunkt auf Umweltrisiken (in Bezug auf klimabedingte Faktoren).[929] Wie ESG-Risiken im SREP berücksichtigt werden sollen, kann sich stark auf die Zielrichtung der ESG-Risikomanagementvorgaben auswirken, da

---

927 Siehe zu diesem Verständnis der Säule 2-Vorgaben etwa Bundesregierungsentwurf eines Dritten Gesetzes zur Änderung des KWG vom 14.05.1984, S. 18; siehe auch *Hilke*, Risiko und Bankenaufsicht, S. 35 ff.; *Rudolph*, wisu 1991, S. 596 (599 f.); *Burghof/Rudolph*, Bankenaufsicht, S. 51 ff. Es lässt sich zwischen quantitativen und qualitativen unterscheiden: *Burghof/Rudolph*, Bankenaufsicht, S. 52; *Markel*, Qualitative Bankenaufsicht, 2010, S. 47 f.; *Rudolph*, wisu 1991, S. 596 (600); *Hilke*, Risiko und Bankenaufsicht, S. 35 ff.

928 Zu entsprechenden Konsequenzen für die Offenlegung von ESG-Risiken siehe unter Teil 2B.II.2.b).

929 Dies entspricht der zeitlichen Implementierung der EU-Taxonomie und berücksichtigt, dass die Methodenanalysen bzgl. Umweltrisiken fortgeschrittener sind, siehe *Europäische Bankenaufsichtsbehörde*, ESG-Bericht, Ziffer 17 (S. 18 f.), Ziffer 318 (S. 132), dort auch S. 12; auch *Hannemann/Weigl/Zaruk*, MaRisk, AT 4.2 Rn. 100 ff.

ihr qualitativer Charakter den Aufsehern einen gewissen Beurteilungs- und Ermessensspielraum eröffnet.

Der SREP-Rahmen ist auch ohne entsprechende Anpassungen bereits in der Lage, einige Umweltrisiken zu berücksichtigten. Dies erfolgt zunächst im Rahmen der Betrachtung vom Belegenheitsort der Risikopositionen des Instituts (vgl. Art. 98 Abs. 1 lit. h CRD). Diese Länderrisiken umfassen nach den SREP-Leitlinien Ereignisse wie z. B. eine „Naturkatastrophe oder ein gesellschaftliches oder politisches Ereignis“[930]. Hierdurch können physische Risiken berücksichtigt werden. Bei Spezialfinanzierungen, in deren Fokus die Bewertung der Rentabilität der Projekte steht, haben Aufseher zudem die Auswirkung geänderter Vorschriften als auch eine geänderte Marktnachfrage zu berücksichtigen.[931] Dies kann insbesondere Transitionsrisiken erfassen.[932] Letztlich dürften sich auch die künftigen Ergebnisse der (institutsinternen) Stresstests auswirken, die auch langfristige Szenarien und damit Umweltrisiko-Szenarien betrachten müssen, insbesondere da diese auch für die zusätzlichen Säule-2-Eigenmittel relevant werden können.[933]

Der ESG-Risikomanagement-Ansatz verdeutlicht, dass eine umfassendere Berücksichtigung im SREP als wie bisher von Nöten ist. Grundsätzlich erfordert eine Berücksichtigung von Umweltrisiken zwar keine Anpassung der SREP-Leitlinien, sind ESG-Risiken unter die finanziellen Risiken einzuordnen[934] und können damit in der Geschäftsmodellanalyse bereits berücksichtigt werden, insbesondere da entsprechende materielle Anforderungen an Institute gestellt werden. Eine Anpassung ist aber zweckmäßig, sollen das ESG-Risikomanagement ausreichend überwacht und unterschiedliche Aufsichtspraktiken in Bezug auf ESG-Risiken vermieden werden.

In den SREP-Leitlinien sind ESG-Risiken bereits bei der Identifizierung der wesentlichen Anfälligkeiten berücksichtigt: Mit der Geschäftsmodellanalyse sollen u. a. die wesentlichen Anfälligkeiten des Instituts identifiziert werden, wobei nunmehr ausdrücklich ESG-Risiken und ihr Einfluss auf die Überlebensfähigkeit und

---

930 EBA, SREP-Leitlinien vom 18.03.2022, EBA/GL/2022/03, Ziffer 192 lit. d. Dazu auch *Bierman*, in: Beekhoven van den Boezem/Jansen/ Schuijling (Hrsg.), Sustainability and Financial Markets, S. 129, 151.

931 EBA, SREP-Leitlinien vom 18.03.2022, EBA/GL/2022/03, Ziffer 200 lit. a-c.

932 So auch *Bierman*, in: Beekhoven van den Boezem/Jansen/ Schuijling (Hrsg.), Sustainability and Financial Markets, S. 129, 151.

933 Siehe EBA, SREP-Leitlinien vom 18.03.2022, EBA/GL/2022/03, Kapitel 7.7, wobei grundsätzlich ein Zwölfmonatszeitraum für die Anordnung zusätzlicher Eigenmittel betrachtet wird, siehe Kapitel 7.7.2, Ziffer 448.

934 Dazu bereits Teil 2B.II.1.

Nachhaltigkeit des Geschäftsmodells und die langfristige Widerstandsfähigkeit des Instituts berücksichtigt werden sollen.[935] Nachhaltigkeit im Sinne der SREP-Leitlinien meint dabei weiterhin die Fähigkeit eine „akzeptable Rendite“[936] zu erzielen.[937]

Weitere ESG-Vorgaben enthalten die SREP-Leitlinien aktuell nicht. In Art. 100 Abs. 4 CRD ist aber ein Mandat für die Anpassung der SREP-Leitlinien vorgesehen. Art. 98 Abs. 9 Unterabs. 1 Satz 1 CRD[938] sieht entsprechend vor, dass der SREP auch „die Bewertung der Unternehmensführungs- und Risikomanagementprozesse der Institute für den Umgang mit ESG-Risiken sowie die Bewertung der Exposition der Institute gegenüber ESG-Risiken“ umfasst. Die Aufseher sollen hierfür die entsprechenden Geschäftsmodelle berücksichtigen (Art. 98 Abs. 9 Unterabs. 1 Satz 2 CRD).

Nach Art. 98 Abs. 9 Unterabs. 3 CRD sollen im SREP auch die Transitionspläne nach Art. 76 Abs. 2 CRD bewertet werden sowie die Fortschritte bei der Bewältigung der ESG-Risiken, die sich aus dem Prozess der Anpassung hin zur Klimaneutralität und zu anderen einschlägigen Regulierungszielen der Union im Zusammenhang mit ESG-Faktoren ergeben.[939] Hiermit wird die „Robustheit“ der Pläne angesprochen, vgl. Art. 87a Abs. 4 Satz 3 CRD.

Im Hinblick auf die erwarteten Änderungen lässt sich – entsprechend den aufsichtlichen Erwartungen der EBA – annehmen, dass neben der Integration von ESG-Risiken in die einzelnen SREP-Bereiche, eine Anpassung der Zeithorizonte in den einzelnen Prüfungskategorien erfolgen wird. Die Berücksichtigung von ESG-Risiken wird sich entsprechend auf alle sechs Bereiche des SREP auswirken (Geschäftsmodellanalyse, Bewertung der internen Governance und der institutsweiten Kontrollen, Bewertung der Kapitalrisiken, Bewertung der Liquiditäts- und Finanzierungsrisiken, die SREP-Kapitalbewertung und die SREP-Liquiditätsbewertung), wobei der ESG-Bericht der EBA bereits konkrete Implikationen enthält.[940]

---

935 EBA, SREP-Leitlinien vom 18.03.2022, EBA/GL/2022/03, Final Report, S. 10.

936 So auch ausdrücklich *Europäische Bankenaufsichtsbehörde*, ESG-Bericht, Ziffer 312 (S. 131).

937 Umfassend dazu bereits Teil 2A.II.

938 Den Rahmen für den SREP stecken die Art. 97, 98 CRD sowie diese konkretisierend die SREP-Leitlinien der EBA vom 18.03.2022, EBA/GL/2022/03, ab.

939 Vgl. auch Art. 98 Abs. 1 lit. k CRD. Nach Art. 98 Abs. 9 Unterabs. 2 CRD soll die Exposition der Institute gegenüber ESG-Risiken auf Grundlage der Transitionspläne nach bewertet werden.

940 Die EBA führt zu jedem Bereich ihre Erwartungen an die jeweilige Bewertung und Prüfung aus, wobei sich die Erwartungen größtenteils als Spiegelbild der Erwartungen an die Institute in diesem Bereichen darstellen (näher *Europäische Bankenaufsichtsbehörde*, ESG-Bericht, Ziffern 316 ff. (S. 132 ff.).

Dabei dürfte ein Hauptaugenmerk auf der Geschäftsmodellanalyse liegen. Entsprechend den Ausführungen der EBA sollen ESG-Risiken im Rahmen der Geschäftsmodellanalyse bei der Bewertung der Tragfähigkeit und Nachhaltigkeit der Geschäftsmodelle berücksichtigt werden.[941] Konkret soll berücksichtigt werden, wie Veränderungen im Geschäftsumfeld durch die Institute berücksichtigt und die langfristige Widerstandfähigkeit (*long-term resilience*) bewertet wurde, ob solide Strategien unter Berücksichtigung ESG-risikobezogener Ziele bzw. Limite festgelegt wurden und ob und wie die Entwicklung nachhaltiger Produkte erwogen wurde.[942] Dies deckt sich mit den entsprechenden materiellen Erwartungen an die Institute. Im Allgemeinen soll eine zukunftsorientierte (*forward-looking*) Bewertung des zukünftigen Geschäftsumfelds erfolgen, wobei die Aufsichtsbehörden insbesondere das Pariser Klimaschutzübereinkommen, den Green Deal, inkl. das EU-Klimarecht sowie soziale Veränderungen, z. B. ausgelöst durch die COVID-19 Pandemie, und die wirtschaftlichen Auswirkungen von Naturkatastrophen und anderen Umweltfaktoren in den Blick nehmen sollen.[943]

Die Analyse der Strategie und Finanzpläne ist ein wesentlicher Bereich, in dem die Aufsichtsbehörden den Zeithorizont erweitern und eine Evaluation von langfristigen Strategien und ESG-risikobezogener Ziele bzw. Limite der Institute durchführen können.[944] Im Rahmen der Bewertung, ob die Strategien und Finanzpläne ESG-Risiken angemessen berücksichtigen, kann insbesondere danach gefragt werden, ob und wann sich ESG-Risiken auswirken, ob ESG-risikobezogene Ziele, nachhaltige Bankprodukte oder ein Herantreten an Kunden mit Blick auf ihre ESG-Resilienz erfolgreiche Faktoren für die Geschäftsstrategie sind, ob das Institut im Rahmen seiner makroökonomischen Annahmen ESG-The-

---

941 *Europäische Bankenaufsichtsbehörde*, ESG-Bericht, Ziffer 317 (S. 132). Die Strategien der Institute gehören zum Prüfungsumfang der Aufseher, soweit ihre Nachhaltigkeit angesprochen ist, siehe dazu bereits Teil 2A.II.

942 Die EBA sieht diese Aspekte als Basis für die Aufseher, siehe *Europäische Bankenaufsichtsbehörde*, ESG-Bericht, Ziffern 317, 318 (S. 132).

943 *Europäische Bankenaufsichtsbehörde*, ESG-Bericht, Ziffer 321 (S.133).

944 *Europäische Bankenaufsichtsbehörde*, ESG-Bericht, Ziffer 328 (S. 134). Die EBA zählt (nicht abschließend) auf, welche Aspekte in Bezug auf ESG-risikobezogene strategische Ziele bzw. Limite aus aufsichtlicher Perspektive bedeutsam sind. Neben den Gründen für ESG-bezogene Ziele/Limite (z. B. Wachstumschancen, Risikoperspektive, Reputationswahrung) zählen hierzu u. a. die Betrachtung konfliktärer strategischer Ziele/Limits und in dem Fall, dass ein Kreditinstitut Nachhaltigkeitsstandards (wie SDGs) anwenden will, die Frage, inwieweit eine solche Ausrichtung den ESG-Risiken entgegenwirkt oder zur Rentabilität beiträgt, siehe *Europäische Bankenaufsichtsbehörde*, ESG-Bericht, Ziffer 329 (S. 135).

men berücksichtigt und ob das Institut tatsächlich über das Know-how verfügt, ESG-risikobezogene Ziele/Limite umzusetzen.[945] Die EBA verdeutlicht, dass ein gänzliches Fehlen von ESG-Risikoüberlegungen in der Geschäftsstrategie kritisch hinterfragt werden sollte.[946]

Der Bewertung der Tragfähigkeit und Nachhaltigkeit des Geschäftsmodells liegen die Analysen des Geschäftsumfelds und des aktuellen Geschäftsmodells zugrunde, sodass bereits hierdurch ESG-Faktoren berücksichtigt werden. ESG-Risiken können dabei insbesondere bei der Bewertung der Nachhaltigkeit (Betrachtungszeithorizont von mindestens drei Jahren) erfasst werden. Entsprechend den ESG-Risikomanagementvorgaben soll geprüft werden, ob Institute den Einfluss von Klimapolitikmaßnahmen auf ihr Geschäftsumfeld vollständig erfasst und diese ausreichend in ihre Annahmen und Prognosen (insbesondere durch ESG-Szenarioanalysen) integriert haben.[947] Daneben soll auch berücksichtigt werden, ob ein höheres strategisches Risiko eingegangen wird, wenn trotz hoher Engagements in anfälligen (Teil-)Sektoren oder Regionen keine Anpassung erfolgt („*Business-as-usual*").[948]

ESG-Risiken sollen schließlich bei der Bewertung des operationellen Risikos (im Rahmen der Bewertung der Kapitalrisiken) berücksichtigt werden, wobei Aufsichtsbehörden insbesondere prüfen sollen, inwieweit die Tätigkeiten des Instituts das Risiko eines künftigen Reputationsschadens erhöhen könnten und ob das Institut dies richtig erfasst und bewertet hat.[949] Positiv wird hierbei gesehen, wenn sich das Institut dazu entscheidet, seine Betriebs- und Geschäftsaktivitäten mit ESG-Standards zu verknüpfen.[950] Daneben sind auch insbesondere die Rechtsrisiken zu betrachten, die sich bei einem Versäumnis der Bewertung des ESG-Profils ihrer Produkte realisieren können.[951]

Neben den Anpassungen der SREP-Bereiche sollen auch die grundsätzlichen Betrachtungszeiträume erweitert werden. Derzeit erfasst die Bewertung der Tragfähigkeit (*viability*) des Geschäftsmodells eines Kreditinstituts einen Zeitraum von zwölf Monaten und der Zeitraum für die Bewertung der Nachhaltigkeit der

945 *Europäische Bankenaufsichtsbehörde*, ESG-Bericht, Ziffer 330 (S. 136).
946 *Europäische Bankenaufsichtsbehörde*, ESG-Bericht, Ziffer 331 (S. 136).
947 *Europäische Bankenaufsichtsbehörde*, ESG-Bericht, Ziffer 334 (S. 136).
948 *Europäische Bankenaufsichtsbehörde*, ESG-Bericht, Ziffer 334 (S. 136).
949 *Europäische Bankenaufsichtsbehörde*, ESG-Bericht, Ziffer 378 (S. 147).
950 *Europäische Bankenaufsichtsbehörde*, ESG-Bericht, Ziffer 379 (S. 147).
951 *Europäische Bankenaufsichtsbehörde*, ESG-Bericht, Ziffer 379 (S. 147 f.).

Geschäftsstrategie erfasst eine Spanne von mindestens drei Jahren.[952] Der SREP gibt den Aufsehern damit zwar eine gewisse Flexibilität, indem verschiedene Zeithorizonte bei der Bewertung betrachtet werden, gleichwohl sind die Zeithorizonte, die derzeit vorgegeben bzw. gängig sind, nicht fähig, ESG-Risiken gänzlich zu erfassen.[953] Wenngleich eine Berücksichtigung von ESG-Risiken in den bekannten Bereichen des SREP damit einige ESG-Faktoren erfassen kann (insbesondere im Rahmen der Nachhaltigkeitsanalyse), erlaubt der aktuelle Bewertungsrahmen den Aufsichtsbehörden damit nicht, die langfristigen Auswirkungen von ESG-Risiken zu betrachten.[954]

Die EBA plant daher die Einführung einer neuen Bewertungsperspektive in Form einer Bewertung der langfristigen Resilienz des Instituts (*long-term resilience*).[955] Zusätzlich zur Anpassung der bestehenden SREP-Bereiche soll daher ein neues „*long-term resilience assessment*" Teil der aufsichtlichen Geschäftsmodellanalyse werden. Hierdurch soll bewertet werden können, inwieweit das ESG-Risikomanagement durch das Institut zu dessen langfristiger Widerstandsfähigkeit beiträgt.[956] Interessant ist, dass die EBA im ESG-Bericht explizit äußert, dass es mit Blick auf den Übergang zu einer nachhaltigen Wirtschaft aus einer aufsichtlichen Perspektive *prudent* sein könne, das aktuelle Geschäftsmodell in Frage zu stellen und für die Zukunft größere Veränderungen anzustreben, insbesondere dann, wenn das derzeitige Geschäftsmodell stark von anfälligen (Teil-) Sektoren oder Regionen abhängig sei.[957]

Der Bewertung soll – spiegelbildlich zu den materiellen Erwartungen und kommenden Vorgaben in Bezug auf die Strategien – ein Mindestzeitraum von zehn Jahren zugrunde liegen.[958] Aufsichtsbehörden sollen die Geschäftspläne und -strategien mit Blick auf einen Mindestzeithorizont von zehn Jahren analysieren, um damit die längerfristigen Auswirkungen von ESG-Faktoren und -Risiken auf

952 Hierzu bereits oben Teil 2A.II.; siehe EBA, SREP-Leitlinien vom 18.03.2022, EBA/GL/2022/03, Ziffer 71, 91; darauf eingehend auch EBA, *Europäische Bankenaufsichtsbehörde*, ESG-Bericht, Ziffer 312 (S. 131).

953 *Europäische Bankenaufsichtsbehörde*, ESG-Bericht, Ziffer 313 (S. 131).

954 *Europäische Bankenaufsichtsbehörde*, ESG-Bericht, Ziffer 335 (S. 137).

955 *Europäische Bankenaufsichtsbehörde*, ESG-Bericht, Ziffer 317 (S. 132).

956 *Europäische Bankenaufsichtsbehörde*, ESG-Bericht, Ziffer 336 (S. 137).

957 *Europäische Bankenaufsichtsbehörde*, ESG-Bericht, Ziffer 336 (S. 137).

958 *Europäische Bankenaufsichtsbehörde*, ESG-Bericht, Ziffer 337 (S. 137 f.).

die Geschäftsmodelle zu identifizieren.[959] Der Zeitraum ist insbesondere durch die Klimaziele 2030 und 2050 bedingt.[960]

Dieser langfristige Zeithorizont soll neben die Zeithorizonte für die Bewertung der Tragfähigkeit (kurzfristiger Horizont) und der Nachhaltigkeit (mittelfristiger Horizont) treten. Die EBA erkennt, dass quantitative Projektionen für den 10-Jahreszeitraum mit höheren Unsicherheiten verbunden sind und auf einer Vielzahl an unterschiedlichen wirtschaftlichen Szenarien basieren müssten.[961] Daher soll diese langfristige Perspektive entsprechend den Erwartungen an die Strategien zunächst durch eine qualitative Analyse der längerfristigen Auswirkungen ausgestaltet werden.[962] Langfristig gesehen soll die qualitative Analyse durch quantitative Aspekte ergänzt werden, wenn hierzu Methoden entwickelt werden und präzisere Daten verfügbar sind.[963] Insoweit könnten zusätzlich KPIs analysiert werden wie beispielsweise die voraussichtliche GAR des Instituts in zehn Jahren oder der Anteil an energieeffizienten Immobilien im Immobilienportfolio.[964] Mit der Aufnahme von ESG-Risiken in die wesentlichen Anfälligkeiten unter den aktuellen SREP-Leitlinien nimmt die EBA zudem bereits Bezug auf die Betrachtung einer langfristigen Widerstandsfähigkeit.[965]

Schließlich sollen ESG-Risiken langfristig in die aufsichtliche Kapitalbewertung integriert werden.[966] Dies setzt ausreichende Daten zu ESG-Risiken voraus, die wiederum für die Entwicklung von Tools erforderlich sind, um den quantitativen Einfluss dieser Risiken auf finanzielle Risiken messen zu können.[967] Die Aufsicht muss geeignete Quantifizierungsmethoden für ESG-Risiken entwickeln, wobei die Offenlegung durch Institute relevante Daten liefern können. Die Aufseher erwarten bereits, dass Institute alle wesentlichen ESG-Risiken im ICAAP berücksichtigen.[968] Anhand dieser ICAAP-Bewertung soll ein aufsichtlicher Dialog

---

959 *Europäische Bankenaufsichtsbehörde*, ESG-Bericht, Ziffer 337 (S. 137).
960 *Europäische Bankenaufsichtsbehörde*, ESG-Bericht, Ziffer 337 (S. 137 f.). Dazu bereits unter Teil 2B.II.2.a)aa)(2).
961 *Europäische Bankenaufsichtsbehörde*, ESG-Bericht, Ziffer 339 (S. 138).
962 *Europäische Bankenaufsichtsbehörde*, ESG-Bericht, Ziffer 339 (S. 138).
963 *Europäische Bankenaufsichtsbehörde*, ESG-Bericht, Ziffer 339 (S. 138 f.).
964 *Europäische Bankenaufsichtsbehörde*, ESG-Bericht, Ziffer 339 (S. 138).
965 EBA, SREP-Leitlinien vom 18.03.2022, EBA/GL/2022/03, Final Report, S. 10.
966 *Europäische Bankenaufsichtsbehörde*, ESG-Bericht, Ziffer 301 (S. 128 f.), siehe dort auch S. 12.
967 *Europäische Bankenaufsichtsbehörde*, ESG-Bericht, Ziffer 301 (S. 128 f.).
968 Siehe Teil 2B.II.2.a)cc).

mit dem Institut in Bezug auf die Identifizierung der wesentlichen ESG-Risiken und der Minderungsmaßnahmen einsetzen.[969]

Mit dem Fortschreien der Entwicklungen von geeigneten Mess- und Bewertungsmethoden erwartet die EBA, dass Aufsichtsbehörden mittelfristig in der Lage sind, zu beurteilen, ob die Höhe des internen Kapitals, ESG-Risiken angemessen abdeckt oder ob höhere Eigenmittelvorgaben erforderlich sind.[970] Der SREP soll damit zukünftig verwendet werden, um höhere Kapitalanforderungen für Umweltrisiken festzulegen.[971] Erhöhungen oder Ankündigungen solcher können Banken anregen, ihre Risikopositionen mit Blick auf Umweltrisiken zu verringern.[972] Auch in diesem Feld korrelieren die Eigenarten von ESG-Risiken aber mit den klassische Betrachtungszeiträumen. Die Eigenmittelvorgaben unter Säule 2 sollen vornehmlich unerwartete Verluste über einen Zeitraum von zwölf Monaten abdecken.[973] Zudem basieren die Säule-2-Empfehlungen der EZB auf den Ergebnissen aus den SREP-Stresstests und damit auf Szenarien, die mindestens zwei Jahre betrachten.[974] Dieser Zeitraum ist bisher nicht angepasst worden, sodass sich besondere Schwierigkeiten einer Berücksichtigung von Umweltrisiken abzeichnen.

Aus der finalen Ausrichtung der ESG-Risikovorgaben auf das Finanzstabilitätsziel und ihrer Zielkonformität müsste grundsätzlich eine Zielkonformität

---

969 *Europäische Bankenaufsichtsbehörde*, ESG-Bericht, Ziffer 386 (S. 150).

970 *Europäische Bankenaufsichtsbehörde*, ESG-Bericht, Ziffer 387 (S. 150); vgl. zudem bereits *High-Level Expert Group on Sustainable Finance*, Final Report 2018, S. 67. Die EZB hat 2022 bereits einen Klimarisiko-Stresstest durchgeführt (siehe *Europäische Zentralbank*, Klimarisiko-Stresstest 2022). Die Ergebnisse des Stresstests sollen zunächst nur qualitativ in den SREP einfließen, mithin noch nicht zu höheren Säule-2-Kapitalunterlegungen führen.

971 Das EuG hat der EZB einen weiten Ermessensspielraum bei der Risikobewertung zugesprochen und mit Verweis auf Art. 97 Abs. 1 lit. a CRD ausgeführt, dass der SREP verwendet werden könne, um Kapitalanforderungen auf der Basis eines „möglichen Eintritt[s] eines zukünftigen Ereignisses", welches das Risikoprofil ändern könnte, zu erhöhen, siehe *EuG*, Urteil v. 13.12.2017 – T-52/16, EU:T:2017:902, Rz. 175, zudem 177 ff.; dazu auch zudem *Bierman*, in: Beekhoven van den Boezem/Jansen/Schuijling (Hrsg.), Sustainability and Financial Markets, S. 129, 145 ff.; *De Arriba-Sellier*, Common Market Law Review 58 (2021), S. 1097 (1137).

972 *Alexander/Fisher*, in: Fisher, Making the Financial System Sustainable, S. 49, 66.

973 EBA, SREP-Leitlinien vom 18.03.2022, EBA/GL/2022/03, Kapitel 1.2, Ziffer 8: „Kapitalrisiken".

974 *Europäische Zentralbank*, Säule-2-Empfehlungen; *Europäische Bankenaufsichtsbehörde*, ESG-Bericht, Ziffer 312 (S. 131).

der SREP-Erwartungen folgen. Grundsätzlich hat sich das aufsichtsrechtliche Verständnis in Bezug auf die Ausrichtung der Geschäftsstrategie an einer nachhaltigen Entwicklung (vgl. § 25a Abs. 1 Satz 3 Hs. 2 Nr. 1 KWG) auch im SREP derzeit nämlich nicht gewandelt. Es ist vielmehr weiterhin auf eine ökonomische Nachhaltigkeit bezogen. Entsprechend führt auch die EBA aus, dass ihre Erwartungen im Hinblick auf eine Berücksichtigung von ESG-Risiken im SREP auf eine ökonomische Nachhaltigkeitsperspektive ausgerichtet sind.[975]

Aber auch die Erwartungen hinsichtlich einer Berücksichtigung von ESG-Risiken im SREP enthalten Aussagen, die Anhaltspunkte für eine Hinterfragung der Zielkonformität liefern. Es wird z. B. ein Augenmerk auf die Entwicklung nachhaltiger Produkte gelegt und Reputationsrisiken bei „braunen" Geschäftsmodellen angenommen. Dies dürfte eine besondere Lenkwirkung bedingen. Wie es bereits beim ESG-Risikomanagement der Institute der Fall ist, werden ESG-Aspekte aber dennoch (lediglich) unter einer generellen Risikoperspektive berücksichtigt, sodass sich aktuell keine hiervon losgelöste Lenkwirkung der SREP-Erwartungen zeigt.

Aus der finalen Ausrichtung der ESG-Risikovorgaben auf das Finanzstabilitätsziel als auch der Risikoperspektive der SREP-Erwartungen ist zudem impliziert, wie Aufseher auf mögliche Konflikte in konkreten Prüfsituationen, etwa bei der Bewertung der Überlebensfähigkeit eines Geschäftsmodells, zu entscheiden haben:[976] Aus betriebswirtschaftlicher Sicht kann die Integration von Nachhaltigkeit (im Sinne der SDGs) in die Strategien der Banken grundsätzlich auf zwei verschiedenen Wegen erfolgen.[977] Einerseits kann der Fokus im Sinne einer passiven Basisstrategie auf der Abwehr von Folgen eines nicht nachhaltigen unternehmerischen Verhaltens liegen, andererseits können im Sinne einer aktiven Basisstrategie, bestehende Strategien angepasst werden, z. B. durch eine Berücksichtigung von Umweltaspekten.[978] Aufsichtsrechtlich ist aufgrund der Aussagen der Aufseher grundsätzlich eine aktive Basisstrategie zu bevorzugen, wird eine aktive Auseinandersetzung mit ESG-Risiken gefordert. Möchte eine Bank nun weiter differenzieren, um insbesondere auch Wettbewerbsvorteile zu generieren, so kommen, angelehnt an *Porter*, grundsätzlich drei strategische Wege in Betracht:

975 Ausdrücklich nochmal klargestellt durch *Europäische Bankenaufsichtsbehörde*, ESG-Bericht, Ziffer 333 (S. 136).

976 Dazu bereits Teil 2A.II.

977 Hierzu auch *Waschbusch/Kiszka/Strauß*, Nachhaltigkeit in der Bankenbranche, S. 99.

978 Hierzu auch *Waschbusch/Kiszka/Strauß*, Nachhaltigkeit in der Bankenbranche, S. 99; *Meffert/Kirchgeorg*, Marktorientiertes Umweltmanagement, S. 202 ff.

Während die Strategietypen der „Kostenführerschaft"[979] und „Konzentration auf Schwerpunkte"[980] auf einen Kostenvorsprung und Marktnischen bauen, beschreibt der Strategietyp der „Differenzierung"[981] ein Abheben von der Masse durch ein exklusives Angebot an Dienstleistungen und Produkten am Markt.[982] Banken können sich im Sinne der Differenzierungsstrategie am Leitbild der Nachhaltigkeit z. B. durch ein entsprechendes Produktangebot ausrichten. Aber auch diese Ausrichtung kann grundsätzlich auf drei verschiedenen Wegen erfolgen. Erstens kann die Nachhaltigkeitsausrichtung dominant und umfassend sein, sodass z. B. im Anlagegeschäft Nachhaltigkeit über den Rendite- und Sicherheitszielen stehen würde; zweitens kann die Nachhaltigkeitsausrichtung als ergänzende, gleichstufige Nutzenkategorie hinzutreten; drittens kann Nachhaltigkeit als Unteraspekt betrachtet und berücksichtigt werden.[983] Was für Banken am vorteilhaftesten ist, sollte grundsätzlich unter Zugrundelegung des Geschäftsumfelds betrachtet werden. Insbesondere wenig reflektierte „grüne" geschäftspolitische Entscheidungen können riskant sein.[984]

Stehen Aufseher nun von einer konkreten Prüfsituation, in der ein Geschäftsmodell zwar besonders geeignet ist, grüne Finanzierungen zu ermöglichen, dafür aber Einbußen mit Blick auf die Bewertung der (ökonomischen) Nachhaltigkeit verzeichnet (akzeptable Rendite in den nächsten drei Jahren), so dürfte aufgrund der finalen Ausrichtung der materiellen Vorgaben zum ESG-Risikomanagement auf das Finanzstabilitätsziel ein Vorrang ökonomisch nachhaltiger Geschäftsmodelle anzunehmen sein und damit eine entsprechend negative Bewertung der Nachhaltigkeit erfolgen. Letztlich stellen die aufsichtsrechtlichen ESG-Forderungen nämlich eine Unterkomponente des aufsichtsrechtlichen ökonomischen Nachhaltigkeitsverständnisses dar. Etwas anders würde gelten, wenn Nachhaltigkeitserwägungen vor den Komponenten des aufsichtsrechtlichen Nachhaltigkeitsverständnisses und damit isoliert zu ihnen Einzug finden müssten. Hierdurch würde Nachhaltigkeit vor oder neben Rendite und Sicherheit stehen und damit

979 *Porter*, Wettbewerbsstrategien, S. 73.

980 *Porter*, Wettbewerbsstrategien, S. 73.

981 *Porter*, Wettbewerbsstrategien, S. 73.

982 *Porter*, Wettbewerbsstrategien, S. 73-79; zur Relevanz für deutsche Banken siehe *Waschbusch/Kiszka/Strauß*, Nachhaltigkeit in der Bankenbranche, S. 100 m. w. N., u. a. auf *Klein*, Die Nachhaltigkeit der Genossenschaftsbanken, S. 31 ff.

983 *Waschbusch/Kiszka/Strauß*, Nachhaltigkeit in der Bankenbranche, S. 100; hierzu auch *Weis*, Strategische Ausrichtung am Leitbild Nachhaltigkeit, S. 101 ff.; *Klein*, Die Nachhaltigkeit der Genossenschaftsbanken, S. 35.

984 *Waschbusch/Kiszka/Strauß*, Nachhaltigkeit in der Bankenbranche, S. 100 f.

einen Wandel des Verständnisses bedeuten. Dies ist derzeit aber nicht zu beobachten, sodass das vorgestellte erste Modell für Geschäftsbanken aus aufsichtsrechtlicher Sicht nicht in Frage kommen dürfte. Es herrscht kein Vorrang ökologischer und sozialer Nachhaltigkeitserwägungen.

Ein solcher Konfliktfall dürfte zwar grundsätzlich theoretisch bleiben. Dafür ist der umgekehrte Fall denkbar: Unter der Annahme, dass die ökonomischen Parameter der SREP-Bewertung befriedigt sind, stellt sich die Frage, ob die Aufseher ökologisch nachhaltige Ausrichtungen der Geschäftsmodelle fordern können und sollen.[985] Dies bedeutet nicht, dass Aufseher bestimmte Geschäftsmodelle vorschreiben, diese sind weiterhin nicht Gegenstand der aufsichtlichen Überprüfung.[986] Vielmehr ist die Frage angesprochen, ob Aufseher im Rahmen der Bewertung der Nachhaltigkeit/langfristigen Resilienz des Geschäftsmodells, ein „grünes" Geschäftsmodell besser bewerten können als andere Geschäftsmodelle, obgleich auch die Letzteren die ökonomischen Nachhaltigkeitsparameter des SREP befriedigen. Eine Bevorzugung grüner Geschäftsmodelle ist dadurch

985 Zur grundsätzlichen Möglichkeit einer Berücksichtigung von Umweltschutzbelangen durch die Bankenaufsicht siehe Teil 3C.I.2.

986 Siehe etwa *Europäische Bankenaufsichtsbehörde*, ESG-Bericht, Ziffer 158 (S. 82). In diesem Zusammenhang ist beachtlich, dass die Geschäftsstrategie überhaupt in § 25a KWG einbezogen wird, vgl. hierzu bereits Regierungsbegründung, Entwurf eines Gesetzes zur Umsetzung der neu gefassten Bankenrichtlinie und der neu gefassten Kapitaladäquanzrichtlinie, 26.04.2006, BT-Drs. 16/1335, S. 74, 82; zudem *Langen/Donner*, in: Schwennicke/Auerbach (Hrsg.), KWG, 4. Aufl. 2021, § 25a Rn. 53. Die CRD kennt den Begriff der Geschäftsstrategie lediglich in Zusammenhang mit der Vergütungspolitik (Art. 92 Abs. 2 lit. b CRD) und der Altersvorsorgepolitik (Art. 94 Abs. 1 lit. o CRD), indem bestimmt wird, dass diese mit der Geschäftsstrategie in Einklang stehen müssen. Allgemein wird dagegen von „Strategien" gesprochen, insbesondere in Art. 73 CRD, welcher in § 25a Abs. 1 Satz 3 Nr. 1 KWG umgesetzt wurde. Der nationale Gesetzgeber hat die Geschäftsstrategie dennoch bewusst einbezogen, wohl in Überführung der Aufsichtspraxis der BaFin, ohne dabei aber eine Ausweitung zu beabsichtigen, siehe Regierungsbegründung, Entwurf eines Gesetzes zur Umsetzung der neu gefassten Bankenrichtlinie und der neu gefassten Kapitaladäquanzrichtlinie, 26.04.2006, BT-Drs. 16/1335, 62: „Der Inhalt der Geschäftsstrategie liegt (…) ausschließlich in der Verantwortung der Geschäftsleitung und kann demzufolge auch nicht Gegenstand von Prüfungshandlungen durch externe Prüfer oder die interne Revision sein". Dies spiegelt sich auch in den Vorgaben der MaRisk und ihren Erläuterungen wider, wenngleich der Strategieprozess nach AT 4.2 Tz. 5 Prüfungsgegenstand ist und zur Prüfung der Risikostrategie die Geschäftsstrategie herangezogen wird, um eine Konsistenzprüfung vorzunehmen, siehe MaRisk, Erläuterungen zu AT 4.2 Tz. 1).

indiziert, dass die Aufseher ausdrücklich fordern, dass Banken eine Anpassung ihrer Geschäftsmodelle erwägen sollen, insbesondere durch ein Angebot von grünen Produkten, und in einen Dialog mit ihren Kunden treten und an diese konkrete Nachhaltigkeitsforderungen stellen sollen. Wenngleich dies insoweit aufsichtsrechtlich (und betriebswirtschaftlich) anzuerkennen ist, da ein gewandeltes Geschäftsumfeld eine Anpassung des Geschäftsmodells mit sich bringen kann, um – und damit wieder aus aufsichtsrechtlicher Sicht relevant – auf dem Markt bestehen zu können,[987] implizieren diese Erwartungen doch gleichwohl, dass die Geschäftsmodelle der Banken, unter Sicherstellung der ökonomischen Nachhaltigkeitsparameter, immer mehr an die SDGs und die EU-Klimaziele angepasst werden sollen.

Hierin dürfte keine „echte" Abkehr vom ökonomischen Nachhaltigkeitsverständnis zu sehen sein. Einerseits müssten die (unveränderten) Nachhaltigkeitsparameter des SREP weiterhin erfüllt sein. Andererseits ließe sich auch unter einer langfristigen ökonomischen Nachhaltigkeitsperspektive eine solche Anpassung rechtfertigen, indem der aufsichtliche Betrachtungszeitraum (entsprechend dem beabsichtigten *long term resilience assessment*) erweitert wird. Nach allgemeinen betriebswirtschaftlichen Überlegungen besteht das Hauptziel eines Unternehmens darin, die „langfristige Sicherung seiner Erfolgs- sowie Entwicklungspotenziale und damit seiner Überlebensfähigkeit"[988] zu ermöglichen. Langfristig gesehen, insbesondere mit Blick auf Ressourcen und Rohstoffe etc. kann eine Überlebensfähigkeit für Unternehmen der Realwirtschaft grundsätzlich nur durch einen Einbezug von Nachhaltigkeitserwägungen erfolgen.[989] Dies wirkt sich entsprechend bei Banken aus, denn den Ausgangspunkt für die Strategiefestlegung bildet die Bewertung des Geschäftsumfelds und (insbesondere aus aufsichtlicher Perspektive) die Bewertung der hieraus erzeugten Risiken für das Geschäftsmodell des Instituts. Anhand einer solchen Analyse erfolgt die Festlegung strategischer Ziele bzw. Limite.[990] Dies bedeutet, dass das Erkennen und

---

987 Hierzu auch *Bopp/Weber*, WPg 2020, S. 899 (900 f.).

988 *Schulz*, in: Wunder (Hrsg.), CSR und Strategisches Management, S. 67, 67; siehe auch *Waschbusch/Kiszka/Strauß*, Nachhaltigkeit in der Bankenbranche, S. 51.

989 Näher *Schulz*, in: Wunder (Hrsg.), CSR und Strategisches Management, S. 67, 67 f.; siehe zudem *KPMG International*, Report, Part 1, S. 14 ff., sowie Part 3, S. 129 ff.; *Eccles/Ioannou/Serafeim*, Management Science, Vol. 60, No. 11, S. 2835 ff.

990 Möchte man den Strategiebegriff vom Geschäftsmodell abgrenzen, so sind Geschäftsstrategien Ausfluss der Geschäftsmodelle der Institute, vgl. *Bundesanstalt für Finanzdienstleistungsaufsicht*, Jahresbericht 2013, III 1.1.7, S. 73; zur Analyse des Geschäftsmodell näher bereits oben Teil 2B.II.2.a)aa)(1).

Verstehen von externen Entwicklungen – mithin konkret des Geschäftsumfelds – Voraussetzungen dafür sind, neue Geschäftsfelder zu erschließen, Kosten zu sparen und das Risikomanagement zu verbessern.[991]

Diese zunächst rein wirtschaftliche Betrachtungsweise zeigt, dass ökologisch nachhaltige Geschäftsstrategien aus der Innenperspektive der Banken bereits natürlicher Ausfluss eines sich wandelnden Geschäftsumfelds sein können. Sie fußen auf der Erschließung neuer Geschäftspotenziale, um einen langfristigen Unternehmenserfolg zu sichern.[992] Neben dieser wirtschaftlichen Perspektive können auch rein „altruistische" Motive stehen, mithin das Unternehmensziel, einen Beitrag dafür zu leisten, dass künftige Generationen handeln und sich entwickeln können.[993] Für das Finanzsystem spielt Vertrauen und damit einhergehend auch Reputation eine der wichtigsten Rolle.[994] Insoweit ist bereits dadurch eine Anpassung einzuleiten, möchte man als vertrauenswürdig durch Bankkunden wahrgenommen werden, was die Übernahme einer gesellschaftlichen Verantwortung bedarf.[995] Die Berücksichtigung von Nachhaltigkeitsaspekten erzeugt damit einen inneren Mehrwert, insbesondere durch einen geänderten Nachfragemarkt der Bankkunden.[996]

Damit lässt sich argumentieren, dass auch eine Befürwortung ökologisch nachhaltiger Geschäftsmodelle dem aufsichtsrechtlichen Finanzstabilitätsziel entspricht, da lediglich der aufsichtliche Bewertungszeitraum ausgeweitet wird, ohne die bekannten Bewertungsparameter (insbesondere die ökonomische Nachhaltigkeitsbewertung des Geschäftsmodells) anzugreifen.

Trotz der damit begründbaren Konformität zu einer (langfristigen) ökonomischen Nachhaltigkeitsperspektive, insbesondere aufgrund einer reinen Risikobetrachtung, lässt sich durch die CRD VI trotzdem eine besondere, durch die politischen Nachhaltigkeitsziele bedingte, Lenkfunktion des SREP aufzei-

---

991 *Waschbusch/Kiszka/Strauß*, Nachhaltigkeit in der Bankenbranche, S. 51 f.; *Schulz*, in: Schulz/Bergius (Hrsg.), CSR und Finance, S. 3, 13, 23. Mittlerweile hat die EZB einen Bericht über den Stand des Klima- und Umweltrisikomanagements im Bankensektor veröffentlicht, der Mängel in der Umsetzung ihrer Erwartungen aufzeigt, siehe *Europäische Zentralbank*, Report on the supervisory review of banks' approaches to manage climate and environmental risks, November 2021.

992 *Waschbusch/Kiszka/Strauß*, Nachhaltigkeit in der Bankenbranche, S. 52; *Dyllick*, in: Linne/Schwarz (Hrsg.), Handbuch Nachhaltige Entwicklung, S. 235, 239.

993 Vgl. auch *Waschbusch/Kiszka/Strauß*, Nachhaltigkeit in der Bankenbranche, S. 52.

994 Zur entsprechenden ordnungspolitischen Begründung des Finanzstabilitätsziels siehe Teil 1B.II.2.

995 So *Waschbusch/Kiszka/Strauß*, Nachhaltigkeit in der Bankenbranche, S. 56, 62; *Bauer/Stegmaier*, in: Bauer/Schuster (Hrsg.), Nachhaltigkeit im Bankensektor, S. 5, 24 f.

996 *Waschbusch/Kiszka/Strauß*, Nachhaltigkeit in der Bankenbranche, S. 56, 58.

gen. Art. 104 Abs. 1 lit. m CRD sieht vor, dass Aufseher Institute verpflichten können, ihre Geschäftsstrategien, ihre Unternehmensführung und ihr Risikomanagements anzupassen, indem z. B. gefordert wird, die Transitionspläne nach Art. 76 Abs. 2 CRD nachzubessern (etwa durch eine Verstärkung der Ziele und geplanten Maßnahmen), um ESG-Risiken, einschließlich der Risiken aufgrund des Anpassungsprozesses und aufgrund der Übergangstrends im Zusammenhang mit den einschlägigen rechtlichen und regulatorischen Zielen der Union, der Mitgliedstaaten oder von Drittländern, zu verringern. Nach Art. 87a Abs. 4 Satz 2 CRD sollen bei der Bewertung des ESG-Risikomanagements „die nachhaltigkeitsbezogenen Produktangebote der Institute, ihre Strategien zur Finanzierung des Übergangs, damit zusammenhängende Strategien zur Kreditwürdigkeitsprüfung sowie Ziele und Grenzen im Zusammenhang mit ESG-Aspekten berücksichtigt" werden. Entsprechend wird die „Robustheit" der Transitionspläne überwacht (Art. 87a Abs. 4 Satz 3 CRD).

Ob eine ausdrückliche Berücksichtigung von politischen Zielen, deren Fehlen zudem dazu führen kann, dass die Aufseher eine Anpassung des Geschäftsmodells fordern, aus aufsichtsrechtlicher Finanzstabilitätssicht geboten ist, ist fraglich. Zwar können Transitionsrisiken angeführt werden, es zeichnet sich aber ab, dass das Neuausrichtungsziel eine besondere Bedeutung in der aufsichtlichen Prüfung einnehmen wird, wenngleich die CRD VI weiterhin – jedenfalls formal – an eine Risikoperspektive anknüpft. Dies lässt sich bereits an dem Wortlaut von Art. 98 Abs. 9 CRD zeigen, welcher die Risikoperspektive hervorhebt.

Die Aufsicht ist im Lichte der vorgestellten ESG-Risikovorgaben dennoch weiterhin vornehmlich von aufsichtsrechtlichen Überlegungen geleitet. Auch die Anpassungen der EBA-Verordnung – die bisher die einzige Anpassung der Aufsichtsmandate darstellt – enthält kein eigenständiges proaktives Lenkmandat. Zwar wurden durch die Änderungsverordnung (EU) 2019/2175 zur EBA-Verordnung erstmalig auch Nachhaltigkeits*aspekte* eingeführt.[997] Hierdurch lässt sich aber kein proaktives Aufsichtsmandat mit Blick auf ESG erkennen. Für ein proaktives „grünes" Aufsichtsmandat spricht zwar, dass die Änderungen von ESG-Faktoren und nachhaltigen Geschäftsmodellen[998] sprechen und damit nicht ausschließlich von Risiken, was durchaus ein bedeutendes grünes Mandat, das über eine Risikobetrachtung hinausgeht, implizieren könnte.[999] Dagegen spricht

997 Siehe zu den Änderungen bereits unter Teil 2B.

998 Hierbei ist unklar, welche Nachhaltigkeitsperspektive gemeint ist.

999 Ähnlich *Colaert*, Common Market Law Review 59 (2022), S. 1669 (1699), die die Signifikanz dieser Änderungen in Kombination mit der Nachhaltigkeitsregulierung begründet.

aber, dass Art. 1 Abs. 5 EBA-Verordnung nicht geändert und damit das grundsätzliche Mandat der ESA nicht angetastet wurde.[1000] Zudem sollen ESG-Faktoren lediglich berücksichtigt werden.[1001]

Zusammenfassend kann damit eine besondere Lenkfunktion der SREP-Erwartungen und der Änderungen durch die CRD VI festgestellt werden. Wie stark und aktiv das Neuausrichtungsziel durch die Aufseher verfolgt wird, wird von der Bewertungspraxis, insbesondere von dem Gewicht abhängen, das die Aufseher einer (Nicht-)Übereinstimmung der Transitionspläne mit den politischen Zielen beimessen. Es wird insbesondere davon abhängen, wie Transitionsplänen im SREP bewertet werden und welche Bedeutung ihnen zukommen wird (etwa für die Ergebnisse des SREP-Scores). Eine solche Lenkfunktion müsste aber bereits nach den aktuellen Vorgaben stets eine (langfristige) ökonomische Nachhaltigkeit sicherstellen. Insbesondere durch die grundsätzliche Ausweitung des Resilienzbetrachtungszeithorizonts könnte eine Zielkonformität zum aufsichtsrechtlichen Finanzstabilitätsziel damit weiterhin begründet werden.

b) Offenlegung von ESG-Risiken nach Art. 449a CRR

Offenlegungsvorgaben, die *green washing*[1002] verhindern und Anlegern bessere Informationen zur Nachhaltigkeit von Anlagen bieten sollen,[1003] finden sich insbesondere im aufsichtsrechtlichen Kapitalmarktrecht (regulatorische Offenlegung) und im deutschen Gesellschafts- und Handelsrecht (Rechnungslegung).[1004]

1000 So auch *De Arriba-Sellier*, Common Market Law Review 58 (2021), S. 1097 (1104 f.), der die nicht proaktive Änderung des Mandats kritisch sieht, ebd. S. 1106 f.

1001 *De Arriba-Sellier*, Common Market Law Review 58 (2021), S. 1097 (1106).

1002 Unter „Greenwashing" verstehen die ESA eine Praxis, „bei der nachhaltigkeitsbezogene Aussagen, Erklärungen, Maßnahmen oder Mitteilungen das zugrunde liegende Nachhaltigkeitsprofil eines Unternehmens, eines Finanzprodukts oder einer Finanzdienstleistung nicht klar und angemessen widerspiegeln. Diese Praxis kann für Verbraucher, Investoren oder andere Marktteilnehmer irreführend sein", siehe *Europäische Bankenaufsichtsbehörde*, Final Report on greenwashing, S. 9; siehe zudem Erwägungsgrund 11 der Taxonomie-Verordnung.

1003 Vgl. nur Erwägungsgrund 19 der Offenlegungsverordnung.

1004 Die Vorgaben zur nichtfinanziellen Erklärung sind im deutschen Recht in den §§ 289b-289e HGB (bzw. §§ 315b ff. HGB) zu finden und beziehen sich auf bestimmte Unternehmen. Diese werden durch die Umsetzung der CSRD geändert werden.

Die Offenlegungsverordnung[1005] und die Taxonomie-Verordnung[1006] sind – aus Aufsichtsperspektive – allgemeine kapitalmarktrechtliche Rechtsakte. Entsprechend obliegt der BaFin die Einhaltung dieser Regelungen im Rahmen der Wertpapieraufsicht (§§ 1 Abs. 1 Nr. 8 lit. k, l; 10 Abs. 3 WpHG). Wenngleich diese Vorgaben daher formal nicht zum Bankenaufsichtsrecht zählen, sind die aus den Offenlegungen erzeugten Daten für das bankenaufsichtsrechtliche ESG-Risikomanagement wichtig.[1007]

Im Zuge der Nachhaltigkeitsregulierung wurde auch durch Art. 449a CRR eine bankenaufsichtsrechtliche ESG-Offenlegungsvorgabe eingeführt.[1008] Diese betrifft die Offenlegung von ESG-Risiken und ist wie die weiteren bankenaufsichtsrechtlichen Offenlegungsvorgaben in Teil 8 der CRR im Lichte der Marktdisziplin und damit formal unter dem bankenaufsichtsrechtlichen Finanzstabilitätsziel zu lesen.[1009]

Seit dem 28. Juni 2022 haben große Institute mit börsennotierten Wertpapieremissionen, Informationen zu ESG-Risiken einschließlich physischer Risiken und Transitionsrisiken offenzulegen (Art. 449a Unterabs. 1 CRR). Im ersten Jahr (zum

1005 Die Offenlegungsverordnung gilt für Finanzmarktteilnehmer und Finanzberater und damit auch für Kreditinstitute, die Portfolioverwaltung erbringen (Art. 1 Nr. 1 lit. j) Offenlegungsverordnung) oder Anlageberatung anbieten (Art. 1 Nr. 11 lit. c) Offenlegungsverordnung). Finanzmarktteilnehmer und Finanzberater haben insbesondere auf ihren Internetseiten Informationen zu ihren Strategien zur Einbeziehung von Nachhaltigkeitsrisiken bei ihren Investitionsentscheidungsprozessen/Anlageberatungstätigkeiten zu veröffentlichen (Art. 3 Offenlegungsverordnung).

1006 Art. 8 der Taxonomie-Verordnung erweitert die Inhalte der nichtfinanziellen Erklärung bei Unternehmen, die unter die NFRD/CSRD fallen. Nach Art. 8 Abs. 1 Taxonomie-Verordnung müssen Unternehmen offenlegen, wie und in welchem Umfang die Tätigkeiten des Unternehmens mit Wirtschaftstätigkeiten verbunden sind, die als ökologisch nachhaltige Wirtschaftstätigkeiten gemäß Art. 3 und Art. 9 der Taxonomie-Verordnung einzustufen sind. Die Vorgaben werden begleitet durch die auf Art. 8 Abs. 4 Taxonomie-Verordnung gestützte Delegierte Verordnung (EU) 2021/2178 vom 06.07.2021, ABl. L 443, 9, siehe zudem Delegierte Verordnung (EU) 2020/1818 vom 17.06.2020, ABl. L 406, 17.

1007 Insbesondere im Rahmen der Strategiefestlegung und der ESG-Risikosteuerung, dazu Teil 2B.II.2.a)aa)(1) und Teil 2B.II.2.a)bb).

1008 Eingeführt durch die CRR II.

1009 Vgl. auch *Europäische Bankenaufsichtsbehörde*, ITS-Entwurf zu Art. 449a CRR, S. 7. Zur den bankaufsichtsrechtlichen Offenlegungsvorgaben auch EBA, Leitlinien zu den Offenlegungspflichten gemäß Teil 8 der Verordnung (EU) Nr. 575/2013 vom 04.08.2017, EBA/GL/2016/11; siehe zudem § 26a KWG und für die Vergütungspolitik § 16 InstitutsVergV (in Bezug auf Art. 450 CRR).

31.12.2022) erfolgte die Offenlegung jährlich und ab dem 28 Juni 2023 halbjährlich (erstmalig zum 30. Juni 2023) (Art. 449a Unterabs. 2 CRR). Die Offenlegung hat grundsätzlich entsprechend den Art. 431 ff. CRR zu erfolgen[1010] und ist mittlerweile in der Durchführungsverordnung (EU) 2021/637[1011] konkretisiert.[1012]

aa) Qualitative Offenlegung

Nach Art. 18a Abs. 1 der Durchführungsverordnung (EU) 2021/637 sind ESG-Risiken qualitativ und quantitativ offenzulegen. Qualitative Angaben zu ESG-Risiken sind unter Verwendung von bestimmten Tabellen zu machen (Art. 18a Abs. 1 lit. a).[1013] Die qualitativen Angaben erfassen dabei die unter Säule 2 geforderten ESG-Risikomanagementüberlegungen und -maßnahmen. Insoweit ist z. B. zu beschreiben, wie die Geschäftsstrategie des Instituts Umweltfaktoren und -risiken berücksichtigt und ob und wie diese angepasst wurde, um soziale Faktoren und Sozialrisiken zu berücksichtigen.[1014] Zudem ist zu erläutern, wie sich Umweltrisiken zukünftig aufgrund von Transitionsrisikotreibern (wie Technologieveränderungen, Änderungen des Politikrahmens) und physischen Risikofaktoren entwickeln können.[1015] Darüber hinaus sind auch Ziele und Limite für die Steuerung von Umwelt- und Sozialrisiken dazulegen und insbesondere zu erläutern, wie diese mit dem internationalen und EU-politischen Rahmen

---

1010 Insoweit sind damit nicht wesentliche Informationen auch für Offenlegungen nach Art. 449a CRR nicht offenzulegen (siehe Art. 432 CRR). Die EZB hat sich in ihrem Leitfaden hierzu geäußert; insbesondere sollen Institute nicht vorschnell Informationen zu Umweltrisiken wegen ihrer Langfristigkeit als unwesentlich einstufen, siehe EZB, Leitfaden zu Klima- und Umweltrisiken, November 2020, Kap. 7, Erwartung 13.1 (S. 49 f.). Die Ausführungen der EZB zu technischen Kriterien für die Offenlegung (vgl. EZB, Leitfaden zu Klima- und Umweltrisiken, November 2020, Kap. 7, Erwartung 13.4 (S. 52 f.)) sollten durch die ITS hingegen überholt sein.

1011 Durchführungsverordnung (EU) 2021/637 der Kommission vom 15.03.2021, ABl. L 136, 1.

1012 Durch die Durchführungsverordnung (EU) 2022/2453 der Kommission vom 30.11.2022, ABl. L 324, 1. Vorausgegangen war der ITS-Entwurf der EBA, siehe *Europäische Bankenaufsichtsbehörde*, ITS-Entwurf zu Art. 449a CRR.

1013 Tabelle 1, 2, 3 von Anhang XXXIX der Durchführungsverordnung (EU) 2021/637 der Kommission vom 15.03.2021, ABl. L 136, 1.

1014 Siehe Anhang XXXIX der Durchführungsverordnung (EU) 2021/637 der Kommission vom 15.03.2021, ABl. L 136, 1, Tabelle 1 lit. a und Tabelle 2 lit. a.; siehe zudem Erläuterungen in Anhang XL, Ziffer 4 und 5.

1015 Siehe Erläuterung zu Tabelle 1 lit. a in Anhang XL, Ziffer 4 der Durchführungsverordnung (EU) 2021/637 der Kommission vom 15.03.2021, ABl. L 136, 1.

verknüpft sind.[1016] Es sind zudem Investitionen und Investitionsvorhaben für Umweltziele (Art. 9 Taxonomie-Verordnung) und EU-taxonomiekonforme Tätigkeiten (Art. 3 Taxonomie-Verordnung) zu beschreiben,[1017] wie auch die Engagement Policy mit Blick auf Umwelt- und Sozialrisiken.[1018] Auch eine mögliche Anpassung der Vergütungspolitik an die Ziele des Instituts im Zusammenhang mit Umwelt- und Sozialrisiken ist zu beschreiben.[1019] Mit Blick auf Governance-Risiken sind qualitative Angaben dazu zu machen, wie die Governance-Faktoren von Gegenparteien in der institutseigenen Governance sowie dem Risikomanagement berücksichtigt wurden, z. B. ethische Überlegungen (wie Integrität, Korruptionsbekämpfungsmaßnahmen), der Inklusivitätsgrad sowie Umgang mit Interessenkonflikten bei der Gegenpartei.[1020]

bb) Quantitative Offenlegung

Über die qualitativen Angaben hinaus sind mit Blick auf Umweltrisiken (unterteilt nach Transitionsrisiken und physische Risiken) auch quantitative Angaben zu machen (Art. 18a Abs. 1 lit b, c).[1021] Die Meldebögen zur Kreditqualität der Risikopositionen unterteilen die Risikopositionen allgemein in Sektoren, die in hohem Maße zum Klimawandel beitragen[1022] und sonstigen Sektoren. Dabei ist jeweils

---

1016 Siehe Anhang XXXIX der Durchführungsverordnung (EU) 2021/637 der Kommission vom 15.03.2021, ABl. L 136, 1, Tabelle 1 lit. b und Tabelle 2 lit. b.; siehe zudem Erläuterungen in Anhang XL, Ziffer 4 und 5. Zu den politischen Rahmenbedingungen zählen u. a. das Pariser Klimaschutzübereinkommen und der Grüne Deal, siehe weiter Anhang XL Ziffer 3 er Durchführungsverordnung (EU) 2021/637 der Kommission vom 15.03.2021, ABl. L 136, 1.

1017 Siehe Anhang XXXIX der Durchführungsverordnung (EU) 2021/637 der Kommission vom 15.03.2021, ABl. L 136, 1, Tabelle 1 lit. c.

1018 Siehe Anhang XXXIX der Durchführungsverordnung (EU) 2021/637 der Kommission vom 15.03.2021, ABl. L 136, 1, Tabelle 1 lit. d und Tabelle 2 lit. c.

1019 Siehe Anhang XXXIX der Durchführungsverordnung (EU) 2021/637 der Kommission vom 15.03.2021, ABl. L 136, 1, Tabelle 1 lit. i für Umweltrisiken, Tabelle 2 lit. g für Sozialrisiken.

1020 Siehe Anhang XXXIX der Durchführungsverordnung (EU) 2021/637 der Kommission vom 15.03.2021, ABl. L 136, 1, Tabelle 3 sowie entsprechende Erläuterungen in Anhang XL.

1021 Siehe Meldebögen 1 bis 5 in Anhang XXXIX der Durchführungsverordnung (EU) 2021/637 der Kommission vom 15.03.2021, ABl. L 136, 1.

1022 Dies erfasst nach Erwägungsgrund 6 der Delegierte Verordnung (EU) 2020/1818 vom 17.06.2020, ABl. L 406, 17 Sektoren, die im Anhang I Abschnitten A-H, L der Verordnung (EG) Nr. 1893/2006 vom 20.12.2006, ABl. L 393, 1, gelistet sind, u. a. Öl, Gas, Bergbau, Verkehr.

(z. B. für den Sektor „Gewinnung von Erdöl und Erdgas") der Bruttobuchwert in EUR[1023] anzugeben. Dieser ist sodann weiter zu entschlüsseln, u. a. nach „davon ökologisch nachhaltig (CCM)". Zudem sind seit dem Offenlegungsstichtag am 30. Juni 2024 (sofern Informationen verfügbar sind) finanzierte Treibhausgasemissionen schätzungsweise offenzulegen, wobei der Anteil an Scope-3-Emissionen ausdrücklich auszuweisen ist.[1024] Daneben ist ein Meldebogen für die Energieeffizienz der durch Immobilien besicherten Darlehen vorgegeben.[1025]

Zudem haben Institute seit dem Offenlegungsstichtag am 30. Juni 2024 sektorspezifische Informationen über ihre Angleichungsbemühungen an die Ziele des Pariser Klimaschutzübereinkommens offenzulegen, aus welchen hervorgehen muss, inwieweit die sektorspezifischen Kreditportfolios und damit ihre Finanzierungen „mit einem Pfad hin zu einer THG-emissionsarmen und klimaresilienten Entwicklung im Sinne des Übereinkommens von Paris vereinbar sind"[1026].[1027] Mit Blick auf physische Risiken ist der Bruttobuchwert der gesamten Risikoposition dem Anteil der Risikoposition, die für die Auswirkungen physischer Ereignisse infolge des Klimawandels anfällig sind, gegenüberzustellen, aufgeschlüsselt nach chronischen und akuten Ereignissen.[1028] Auch mit Blick auf die quantitativen Angaben sind qualitative Informationen zur jeweiligen Berechnung beizufügen beispielsweise ab Ende 2024 für die Scope-1, -2, -3 Emissionen der Gegenparteien.[1029]

Die Durchführungsverordnung bestimmt ferner, dass quantitative Angaben über „risikomindernde Maßnahmen" im Zusammenhang mit ökologisch nach-

---

1023 Entsprechend Anhang V Teil 1 der Durchführungsverordnung (EU) 2021/451 vom 17.12.2020, ABl. L 97, 1, siehe Erläuterungen zu den Meldebögen in Anhang XL der Durchführungsverordnung (EU) 2021/637 der Kommission vom 15.03.2021, ABl. L 136, 1.

1024 Meldebogen 1 in Anhang XXXIX der Durchführungsverordnung (EU) 2021/637 der Kommission vom 15.03.2021, ABl. L 136, 1.

1025 Siehe Meldebogen 2 in Anhang XXXIX der Durchführungsverordnung (EU) 2021/637 der Kommission vom 15.03.2021, ABl. L 136, 1.

1026 Erläuterungen zu Meldebogen 3 in Anhang XL der Durchführungsverordnung (EU) 2021/637 der Kommission vom 15.03.2021, ABl. L 136, 1.

1027 Unter Verwendung von Meldebogen 3 in Anhang XXXIX der Durchführungsverordnung (EU) 2021/637 der Kommission vom 15.03.2021, ABl. L 136, 1.

1028 Meldebogen 5 in Anhang XXXIX der Durchführungsverordnung (EU) 2021/637 der Kommission vom 15.03.2021, ABl. L 136, 1.

1029 Siehe Erläuterungen zu Meldebogen 1 in Anhang XL der Durchführungsverordnung (EU) 2021/637 der Kommission vom 15.03.2021, ABl. L 136, 1.

haltigen Wirtschaftstätigkeiten (Art. 3 Taxonomie-Verordnung)[1030] gegenüber Gegenparteien, die der Pflicht zur Nachhaltigkeitsberichterstattung nach Art. 19a und 29a Bilanzrichtlinie[1031] unterliegen sowie gegenüber Haushalten und lokalen Gebietskörperschaften[1032] unter Verwendung von Meldebögen zu machen sind (Art. 18a Abs. 1 lit. d).[1033]

cc) Fokus: Green Asset Ratio

Besonders hervorzuheben sind die Meldebögen zur sog. Green Asset Ratio (GAR) bzgl. der taxonomiekonformen Aktivitäten.[1034] Die GAR weist aus, welche Risikopositionen zu Umweltzielen (Klimaschutz, Anpassung an den Klimawandel) beitragen und damit einen Beitrag leisten, Umweltrisiken zu mindern.[1035] Die GAR wurde durch die Delegierte Verordnung (EU) 2021/2178[1036] zur Taxonomie-Verordnung, die die Offenlegung unter Art. 8 Taxonomie-Verordnung näher regelt, erstmalig eingeführt. Für die Zwecke des Art. 8 Taxonomie-Verordnung wird die GAR durch den Anteil der Vermögenswerte eines Kreditinstituts aus-

---

1030 Es sind zudem quantitative Angaben über andere risikomindernde Maßnahmen und Risikopositionen aus klimabedingten Risiken, die nicht Art. 3 Taxonomie-Verordnung unterfallen, aber die Gegenparteien „im Übergangs- und Anpassungsprozess in Bezug auf die Ziele Klimaschutz und Anpassung an den Klimawandel unterstützen", zu machen (Art. 18a Abs. 1 lit. e), siehe Meldebogen 10 in Anhang XXXIX der Durchführungsverordnung (EU) 2021/637 der Kommission vom 15.03.2021, ABl. L 136, 1.

1031 Richtlinie 2013/34/EU vom 26.06.2013, ABl. L 182, 19.

1032 Entsprechend Anhang V Teil 1 Nr. 42 b) Durchführungsverordnung (EU) 2021/451 vom 17.12.2020, ABl. L 97, 1.

1033 Meldebögen 6 bis 8 in Anhang XXXIX der Durchführungsverordnung (EU) 2021/637 der Kommission vom 15.03.2021, ABl. L 136, 1.

1034 Die Offenlegung der GAR nach Art. 449a CRR wurde auf den 31.12.2023 verschoben, entsprechend der Taxonomie-Verordnung, siehe Erläuterungen zu Meldebogen 6 in Anhang XL der Durchführungsverordnung (EU) 2021/637 der Kommission vom 15.03.2021, ABl. L 136, 1.

1035 Meldebögen 6-8 in Anhang XXXIX der Durchführungsverordnung (EU) 2021/637 der Kommission vom 15.03.2021, ABl. L 136, 1.

1036 Delegierte Verordnung (EU) 2021/2178 vom 06.07.2021, ABl. L 443, 9. Die Offenlegung für die Geschäftsjahre 2021 und 2022 erfasst für Finanzunternehmen (und damit Kreditinstitute) zunächst lediglich die Taxonomie-Fähigkeit (anstelle der -Konformität) (siehe Art. 10 Abs. 3 Delegierte Verordnung (EU) 2021/2178). Ab dem 01.01.2024 erfolgt eine vollumfängliche Offenlegung der Taxonomie-Konformität, sodass für das Geschäftsjahr 2023 die relevanten Daten vollumfänglich zu erheben und die KPIs zu berechnen sind.

gewiesen, die in taxonomiekonforme wirtschaftliche Aktivitäten investiert sind, an den gesamten anrechenbaren Vermögenswerten.[1037]

Für die Zwecke des Art. 449a CRR haben Institute den jeweiligen Gesamtbruttobuchwert der erfassten Aktiva dem jeweiligen Anteil an taxonomiefähigen und taxonomiekonformen Vermögenswerten gegenüberzustellen.[1038] Auf Grundlage dieser Informationen berechnen die Institute die GAR und weisen sie als Prozentsatz der Taxonomiekonformität der Umsatzerlöse der Gegenpartei bezogen auf Kredite mit allgemeinem Verwendungszweck aus.[1039] Die GAR wird zudem auch nach den jeweiligen Risikopositionen aufgeschlüsselt dargestellt.[1040] Es ist damit darzulegen, in welchem Umfang die Geschäftstätigkeiten des jeweiligen Instituts nach Art. 3 und 9 Taxonomie-Verordnung als ökologisch nachhaltig eingeordnet werden können. Die Kennzahl beschreibt damit in einem besonderen Maße, wie nachhaltig europäische Banken sind.

Die GAR-Berechnungsformel erfasst nur Vermögenswerte gegenüber Unternehmen, die selbst der nichtfinanziellen Berichterstattungspflicht unterliegen (*covered assets*).[1041] Dies bedeutet, dass etwa KMUs als auch alle Nicht-EU-Unternehmen nicht erfasst werden. Zwar wird durch die Umsetzung der CSRD eine Ausweitung des Pflichtenkreises erfolgen, dennoch verzerrt dies die Vergleich-

---

1037 Anhang V Ziffer 1.2.1 Delegierte Verordnung (EU) 2021/2178.

1038 Erläuterung zu Spalten a und b des Meldebogens 8 in Anhang XXXIX der Durchführungsverordnung (EU) 2021/637 der Kommission vom 15.03.2021, ABl. L 136, 1.

1039 Siehe Meldebogen 8 in Anhang XXXIX der Durchführungsverordnung (EU) 2021/637 der Kommission vom 15.03.2021, ABl. L 136, 1. Dies ist für die Zwecke der Offenlegung nach der Taxonomie-Verordnung anders, die auch Investitionsausgaben erfasst, siehe dazu Erläuterung zu Meldebogen 8 in Anhang XL der Durchführungsverordnung (EU) 2021/637 der Kommission vom 15.03.2021, ABl. L 136, 1. Die Berechnung des Prozentsatzes der taxonomiekonformen Risikopositionen steht vor den bekannten Hürden hinsichtlich verlässlicher Daten. Daher bestimmt Art. 18a Abs. 2 Unterabs. 2 Durchführungsverordnung (EU) 2021/637, dass Institute vornehmlich verfügbare Informationen (freiwillige Informationen, Informationen aus dem Kreditvergabeverfahren) verwenden sollen und bei einer Nichtverfügbarkeit interne Schätzungen und Näherungswerte verwendet werden können (inkl. Erläuterungen), wobei ihnen schließlich auch offensteht, bei „übermäßig aufwendigen" Schätzungen stattdessen die Gründe für die Nichterhebung in den Meldebögen zu erläutern.

1040 Siehe Meldebogen 8 in Anhang XXXIX der Durchführungsverordnung (EU) 2021/637 der Kommission vom 15.03.2021, ABl. L 136, 1.

1041 Erläuterung zu Spalte a des Meldebogens 8 in Anhang XXXIX der Durchführungsverordnung (EU) 2021/637 der Kommission vom 15.03.2021, ABl. L 136,

barkeit der GARs – wenngleich Informationen zur Zusammensetzung der GAR ebenfalls offengelegt werden. Nach Art. 18a Abs. 2 Unterabs. 1 der Durchführungsverordnung (EU) 2021/637 steht den Instituten zudem eine weitergehende Offenlegung (gegenüber bestimmten nicht erfassten Gegenparteien, mithin solchen, die keinen Offenlegungspflichten unterliegen) frei. Sie können dafür zum ersten Offenlegungsstichtag Ende 2024 die sog. BTAR (*Banking Book Taxonomy Aligned Ratio*) offenlegen, die diese weiteren Gegenparteien erfasst.[1042] Wenngleich die Offenlegung der BTAR einen höheren (Kosten-)Aufwand verursacht (insbesondere sind Informationen nur auf freiwilliger Basis einholbar), ermöglicht die BTAR den Banken eine verbesserte Abbildung ihres taxonomiekonformen Kreditengagements.

dd) Bewertung der Zielkonformität

Die Zielkonformität der Offenlegung nach Art. 449a CRR (konkretisiert durch die Durchführungsverordnung (EU) 2021/637) zum bankenaufsichtsrechtlichen Finanzstabilitätsziel ist nicht ohne Weiteres anzunehmen. Zwar kann für die Offenlegung nach Art. 449a CRR ebenfalls angeführt werden, dass sich diese ausschließlich auf ESG-Risikobezüge stützt. Auch den Meldebögen zu den quantitativen Angaben liegen letztlich ESG-Risiken, insbesondere Transitionsrisiken und physische Risiken zugrunde. Zudem sind die Säule-2-Anforderungen zielkonform (siehe insbesondere Teil 2 B. II. 2. a) ff)), sodass die entsprechend offenzulegenden qualitativen Inhalte zum ESG-Risikomanagement aus Sicht der Marktdisziplin (und damit aus Sicht des bankenaufsichtsrechtlichen Finanzstabilitätsziels unter Säule 3) gerechtfertigt sein dürften, bilden sie das Spiegelbild zu den Strategien. Gegen die Zielkonformität spricht zudem auch nicht die grundsätzliche Gefahr eines Greenwashings, die u. a. mit den Auslegungsschwierigkeiten der Offenlegungsvorgaben einhergeht. Diese schließt eine Zielkonformität nicht aus, da die Gefahr falscher Offenlegungen grundsätzlich getrennt von den Erfordernissen der Marktdisziplin zu betrachten ist. Zwar ist das Risiko durch die Auslegungsschwierigkeiten selbst indiziert, gleichwohl können Regulatoren und Aufseher durch entsprechende Hilfestellungen (z. B. FAQs) Abhilfe schaffen.[1043] Zudem sieht die Durchführungsverordnung (EU) 2021/637, wie gezeigt, die Möglichkeit vor, quantitative Aussagen durch qualitative zu ersetzen.

1042 Unter Verwendung von Meldebogen 9 in Anhang XXXIX der Durchführungsverordnung (EU) 2021/637 der Kommission vom 15.03.2021, ABl. L 136, 1.

1043 Vgl. z. B. *Europäische Kommission*, FAQs, C/2023/305, zu Art. 8 Taxonomie-Verordnung.

Gegen die Zielkonformität könnte aber die Detailtiefe und Granularität der offenzulegenden Inhalte sprechen, die nicht unter einer reinen ESG-Risikoperspektive, mithin unter der Betrachtung von ESG-Risiken als Treiber klassischer Bankrisken, gerechtfertigt sein könnte.[1044] Dies betrifft insbesondere die Meldebögen zur quantitativen Offenlegung wie die offenzulegenden Informationen über die Angleichungsbemühungen an die Ziele des Pariser Klimaschutzübereinkommens.[1045] Ob dies noch aus finanzieller Risikosicht begründbar ist, ist nicht eindeutig. Das Konzept der Marktdisziplin unter Säule 3 bezweckt Marktteilnehmern einen Einblick in das Risikoprofil und -management als auch die Angemessenheit der Eigenmittelausstattung der Institute zu verschaffen.[1046] Die Konkretisierungen durch die Durchführungsverordnung (EU) 2021/637 könnten über diese Informationsfunktion hinausgehen und aus Zielsicht eine überschießende Offenlegung implizieren. Der Offenlegung nach Art. 449a CRR kommt nämlich ohne Weiteres eine mittelbare Zielfinalität zum Neuausrichtungsziel zu. Zwar kann insbesondere den kapitalmarktrechtlichen Offenlegungsvorgaben eine Lenkwirkung zugesprochen werden:[1047] Anleger können sich durch verbesserte Informationen und damit einer Stärkung des Anlegerschutzes und der Marktintegrität für nachhaltigere Projekte entscheiden und gleichzeitig können Unternehmen angehalten sein, unter Reputationsgesichtspunkten ihr ESG-Profil zu verbessern, und Anbieter anhalten, ihre ESG-Produktpalette auszubauen.[1048] Es bestehen aber Parallelen zur Offenlegung nach Art. 449a CRR. Insbesondere die Offenlegung des GAR-Werts dürfte für eine mittelbare Lenkwirkung entscheidend sein – nicht zuletzt unter Reputationsgesichtspunkten.

1044 In diese Richtung *Hillen/Klotzbach*, in: Fischer/Schulte-Mattler (Hrsg.), KWG, 6. Aufl. 2023, Art. 449a CRR Rn. 8.

1045 Vgl. Meldebogen 3 in Anhang XXXIX der Durchführungsverordnung (EU) 2021/637 der Kommission vom 15.03.2021, ABl. L 136, 1.

1046 Vgl. *Basler Ausschuss für Bankenaufsicht*, Basel II, Rn. 809.

1047 Ähnlich *Colaert*, Common Market Law Review 59 (2022), S. 1669 (1686 f., 1697 f.). Zum Stand der Offenlegung von Klima- und Umweltrisiken durch Banken in den SSM-Staaten siehe *Europäische Zentralbank*, Report on institutions' climate-related and environmental risk disclosures, November 2020; kritisch *Tröger*, in: Bachmann u. a. (Hrsg.), Festschrift für Christine Windbichler, S. 1447, 1452 ff.

1048 Ähnlich *Colaert*, Common Market Law Review 59 (2022), S. 1669 (1686 f.). Dies ist selbstverständlich nur eine denkbare Zielbeziehung, setzen diese Annahmen voraus, dass ESG-Präferenzen tatsächlich verfolgt werden, und dass Reputationsängste nicht sogar Greenwashing fördern, siehe hierzu *Colaert*, Common Market Law Review 59 (2022), S. 1669 (1687 f.).

Aus Transitionsrisikogesichtspunkten und damit Risikosicht lässt sich aber auch diese Lenkwirkung begründen. Diese Angaben verschaffen (insbesondere professionellen) Marktteilnehmern die Möglichkeit, Umweltrisiken der jeweiligen Bank zu bewerten. Die Offenlegung nach Art. 449a CRR ist daher (noch) unter dem Schutzwert der Marktdisziplin erklärbar, wenngleich sich besondere Gefahren einer überschießenden Lenkung zeigen, da die Detailtiefe und Granularität der offenzulegenden Inhalte ggfs. nicht im Verhältnis zu den tatsächlichen finanziellen Auswirkungen der Umweltrisiken auf das Risikoprofil der Bank stehen.

Durch die CRR III ist die Offenlegungspflicht ab Januar 2025 auf alle Institute ausgeweitet worden. Dem Proportionalitätsgrundsatz wird dadurch Rechnung getragen, dass kleine und nicht komplexe Institute als auch nicht börsennotierte Institute einer jährlichen Offenlegungspflicht unterliegen.[1049] Große, börsennotierte Institute haben hingegen weiterhin halbjährlich offenzulegen.[1050] Die Durchführungsverordnung (EU) 2021/637 wird als Folge der CRR III voraussichtlich angepasst werden, da die Inhalte der Offenlegung bereits durch die Pflicht zum Aufstellen von Transitionsplänen unter der CRD VI faktisch erweitert werden, gerade da aus diesen hervorgeht, wie Institute ESG-Risiken in ihrer Geschäftsstrategie berücksichtigen.

c) ESG-Risiken im Lichte der derzeitigen Eigenmittelregulierung

Die Einordnung von ESG-Risiken als finanzielle Risiken und Treiber bestehender Risikokategorien bedingt grundsätzlich eine Berücksichtigung dieser Risiken in den Eigenmittelvorgaben unter Säule 1. Dies dürfte derzeit vornehmlich für Umweltrisiken gelten. Die Berücksichtigung spricht dabei nicht die Frage an, ob ggf. eine spezielle Behandlung von ESG-Risikopositionen in Form eines Anpassungsfaktors erfolgen soll. Vielmehr stellt sich die Frage, ob die Einordnung von ESG-Risiken als Treiber bestehender Risikokategorien eine inzidente Berücksichtigung in der Eigenmittelunterlegung unter Säule 1 erforderlich macht und ob eine solche Berücksichtigung überhaupt möglich wäre. Eine solche Fragestellung ist aus Regulierungssicht nötig, um eine doppelte Berücksichtigung zu vermeiden, würde eine spezielle Behandlung eingeführt.[1051] Wird diese Fragestellung von einem möglichen Anpassungsfaktor abgegrenzt, so würde sich eine Berücksichtigung

---

1049 Art. 433b Abs. 1 lit. e CRR (kleine und nicht komplexe Institute); Art. 433c Abs. 2 lit. ea CRR (andere Institute); Art. 433a Abs. 2 CRR (nicht börsennotierte große Institute).

1050 Art. 433a Abs. 1 lit. b, xv CRR.

1051 Darauf hinweisend auch *Europäische Bankenaufsichtsbehörde*, Diskussionspapier vom 02.05.2022, Ziffer 47 (S. 23).

entweder neutral auswirken oder zu einer (risikobasierten) Erhöhung der Eigenmittelunterlegung führen, indem etwa ein höheres Kreditrisiko berechnet würde.

Es ist aber problematisch, ob die bestehenden Säule-1-Vorgaben zur Eigenmittelunterlegung eine angemessene Berücksichtigung von ESG-Risiken und ihren Faktoren überhaupt zulassen.[1052] Grundsätzlich dürfte die Eigenmittelregulierung unter der CRR geeignet und flexibel sein, auch ESG-Risikotreiber zu berücksichtigen.[1053] Kreditrisiken können unter dem Standardansatz u. a. durch Anpassungen der externen Ratings berücksichtigt werden.[1054] Bei Verwendung von internen Modellen (*Internal Ratings Based Approach* – IRB-Ansatz) kann eine Berücksichtigung entsprechend durch Anpassungen der internen Ratings als auch durch eine umfassende Berücksichtigung von Umweltfaktoren bei der Messung der spezifischen Risikogewichte und bei der Bewertung von Sicherheiten erfolgen.[1055] Die CRR III sieht bereits vor, dass Institute unter dem IRB-Ansatz

---

1052 Das Diskussionspapier der EBA zur Rolle von Umweltrisiken unter Säule 1 vom 02.05.2022 bietet hierfür eine erste Bewertung; vgl. mit Blick auf Klimarisiken auch *Schemmer*, Klimarisiken im Bankenaufsichtsrecht, S. 168 ff.

1053 Vgl. auch *Alexander*, Stability and Sustainability in Banking Reform: Are Environmental Risks Missing in Basel III?, CISL & UNEP FI, Stability and Sustainability in Banking Reform, 2014, S. 25 f.; *Alexander/Fisher*, in: Fisher, Making the Financial System Sustainable, S. 49, 65 f.

1054 Näher *Europäische Bankenaufsichtsbehörde*, Diskussionspapier vom 02.05.2022, Kap. 5.2.2, Ziffern 69 ff, 75 (S. 29 ff.). Nach Ansicht der EBA hält das Säule 1-Rahmenwerk bereits Mechanismen bereit, um neue Arten von Risikotreibern, wie solche bezogen auf Umweltrisiken, zu berücksichtigen. Dies gelte für die internen Modelle, externen Bonitätsbeurteilungen und die Bewertung von Sicherheiten und Finanzinstrumenten (*Europäische Bankenaufsichtsbehörde*, Diskussionspapier vom 02.05.2022, EBA/DP/2022/02, Executive Summary, S. 10). Die Eigenmittelvorgaben unter der CRR seien insoweit flexibel, indem Banken z. B. beim auf internen Beurteilungen basierendem Ansatz (Internal Ratings Based Approach- IRB-Ansatz) für das Kreditrisiko neue Risikofaktoren berücksichtigen könnten (*Europäische Bankenaufsichtsbehörde*, Diskussionspapier vom 02.05.2022, Background and rationale, Ziffer 19 (S. 13)). Zudem untersucht die EBA mögliche klarstellende Anpassungen der CRR, um Umweltrisiken explizit aufzunehmen, und berücksichtigt die langfristigen Auswirkungen von Umweltrisiken und stellt zukunftsorientierte Methoden zur Diskussion.

1055 Näher *Europäische Bankenaufsichtsbehörde*, Diskussionspapier vom 02.05.2022, Kap. 5.3.2, Ziffern 105 ff. (S. 36 ff.); *Bierman*, in: Beekhoven van den Boezem/Jansen/Schuijling (Hrsg.), Sustainability and Financial Markets, S. 129, 148 f. Zu weiteren Möglichkeiten und Herausforderungen (kurze Betrachtungszeiträume, historische Betrachtung) siehe die umfassende Untersuchung in *Europäische Bankenaufsichts-*

ESG-Risikofaktoren in ihren Stresstests berücksichtigen müssen, vor allem physische Risiken und klimabedingte Transitionsrisiken (Art. 177 Abs. 2a CRR). Die ESMA soll für die Zwecke des Standardansatzes prüfen, ob ESG-Risiken in den Risikobewertungsmethoden (Ratings) ausreichend berücksichtigt werden (Art. 135 Abs. 3 CRR). Mit der CRR III werden bestimmte ESG-Faktoren zudem unter den Risikominderungstechniken berücksichtigt. Zum Beispiel sollen ESG-bezogene Erwägungen (wie z. B. Verbote oder Beschränkungen) bei der Bewertung von Finanz- und Immobiliensicherheiten als Hinweis darauf gelten, dass der Marktwert der Sicherheit bzw. Immobilie erheblich gesunken ist (Art. 207 Abs. 4 lit. b CRR; Art. 208 Abs. 3 lit. b CRR).[1056] Die E-Faktoren Energieeffizienz oder Widerstandfähigkeit gegen physische Risiken sind bei der regelmäßigen Bewertung von Immobilien werterhöhend zu berücksichtigen (Art. 229 Abs. 1 Unterabs. 3 CRR).

Trotz der Flexibilität der Eigenmittelregulierung unter Säule 1, gestaltet sich die inzidente Berücksichtigung von ESG-Risiken derzeit schwierig. Es bestehen die unter Säule 2 bekannten Schwierigkeiten hinsichtlich der Identifizierung und Messung von ESG-Risikofaktoren und ihren Übertragungskanälen.[1057] Neben dem Datenmangel wirkt sich auch das Fehlen standardisierter und granularer Klassifizierungssysteme aus, da Definitionen von „grün", „umweltschädigend" und „neutral" divergieren und binar ausgestaltet sind, sodass z. B. innerhalb der Kategorie „umweltschädigend" keine Differenzierungen erfolgt, obgleich dies aus Risikosicht gerechtfertigt wäre, wie etwa für transitionsbereite Unternehmen.[1058]

Das Eigenmittelregime beruht zudem stark auf historischen Daten wie Marktpreisen.[1059] Historische Daten (insbesondere im Kontext vom IRB-Ansatz) und

---

behörde, Diskussionspapier vom 02.05.2022, Kap. 6. (Marktrisiken), 7. (operationelle Risiken), 8. (Konzentrationsrisiken); dazu auch *Bierman*, in: Beekhoven van den Boezem/Jansen/ Schuijling (Hrsg.), Sustainability and Financial Markets, S. 129, 152 ff.

1056 Siehe Art. 201 lit. g CRR zu sonstigen physischen Sachsicherheiten.

1057 *Europäische Bankenaufsichtsbehörde*, Diskussionspapier vom 02.05.2022, Kap. 4.3, Ziffer 30 lit. c (S. 19). Dazu Teil 2B.II.1.b)aa).

1058 *Europäische Bankenaufsichtsbehörde*, Diskussionspapier vom 02.05.2022, Kap. 4.3.1, Ziffer 33 lit. b (S. 19). In ihrem Diskussionspapier deutet die EBA an, dass sie jedenfalls eine Unterscheidung zwischen grün, umweltschädlich und neutral für erforderlich hält, siehe *Europäische Bankenaufsichtsbehörde*, Diskussionspapier vom 02.05.2022, Kap. 4.3, Ziffer 33 lit. e (S. 20).

1059 *Europäische Bankenaufsichtsbehörde*, Diskussionspapier vom 02.05.2022, Kap. 4.3.2, Ziffer 36 (S. 20); *Baranovic u. a.*, The challenge of capturing climate risks in the banking regulatory framework: is there a need for a macroprudential response?, Macroprudential Bulletin, European Central Bank, Vol. 15. 2021, Kapitel 3.

Markpreise können Umweltrisiken nicht gänzlich abbilden, da die verfügbaren Daten keine ausreichenden oder vergleichbaren Informationen über Verluste aufgrund von klimabedingten Ereignissen oder Übergangstrends enthalten.[1060] Dies führt zu Schwierigkeiten bei der Identifizierung relevanter Risikotreiber sowie zu Unsicherheiten bei der Umwandlung dieser Risikotreiber in finanzielle Risikoindikatoren.[1061] Eine Bewertung von Umweltrisiken anhand historischer Daten, und damit anhand von Daten, die z. B. aus Stresssituationen während vergangener Finanzkrisen stammen, ist wenig effizient, zumal mit einer Zunahme von Umweltrisikotreibern zu rechnen ist. Es bedarf vielmehr eines Messansatzes, der in der Lage ist, zukünftige finanzielle Auswirkungen, ausgelöst durch zunehmende physische Ereignisse oder plötzliche Transitionen, zu berücksichtigen.[1062] Für die Bewertung von Umweltrisiken und ihren finanziellen Auswirkungen ist sind daher andere Daten erforderlich, namentlich solchen, die auf Erkenntnissen über den Klimawandel und die allgemeine Umweltverschlechterung beruhen.[1063] Die Bewertung anhand historischer Daten ist aber strukturelles Merkmal der Festlegung von Eigenmittelvorgaben unter der CRR. Dies bringt besondere Herausforderungen mit sich und zwar in Bezug auf die Datenverfügbarkeit und -erhebung sowie verfügbare Methoden.[1064]

Wenngleich diese Schwierigkeiten bereits unter Säule 2 bekannt sind, materialisieren sich diese unter Säule 1stäker, da die Eigenmittelregulierung eine besondere Quantifizierbarkeit und damit Kalibrierung der Risiken voraussetzt. Eine Berücksichtigung von Umweltrisiken unter Säule 1 ist grundsätzlich nur möglich, wenn sich diese quantifizieren und damit auch tatsächlich messbar als finanzielle Risiken erfassen lassen.

Hieran anknüpfend stellt sich die Frage, ob trotz des finanziellen Charakters von Umweltrisken eine Berücksichtigung unter Säule 1 überhaupt geboten und zweckmäßig ist. Diese Frage stellt sich insbesondere mit Blick auf langfris-

---

1060 Dazu *Europäische Bankenaufsichtsbehörde*, Diskussionspapier vom 02.05.2022, Kap. 4.3.2, Ziffer 36 (S. 20).

1061 Vgl. nur *Europäische Bankenaufsichtsbehörde*, Diskussionspapier vom 02.05.2022, Kap. 4.3.2, Ziffer 36 (S. 20).

1062 *Europäische Bankenaufsichtsbehörde*, Diskussionspapier vom 02.05.2022, Kap. 4.3.2, Ziffer 38 (S. 20 f.); Ziffer 39 (S. 21).

1063 *Europäische Bankenaufsichtsbehörde*, Diskussionspapier vom 02.05.2022, Kap. 4.3.2, Ziffer 39 (S. 21).

1064 *Europäische Bankenaufsichtsbehörde*, Diskussionspapier vom 02.05.2022, Kap. 4.3.2, Ziffer 39 (S. 21).

tige Umweltrisiken.[1065] Während der langfristige Planungshorizont beim ESG-Risikomanagement noch erklärbar ist, dürfte eine solche Perspektive für die Säule-1-Eigenmittelvorgaben aber grundsätzlich nicht zweckkonform sein. Die Säule-1-Eigenmittelvorgaben sind nicht konzipiert worden, um langfristige (Umwelt-)Risiken abzudecken, sondern dienen dazu, mögliche Folgen von Konjunkturschwankungen abzufedern.[1066] Es sollen unerwartete Verluste, die mit einer gewissen Wahrscheinlichkeit erwartet werden können (etwa durch Marktänderungen), abgedeckt werden.[1067] Mit Blick auf die Abdeckung unerwarteter Verluste ist ein gewisser hoher Wahrscheinlichkeitsgrad von Nöten. Dieser ist mit Blick auf langfristige Umweltrisiken schwierig zu begründen, wobei Transitionsrisiken zudem von zukünftigen Politikmaßnahmen abhängen.[1068] Eine Anpassung des Zeithorizonts müsste sich damit auch diesen Schwierigkeiten stellen. Es kann daher grundsätzlich nach der Zweckmäßigkeit der Aufnahme eines längerfristigen Zeithorizonts unter Säule 1 gefragt werden. Die Aufnahme birgt Schwierigkeiten mit Blick auf die grundsätzlichen Prinzipien des Eigenmittelrahmens insbesondere vor dem Hintergrund der besonderen Unsicherheit hinsichtlich der tatsächlichen Realisierung. Die Säule-1-Vorgaben werden zudem durch institutsspezifische Säule-2-Kapitalanforderungen und makroprudenzielle Kapitalpuffer, die klimabedingte Systemrisiken abdecken können, begleitet.[1069] Insbesondere die Berücksichtigung unter Säule 2 erlaubt eine bankindividuelle Berücksichtigung mit Blick auf das jeweilige Geschäftsmodell.

Die Berücksichtigung von langfristigen Umweltrisken würde letztlich neben dem Betrachtungshorizont der Eigenmittelvorgaben (bzgl. des Kreditrisikos sollen Verluste über einen einjährigen Zeitraum abgedeckt sein, siehe Art. 4 Abs. 1 Nr. 54 CRR i. V. m. Art. 153, 154 CRR) auch mit den typischen Kreditlaufzeiten

---

1065 Dagegen könnten kurz- und mittelfristige Umweltrisiken besser berücksichtigt werden, dazu auch *Europäische Bankenaufsichtsbehörde*, Diskussionspapier vom 02.05.2022, Kap. 4.3.3, Ziffer 43 lit. c (S. 22).

1066 *Europäische Bankenaufsichtsbehörde*, Diskussionspapier vom 02.05.2022, Kap. 4.3.3, Ziffer 41 (S. 21).

1067 Die erwarteten Verluste durch die Realisierung von bekannten Risiken abzudecken ist dagegen hauptsächlich Aufgabe der Rechnungslegung; dazu nichtzuletzt *Europäische Bankenaufsichtsbehörde*, Diskussionspapier vom 02.05.2022, Kap. 4.3.3, Ziffer 43 lit. a (S. 21 f.).

1068 *Europäische Bankenaufsichtsbehörde*, Diskussionspapier vom 02.05.2022, Kap. 4.3.3, Ziffer 43 lit. c, d (S. 22).

1069 *Europäische Bankenaufsichtsbehörde*, Diskussionspapier vom 02.05.2022, S. 14, Kap. 4.3.3, Ziffer 43 lit. e, f, g (S. 22), Annex 3 (S. 70 ff.).

korrelieren.[1070] Insbesondere unter letzterem ist fraglich, wieso Banken langfristige Umweltrisiken bei der Eigenmittelunterlegung berücksichtigen sollen, wenn sie sich erst nach der Kreditlaufzeit materialisieren.[1071] Diese Schwierigkeiten sind bei Spezialfinanzierungen als auch der Bewertung von Sicherheiten weniger ausgeprägt, da bereits aktuell ein langfristiger Betrachtungszeithorizont betrachtet wird (vgl. Art. 124 CRR und Art. 208, 153 Abs. 5 CRR).[1072]

Eine Berücksichtigung von langfristigen Umweltrisiken unter Säule 1 würde damit in jedem Fall eine Anpassung des maßgeblichen Zeithorizonts erfordern. Insbesondere mit Blick auf die aufgezeigten weiteren Instrumente (Säule 2, Systemrisikopuffer) kann eine Zweckmäßigkeit der Anpassung bezweifelt werden. Jedenfalls sind die aufgezeigten, punktuellen Änderungen des Eigenmittelregimes durch die CRR III zielkonform zum Finanzstabilitätsziel, da sie eine Risikoperspektive einnehmen. Aber auch insoweit ist eine mittelbare Zielfinalität zum Lenkungsziel gegeben, insbesondere durch die stärkere Berücksichtigung von E-Faktoren in den Risikominderungstechniken und die daraus folgende Auswirkungen auf die Eigenmittelunterlegung.

d) Auswirkungen auf die makroprudenzielle Aufsicht

Mit Blick auf die makroprudenzielle Regulierung und Aufsicht wirken sich derzeit ausschließlich klimabedingte Umweltrisiken aus. In Art. 23 Abs. 1 Satz 1 EBA-Verordnung – dem Mandat des EBA und des ESRB zur Systemrisikoüberwachung – wurde nunmehr explizit ein sog. „umweltbezogene[s] Systemrisiko" aufgeführt. Hierdurch wurde der Klimawandel als mögliche Quelle von systemischen Risiken für das Finanzsystem rechtlich anerkannt.[1073] In diesem Zusammenhang sind derzeit aufsichtliche Klimastresstests relevant. Die EZB hat 2022 einen ersten Klimarisiken-Stresstest durchgeführt.[1074]

1070 *Europäische Bankenaufsichtsbehörde*, Diskussionspapier vom 02.05.2022, Kap. 4.3.3, Ziffern 41, 42 (S. 21); vgl. auch *Bierman*, in: Beekhoven van den Boezem/Jansen/Schuijling (Hrsg.), Sustainability and Financial Markets, S. 129, 149 f.; *Nieto/Papathanassiou*, Journal of Banking Regulation (2023), S. 8.

1071 So auch *Europäische Bankenaufsichtsbehörde*, Diskussionspapier vom 02.05.2022, Kap. 4.3.3, Ziffer 43 lit. c (S. 22).

1072 Näher dazu *Bierman*, in: Beekhoven van den Boezem/Jansen/ Schuijling (Hrsg.), Sustainability and Financial Markets, S. 129, 149 ff.

1073 So auch *De Arriba-Sellier*, Common Market Law Review 58 (2021), S. 1097 (1108).

1074 *Europäische Zentralbank*, Klimarisiko-Stresstest 2022; *Europäische Zentralbank/Europäischer Ausschuss für Systemrisiken*, Positively green: Measuring climate change risks to financial stability, Juni 2020; *Europäische Zentralbank/Europäischer Ausschuss für Systemrisiken*, Climate-related risk and financial stability, Juli 2021.

Systemrisikopuffer (Art. 133 CRD, § 10e KWG) können zudem bereits genutzt werden, um klimabedingten Systemrisken zu begegnen.[1075] Nach Art. 133 Abs. 5 CRD (§ 10e Abs. 1 Satz 2 KWG) können Systemrisikopuffer auf bestimmte Gruppen von Risikopositionen angewendet werden, was auch solche erfassen kann, die klimabedingten Umweltrisiken unterliegen.[1076] Dies wurde durch Art. 133 Abs. 1 CRD nunmehr ausdrücklich anerkannt, indem klimawandelbedingte Systemrisken ausdrücklich genannt werden.

Die Auswirkungen auf die makroprudenzielle Aufsicht sind zielkonform zum Finanzstabilitätsziel. Umweltrisiken (physische Risiken und Transitionsrisiken (insb. Marktrisiken)) materialisieren sich und zeigen ihre Wesentlichkeit.[1077] Die Besonderheiten des Klimawandels, insbesondere seine flächendeckenden, großen Auswirkungen (private Haushalte, Unternehmenssektor, Staaten) und seine Irreversibilität, sprechen für eine hohe Wahrscheinlichkeit, dass sich jedenfalls ein Mix aus physischen Risiken und Transitionsrisiken langfristig materialisieren wird, insbesondere wenn keine zeitigen Abhilfemaßnahmen ergriffen werden.[1078] Nach Schätzungen führt der Klimawandel gesamtwirtschaftlich langfristig zu großen Vermögensverlusten.[1079] Der Klimawandel ist damit eine Quelle für Systemrisiken, werden Maßnahmen unterlassen, die das Finanzsystem („*business as usual*"), die Wirtschaft (kurzfristiges Denken) und damit die Regulierung und Aufsicht

---

1075 Zu weiteren möglichen makroprudenziellen Maßnahmen siehe *Europäische Zentralbank/Europäischer Ausschuss für* Systemrisiken, The macroprudential challenge of climate change, Juli 2022, S. 99 ff.

1076 So auch *Europäische Kommission*, CRD VI-Entwurf, S. 13 f.; vgl. dazu auch *Baranovic u. a.*, The challenge of capturing climate risks in the banking regulatory framework: is there a need for a macroprudential response?, Macroprudential Bulletin, European Central Bank, Vol. 15. 2021, Kap. 4.

1077 *De Arriba-Sellier*, Common Market Law Review 58 (2021), S. 1097 (1134 ff.); *Alexander/Fisher*, in: Fisher (Hrsg.), Making the Financial System Sustainable, S. 49, 62, nennen als Beispiele etwa die Veränderung der Marktpreise durch eine neue Energiepolitik oder mögliche Folgen eines physischen Ereignisses auf wichtige Märkte, etwa eine Flut in London und ein zeitgleiches Erdbeben in Tokio.

1078 Zu den Besonderheiten des Klimawandels: *Network for Greening the Financial System*, First Comprehensive Report, April 2019, Executive Summary sowie Ziffer 1.2 (S. 12 f.).

1079 Siehe bereits *Network for Greening the Financial System*, Technical supplement to the First comprehensive report, Juli 2019, S. 8 ff, S. 31 f. und *Kahn u. a.*, IMF Working Paper, WP 19/215, Oktober 2019; S. 47 f.; zuletzt *Europäische Zentralbank/Europäischer Ausschuss für* Systemrisiken, The macroprudential challenge of climate change, Juli 2022, S. 92 f.

anpassen.[1080] Sie können damit systemisch werden und die Finanzstabilität gefährden.[1081] Der systemische Charakter von Umweltrisiken zeigt die Pflicht, diese auch zu berücksichtigen (vgl. Art. 3 Abs. 1 ESRB-Verordnung).[1082] Zudem gehört zum Aufgabenmandat der Aufsicht, ein Verständnis darüber zu erlangen, wie sich strukturelle Veränderungen und damit auch solche, die durch den Klimawandel verursacht wurden, auf das Finanzsystem und die Wirtschaft auswirken.[1083]

Eine mittelbare Zielfinalität zum Neuausrichtungsziel ist aber denkbar. Auch Klimastresstests durch die Aufseher können ein Umdenken unter den Finanzmarktakteuren erreichen und damit ein starkes makroprudenzielles Lenkmittel darstellen.[1084]

3. *Zwischenergebnis*

Die ESG-Risikobetrachtung zieht sich derzeit insbesondere durch Säule 2 (Governance, Risikomanagement, SREP) und 3 (Offenlegung unter CRR) der Bankenregulierung. Dabei verfolgt die Nachhaltigkeitsregulierung formal einen Risikoansatz. Es wurde gezeigt, dass die Vorgaben zielkonform zum Finanzstabilitätsziel sind.[1085] Mit Blick auf das aufsichtsrechtliche Kundenschutzziel gelten die

---

1080 *Europäische Zentralbank/Europäischer Ausschuss für* Systemrisiken, The macroprudential challenge of climate change, Juli 2022, S. 8 ff., 92 f.; siehe zudem *De Arriba-Sellier*, Common Market Law Review 58 (2021), S. 1097 (1134); zum systemischen Charakter von Klimarisiken siehe auch *Schemmer*, Klimarisiken im Bankenaufsichtsrecht, S. 55 ff.

1081 Siehe mit Blick auf den Energiewandel und „stranded assets": *Europäischer Ausschuss für Systemrisiken*, Reports of the Advisory Scientific Committee, No 6 / Februar 2016, S. 9 ff. Zuletzt *Europäische Zentralbank/Europäischer Ausschuss für Systemrisiken*, The macroprudential challenge of climate change, Juli 2022, S. 8 ff.; siehe zudem bereits *Network for Greening the Financial System*, Technical supplement to the First comprehensive report, Juli 2019, S. 13 ff., 31 ff.; *Network for Greening the Financial System*, The Macroeconomic and Financial Stability Impacts of Climate Change, Research Priorities, Juni 2020, S. 4 ff.

1082 Hierzu auch *De Arriba-Sellier*, Common Market Law Review 58 (2021), S. 1097 (1138).

1083 *Network for Greening the Financial System*, First Comprehensive Report, April 2019, Executive summary, Ziffer 1.1 (S. 12).

1084 Ähnlich *Schoenmaker/van Tilburg*, Comparative Economic Studies (2016) 58, S. 317 (326).

1085 So auch *Colaert*, Common Market Law Review 59 (2022), S. 1669 (1701), die aus den derzeit ergriffenen Instrumenten und ihrer Kompatibilität unter die traditionellen Ziele schlussfolgert, dass Sustainable Finance (noch) kein autonomes eigenständiges Ziel der Finanzmarktregulierung ist.

Ausführungen zum Finanzstabilitätsziel entsprechend: Unter der ordnungspolitischen Begründung des Kundenschutzziels ist eine grundsätzliche Zielkonformität anzunehmen, insbesondere im Lichte der Überlegungen zum Einlegerschutz. Problematisch könnte hingegen sein, dass die Berücksichtigung von ESG-Risiken dazu führt, dass die Kreditkonditionen für einen bestimmten Kundenkreis, und zwar denjenigen, der höheren ESG-Risiken ausgesetzt ist, teurer werden. Das Kundenschutzziel im Aufsichtsrecht ist, wie in Teil 1B.III. gezeigt, aber nicht auf eine absolute Privilegierung von Kreditnehmern gerichtet. Stellen sich ESG-Risiken als finanzielle Risiken dar, ist es unter grundsätzlichen aufsichtsrechtlichen Überlegungen geboten, dass diese die Preise beeinflussen. Die Kreditvergabe wird nicht um jeden Preis gefördert, wie es sich bereits bei der Ausformung des Finanzstabilitätsziels zeigt, das seinen Schwerpunkt nicht in der Funktionsförderung hat. Im Hinblick auf die Transitionsbemühungen der Politik dürfte es aber essenziell sein, dass die Kreditvergabe an solche Kunden, die eine Transformation ihrer Geschäftsmodelle anstreben, auch nicht behindert werden sollte.

Trotz der Zielkonformität zu den traditionellen Zielen des Bankenaufsichtsrecht stellt die Berücksichtigung von ESG-Risiken, Banken und Aufseher vor Herausforderungen. Diese können sich negativ auf die Zielkonformität und das aufsichtsrechtliche Finanzstabilitätsziel auswirken. Zwar zeigt die Einflechtung von ESG-Risiken in die Säulen, dass das Basler Rahmenwerk grundsätzlich flexibel ist, um auf den Klimawandel zu reagieren. Dies lässt sich insbesondere auch für die Eigenmittelvorgaben begründen. Gleichwohl bestehen Herausforderungen, die aus den Besonderheiten von ESG-Risiken gegenüber bekannten finanziellen Risiken folgen. Die grundsätzlichen Problemfelder mit Blick auf die Zieladäquanz betreffen die mangelnde Quantifizierbarkeit und die Gefahr eines (auch daraus resultierenden) Greenwashings. Diesen Herausforderungen wird durch die Möglichkeit qualitativer Analysen sowie durch eine Fokussierung auf Umweltrisiken entgegengewirkt. Dagegen dürfte der Kostenaufwand für Institute und die Komplexität der Vorgaben grundsätzlich kein ausschlaggebender Faktor gegen eine Zielkonformität sein. Die Kosten dürften grundsätzlich hinzunehmen sein und die Vorgaben/Erwartungen sind größtenteils qualitativ ausgeformt und damit flexibel.

Die grundsätzliche Zielkonformität der derzeitigen Nachhaltigkeitsregulierung für das Finanzstabilitätsziel schließt nicht aus, dass auch das Neuausrichtungsziel positiv beeinflusst wird. Im Gegenteil, die ESG-Risikovorgaben und -Erwartungen zeigen eine deutliche Lenkwirkung, die die Frage aufwirft, ob vereinzelte Erwartungen/geplante Vorgaben (z. B. in Bezug auf die Entwicklung nachhaltiger Produkte, die Anpassung der Engagement Policy und Preisgestaltung oder das Aufstellen von Transitionsplänen) noch von traditionellen aufsichtlichen Überlegungen geleitet sind oder eine überschießende Lenkung erzeugen. Begleitet wird dies durch eine nicht zu vernachlässigende Haltung der Aufseher, die insbesondere im SREP Bedeutung gewinnt. Die Aufseher betonen zwar, dass die Institute weiterhin für die Gestaltung ihrer Geschäftsstrategien verantwortlich sein sollen, wobei diese Verantwortlichkeit auch ihre Herangehensweise an die Unterstützung der Ziele der Nachhaltigkeitspolitik betreffe. Dennoch verdeutlichen die Ausführungen der Aufseher als auch die CRD VI, dass eine Abweichung von den europäischen Neuausrichtungszielen ein Indikator für ein entsprechend hohes Transitionsrisiko sein kann. Dies wird durch die aufsichtliche Haltung verstärkt, dass eine zielkonsistente Lenkung der Geschäfte bzw. eine Anpassung der Geschäftsmodelle an die Transformationsbemühungen wahrscheinlicher zur Vermeidung negativer finanzieller Auswirkungen führen, die von Transitionsrisikotreibern ausgehen. Insoweit kann eine mittelbare Beeinflussung bzw. ein mittelbarer aufsichtlicher Druck gegeben sein. Dies zeigt sich besonders an der ausdrücklichen Bezugnahme auf politische Nachhaltigkeitsziele in der CRD VI.

Aufgrund des allgemeinen Risikoansatzes und der weiterhin bestehenden ökonomischen Nachhaltigkeitsbetrachtung bei der Festlegung der Geschäftsstrategie kann die Eignung für das Finanzstabilitätsziel hierdurch aber nicht negiert werden. Es werden insbesondere keine weitergehenden, von aufsichtlichen Überlegungen losgelösten Nachhaltigkeitsforderungen gestellt. ESG-Risiken werden (nur) unter einem finanziellen Aspekt von der Regulierung und den Aufsehern aufgegriffen. Die ESG-Risikobetrachtung wirkt sich zwar insbesondere in den Geschäftsstrategien der Institute aus, die faktisch „grüner" werden können. Aber dies erfolgt unter Risikogesichtspunkten und nicht aufgrund eines hiervon losgelösten ökologischen Nachhaltigkeitspostulats. Die Geschäftsstrategie eines jeden Unternehmens hat sich unter grundsätzlichen betriebswirtschaftlichen Überlegungen an dem Geschäftsumfeld zu orientieren. Ändert sich dieses (insbesondere durch Transitionsbemühungen), ist auch eine Strategieanpassung von Nöten, um ein nachhaltiges Bestehen am Markt zu gewährleisten und schließlich Stabilitätsrisiken vorzubeugen. Insoweit dürfte ein vernünftiges ESG-Risikomanagement für das aufsichtliche Finanzstabilitätsziel essenziell sein. Wenngleich das Neuausrichtungsziel mittelbar zum Tragen kommt und damit das Ziel der Neuausrichtung der Kapitalflüsse bereits durch die finanzstabilitätsfinalen Instrumente in Form des ESG-Risikomanagements und insbesondere der Offenlegung gefördert wird, sind die Vorgaben und Erwartungen risikoorientiert. Eine Neuausrichtung, die risikobasiert erfolgt, ist daher konsistent mit dem Finanzstabilitätsziel.

Eine grundsätzliche materielle Änderung stellt dagegen die Ausweitung des Planungshorizonts dar, die dem aufsichtlichen Finanzstabilitätsziel eine neue Nuance gibt, ohne dieses im Grundsatz anzutasten. Die ESG-Risikovorgaben bezwecken daher letztlich, die durch Basel eingeführte mittelfristige Resilienz weiter auszubauen und eine langfristige Resilienz sicherzustellen. Die BaFin verweist treffend auf eine mögliche Fragestellung, die sich als Leitfrage der gesamten Nachhaltigkeitsregulierung unter Säule 2 einordnen lässt: „*Wie kann der langfristige Erfolg des Unternehmens einschließlich der Akzeptanz bei Vertragspartnern und Mitarbeitern im Hinblick auf den gewissenhaften Umgang mit Nachhaltigkeitsrisiken und den etwaigen negativen Auswirkungen der eigenen Geschäftstätigkeit auf Nachhaltigkeitsfaktoren sichergestellt werden?*“[1086].

III. Das Ziel der Neuausrichtung der Kapitalflüsse

Das Ziel der Neuausrichtung der Kapitalflüsse hin zu einer nachhaltigeren Wirtschaft hat seinen Beweggrund in dem gesamtwirtschaftlichen Erfordernis privater Investitionen zur Erreichung der europäischen Klimaziele.[1087] Das Ziel ist damit kein exklusives Ziel für das Bankenaufsichtsrecht, sondern ein generelles Ziel der Nachhaltigkeitsregulierung und bildet ihr Leitprinzip.[1088]

Die formalen Unterschiede zu den traditionellen Zielen deuten Zielkonflikte an.[1089] Aufgrund des besonderen Leerformelcharakters sind gleichwohl vornehmlich die Instrumente heranzuziehen, um die Zielbeziehung zum Finanzstabilitätsziel zu bestimmen.[1090]

1086 BaFin, Merkblatt zum Umgang mit Nachhaltigkeitsrisiken, Stand: 13.01.2020, Kap. 4.4 (S. 22).

1087 *Europäische Kommission*, Aktionsplan: Finanzierung nachhaltigen Wachstums, S. 3. Dazu bereits unter Teil 2A.I.

1088 Dies kann bereits aus dem Aktionsplan abgeleitet werden, wonach diesem Ziel die Maßnahmen 1 bis 5 zugeordnet wurden, dazu bereits Teil 2B.I.

1089 Näher zu den formalen Unterschieden und Gemeinsamkeiten zu den traditionellen Zielen Teil 2B. Dem Bankenaufsichtsrecht ist eine proaktive Nuance zwar nicht fremd (vgl. effektive Allokation), dennoch dominiert traditionell der Krisenschutzgedanke, dazu bereits unter Teil 1B.II.2.

1090 Unter Teil 2B.II.2. wurde zudem gezeigt, dass die ESG-Risikoberücksichtigung bereits maßgebliche Lenkungseffekte haben kann, ohne die traditionellen Aufsichtsziele zu tangieren.

1. *Mittelbare Zielfinalität der ESG-Risikovorgaben*

Wie unter II. dargelegt, können bereits die ESG-Risikomanagementvorgaben sowie die ESG-Risikooffenlegung unter Art. 449a CRR als Instrumente des Neuausrichtungsziels eingeordnet werden, insbesondere die Vorgaben zu strategischen ESG-Risikozielen, Transitionsplänen und zur Entwicklung nachhaltiger Produkte. Diese Instrumente werden zwar formal dem Finanzstabilitätsziel zugeordnet, sie wirken sich aber auch auf die Erreichung des Neuausrichtungsziels aus. Es herrscht damit bereits im Lichte der Risikomanagementvorgaben eine positive Auswirkung auf das Ziel der Neuausrichtung der Kapitalflüsse und damit eine mittelbare Zielfinalität. Diese mittelbare Neuausrichtung ist zwar einerseits natürlicher und damit zielkonsistenter Ausfluss der Risikoperspektive. Andererseits deutet sich an, dass – unter Befriedigung der ökonomischen Nachhaltigkeitsparameter – eine Lenkung erzeugt werden soll.[1091] Das Neuausrichtungsziel wird damit auch unter den Säule-2- und 3-Vorgaben verfolgt, wobei eine natürliche Vorrangstellung von traditionellen bankenaufsichtlichen Überlegungen und damit des Finanzstabilitätsziels im Konfliktfall erkennbar ist.[1092]

2. *Green Supporting Factor*

In der öffentlichen Diskussion gilt der sog. grüne Unterstützungsfaktor (*Green Supporting Factor*, „GSF") als taugliches, proaktives Instrument für das Lenkungsziel.[1093] Hierunter wird ein möglicher „Eigenmittelrabatt" für Risikopositionen verstanden, die vornehmlich mit ökologischen Zielen verbunden sind.[1094] Bei

---

1091 Dazu Teil 2 B. II. 2. a) ff) (2).

1092 Dazu Teil 2 B. II. 2. a) ff) (2).

1093 Etwa *European Banking Federation*, Towards a Green Finance Framework, S. 33-34 and Annex I; *Dombrovkis*, Rede vom 12.12.2017. Gleichwohl der grüne Unterstützungsfaktor im Aktionsplan der Europäischen Kommission aus 2018 unter Maßnahme 8 und damit formal bei dem Regelungsziel des ESG-Risikomanagements angesiedelt ist, was eine risikobasierte Einführung indiziert und im Allgemeinem dem Umstand geschuldet sein dürfte, dass bei einer Einführung die CRR-Eigenmittelvorgaben angepasst würden, und damit das originäre Aufsichtsrecht, soll er vorliegend dem Ziel der Lenkung der Kapitalflüsse zugeordnet werden; vgl. auch *Tirca/Aperti/Aceleanu*, Financing Sustainable Development, S. 9, 21.

1094 Die HLEG hatte bereits debattiert, Kapitalanforderungen zu verringern, um die Kreditvergaben für den Nachhaltigkeitssektor attraktiver für Darlehensgeber und -nehmer zu machen, siehe *High-Level Expert Group on Sustainable Finance*, Final Report 2018, Kapitel V.1, S. 68. Die HLEG reagierte dabei auf die Verlautbarung der Europäischen Kommission in Zuge der One Planet Summit in Paris im Dezember

der möglichen Erleichterung handelt es sich somit nicht um eine direkte (und prudenziell-widrige) Einflussnahme auf die geschäftsstrategischen Entscheidungen. Vielmehr würde angenommen, dass sich die Rabattierung in der Bepreisung von Krediten widerspiegelt.[1095] Anders als die übrigen Nachhaltigkeitsvorgaben, die mit höherem Compliance-Aufwand und höheren Kosten für Banken verbunden sind, könnte dies eine starke Lenkwirkung zugunsten des grünen Sektors bewirken.[1096]

a) *Vergleichbare Unterstützungsfaktoren unter der CRR*

Die Eigenmittelvorgaben unter Säule 1 kennen einen solchen GSF bisher nicht. Es existieren aber bereits Unterstützungsfaktoren, die eine ähnliche Zielrichtung aufweisen.

Zu nennen ist zunächst die Privilegierung von Infrastrukturinvestitionen nach Art. 501a CRR.[1097] Art. 501a CRR reduziert die Eigenmittelanforderun-

---

2017, wonach diese positiv auf die Einführung eines GSF unter Säule 1 blicke, um Kreditvergaben und Investitionen in kohlenstoffarme Anlagen zu fördern (siehe *Dombrovkis*, Rede vom 12.12.2017: „*To incentivise lending, we are looking positively at the European Parliament‘s proposal to amend capital charges for banks to boost green investments and loans by introducing a so-called green supporting factor. This could be done at first stage by lowering capital requirements for certain climate-friendly investments, such as energy-efficient mortgages or electric cars. We could model it on existing capital requirement adjustments for investments in SMEs or high-quality infrastructure projects*“). Bereits im Jahr 2016 hatte die French Banking Federation einen GSF vorgeschlagen (siehe *French Banking Federation*, Pressemitteilung vom 28.09.2016; zudem wieder aufgenommen im neuen Statement: *French Banking Federation*, Memo vom 21.03.2018).

1095 Die Lenkwirkung der Eigenmittelregulierung im Sinne eines Entgegenwirkens einer übermäßigen Risikobereitschaft ist größtenteils anerkannt; dazu etwa *Tarullo*, Banking on Basel, S. 16 f.; *Dagher u. a.*, IMF Staff Discussion Note 16/04, S. 8 f.; *Thomä/Gibhardt*, Journal of Financial Regulation and Compliance, Vol. 27,3, S. 380 (383) m. w. N.; siehe zudem *Europäische Bankenaufsichtsbehörde*, Diskussionspapier vom 02.05.2022, S. 46. Speziell mit Blick auf einen GSF etwa *Campiglio*, 121 Ecological Economics (2016), S. 220 (226).

1096 Hierzu näher etwa *Arlt*, BKR 2019, S. 477 (478 ff.); so auch *De Arriba-Sellier*, Common Market Law Review 58 (2021), S. 1097 (1110).

1097 Eingeführt durch die CRR II; mit der Verordnung (EU) 2020/873 vom 24.06.2020, ABl. L 204, 4 wurde die Anwendbarkeit auf den 27.06.2020 vorverschoben. Anders als für Art. 501c CRR wurde eine Auswirkungsanalyse der Einführung nachgeschaltet, siehe *Europäische Bankenaufsichtsbehörde*, Report on the application of the infrastructure supporting factor, EBA/REP/2022/29, 03.11.2022.

gen für ausgewählte Infrastrukturinvestitionen um 25 Prozent.[1098] Für diesen pauschalen Eigenmittelrabatt können sich z. B. Risikopositionen gegenüber Zweckgesellschaften qualifizieren, die zur Finanzierung oder zum Betrieb von Infrastrukturprojekten gegründet wurden und die darüber hinaus die weiteren Voraussetzungen des Art. 501a CRR erfüllen.[1099] Bei Infrastrukturprojekten handelt es sich um Projekte, die „physische Strukturen oder Anlagen, Systeme und Netze, die grundlegende öffentliche Dienste erbringen oder unterstützen", betreffen (siehe Art. 501a Abs. 1 lit. b CRR).[1100] Dies umfasst insbesondere Infrastrukturvorhaben in den Bereichen Verkehr, Innovation, Energie, Forschung und Bildung.[1101] Auch mit diesem Unterstützungsfaktor werden genuin europäische Lenkungsziele verfolgt.[1102] Im Vordergrund stehen die besondere Bedeutung von Infrastrukturinvestitionen für Europas Wettbewerbsfähigkeit und die Schaffung von Arbeitsplätzen, und damit das zukünftige Wirtschaftswachstum.[1103] Es wird davon ausgegangen, dass die zahlreichen Kriterien des Art. 501a CRR auch tatsächlich das Risikoprofil absenken, wenngleich es sich um einen nicht-risikobasierten Unterstützungsfaktor handelt.[1104]

Im Vordergrund des Art. 501a CRR steht zwar, wie dargestellt, die Förderung von Investitionen in die Infrastruktur und nicht die Förderung nachhaltiger Investitionen. Art. 501a CRR soll aber auch dem Übergang „zu einer klimaresistenten Wirtschaft mit geringem CO_2-Ausstoß"[1105] dienen. Art. 501a CRR wurde zudem

---

1098 Art. 501a CRR ist dabei vergleichbar mit den Anforderungen für den Versicherungssektor an „qualifizierte Infrastrukturinvestitionen" nach Art. 164a Delegierte Verordnung (EU) 2015/35 vom 10.10.2014, ABl. L 12, 1.

1099 Die weiteren (zahlreichen) Voraussetzungen des Art. 501a CRR betreffen insbesondere die Stressresistenz des Schuldners und die erwarteten Einkünfte wie auch die zugrundeliegende vertragliche Ausgestaltung.

1100 Zur möglichen Änderung durch die CRR III, siehe *Europäische Kommission*, CRR III-Entwurf, S. 235. Der Unterstützungsfaktor wird durch die EBA kritisiert, vgl. *Europäische Bankenaufsichtsbehörde*, Policy Advice on the Basel III Reforms: Credit Risk, August 2019, S. 20 ff.

1101 *Europäische Kommission*, CRR II-Entwurf, S. 26; zudem Erwägungsgrund 60 zur CRR II: „Breitband- und Energienetze sowie Transportinfrastruktur, einschließlich Infrastruktur für Elektro-Mobilität, vor allem in Industriezentren, in Bildung, Forschung und Innovation sowie in erneuerbare Energien und Energieeffizienz".

1102 Vgl. *Europäische Kommission*, CRR II-Entwurf, S. 4; siehe zudem CRR II, Erwägungsgrund 60.

1103 CRR II, Erwägungsgrund 60.

1104 CRR II, Erwägungsgrund 61. Zur Unterscheidung zwischen risikobasiert und nicht-risikobasiert siehe unten Teil 3B.

1105 Erwägungsgrund 61 CRR II.

durch die CRR III angepasst. Unter Art. 501a Abs. 1 lit. o CRR können Institute nur dann eine günstige Risikogewichtung erhalten, wenn sie ein Infrastrukturprojekt finanzieren, das tatsächlich einen positiven oder jedenfalls neutralen Beitrag („DNSH-Test“) zu den Umweltzielen der Taxonomie-Verordnung (Art. 9 Taxonomie-Verordnung) aufweist.[1106]

Neben Art. 501a CRR könnte zudem der sog. KMU-Unterstützungsfaktor nach Art. 501 CRR zur Anwendung kommen. Art. 501 CRR regelt die Anpassung der risikogewichtigen, nicht ausfallenden Risikopositionen (RWEA – *Risk Weighted Exposure Amount*) gegenüber kleinen und mittleren Unternehmen (KMU).[1107] Der KMU-Unterstützungsfaktor wurde zuletzt durch die CRR II angepasst und bezweckt, die Eigenmittelunterlegung für Kreditrisiken (Adressenausfallrisiken) in Bezug auf Forderungen gegenüber KMU durch die Umsetzung von Basel III nicht zu erhöhen, sondern im Sinne von Basel II beizubehalten.[1108] Der KMU-Faktor ist grundsätzlich auf eine maximale Kredithöhe von 2,5 Mio. Euro beschränkt. Für Kreditbeträge, die 2,5 Mio. Euro übersteigen, ist dagegen der Faktor 0,85 anzuwenden (15 %-ige Kürzung) (vgl. Formel in Art. 501 Abs. 1 CRR), sodass auch hierdurch die Eigenmittelanforderungen reduziert werden.

Diese Privilegierung erfolgte nicht in Anlehnung an eine vom Basler Ausschuss angeregte Anpassung, sondern ist originär europäisch.[1109] Entsprechend den Erwägungsgründen zur CRR und CRR II sind KMU „wegen ihrer grundlegenden Bedeutung für die Schaffung von wirtschaftlichem Wachstum und Arbeitsplätzen

---

1106 In der vorherigen Fassung unter der CRR II mussten Institute lediglich bewertert haben, ob ein ensprechender Beitrag erfolgt. Die Anwendung des Anpassungsfaktors war damit nicht davon abhängig, dass diese Umweltziele tatsächlich verfolgt werden. Die EBA hatte bereits eine mögliche Verschrärfung gefordert, siehe *Europäische Bankenaufsichtsbehörde*, Diskussionspapier vom 02.05.2022, Ziffer 137 (S. 44).

1107 Ein KMU wird maßgeblich anhand der Empfehlung der Europäischen Kommission 2003/361/EG vom 06.05.2003 betreffend die Definition der Kleinstunternehmen sowie der kleinen und mittleren Unternehmen, ABl. L 124, 36, definiert, wobei von den Kriterien nach Art. 2 des Anhangs der Empfehlung lediglich der Jahresumsatz berücksichtigt werden soll (vgl. Art. 501 Abs. 2 lit. b CRR).

1108 Vgl. Erwägungsgrund 44 der CRR. Dies wird unmittelbar durch die Formel in Art. 501 CRR deutlich, die den Wert des KMU-Unterstützungsfaktors auf 0,7619 festlegt. Dieser Multiplikationsfaktor bildet sich aus dem Quotienten von 8 und 10,5 und kompensiert damit die durch Basel III erfolgte Erhöhung der Eigenmittelunterlegung durch den Kapitalerhaltungspuffer in Höhe von 2,5 Prozent. Damit verbleibt es bei diesen Risikopositionen bei dem vorherigen risikogewichteten Positionsbetrag in Höhe von 8 Prozent.

1109 Vgl. etwa *Europäische Kommission*, CRR II-Entwurf, S. 4.

einer der Stützpfeiler der Wirtschaft der Union“[1110]. Durch den Unterstützungsfaktor soll die Eigenmittelunterlegung von Risikopositionen gegenüber KMU reduziert werden, damit Kreditinstitute ihre Kreditvergabe an KMU erhöhen können.[1111] Auch dem KMU-Unterstützungsfaktor liegt damit ein Lenkungsgedanke zugrunde.

Der KMU-Unterstützungsfaktor umfasst nicht exklusiv grüne Darlehen. Aber bereits durch die Bezugnahme auf innovative Technologien zeigt sich, dass hierdurch auch Darlehen an z. B. grüne Start-Ups gefördert werden können.[1112] Insbesondere durch die Finanzierung von mittelständischen Unternehmen können Banken zur nachhaltigen Entwicklung beitragen, da diese die Gelder z. B. zur Entwicklung grüner Technologien verwenden können.[1113] Insoweit kann durchaus bereits der KMU-Unterstützungsfaktor im Lichte eines nicht-risikobasierten GSF gesehen werden.[1114]

Aufgrund der aufgezeigten Schnittmenge zu den anderen Unterstützungsfaktoren müsste bei Einführung eines GSF, die Anwendung der anderen Unterstützungsfaktoren ausgeschlossen werden.[1115] Dies unterstreicht die Notwendigkeit, „grüne“ Positionen hinreichend bestimmt zu definieren.[1116]

1110 Erwägungsgrund 59 CRR II; Erwägungsgrund 44 CRR.

1111 Erwägungsgrund 44 CRR.

1112 Vgl. Erwägungsgrund 44 CRR.

1113 So bereits *Bundesverband deutscher Banken*, Nachhaltigkeitsmanagement, S. 8.

1114 Zudem hat der Bundesverband deutscher Banken bereits 2014 ausgeführt, dass auch insbesondere durch die Finanzierung von mittelständischen Unternehmen, Banken zur nachhaltigen Entwicklung beitragen, da diese die Gelder z. B. zur Entwicklung grüner Technologien verwenden können (*Bundesverband deutscher Banken*, Nachhaltigkeitsmanagement, S. 8); *D´Orazio/Popoyan*, Ecological Economics 160 (2019), S. 25, 28, beschreiben den KMU-Unterstützungsfaktor als „GSF prototype“, wobei hierdurch wohl der Lenkungscharakter hervorgehoben wird. Zur Unterscheidung zwischen risikobasiert und nicht-risikobasiert siehe unten Teil 3B.

1115 Die EBF hat einen möglichen Wortlaut eines solchen Faktors vorgestellt, wobei die Anwendung der übrigen Unterstützungsfaktoren ausgeschlossen wurde, siehe *European Banking Federation*, Towards a Green Finance Framework, S. 38.

1116 Die HLEG hatte bereits vorgeschlagen zwischen „grün“, „braun“ und „neutral“ zu differenzieren, siehe *High-Level Expert Group on Sustainable Finance*, Final Report 2018, S. 68.

b) Mögliche Ausgestaltung

Wie ein GSF letztlich aussehen könnte, lässt sich noch nicht sagen.[1117] Die EBA hat durch die CRR II zunächst ein Prüfmandat erhalten, welches durch die CRR III angepasst bzw. in Teilmandate unterteilt wurde. Nach dem aktuellen Prüfmandat hat die EBA zu prüfen, ob die spezielle aufsichtliche Behandlung von Risikopositionen im Zusammenhang mit Vermögenswerten oder Verbindlichkeiten, die von Auswirkungen ökologischer oder sozialer Faktoren betroffen sind, anzupassen ist (Art. 501c Abs. 1 Satz 1 CRR). Risikopositionen, die den Auswirkungen von Umwelt- oder Sozialfaktoren ausgesetzt sind, sind solche, die das Ziel der Union, ihre regulatorischen Ziele in Bezug auf ESG-Faktoren zu erreichen, in einer Weise behindern, die negative finanzielle Auswirkungen auf Institute in der Union haben könnte (Art. 4 Abs. 1 Nr. 154 CRR).

Die EBA hat insbesondere Methoden für die Bewertung der tatsächlichen Risikobehaftung dieser Risikopositionen im Vergleich zu anderen Risikopositionen zu überprüfen (Art. 501c Abs. 1 Satz 2 lit. c CRR). Dabei hat sie auch mögliche Auswirkungen einer angepassten aufsichtlichen Behandlung auf die Finanzstabilität und die Kreditvergabe in der Union zu prüfen (Art. 501c Abs. 1 Satz 2 lit. d CRR). Der Bericht ist bis zum 31. Dezember 2025 vorzulegen (Art. 501c Abs. 2 Satz 1 lit. c CRR).[1118] Als Vorbereitung hierzu diente der EBA zunächst die Konsultation zum ESG-Bericht.[1119] Zudem bietet sie im Diskussionspapier zur Rolle von Umweltrisiken unter Säule 1 vom 2. Mai 2022 eine erste Bewertung.[1120] Auf Grundlage der Berichte wird die Kommission bis zum 31. Dezember 2026 ggfs. einen Gesetzgebungsvorschlag vorlegen (Art. 501c Abs. 2 Satz 2 CRR).

1117 Zu möglichen Ausgestaltungen siehe bspw. *Europäische Bankenaufsichtsbehörde*, Diskussionspapier vom 30.10.2020, Annex 4. Zu anderen Jurisdiktionen siehe etwa *Krogstrup/Oman*, IMF Working Paper WP/19/185, S. 28 f.; *Park/Kim*, Asian Journal of Sustainability and Social Responsibility (2020) 5:5.

1118 Art. 501c Abs. 1 Satz 2 lit. a, b und e CRR enthält weitere Teilprüfmandate, insbesondere hinsichtlich der Verfügbarkeit von Daten und der Machbarkeit standardisierter Ermittlungsmethoden zur Quantifizierung von Risikopositionen mit früheren Vorlagefristen (siehe Art. 501c Abs. 2 Satz 1 lit. a, b CRR).

1119 *Europäische Bankenaufsichtsbehörde*, Diskussionspapier vom 30.10.2020.

1120 *Europäische Bankenaufsichtsbehörde*, Diskussionspapier vom 02.05.2022, entsprechend auch für ihren Art. 34 IFR-Bericht in Bezug auf Investmentfirmen. Die Bewertung erfolgt unter Heranziehung der Veröffentlichungen des ESRB, vgl. etwa *Europäische Zentralbank/Europäischer Ausschuss für Systemrisiken*, Climate-related risk and financial stability, Juli 2021 und *Europäische Zentralbank/Europäischer Ausschuss für Systemrisiken*, Positively green: Measuring climate change risks to financial stability, Juni 2020.

Ein grüner Unterstützungsfaktor unter Art. 501c CRR würde die Säule 1-Eigenmittelanforderungen jedenfalls für bestimmte ökologisch nachhaltige Engagements und ggf. solche, die sich in der Transition dahin befinden, verringern, indem entweder die Risikogewichte für die betreffenden Asset-Kategorien gesenkt würden oder ein pauschaler Anpassungsfaktor (< 1) auf die risikogewichteten Aktiva zur Anwendung käme.[1121] Dies könnte dergestalt erfolgen, dass z. B. der Anpassungsfaktor von 0,75 gewählt würde (Senkung um 25 Prozent).[1122]

Hinsichtlich der materiellen Tatbestandsvoraussetzungen ist unklar, welche konkreten Vermögenswerte und Tätigkeiten hierunter fallen könnten. Während Art. 501c CRR nunmehr von dem Betroffensein von ökologischen und sozialen Faktoren spricht, grenzt die CRR II-Fassung die Vermögenswerte und Tätigkeiten noch mit „im Wesentlichen mit ökologischen und/oder sozialen Zielen verbunden" ein.[1123] Art. 501c CRR nimmt damit materiell Bezug auf eine Verbindung[1124] zu ökologischen und/oder sozialen Zielen, wobei dies letztlich dieselbe Stoßrichtung hat wie unter der CRR III, resultieren die Faktoren aus den Zielen.[1125]

1121 *Europäische Bankenaufsichtsbehörde*, Diskussionspapier vom 02.05.2022, S. 44, dort Fn. 129, zudem dort Annex 4 für mögliche Ausgestaltungen eines solchen Anpassungsfaktors. Ein Vorschlag für eine entsprechende Bestimmung in der CRR findet sich etwa bei *European Banking Federation*, Towards a green finance framework, S. 37 f.

1122 *Alexander/Fisher*, in: Fisher (Hrsg.), Making the Financial System Sustainable, S. 49, 66.

1123 Die Bezugnahme auf „im Wesentlichen" dürfte keine materielle Auswirkung auf den Umfang der erfassten Aktivitäten haben, sondern sich lediglich auf den weiten Prüfauftrag der EBA beziehen und dabei insbesondere dem Umstand Rechnung tragen, dass der Umfang des Unterstützungsfaktors von der Prüfung abhängen dürfte.

1124 Dies dürfte im Sinne einer finalen Ausrichtung zu verstehen sein.

1125 Hinsichtlich „ökologischer Ziele" dürfte eine Heranziehung der Umweltziele nach Art. 9 Taxonomie-Verordnung naheliegen, wobei ggfs. auch die Voraussetzungen des Art. 3 Taxonomie-Verordnung einzuhalten wären („ökologisch nachhaltige Wirtschaftstätigkeit"); zur Relevanz der Taxonomie-Verordnung für die Anpassungsfaktoren vgl. *Europäische Bankenaufsichtsbehörde*, Diskussionspapier vom 02.05.2022, Ziffer 46 (S. 22 f.). Die ökologischen Ziele werden in den Erwägungsgründen konkretisiert, vgl. Erwägungsgründe 24 ff. der Taxonomie-Verordnung. Hinsichtlich „sozialer Ziele" enthält die Taxonomie-Verordnung zwar noch keine Konkretisierung. Dagegen lässt sich die Definition aus der Offenlegungsverordnung heranziehen, wonach soziale Ziele u. a. die Bekämpfung von Ungleichheiten, den sozialen Zusammenhalt, die Förderung der sozialen Integration und die Arbeitsbeziehungen umfassen, siehe Definition von „nachhaltige Investition" gemäß Art. 2 Nr. 17 Offenlegungsverordnung; siehe zudem Konkretisierung in Anhang I Tabelle 3 Delegierte Verordnung (EU) 2022/1288 vom 06.04.2022, ABl. L 196, 1.

Hinsichtlich ökologischer Faktoren dürften die ITS zu Art. 449a CRR sowie die Ausführungen der Aufseher zu Umweltrisiken herangezogen werden können.[1126] Dies dürfte auch für die Bezugnahme auf Sozialfaktoren gelten.[1127]

Falls ein Anpassungsfaktor eingeführt würde, ist zu erwarten, dass zunächst nur ökologische Ziele/Faktoren aufgenommen werden. Insoweit fokussiert sich auch die Analyse der EBA derzeit auf Risikopositionen im Zusammenhang mit Vermögenswerten und Aktivitäten, die von Umweltfaktoren betroffen oder mit ökologischen Zielen verbunden sind.[1128] Sozialfaktoren/-ziele sollen in einem zweiten Schritt analysiert werden, entsprechend der schwierigen Quantifizierung und in Anlehnung an die schrittweise Implementierung der EU-Taxonomie.[1129] Dies spiegelt sich auch im Kommissionsentwurf zur CRR III wider, der ausführt, dass in dem Bericht insbesondere die Risiken in Bezug auf Vermögenswerte und Tätigkeiten in den Sektoren Energie, Ressourceneffizienz, Infrastruktur und Verkehrsmittel bewertet werden sollen.[1130]

Die konkrete Ausgestaltung könnte sich schwierig darstellen, was sich auf die Zielkonformitätsbeurteilung des Instruments auswirken könnte. Dies betrifft insbesondere die Notwendigkeit einer hinreichend bestimmten Definierung der geeigneten Risikopositionen. Es existiert kein umfängliches, einheitliches Klassifizierungssystem für „grün".[1131] Zudem fehlt ein Klassifizierungssystem im Hinblick auf Privatkunden (aufgrund der mangelnden Anwendbarkeit der Taxonomie-Verordnung) gänzlich im Recht.[1132] Wenngleich die Taxonomie jedenfalls mit Blick auf Risikopositionen gegenüber Unternehmen Abhilfe schafft, u. a. durch

---

1126 Zu Umweltrisiken siehe Teil 2B.II.1.b)aa).

1127 In Anhang XL, Ziffer 5 der Durchführungsverordnung (EU) 2021/637 der Kommission vom 15.03.2021, ABl. L 136, 1, dort Erläuterung zu Tabelle 2 lit. b, ist ein nicht abschließender Katalog von Sozialfaktoren für die Zwecke der Offenlegung nach Art. 449a CRR rechtlich festgehalten, dazu näher unter b); zu den Sozial- und Umweltfaktoren ausführlich unter Teil 2B.II.1.a).

1128 *Europäische Bankenaufsichtsbehörde*, Diskussionspapier vom 02.05.2022, Background and rationale, Ziffer 9 (S. 13).

1129 *Europäische Bankenaufsichtsbehörde*, Diskussionspapier vom 02.05.2022, Background and rationale, Ziffer 9 (S. 13).

1130 *Europäische Kommission*, CRR III-Entwurf, S. 35.

1131 Dazu bereits Teil 2B.II.1.b)aa); dazu auch *Schemmer*, Klimarisiken im Bankenaufsichtsrecht, S. 226.

1132 Siehe *Europäische Bankenaufsichtsbehörde*, Diskussionspapier vom 02.05.2022, Annex 2 (S. 69).

Berücksichtigung des NACE-Codes[1133] bei der Klassifizierung von Wirtschaftstätigkeiten, dürften auch bei diesen Risikopositionen Schwierigkeiten hinsichtlich der konkreten Einstufung bestehen.[1134] Die Taxonomie-Verordnung ist rechtlich auf europäische Aktivitäten begrenzt. In Bezug auf Immobilien und Klimarisiken lässt sich dzwar as Energy Performance Certificate (EPC) anführen, doch auch diesbezüglich bestehen Schwierigkeiten, da diese nur begrenzt verfügbar sind und EU-regional Unterschiede bestehen.[1135] Ferner dürfte aus Lenkungssicht zu fragen sein, ob eine differenziertere Betrachtungsweise („Grün-Skala“/transitionswillige Risikopositionen) geeigneter wäre, nichtzuletzt aufgrund der Tatsache, dass rein grüne Risikopositionen eine hohe Hürde darstellen dürften.

Daran anknüpfend könnte die Zielkonformität des Instruments für das Neuausrichtungsziel erschwert werden, wenn der GSF dazu führt, dass die Transition nicht finanziert werden kann. Die transitionswillige Risikopositionen würden eben (noch) keine GSF-geeigneten Risikopositionen darstellen. Zwar könnten diese durch eine entsprechende Aufnahme in einen GSF berücksichtigt werden. Eine solche Berücksichtigung, etwa mit Blick auf solche Unternehmen, die konkrete Transitionsziele durch aussagekräftige Transitionspläne[1136] nachweisen können, bedarf aber subjektiver Bewertungen und könnte letztlich die Bestimmtheit der Säule-1-Kapitalanforderungen untergraben.[1137]

Neben diesen Schwierigkeiten der Kalibrierung und Definierung ist zudem fraglich, ob ein (hinreichend klar formulierter) GSF überhaupt um ein taugliches Lenkungsinstrument darstellt. Die Entscheidung über Darlehensvergaben kann nämlich von verschiedenen Faktoren abhängen.[1138] Es ließe sich anführen, dass

---

1133 Die technischen Bewertungskriterien für die Umweltziele orientieren sich an der statistischen Systematik der Wirtschaftszweige NACE Revision 2 nach der Verordnung (EG) Nr. 1893/2006 vom 20.12.2006, ABl. L 393, 1, siehe Delegierte Verordnung (EU) 2021/2139 vom 04.06.2021, ABl. L 442, 1.

1134 Zu dieser Schwierigkeit auch *Europäische Bankenaufsichtsbehörde*, Diskussionspapier vom 02.05.2022, Annex 2 (S. 68).

1135 Dazu *Europäische Bankenaufsichtsbehörde*, Diskussionspapier vom 02.05.2022, Annex 2 (S. 69).

1136 Hierzu etwa *Climate Policy Initiative*, What Makes a Transition Plan Credible?, S. 4 ff.; *OECD*, Guidance on Transition Finance: Ensuring Credibility of Corporate Climate Transition Plans, S. 60 ff.; *International Platform on Sustainable Finance*, Transition Finance Report.S. 34 ff.

1137 So auch *Europäische Bankenaufsichtsbehörde*, Diskussionspapier vom 02.05.2022, S. 46.

1138 *Bueren*, ZGR 2019, S. 813 (873); in diese Richtung auch *Thomä/Hilke*, 2 Degrees Investing Initiative, Working Paper No. 2018/1, S. 13; vgl. auch *Alexander*, Stability and Sustainability in Banking Reform: Are Environmental Risks Missing in Basel III?, CISL & UNEP FI, 2014, S. 15; vgl. auch *Matikainen*, LSE Commentary, 18.12.2017.

eine exklusive Kausalbeziehung zur Rabattierung nicht nachgewiesen werden kann, da das Motiv zur grünen Kreditvergabe darin liegen könnte, bankindividuelle Nachhaltigkeitsziele zu verfolgen, um den gewandelten Forderungen des Geschäftsumfelds gerecht zu werden. Zudem lässt sich ein Vergleich zu den bestehenden Unterstützungsfaktoren ziehen.[1139] Studien zeigen, dass es keine klare Indikation gibt, dass der KMU-Unterstützungsfaktor einen signifikanten Effekt auf die Kreditvergabe hat.[1140] Darüber hinaus könnte argumentiert werden, dass ein GSF mit Blick auf die tatsächliche Senkung der Eigenmittelreserve ineffektiv sein könnte, wenn Banken durch ihre eigenen Modelle erkennen, dass das Risiko tatsächlich nicht geringer ausfällt, sodass sie Eigenmittel aus einer ökonomischen Perspektive vorhalten würden, unabhängig von den regulatorischen Vorgaben.[1141]

Letztlich kann eine Lenkwirkung gleichwohl nicht ausgeschlossen werden, insbesondere da ein GSF, anders als die übrigen regulatorischen ESG-Maßnahmen, den Kostenaufwand nicht signifikant erhöhen würde. Kosten entstünden zwar durch die notwendige Einteilung in zumindest „grüne" und „nicht grüne" Aktivitäten, Sektoren etc. Eine solche Einteilung ist aber bereits aufgrund der Säule-2-Vorgaben oder jedenfalls unter den Offenlegungsvorgaben der Taxonomie-Verordnung ohnehin vorzunehmen.[1142] Darüber hinaus ergab eine Stakeholder-Konsultation, dass ein grüner Unterstützungsfaktor als taugliches Lenkinstrument angesehen werden würde.[1143] Es ist folglich nicht angezeigt, die

---

1139 Den Vergleich ebenfalls ziehend *Thomä/Hilke*, 2 Degrees Investing Initiative, Working Paper No. 2018/1, S. 7 ff.; *D´Orazio/Popoyan*, Ecological Economics 160 (2019), S. 25 (29); *Matikainen*, LSE Commentary, 18.12.2017; *Thomä/Gibhardt*, Journal of Financial Regulation and Compliance, Vol. 27,3, S. 380 (383 f.); *Schemmer*, Klimarisiken im Bankenaufsichtsrecht, S. 227 f.; zudem *Europäische Bankenaufsichtsbehörde*, Diskussionspapier vom 02.05.2022, Tabelle 3 (S. 46).

1140 Vgl. dazu *Europäische Bankenaufsichtsbehörde*, KMU-Bericht, S. 75-82; anders dagegen mit Blick auf den KMU-Unterstützungsfaktor *Dietsch/Fraisse/Lecarpentie/Lé*, EconomiX Working Papers 2019–12, S. 28 f. Zu den Schwierigkeiten einer Bewertung des Unterstützungsfaktors für Infrastrukturinvestitionen siehe *Europäische Bankenaufsichtsbehörde*, Report on the application of the infrastructure supporting factor, EBA/REP/2022/29, 03.11.2022, S. 6 f.

1141 So *Boot/Schoenmaker*, Blogpost bruegel vom 16.01.2018; vgl. auch *Kivisaari*, in: Fisher (Hrsg.), Making the Financial System Sustainable, S. 75, 99; *Schemmer*, Klimarisiken im Bankenaufsichtsrecht, S. 228.

1142 Zu den Säule-2-Vorgaben bereits Teil 2B.II.2. a); zu Offenlegung Teil 2B.II.2.b).

1143 *Europäische Kommission*, Zusammenfassender Bericht über die Konsultation der Stakeholder zur erneuerten Strategie für nachhaltige Finanzen, Antworten auf Fragen 11, 88, 89.

Lenkwirkung des GSF (vorausgesetzt der Faktor wird hinreichend bestimmt festgesetzt) gänzlich zu negieren.[1144]

3. *Brown Penalising Factor*

Mit Blick auf das Mandat in Art. 501c CRR ist mittlerweile zu beachten, dass das Prüfmandat auf die Prüfung eines sog. braunen Bestrafungsfaktors (sog. *Brown Penalising Factor*, „BPF“) erweitert wurde, indem der Prüfauftrag allgemein vom Betroffensein von ökologischen oder sozialen Faktoren spricht (Art. 501c Abs. 1 Satz 1 CRR). Das Betroffensein von Umwelt- und Sozialfaktoren kann sowohl positiv als auch negativ verstanden werden.[1145] Die EBA soll daher auch prüfen, ob es gerechtfertigt erscheint, Risikopositionen, die von Umwelt-/Sozialfaktoren negativ betroffen und damit höheren Umwelt- und Sozialrisiken ausgesetzt sind, unter den Säule-1-Eigenmittelvorgaben besonders zu behandeln. Die EBA berücksichtigt diese Ausweitung bereits in ihrem Diskussionspapier.[1146]

Anstelle[1147] eines grünen Unterstützungsfaktors kommt damit eine negative Anpassung in Form eines „braunen Bestrafungsfaktors“ in Betracht. Das Attribut „braun“ wird in der Taxonomie als auch der sonstigen Nachhaltigkeitsregulierung nicht verwendet. Im Allgemeinen dürfte eine eigene Definition von umweltschädlichen Vermögenswerten und Tätigkeiten von Nöten sein, möchte man nicht alle Vermögenswerte, die nicht taxonomiefähig sind, hierunter fassen. Es deutet sich bereits an, dass ein negativer Anpassungsfaktor nicht bereits dann greifen würde, wenn keine ökologischen Ziele verfolgt werden. Eine „neutrale“ Tätigkeit wäre damit nicht erfasst. Der Anpassungsfaktor könnte daher beispielsweise auf ein negatives Betroffensein von Umweltfaktoren[1148] abstellen. Dies suggeriert einen weiten Anwendungsbereich, insbesondere da ein Betroffensein keine wesentliche

1144 Ähnlich *Dafermos/Nikolaidi*, Journal of Financial Stability 54 (2021) 100871, S. 2 (dort Fn. 4).

1145 Vgl. auch *Europäische Bankenaufsichtsbehörde*, Diskussionspapier vom 02.05.2022, Kap. 4.2 Ziffer 2.5 (S. 17). Zu dieser Eigenschaft von Umweltfaktoren bereits unter Teil 2B.II.1.a).

1146 *Europäische Bankenaufsichtsbehörde*, Diskussionspapier vom 02.05.2022, Background and rationale, Ziffer 4 (S. 12).

1147 Derzeit suggeriert auch die Haltung der EBA, dass die beiden Faktoren nicht zusammen eingeführt werden sollen. Für eine Kombination dagegen etwa *Berenguer/Cardona/Evain*, I4CE, März 2020, S. 14.

1148 Zu Umweltfaktoren siehe Teil 2B.II.1.a). Sozialfaktoren sollen vernachlässigt werden, vgl. *Europäische Bankenaufsichtsbehörde*, Diskussionspapier vom 02.05.2022, S. 43.

finanzielle Auswirkung fordert. Es deutet sich an, dass jedenfalls Risikopositionen, die mit einem „besonders hohen Klimarisiko“ verbunden sind, als auch Vermögenswerte oder Tätigkeiten im fossilen Brennstoff-Sektor und Sektoren mit „hoher Klimawirkung“ betrachtet werden.[1149] „Braune“ Risikopositionen sollen für die vorliegenden Zwecke umweltschädigende Risikopositionen (*environmentally harmful exposures*) meinen.[1150]

Ein BPF würde zu einer Erhöhung der Eigenmittelanforderungen für (entsprechend definierte) umweltschädliche Vermögenswerte und Tätigkeiten führen, indem entweder die Risikogewichte für bestimmte Asset Kategorien erhöht würden oder ein Anpassungsfaktor (>1) auf die risikogewichteten Aktiva angewendet würde.[1151] Ein BPF ist grundsätzlich nur anstelle einer Berücksichtigung von Umwelt- und Sozialrisiken unter der bestehenden Säule-1-Eigenmittelvorgaben und Messverfahren sinnvoll.[1152] Ein solcher würde eine pauschale Erhöhung anwenden, während eine inzidente Berücksichtigung der Risiken eine konkrete Kalibrierung „nach oben“ bedeuten würde.

Die HLEG hatte in ihrem Zwischenbericht 2017 noch die Möglichkeit der Einführung eines solchen BPF angedacht, dies aber im Abschlussbericht nicht mehr weiterverfolgt.[1153] Auch der Aktionsplan sieht isoliert nur die Anpassung der Eigenmittelanforderungen zugunsten von grünen Investments und Darlehen vor. In der Tat dürfte es aus Lenkungszielsicht näher liegen, einen GSF einzuführen, da dieser eine direkte Lenkung in grüne Sektoren beabsichtigt. Dagegen dürften Erschwerungen von Eigenmittelanforderungen aus internationalen Wettbewerbssicht grundsätzlich nicht wünschenswert sein.

C. Zusammenfassung und Ergebnisse Teil 2

„Nachhaltigkeit“, verstanden als ein Beständigkeitsbestreben, liegt dem Bankenaufsichtsrecht genuin als Zielvorgabe im Lichte des Finanzstabilitätsziels zugrunde. Vor Sustainable Finance wurde finale Nachhaltigkeit im Bankenaufsichtsrecht

---

1149 *Europäische Kommission*, CRR III-Entwurf, S. 35.

1150 So auch *Europäische Bankenaufsichtsbehörde*, Diskussionspapier vom 02.05.2022, S. 44, dort Fn. 125.

1151 *Europäische Bankenaufsichtsbehörde*, Diskussionspapier vom 02.05.2022, S. 44, dort Fn. 129, zudem dort Annex 4 für mögliche Ausgestaltungen.

1152 So explizit auch *Europäische Bankenaufsichtsbehörde*, Diskussionspapier vom 02.05.2022, Ziffern 47, 48 (S. 23). Zur Berücksichtigung von ESG-Risiken unter der derzeitigen Eigenmittelregulierung siehe Teil 2B.II.2.c).

1153 Siehe *High-Level Expert Group on Sustainable Finance*, Zwischenbericht 2017, S. 33.

als ein Folgenruf der Finanzmarktkrise verstanden. Das ursprüngliche aufsichtsrechtliche Nachhaltigkeitsverständnis ist damit exklusiv auf den Bankensektor bezogen und hat nicht die nachhaltige Entwicklung der Gesamtgesellschaft bzw. Umwelt im Blick, wenngleich das Bestehen des Bankensektors und die diesbezügliche Förderung der Realwirtschaft offensichtlich einen fortdauernden (und damit generationenübergreifenden), gesellschaftlichen Nutzen impliziert, der letztlich unter die ökonomische Säule des Drei-Säulen-Modells der Vereinten Nationen gefasst werden kann.

Durch den Sustainable-Finance-indizierten Begriff der nachhaltigen Entwicklung der Gesamtgesellschaft wird deutlich, dass in der Öffentlichkeit, der Politik und der Legislative eine Bezugnahme auf das traditionelle finale Verständnis von „Nachhaltigkeitszielen" im Bankenaufsichtsrecht überholt ist. Dies zeichnet sich bereits dadurch ab, dass die neue Regulierung als Ausprägung des Aktionsplans 2018 der EU-Kommission und damit durch das Pariser Klimaschutzübereinkommen in Gang gesetzt wurde und nicht primär wegen klassischen bankenaufsichtsrechtlichen Überlegungen. Wenn daher von Nachhaltigkeitszielen (entsprechend auch von der Nachhaltigkeitsregulierung) die Rede ist, stehen diese im Lichte von Sustainable-Finance.

Der Nachhaltigkeitsregulierung liegt das übergeordnete Ziel zugrunde, den Finanzsektor an den europäischen Grünen Deal anzupassen und Finanzströme in entsprechende Wirtschaftstätigkeiten zu lenken. Mit dem Ziel der Neuausrichtung der Kapitalflüsse ist ein neues Ziel im Bankenaufsichtsrecht etabliert worden. Zielfinale bankenaufsichtsrechtliche Instrumente sind die möglichen Anpassungsfaktoren unter Säule 1.

Mit Blick auf das Bankenaufsichtsrecht wird aber auch (und derzeit vornehmlich) das aufsichtsrechtliche Finanzstabilitätsziel verfolgt. Der Großteil der Vorgaben, die durch die Nachhaltigkeitsregulierung im Bankenaufsichtsrecht etabliert worden sind, verfolgen final das Finanzstabilitätsziel. Die ESG-Risikobetrachtung zieht sich insbesondere durch Säule 2 und 3 und ist grundsätzlich zielkonform zum aufsichtlichen Finanzstabilitätsziel, wenngleich spezielle Herausforderungen und Schwierigkeiten bestehen, die u. a. in der Natur von ESG-Risiken wurzeln. Auch in Bezug auf die bereits bestehenden Vorgaben für eine nachhaltige Entwicklung des Instituts unter § 25a Abs. 1 KWG sind keine (konfliktträchtigen) Änderungen ausgemacht worden. Vielmehr dominiert weiterhin, insbesondere auch im SREP, eine ökonomische Betrachtungsweise, wenngleich der Betrachtungshorizont für die strategische Planung grundsätzlich erweitert wurde.

Trotz dieser Dominanz wurde gleichwohl eine mittelbare Zielfinalität der Vorgaben zum Neuausrichtungsziel ausgemacht. Auch unter dem Finanzstabilitätsziel wird eine Berücksichtigung ökologischer und sozialer wie auch gesamtökonomischer Aspekte, die über eine betriebswirtschaftliche Innen-Betrachtung hinausgehen, aktiv gefördert. Diese besondere Lenkfunktion steht aufgrund der andauernden Befriedigung ökonomischer Parameter (wie einer akzeptablen Rendite) zwar nicht im Konflikt zum aufsichtsrechtlichen Finanzstabilitätsziel. Sie zeigt gleichwohl, dass das Neuausrichtungsziel dem Aufsichtsrecht und der Aufsicht einen besonderen, neuen „grünen" Lenkungscharakter auferlegt.

Die Ergebnisse zeigen schließlich, dass der aktuelle Stand der Nachhaltigkeitsregulierung im Bankenaufsichtsrecht keine Zielkonflikte zu den traditionellen Zielen des Bankenaufsichtsrecht erzeugt. Anhand der möglichen Anpassungsfaktoren zeigt sich dagegen, dass Zielkonflikte möglich sind.

Teil 3 Zielkonfliktuntersuchung am Beispiel eines möglichen Anpassungsfaktors

A. Zu den möglichen Zielbeziehungen

Das Aufzeigen von „Zielkonflikten“ stellt ein juristisches Argumentationsinstrument dar und ist insbesondere im Rahmen der Beschreibung der Legislativaufgabe des Gesetzgebers präsent.[1154] Eine eigene juristische Zielbeziehungslehre existiert dagegen nicht, sind Zielbeziehungen nicht direkter Anknüpfungspunkt der juristischen Prüfung. Insbesondere ist an das Aufzeigen von Zielkonflikten keine unmittelbare rechtliche Folge geknüpft. Vielmehr dürften bekannte rechtliche Prüfungsparameter, wie die Gesetzgebungskompetenzen oder Ermächtigungsgrundlagen und Ermessensfehler, herangezogen werden.[1155]

Für die Zielkonfliktuntersuchung soll daher erneut auf die allgemeine wirtschaftspolitische Ziellehre zurückgegriffen und neben der Zielbeziehung des Zielkonflikts, die Zielbeziehungen der Zielneutralität und -harmonie herangezogen

---

1154 Es ist Aufgabe des Gesetzgebers, widerstreitende Interessen im Vorfeld der Rechtsetzung zu identifizieren und im „Regelungszweck“ eine Antwort auf einen Interessenkonflikt zu geben (*Muthorst*, Grundlagen der Rechtswissenschaft, § 7 Rn. 16; vgl. auch *Krämer*, Ziele, Adressaten und Risiken der Bankenaufsicht, S. 7; *Lepsius*, in: Herdegen/Masing/Poscher/Gärditz (Hrsg.), Handbuch des Verfassungsrechts, § 12 Rn. 108: „Gesetze sind notgedrungen eine Rechtsquelle des Ausgleichs“). Wenn in diesem Kontext von „Zielen“ gesprochen wird, so sind nicht direkt politische Ziele, sondern vornehmlich „divergierende verfassungsrechtliche Anforderungen“ angesprochen (*Lepsius*, in: Herdegen/Masing/Poscher/Gärditz (Hrsg.), Handbuch des Verfassungsrechts, § 12 Rn. 108); zu dieser Aufgabe des Gesetzgebers vgl. das Urteil des BVerfG vom 19.09.2018 – 2 BvF 1/15, 2 BvF 2/15, Rz. 171 = BVerfGE 150, 1 (S. 88); zum Ermessenspielraum mit Blick auf die Wirtschaftspolitik siehe etwa *BVerfG*, Urteil vom 20.07.1954 – 1 BvR 459, 484, 548, 555, 623, 651, 748, 783, 801/52, 5, 9/53, 96, 114/54, Rz. 41 = BVerfGE 4, 7 (S. 17 f.); *BVerfG*, Urteil vom 11.06.1958 – 1 BvR 596/56, Rz. 60 f. = BVerfGE 7, 377 (S. 400); *BVerfG*, Urteil vom 01.03.1979 – 1 BvR 532/77, 1 BvR 533/77, 1 BvR 419/78, 1 BvL 21/78, Rz. 141 = BVerfGE 50, 290 (S. 338).

1155 Zur Bedeutung der Rechtsetzungskompetenzen für die Zielkonfliktlösung siehe sogleich Teil 3C.I.1.a).

werden.[1156] Im Falle einer Zielharmonie begünstigt die Erreichung von „Ziel 1" die Erreichung von „Ziel 2".[1157] Bei einer Zielneutralität hat die Erreichung von „Ziel 1" keinerlei Einfluss auf die Erreichung von „Ziel 2".[1158] Bei einem Zielkonflikt beeinträchtigt die Erreichung von „Ziel 1" die Erreichung von „Ziel 2".[1159] Von einer Beeinträchtigung soll bereits ausgegangen werden, wenn die Verfolgung eines Ziels zumindest zu Einbußen eines anderen Ziels führt, d. h. eine gänzliche Beeinträchtigung ist nicht erforderlich.[1160]

Insbesondere mit Blick auf die Zielbeziehung der Zielharmonie wird deutlich, dass zwei autonome Ziele gegenübergestellt werden, da ansonsten eine Zielkonformität von Zwischen- zu Endzielen und damit eine Instrument-Ziel-Beziehung

---

1156 Zur Einordnung von Aufsichtszielen als wirtschaftspolitische Ziele siehe Teil 1II. Mit den möglichen Zielbeziehungsarten hat sich erstmalig *Jöhr* (*Jöhr*, in: Festschrift zu Fünfzigjahrfeier der Handels-Hochschule St. Gallen 1949, S. 231 ff.) befasst. Angelehnt an seine Ausführungen ließen sich zwei weitere Kategorien unterscheiden: Zielidentität und -widersprüchlichkeit. Bei einer Zielidentität stimmt trotz divergierender Benennung der Soll-Gehalt überein; im Falle der Zielwidersprüchlichkeit schließt die Erreichung des Ziels „Ziel 1" die Erreichung des Ziels „Ziel 2" komplett aus (*Jöhr*, in: Festschrift zu Fünfzigjahrfeier der Handels-Hochschule St. Gallen 1949, S. 231, 237). Bereits *Jöhr* hat angemerkt, dass diese beiden Zielbeziehungen nur scheinbare sind, da im ersten Fall keine echte Zielbeziehung bestehe und der letzte Fall logisch nicht möglich sei, da zwei Ziele nicht gleichzeitig anerkannt werden könnten, wenn das eine Ziel die Negation des anderen Ziels zur Folge habe (siehe *Jöhr*, in: Festschrift zu Fünfzigjahrfeier der Handels-Hochschule St. Gallen 1949, S. 231, 238; hierzu auch *Mehler*, Ziel-Mittel-Konflikte als Problem der Wirtschaftspolitik, S. 99; *Streit*, Theorie der Wirtschaftspolitik, S. 278 f.). Die drei Zielbeziehungsbestimmungen nach *Jöhr* sind in der Folgezeit weitestgehend übernommen worden und es sind nur begriffliche Unterschiede festzustellen (z. B. „Komplementarität", „Konkurrenz", „Indifferenz"), vgl. Übersicht bei *Tuchtfeldt*, Bausteine zur Theorie der Wirtschaftspolitik, S. 242 für die Literatur bis 1970; vgl. auch *Gemper*, Wirtschaftspolitik, S. 17; vgl. in Bezug auf die betriebswirtschaftliche Ziellehre *Thommen/Achleitner/Gilbert/Hachmeister/Jarchow/Kaiser*, Allgemeine Betriebswirtschaftslehre, S. 51.

1157 *Jöhr*, in: Festschrift zu Fünfzigjahrfeier der Handels-Hochschule St. Gallen 1949, S. 231, 237; siehe auch etwa *Streit*, Theorie der Wirtschaftspolitik, S. 278 ff.

1158 *Jöhr*, in: Festschrift zu Fünfzigjahrfeier der Handels-Hochschule St. Gallen 1949, S. 231, 237; *Streit*, Theorie der Wirtschaftspolitik, S. 278 ff.

1159 Siehe Antinomie bei *Jöhr*, in: Festschrift zu Fünfzigjahrfeier der Handels-Hochschule St. Gallen 1949, S. 231, 237.

1160 Ebenso explizit für das Bankenaufsichtsrecht *Niethammer*, Die Ziele der Bankenaufsicht, S. 28; vgl. hierzu auch *Streit*, Theorie der Wirtschaftspolitik, S. 280.

zu untersuchen wäre.[1161] Anders als die ESG-Risikobetrachtung, die unter Teil 2 als Mittel für das Ziel der Finanzstabilität eingeordnet wurde, ist mit dem Ziel der Neuausrichtung der Kapitalflüsse ein neues Ziel für das Aufsichtsrecht definiert worden, welches nach der Intention des Gesetzgebers autonom ist.[1162]

Fraglich ist, inwieweit sich der qualitative Charakter der Ziele auf die Zielkonfliktuntersuchung auswirkt. Wann das Ziel der Finanzstabilität durch Mittel des Bankenaufsichtsrechts beeinträchtigt ist, lässt sich nämlich nicht durch eindeutige quantitative Messgrößen (wie etwa für die Preisstabilität) bestimmen.[1163] Zudem kann für das Aufzeigen eines Zielkonflikts nicht nur darauf abgestellt werden, dass jede Änderung des Aufsichtsansatzes per se einen Zielkonflikt begründet. Ein Zielkonflikt dürfte aber auch nicht erst dann anzunehmen sein, wenn sich systemische Risiken im Sinne von Art. 1 Abs. 1 Nr. 10 CRD tatsächlich realisieren, da dies die präventive und mikroprudenzielle Dimension des Finanzstabilitätsziels nicht ausreichend widerspiegeln würde.

Daher soll für die Untersuchung ein Zielkonflikt vorliegen, wenn neue bankenaufsichtsrechtliche Instrumente bzw. eine Anpassung bestehender Instrumente für Ziel 1 dazu führen, dass die Zielerreichung für Ziel 2 beeinträchtigt wird. Hierdurch wird eine differenziertere Betrachtung von Zielkonflikten ermöglicht, da eine Zielbeziehungsuntersuchung losgelöst von den ergriffenen Instrumenten lediglich abstrakt und damit wenig substantiiert erfolgen kann. Durch die Betrachtung der jeweiligen Instrumente wird zudem die eigentliche Zielverbindung zwischen den Zielen hergestellt.[1164]

Hieraus wird zudem deutlich, dass eine absolute Aussage über die Zielbeziehung nicht möglich ist. Es muss stets anhand eines konkreten Instruments beurteilt werden, wie sich die Ziele zueinander verhalten.[1165] Dies wird bereits

---

1161 Zum Instrumentencharakter von Zwischenzielen in der wirtschaftspolitischen Ziellehre siehe Teil 1II.

1162 Siehe näher zu den Zielausführungen der Regulatoren Teil 2B. Eine solche Untersuchung nimmt auch *Colaert*, Common Market Law Review 59 (2022), S. 1669 (1679 f.) vor, indem sie nach der Intention der Zielsetzer fragt und dadurch untersucht, ob die jeweiligen Ziele von Sustainable Finance autonom formuliert sind.

1163 Vgl. Teil 1 B. II. zum qualitativen Charakter.

1164 Zur wirtschaftspolitischen Zielbeziehungslehre und der Einteilung in Ziele und Instrumente siehe *Tuchtfeldt*, Bausteine zur Theorie der Wirtschaftspolitik, S. 237 ff.; hierzu auch *ders*, in: Albers/Born/Dürr/Hesse u. a. (Hrsg.), Handwörterbuch der Wirtschaftswissenschaft, S. 178, 186 f.

1165 Die wirtschaftspolitische Lehre ist bereits von der Annahme geprägt, dass sich Zielbeziehungen nicht immer eindeutig und abschließend feststellen lassen; eine harmonische kann in eine konfliktäre Zielbeziehung übergehen und *vice versa*.

daran deutlich, dass die ESG-Risikobetrachtung ebenfalls als ein Instrument für das Neuausrichtungsziel identifiziert wurde, ohne dabei die traditionellen Ziele des Bankenaufsichtsrechts zu tangieren.[1166]

B. Finanzstabilität vs. Neuausrichtung der Kapitalflüsse: ein Zielkonflikt?

Es verwundert nicht, dass in der politischen Diskussion mit Blick auf einen grünen Unterstützungsfaktor unter Säule 1 mit einem „Zielkonflikt"[1167], „Systembruch"[1168] und „Fremdkörper"[1169] argumentiert wird, impliziert ein solcher eine Vernachlässigung des Finanzstabilitätsziels durch erleichterte Eigenmittelvorgaben. Dabei stehen vornehmlich umweltbezogene Wirtschaftstätigkeiten im Vordergrund der Diskussion.[1170]

Hinsichtlich einer Zielkonfliktuntersuchung ist gleichwohl eine differenzierte Betrachtung angebracht. Es muss danach differenziert werden, ob der Anpassungsfaktor auf Risikodifferenzen basieren würde oder nicht. Das bedeutet, dass der Begriff „Green Supporting Factor" nicht exklusiv als nicht-risikobasierter Rabatt verstanden werden muss. Vielmehr deutet sich an, dass ein Anpassungsfaktor nur risikobasiert eingeführt würde.[1171] Nichtsdestotrotz ist aufgrund vieler Unsicherheiten, insbesondere mit Blick auf verlässliche Methoden zur Messung

---

Daran anknüpfend hat sich die Unterscheidung zwischen totalen und partiellen Beziehungen gebildet, wobei eine totale Zielbeziehung vorliegt, wenn sich beide Ziele mit zunehmendem Erfüllungsgrad immer klar harmonisch, neutral oder konfliktär verhalten, vgl. *Tuchtfeldt*, Bausteine zur Theorie der Wirtschaftspolitik, S. 248 ff.; zu betriebswirtschaftlichem Kontext: *Thommen/Achleitner/Gilbert/Hachmeister/Jarchow/Kaiser*, Allgemeine Betriebswirtschaftslehre, S. 51.

1166 Sie dazu etwa Teil 2C.

1167 *Bueren*, ZGR 2019, S. 813 (873); BT-Drs. 19/17745 vom 10.03.2020, Nr. II, 2d; BT-Drs. 19/14785 vom 06.11.2019, S. 3; BT-Drs. 19/7478 vom 31.01.2019, S. 2; *Bundesverband der Deutschen Industrie e.V.*, Stellungnahme, Einrichtung eines Rahmens zur Erleichterung nachhaltiger Investitionen vom 27.08.2018, S. 9; *Dombret*, ZfgK 2018, S. 330 (333); zur Position des BMF, siehe *Holle*, BaFin Perspektiven 2/2019, S. 11 (15); vgl. auch *Bopp/Weber*, Sustainable Finance: Risiken und Chancen für Banken aus dem Klimawandel, S. 56.

1168 Vgl. *Möslein/Mittwoch*, WM 2019, S. 481 (487); siehe auch *van Lerven/Ryan-Collins*, Briefing Note, Adjusting Banks' Capital Requirements in line with Sustainable Finance Objectives, 28.02.2018, S. 3 f.

1169 So explizit *Möslein/Mittwoch*, WM 2019, S. 481 (487).

1170 Dazu bereits unter Teil 2 B. III. 2. b).

1171 Dazu unter Teil 3C.II.

von ESG-Risiken, auch ein nicht-risikobasierter Unterstützungsfaktor weiterhin möglich. Dies ist insbesondere vor dem Hintergrund der sonst forcierten Regulierungsmaßnahmen zu sehen.

Für den Fall, dass Risikodifferenzen bestehen, soll von einem *risikobasierten Ansatz* gesprochen werden; für den Fall, dass ein Anpassungsfaktor ohne eine ausreichende Begründung von Risikodifferenzen eingeführt würde, soll von einem *wirtschaftspolitischen Ansatz* gesprochen werden.[1172] Ein solcher Ansatz ist ein wirtschaftspolitischer Ansatz, da eine Anpassung nicht aufgrund einer prudenziellen Sicht erfolgen würde. Zwar würde in beiden Fällen das Ziel verfolgt werden, Kapital in bestimmte „grüne" Sektoren bzw. Aktivitäten zu lenken. Durch die Verwendung von verschiedenen Instrumenten (risikobasierter vs. nicht-risikobasierter Anpassungsfaktor) würde das Ziel aber jeweils eine andere materielle Ausprägung erhalten, welche wiederum die Zielbeziehung zu den traditionellen Zielen des Aufsichtsrechts für Banken beeinflussen kann.

Die Instrumentenbetrachtung verdeutlicht, dass ein Zielkonflikt einerseits nicht deshalb auszuschließen ist, weil das Ziel einer nachhaltigen Entwicklung der Wirtschaft ein umfassendes, geseellschaftspolitisches Ziel darstellt und langfristig gesehen nachhaltige Finanzierungen, auch aus gesamtwirtschaftlichen Stabilitätsgründen nötig sein dürften.[1173] Andererseits werden nicht die allgemeinen makroökonomischen Auswirkungen der Lenkung von Kapitalflüssen betrachtet. Insbesondere eine abrupte Lenkung kann zu Finanzstabilitätsbedenken führen und negative Implikationen für den Kundenschutz bedeuten, wenn es in ihrer Folge zu großen Veräußerungen von nicht nachhaltigen Vermögenswerten kommt.[1174] Insbesondere bleibt auch ungewiss, ob und welche grünen (technischen) Innovationen (im Vergleich zu kohlenstoffbezogenen) auf dem Markt bestehen werden (sog. *green bubble*).[1175] Zudem müssen sich auch Unternehmen,

---

1172 Ähnliche Unterscheidung bei *Berenguer/Cardona/Evain*, I4CE, März 2020; *Institute of International Finance*, Prudential Pathways, Januar 2021; siehe auch *Cardona/Berenguer*, I4CE Bericht Juni 2020, S. 27.

1173 Dazu näher unter Teil 3B.II.1.

1174 Dazu z. B. *De Arriba-Sellier*, Common Market Law Review 58 (2021), S. 1097 (1129). *Aramonte/Zabai*, BIS Quaterly Review, September 2021, S. 1, 4 stellen die treffende Frage: „*Could a fundamentally welcome development – helping to finance the transition to a low-carbon world – generate significant financial imbalances?*".

1175 *Boot/Schoenmaker*, Blogpost bruegel vom 16.01.2018; vgl. auch *van Lerven/Ryan-Collins*, Briefing Note, Adjusting Banks' Capital Requirements in line with Sustainable Finance Objectives, 28.02.2018, S. 2 f.; *Matikainen*, LSE Commentary, 18.12.2017; zur Gefahr von Blaseneffekten bereits *High-Level Expert Group on Sus-*

die „transitionsbereit“ sind, weiterhin ausreichend finanzieren können.[1176] Diese möglichen negativen makroökonomischen Implikationen sind für die Untersuchung gleichwohl zu vernachlässigen, da sie für alle Instrumente des Neuausrichtungsziels relevant werden, auch unter einem risikobasierten Ansatz und im Rahmen der mittelbaren Zielfinalität der ESG-Risikobetrachtung, wären sie dort aber letztlich hinzunehmen, da die Risikobetrachtung Ausfluss des Finanzstabilitätsziels ist.

Diese Differenzierung zeigt auch, dass der Untersuchung nicht die Frage zugrunde liegt, inwieweit ein abstrakter Konflikt zwischen ökologischen und ökonomischen Zielen begründet werden kann bzw. inwieweit es zu Zielkonflikten zwischen den verschiedenen Dimensionen von Nachhaltigkeit (ökologische Nachhaltigkeit vs. ökonomische Nachhaltigkeit) kommen kann.[1177] Vielmehr leitet die Untersuchung die Frage, wie sich eine (nicht-) risikoorientierte Lenkung der Kreditvergabe von Banken in grüne Sektoren zum bankenaufsichtsrechtlichen Finanzstabilitätsziel verhält.

---

tainable Finance, Final Report 2018, S. 68; *Gros*, Risiko nachhaltiges Finanzwesen, Profil 12/2018; *Demary/Neligan*, IW-Report 28/18.

1176 Es wird auch ein temporärer *„transition-supporting-factor“* diskutiert, der taugliche Übergangsprogramme unterstützen würde, die nachweislich Transitionsrisiken der Schuldner verringern, wobei eine Dopplung der Berücksichtigung von Transitionsrisiken vermieden werden müsste, dazu *Europäische Bankenaufsichtsbehörde*, Diskussionspapier vom 02.05.2022, Ziffer 141 (S. 46).

1177 Das Ziel der Neuausrichtung der Kapitalflüsse hin zu nachhaltigen Anlagen impliziert eine gewisse Parallelität zu dem in der Betriebswirtschaftslehre bekannten (überholten) Zielkonflikt zwischen Wachstum und Ökologie, wonach sich ein Unternehmen grundsätzlich zwischen einem ökologischen unternehmerischen Handeln, mit implizierten höheren Kosten, und einem gewinnorientierten Handeln zu entscheiden habe (hierzu etwa *Fritz*, Umweltschutz und Unternehmenserfolg: Eine empirische Analyse, Arbeitspapier, No. 93/06, 1993). Auf die Nachhaltigkeitsregulierung im Bankenaufsichtsrecht ist dies aber nicht übertragbar. Aufgrund der zunehmenden Bedeutung von Umweltschutzbelangen im unternehmerischen Handelns lässt sich diese Annahme bereits als überholt betiteln (hierzu etwa *Kirchgeorg/Meffert*, in: Wagner (Hrsg.), Unternehmensführung, Ethik und Umwelt, S. 491, 498 f.; siehe auch *Waschbusch/Kiszka/Strauß*, Nachhaltigkeit in der Bankenbranche, S. 98 f.), letztlich lässt es sich jedenfalls nicht für den aufsichtsrechtlichen Kontext anwenden, da die grundsätzliche Zielausrichtung der Regulierung hin zu einer langfristigen Institutssicherung bereits eine andere ist.

I. Risikobasierter Ansatz

1. *Green Supporting Factor*

Ein risikobasierter GSF ist ein Anpassungsfaktor, welcher aus einer Risikoperspektive gerechtfertigt ist und damit Risikodifferenzen voraussetzt (sog. *risk differentials*). Anders als für die Zwecke der Vorgaben unter Säule 2 müssen die Risikodifferenzen für einen risikobasierten Anpassungsfaktor unter Säule 1, welcher eine Pauschalisierung bedeutet, hinreichend wahrscheinlich und vergleichbar sein.[1178] Solche Risikodifferenzen ließen sich unter einer theoretischen Betrachtungsweise damit begründen, dass diese aufgrund der Berücksichtigung von Transitionsrisiken zumindest mittel- und langfristig angelegt sind.[1179] Es könnte damit argumentiert werden, dass „braune" Anlagen durch die durch das Pariser Klimaschutzübereinkommen angestoßene Regulierung in jedem Fall risikoreicher werden und in diesem Maße bereits eine Risikodifferenz gegeben sei, sodass differenzierte Kapitalanforderungen gerechtfertigt wären.[1180] Mit Blick auf energieeffiziente Wohnimmobiliendarlehen könnte ein geringeres Kreditrisiko zudem damit begründet werden, dass entsprechende Darlehensnehmer aufgrund

---

1178 Die Kreditrisikoparameter der CRR (PD, LGD, EaD) sind Werte, die auf Wahrscheinlichkeiten beruhen. Die Schätzungen beruhen auf historischen Daten zu Kreditausfällen und weisen den jeweiligen Risikopositionen Ratingstufen zu (vgl. Art. 180 Abs. 1a CRR), wobei die jeweilige PD anhand von verschiedenen Ansätzen berechnet werden kann. Da das Eigenmittelrahmenwerk grundsätzlich auf Schätzungen und Wahrscheinlichkeiten beruht, dürfte ein risikobasierter GSF „hinreichend" wahrscheinliche Risikodifferenzen zwischen z. B. grünen und braunen Krediten voraussetzen (die Europäische Kommission spricht etwa von „*sufficient evidence*", siehe Europäische Kommission, Arbeitsunterlage der Kommissionsdienststellen, Bericht über die Folgenabschätzung zu den CRR III- und CRD VI-Entwürfen, Teil 1, S. 41). Für diese Beurteilung existiert keine absolute Bewertungsmethode. Es dürfte aber eine gewisse hohe Anzahl an vergleichbaren Studien voraussetzen, die wiederum eine allgemeingültige Risikodifferenz aufzeigen müssten. Hieran zeigen sich bereits die theoretischen Schwierigkeiten einer hinreichenden Begründung von Risikodifferenzen.

1179 Dazu auch *Europäische Bankenaufsichtsbehörde*, Diskussionspapier vom 02.05.2022, Tabelle 3, S. 45. Dagegen könnten Sozialrisiken für das Mengengeschäft (mit Ausnahme von KMU) nicht besonders relevant sein.

1180 So bereits *High-Level Expert Group on Sustainable Finance*, Final Report 2018, S. 69. Zum Attribut "braun" bereits Teil 2B.III.3.

der niedrigeren Betriebskosten ein höheres (Rest-)Einkommen aufweisen.[1181] Zu beachten ist aber, dass die Klassifizierung von Aktivitäten als „grün“ oder „umweltschädigend“ nicht automatisch mit einem niedrigeren/höheren (Kredit-) Risiko einhergehen.[1182]

Die empirische Begründung von grundsätzlichen Risikodifferenzen zwischen „grünen“ (taxonomiekonformen) und umweltschädigenden Aktivitäten stellt sich derzeit schwierig dar, insbesondere aufgrund begrenzter und fehlender Daten zur Performance der Risikopositionen.[1183] Verfügbare Studien untersuchen größtenteils die Auswirkungen auf das Kreditrisiko, das bereits über 80 Prozent der Eigenmittelunterlegung von Kreditinstituten ausmacht.[1184] Sie zeigen, dass Risikodifferenzen zwischen grünen und umweltschädigenden Vermögenswerten zwar ausgemacht werden können (vgl. dazu bereits Teil 2 B. II. 1. c) aa)). Die Studien können aber keine verallgemeinerungsfähigen Aussagen für die Säule-1-Kapitalanforderungen treffen, insbesondere aufgrund einer mangelnden Berücksichtigung der Einkommensverhältnisse des Kreditnehmers und der Schwierigkeiten in Bezug auf eine einheitliche Definition des Faktors „Energieeffizienz“.[1185] Hinzukommen die grundsätzlichen Schwierigkeiten im Umgang mit ESG-Risiken (dazu Teil 2 B. II. 1. b) aa)), die den aktuellen Stand der Studien beeinflussen, die sich zudem auf spezifische Sektoren oder sektorale Gebiete beziehen.[1186] Letztlich ist

---

1181 *Europäische Bankenaufsichtsbehörde*, Diskussionspapier vom 02.05.2022, S. 45, dort Fn. 132. In der Tat wäre zunächst ein GSF mit Blick auf Wohnimmobilien/Energieeffizienz nach der Rede von Valdis Dombrovskis vom 12.12.2017 denkbar: “(…) *This could be done at first stage by lowering capital requirements for certain climate-friendly investments, such as energy-efficient mortgages or electric cars*” (Dombrovkis, Rede vom 12.12.2017).

1182 *Europäische Bankenaufsichtsbehörde*, Diskussionspapier vom 02.05.2022, Kap. 4.4 (Ziffer 46), S. 22 f.

1183 Derzeitige Ansicht der *Europäische Bankenaufsichtsbehörde*, Diskussionspapier vom 02.05.2022, 4.1 Risk-based approach, Ziffer 11b (S. 13), Ziffer 20 (S. 16).

1184 *Europäische Bankenaufsichtsbehörde*, Diskussionspapier vom 02.05.2022, Kap. 4.1, Ziffer 26 (S. 18), Kap. 5.1, Ziffer 53 (S. 24).

1185 Vgl. *Europäische Bankenaufsichtsbehörde*, Diskussionspapier vom 02.05.2022, Kap. 5.1.1, Ziffer 59 (S. 25). So auch *Network for Greening the Financial System*, Technical Document, Mai 2020, S. 6; siehe auch zitiert als: *Network for Greening the Financial System*, Capturing risk differentials from climate-related risks, Progress Report Mai 2022, S. 4.

1186 *Europäische Bankenaufsichtsbehörde*, Diskussionspapier vom 02.05.2022, Kap. 5.1, Ziffer 50, 52 (S. 24); siehe *Fuest u. a.*, ifo-Studie 2020, S. 16; auch die EZB äußerte Bedenken, siehe *Europäische Zentralbank*, Financial Stability Review, Mai 2019, Ziffer 4; siehe auch *Dankert/van Doorn/Reinders/Sleijpen*, SUERF Policy Note Issue

auch erkennbar, dass ein *one-size-fits-all* Ansatz problematisch wäre, sondern zwischen Risikopositionsklassen (vgl. Art. 112 CRR) differenziert werden müsste.[1187]

Daher ist es derzeit nicht gerechtfertigt, diese Risikopositionen für die Säule-1-Kapitalunterlegung unterschiedlich zu behandeln. Hiermit ist kein Widerspruch zu den Ergebnissen in Teil 2 B. II. 1 angelegt, in welchem begründet wurde, dass ESG-Risiken als Treiber bestehender Risikoarten finanzielle Auswirkungen haben können. In diesem Teil wird eine mögliche Eigenmittelrabattierung zugunsten grüner Positionen betrachtet, die nicht Teil der Vorgaben zum ESG-Risikomanagement unter Säule 2 sind. Zudem setzt die Rechtfertigung der Aufnahme einer ESG-Risikobetrachtung unter Säule 2 an den *möglichen* finanziellen Auswirkungen von ESG-Risiken an, die es rechtfertigen, dass diese Risiken Teil des ESG-Risikomanagements werden (vgl. Art. 97 Abs. 1 lit. a CRD). Darüber hinaus erlaubt die Betrachtung unter Säule 2 eine bankindividuelle Berücksichtigung, während unter Säule 1 eine Verallgemeinerung erforderlich ist, die aussagekräftigere Studien, die allgemeine Aussagen zulassen, erfordert. Schließlich reicht für die Zwecke der Säule 2 aus, dass negative ESG-Faktoren finanzielle Risiken erhöhen, während für einen risikobasierten GSF Risikodifferenzen zwischen grünen und anderen Aktivitäten nötig sind.

Ob ein Zielkonflikt durch einen risikobasierten GSF erzeugt würde, hängt in einem entscheidenden Maße von der konkreten Ausgestaltung des Faktors ab. Risikodifferenzen suggerieren zwar eine Zielharmonie zum Finanzstabilitätsziel. Nichtdestotrotz kann die konkrete Ausgestaltung die Zielbeziehung beeinflussen. Zunächst dürften die KMU- und Infrastrukturinvestitionen-Anpassungsfaktoren nicht greifen, um eine doppelte Berücksichtigung auszuschließen.[1188] Daneben könnte problematisch sein, dass die tatsächliche Materialisierung von einzelnen Umweltrisikofaktoren (wie langfristige physische Faktoren) anders als z. B. die Energieeffizienz der besicherten Immobilien, die bereits den aktuellen Wert der Sicherheiten beeinflusst, langfristige Risikodifferenzen begründen, die aber die Laufzeiten der Kredite nicht widerspiegeln. Ein Anpassungsfaktor würde dagegen auch langfristige Änderungen beim Schuldner berücksichtigen müssen.

Durch einen solchen würde aber jedenfalls die Preisgestaltung für Umweltrisiken für langfristige Engagements besser sichergestellt werden, materialisieren

No 43, Oktober 2018, S. 3; *Matikainen*, LSE Commentary, 18.12.2017; *High-Level Expert Group on Sustainable Finance*, Final Report 2018, S. 68.

1187 *Europäische Bankenaufsichtsbehörde*, Diskussionspapier vom 02.05.2022, Kap. 5.1, Ziffer 52 (S. 24).

1188 Siehe bereits oben Teil 2 B. III. 2. Dazu auch *Europäische Bankenaufsichtsbehörde*, Diskussionspapier vom 02.05.2022, Ziffer 145 (S. 47).

sich Umweltrisiken doch häufig erst mittel- und langfristig.[1189] Dies könnte daher trotzdem rechtfertigen, erst zukünftige Risikodifferenzen bereits aktuell zu berücksichtigen, unabhängig von den Kreditlaufzeiten.[1190] Ein Anpassungsfaktor, welcher langfristige negative Umweltfaktoren beim Darlehensnehmer berücksichtigen würde (über die PD und LGD), würde aber jedenfalls eine Änderung der Bewertungszeiträume unter Säule 1 bedeuten. Unter dem IRB-Ansatz wird die Ausfallwahrscheinlichkeit (PD) für einen einjährigen Zeitraum geschätzt, basierend auf der langfristigen durchschnittlichen einjährigen Ausfallrate.[1191]

Letztlich sind auch Klassifikationsprobleme relevant, da die Taxonomie-Verordnung noch keine ausreichende Grundlage für einen GSF bildet.[1192] Die Einstufung durch die Taxonomie-Verordnung ist eben nicht risikoorientiert.[1193] Es bedarf zudem eines granularen Ansatzes. Die EBA führt entsprechend an, dass nicht alle Unternehmen aus hoch umweltschädigenden Sektoren denselben hohen Transitionsrisiken unterliegen.[1194] Darüber hinaus würden die Risikogewichte auf Ebene von spezifischen Vermögenswerten (etwa Windparks) oder Aktivitäten angepasst werden, wohingegen viele Kreditvergaben an Unternehmen erfolgen und nicht an bestimmte Projekte; betrachtet man die Lieferkette, lassen sich Unternehmen nur schwer eindeutig klassifizieren („*pure green*").[1195]

Unter der Annahme hinreichend wahrscheinlicher Risikodifferenzen und einer angemessenen Ausgestaltung würde durch einen risikobasierten GSF grundsätzlich kein Zielkonflikt zum aufsichtlichen Finanzstabilitätsziel erzeugt werden,

---

1189 *Europäische Bankenaufsichtsbehörde*, Diskussionspapier vom 02.05.2022, Tabelle 3, S. 45.

1190 *Europäische Bankenaufsichtsbehörde*, Diskussionspapier vom 02.05.2022, Tabelle 3, S. 45.

1191 Art. 4 Abs. 1 Nr. 54; 180 Abs. 1 a CRR; siehe dazu auch *Europäische Bankenaufsichtsbehörde*, Diskussionspapier vom 02.05.2022, Kap. 4.3.3, Ziffer 43 lit. b (S. 22). Dagegen gibt es keinen begrenzten Zeithorizont bei der Berechnung der LGD. Art. 180 Abs. 1, 2 lit. j CRR gibt gegenüber bestimmten Risikopositionen zudem einen Mindestdatenzeitraum von fünf Jahren vor.

1192 Zu den Klassifizierungsproblemen näher Teil 2B.II.1.b)aa).

1193 *Europäische Bankenaufsichtsbehörde*, Diskussionspapier vom 02.05.2022, S. 47, dort Fn. 136.

1194 *Europäische Bankenaufsichtsbehörde*, Diskussionspapier vom 02.05.2022, S. 47, dort Fn. 136.

1195 *Europäische Bankenaufsichtsbehörde*, Diskussionspapier vom 02.05.2022, S. 47, dort Fn. 136.

da die Eigenmittelunterlegung die Risiken abbilden würde.[1196] Der risikobasierte Ansatz würde damit mikroprudenziell zu einer ausreichenden Kapitalunterlegung der Bank führen, indem das Risikoprofil der Risikopositionen abgebildet würde.[1197] Entsprechende Ausführungen gelten für das bankenaufsichtsrechtliche Kundenschutzziel, da dieses in der Eigenmittelregulierung vornehmlich ordnungspolitisch und damit letztlich unter finanzstabilitätswahrenden Gesichtspunkten verstanden wird.[1198] Unter der sozialpolitischen Begründung ließe sich zwar anführen, dass es zu einer Diskriminierung von solchen Kunden kommen könnte, die nicht unter die „grünen" Kriterien fielen. Gleichwohl soll das bankenaufsichtsrechtliche Kundenschutzziel nicht in jedem Fall Kreditvergaben ermöglichen.[1199] Und insbesondere in der Eigenmittelregulierung steht das Finanzstabilitätsziel im Vordergrund, was sich bereits an den risikobasiert ausgestalteten Eigenmittelvorgaben zeigt.

Ob eine solche Rabattierung dagegen aus allgemeiner Finanzstabilitätssicht auch *geboten* ist, ist fraglich, da der Unterstützungsfaktor zu einer Verringerung der vorzuhaltenden Eigenmittelreserven führen würde. Es ist zudem anerkannt und empirisch unterlegt, dass höhere Eigenmittelanforderungen und damit die Verringerung von Risiken die Finanzstabilität stärken.[1200] Damit könnte auch eine Zielneutralität anzunehmen sein. Für die Gebotenheit kommt es letztlich auf die Nuance an, die dem Finanzstabilitätsziel speziell mit Blick auf Eigenmittelvorgaben zugesprochen wird. In jedem Fall wäre durch die risikobasierte Betrachtungsweise kein Zielkonflikt gegeben. Wird eine Dopplung mit den übrigen Anpassungsfaktoren ausgeschlossen, wäre das Neuausrichtungsziel unter einem risikobasierten GSF mit den traditionellen Zielen des Bankenaufsichtsrechts zielharmonisch oder jedenfalls zielneutral.

2. *Brown Penalising Factor*

Mit Blick auf einen risikobasierten BPF sind die Auswirkungen höherer Eigenmittelreserven von Kreditinstituten auf das bankenaufsichtsrechtliche Finanzstabili-

---

1196 So auch *Europäische Bankenaufsichtsbehörde*, Diskussionspapier vom 02.05.2022, Ziffer 19.

1197 Hierzu *Europäische Bankenaufsichtsbehörde*, Diskussionspapier vom 02.05.2022, Ziffer 19. Zu möglichen makroökonomischen Problemen einer Lenkung siehe bereits unter B.

1198 Hierzu Teil 1 B. IV.

1199 Zum Kundenschutzziel Teil 1B.III.

1200 Siehe nur *Thomä/Gibhardt*, Journal of Financial Regulation and Compliance, Vol. 27,3, S. 380 (383) m. w. N.

tätsziel zu betrachten. Dieser würde sich auf erkannte höhere Risiken gründen, die von bestimmten Sektoren/Aktivitäten ausgehen. Gestaltet man den braunen Bestrafungsfaktor so, dass eine doppelte Berücksichtigung von ESG-Risiken verhindert wird (einmal unter den normalen Bewertungsansätzen[1201] und einmal durch eine pauschale Erhöhung um den Faktor), so ist ein solcher aus theoretischen, finanzstabilitätsfinalen Überlegungen anders als ein risikobasierter GSF geboten, da höhere finanzielle Risiken identifiziert wurden.[1202] Die Besonderheit unter der Eigenmittelregulierung wäre auch bei einem BPF, dass mittel- und langfristige ESG-Risiken berücksichtigt würden, wenngleich sich diese in der Kreditlaufzeit u. U. nicht materialisieren würden.[1203]

Dass der braune Bestrafungsfaktor dennoch nicht primär Gegenstand der regulatorischen Rufe ist, lässt sich wohl u. a. durch seine begrenzte Eignung für das Neuausrichtungsziel erklären. Erhöhte Kapitalanforderungen können die Kreditvergabe allgemein begrenzen und konkret die Finanzierung der Transition, insbesondere mit Blick auf transitionsbereite Unternehmen.[1204] Eine Verteuerung „brauner" Kredite könnte auch weitere unerwünschte Effekte haben wie einem unvorsichtigen Run auf grüne Vermögenswerte und die Gefahr einer damit einhergehenden *green bubble*.[1205]

Mit Blick auf den braunen Bestrafungsfaktor stellt sich zudem die Frage, ob dieser unter Wahl des risikobasierten Ansatzes einer Berücksichtigung von Umweltrisiken unter dem bestehenden Eigenmittelregime vorzuziehen wäre. Es droht insbesondere eine Unterschätzung von tatsächlichen Umweltrisiken und zudem entspricht es den grundsätzlichen Ansätzen der Eigenmittelregulierung alle finanziellen Risiken und damit auch Umweltrisiken zu berücksichtigen, sodass eine Dopplung droht,[1206] zumal für den ICAAP Umweltrisiken zu berücksichtigen sein werden (vgl. CRD VI).[1207] In jedem Fall würde damit nur eine alternative

---

1201 Zur möglichen Berücksichtigung von ESG-Risiken unter Säule 1 Teil 2B.II.2.c).

1202 Vgl. *Europäische Bankenaufsichtsbehörde*, Diskussionspapier vom 02.05.2022, Tabelle 3, S. 45.

1203 Dazu Teil 3 B. I. 1.

1204 Vgl. auch *Europäische Bankenaufsichtsbehörde*, Diskussionspapier vom 02.05.2022, Tabelle 3, S. 46. Zudem argumentieren andere mit unterschiedlich starken Wirkungen, dazu etwa *Dafermos/Nikolaidi*, Journal of Financial Stability 54 (2021) 100871, S. 11 ff., die zudem eine Kombination untersuchen.

1205 *Colaert*, Common Market Law Review 59 (2022), S. 1669 (1698); siehe auch ähnlich *De Arriba-Sellier*, Common Market Law Review 58 (2021), S. 1097 (1129).

1206 *Europäische Bankenaufsichtsbehörde*, Diskussionspapier vom 02.05.2022, Ziffern 47. 48 (S. 23).

1207 Dazu Teil 2 B. II. 2. a) cc).

Heranziehung in Betracht kommen.[1208] Zudem kann argumentiert werden, dass die bankindividuelle Berücksichtigung durch die zuständigen Aufsichtsbehörden die „bessere" Policy-Option darstellt, sofern eine Berücksichtigung risikoadäquat ist (Feinkalibrierung/Risikosensitivität vs. EU-weit einheitliche Anwendung).[1209] Der SREP kann nämlich genutzt werden, um Kapitalanforderungen für Institute, die entsprechend hohen Umweltrisiken ausgesetzt sind, zu erhöhen.[1210]

II. Wirtschaftspolitischer Ansatz

1. Green Supporting Factor

Ein Anpassungsfaktor, welcher ohne hinreichende Befunde zu Risikodifferenzen eingeführt würde, wäre ein nicht-risikobasierter Faktor.[1211] Ob ein solcher den Zielen der Eigenmittelunterlegung gerecht wird, ist zweifelhaft. Eine Verfolgung von ökologischen Lenkungszielen, in dem Ausmaß, wie es ein GSF bedeuten würde, ist den Eigenmittelvorgaben grundsätzlich fremd.[1212] Eine nicht-risikoorientierte Betrachtung wird daher als Systembruch für das Bankenaufsichtsrecht beschrieben.[1213]

Gegen einen GSF wird angeführt, dass durch die Senkung der Eigenmittelvorgaben für klimafreundliche Aktivitäten – etwa Kredite für Elektroautos, energieeffiziente Hypothekarkredite, neue „grüne" Technologien – unter das tatsächliche wirtschaftliche Risiko, Banken dazu verleitet werden könnten, ein angemessenes

1208 So auch *Europäische Bankenaufsichtsbehörde*, Diskussionspapier vom 02.05.2022, Ziffer 48 (S. 23).

1209 *Bueren*, ZGR 2019, S. 813 (873).

1210 Dazu Teil 2 B. II. 2. a) ff) 2).

1211 Wann „hinreichende" Befunde vorliegen, dürfte im Ermessen der Regulatoren liegen.

1212 In der CRR bestehen mit Art. 501 CRR und 501a CRR bereits zwei nicht-risikobasierte Unterstützungsfaktoren, die sich letztlich (mittelbar) auf „grüne" Aktivitäten beziehen können, so ausdrücklich *Europäische Bankenaufsichtsbehörde*, Diskussionspapier vom 02.05.2022, Kap. 5.4, Ziffer 133 (S. 43). Zu diesen näher unter Teil 2 B. III. 2. a). Die EBA hat in Zuge von Basel III die Abschaffung dieser Faktoren angeraten, siehe *Europäische Bankenaufsichtsbehörde*, Policy Advice on the Basel III Reforms: Credit Risk, August 2019, S. 17 ff.; dazu näher im Kontext zum CRR III-Entwurf *Europäische Bankenaufsichtsbehörde*, Diskussionspapier vom 02.05.2022, Ziffern 134 ff. (S. 44).

1213 Vgl. *Möslein/Mittwoch*, WM 2019, S. 481 (487); siehe auch *van Lerven/Ryan-Collins*, Briefing Note, Adjusting Banks' Capital Requirements in line with Sustainable Finance Objectives, 28.02.2018, S. 3 f.

Risikomanagement bei solchen Risikopositionen zu vernachlässigen und Risiken zu unterschätzen.[1214] Dieses Argument lässt sich aber nicht entscheidend für einen Zielkonflikt anbringen, da auch gerade ein Anreiz erzeugt werden kann, das ESG-Risikomanagement, insbesondere durch die notwendige Einordnung von grünen Vermögenswerten/Tätigkeiten zu verbessern.

Ob ein Zielkonflikt zum aufsichtsrechtlichen Finanzstabilitätsziel festgestellt werden kann, hängt in einem entscheidenden Maße davon ab, wie das Finanzstabilitätsziel im Bankenaufsichtsrecht verstanden wird. Blickt man auf die makroprudenzielle Dimension des Finanzstabilitätsziels, so ließe sich unter dem systemischen Charakter von Umweltrisiken (insbesondere Klimarisiken) anführen, dass ein hinreichender Befund über konkrete Risikodifferenzen nicht nötig ist , da eine Lenkung in grüne Sektoren aus makroprudenzieller Perspektive und damit Systemrisikosicht erforderlich ist. Ein GSF würde physische Risiken reduzieren, indem grüne Investitionen zu- und kohlenstoffintensive Investitionen abnehmen und es dadurch zu einem Rückgang der CO_2-Emissionen kommt, der sich wiederum positiv auf die Erderwärmung auswirkt, die wiederum die Häufigkeit und Intensivität von klimawandelbedingten Ereignissen beeinflusst.[1215] Entsprechende negative Auswirkungen auf die Finanzstabilität (in Form von z. B. Kreditausfällen durch Überschwemmungen) würden damit reduziert. Mit Blick auf Transitionsrisiken könnte zudem argumentiert werden, dass der generelle Anstieg der Kreditvergabe in grüne Sektoren ein langfristiges Wirtschaftswachstum sichert, das sich positiv auf Ausfallquoten auswirkt.[1216] Gesamtwirtschaftlich und gesamtgesellschaftlich sind grüne Anlagen klar zu bevorzugen.[1217] Blickt man auf langfristige ESG-Risiken, so steht die politische Entscheidung für einen längerfristigen, nachhaltigen Wachstum im Vordergrund.[1218] In den Worten von Mark Carney bildet dies gerade „*the tragedy of the horizon*“[1219], da die Kosten

1214 *Dankert/van Doorn/Reinders/Sleijpen*, SUERF Policy Note Issue No 43, Oktober 2018; *Boot/Schoenmaker*, Blogpost bruegel vom 16.01.2018; bereits *High-Level Expert Group on Sustainable Finance*, Final Report 2018, S. 68; *van Lerven/Ryan-Collins*, Briefing Note, Adjusting Banks' Capital Requirements in line with Sustainable Finance Objectives, 28.02.2018, S. 2.

1215 *Dafermos/Nikolaidi*, Journal of Financial Stability 54 (2021) 100871, S. 2, 7. Zu dieser letztlich makroökonomischen Betrachtung siehe bereits unter Teil 3B.

1216 Vgl. *Dafermos/Nikolaidi*, Journal of Financial Stability 54 (2021) 100871, S. 7, 10.

1217 Zu diesem „'Think Sustainability First'"-Prinzip bereits *High-Level Expert Group on Sustainable Finance*, Final Report 2018, S. 61.

1218 Vgl. auch *Alexander/Fisher*, in: Beekhoven van den Boezem/Jansen/ Schuijling (Hrsg.), Sustainability and Financial Markets, S. 7 f.

1219 *Carney*, Breaking the Tragedy of the horizon, Rede vom 29.09.2015, S. 4.

kurzfristig entstehen, der Nutzen sich aber erst in den künftigen Generationen zeigen wird.[1220]

Aufgrund der makroökonomischen Relevanz des Klimawandels spricht für eine Zielharmonie zum Finanzstabilitätsziel damit in der Tat der positive systemische Wert grüner Projekte und Aktivitäten, die langfristige Umweltrisiken reduzieren.[1221] Dies bedeutet, dass die Entscheidung zur Lenkung von Kapitalflüssen hin zu grünen Sektoren langfristig gesehen eine Voraussetzung für die gesamtwirtschaftliche Finanzstabilität ist. Außerhalb von abrupten Politikmaßnahmen, Gefahren, die aus einer grünen Blase (deren Entstehen durch die Regulatoren letztlich auch nicht verhindert werden kann) und einer Vernachlässigung von transitionsbereiten Unternehmen resultieren, ist dies damit grundsätzlich zu begrüßen. Unter einer makroprudenziellen Betrachtung – unter entsprechender Ausweitung des Betrachtungszeitraums des Aufsichtsrechts – kann das Vorliegen eines Zielkonflikts folglich verneint werden.

Die vorliegende Zielkonfliktuntersuchung knüpft gleichwohl an eine Bewertung des konkreten zielfinalen Instruments an. In der Tat würde es sich bei einem nicht-risikobasierten GSF um ein quasi *ad hoc* makroprudenzielles Instrument handeln.[1222] Die Eigenmittelregulierung hat dagegen ihren finalen Schwerpunkt in der mikroprudenziellen Dimension des Finanzstabilitätsziels und damit in einer institutsbezogenen Resilienz-Betrachtung, sodass eine risikobasierte Kalibrierung der Eigenmittelvorgaben dem Verständnis des bankenaufsichtsrechtlichen Finanzstabilitätsziels in der Eigenmittelregulierung schwerpunktmäßig entspricht.[1223] Eine davon losgelöste Begünstigung würde keine hinreichende

---

1220 Hierzu auch *Alexander/Fisher*, in: Beekhoven van den Boezem/Jansen/ Schuijling (Hrsg.), Sustainability and Financial Markets, S. 7 f.

1221 Bereits *High-Level Expert Group on Sustainable Finance*, Final Report 2018, S. 68; *Europäische Bankenaufsichtsbehörde*, ESG-Bericht, S. 14; *Europäische Bankenaufsichtsbehörde*, Diskussionspapier vom 02.05.2022, Tabelle 3 (S. 46); *Europäische Kommission*, Arbeitsunterlage der Kommissionsdienststellen, Bericht über die Folgenabschätzung zu den CRR III- und CRD VI-Entwürfen, Teil 1, S. 18; näher zu den finanziellen Implikationen des Klimawandels mit Überblick über die Literatur *Battiston/Dafermos/Monasterolo*, Journal of Financial Stability 54 (2021) 100867; siehe zudem bereits Teil 2B.II.2.d).

1222 Vgl. zu dieser Wortwahl *Pereira da Silva*, Rede vom 23.05.2019. Ähnlich mit Blick auf einen BPF *Monnin*, Central banks and the transition to a low-carbon economy, Council on Economic Policies, Discussion Note 2018/01, S. 6 f.

1223 Zur mikro- und makroprudenziellen Dimension des Finanzstabilitätsziels siehe Teil 1B.II.1. Ähnlich *Manninen/Tiililä*, Bank of Finland, Bulletin, 13.07.2020, S. 2; vgl. Auch *Campiglio u. a.*, 8 Nature Climate Change (2018), S. 462 (465). Die vorliegende

Abbildung von finanziellen Risiken ermöglichen.[1224] Während das Lenkungsziel gesamtwirtschaftlich zu begrüßen ist, lässt sich ein Zielkonflikt daher damit be-

---

Diskussion ist vergleichbar mit der Frage nach der Soll-Reichweite des Bankaufsichts- und Zentralbankenmandats. *Dafermos* unterscheidet zwei Ansätze: Nach dem sog. Risiko-Ansatz (*risk exposure approach*) sei der Klimawandel insoweit durch die Bankenaufsicht (und Zentralbanken) zu beachten, als hierdurch Risiken für das Finanzsystem und damit für die Finanzstabilität entstünden (siehe *Dafermos*, in: Kappes/Rochon/Vallet (Hrsg.), The future of central banking, S. 175 (178 ff.)). Diese Rolle der Bankenaufsicht ist mittlerweile weitläufig anerkannt, stellen ESG-Risiken finanzielle Risiken dar (siehe dazu Teil 2B.II.1.b)). Dies wird auch unter einem *„prudential mandate"* betrachtet, das nur die Berücksichtigung von solchen ESG-Risiken in den Regulierungsvorschriften erlaubt, die sich auf die Stabilität des Bankensektors auswirken (*Oehmke/Opp*, Green Capital Requirements, 03.03.2022). Ansonsten würde sich die prudenzielle Politik mit der Klimapolitik vermischen (so explizit *Carney*, Letter ft he Chair Elect ft he Treasury Select Committee, 27.02.2020, S. 3; vgl. auch *Weidman*, Rede vom 29.10.2019, S. 2; *Europäische Bankenaufsichtsbehörde*, Diskussionspapier vom 02.05.2022, S. 10). Der sog. Systemrisiko-Ansatz (*systemic risk approach*) schreibt den Zentralbanken und der Bankenaufsicht dagegen eine proaktive Rolle bei der Bekämpfung des Klimawandels zu und erlaubt Maßnahmen, die im Sinne des Pariser Klimaübereinkommens zur Transition der Wirtschaft aktiv beitragen (*Dafermos*, in: Kappes/Rochon/Vallet (Hrsg.), The future of central banking, S. 175 (176, 181 ff.), vgl. auch *Chenet/Ryan-Collins/van Lerven*, Ecological Economics 183 (2021) 106957, die von einem *„precautionary approach"* sprechen). Dies wird auch unter einem *„green mandate"* diskutiert, worunter auch die Verantwortung für die Bekämpfung von weiteren allgemeinen, externen Auswirkungen von Kohlenstoff fallen (*Oehmke/Opp*, Green Capital Requirements, 03.03.2022, S. 2.). Dieser Ansatz stützt sich auf die systemische Rolle der Bankenaufsicht und die Prävention von klimabezogenen systemischen Risiken (*Dafermos*, in: Kappes/Rochon/Vallet (Hrsg.), The future of central banking, S. 175 (177). Während es unter dem Risiko-Ansatz folgerichtig ist, Kapitalanforderungen für solche Risikopositionen zu erhöhen, die von ESG-Risiken betroffen sind, wird zu den weitergreifenden Maßnahmen unter dem Systemrisiko-Ansatzes auch der (nicht-risikobasierte) GSF gezählt (*Dafermos*, in: Kappes/Rochon/Vallet (Hrsg.), The future of central banking, S. 175 (180, 184)). Umweltschutzbelange werden unter dem Systemrisiko-Ansatz damit in Relation zu systemischen Risiken gebracht und dadurch eine Pflicht zur Berücksichtigung begründet, indem das diesbezügliche makroprudenzielle Mandat entsprechend ausgelegt wird. Würde man dem Systemrisiko-Ansatz folgen, könnte – unter Ausweitung des Betrachtungszeithorizonts der Aufsicht – auch das Vorliegen eines Zielkonflikts daher verneint werden.

1224 So etwa *Bundesverband der Deutschen Industrie e.V.*, Stellungnahme, Einrichtung eines Rahmens zur Erleichterung nachhaltiger Investitionen vom 27.08.2018, S. 9, siehe auch *Holle*, BaFin Perspektiven 2/2019, S. 11 (15); *Manninen/Tiililä*, Bank of Finland, Bulletin, 13.07.2020, S. 2.

gründen, dass weniger Eigenmittel für tatsächlich höhere Risiken vorzuhalten wären. Durch die Einführung eines nicht-risikobasierten GSF und die damit verbundene Behandlung von Risikopositionen als faktisch weniger risikogewichtig, wird das bankenaufsichtsrechtliche Finanzstabilitätsziel mithin beeinträchtigt, wenn die Risikopositionen tatsächlich nicht weniger risikogewichtig sind.[1225] Dies könnte die Resilienz des Bankensektors beeinträchtigen und die Realwirtschaft anfälliger für Finanzkrisen machen.[1226]

Diese allgemeinen Überlegungen lassen sich anhand konkreter Indikatoren für die aufsichtsrechtliche Solidität von Banken aufzeigen, wie der Kapitaladäquanzquote (*Capital Adequacy Ratio*, „CAR") und der NPL-Quote,[1227] wobei die CAR in besonderem Maße die Solvabilität von Banken abbildet. Die CAR stellt das Verhältnis der Eigenmittel (Tier1 + Tier2) zu den risikogewichteten Aktiva (Kreditengagements) dar. Anhand der CAR-Quote lässt sich damit aufzeigen, wie eine Bank Verluste ausgleichen könnte, ohne dass negative Auswirkungen auf ihre Solvabilität drohen. Es existieren bereits einige Studien, die die Auswirkungen eines GSF auf diese Quote untersuchen.[1228] Zu beachten ist zunächst, dass der GSF automatisch zu einer geringeren Mindest-CAR-Quote führen würde, da die Risikogewichte der entsprechenden Aktiva verringert würden.[1229] Nach *Dafermos/Nikolaidi* sowie *Dunz/Naqvi/Monasterolo*, die ähnliche Analysemodelle

1225 Hierzu auch *Dankert/van Dorn/Reinders/Sleijpen*, SUERF Policy Note Issue No 43, Oktober 2018, S. 2; *van Lerven/Ryan-Collins*, Briefing Note, Adjusting Banks' Capital Requirements in line with Sustainable Finance Objectives, 28.02.2018, S. 2; siehe auch *D´Orazio/Popoyan*, Ecological Economics 160 (2019), S. 25 (29); siehe auch *Bueren*, ZGR 2019, S. 813 (873); BT-Drs. 19/17745 vom 10. März 2020, Nr. II, 2d; BT-Drs. 19/14785 vom 6. November 2019, S. 3; BT-Drs. 19/7478 vom 31. Januar 2019, S. 2; *Bundesverband der Deutschen Industrie e.V.*, Stellungnahme, Einrichtung eines Rahmens zur Erleichterung nachhaltiger Investitionen vom 27.08.2018, S. 9; *Dombret*, ZfgK 2018, S. 330 (333); auch die Position des BMF, siehe *Holle*, BaFin Perspektiven 2/2019, S. 11 (15). Um eine Unterkapitalisierung zu vermeiden, käme eine Grenze (*Cap*) in Betracht, die sich auch fortlaufend weiterentwickeln könnte; dies wird aktuell aber nicht diskutiert, dazu dagegen *High-Level Expert Group on Sustainable Finance*, Final Report 2018, S. 68 f.

1226 *Manninen/Tiilila*, Bank of Finland, Bulletin, 13.07.2020, S. 6.

1227 Die NPL-Quote (Non Performin Loans) setzt den Nominalwert notleidender Kredite ins Verhältnis zu den Gesamtkrediten. Kredite sind dabei notleidend, wenn ihre Raten über 90 Tage nicht bedient wurden (vgl. Art. 47a CRR).

1228 U. a. *Dunz/Naqvi/Monasterolo*, Journal of Financial Stability, 54 (2021) 100872; *Dafermos/Nikolaidi*, Journal of Financial Stability 54 (2021) 100871.

1229 Dazu etwa *D´Orazio/Popoyan*, Ecological Economics 160 (2019), S. 25 (28 f.); *Berenguer/Cardona*/Evain, I4CE, März 2020, S. 11 ff.

verwenden, würde ein GSF die Kreditvergabe durch Banken in zwei Schritten beeinflussen: Zunächst führte die Einführung eines verringerten Risikogewichts für grüne Kredite simultan zu einer höheren CAR.[1230] Die höhere CAR führe in einem zweiten Schritt dazu, dass die Kreditvergaben an den grünen Sektor ansteigen und die Zinssätze für grüne Kredite sinken.[1231] Der Anstieg der Kreditvergabe durch verbesserte Zinsbedingungen für grüne Unternehmen würde die CAR letztlich dann negativ beeinflussen, steigen die Kreditrisikopositionen.[1232] Zugleich wurde ein Anstieg der NPL-Quote in Bezug auf Kredite an „braune" Unternehmen ausgemacht.[1233] Dieser Anstieg sei auf einen Rückgang der Profitabilität dieser Unternehmen zurückzuführen, der daraus resultiere, dass „grüne" Unternehmen günstigere Kreditkonditionen hätten, die sich auch auf die Bepreisung ihrer Produkte auswirkten.[1234] Diese Auswirkungen wären zwar auch bei einem risikobasierten GSF zu beobachten, aber anders als bei einem solchen, nicht durch Risikodifferenzen gerechtfertigt.

Damit ist ein Zielkonflikt zwischen dem Neuausrichtungs- und dem Finanzstabilitätsziel gegeben, da ein Anstieg der Kreditvergabe bei bestimmten Sektoren/Gegenparteien beabsichtigt wäre, die Kredite aber (risikobetrachtet) auf weniger Eigenmittel gestützt wären.[1235]

2. *Brown Penalising Factor*

Die Überlegungen lassen sich nicht per se auf einen nicht-risikobasierten BPF übertragen, da dieser höhere Eigenmittelreserven bedeuten würde. Der maßgebliche Unterschied zum nicht-risikobasierten Unterstützungsfaktor bestünde darin, dass für diese Kredite nach den allgemeinen prudenziellen Überlegungen ausreichend Eigenmittel verfügbar wären. Ob hierdurch ein angemessenes Risikomanagement für diese Kredite vernachlässigt würde, wie es die Literatur beim GSF

1230 *Dunz/Naqvi/Monasterolo*, Journal of Financial Stability, 54 (2021) 100872, S. 10; zudem *Dafermos/Nikolaidi*, Journal of Financial Stability 54 (2021) 100871, S. 6, 12.

1231 *Dunz/Naqvi/Monasterolo*, Journal of Financial Stability, 54 (2021) 100872, S. 10, 11; *Dafermos/Nikolaidi*, Journal of Financial Stability 54 (2021) 100871, S. 6 f., 12.

1232 *Dunz/Naqvi/Monasterolo*, Journal of Financial Stability, 54 (2021) 100872, S. 15.

1233 *Dunz/Naqvi/Monasterolo*, Journal of Financial Stability, 54 (2021) 100872, S. 15.

1234 *Dunz/Naqvi/Monasterolo*, Journal of Financial Stability, 54 (2021) 100872, S. 15; *Monasterolo*, Annual Review of Resource Economics 2020, S. 299 (305).

1235 Vgl. auch *Europäische Bankenaufsichtsbehörde*, Diskussionspapier vom 02.05.2022, Tabelle 3, S. 45.

kritisiert, ist fraglich, da die allgemeinen Vorgaben zum ESG-Risikomanagement unter Säule 2 entsprechende Anforderungen stellen.[1236]

Gleichwohl kann ein Zielkonflikt zum aufsichtlichen Finanzstabilitätsziel damit begründet werden, dass dieses nur eine Risikobetrachtung erlaube, sodass dieselben Erwägungen wie gegen einen nicht-risikobasierten GSF angeführt werden könnten.[1237] Die Begründung eines Zielkonflikts würde bei einer solchen Betrachtung damit in einem entscheidenden Maße davon abhängen, inwieweit der risikobasierten Kalibrierung ein wesensbeschreibender Charakter zugesprochen wird. Grundsätzlich kann aber konstatiert werden, dass höhere Eigenmittelreserven positive Effekte auf das bankenaufsichtliche Finanzstabilitätsziel haben.[1238] Damit besteht kein Zielkonflikt zum bankenaufsichtsrechtlichen Finanzstabilitätsziel, sondern vielmehr eine Zielharmonie oder jedenfalls -neutralität.[1239]

C. Lösung des Zielkonflikts

Bei Zielkonflikten in der praktischen Aufsicht liegt es – ohne eine rechtliche Verankerung von Zielhierarchien – grundsätzlich im Ermessen der Aufseher zu entscheiden, welches Ziel im Einzelfall vorgeht.[1240] Um die Effektivität der Regulierungsinstrumente sicherzustellen, sollte sich die Aufsicht daher „(...) soweit es bei der Verwendung der Regulierungsinstrumente Konflikte zwischen den verschiedenen Regulierungszielen gibt, (...) sich diese Konflikte bewusst machen und Verfahren zur Handhabung des bei der Abwägung zwischen den Zielen erforderlichen Ermessens entwickeln“[1241]. Während für die Bankenaufseher die

---

1236 Zu den ESG-Risikomanagementanforderungen Teil 2 B. II. 2. a).

1237 Vgl. *Fuest u. a.*, ifo-Studie 2020, S. 16.

1238 Siehe *Thomä/Gibhardt*, Journal of Financial Regulation and Compliance, Vol. 27,3, S. 380 (383) m. w. N.; vgl. zudem ähnlich *Colaert*, Common Market Law Review 59 (2022), S. 1669 (1698, 1702). Die Wettbewerbsfähigkeit des europäischen Bankensektors muss aber in den Blick genommen werden.

1239 Ähnlich *Cullen*, Came. Yearbook Europ. L. Stud. 20 (2018), S. 61 (84 f.); *Monnin*, Central banks and the transition to a low-carbon economy, Council on Economic Policies, Discussion Note 2018/01, S. 6 f. unter Bezugnahme auf makroprudenzielle Überlegungen. Explizit einen unmittelbaren Zielkonflikt verneinend auch *Colaert*, Common Market Law Review 59 (2022), S. 1669 (1698).

1240 Ähnlich auch *Bieg/Krämer/Waschbusch*, in: Bieg/Krämer/Waschbusch/Igl (Hrsg.), Bankenaufsicht in Theorie und Praxis, S. 65, 66; vgl. auch *Wymeersch*, 8 European Business Organization Law Review (2007), S. 237 (249).

1241 Bereits *Bundesministerium für Wirtschaft und Technologie*, Gutachten Nr. 3/10 des Wissenschaftlichen Beirats, Die Reform von Bankenregulierung und Bankenauf-

ESG-Risikobetrachtung unter Säule 2 in möglichen Konfliktsituationen (etwa bei der Beurteilung der Überlebensfähigkeit der Geschäftsmodelle) einen Vorrang des Finanzstabilitätsziels vorgeben dürfte,[1242] stellt sich für einen möglichen nicht-risikobasierten GSF die Frage nach dem Umgang mit Zielkonflikten durch die Rechtsetzer.[1243] Eine Ermessensentscheidung auf Ebene der Aufseher ist dagegen nicht möglich, da ein nicht-risikobasierten GSF unter Säule 1 den Aufsehern keinen Umsetzungsspielraum eröffnet.[1244]

Unter Zugrundelegung der wirtschaftspolitischen Ziellehre ließe sich der Weg des Kompromisses anführen.[1245] Wenn konfliktäre Ziele bestehen, könnten Einbußen in beide Richtungen und damit eine Verschlechterung in beide Richtungen angebracht sein. Mit Blick auf einen nicht-risikobasierten GSF könnte eine Kompromisslösung dagegen nur darin bestehen, dass eine entsprechend geringe Rabattierung festgesetzt würde. Ob dies aber tatsächlich eine Kompromisslösung bedeuten würde, ist fraglich, würde das qualitative Finanzstabilitätsziel dennoch aufgrund der nicht-risikobasierten Betrachtung im Kern beeinträchtigt. Daneben könnten die Regulatoren gänzlich auf einen nicht-risikobasierten GSF verzichten und das Neuausrichtungsziel im Bankenaufsichtsrecht nur (mittelbar) durch eine ESG-Risikobetrachtung verfolgen. Dies würde letztlich aber keine echte Kompromisslösung bedeuten, sondern das Instrument des Anpassungsfaktors gänzlich verbieten. Auch eine Kompromissbetrachtung über das Bankenaufsichtsrecht hinaus, in dem Sinne, dass das Neuausrichtungsziel durch andere Instrumente verwirklicht wird, würde dem Finanzstabilitätsziel im Bankenaufsichtsrecht den Vorrang zusprechen. Die Kompromisslösung dürfte damit für die Regulatoren nicht in Betracht kommen. Der Zielkonflikt ist vielmehr durch eine Zielhierarchiebildung zu lösen.

Bei den Aufsehern zeichnet sich jedenfalls eine Zielhierarchie zugunsten des Finanzstabilitätsziels ab. Die EBA betont, dass sie weiterhin einen risikobasierten Ansatz verfolge und die Eigenmittelregulierung nicht für Politikziele instrumen-

---

sicht nach der Finanzkrise, S. 10; siehe auch ähnlich *Harthmann-Wendels/Hellwig/Jäger-Ambrozewicz*, Arbeitsweise der Bankenaufsicht vor dem Hintergrund der Finanzmarktkrise, S. 97.

1242 Dazu unter Teil 2 B. II. 2. a) ff).

1243 Ähnlich *Schemmer*, Klimarisiken im Bankenaufsichtsrecht, S. 227.

1244 Insoweit ließe sich vielmehr anführen, dass die Regulatoren den Zielkonflikt zugunsten des Neuausrichtungsziels bereits gelöst hätten.

1245 Dazu etwa *Gemper*, Wirtschaftspolitik, S. 17; vgl. auch *Streit*, Theorie der Wirtschaftspolitik, S. 280 f.; *Lachmann*, Volkswirtschaftslehre, S. 228 ff.; siehe auch *Lepsius*, in: Fehling/Ruffert (Hrsg.), Regulierungsrecht, § 19 Rn. 61 ff.

talisiert werden dürfe.[1246] Auch die BaFin hat sich bereits früh gegen eine von Risikogesichtspunkten losgelöste Privilegierung ausgesprochen.[1247] Den möglichen Konflikt zwischen dem bankenaufsichtsrechtlichen Finanzstabilitäts- und dem Neuausrichtungsziel anerkennend, hat auch die Europäische Kommission bei Veröffentlichung des Aktionsplans 2018 verlautbart, dass sie einen GSF prüfen werde, wenn dieser aus Risikosicht gerechtfertigt und gleichzeitig sichergestellt sei, dass die Finanzstabilität gewahrt bleibe.[1248] Infolgedessen wurde in das Mandat der EBA nach Art. 501c lit. d CRR aufgenommen, dass die Auswirkungen einer Änderung auf die (allgemeine) Finanzstabilität und die Kreditpraxis durch Banken zu prüfen seien. Auch auf nationaler Ebene überwiegen die Stimmen gegen eine Einführung.[1249] Schließlich hat bereits die HLEG ausgeführt, dass das „neu" definierte Mandat der ESA bedinge, dass diese prüfen, ob Elemente des regulatorischen und aufsichtsrechtlichen Rahmens nachhaltige Investitionen und Kreditvergaben behindern *und* ihre Änderung/Löschung für die Wahrung der

1246 *Europäische Bankenaufsichtsbehörde*, Diskussionspapier vom 02.05.2022, Executive Summary, S. 10; Background and rationale, Ziffer 16 (S. 14 f.); 4.1 Risk-based approach, Ziffer 18 ff. (S.16 f.); Concluding Remarks, Ziffer 245 (S. 64). Im Allgemeinen zieht die EBA eine inzidente Berücksichtigung von Umweltrsiken und eine gezielte Anpassung der Eigenmittelvorgaben (Säule 1) den Korrekturfaktoren vor, insbesondere mit Blick auf die Schwierigkeiten der Ausgestaltung und Implementierung solcher Faktoren, siehe *Europäische Bankenaufsichtsbehörde*, Diskussionspapier vom 02.05.2022, Concluding Remarks, Ziiffer 249 (S. 64). Zur Berücksichtigung von ESG-Risiken in der Eigenmittelregulierung bereits Teil 2B.II.2.c).

1247 *Hufeld*, Rede vom 17.01.2018; zudem *Hufeld*, RdF 2019, S. 177 ff.; *Bundesanstalt für Finanzdienstleistungsaufsicht*, BaFin Journal, Mai 2019, S. 10; bereits *Röseler*, BaFinPerspektiven 2/2019, S. 19 (28).

1248 *Europäische Komnmission*, FAQ zum Aktionsplan: Finanzierung nachhaltigen Wachstums.; siehe zudem bereits *High-Level Expert Group on Sustainable Finance*, Final Report 2018, S. 68.

1249 Siehe Staatssekretärsausschuss für nachhaltige Entwicklung, Beschluss vom 25. Februar 2019. Auf mehrere Kleine Anfragen der Fraktion der FDP und weiterer Abgeordneter (BT-Drs. 19/1487, BT-Drs. 19/17554, BT-Drs. 19/8781) äußerte sich auch die Bundesregierung. Sie sah „pauschale Abschläge an Kapitalanforderungen („Green Supporting Factor") kritisch" (BT-Drs. 19/2019 vom 7. Mai 2018, S. 12); siehe auch BT-Drs. 19/9411 vom 15. April 2019, S. 4; BT-Drs. 19/18282 vom 20. März 2020, S. 1, 2. Auch der Bundesrat ist entschieden gegen eine pauschale Erleichterung, ein vermindertes Risiko müsse vielmehr tatsächlich nachgewiesen sein (BR-Drs. 67/18 vom 27. April 2018, Nr. 11; BR-Drs. 289/18 vom 21. September 2018, Nr. 6; BR-Drs. 126/20 vom 10. März 2020, Nr. 10).

Finanzstabilität nicht entscheidend ist.[1250] Schließlich lässt sich anführen, dass die bankenaufsichtsrechtlichen Normen, nicht zuletzt die ESG-Risikovorgaben unter Säule 2, einen Vorrang des Finanzstabilitätsziels in der praktischen Aufsicht bedingen.[1251] Insoweit kann die Verfolgung eines einheitlichen Zielansatzes der Nachhaltigkeitsregulierung als Argument für einen Vorrang auch unter Säule 1 angeführt werden.

Welche rechtlichen Grenzen für eine Zielhierarchiebildung bestehen, ist für das Bankenaufsichtsrecht – u. a. als Folge des Fehlens eines gesetzlichen Zielkatalogs – nicht klar festgelegt. Vielmehr dürften Zielkonflikte zunächst politische Fragen darstellen und im Rahmen der primär- oder verfassungsrechtlichen Kompetenzen und ggf. unter Heranziehung internationaler Verpflichtungen zu beantworten sein.[1252] Trotz der vorrangig politischen Betrachtung von Zielkonflikten können gleichwohl rechtliche und sonstige Implikationen aufgezeigt werden, die gegen einen nicht-risikobasierten Unterstützungsfaktor unter dem Gesichtspunkt eines Zielkonflikts zum bankenaufsichtsrechtlichen Finanzstabilitätsziels sprechen. Unter einer aufsichtsrechtlichen Betrachtungsweise muss zunächst die Legitimität des Neuausrichtungsziels als Aufsichtsziel hinterfragt werden (I.). Es ist in der Tat fraglich, wieso es Aufgabe des Bankenaufsichtsrechts sein kann und soll, mit Instrumenten – sei es durch Regulierungsvorgaben oder praktische Aufsichtsmaßnahmen – bei der Lenkung von finanziellen Ressourcen in bestimmte Sektoren bzw. Anlagen mitzuwirken, die nicht unter bankenaufsichtsrechtlichen Finanzstabilitätsgesichtspunkten gerechtfertigt werden können.[1253] Diese Frage konkretisiert sich mit Blick auf das Neuausrichtungsziel auf die Rechtfertigung einer Berücksichtigung von Umweltfaktoren und Privilegierung von umweltfreundlichen Vermögenswerten und Tätigkeiten. Dabei soll die Betrachtung von ESG-Risiken ausgeblendet werden, da diese bereits unter traditionell banken-

---

1250 *High-Level Expert Group on Sustainable Finance*, Final Report 2018, S. 42: "Examine whether elements of the regulatory and supervisory framework hinder long-term investment and lending, while not being critical for safeguarding financial stability".

1251 Dazu bereits Teil 2 B. II. 2. a) ff).

1252 Siehe mit Blick auf Regierungen und Zentralbanken *Harthmann-Wendels/Hellwig/Jäger-Ambrozewicz*, Arbeitsweise der Bankenaufsicht vor dem Hintergrund der Finanzmarktkrise, S. 97.

1253 Mit dieser Frage beschäftigt sich etwa *De Arriba-Sellier*, Common Market Law Review 58 (2021), S. 1097 ff.; hierzu *Campiglio*, in: Chiappero (Hrsg.), The rules of Utopia, S. 109 ff.

aufsichtsrechtlichen Erwägungen erfasst werden können.[1254] Ist eine solche Legitimität zu verneinen, ist dem Finanzstabilitätsziel bereits aus diesem Grund der Vorrang zu geben. Aber auch bei einer Bejahung einer prinzipiellen Legitimität des Neuausrichtungsziels ist dem Finanzstabilitätsziel im Bankenaufsichtsrecht der Vorrang zu geben (II.).[1255]

I. Das Neuausrichtungsziel als legitimes Bankenaufsichtsrechtsziel

Für die Frage nach der Legitimität des Neuausrichtungsziels als ein Ziel des Bankenaufsichtsrechts ist zunächst relevant, ob die primär- und verfassungsrechtlichen Grundlagen und ggf. internationalen Bestimmungen einen abschließenden Zielkatalog für die Bankenaufsicht und das Bankenaufsichtsrecht vorgeben (1.). Die primär- und verfassungsrechtlichen Grundlagen des Aufsichtsrechts für Banken auf Zielvorgaben zu untersuchen, bedeutet dabei, eine rechtssystematische Analyse über das Aufsichtsrecht hinaus vorzunehmen, um Rückschlüsse für die (Soll-)Ziele des Aufsichtsrechts zu ziehen.[1256] Im Falle eines fehlenden abschließenden Zielkatalogs stellt sich die Frage, inwieweit das Neuausrichtungsziel ein mögliches oder gar zwingendes Aufsichtsziel sein kann (2.).

1. Zum Fehlen eines abschließenden primär- und verfassungsrechtlichen Zielkatalogs

Durch das Einflechten von politischen Zielen in das europäische und nationale Rechtssystem wird eine mittelbare Bindung (über die zielfinalen Rechtsnormen) an verfassungs- bzw. primärrechtliche Grundlagen geschaffen.[1257] Wegen der Höherrangigkeit des Primärrechts zum europäischen Sekundärrecht sowie des Grundgesetzes zum nationalen, einfachen Recht, sind diese Rückschlüsse

1254 Zur abstrakten und konkreten Zielkonformität der ESG-Risikobetrachtung siehe Teil 2B.II.; siehe zudem etwa *Dobarganes*, International Investment Law Journal 2021, S. 102 (105 f.).

1255 Ähnlich *Colaert*, Common Market Law Review 59 (2022), S. 1669 (1702 ff.) unter Heranziehung einer Kosten-Nutzen-Analyse. Hierzu auch *Lepsius*, in: Fehling/Ruffert (Hrsg.), Regulierungsrecht, § 19 Rn. 63.

1256 Vgl. ähnlich *Niethammer*, Die Ziele der Bankenaufsicht, S. 66 ff.

1257 Nun kann argumentiert werden, dass es sich dabei nicht um eine echte Bindung handelt, wurden die verfassungs- und primärrechtlichen Grundlagen auch von Zielsetzern ins Recht aufgenommen, sodass sie insoweit „frei" in ihrer Zielsetzung waren. Hierbei wird nicht die Frage beantwortet, ob das Ziel „legitim" ist, sondern ob der Gesetzgeber dieses Ziel mit den entsprechenden Rechtsnormen verfolgen darf. Es ist mithin eine Frage nach der Legitimität des Instruments.

letztlich zwingend.[1258] Hierfür sind neben den Rechtsetzungskompetenzen (a)), die Vorschriften zu den Aufsichtsmandaten (b)) sowie ggf. sonstige rechtliche Implikationen (c)) relevant.

a) Rechtsetzungskompetenzen

aa) Nationales Bankenaufsichtsrecht

Zielvorgaben durch die Gesetzeskompetenzen des Grundgesetzes sind insoweit möglich, als der Kompetenzbereich vom Verfassungsgeber näher, im Sinne einer konkreten Zielrichtung vorgegeben sein könnte. Insoweit können durch Zielformulierungen und damit Grundwertungen bindende Ziele zum Ausdruck kommen, die Rechtsnormen zu erfüllen haben, die sich auf eine Rechtsetzungskompetenz stützen wollen.[1259] Das nationale Aufsichtsrecht für Banken beruht auf der konkurrierenden Gesetzgebungszuständigkeit des Bundes nach Art. 72 Abs. 1, 2 GG i. V. m. Art. 74 Abs. 1 Nr. 11 GG für „das Recht der Wirtschaft“, zu welchem das Bank- und Börsenwesen zählen, inklusive dem (öffentlichen) Aufsichtsrecht.[1260] Es existiert mithin keine spezielle aufsichtsrechtliche Gesetzgebungskompetenz. Damit werden auch keine konkreten Ziele vorgegeben, die aufsichtsrechtliche Normen für den Bankensektor verfolgen müssen.[1261] Das Grundgesetz ist auch insoweit „wirtschaftspolitisch neutral“[1262].

1258 Die Rechtsfolgen einer solchen Zielvorgabe zeigen sich in dem Fall, in dem die tatsächliche Zielsetzung der einfach- bzw. sekundärrechtlichen Aufsichtsnormen einer solchen höherrangigen Zielvorgabe widerspricht.

1259 Diese Verbindung zeigt sich im deutschen Recht insbesondere mit Blick auf Ermächtigungsgrundlagen für die Exekutive, aus welchen sich Zielrichtungen ableiten lassen, die Maßnahmen, die sich auf diese stützen wollen, zu erfüllen haben. So fordert bereits § 11 des Hessischen Gesetzes über die öffentliche Sicherheit und Ordnung eine konkrete Gefahr für die öffentliche Sicherheit und Ordnung.

1260 Siehe Gesetzesbegründung zu KWG 1961, 25.05.1959, BT-Drs. 1114, S. 19. Zu beachten ist auch Art. 72 Abs. 2 GG, wonach für die Begründung der konkurrierenden Zuständigkeit (Art. 74 Abs. 1 Nr. 11 GG) eine bundesgesetzliche Regelung zur Herstellung gleichwertiger Lebensverhältnisse im Bundesgebiet oder Wahrung der Rechts- oder Wirtschaftseinheit im gesamtstaatlichen Interesse erforderlich sein muss.

1261 *Niethammer*, Die Ziele der Bankenaufsicht, S. 67.

1262 Näher hierzu *Durner*, in: Ehlers/Fehling/Pünder (Hrsg.), Besonderes Verwaltungsrecht, Band 1, S. 345, 347. Die „wirtschaftspolitische Neutralität des Grundgesetzes“ hat das Bundesverfassungsgericht in einem Urteil vom 20.07.1954 bestätigt, welche letztlich darin besteht, „daß sich der Verfassungsgeber nicht ausdrücklich für ein

bb) Europäisches Bankenaufsichtsrecht

Zielvorgaben in den primärrechtlichen Grundlagen der Sekundärrechtsakte sind aufgrund des Grundsatzes der begrenzten Einzelermächtigung aus Art. 5 Abs. 1 Satz 1, Abs. 2 EUV (vgl. auch Art. 4 Abs. 1 EUV), wonach die Europäische Union nur innerhalb der Grenzen der Zuständigkeiten tätig werden kann, die ihr im EUV und AEUV „zur Verwirklichung der darin niedergelegten Ziele" übertragen wurden,[1263] dagegen immanent. Durch das Prinzip der begrenzten Einzelermächtigung muss sich eine Maßnahme innerhalb einer (wegen Art. 296 AEUV auch ausdrücklich zu benennenden) Kompetenznorm halten und das Ziel der geplanten Maßnahme muss sich durch die Vertragsziele begründen lassen.[1264]

Im Allgemeinen ist das Primärrecht sehr stark zielbasiert (vgl. Art. 1 Abs. 1 EUV).[1265] Gemäß Art. 3 Abs. 6 EUV verfolgt die Union ihre Ziele mit geeigneten Mitteln entsprechend den Zuständigkeiten, die ihr in den Verträgen übertragen sind. Es existieren klare Zielformulierungen in Art. 3 EUV, wobei Art. 3 EUV lediglich „die oberste Ebene der Zielvorgaben (…), die durch weitere vertragliche Vorgaben ausdifferenziert werden"[1266], abbildet. Aus den primärrechtlichen Kompetenzregelungen sollten mithin jedenfalls europarechtliche Ziele[1267] eindeutig hervorgehen, wenngleich noch zu zeigen sein wird, inwieweit diese Ziele Vorgaben für die Ziele des (europäischen) Aufsichtsrechts begründen können.

---

bestimmtes Wirtschaftssystem entschieden hat. Dies ermöglicht dem Gesetzgeber die ihm jeweils sachgemäß erscheinende Wirtschaftspolitik zu verfolgen, sofern er dabei das Grundgesetz beachtet", *BVerfG*, Urteil vom 20.07.1954 – 1 BvR 459, 484, 548, 555, 623, 651, 748, 783, 801/52, 5, 9/53, 96, 114/54, Rz. 41 = BVerfGE 4, 7 (S. 18). Einfachgesetzlich ist dagegen in § 1 Satz 2 StabG eine Konkretisierung der wirtschaftspolitischen Endziele zu sehen.

1263 „Dass die Europäische Union nach Art. 5 Abs. 1 Satz 1 und Abs. 2 EUV nur innerhalb der Grenzen des Integrationsprogramms tätig werden darf, ist nicht nur ein unionsrechtlicher Grundsatz, sondern die Konsequenz europaverfassungsrechtlicher Mindestanforderungen", *BVerfG*, Urteil v. 30.07.2019 – 2 BvR 1685/14, 2 BvR 2631/14, Rz. 242 = BVerfGE 151, 202 (S. 343).

1264 *Streinz*, in: Streinz (Hrsg.), EUV/AEUV, 3. Aufl. 2018, Art. 5 EUV Rn. 11 m. w. N.

1265 *Ruffert* spricht davon, dass die Union ein „zielorientiertes Handelssystem" darstellt, siehe *Ruffert*, in: Calliess/Ruffert (Hrsg.), AEUV, 6. Aufl. 2022, Art. 3 EUV Rn. 3; siehe auch *Terhechte*, in: Grabitz/Hilf/Nettesheim (Hrsg.), Das Recht der Europäischen Union, 82. EL 2024, Art. 3 EUV Rn. 18.

1266 *Pechstein*, in: Streinz (Hrsg.), EUV/AEUV, 3. Aufl. 2018, Art. 3 EUV Rn. 1.

1267 Siehe Art. 1 Abs. 1 EUV: „gemeinsamen Ziele" der Mitgliedstaaten.

(1) Art. 114 AEUV

Die Rechtsquellen des europäischen Aufsichtsrechts für Banken beruhen mehrheitlich auf Art. 114 AEUV (ex-Artikel 95 EGV), mithin der allgemeinen Rechtsetzungskompetenz der Europäischen Union zur Verwirklichung der Binnenmarktziele aus Art. 26 AEUV (Art. 114 Abs. 1 Satz 1 AEUV).[1268] Das Art. 114 Abs. 1 AEUV zugrundliegende Binnenmarktziel, das letztlich darin besteht, die Grundfreiheiten zu verwirklichen und Wettbewerbsverfälschungen zu beseitigen,[1269] suggeriert – klammert man Art. 114 Abs. 2 AEUV und Konkurrenzfragen zu anderen Kompetenztiteln aus – dass es kaum Sachgebiete gibt, die nicht unter Art. 114 Abs. 1 AEUV fallen können.[1270] Hieran wird bereits deutlich, dass das Bankenaufsichtsrecht im Primärrecht ebenfalls kein speziell geregeltes Rechtsgebiet ist. Die Rechtsetzungskompetenz leitet sich vielmehr aus Bestimmungen ab, denen allgemeine europarechtliche Ziele zugrundeliegenden.

Trotz der schier unendlichen Sachgebiete, die sich unter Art. 114 Abs. 1 AEUV subsumieren lassen, wird der Tatbestand jedenfalls durch die Zielvorgabe „zur Angleichung der Rechts- und Verwaltungsvorschriften der Mitgliedstaaten, welche die Errichtung und das Funktionieren des Binnenmarktes zum Gegenstand haben" eingegrenzt. Die Rechtsangleichung ist dabei kein „Selbstzweck"[1271], sondern soll die in Art. 3 Abs. 3 Satz 1 EUV primärrechtlich festgesetzten Ziele sekundärrechtlich verwirklichen.[1272]

Nach der Rechtsprechung des EuGH muss eine Angleichungsmaßnahme nach Art. 114 Abs. 1 AEUV stets „objektiv und tatsächlich"[1273] zum Ziel haben, die Voraussetzungen für die Errichtung und das Funktionieren des Binnenmarkts zu verbessern und zur Beseitigung von Hemmnissen für den freien Waren- oder

---

1268 CRR, EBA-Verordnung, SRM-VO, ESRB-VO, BRRD, Wohnimmobilien-Kreditrichtlinie, AMLD.

1269 Hierzu *Korte*, in: Calliess/Ruffert (Hrsg.), EUV/AEUV, 6. Aufl. 2022, Art. 114 AEUV Rn. 40 ff.

1270 In diesem Sinne auch *Tietje*, in: Grabitz/Hilf/Nettesheim (Hrsg.), Das Recht der Europäischen Union, 82. EL 2024, Art. 114 AEUV Rn. 94; vgl. auch *Korte*, in: Calliess/Ruffert (Hrsg.), EUV/AEUV, 6. Aufl. 2022, Art. 114 AEUV Rn. 9 f., der darauf Bezug nimmt, dass Art. 114 AEUV „umfassend" zu verstehen sei.

1271 *Korte*, in: Calliess/Ruffert (Hrsg.), EUV/AEUV, 6. Aufl. 2022, Art. 114 AEUV Rn. 2.

1272 *Korte*, in: Calliess/Ruffert (Hrsg.), EUV/AEUV, 6. Aufl. 2022, Art. 114 AEUV Rn. 2.

1273 Noch zu Art. 95 EGV *EuGH*, Urteil v. 02.05.2006 – C-217/04 (Vereinigtes Königreich/Parlament und Rat), ECLI:EU:C:2006:279, Rz. 42.

Dienstleistungsverkehr oder von Wettbewerbsverzerrungen beizutragen.[1274] Angleichungsmaßnahmen müssen demnach die Binnenmarktverbesserung objektiv zum Ziel haben. Hieraus wird deutlich, dass das europäische Aufsichtsrecht EU-Ziele (Ausbau und Sicherstellung der Funktionsfähigkeit des Binnenmarkts) verfolgen muss, um sich auf Art. 114 Abs. 1 AEUV stützen zu können. Aufgrund der klaren europarechtlichen Inbezugnahme ist es nicht verwunderlich, dass zur Zielsetzung des unionsrechtlichen Bankenaufsichtsrechts die Vereinheitlichung des aufsichtsrechtlichen Reglements erklärt wird, damit zum einen Grundfreiheiten verwirklicht werden, welche durch unterschiedliche nationale Gesetzgebungen und Aufsichtspraktiken beeinträchtigt seien, und zum anderen, Aufsichtsfehler bei international agierenden Instituten vermieden würden.[1275] Ziel der CRR ist entsprechend der europäischen Zielsetzungen damit (auch), das „reibungslose Funktionieren des Binnenmarkts"[1276] durch eine Rechtsangleichung in Form einer Mindestharmonisierung sicherzustellen.[1277]

Fraglich bleibt, wie sich die originären Aufsichtsziele hierzu verhalten bzw. inwieweit Art. 114 Abs. 1 AEUV eine primärrechtliche Zielvorgabe für diese Ziele bildet. Die Rechtsprechung des EuGH verdeutlicht, dass jedenfalls objektives Ziel der Maßnahme die Verbesserung der Funktionsfähigkeit des Binnenmarkts bleiben muss:

Der EuGH hat bereits mit Urteil vom 17. März 1993, noch zum damaligen Art. 100a EWG-Vertrag a. F., der Vorgängervorschrift zu Art. 95 EGV a. F., ausgeführt, dass ein Rückgriff auf diese Rechtsgrundlage nicht in Betracht

---

1274 Noch zu Art. 95 EGV: *EuGH*, Urteil v. 10.12.2002 – C-491/01 (The Queen/Secretary of State and British American Tobacco u. a.), ECLI:EU:C:2002:741, Rz. 60 zu Art. 95 EGV: "tatsächlich"; *EuGH*, Urteil v. 08.06.2010 – C-58/08 (Vodafone), ECLI:EU:C:2010:321, Rz. 32 „tatsächlich"; näher *Kübek/Terhechte*, in: Pechstein/Nowak/Häde (Hrsg.), Frankfurter Kommentar EUV/GRC/AEUV, 2. Aufl. 2023, Art. 114 AEUV Rn. 59.

1275 Vgl. dazu *Blömer*, Grenzüberschreitende Sachverhalte im Bankenaufsichtsrecht, S. 38.

1276 Siehe etwa Erwägungsgrund 8 CRR, vgl. auch Erwägungsgründe 7, 9, 15 CRR.

1277 Die SRM-Verordnung verfolgt entsprechend das Ziel einer bereichsspezifischen Harmonisierung des Binnenmarkts, weil der Unionsgesetzgeber in den unterschiedlichen Abwicklungsvorschriften sowie im Fehlen eines einheitlichen Beschlussverfahrens für die Abwicklung von Kreditinstituten einen maßgeblichen Grund für die Instabilität des (Binnen-) Marktes ausgemacht hat, Erwägungsgründe 2, 10 der SRM-Verordnung; dazu *BVerfG*, Urteil v. 30.07.2019 – 2 BvR 1685/14, 2 BvR 2631/14, Rz. 249 = BVerfGE 151, 202 (S. 346 f.); vgl. auch Art. 6 Abs. 2 SRM-Verordnung.

komme, wenn der Rechtsakt „nur nebenbei eine Harmonisierung der Marktbedingungen innerhalb der Gemeinschaft bewirkt"[1278].[1279] Unter einer Bezugnahme auf dieses Urteil hat der EuGH in einem Urteil vom 9. Oktober 2001, noch zu Art. 100a EGW-Vertrag a. F., der Vorgängervorschrift zu Art. 95 EGV a. F., weiter ausgeführt, dass für die Ermittlung der einschlägigen Rechtsgrundlage auf das „Hauptziel des Rechtsakts"[1280] abzustellen sei.[1281] Die Rechtsangleichung dürfe „nicht nur ein beiläufiges oder ergänzendes Ziel"[1282] darstellen, „sondern [müsse] (…) ihrem Wesen"[1283] entsprechen.

In einem weiteren Urteil vom 4. Mai 2016 hat der EuGH unter Bezugnahme auf die ständige Rechtsprechung[1284] mit Blick auf das Ziel des Gesundheitsschutzes ausgeführt, dass Art. 114 AEUV auch herangezogen werden könne, wenn dem

---

1278 *EuGH*, Urteil v. 17.03.1993 – C-155/91 (Kommission der EG/ Rat der EG), ECLI:EU:C:1993:98, Rz. 19.

1279 In dem zugrundeliegenden Sachverhalt (der Entscheidung lag die aufgehobene Richtlinie 91/156/EWG vom 18.03.1991, ABl. L, 78, 32, welche auf Art. 130s EWG-Vertrag gestützt wurde, zugrunde) war dies der Fall, da der Hauptzweck im Umweltschutz lag, konkret in der Sicherstellung der Effizienz der Bewirtschaftung von Abfällen und lediglich nebenbei habe sich die Richtlinie auf die Wettbewerbs- und Handelsbedingungen ausgewirkt (*EuGH*, Urteil v. 17.03.1993 – C-155/91 (Kommission der EG/ Rat der EG), ECLI:EU:C:1993:98, Rz. 20).

1280 *EuGH*, Urteil v. 09.10.2001 – C-377/98 (Königreich der Niederlande/Europäisches Parlament u. Rat der EU), ECLI:EU:C:2001:523, Rz. 27.

1281 Dem Rechtsstreit lag die Richtlinie 98/44/EG vom 06.07.1998, ABl. L 213, 13, die auf Art. 100a EGV a. F. gestützt wurde, zugrunde; *EuGH*, Urteil v. 09.10.2001 – C-377/98 (Königreich der Niederlande/Europäisches Parlament u. Rat der EU), ECLI:EU:C:2001:523, Rz. 27.

1282 *EuGH*, Urteil v. 09.10.2001 – C-377/98 (Königreich der Niederlande/Europäisches Parlament u. Rat der EU), ECLI:EU:C:2001:523, Rz. 28.

1283 *EuGH*, Urteil v. 09.10.2001 – C-377/98 (Königreich der Niederlande/Europäisches Parlament u. Rat der EU), ECLI:EU:C:2001:523, Rz. 28.

1284 In diesem Sinne auch (noch zu Art. 100a EWG-Vertrag/Art. 95 EG-Vertrag): *EuGH*, Urteil v. 10.12.2002 – C-491/01 (The Queen/Secretary of State and British American Tobacco u. a.), ECLI:EU:C:2002:741, Rz. 62; *EuGH*, Urteil v. 05.10.2000 – C-376/98 (Deutschland/Parlament und Rat), ECLI:EU:C:2000:544, Rz. 88; *EuGH*, Urteil v. 14.12.2004 – C-434/02 (Arnold André/ Landrat des Kreises Herford), ECLI:EU:C:2004:800, Rz. 32; *EuGH*, Urteil v. 14.12.2004 – C-210/03 (Swedish Match/ Secretary of State for Health), ECLI:EU:C:2004:802, Rz. 31; *EuGH*, Urteil v. 12.12.2006 – C-380/03 (Deutschland/Parlament und Rat), ECLI:EU:C:2006:772, Rz. 39.

Gesundheitsschutz eine „maßgebliche Bedeutung" zukomme.[1285] Dabei wurde (aber) auch Bezug genommen auf Art. 114 Abs. 3 AEUV, welcher im Kontext von Harmonisierungen nach Art. 114 Abs. 1 AEUV ausdrücklich verlangt, dass ein hohes Gesundheitsschutzniveau gewährleistet wird, sowie auf Art. 168 Abs. 1 Unterabs. 1 AEUV, welcher bestimmt, dass bei der Feststellung und Durchführung der EU-Politik und -Maßnahmen ein hohes Gesundheitsschutzniveau sicherzustellen ist.[1286]

Das Bundesverfassungsgericht hat in seiner Entscheidung zur Bankenunion vom 30. Juli 2019[1287] unter Verweis auf die letzten beiden Urteile des EuGHs erläutert, dass die Verfolgung weiterer Zwecke im Bankenaufsichtsrecht einen „hinreichenden Binnenmarktbezug"[1288] nicht ausschließe, soweit das Ziel „nicht nur ein beiläufiges oder ergänzendes Ziel"[1289] sei.

Aus der EuGH-Rechtsprechung und dem aufsichtlichen Bezug durch das Urteil des Bundesverfassungsgerichts wird deutlich, dass neben dem Binnenmarktziel grundsätzlich auch die Verfolgung von anderen, „maßgeblichen" Zielen möglich ist, solange „objektives Ziel" die Verbesserung der Funktionsfähigkeit des Binnenmarkts bleibt.[1290]

Zwar nimmt die EuGH-Rechtsprechung auf die in Art. 114 Abs. 3 AEUV genannten Schutzgüter Bezug, namentlich den Gesundheits- und Verbraucherschutz.[1291] Hierbei handelt es sich um einen primärrechtlichen Auftrag, im

---

1285 *EuGH*, Urteil v. 04.05.2016 – C-547/14 (Philip Morris Brands SARL u. a./Secretary of State for Health), ECLI:EU:C:2016:325, Rz. 60.

1286 *EuGH*, Urteil v. 04.05.2016 – C-547/14 (Philip Morris Brands SARL u. a./Secretary of State for Health), ECLI:EU:C:2016:325, Rz. 61 unter Verweis auf *EuGH*, Urteil v. 10.12.2002 – C-491/01 (The Queen/Secretary of State and British American Tobacco u. a.), ECLI:EU:C:2002:741, Rz. 62; *EuGH*, Urteil v. 14.12.2004 – C-434/02 (Arnold André/ Landrat des Kreises Herford), ECLI:EU:C:2004:800, Rz. 33; *EuGH*, Urteil v. 14.12.2004 – C-210/03 (Swedish Match/ Secretary of State for Health), ECLI:EU:C:2004:802, Rz. 32 und *EuGH*, Urteil v. 12.12.2006 – C-380/03 (Deutschland/Parlament und Rat), ECLI:EU:C:2006:772, Rz. 40.

1287 *BVerfG*, Urteil v. 30.07.2019 – 2 BvR 1685/14, 2 BvR 2631/14 = BVerfGE 151, 202.

1288 *BVerfG*, Urteil v. 30.07.2019 – 2 BvR 1685/14, 2 BvR 2631/14, Rz. 238 = BVerfGE 151, 202 (S. 341 f.).

1289 *BVerfG*, Urteil v. 30.07.2019 – 2 BvR 1685/14, 2 BvR 2631/14, Rz. 238 = BVerfGE 151, 202 (S. 341 f.).

1290 Hierzu auch *Kübek*/*Terhechte*, in: Pechstein/Nowak/Häde (Hrsg.), Frankfurter Kommentar EUV/GRC/AEUV, 2. Aufl. 2023, Art. 114 AEUV Rn. 59.

1291 *Kübek*/*Terhechte*, in: Pechstein/Nowak/Häde (Hrsg.), Frankfurter Kommentar EUV/GRC/AEUV, 2. Aufl. 2023, Art. 114 AEUV Rn. 59 mit Verweis auf EuGH-Rspr.

Rahmen des Art. 114 Abs. 1 AEUV die dort genannten Schutzgüter besonders zu berücksichtigen. Gleichwohl nimmt das BVerfG-Urteil auf das aufsichtsrechtliche Ziel der Finanzstabilität Bezug, sodass aus der Rechtsprechung des EuGHs nicht geschlussfolgert werden kann, dass nur die Schutzgüter aus Art. 114 Abs. 3 AEUV als zusätzliche Ziele bei Maßnahmen nach Art. 114 Abs. 1 AEUV berücksichtigt werden dürften. Hätte das Primärrecht dies bezwecken wollen, wäre dies im Wortlaut des Art. 114 AEUV zum Ausdruck gekommen. Sinn und Zweck von Art. 114 Abs. 3 AEUV ist dagegen als sog. Schutzniveauklausel[1292] im Sinne einer Rechtspflicht sicherzustellen, dass höhere nationale Standards nicht durch die Rechtsangleichung abgesenkt werden.[1293]

Zudem ist zu beachten, dass bei der Bezugnahme auf weitere Zwecke stets auf solche Zwecke abgestellt wird, die anderen Kompetenztiteln der Verträge zugeordnet werden können.[1294] Den Verfahren vor dem EuGH lag die Rechtsfrage zugrunde, ob Art. 114 Abs. 1 AEUV die „richtige" Rechtsgrundlage darstellt.[1295] Dies könnte suggerieren, dass die Grundsätze von vornherein nur für die Zwecke der Abgrenzung zu anderen Kompetenznormen herangezogen werden können. Hieraus könnte zudem geschlussfolgert werden, dass die weiteren „maßgeblichen" Ziele jedenfalls solche sein müssen, die durch andere

---

1292 *Korte*, in: Calliess/Ruffert (Hrsg.), EUV/AEUV, 6. Aufl. 2022, Art. 114 AEUV Rn. 61.

1293 *Korte*, in: Calliess/Ruffert (Hrsg.), EUV/AEUV, 6. Aufl. 2022, Art. 114 AEUV Rn. 61. Die genannten Schutzgüter sind mittlerweile alle (Gesundheitsschutz (Art. 168 Abs. 1 AEUV), Verbraucherschutz (Art. 169 Abs. 1 AEUV) und Umweltschutz (Art. 191 Abs. 2 Unterabs. 2 AEUV)) allgemein im AEUV aufgenommen, sodass Art. 114 Abs. 3 AEUV diese Artikel und zudem Art. 3 Abs. 3 Unterabs. 1 Satz 2 EUV konkretisiert, *Korte*, in: Calliess/Ruffert (Hrsg.), EUV/AEUV, 6. Aufl. 2022, Art. 114 AEUV Rn. 62.

1294 So *BVerfG*, Urteil v. 30.07.2019 – 2 BvR 1685/14, 2 BvR 2631/14, Rz. 238 = BVerfGE 151, 202 (S. 341) unter Bezugnahme auf die bereits angeführte EuGH-Rechtsprechung. Zudem *EuGH*, Urteil v. 10.12.2002 – C-491/01 (The Queen/Secretary of State and British American Tobacco u. a.), ECLI:EU:C:2002:741, Rz. 94.

1295 Vgl. hierzu auch *Korte*, in: Calliess/Ruffert (Hrsg.), EUV/AEUV, 6. Aufl. 2022, Art. 114 AEUV Rn. 143 ff. Der EuGH hat sich zudem dazu geäußert, wie zu verfahren ist, wenn ein Hauptziel nicht identifiziert werden kann: „ (…) Ist dargetan, dass mit dem Rechtsakt gleichzeitig mehrere Ziele verfolgt werden, die untrennbar miteinander verbunden sind, ohne dass das eine im Verhältnis zum anderen zweitrangig ist und mittelbaren Charakter hat, so kann ein solcher Rechtsakt ausnahmsweise auf die verschiedenen einschlägigen Rechtsgrundlagen gestützt werden (…)" (*EuGH*, Urteil v. 10.12.2002 – C-491/01 (The Queen/Secretary of State and British American Tobacco u. a.), ECLI:EU:C:2002:741, Rz. 94).

vertragliche Kompetenztitel abgedeckt sind. Eine solche Schlussfolgerung ist aus der Rechtsprechung des EuGH aber nicht zu ziehen, wie das angeführte Urteil des Bundesverfassungsgerichts verdeutlicht.[1296] Die Essenz der EuGH-Rechtsprechung liegt vielmehr darin, zu verdeutlichen, dass Maßnahmen nach Art. 114 Abs. 1 AEUV jedenfalls tatsächlich und objektiv hauptsächlich dem Binnenmarktziel verschrieben sein müssen. Dies bedeutet, die weiteren Ziele müssen nicht in anderen Kompetenzgrundlagen entsprechende Rechtsetzungen ermöglichen.

Das Vorstehende verdeutlicht schließlich Folgendes: Möchte sich der europäische Gesetzgeber auf Art. 114 AEUV im Rahmen der EU-Aufsichtsvorschriften stützen, so muss die Maßnahme tatsächlich dem Binnenmarktziel dienen. Das bedeutet, der EU-Gesetzgeber muss einerseits subjektiv eine Maßnahme ergreifen wollen, die die Voraussetzungen für die Errichtung und das Funktionieren des Binnenmarktes verbessern soll und der Bezug muss aus dem Rechtsakt oder den Erwägungsgründen hervorgehen.[1297] Andererseits muss der Rechtsakt auch tatsächlich diesem Zweck dienen. Im Rahmen dieses Kriteriums ist anhand objektiver, durch die Gerichte überprüfbarer Umstände insbesondere auf das Ziel und den Inhalt der Maßnahme abzustellen.[1298]

Über diese kompetenzrechtlich bedeutsame Zielbestimmung hinaus, trifft Art. 114 AEUV dagegen keine materielle Aussage über einen abschließenden aufsichtlichen Zielkatalog. Hieraus wird zunächst nur die natürliche Zweigleisigkeit der Ziele des EU-Aufsichtsrechts deutlich: Der europäische Gesetzgeber verfolgt originär europarechtlichen Ziele und besondere materielle, aufsichtsrechtliche Ziele.[1299] Dass eine enge Verzahnung entsteht, liegt auf der Hand, kann der europäische Gesetzgeber bankenaufsichtsrechtliche Zielsetzungen erst verfolgen,

---

1296 *BVerfG*, Urteil v. 30.07.2019 – 2 BvR 1685/14, 2 BvR 2631/14, Rz. 262 = BVerfGE 151, 202 (S. 352).

1297 *Tietje*, in: Grabitz/Hilf/Nettesheim (Hrsg.), Das Recht der Europäischen Union, 82. EL 2024, Art. 114 AEUV Rn. 95 spricht von einer „subjektiven Binnenmarktfinalität"; *EuGH*, Urteil v. 05.10.2000 – C-376/98 (Deutschland/Parlament und Rat), ECLI:EU:C:2000:544, Rz. 83.

1298 *Tietje*, in: Grabitz/Hilf/Nettesheim (Hrsg.), Das Recht der Europäischen Union, 82. EL 2024, Art. 114 AEUV Rn. 96; *EuGH*, Urteil v. 13.05.1997 – C-233/94 (Deutschland/Parlament und Rat), ECLI:EU:C:1997:231, Rz. 12; *EuGH*, Urteil v. 11.06.1991 – C-300/89 (Kommission der EG/Rat der EG), ECLI:EU:C:1991:244, Rz. 10.

1299 Vgl. hierzu *Paraschiakos*, Bankenaufsicht zwischen Risikoverwaltung und Marktbegleitung, S. 65 f.

wenn er diese primärrechtlichen Ziele verwirklichen möchte.[1300] Die Ziele unterscheiden sich aber materiell insoweit, als mit dem Binnenmarktziel dargestellt wird, wieso eine Maßnahme auf EU-Ebene erfolgt, wohingegen die Aufsichtsziele den materiellen Zweck der Rechtsnormen erläutern.[1301] Soweit daher durch Art. 114 AEUV von einer Zielvorgabe für die bankenaufsichtlichen Ziele gesprochen werden kann, ist diese nicht in einem abschließenden Zielkatalog zu sehen, sondern in formellen Anforderungen an die verfolgten Ziele. Unter Heranziehung der angeführten Rechtsprechung dürfen Aufsichtsziele diese Ziele nämlich jedenfalls nicht beeinträchtigen, da in einem solchen Fall die Tatbestandsvoraussetzungen des Art. 114 Abs. 1 AEUV (insbesondere das objektive Kriterium) nicht erfüllt wären. Zudem dürfen die Aufsichtsziele nicht hauptsächlich verfolgt und hierdurch das Binnenmarkziel gänzlich in den Hintergrund gedrängt werden. [1302] Diese Voraussetzung dürfte aber nur eine Formalität bilden, in den Erwägungsgründen eine entsprechende Formulierung aufzunehmen.

Fraglich bleibt, ob aufsichtsrechtliche Ziele das Binnenmarktziel auch fördern müssen. Hierfür könnte die Notwendigkeit einer tauglichen primärrechtlichen Rechtsgrundlage für aufsichtsrechtliche Normen sprechen, sodass die Aufsichtsziele, soweit keine andere Rechtsgrundlage herangezogen werden kann, letztlich Instrumente zur Verwirklichung des Binnenmarktziels bilden müssten.[1303] Dies

---

1300 So auch *Paraschiakos*, Bankenaufsicht zwischen Risikoverwaltung und Marktbegleitung, S. 65 f.

1301 Ähnlich auch *Colaert*, Common Market Law Review 59 (2022), S. 1669 (1673); diese „anderen Ziele" bilden tatsächlich den Hauptgrund der Maßnahme, vgl. dazu *De Witte*, in: Nic Shuibhne (Hrsg.), Regulating the Internal Market, S. 61, 75 f.

1302 Wegen der geteilten Zuständigkeit (vgl. Art. 2 Abs. 2, Art. 4 Abs. 2 lit. a AEUV; siehe auch *Korte*, in: Calliess/Ruffert (Hrsg.), EUV/AEUV, 6. Aufl. 2022, Art. 114 AEUV Rn. 8) ist zudem das Subsidiaritätsprinzip (Art. 5 Abs. 1 Satz 2, Abs. 3 EUV i. V. m. dem Protokoll Nr. 2 (Über die Anwendung der Grundsätze der Subsidiarität und der Verhältnismäßigkeit)) zu beachten. Das Subsidiaritätsprinzip grenzt die verfolgbaren Ziele jedenfalls insoweit weiter ein, als sie einer europäischen Regelung bedürfen. Über den materiellen Inhalt der Ziele wird dagegen nichts bestimmt, zudem die Vorgaben oftmals durch die Anforderungen des Art. 114 Abs. 1 AEUV eingehalten sind (dazu *Korte*, in: Calliess/Ruffert (Hrsg.), EUV/AEUV, 6. Aufl. 2022, Art. 114 AEUV Rn. 72).

1303 Vgl. in diese Richtung auch *Bauerschmidt*, ZHR 2019, S. 476 (478), der von einer „kompetenzeröffnenden Funktion" des Finanzstabilitätsziels spricht und auf das Einlagensicherungsrichtlinienurteil des EuGH 1997 verweist, der urteilte, dass die RL 94/19/EG die Niederlassungsfreiheit und den Dienstleistungsverkehr fördere und „gleichzeitig die Stabilität des Bankensystems und den Schutz der Sparer" er-

suggeriert auch der kompetenzbezogene Grundsatz der Verhältnismäßigkeit in Art. 5 Abs. 1 Satz 2, Abs. 4 EUV, wonach die Maßnahmen der Union „inhaltlich wie formal nicht über das zur Erreichung der Ziele der Verträge erforderliche Maß hinaus" gehen dürfen. Der Gesetzgeber hat bezüglich Art. 114 AEUV aber ohnehin einen weiten Beurteilungsspielraum, sodass ein Förderungscharakter praktisch stets begründet werden kann. Entsprechend kann der Gesetzgeber Zwischenziele zum Binnenmarktziel definieren.[1304] Durch die Weite des Art. 114 AEUV ist eine neutrale Zielbeziehung zum Binnenmarktziel faktisch auch nicht möglich. Es besteht zudem eine besondere Beziehung zwischen der Funktionsfähigkeit des Binnenmarktes in Form der Finanzmarktintegration zu den originären Aufsichtszielen:[1305] Die EU-Ziele bieten einerseits einen Anknüpfungspunkt für aufsichtsrechtliche Ziele, da die Funktionsfähigkeit des Bankensektors, insbesondere dessen Allokationsfunktion, für die Funktionsfähigkeit des Binnenmarktes von entscheidender Bedeutung ist.[1306] Gefahrfaktoren für die Finanzstabilität können sich als Gefahrfaktoren für einen funktionierenden Binnenmarkt darstellen.[1307] Aufsichtsregeln werden aber andererseits auch benötigt, weil der Binnenmarktausbau Gefahren erzeugt, und damit gleiche Wettbewerbsbedingungen (*level playing field*) von Nöten werden.[1308] Mithin besteht eine erhebliche Wechselwirkung zwischen europarechtlichen Zielen und bankenaufsichtsrechtlichen Zielen.[1309]

Hieran zeigt sich, dass das Ziel der Finanzstabilität dem EU-Gesetzgeber einen erheblichen Ermessensspielraum eröffnet.[1310] Die Sicherstellung der Finanzstabili-

---

höhe, *EuGH*, Urteil v. 13.05.1997 – C-233/94 (Deutschland/Parlament und Rat), ECLI:EU:C:1997:231, Rz. 13.

1304 Zum Instrumentencharakter von Zwischenzielen siehe Teil 1II.

1305 *Paraschiakos*, Bankenaufsicht zwischen Risikoverwaltung und Marktbegleitung, S. 67 f.

1306 Hierzu auch *Paraschiakos*, Bankenaufsicht zwischen Risikoverwaltung und Marktbegleitung, S. 67; darauf bezugnehmend bereits Erwägungsgründe 44, 51, 115 CRR.

1307 *Paraschiakos*, Bankenaufsicht zwischen Risikoverwaltung und Marktbegleitung, S. 67; dazu etwa Erwägungsgrund 34.

1308 Siehe auch *Paraschiakos*, Bankenaufsicht zwischen Risikoverwaltung und Marktbegleitung, S. 68; *Pflock*, Europäische Bankenregulierung und das „Too big to fail-Dilemma", S. 63 ff.

1309 Siehe hierzu auch *Paraschiakos*, Bankenaufsicht zwischen Risikoverwaltung und Marktbegleitung, S. 67 f.

1310 Für das europäische Aufsichtsrecht kann daher auch von einer „kompetenzeröffnenden Funktion" (*Bauerschmidt*, ZHR 2019, S. 476 (481, 488, 493, 499)) des Finanzstabilitätsziels gesprochen werden. Es ist gleichwohl nicht zu vernachlässigen,

tät wird durch den Unionsgesetzgeber entsprechend als „Grundvoraussetzung“[1311] für das Binnenmarktziel im Bereich der Finanzdienstleistungen gesehen. Das „Ziel“ der EBA-Verordnung ist – mit Blick auf Art. 114 AEUV und Art. 5 EUV –gerade die Funktionsfähigkeit des Binnenmarkts zu verbessern „mittels“ (*by means*) der in Art. 1 EBA-Verordnung genannten Ziele des Aufsichtsrechts, die zu den Zielen der Wahrung der Finanzstabilität und des Kundenschutzes zusammengefasst wurden.[1312] An der Formulierung „mittels“ wird deutlich, dass sich die Aufsichtsziele nach dem Unionsgesetzgeber unter das Binnenmarktziel einordnen lassen. Nach der gesetzgeberischen Konzeption soll insbesondere das Ziel der Finanzstabilität das Binnenmarktziel damit fördern. Auch der EuGH hat das Finanzstabilitätsziel bereits als ein legitimes Ziel im Rahmen der 114 AEUV und Art. 53 Abs. 1 AEUV (dazu sogleich) anerkannt.[1313]

(2) Art. 53 AEUV

Im Übrigen beruht das bankenaufsichtliche Sekundärrecht auf der Richtlinienkompetenz aus Art. 53 Abs. 1 AEUV (ex-Artikel 47 EGV).[1314] Auch Art. 53 Abs. 1 AEUV schreibt nicht vor, welche Aufsichtsziele zu verfolgen sind. Wenn Art. 53 Abs. 1 AEUV von einer „Koordinierung der Rechts- und Verwaltungsvorschriften der Mitgliedstaaten“ spricht, ist damit keine Beschränkung der

dass ein europäischer Binnenmarkt für Finanzdienstleistungen und generell der Ausbau eines Finanzbinnenmarkts und damit das Vorantreiben der primärrechtlich festgesetzten Finanzmarktintegration, Risiken für die Finanzstabilität erzeugen kann; dazu *Paraschiakos*, Bankenaufsicht zwischen Risikoverwaltung und Marktbegleitung, S. 67.

1311 Erwägungsgrund 7 der EBA-Verordnung.

1312 Siehe Erwägungsgrund 66 EBA-Verordnung.

1313 Für Art. 53 AEUV: Der EuGH hat in einem Urteil vom 13.05.1997 ausgeführt, dass die Einlagensicherungsrichtlinie (Richtlinie 94/19/EG vom 30.05.1994 über Einlagensicherungssysteme, ABl. L 135, 5) dazu dient, die harmonische Entwicklung der Tätigkeiten der Kreditinstitute in der Gemeinschaft durch die Aufhebung aller Beschränkungen der Niederlassungsfreiheit und des freien Dienstleistungsverkehrs zu fördern und gleichzeitig die Stabilität des Bankensystems und den Schutz der Sparer zu erhöhen“ (*EuGH*, Urteil v. 13.05.1997 – C 233/94 (Deutschland/Parlament und Rat), ECLI:EU:C:1997:231, Rz. 13). Zur Übertragung dieser Aussagen auf die CRD siehe *Bauerschmidt*, ZHR 2019, S. 476 (481). Zu Art. 114 AEUV: vgl. Bezugnahmen in; *EuGH*, Urteil v. 10.11.2016 – C-156/15 (Private Equity Insurance Group/Swedbank), ECLI:EU:C:2016:851, Rzn. 23, 42. Hierzu auch *Bauerschmidt*, ZHR 2019, S. 476 (481).

1314 Die CRD und DGSD.

Befugnis zur Rechtsetzung im Vergleich zu Art. 114 AEUV gegeben; der Begriff ist vielmehr mit dem Begriff der Harmonisierung und Rechtsangleichung unter Art. 114 AEUV vergleichbar.[1315] Der Tatbestand des Art. 53 Abs. 1 AEUV fordert allgemein eine „Erleichterung" der selbständigen Tätigkeit und damit muss sich die Koordinierung positiv auf den Binnenmarkt auswirken.[1316] Damit ist Art. 53 Abs. 1 AEUV, vorausgesetzt die Tatbestandvoraussetzungen sind gegeben, im Verhältnis zu Art. 114 Abs. 1 AEUV die speziellere Kompetenznorm.[1317] Dem Unionsgesetzgeber kommt auch für die Beurteilung der Erleichterung ein Beurteilungsspielraum zugute.[1318]

Soweit Art. 53 Abs. 1 AEUV im Sinne einer Zielvorgabe für das Aufsichtsrecht beleuchtet wird, ist entsprechend zu den Ausführungen zu Art. 114 Abs. 1 AEUV festzuhalten, dass die aufsichtsrechtlichen EU-Richtlinien die Ziele des Art. 53 Abs. 1 AEUV verfolgen müssen. Das Ziel des Art. 53 AEUV liegt darin, jedem, der sich in einem anderen Mitgliedstaat niederlassen oder dort eine Dienstleistung erbringen möchte, diesen Wechsel durch eine Rechtsangleichung zu erleichtern und so zielt Art. 53 AEUV auf eine Verbesserung grenzüberschreitender Tätigkeiten ab.[1319] Entsprechend ist erklärtes „Hauptziel" der CRD, die nationalen Rechtsnormen im Bereich der Niederlassungsfreiheit (Art. 49 ff. AEUV) und des freien Dienstleistungsverkehrs (Art. 56 ff. AEUV) in Bezug auf Zulassung, Unternehmensführung von Kreditinstituten und den Aufsichtsrahmen zu

---

1315 *Korte*, in: Calliess/Ruffert (Hrsg.), EUV/AEUV, 6. Aufl. 2022, Art. 53 AEUV Rn. 12; *Schlag*, in: Schwarze/Becker/Hatje/Schoo (Hrsg.), EU-Kommentar, 4. Aufl. 2019, Art. 53 AEUV Rn. 19.

1316 *EuGH*, Urteil v. 05.10.2000 – C-376/98 (Deutschland/Parlament und Rat), ECLI:EU:C:2000:544, Rzn. 84, 87, 95, 107; siehe auch *Korte*, in: Calliess/Ruffert (Hrsg.), EUV/AEUV, 6. Aufl. 2022, Art. 53 AEUV Rn. 14.

1317 *Korte*, in: Calliess/Ruffert (Hrsg.), EUV/AEUV, 6. Aufl. 2022, Art. 53 AEUV Rn. 23. Zusammen dürfen diese Normen nur angeführt wurden, wenn sie erst gemeinsam eine hinreichende Kompetenzgrundlage für eine Richtlinie schaffen, z. B., wenn teilweise Regelungen vorhanden sind, die keinen hinreichenden Bezug zur Aufnahme und Ausübung einer selbständigen Tätigkeit haben, aber die Voraussetzungen des Art. 114 AEUV gegeben sind, dazu *Korte*, in: Calliess/Ruffert (Hrsg.), EUV/AEUV, 6. Aufl. 2022, Art. 53 AEUV Rn. 23. Die E-Geld-Richtlinie ist auf beide Rechtsgrundlagen gestützt, vgl. Eingangsformel: „(…) gestützt auf den Vertrag zur Gründung der Europäischen Gemeinschaft, insbesondere auf Artikel 47 Absatz 2 Sätze 1 und 3 und Artikel 95 (…)".

1318 *Korte*, in: Calliess/Ruffert (Hrsg.), EUV/AEUV, 6. Aufl. 2022, Art. 53 AEUV Rn. 14; *Müller-Graff*, in: Streinz (Hrsg.), EUV/AEUV, 3. Aufl. 2018, Art. 53 AEUV Rn. 6.

1319 *Korte*, in: Calliess/Ruffert (Hrsg.), EUV/AEUV, 6. Aufl. 2022, Art. 53 AEUV Rn. 3.

koordinieren.[1320] Hierin spiegelt sich das europarechtliche Ziel der Koordinierung der Vorschriften nach Art. 53 AEUV wider.[1321] Die Erwägungsgründe der CRD bestimmen das „reibungslose Funktionieren des Binnenmarkts“[1322] ebenfalls als Ziel. Allgemein stellen die Vorschriften zur Bankenregulierung „wesentliche Instrument[e] für die Verwirklichung des Binnenmarkts im Bereich der Kreditinstitute“[1323] dar. Die Etablierung eines „einheitliche[n] Regelwerk[s]“ und die Sicherstellung der „Konvergenz der Aufsichtspraxis in der Union“ soll zur Verwirklichung des Binnenmarkts beitragen sowie Hemmnisse für die Niederlassungsfreiheit und den freien Dienstleistungsverkehr abbauen.[1324] Bereits die Formulierung als „Hauptziel“ in der Präambel zur CRD verdeutlicht, dass auch im Rahmen des Art. 53 Abs. 1 Var. 2 AEUV die Erleichterung der grenzüberschreitenden Tätigkeit objektiv das „Hauptziel“ einer aufsichtsrechtlichen Regulierung bildet. Hieraus folgt auch mittelbar und unter Hinzuziehung der Rechtsprechung zu Art. 114 Abs. 1 AEUV, dass Aufsichtsziele jedenfalls nicht im Konflikt zum Ziel des Art. 53 AEUV stehen dürfen. Wie auch unter Art. 114 AEUV trifft Art. 53 AEUV aber keine materiellen Vorgaben zu den Aufsichtszielen.

b) *Aufsichtsmandate*

Neben den Rechtsetzungskompetenzen kommen Zielvorgaben in Normen, die Aufsichtsmandate regeln, in Betracht, wurde die Relation zwischen Aufsichtszielen und Zielen des Aufsichtsrechts bereits aufgezeigt.[1325]

Nationale Aufsichtsmandate sind grundgesetzlich nicht festgehalten. Auch das Primärrecht schweigt größtenteils zur Bankenaufsicht, stützt sich die Errichtung der ESA auch auf Art. 114 AEUV.[1326]

Einzig Art. 127 Abs. 6 AEUV, auf dem die SSM-Verordnung und die Übertragung der Aufsichtsaufgaben auf die EZB beruht, ist eine spezielle primärrechtliche Grundlage für die Bankenaufsicht der EZB. Nach Art. 127 Abs. 6 AEUV

1320 Erwägungsgrund 2, CRD. Insoweit bestimmt auch Erwägungsgrund 104 als „Ziel“ der CRD, „die Festlegung von Vorschriften für den Zugang zur Tätigkeit von Instituten und die Beaufsichtigung von Instituten“.

1321 Vgl. hierzu auch *Paraschiakos*, Bankenaufsicht zwischen Risikoverwaltung und Marktbegleitung, S. 66.

1322 Siehe etwa Erwägungsgrund 5, 6, 100 CRD.

1323 Erwägungsgrund 5 CRD V.

1324 Erwägungsgrund 10, 28 CRD, vgl. auch Erwägungsgrund 27 EBA-Verordnung.

1325 Dazu Teil 1II.

1326 Dazu auch *De Arriba-Sellier*, Common Market Law Review 58 (2021), S. 1097 (1115).

können besondere Aufgaben im Zusammenhang mit der Aufsicht über Kreditinstitute und sonstige Finanzinstitute mit Ausnahme von Versicherungsunternehmen der Europäischen Zentralbank übertragen werden.[1327] Der Wortlaut des Art. 127 Abs. 6 AEUV enthält keine nähere Bestimmung, ob die Bankenaufsicht nur bestimmte Ziele verfolgen soll, zumal sich Art. 127 Abs. 6 AEUV ausschließlich auf die Übertragung von Aufsichtsaufgaben auf die EZB bezieht und damit ohnehin nur eine Teilmenge abbilden kann. Ob der Verweis auf die Finanzstabilität in Art. 127 Abs. 5 AEUV als primärrechtliche Festsetzung eines Aufsichtsziels gelesen werden kann, kann an dieser Stelle dahinstehen.[1328] Hiermit wird jedenfalls kein abschließender Zielkatalog eingeführt, sondern Art. 127 Abs. 5 AEUV regelt, zu welchen Zwecken der EZB besondere Aufgaben der Bankenaufsicht übertragen werden dürfen.

Die internationalen Grundlagen der Bankenaufsicht zeigen dagegen ein klareres Zielbild. Eine unions- und nationalrechtliche Untersuchung des Bankenaufsichtsrechts bedeutet zwar, dass primär diese Rechtsgrundlagen heranzuziehen sind. Das heutige – klassische – Bankenaufsichtsrecht wird aber maßgeblich durch Veröffentlichungen und Maßnahmen des Basler Ausschusses geprägt.[1329] Ein Blick auf internationale Zielsetzungen ist daher angebracht, soll die Zieldefinition des geltenden Bankenaufsichtsrechts in der Europäischen Union und Deutschland aufgezeigt werden.

Originäres Ziel des Basler Ausschusses ist es, als Forum für die Zusammenarbeit in der Bankenregulierung zu dienen, und dabei die internationale Bankenaufsicht zu stärken, um die Finanzstabilität zu fördern.[1330] Der Anknüpfungspunkt für konkrete Ziele der Bankenvorgaben sind die Basler Grundsätze,[1331] die einen „Beitrag zur Stärkung der Finanzsysteme"[1332] leisten sollen. In mittlerweile 29 Grundsätzen stellt der Basler Ausschuss dar, welche Bedingungen für eine wirk-

---

1327 Zur Problematik, ob Art. 127 Abs. 6 AEUV die SSM-Verordnung trägt, *Bauerschmidt*, ZHR 2019, S. 476 (488) ff. Das BVerfG hat entschieden, dass sich die Inanspruchnahme der Ermächtigung in Art. 127 Abs. 6 AEUV nicht als offensichtliche Überschreitung des Integrationsprogramms darstellt (ultra vires Kontrolle), siehe *BVerfG*, Urteil v. 30.07.2019 – 2 BvR 1685/14, 2 BvR 2631/14, Rzn. 158 ff. = BVerfGE 151, 202 (S. 303 ff.).

1328 Dazu sogleich unter Teil 3C.II.1.

1329 Dazu bereits unter Teil 1I. Ausweislich Erwägungsgrund 3 der Delegierten Verordnung (EU) 2015/62 vom 10.10.2014, ABl. L 11, 37, spiegeln die Bestimmungen der CRR die Basler Standards wider; siehe auch Erwägungsgrund 1 CRR II.

1330 *Basler Ausschuss für Bankenaufsicht*, Charta, Ziffer I. 1, 2 lit. d, g, II. 5 lit. b.

1331 *Basler Ausschuss für Bankenaufsicht*, Basler Grundsätze.

1332 *Basler Ausschuss für Bankenaufsicht*, Basler Grundsätze, Ziffer 01.31.

same Aufsicht gegeben sein müssen.[1333] Eine wirksame Aufsicht wird verstanden als eine Aufsicht, die die notwendigen – auch präventiven – Befugnisse hat, um den Problemen der „Sicherheit und Solidität“[1334] wirksam entgegentreten zu können, wobei die Basler Grundsätze an vielen Stellen auf Erkenntnisse aus der Finanzkrise verweisen.[1335] Aber auch die Basler Grundsätze geben keinen abschließenden Zielkatalog vor. Sie bestimme zudem ausdrücklich, dass die Länder der Bankenaufsicht noch weitere Kompetenzen zuweisen können, wobei als Beispiele für weitere Ziele der Einlegerschutz, der Verbraucherschutz und die Finanzintegration genannt werden.[1336] Da es sich um Beispiele handelt, ist auch dieser Zielkatalog nicht abschließend zu verstehen.[1337] Inwieweit die besondere Hervorhebung des Finanzstabilitätsziels durch die Basler Grundsätze für die Zielhierarchie herangezogen werden kann, kann an dieser Stelle daher zunächst dahinstehen (dazu unter Teil 3C.II.1.).

c) Sonstige rechtliche Implikationen

Neben dem Aufsichtsmandat der EZB schweigt das weitere Primärrecht größtenteils zum Aufsichtsrecht. Eine Ausnahme bildet Art. 124 AEUV, welcher das Verbot des bevorrechtigten Zugangs regelt und bestimmt, dass Maßnahmen,[1338]

1333 Der Basler Ausschuss stuft die Grundsätze als „grundlegende, freiwillige Mindeststandards für eine solide Aufsichtspraxis“ (*Basler Ausschuss für Bankenaufsicht*, Basler Grundsätze, dort Fußnote 9) ein und spricht in diesem Zusammenhang auch von einem „faktischen Mindeststandard“ (*Basler Ausschuss für Bankenaufsicht*, Basler Grundsätze, Ziffer 01.1). Zudem werden die Grundsätze auch vom Internationalen Währungsfonds (IWF) und der Weltbank im Rahmen des Financial Sector Assessment Program (FSAP) verwendet, das für die Bewertung von nationalen Aufsichtssystemen verwendet wird.

1334 *Basler Ausschuss für Bankenaufsicht*, Basler Grundsätze, Ziffer 1.10.

1335 *Basler Ausschuss für Bankenaufsicht*, Basler Grundsätze, Ziffern 01.2, 01.5, 01.6, 01.16, 01.17, 01.22. Auch hieran zeigt sich der kriseninduzierte Ansatz des Bankenaufsichtsrechts. Dazu bereits unter Teil 1B.II.2.

1336 *Basler Ausschuss für Bankenaufsicht*, Basler Grundsätze, Ziffer 01.13, zudem dort Fußnote 4. Finanzstabilität wird wohl nur als weiteres Ziel genannt, da Bankenaufsicht zunächst mikroprudenziell verstanden wird (vgl. *Basler Ausschuss für Bankenaufsicht*, Basler Grundsätze, Ziffer 01.17).

1337 Es kann zunächst dahinstehen, inwieweit diese Grundsätze für mögliche Ziele des europäischen und nationalen Bankenaufsichtsrechts bindend sind, dazu sogleich Teil 3C.II.1.

1338 Hierzu zählen „Gesetze, Rechtsvorschriften oder sonstige zwingende Rechtsakte, die in Ausübung der öffentlichen Gewalt erlassen werden“, siehe Art. 1 Abs. 1 Verordnung (EG) Nr. 3604/93 vom 13.12.1993, ABl. L 354, 3.

die nicht aus „aufsichtsrechtlichen Gründen" („*prudential considerations*", „*considérations d'ordre prudentiel*") getroffen werden und Vorrechte des öffentlichen Sektors[1339] auf Zugang zu den Finanzinstituten schaffen, verboten sind. Primärrechtlich ist nicht weiter festgehalten, was unter „aufsichtsrechtlichen Gründen" zu verstehen ist. Eine Konkretisierung erfolgt nach Art. 125 Abs. 2 AEUV durch die Verordnung (EG) Nr. 3604/93[1340]. Nach Art. 2 dieser Verordnung sind dies „Gründe, die den aufgrund des Gemeinschaftsrechts oder in Übereinstimmung damit erlassenen einzelstaatlichen Rechtsvorschriften bzw. Verwaltungsmaßnahmen zugrunde liegen und die die Solidität der Finanzinstitute fördern und somit die Stabilität des gesamten Finanzsystems und den Schutz der Kunden dieser Finanzinstitute stärken sollen".[1341]

Es ist fraglich, inwieweit diese Definition über Art. 124 AEUV hinaus eine rechtliche Zielbedeutung aufweisen kann.[1342] Es kann jedenfalls von einem europäischen Grundkonsens ausgegangen werden, was unter „aufsichtsrechtlichen Gründen" zu verstehen ist, sodass dies auch für das Aufsichtsrecht im Allgemei-

---

1339 Siehe hierzu Aufzählung in Art. 124 AEUV, Art. 1 Abs. 1, erster Spiegelstrich der Verordnung (EG) Nr. 3604/93 vom 13.12.1993, ABl. L 354, 3.

1340 Verordnung (EG) Nr. 3604/93 vom 13.12.1993, ABl. L 332, 4.

1341 Siehe bereits *Europäische Kommission*, Beratender Bankenausschuss (1991-1994), Bericht des Vorsitzenden, S. 21: „*For the purpose of Article 104a, prudential considerations shall be those which refer to laws, regulations or administrative actions based on, or consistent with, EC laws, designed to promote the soundness of individual financial institutions so as to strengthen the stability of the financial system as a whole and the protection of their customers*".

1342 In der Tat wird der Begriff „aufsichtsrechtliche Gründe" auch anderweitig, und zwar in den Handelsabkommen, verwendet. In einem Handelsabkommen zwischen der EU und den Mitgliedstaaten einerseits und Kolumbien, Peru und Ecuador andererseits wurde in Art. 154 (aufsichtsrechtliche Ausnahmeregelung) bestimmt, welche Maßnahmen aus aufsichtsrechtlichen Gründen aufrechterhalten und eingeführt werden dürfen. Hierzu zählten Maßnahmen zum „Schutz der Investoren, Einleger, Versicherungsnehmer oder Personen, denen gegenüber ein Finanzdienstleister treuhänderische Pflichten hat" sowie „Maßnahmen zur Gewährleistung der Integrität und Stabilität ihres Finanzsystems" (Art. 154 Abs. 1 lit. a, b). Dabei wird bestimmt, dass der Ausdruck aufsichtsrechtliche Gründe „auch die Wahrung der Sicherheit, Solidität, Integrität oder finanziellen Verantwortung der Finanzdienstleistungsanbieter umfassen" kann (siehe Handelsübereinkommen zwischen der Europäischen Union und ihren Mitgliedstaaten einerseits sowie Kolumbien, Peru und Ecuador andererseits vom 21.12.2012, ABl. L 354, 3; siehe zudem auch Freihandelsabkommen zwischen der Europäischen Union und ihren Mitgliedstaaten einerseits und der Republik Korea andererseits vom 14.05.2011, ABl. L. 127, 6, dort Artikel 7.38).

nen fruchtbar gemacht werden kann.[1343] Hieraus kann aber nicht geschlussfolgert werden, dass dadurch eine durch das Primärrecht getroffene Vorgabe hinsichtlich den durch das Aufsichtsrecht abschließend zu verfolgenden Zielen erfolgte. Es könnte sich auch um eine „Momentaufnahme“ der tatsächlichen Hauptziele des Aufsichtsrechts handeln und jedenfalls keine Vorgabe darstellen, dass andere Ziele nicht zu verfolgen sind.

Weitere Beschränkungen erfahren aufsichtsrechtliche Ziele zwar durch die betroffenen (EU-)Grundrechte und Grundfreiheiten, in die im Rahmen der Bankenregulierungsmaßnahmen eingegriffen wird.[1344] Die Tätigkeit von Banken fällt unter den Schutzbereich des Art. 12 Abs. 1, 2 GG sowie der Niederlassungs- (Art. 49 ff. AEUV), Dienstleistungs- (Art. 56 ff. AEUV) und Kapitalverkehrsfreiheit (Art. 63 ff. AEUV).[1345] Auch die EU-Grundrechte (vgl. Art. 16 und 17 EU-Grundrechte-Charta) sind betroffen.[1346] Eine materielle Zielvorgabe enthalten diese Normen für das Aufsichtsrecht gleichwohl nicht. Die möglichen (Eingriffs-)Zwecke werden lediglich abstrakt eingegrenzt.[1347] Dies erfolgt z. B. durch die grundsätzliche Vorgabe, dass Beschränkungen der angeführten Grundfreiheiten neben Art. 52 AEUV (i. V. m. Art. 62 AEUV) u. a. aufgrund „zwingender Erfordernisse des Gemeinwohls“ (sog. Cassis-Formel) erfolgen können.[1348] Die Ausübung der EU-Grundrechte kann entsprechend Art. 52 Abs. 1 Satz 2 EU-

---

1343 So etwa *Waschbusch*, Bankenaufsicht, S. 168.

1344 Siehe dazu nur *BVerfG*, Urteil vom 20.07.1954 – 1 BvR 459, 484, 548, 555, 623, 651, 748, 783, 801/52, 5, 9/53, 96, 114/54, Rz. 41 = BVerfGE 4, 7 (S. 17 f.); *BVerfG*, Urteil vom 11.06.1958 – 1 BvR 596/56, Rz. 60 f. = BVerfGE 7, 377 (S. 400).

1345 Die klassischen aufsichtsrechtlichen Vorgaben (Zulassung, Eigenmittel, Qualifikation der Geschäftsleiter etc.) beschränken diese Grundfreiheiten ohne Weiteres; siehe auch *Ohler*, in: Ruffert (Hrsg.), Europäisches Sektorales Wirtschaftsrecht, § 10 Rn. 47; *Tröger*, in: Schulze/Janssen/Kadelbach (Hrsg.), Europarecht, § 21 Rn. 23 ff.

1346 Zur Bankenabwicklung (BRRD, SRM-Verordnung) siehe *Bauerschmidt*, ZHR 2019, S. 476 (496 ff.). Die EU-Grundrechte-Charta ist Teil des Primärrechts (Art. 6 EUV).

1347 Zu dieser Bedeutung vgl. allgemein *Poscher*, in: Herdegen/Masing/Poscher/Gärditz (Hrsg.), Handbuch des Verfassungsrechts, 1. Aufl. 2021, § 3 Rn. 55 ff.; für das Bankenaufsichtsrecht speziell: *Hellenthal*, Das Bankenaufsichtsrecht der Europäischen Gemeinschaft, S. 33.

1348 Begründend *EuGH*, Urteil v. 20.02.1979 – C 120/78 (Cassis de Djon) ECLI:EU:C:1979:42, Rz. 8; zur Niederlassungsfreiheit *EuGH*, Urteil v.11.05.1999 – C-255/97 (Pfeiffer), ECLI:EU:C:1999:240, Rz. 19: „zwingende Gründe des Gemeinwohls“; zur Dienstleistungsfreiheit etwa *EuGH*, Urteil v. 18.01.1979 – 110/78, 111/78 (Ministère Public u. a./van Wesemael), ECLI:EU:C:1979:8, Rz. 28: „Allgemeininteresse“; *Tröger*, in: Schulze/Janssen/Kadelbach (Hrsg.), Europarecht, § 21 Rn. 29, 43.

Grundrechte-Charta nur eingeschränkt werden, wenn die Einschränkung u. a. „den von der Union anerkannten dem Gemeinwohl dienenden Zielsetzungen oder den Erfordernissen des Schutzes der Rechte und Freiheiten anderer tatsächlich" entspricht. Der EuGH hat unter Verweis auf die Gefahren des Bankensektors bestätigt, dass die Ziele der Sicherstellung der Banken- und Finanzsystemstabilität und der Vermeidung systemischer Risiken, dem Gemeinwohl dienende Ziele der Union darstellen.[1349] Entsprechend ist auch die nationale Regulierung durch die Ziele des Gläubigerschutzes und die Funktionsfähigkeit des Kreditwesens aus „übergeordneten gesamtwirtschaftlichen Gründen gerechtfertigt"[1350]. Einen abschließenden Zielekatalog können die Grundfreiheiten/Grundrechte dagegen nicht statuieren.

2. *Zur Möglichkeit der Berücksichtigung von Umweltschutzbelangen im Bankenaufsichtsrecht*

Das Neuausrichtungsziel bildet hauptsächlich Klima- und Umweltziele und damit einen Umweltschutzgedanken ab.[1351] Das Fehlen eines abschließenden aufsichtlichen Zielkatalogs suggeriert, dass es ohne Weiteres ein mögliches Ziel des Bankenaufsichtsrechts darstellen kann, auch ohne eine risikobasierte Betrachtungsweise, wie die Berücksichtigung von ESG-Risiken, die vom klassischen Aufgabenmandat abgedeckt ist.[1352] Darüber hinaus lässt sich das Neuausrichtungsziel auch unter einer wirtschaftlichen Nachhaltigkeitskomponente beleuchten, indem die Neuausrichtung als eine Voraussetzung für eine nachhaltige gesamtwirtschaftliche Entwicklung betrachtet wird (vgl. Art. 3 Abs. 3 Unterabs. 1 Satz 2, 3 EUV). Dies zeigt die Verbindung zum wirtschaftspolitischen Kontext, welcher wiederum auch die traditionellen Aufsichtsziele prägt.[1353]

1349 Zuletzt *EuGH*, Urteil v. 16.07.2020 – C-686/18 (Adusbef u. a./Banca d'Italia u. a.), ECLI:EU:C:2020:567, Rz. 92, 93 m. w. N. auf EuGH-Rechtsprechung.

1350 Regierungsbegründung zum KWG-Entwurf von 1961, 25.05.1959, BT-Drs. 3/1114, S. 19; siehe hierzu auch *Waschbusch*, Bankenaufsicht, S. 10; siehe zur Einordnung der Finanzmarktstabilität als Gemeinwohlbelang auch *Alpha*, Das Staatsziel Finanzmarktstabilität, S. 119 ff.

1351 Unter Verweis auf die primärrechtlichen Grundlagen des Umweltschutzes und einer nachhaltigen Entwicklung auch *Colaert*, Common Market Law Review 59 (2022), S. 1669 (1677); so auch *Veil*, in: Veil (Hrsg.), Europäisches und deutsches Kapitalmarktrecht, § 2 Rn. 21, 24.

1352 Zur Zielkonformität der Berücksichtigung von ESG-Risiken siehe Teil 2B.II.1. Dazu auch *Bopp/Weber*, WPg 2020, S. 899 (900 f.).

1353 Zu Aufsichtszielen als wirtschaftspolitische Ziele siehe bereits Teil 1II.

Neben der Betrachtung des Ziels einer nachhaltigen Entwicklung kommt aber auch konkret dem Umweltschutz im Primärrecht eine wichtige Bedeutung zu.[1354] Nach Art. 3 Abs. 3 EUV soll – im Lichte des Binnenmarktziels – durch ein ausgewogenes Wirtschaftswachstum sowie ein hohes Maß an Umweltschutz und Verbesserung der Umweltqualität auf eine nachhaltige Entwicklung Europas hingewirkt werden.[1355] Der Umweltschutz ist damit eng mit der Binnenmarktkompetenz unter Art. 114 AEUV verflochten.

Nichts hiervon bietet eine explizite rechtliche Grundlage für eine Berücksichtigung im Rahmen der Finanzmarktregulierung, sind die Kompetenzen und Rechtsakte auf Art. 127 Abs. 6 AEUV, Art. 114 und Art. 53 AEUV gestützt und stehen damit nicht in einem direkten Zusammenhang zu umweltpolitischen Zielen.[1356] Sie schließen eine Berücksichtigung aber auch nicht aus.[1357] Im Gegenteil zeigt die Dualität der Ziele des europäischen Aufsichtsrechts (Binnenmarktziele vs. Finanzstabilität und Kundenschutz) bereits, dass andere Ziele verfolgbar sind. Mit Blick auf den Umweltschutz ist zudem besonders, dass dieser – anders als der Schutzwert der Finanzstabilität – in Art. 114 Abs. 3 AEUV genannt ist.[1358] Insoweit ist zudem hervorzuheben, dass dem Gesetzgeber ein weiter Ermessens- und Beurteilungsspielraum unter Art. 114 AEUV und Art. 53 AEUV zugutekommt.[1359] Eine Rechtsetzungskompetenz unter Art. 114 AEUV wäre daher nur zu verneinen, wenn das jeweilige Instrument des Neuausrichtungsziels dem Binnenmarktziel schadet, was wiederum anhand der konkreten Instrumente zu beleuchten wäre. Auch mit Blick auf die betroffenen Grundrechte, Grundfreiheiten etc. dürften der Umweltschutz und die Abwehr von Gefahren des Klimawandels ohne Weiteres auch einen Gemeinwohlgrund für die Zwecke der Rechtfertigung von Eingriffen darstellen, statuiert Art. 3 Abs. 3 Unterabs. 1 Satz 2, 3 EUV, dass ein hohes Maß an Umweltschutz und die Verbesserung der Umweltqualität gewährleistet werden sollen (vgl. zudem Art. 191 ff. AEUV).

Unter Heranziehung der Rechtsetzungskompetenzen (Art. 114, 53 AEUV) zeigt sich mithin, dass die Finanzmarktregulierung im allgemeinen europäi-

1354 Vgl. zudem zur Umweltpolitik Art. 191 und 192 Abs. 1 AEUV.

1355 Erwägungsgrund 1 der Taxonomie-Verordnung verweist auf diesen Wortlaut.

1356 Ähnlich auch *De Arriba-Sellier*, Common Market Law Review 58 (2021), S. 1097 (1126).

1357 Zur Flexibilität der Aufsichtsmandate siehe auch *Demekas/Grippa*, Journal of Financial Regulation 2022, S. 203 (223 f.).

1358 Zur Verfolgung von „*non-market values*“ unter Art. 114 AEUV siehe auch *De Witte*, in: Nic Shuibhne (Hrsg.), Regulating the Internal Market, S. 61, 67 ff., 77.

1359 Dazu bereits unter Teil 3C.I.1.a).

schen Rahmen eingegliedert.[1360] Und dieser allgemeine Rahmen ist nicht nur ökonomisch geprägt, sondern final auf die Ziele in Art. 3 Abs. 3 EUV ausgerichtet.[1361] Damit ist die Berücksichtigung von Umweltschutzbelangen im Aufsichtsrecht möglich und sogar primärrechtlich angelegt.

Blickt man nun auf die Aufsichtsmandate, so kann mit Blick auf die ESA, deren Errichtung auf Art. 114 AEUV gestützt wird, konstatiert werden, dass es durch die aufgezeigte Beziehung zwischen dem Binnenmarkt- und Umweltschutzziel (vgl. Art. 3 EUV, zudem Art. 11 AEUV) ebenso primärrechtlich angelegt ist, dass die EBA Umweltschutzbelange in ihre Aufsicht einbezieht.[1362] Letztlich wird auch das Pariser Klimaschutzübereinkommen als internationale Vorgabe relevant. Das

---

1360 Hierzu auch *De Arriba-Sellier*, Common Market Law Review 58 (2021), S. 1097 (1117).

1361 *De Arriba-Sellier*, Common Market Law Review 58 (2021), S. 1097 (1117); vgl. auch *De Witte*, in: Nic Shuibhne (Hrsg.), Regulating the Internal Market, S. 61, 68 ff. unter Verweis auf u. a. Art. 114 Abs. 3 AEUV. Entsprechend bestimmt Art. 7 AEUV, dass die Europäische Union „ihren Zielen in ihrer Gesamtheit" Rechnung tragen soll. Auch nach Art. 11 AEUV müssen „die Erfordernisse des Umweltschutzes [...] bei der Festlegung und Durchführung der Unionspolitiken und -maßnahmen insbesondere zur Förderung einer nachhaltigen Entwicklung einbezogen werden", wenngleich Art. 11 AEUV nicht statuiert, inwieweit eine Berücksichtigung, insbesondere in welchen Rechtsbereichen, zu erfolgen hat; dazu *De Arriba-Sellier*, Common Market Law Review 58 (2021), S. 1097 (1118). Tatsächlich wird auf Art. 11 AEUV vornehmlich im Bereich des Umweltrechts Bezug genommen, dazu ebd. Dem Umweltschutz in Art. 11 AEUV kann jedenfalls auch unter Hinzunahme der sonstigen Vertragsziele kein absoluter Vorrang eingeräumt werden, siehe dazu näher *Solvana*, 30 EBLR (2019), S. 547 (559 f.).

1362 So auch *De Arriba-Sellier*, Common Market Law Review 58 (2021), S. 1097(1118 f.). Dieses Ergebnis wird durch die Änderungen der ESA-Verordnungen, die Nachhaltigkeitsaspekte in die Verordnungen aufnahmen, bestätigt: Es wurde auf das Ziel eines hohen Umweltschutzniveaus nach dem Grundsatz der nachhaltigen Entwicklung gem. Art. 37 EU-Grundrechte-Charta Bezug genommen (*Europäische Kommission*, Entwurf zur Verordnung (EU) Nr. 2019/2175, S. 18 f.). EU-Institutionen, wie die EZB und die ESA, sind grundsätzlich an die Charta gebunden und auch die Mitgliedstaaten haben sie bei der Durchführung von EU-Recht zu beachten (vgl. Art. 51 EU-Grundrechte-Charta). Hierzu näher *De Arriba-Sellier*, Common Market Law Review 58 (2021), S. 1097 (1121 f.); *Pache*, in: Pechstein/Nowak/Häde (Hrsg.), Frankfurter Kommentar, 2. Aufl. 2023, Art. 51 EU-Grundrechte-Charta Rn. 12 ff.; *Kingreen*, in: Calliess/Ruffert (Hrsg.), EUV/AEUV, 6. Aufl. 2022, Art. 51 EU-Grundrechte-Charta Rn. 7 ff.); siehe auch *Dobarganes*, International Investment Law Journal 2021, S. 102 (106 f.).

darin festgesetzte Ziel der Klimaneutralität ist jedenfalls mit dem Europäischen Klimagesetz[1363] im EU-Recht bindend.[1364]

Dagegen beruht das Mandat der EZB zwar auf Art. 127 Abs. 6 AEUV, über das Single Rulebook und aufgrund der Tatsache, dass es sich auch bei der EZB letztlich um eine europäische Institution handelt, ist die Berücksichtigung von Umweltschutzbelangen auch in ihrer Aufsichtsfunktion aber angelegt.[1365] Die Aufnahme neuer Ziele durch die EZB dürfte aber eingeschränkter möglich sein, da aufgrund der grundsätzlichen Unabhängigkeit der EZB (vgl. Art. 130 AEUV) und des demokratischen Defizits neue Ziele besonders rechtfertigungsbedürftig sein dürften und eine Verbindung zum primärrechtlich normierten Finanzstabilitätsziel (Art. 127 Abs. 5, 6 AEUV) sichergestellt werden müsste.[1366] Letztlich führen etwaige rechtliche Einschränkungen der Aufsichtsaufgaben der EZB nicht dazu, dass die Berücksichtigung von Umweltschutzbelangen im Bankenaufsichtsrecht – losgelöst von Finanzstabilitätsgesichtspunkten – generell nicht möglich wäre. Denn die Frage der Möglichkeit der Berücksichtigung von Umweltschutzbelangen im Bankenaufsichtsrecht ist von der Frage zu unterscheiden, ob die EZB als Institution dieses Ziel auch verfolgen darf.

Jedenfalls über das Single Rulebook (vgl. Art. 2 Abs. 5 EBA-Verordnung) wirken sich die aufgezeigten primärrechtlichen Implikationen zur Berücksichtigung von Umweltschutzbelangen auch auf die Aufsichtstätigkeit der BaFin aus, wenn-

---

1363 Verordnung (EU) 2021/1119 vom 30.06.2021, ABl. L 243, 1.

1364 Siehe Art. 2 Abs. 1, 2 Verordnung (EU) 2021/1119 vom 30.06.2021, ABl. L 243, 1; Art. 2 Abs. 2 bestimmt zudem, dass die zuständigen Organe der Union und die Mitgliedstaaten die notwendigen Maßnahmen zu treffen haben, um die Verwirklichung des in Art. 2 Abs. 1 festgelegten Ziels der Klimaneutralität zu ermöglichen; hierzu auch *De Arriba-Sellier*, Common Market Law Review 58 (2021), S. 1097 (1123 f.); *Bodansky*, 25 Review of European, Comparative & International Environmental Law (2016), S. 142 ff.

1365 So auch *De Arriba-Sellier*, Common Market Law Review 58 (2021), S. 1097 (1120 f.). Zur Berücksichtigung im Rahmen ihrer Zentralbankfunktion siehe eingehender *Solvana*, 30 EBLR (2019), S. 547 ff.

1366 Zur Unabhängigkeit der EZB und demokratischen Legitimation allgemein etwa *Herdegen*, in: Dürig/Herzog/Scholz (Hrsg.), Grundgesetz-Kommentar, 104. EL 2024, Art. 88 GG, Rn. 102; eingehend *BVerfG*, Urteil v. 30.07.2019 – 2 BvR 1685/14, 2 BvR 2631/14 = BVerfGE 151, 202. Diese Frage stellt sich im Rahmen des SSM vergleichbar für die BaFin und Deutsche Bundesbank (vgl. Art. 19 Abs. 1 SSM-Verordnung). Die BaFin unsteht gleichwohl der Rechts- und Fachaufsicht des Bundesministeriums der Finanzen (§ 2 FinDAG).

gleich diese institutionell unabhängig ist und – wie gezeigt – grundgesetzlich keine Aufsichtsaufgaben festgelegt wurden.[1367]

Zwar stehen diese Ausführungen nicht in einem direkten Zusammenhang zu Sustainable Finance[1368] und schreiben nicht vor, dass die Zielerreichung (Klimaneutralität) durch das Aufsichtsrecht erfolgen muss. Gleichwohl bietet das Primärrecht aber auch keine spezielle aufsichtsrechtliche Kompetenz- oder Zielgrundlage. Vielmehr ist die Finanzmarktregulierung in den allgemeinen europäischen Rahmen eingegliedert, was einen ganzheitlichen Auftrag impliziert, insbesondere im Lichte einer nachhaltigen wirtschaftlichen Entwicklung.[1369] Das Ziel der Klimaneutralität, welches das ultimative der Neuausrichtung der Kapitalflüsse bildet,[1370] ist damit ein grundsätzlich verfolgbares Ziel im Bankenaufsichtsrecht und in den rechtlichen Grundlagen zudem angelegt. Der Gesetzgeber kann dem Bankenaufsichtsrecht und der Bankenaufsicht damit eine entsprechende Lenkungsaufgabe zusprechen.[1371]

Dieses Ergebnis sagt gleichwohl noch nichts darüber aus, wie in einem Zielkonfliktfall zu entscheiden ist. Insbesondere ist hierdurch nicht vorgegeben, unter welchem Gesichtspunkt Umweltschutzbelange durch die Bankenaufsicht zu verfolgen sind, mithin welche konkrete Rolle die Aufseher und Regulatoren einnehmen sollen.

II. Zur Vorrangstellung des Finanzstabilitätsziels im Konfliktfall

Als Folge der Instrumentenbetrachtung kann die Entscheidung zugunsten eines der Ziele nicht durch eine abstrakte Gewichtung erfolgen. Für die Bestimmung der Zielhierarchie aus einer rechtlichen Perspektive müssen vielmehr das Aufsichtsrecht und das das Aufsichtsrecht tragende höherrangige Recht sowie

---

1367 Dazu So *De Arriba-Sellier*, Common Market Law Review 58 (2021), S. 1097 (1119).

1368 Im Klimagesetz (Verordnung (EU) 2021/1119 vom 30.06.2021) wird nur auf Art. 2 lit. 1 des Pariser Klimaschutzübereinkommens Bezug genommen, wohingegen Art. 2 lit c (Finanzmittelflüsse) lediglich in Erwägungsgrund 8 der Verordnung erwähnt wird.

1369 Hieraus schlussfolgert *De Arriba-Sellier*, Common Market Law Review 58 (2021), S. 1097 (1123), dass das Pariser Abkommen und der Umweltschutz auch im Rahmen der europäischen Finanzmarktaufsicht beachtet werden müssen.

1370 Das aufgezeigte Umweltschutzziel als auch Ziel einer nachhaltigen Entwicklung konkretisieren sich gerade in diesem Klimaneutralitätsziel, sofern Sustainable Finance-Maßnahmen betrachtet werden.

1371 So auch *Bopp/Weber*, WPg 2020, S. 899 (900 f.), die auf eine mögliche Änderung der Zieldefinition der Bankenaufsicht verweisen.

entsprechende internationale Verpflichtungen herangezogen werden. Der Zielhierarchiebildung liegt die Frage zugrunde, ob Neuausrichtungsziele durch bankenaufsichtliche Instrumente verfolgt werden sollen, wenn sich hieraus ein Zielkonflikt zum bankenaufsichtsrechtlichen Finanzstabilitätsziel ergibt. Ein anderer Ansatz würde verkennen, dass die Neuausrichtungsmaßnahmen nicht exklusiv durch das Aufsichtsrecht und eine Disruption des Risikoansatzes erfolgen müssen.

Ebenso wenig kann für das Finanzstabilitätsziel angeführt werden, dass es sich um ein traditionelles Aufsichtsziel handelt.[1372] Zwar sind der Kundenschutz (in Form des Gläubigerschutzes) wie auch der Finanzstabilitätsschutz seit jeher[1373] Ziele des nationalen und europäischen Bankenaufsichtsrechts.[1374] Ein Zielwandel ist im Bankenaufsichtsrecht aber grundsätzlich möglich und natürlich.[1375] Das zeigt sich exemplarisch an den Zielen des Verbraucherschutzes als Ausprägung des Kundenschutzziels und des Ziels der Bekämpfung von Geldwäsche und Terrorismusfinanzierung.[1376] Der europäische Bezug zeigt zudem, dass europäische Ziele seit jeher Teil des Zielekanons des Aufsichtsrechts waren, auch wenn sie zunächst nur eine formale, kompetenzeröffnende Bedeutung haben, die im Ge-

---

1372 In diese Richtung dagegen *De Arriba-Sellier*, Common Market Law Review 58 (2021), S. 1097 (1128 f.). Aus dem traditionellen Charakter lässt sich gleichwohl ein materielles Argument ziehen, indem auf die Gefahren einer Disruption des Regelwerks verwiesen wird oder Kohärenzerwägungen zu anderen aufsichtlichen Mitteln angestellt werden, siehe dazu sogleich unter 2.

1373 Dies soll ab den 1950er Jahren gelten, da durch die Gründung der EWG am 25.03.1957 der Beginn einer gemeinsamen Wirtschaftspolitik verzeichnet werden konnte. Auf nationaler Ebene sind die Anfänge einer umfassenden Bankenregulierung auf die Bankenkrise 1931 zurückzuführen (hierzu näher *Bundesanstalt für Finanzdienstleistungsaufsicht*, Bankenaufsicht).

1374 Im EU-Recht zielte bereits die Eigenmittelrichtlinie 1989 (Richtlinie 89/299/EWG vom 17.04.1989, ABl. L 124, 16) entsprechend ihres ersten Erwägungsgrundes auf „die Sicherung der kontinuierlichen Tätigkeit der Kreditinstitute und den Sparerschutz“ ab. Siehe auch Konsolidierungsrichtlinie (Richtlinie 92/30/EWG vom 06.04.1992, ABl. L 110, 52) Erwägungsgrund 11.

1375 Vgl. hierzu auch *Welcker*, Neuordnung der Bankenaufsicht, S. 9: „die Ziele der Bankpolitik [sind] selbst (…) Wandlungen unterworfen gewesen“; *Niethammer*, Die Ziele der Bankenaufsicht, S. 20; *Wymeersch*, 8 European Business Organization Law Review (2007), S. 237 (245 f.).

1376 Bereits der Basler Ausschuss konstatierte, dass die Bankenaufsicht nicht statisch sei, sondern „Lehren gezogen werden und auch das Bankgeschäft sich stets weiterentwickelt und ausweitet“, siehe *Basler Ausschuss für Bankenaufsicht*, Basler Grundsätze, Ziffer 01.24(2); siehe zudem *Cardona/Berenguer*, I4CE Bericht Juni 2020, S. 15.

gensatz zu genuin aufsichtlichen Zielen den eigentlichen materiellen Zweck der aufsichtsrechtlichen Normen nicht erklären können.

Für den Vorrang des Finanzstabilitätsziels sprechen aber rechtliche Anhaltspunkte (1.) sowie die besondere Stellung der Eigenmittelregulierung als Instrument für das bankenaufsichtsrechtliche Finanzstabilitätsziel (2.) und die besondere Bedeutung der bankenaufsichtsrechtlichen Finanzstabilität für das Neuausrichtungsziel (3.).

1. Rechtliche Anhaltspunkte zur Vorrangstellung des Finanzstabilitätsziels

Das Aufzeigen von rechtlichen Anhaltspunkten zur Vorrangstellung des Finanzstabilitätsziels im Aufsichtsrecht bedeutet zunächst, dass – parallel zur Frage eines abschließenden Zielkatalogs – verfassungs- und primärrechtlich festgelegte Zielhierarchien heranzuziehen und internationale Verpflichtungen zu betrachten sind.

Eine Heranziehung der Rechtsetzungskompetenzen bietet sich nicht an. Art. 114 AEUV verhält sich – wie gezeigt – hinsichtlich der Aufsichtsziele neutral.[1377] Ein auf Art. 114 AEUV gestützter nicht-risikobasierter Unterstützungsfaktor müsste daher nur verneint werden, wenn der Unionsgesetzgeber „von offensichtlich unrichtigen Beurteilungsgrundlagen (…) [ausgeht] oder Maßnahmen (…) [ergreift], die schon aus einer ex ante-Perspektive zur Erreichung des beabsichtigten Zwecks offensichtlich ungeeignet" sind.[1378] Dies ist nicht angezeigt.

Während auch die Basler Grundsätze keinen abschließenden Zielkatalog vorschreiben, setzen sie aber ausdrücklich einen Vorrang des Finanzstabilitätsziels fest. Nach dem ersten Basler Grundsatz ist die „Förderung von Sicherheit und Solidität der Banken und des Bankensystems" nämlich das vorrangige Ziel der Bankenaufsicht.[1379] Die Länder könnten der Bankenaufsicht zwar noch weitere Kompetenzen zuweisen, aber nur sofern kein Konflikt zum vorrangigen Ziel entstünde.[1380] In der Beurteilungsmethodik wird zudem verdeutlicht, dass weitere Kompetenzen dem vorrangigen Ziel untergeordnet seien und zu diesem nicht

1377 Siehe dazu Teil 3 C. I. 1. a).

1378 *BVerfG*, Urteil v. 30.07.2019 – 2 BvR 1685/14, 2 BvR 2631/14, Rz. 252 = BVerfGE 151, 202 (S. 348).

1379 *Basler Ausschuss für Bankenaufsicht*, Basler Grundsätze, Grundsatz 1 i. V. m. Ziffer 01.13, zudem Beurteilungsmethodik zu Grundsatz 1, dort zentrales Kriterium 2 (Ziffer 01.65). „Zentrale Kriterien" sind solche, die erfüllt sein müssen, damit ein Grundsatz als eingehalten gilt, siehe Basler Grundsätze, Ziffer 01.24.

1380 Siehe auch *Basler Ausschuss für Bankenaufsicht*, Basler Grundsätze, Ziffer 01.13.

in Konflikt stehen dürften.[1381] Damit zeigt sich die Vorrangstellung des Finanzstabilitätsziels auf internationaler Bankenaufsichtsebene klar. Gleichwohl die Standards wie auch andere Veröffentlichungen des Basler Ausschusses rechtlich unverbindlich sind,[1382] zeigen sie als internationales *soft law* eine Implikation zur Vorrangstellung auf.[1383]

Diese Vorrangstellung wird auch durch das Primärrecht indiziert. Das Primärrecht enthält zwar keinen abschließenden Zielkatalog für das Bankenaufsichtsrecht und erlaubt zudem eine Berücksichtigung von Umweltschutzbelangen im Bankenaufsichtsrecht.[1384] Es ist aber nicht geregelt, inwieweit Umweltschutzaspekte und nachhaltige Entwicklungsziele im Bankenaufsichtsrecht zu berücksichtigen sind.[1385] Insbesondere ist nicht geregelt, dass auch finanzstabilitätskonträre Lenkungsziele möglich sein sollen. Für einen Vorrang des Neuausrichtungsziels als Ausprägung des Umweltschutzes kann insbesondere nicht angeführt werden, dass anders als der Umweltschutz oder das Ziel der nachhaltigen Entwicklung, das Finanzstabilitätsziel als solches nicht ausdrücklich Teil des primärrechtlichen Zielkatalogs ist.[1386] Die Dualität des europäischen Zielekanons des Bankenaufsichtsrechts zeigt, dass allgemeine europäische Ziele nur bedingt Rückschlüsse für das Bankenaufsichtsrecht erlauben, zumal auch die Sicherstellung der Finanzstabilität in der EU als eine Voraussetzung für das Binnenmarktziel gesehen wird.[1387]

Anders sieht dies dagegen für das Finanzstabilitätsziel aus. Für dieses lässt sich eine mittelbare primärrechtliche Festsetzung für das Aufsichtsrecht aufzeigen, einerseits über Art. 124 AEUV („aufsichtsrechtliche Gründe"), wobei fraglich ist, inwieweit über den Anwendungsbereich von Art. 124 AEUV hinaus, Aussagen getroffen werden können. Andererseits lässt sich dies jedenfalls über Art. 127 Abs. 5 AEUV begründen. Danach trägt das ESZB „zur reibungslosen

---

1381 *Basler Ausschuss für Bankenaufsicht*, Basler Grundsätze, Beurteilungsmethodik zu Grundsatz 1, dort zentrales Kriterium 2 (Ziffer 01.65).

1382 *Basler Ausschuss für Bankenaufsicht*, Charta, I. 3.

1383 Zur rechtlichen Wirkung ähnlich *Breuer*, in: Hopt/Binder/Böcking (Hrsg.), Handbuch Corporate Governance von Banken und Versicherungen, § 12 Rn. 71; *Emmenegger*, in: Grote/Marauhn (Hrsg.), Regulation of International Markets, S. 224, 233 f.; vgl. zudem *Strauß*, Soft Law als Steuerungsinstrument in der Bankenaufsicht, S. 45; *Hilke*, Risiko und Bankenaufsicht, S. 42 f.

1384 Zu Umweltschutzaspekten in der Bankenaufsicht unter Teil 3C.I.2.

1385 So auch *De Arriba-Sellier*, Common Market Law Review 58 (2021), S. 1097 (1131).

1386 Ökonomische Stabilität in Form von Wirtschaftswachstum ist dagegen Teil von Art. 3 EUV, siehe zu diesem Stabilitätsverständnis etwa *Tuori/Tuori*, The Eurozone Crisis, S. 58.

1387 Hierzu bereits unter Teil 3C.I.1.a).

Durchführung der von den zuständigen Behörden auf dem Gebiet der Aufsicht über die Kreditinstitute und der Stabilität des Finanzsystems ergriffenen Maßnahmen bei". Das ESZB hat insoweit die nationalen Behörden bei der Aufsicht über Kreditinstitute beratend zu unterstützen.[1388]

Art. 127 Abs. 5 AEUV bezieht sich vom Wortlaut her zwar nicht auf die Bankenaufsicht, sondern im Gegenteil auf die Funktionen der Zentralbanken.[1389] Eine systematische Auslegung mit Art. 127 Abs. 6 AEUV, dem Bankaufsichtsmandat der EZB, erscheint zudem nicht angezeigt, befindet sich Art. 127 Abs. 6 AEUV systematisch im 2. Kapitel des VIII. Titels des AEUV und damit im Bereich der europäischen Währungspolitik.[1390] Gleichwohl ergibt sich aus der allgemeinen Unterstützungspflicht nach Art. 127 Abs. 5 AEUV (i. V. m. Art. 3.3 ESZB-Satzung) mittelbar eine Zielvorgabe für die Bankenaufsicht der EZB. Über die Beratungstätigkeit hinaus erlaubt Art. 127 Abs. 6 AEUV, dass der EZB auch weitere Zuständigkeiten übertragen werden, sodass Art. 127 Abs. 5 und Abs. 6 AEUV eine Einheit bilden.[1391]

Neben dieser systematischen Auslegung zeugt auch eine historische Auslegung davon, dass die Bezugnahme auf Fragen der Finanzstabilität nicht neben dem Verweis auf die Aufsichtsaufgabe steht. Die Trennung der Zentralbank- von

---

1388 *Kempen*, in: Streinz (Hrsg.), EUV/AEUV, 3. Aufl. 2018, Art. 127 AEUV Rn.18; siehe auch Art. 25.1 der ESZB-Satzung.

1389 So explizit auch *BVerfG*, Urteil v. 30.07.2019 - 2 BvR 1685/14, 2 BvR 2631/14, Rz. 166 = BVerfGE 151, 202 (S. 307 f.); *EuGH*, Urteil v. 02.10.2019 - C-152/18 P und C-153/18 P (Crédit mutuel Arkéa/ EZB), ECLI:EU:C:2019:810, Rz. 54. Insoweit spricht auch Art. 139 Abs. 2 lit. c AEUV von „Ziele und Aufgaben des ESZB (Artikel 127 Absätze, 1, 2, 3 und 5)".

1390 Das BVerfG spricht von einem „Fremdkörper", siehe *BVerfG*, Urteil v. 30.07.2019 - 2 BvR 1685/14, 2 BvR 2631/14, Rz. 166 = BVerfGE 151, 202 (S. 307 f.).

1391 Vgl. *Kempen*, in: Streinz (Hrsg.), EUV/AEUV, 3. Aufl. 2018, Art. 127 AEUV Rn.18; *Selmayr*, in: von der Groeben/Schwarze/Hatje (Hrsg.), Europäisches Unionsrecht, 7. Aufl. 2015, Art. 127 AEUV Rn. 37 ff.; vgl. auch *Ohler*, in: Ruffert (Hrsg.), Europäisches Sektorales Wirtschaftsrecht, § 10 Rn. 139. Soweit Art. 127 Abs. 6 AEUV Gegenstand von Verfahren vor dem Bundesverfassungsgericht war, wurden die Ziele der Bankenaufsicht zwar nicht primär diskutiert, sondern die Übertragung von Aufsichtsaufgaben auf die EZB überprüft. Dennoch bestätigt das Urteil des Bundesverfassungsgerichts dieses Ergebnis. In Bezug auf eine enge Auslegung des Art. 127 Abs. 6 AEUV führt der Senat unter Bezugnahme auf Art. 25.1 ESZB-Satzung aus, dass nach Art. 127 Abs. 5 AEUV und Art. 3.3 ESZB-Satzung das ESZB nicht die zuständige Aufsichtsbehörde sei, sondern dieses den nationalen Aufsichtsbehörden lediglich unterstützend und koordinierend zur Seite stehen soll, siehe *BVerfG*, Urteil v. 30.07.2019 - 2 BvR 1685/14, 2 BvR 2631/14, Rz. 167 = BVerfGE 151, 202 (S. 308 f.).

der Aufsichtsfunktion war während den Vertragsverhandlungen von Maastricht Gegenstand der Diskussion.[1392] Die Mitgliedstaaten konnten sich nicht darauf verständigen, der EZB oder dem ESZB stärkere Befugnisse im Rahmen der Bankenaufsicht zu übertragen, weil es unter den Mitgliedstaaten neben Trennungs- auch Fusionssysteme gibt, die geldpolitische und bankenaufsichtliche Funktionen bei den Zentralbanken zentrieren.[1393]

Daher bezieht sich die Zielvorgabe der Finanzstabilität auf die Bankenaufsicht und ist mithin nicht als eigenständiger, davon abgegrenzter Aufgabenbereich der Unterstützungstätigkeit zu sehen.[1394]

Die Zielvorgabe erfasst dabei beide Dimensionen des bankaufsichtsrechtlichen Finanzstabilitätsziels.[1395] Während der Verweis auf die Finanzstabilität in Art. 127 AEUV zwar eine makroökonomische, umfassendere Zielweite suggeriert, verdeutlicht die Rechtsprechung, dass auch die mikroprudenzielle Dimension von Art. 127 Abs. 6 AEUV umfasst ist: Der EuGH hat sich erstmalig im Jahr 2019 mit der Auslegung von Art. 127 Abs. 6 AEUV beschäftigt.[1396] Unter Heranziehung der Ausführungen des Generalanwalts in seinen Schlussanträgen[1397] bestätigte der Gerichtshof, dass „die Wahrnehmung der in Art. 127 Abs. 6 AEUV genannten Aufgaben der Bankenaufsicht die Sicherheit und Solidität von Kreditinstituten, insbesondere der großen Kreditinstitute und der Bankengruppen gewährleisten [soll], um dazu beizutragen, die Stabilität des Finanzsystems in der gesamten Union zu gewährleisten“[1398].

Das Ergebnis wird zwar dadurch relativiert, dass Art. 127 AEUV die Bankenaufsicht durch die EZB regelt, die EBA (und auch BaFin) aber einen weiteren

---

1392 Dazu *Selmayr*, in: von der Groeben/Schwarze/Hatje (Hrsg.), Europäisches Unionsrecht, 7. Aufl. 2015, Art. 127 AEUV Rn. 42.

1393 Hierzu auch *Selmayr*, in: von der Groeben/Schwarze/Hatje (Hrsg.), Europäisches Unionsrecht, 7. Aufl. 2015, Art. 127 AEUV Rn. 42; *Glatz*, Geldpolitik und Bankenaufsicht im Konflikt, S. 257.

1394 Insoweit erfolgt in der Kommentarliteratur auch keine Unterscheidung, siehe *Selmayr*, in: von der Groeben/Schwarze/Hatje (Hrsg.), Europäisches Unionsrecht, 7. Aufl. 2015, Art. 127 AEUV Rn. 41.

1395 Zu den Dimensionen Teil 1 B. II. 1.

1396 *EuGH*, Urteil v. 02.10.2019 – C-152/18 P und C-153/18 P (Crédit mutuel Arkéa/EZB), ECLI:EU:C:2019:810.

1397 Schlussanträge des Generalanwalts Giovanni Pitruzzella vom 18.06.2019, Verbundene Rechtssachen C-152/18 P und C-153/18 P, ECLI:EU:C:2019:505, Rz. 56.

1398 *EuGH*, Urteil v. 02.10.2019 – C-152/18 P und C-153/18 P (Crédit mutuel Arkéa/EZB), ECLI:EU:C:2019:810, Rz. 55.

Handlungszielraum haben.[1399] Dennoch zeigt dies die ureigene und herausgehobene Bedeutung des Finanzstabilitätsziels im bankenaufsichtsrechtlichen Zielkatalog.

Die durch die Basler Grundsätze als auch das Primärrecht indizierte Vorrangstellung wird durch die sekundärrechtliche und nationale Festsetzung der Aufsichtsmandate bestätigt.[1400]

2. *Eigenmittelregulierung als exklusives Instrument für das Finanzstabilitätsziel*

Während das Bankenaufsichtsrecht für neue Ziele grundsätzlich offen ist und der Zielkatalog zeigt, dass Zielpolygone die Regel sind, folgt hieraus nicht, dass jedes bankenaufsichtsrechtliche Instrument gleich geeignet ist, mehrere Ziele, insbesondere konfliktäre, zu verfolgen. Eine begrenzte Zielkapazität lässt sich insbesondere für solche Instrumente konstatieren, die keinen Umsetzungsspielraum für die Aufseher erlauben.

Anders als die Governance- und Risikomanagement-Vorgaben unter Säule 2 sind die Säule-1-Eigenmittelvorgaben nur begrenzt fähig, mehrere – gar konfliktäre – Zielrichtungen zu verfolgen, da es sich um quantitative (Risikobegrenzungs-)Normen[1401] handelt. Damit haben Institute und Aufsichtsbehörden – anders als unter den Governance-/Risikomanagement-Vorgaben – keinen Umsetzungsspielraum.

Durch den grundsätzlichen risikobegrenzenden Ansatz dient die Eigenmittelregulierung in einem besonderen Maße dem bankenaufsichtsrechtlichen Finanzstabilitätsziel.[1402] Eine angemessene Eigenmittelunterlegung von Risikopositionen

1399 Dazu auch *De Arriba-Sellier*, Common Market Law Review 58 (2021), S. 1097 (1125 f.).

1400 Zu den Aufgabenmandaten bereits unter Teil 1 B. I. 1 und Teil 1 B. I. 2. Diese wurden durch die Nachhaltigkeitsregulierung nicht geändert. Siehe zudem bereits *The High-Level Group on Financial Supervision in the EU*, De-Larosière-Bericht, Rn. 149. Auch durch die Änderungsverordnung (EU) 2019/2175 zur EBA-Verordnung wurde die indizierte Höherrangigkeit des Finanzstabilitätsziels nicht angetastet, siehe dort Erwägungsgrund 1.

1401 Quantitative Risikobegrenzungsnormen orientieren sich an messbaren Risiken und enthalten Regeln, die die jeweiligen Risiken in einer Zahl abbilden und gleichzeitig Grenzen festsetzen; dem Adressaten und Anwender wird damit ein bestimmtes, konkretes Verhalten vorgegeben (*Hilke*, Risiko und Bankenaufsicht, S. 35 f.; *Rudolph*, wisu 1991, S. 596 (600); *Burghof/Rudolph*, Bankenaufsicht, S. 51 f.; *Markel*, Qualitative Bankenaufsicht, S. 47). Zur Einordnung von Säule-2-Vorgaben als qualitative Risikobegrenzungsnormen siehe Teil 2 B. II. 2. a) ff) (1).

1402 Dazu *Hilke*, Risiko und Bankenaufsicht, S. 39 ff., 43 ff.; *MacNeil*, in: MacNeil/O'Brien (Hrsg.), The Future of Financial Regulation, S. 141 (148 f.); *Gleeson*, On the Intersoll vornehmlich gewährleisten, dass Verluste aufgefangen und damit eine Schieflage der Bank verhindert wird.[1403] Es werden grundsätzlich „strengere" Anforderungen an Banken gestellt, die dem Leitbild einer Risikominderung folgen.[1404] Die Eigenmittelvorgaben unter Säule 1 sind nicht zuletzt aufgrund der Funktionen des Eigenkapitals in einer besonderen Weise Stabilitätszielen verpflichtet.[1405] Für die Eigenmittelregulierung sollte folglich besonders gelten, dass vergleichbaren Instrumenten harmonische Ziele zugeordnet werden sollten.[1406]

Dass die Eigenmittelregulierung dem Finanzstabilitätsziel den Vorrang einräumen sollte, zeigt ihr Exklusivitätscharakter für das Finanzstabilitätsziel. Die Stabilität des Bankensystems kann nur durch die Finanzmarktregulierung verwirklicht werden, die maßgeblich durch die Eigenmittelregulierung bestimmt ist.[1407] Dagegen ist die Verfolgung des Neuausrichtungsziels nicht vergleichbar von aufsichtsrechtlichen Instrumenten abhängig.[1408] Im Gegenteil, ein GSF würde

national Regulation of Banking, Rn 2. 43; *van Lerven/Ryan-Collins*, Briefing Note: Adjusting Banks´ Capital Requirements in line with sunstainable finance objectives, 28.02.2018, S. 2; siehe auch *Neus*, ZBB 2023, S. 233 (239); *Schemmer*, Klimarisiken im Bankenaufsichtsrecht, S. 226.

1403 Dazu näher etwa *Hilke*, Risiko und Bankenaufsicht, S. 49 ff.; zur Kritik an einer Verfolgung bankaufsichtsfremder Ziele durch die Eigenmittelregulierung siehe *Degenhart*, Zweck und Zweckmäßigkeit bankaufsichtlicher Eigenkapitalnormen, S. 65 ff.; *Krümmel*, Bankenaufsichtsziele und Eigenkapitalbegriff, S. 13.

1404 *Europäische Kommission*, Auf dem Weg zur Vollendung der Bankenunion, 24.11.2015, S. 2; *Rat der Europäischen Union*, Pressemitteilung 353/16, 17.06.2016; Europäische Parlament, Bankenunion — Jahresbericht 2015, Entschließung des Europäischen Parlaments vom 10. März 2016 zur Bankenunion — Jahresbericht 2015 (2015/2221(INI)), ABl. C 50, 80.

1405 Zu den Funktionen des Eigenkapitals siehe etwa *Hilke*, Risiko und Bankenaufsicht, S. 43 ff. Zu den entsprechenden Zielrichtungen der Basler Standards siehe bereits Teil 3 C. I. 1. b) und Teil 3 C. II. 1.

1406 Weitere Vorschläge umfassen u. a. die Anpassung der Großkreditgrenzen für kohlenstoffintensive Vermögenswerte, die stark von Transitionsrisiken abhängig sind, insbesondere als Alternative zum Preismechanismen-vertrauendem BPF, siehe *Schoenmaker/van Tilburg*, Comparative Economic Studies (2016) 58, S. 317 (326); vgl. auch *Europäischer Ausschuss für Systemrisiken*, Reports of the Advisory Scientific Committee, No 6 / Februar 2016, S. 17; siehe zudem zu anderen Optionen *D´Orazio/Popoyan*, Ecological Economics 160 (2019), S. 25, 29 ff.; *Cardona/Berenguer*, I4CE Bericht Juni 2020, S. 28 f.

1407 Ähnlich auch *Colaert*, Common Market Law Review 59 (2022), S. 1669 (1706).

1408 So auch *Colaert*, Common Market Law Review 59 (2022), S. 1669 (1706).

auf Annahmen bauen, die eine mittelbare Lenkung implizieren.[1409] Das Neuausrichtungsziel kann durch andere Instrumente (besser) verwirklicht werden, die nicht mit dem Risikobegrenzungsprinzip der Eigenmittelregulierung korrelieren wie durch steuerrechtliche und umweltrechtliche Maßnahmen.[1410] Anzuführen ist als ein direktes Instrument insbesondere die sog. Carbon Tax.[1411] Eine solche Bepreisung würde die externen Kosten (negative Auswirkungen auf die Umwelt) ein Stück weit fassbar machen, indem eine zusätzliche steuerliche Belastung die finanzielle Performance „brauner" Unternehmen verschlechtern und damit mittelbar auch die Eigenmittelvorhaltung dieser Position bei Banken (über schlechtere Ratings) beeinflussen würde.[1412] Als alternatives bankenaufsichtsrechtliches Instrument ließe sich auch der nicht-risikobasierte BPF oder ein vergleichbares, temporäres Instrument unter Anwendung von Art. 459 CRR[1413] anführen.[1414] Diese würden jedenfalls nicht in einem klaren Konflikt zum Finanzstabilitätsziel stehen,[1415] wenngleich Verschärfungen aus allgemeinen wirtschaftspolitischen

---

1409 Dazu bereits unter Teil 2 B. III. 2. b).

1410 Ähnlich *Colaert*, Common Market Law Review 59 (2022), S. 1669 (1702, 1706, zudem S. 1691 ff. zu möglichen weiteren Maßnahmen); vgl. auch *Schemmer*, Klimarisiken im Bankenaufsichtsrecht, S. 229. Anzuführen ist neben dem EU-Emissionshandelssystem insbesondere das seit 2021 eingeführte nationale Emissionshandelssystem in Deutschland, siehe Gesetz über einen nationalen Zertifikatehandel für Brennstoffemissionen (Brennstoffemissionshandelsgesetz – BEHG) vom 12.12.2019 (BGBl. I 2019, S. 2728), zuletzt geändert am 09.11.2022 (BGBl. I 2002, S. 2006).

1411 Siehe *Schoenmaker/van Tilburg*, Comparative Economic Studies (2016) 58, S. 317 (325); *Dunz/Naqvi/Monasterolo*, Journal of Financial Stability, 54 (2021) 100872; *Europäische Bankenaufsichtsbehörde*, Diskussionspapier vom 02.05.2022, Tabelle 3 (S. 46).

1412 Siehe *Europäische Bankenaufsichtsbehörde*, Diskussionspapier vom 02.05.2022, Tabelle 3 (S. 46); in diese Richtung auch *Deutsche Bundesbank*, Monatsbericht April 2023, S. 75, 80.

1413 Bedenken hiergegen *Europäische Bankenaufsichtsbehörde*, Diskussionspapier vom 02.05.2022, Ziffer 142, S. 46.

1414 So etwa *Cullen*, Came. Yearbook Europ. L. Stud. 20 (2018), S. 61 (84 f.); *Chenet/Ryan-Collins/van Lerven*, Ecological Economics 183 (2021) 106957, S. 7 f.; *van Lerven/Ryan-Collins*, Briefing Note, Adjusting Banks' Capital Requirements in line with Sustainable Finance Objectives, 28.02.2018, S. 4.

1415 *Van Lerven/Ryan-Collins*, Briefing Note, Adjusting Banks' Capital Requirements in line with Sustainable Finance Objectives, 28.02.2018, S. 4 f.; *Steele*, Cornell Journal of Law and Public Policy, Vol. 30, 2020, S. 109 (146); dafür auch *Cullen*, Came. Yearbook Europ. L. Stud. 20 (2018), S. 61 (65, 84–86); *D´Orazio/Popoyan*, Ecological Economics 160 (2019), S. 25 (29).

Zielsetzungen nicht wünschenswert sein dürften, wie auch die relativ niedrigen Eigenmittelvorgaben zeigen.[1416] Schließlich sind auch die MiFID II-Vorgaben zur Abfrage von Nachhaltigkeitspräferenzen anzuführen,[1417] die bereits eine starke Lenkwirkung entfalten dürften.

Es besteht damit keine Exklusivität der Eigenmittelregulierung für das Neuausrichtungsziel. Unter Zugrundelegung der begrenzten Zielekapazität der Eigenmittelregulierung ist damit dem Finanzstabilitätsziel der Vorrang zu geben.

3. *Finanzstabilität als notwendige Bedingung der Neuausrichtung*

Auch im Falle eines Zielkonflikts lässt sich danach fragen, ob das bankenaufsichtsrechtliche Finanzstabilitätsziel und das Neuausrichtungsziel in einer besonderen Zielbeziehung zueinanderstehen, welche zwar keine Zwischen- und Endzielbeziehung begründet, aber ggf. ein Abhängigkeitsverhältnis. Ein Zielkonflikt schließt ein solches Abhängigkeitsverhältnis nicht aus, da der Zielkonfliktuntersuchung stets eine konkrete Instrumentenbetrachtung zugrundeliegt.[1418]

Unter einer solchen Betrachtung lässt sich für den Vorrang des Finanzstabilitätsziels im Bankenaufsichtsrecht anführen, dass die Sicherstellung der aufsichtsrechtlichen Ausprägung des Finanzstabilitätsziels (inkl. der aufsichtlichen Solvabilität der Kreditinstitute) eine Voraussetzung für die Erreichung des Neuausrichtungsziels ist.[1419] Die Sicherstellung der Finanzierungsfunktion des Bankensektors ist eine notwendige Bedingung für das Neuausrichtungsziel. Dies hat bereits die HLEG hervorgehoben:[1420] Finanzstabilität sei eine Voraussetzung für

---

1416 Zu weiteren möglichen negativen Effekten, wie stranded assets, siehe *Colaert*, Common Market Law Review 59 (2022), S. 1669 (1698). Dagegen wird argumentiert, dass dies europäische Institute im internationalen Wettbewerb benachteilige und dabei grüne Investitionen nicht fördere (siehe *Bundesverband der Deutschen Industrie e. V.*, Stellungnahme, Einrichtung eines Rahmens zur Erleichterung nachhaltiger Investitionen vom 27. August 2018, S. 9 f.).

1417 Art. 54 Abs. 2 lit. a, Abs. 5 Delegierte Verordnung (EU) 2017/565.

1418 Dazu bereits Teil 3 A.

1419 So bereits *High-Level Expert Group on Sustainable Finance*, Final Report 2018, S. 68: „Financial stability is a prerequisite for sustainability"; zudem *Colaert*, Common Market Law Review 59 (2022), S. 1669 (1706); *Alexander/Fisher*, in: Fisher (Hrsg.), Making the Financial System Sustainable, S. 49, 66; vgl. auch *Manninen/Tiililä*, Bank of Finland, Bulletin, 13.07.2020, S. 2; vgl. auch zudem *Deutsche Bundesbank*, Monatsbericht April 2023, S. 75, 80; ähnlich *Schemmer*, Klimarisiken im Bankenaufsichtsrecht, S. 229.

1420 Zur Deckung der Zielformulierungen der HLEG mit den Zielen für das Bankenaufsichtsrecht siehe Teil 2 B.

Nachhaltigkeit und zur Verwirklichung beider Ziele müsse gewährleistet sein, dass Eigenmittelanforderungen risikobasiert bleiben.[1421] Eine aus der Nachhaltigkeitsregulierung resultierende Instabilität des Bankensektors ist aus Sicht des Neuausrichtungsziels ebenso wenig wünschenswert wie aus Sicht des aufsichtsrechtlichen Finanzstabilitätsziels, da dies letztlich den Abzug von grünen Investments nach sich ziehen und das Vertrauen in Sustainable Finance schwächen würde.[1422] Durch weniger Eigenmittel für grüne Risikopositionen aber für gleiche Risiken bestünde zudem die Gefahr, dass die Kreditwürdigkeit von europäischen Banken herabgestuft würde, was die Resilienz des Bankensektors bedroht und die Kreditvergabe insgesamt und damit auch für nachhaltige Kredite verteuern könnte.[1423]

Es könnte zwar argumentiert werden, dass das Ziel der Neuausrichtung der Kapitalflüsse in jedem Fall vorgehen müsse, da eine nachhaltige Wirtschaft mit Blick auf sonst drohende systemische Risiken auf lange Sicht auch für die allgemeine Finanzstabilität essenziell ist.[1424] Es bedarf damit zweifelsohne einer grundsätzlichen Transition der Wirtschaft und Anpassung des Finanzsystems. Insbesondere eine späte oder plötzliche Transition der Wirtschaft gilt es zu verhindern.[1425] Die Sicherstellung des ökologischen Fundaments ist damit auch eine notwendige Voraussetzung für die langfristige Finanzstabilität. Für eine nachhaltige Wirtschaft bedarf es aber wiederum einer laufenden Sicherstellung der Finanzierungsfunktion des Bankensektors. Zwar lässt sich anführen, dass dies vornehmlich die Sicherstellung der makroprudenzielle Dimension des Finanzstabilitätsziels erfordert. Gleichwohl ist die mikroprudenzielle Dimension wiederum eine Bedingung hierfür,[1426] sodass das bankenaufsichtsrechtliche Finanzstabilitätsziel auch unter der mikroprudenziellen Dimension notwendige Bedingung des Neuausrichtungsziels ist.

1421 *High-Level Expert Group on Sustainable Finance*, Final Report 2018, S. 68.

1422 So auch *van Lerven/Ryan-Collins*, Briefing Note, Adjusting Banks' Capital Requirements in line with Sustainable Finance Objectives, 28.02.2018, S. 3; *Matikainen*, LSE Commentary, 18.12.2017.

1423 So auch *van Lerven/Ryan-Collins*, Briefing Note, Adjusting Banks' Capital Requirements in line with Sustainable Finance Objectives, 28.02.2018, S. 3.

1424 Vgl. dazu *Colaert*, Common Market Law Review 59 (2022), S. 1669 (1706).

1425 *De Arriba-Sellier*, Common Market Law Review 58 (2021), S. 1097 (1133); *Schotten u. a.*, 14 DNB Occasional Studies (2016), S. 67 ff.

1426 Siehe zur mikro- und makroprudenziellen Dimension des Finanzstabilitätsziels im Bankenaufsichtsrecht Teil 1 B. II. 1.

D. Zusammenfassung und Ergebnisse Teil 3

Während im Hinblick auf einen risikobasierten GSF mindestens eine Zielneutralität festgestellt werden konnte, ist mit dem risikobasierten BPF, vorausgesetzt eine doppelte Berücksichtigung von Umweltrisiken unter Säule 1 würde verhindert, eine Zielharmonie gegeben. Ein GSF unter einem wirtschaftspolitischen Ansatz würde dagegen einen Zielkonflikt zum bankenaufsichtsrechtlichen Finanzstabilitätsziel begründen. Mit Blick auf einen nicht-risikobasieren BPF drängt sich dagegen kein Zielkonflikt auf, da höhere Eigenmittelanforderungen die Finanzstabilität grundsätzlich stärken. Ein Zielkonflikt ließe sich dagegen begründen, wenn die Risikobetrachtung unter Säule 1 als elementarer Bestandteil des bankenaufsichtsrechtlichen Finanzstabilitätsziels betrachtet würde.

Das Neuausrichtungsziel stellt – allgemein betrachtet – ein legitimes Aufsichtsziel dar, da ein abschließender Zielkatalog für das Bankenaufsichtsrecht rechtlich nicht verbindlich vorgegeben und zudem eine Berücksichtigung von Umweltschutzbelangen im Bankenaufsichtsrecht und der Bankenaufsicht nach den rechtlichen Grundlagen möglich ist. Die primärrechtlichen Kompetenznormen verhalten sich hinsichtlich der aufsichtlichen Soll-Ziele neutral. Die Rechtsetzungskompetenzen grenzen den möglichen Zielkatalog lediglich insoweit ein, als sich aufsichtsrechtliche Ziele nicht in Widerspruch zu den Zielen des Art. 114 AEUV und des Art. 53 AEUV verhalten und diese auch nicht verdrängen dürfen. Diese Voraussetzung ist tatsächlich formaler Natur, da dem Rechtsetzer ein signifikanter Begründungspielraum zugestanden wird. Auch aus den Aufsichtsmandaten lässt sich kein abschließender Zielkatalog herleiten. Während das Mandat der Bankenaufsicht grundgesetzlich nicht festgehalten ist, bieten die primärrechtlichen Grundlagen über die Aufsichtsmandate hinaus auch keine Anhaltspunkte für eine abschließende Aufzählung. Diese grundsätzliche Möglichkeit einer Berücksichtigung erlaubt gleichwohl keine Aussage darüber, in welchem Ausmaß Umweltschutzbelange zu beachten sind.

Wenngleich das Neuausrichtungsziel damit grundsätzlich ein legitimes Aufsichtsziel ist, ist dem Finanzstabilitätsziel für das Bankenaufsichtsrecht der Vorrang zu geben. Die Vorrangstellung ist einerseits rechtlich indiziert. Durch Art. 127 Abs. 5, 6 AEUV ist das Finanzstabilitätsziel für das Bankenaufsichtsrecht primärrechtlich festgehalten, während das Neuausrichtungsziel als Ausprägung des Umweltschutzes und des Ziels einer nachhaltigen Entwicklung, mithin letztlich als Ausprägung des Binnenmarktziels, keine direkte Beziehung zu den materiellen Zielen des Bankenaufsichtsrechts aufweist. Die Basler Grundsätze zeigen die Zielhierarchie zudem klar, auch wenn sie keine rechtlich verbindliche Zielhierarchie abbilden können. Andererseits spricht der Exklusivitätscharakter der Eigenmittelregulierung für die Erreichung des bankenaufsichtsrechtlichen Finanzstabilitätsziels für dessen Vorrang, während das Neuausrichtungsziel auch durch andere nicht-aufsichtsrechtliche Instrumente verfolgt werden kann. Schließlich ist die bankenaufsichtsrechtliche Finanzstabilität, inklusive der Solvabilität der Kreditinstitute, die die Funktionsfähigkeit des Bankensektors und damit die Finanzierungsfunktion gewährleistet, eine notwendige Bedingung für das Neuausrichtungsziel. Mithin ist dem Finanzstabilitätsziel im Aufsichtsrecht auch aus Sicht einer optimalen Verwirklichung des Neuausrichtungsziels – trotz der zu befürworteten Lenkung – im aufsichtsrechtlichen Konfliktfall der Vorrang zu geben.

Schluss

Das europäische und nationale Bankenaufsichtsrecht verfolgen zwei Hauptziele: die Sicherstellung der Finanzstabilität sowie einen Kundenschutz. Die weiteren Ziele des Bankenaufsichtsrechts stellen Zwischen- oder Nebenziele zum Finanzstabilitäts- und Kundenschutzziel dar. Das Kundenschutz- und auch Finanzstabilitätsziel sind qualitative Ziele, sodass sie sich vornehmlich anhand der zielfinalen Instrumente mit einem materiellen Aussage- und letztlich Bedeutungsgehalt ausfüllen lassen.

Das bankenaufsichtsrechtliche Finanzstabilitätsziel ist durch eine mikro- und makroprudenzielle Dimension geprägt und wird ordnungspolitisch und dabei vorwiegend unter Hinzuziehung der negativen Sonderstellung des Bankensektors begründet. Während die mikroprudenzielle Dimension an die jeweiligen Institute anknüpft, wird mit der makroprudenziellen Dimension ein Systemrisikoschutz verfolgt.

Das bankenaufsichtsrechtliche Kundenschutzziel erfasst den Einleger-, Anleger- und kollektiven Verbraucherschutz. Während der Einleger- und Anlegerschutz in einen Vermögens- und damit „Gläubigerschutz" münden, geht der kollektive Verbraucherschutz über einen reinen vermögensrechtlichen Schutz hinaus.

Das Finanzstabilitätsziel hat eine herausgehobene Bedeutung für das Bankenaufsichtsrecht, die es aber nicht erlaubt, das Kundenschutzziel gänzlich als ein Zwischen- oder Nebenziel zu diesem zu betrachten.

Der Nachhaltigkeitsregulierung liegt das Pariser Klimaschutzübereinkommen in seiner Ausprägung im Aktionsplan und der neuen Sustainable-Finance-Strategie der Europäischen Kommission zugrunde. Das Nachhaltigkeitsverständnis ist damit maßgeblich durch die internationalen Bemühungen einer nachhaltigen Entwicklung geprägt. Dagegen wurden „Nachhaltigkeitsziele" im Bankenaufsichtsrecht vor der Nachhaltigkeitsregulierung ganz im Lichte des Finanzstabilitätsziels zeitlich und ökonomisch verstanden. Dieses finale Nachhaltigkeitsverständnis spiegelt sich in zentralen bankenaufsichtsrechtlichen Vorgaben wider, insbesondere in den Anforderungen an ein angemessenes Risikomanagement und dem Erfordernis einer nachhaltigen Geschäftsstrategie. Unter einer aufsicht(-srecht)lichen Perspektive – und damit als Ausdruck des allgemeinen post-Krisenbewusstseins – fokussierte sich die Regulierung auf den Finanzsektor als Auslöser und Aggressor von Krisen in der Realwirtschaft. Insoweit war es folgerichtig, das bankenaufsichtliche Nachhaltigkeitsverständnis im Sinne einer rein ökonomischen und auf den Bankensektor begrenzten Nachhaltigkeit zu verstehen. Mittlerweile ist der Terminus „Nachhaltigkeitsziele“ durch die Nachhaltigkeitsregulierung überlagert und durch diese geprägt.

Die Nachhaltigkeitsregulierung im Bankenaufsichtsrecht verfolgt neben dem Neuausrichtungsziel auch das Finanzstabilitätsziel weiter. Die Vorgaben und Erwartungen zur ESG-Risikobetrachtung werden bereits durch den Regulator unter das Finanzstabilitätsziel eingeordnet. Eine ESG-Risikobetrachtung ist zudem abstrakt zielkonform zum Finanzstabilitätsziel, da ESG-Risiken finanzielle Risiken darstellen. Dabei handelt es sich für aufsichtliche Zwecke nicht um eine separate Risikoart, sondern um Treiber bekannter bankenaufsichtlicher Risiken wie des Kredit-, Markt- und Liquiditätsrisikos sowie operationeller Risiken.

Die Anforderungen an ein ESG-Risikomanagement sind derzeit insbesondere durch die MaRisk und Erwartungen der Aufseher geprägt. Mit der CRD VI ist mittlerweile eine sekundärrechtliche Festsetzung erfolgt, die sich maßgeblich an den Erwartungen der EBA orientiert, wobei sich die Erwartungen der BaFin und EZB im Kern mit den Erwartungen der EBA decken. Im Allgemeinen wird derzeit ein Fokus auf Umweltfaktoren und -risiken gelegt.

Die Erwartungen und Vorgaben betreffen alle Säule-2-Elemente (Berücksichtigung in den Strategien, der ESG-Risikosteuerung, eine mögliche Berücksichtigung im ICAAP und in den institutsinternen Stresstests sowie in den Vergütungssystemen). Spiegelbildlich hierzu ist eine Erweiterung und Anpassung der Prüfelemente im SREP anvisiert. Auch im Hinblick auf die konkreten Vorgaben wurde eine Zielkonformität zum Finanzstabilitätsziel festgestellt, wenngleich die Vorgaben (insbesondere die Forderungen nach einer Entwicklung nachhaltiger Produkte, das Aufstellen von Transitionsplänen) eine starke mittelbare Lenkwirkung zugunsten des Neuausrichtungsziels aufweisen. Die Aufsicht und die Vorgaben sind aber weiterhin durch einen Risikoansatz und ein ökonomisches Nachhaltigkeitsverständnis geprägt, insbesondere mit Blick auf „nachhaltige Geschäftsstrategien“ unter § 25a Abs. 1 Satz 3 Hs. 2 Nr. 1 KWG. Weitergehende bzw. isolierte ökologische Nachhaltigkeitsforderungen werden nicht gestellt. ESG-Risiken werden damit (nur) unter einem finanziellen Aspekt aufgegriffen. Sollte es in der praktischen Aufsicht im Einzelfall einen Zielkonflikt geben (etwa bei der Bewertung von Geschäftsmodellen), so geben die ESG-Risikobetrachtung und die ökonomischen Nachhaltigkeitsparameter zudem einen Vorrang des Finanzstabilitätsziels vor.

Eine materielle Änderung stellt dagegen die Ausweitung des Planungshorizonts dar, die dem aufsichtlichen Finanzstabilitätsziel in Form einer langfristigen Resilienzsicherstellung eine neue Nuance gibt.

Auch die ESG-Risikooffenlegung unter Säule 3 nach Art. 449a CRR ist unter dem Gesichtspunkt der Marktdisziplin noch zielkonform zum Finanzstabilitätsziel, wenngleich insbesondere die quantitativen Offenlegungen, u. a. der GAR, eine mittelbare Lenkwirkung erzeugen. Auch eine Berücksichtigung bei der Risikomessung im Rahmen der Eigenmittelvorgaben der ersten Säule dürfte formal gesehen aufgrund des finanziellen Charakters von ESG-Risiken zielkonform sein.

Dem Ziel der Neuausrichtung der Kapitalflüsse werden hingegen mögliche Anpassungsfaktoren zugeordnet. Während ein grüner Unterstützungsfaktor (GSF) die Eigenmittelunterlegung für grüne Positionen erleichtern würde, würde ein brauner Bestrafungsfaktor (BPF) eine solche für braune Positionen erhöhen.

Ob das Neuausrichtungsziel in einem Zielkonflikt zu den traditionellen Zielen des Bankenaufsichtsrecht steht, ist anhand der konkreten Instrumente zu beleuchten, mithin anhand dieser möglichen Anpassungsfaktoren. Die Instrumentenbetrachtung zeigt, dass die Anpassungsfaktoren nicht in jedem Fall einen Zielkonflikt erzeugen würden. Während für den BPF grundsätzlich eine Zielharmonie oder -neutralität ausgemacht werden konnte, würde das Neuausrichtungsziel in Gestalt eines GSF unter Heranziehung eines wirtschaftspolitischen Ansatzes einen Anpassungsfaktor bedeuten, der nicht unter finanziellen (Risiko-) Gesichtspunkten und damit im Sinne des Finanzstabilitätsziels geboten wäre, sondern vielmehr zum Finanzstabilitätsziel im Zielkonflikt stehen würde. Zwar ist eine Lenkung von Kapitalflüssen aus Systemsicht geboten, gleichwohl liegt der Schwerpunkt des Finanzstabilitätsziels in der Eigenmittelregulierung in der mikroprudenziellen Dimension. Zudem bedingen sich die beiden Dimensionen, insbesondere bei systemrelevanten Banken, sodass eine ausreichende Eigenmittelunterlegung für beide Dimensionen des Finanzstabilitätsziels essenziell ist.

Im Hinblick auf die Lösung des Zielkonflikts wurde zunächst eine Legitimität des Neuausrichtungsziels als Aufsichtsziel – auch außerhalb einer Risikobetrachtung – aufgezeigt. Das europäische und nationale Bankenaufsichtsrecht ist für neue Ziele grundsätzlich offen. Ein abschließender Zielkatalog findet sich weder in den Rechtsetzungskompetenzen noch in den primärrechtlichen Aufsichtsmandaten. Eine Ausnahme bildet dabei die Aufsichtstätigkeit der EZB, die aber die Ziele des Bankenaufsichtsrechts nicht im Allgemeinen beschränkt, sondern (von vornherein) eine Teilmenge abbildet, was sich bereits an dem Verbraucherschutzziel zeigt, welches unter dem SSM weiterhin nur durch die nationalen Aufseher verfolgt wird. Hieraus kann mithin nicht geschlussfolgert werden, dass weitergehende Ziele durch eine europäische Regulierung ausgeschlossen sind. Auch auf internationaler Ebene ist – unabhängig von der rechtlichen Bindung der Basler Grundsätze – kein abschließender Zielkatalog zu finden. Gegen das

Neuausrichtungsziel als Aufsichtsziel sprechen auch nicht sonstige primär- und verfassungsrechtliche Beschränkungen. Darüber hinaus ist eine Berücksichtigung von Umweltschutzbelangen im Primärrecht angelegt, wenngleich diese Möglichkeit keine Wertungen dahingehend zulässt, in welchem Ausmaß eine Berücksichtigung im Bankenaufsichtsrecht zu erfolgen hat, z. B. ob auch eine Berücksichtigung über eine Risikobetrachtung hinaus erfolgen soll. Zudem lässt sich hieran nicht festmachen, wie in einem Konfliktfall zu den sonstigen Aufsichtszielen zu entscheiden ist.

Obwohl damit das Neuausrichtungsziel ein grundsätzlich legitimes Ziel des Bankenaufsichtsrechts darstellt, ist dem Finanzstabilitätsziel im Konfliktfall der Vorrang zu geben. Diese Vorrangstellung ist trotz einer fehlenden primär- und verfassungsrechtlichen ausdrücklichen Zielhierarchie rechtlich angezeigt. Neben primärrechtlichen Anknüpfungspunkten (Art. 127 Abs. 5, 6 AEUV) und den Aufsichtsmandaten lässt sich dies insbesondere auf die Basler Grundsätze als *soft law* stützen. Für eine Vorrangstellung im konkreten Konfliktfall spricht ferner, dass die Eigenmittelregulierung als ein exklusives Instrument für das bankenaufsichtsrechtliche Finanzstabilitätsziel fungiert. Der Disruption des aufsichtlichen Eigenmittelrahmens und damit der Einbuße in Bezug auf das Finanzstabilitätsziel steht das Neuausrichtungsziel gegenüber, das auf (bessere) andere Instrumente zurückgreifen kann. Letztlich stellt die Sicherstellung des bankenaufsichtsrechtlichen Finanzstabilitätsziels, auch unter seiner mikroprudenziellen Dimension, eine notwendige Bedingung für das Neuausrichtungsziel dar.

Zusammenfassend konnte gezeigt werden, dass die aktuellen bankenaufsichtsrechtlichen Vorgaben der Nachhaltigkeitsregulierung nicht in einem Zielkonflikt zu den traditionellen Zielen des Bankenaufsichtsrechts stehen. Vielmehr werden traditionelle Ziele weiterverfolgt und die (geplanten) Vorgaben verhalten sich (noch) zielkonform, auch soweit sich die Vorgaben als mittelbare Instrumente für das Neuausrichtungsziel einordnen lassen.

Dagegen wäre mit Blick auf einen möglichen nicht-risikobasierten GSF ein Zielkonflikt gegeben. Während das Neuausrichtungsziel ein grundsätzlich legitimes Aufsichtsziel darstellt, ist dem Finanzstabilitätsziel im konkreten Konfliktfall aber der Vorrang zu geben.

Literaturverzeichnis

Albert, Anna, § 6, in: Reischauer, Friedrich/Kleinhans, Joachim (Begr.), Albert, Anja/Brogl, Frank/Bitterwolf, Manfred/Mielk, Holger (Hrsg.), Kreditwesengesetz (KWG), Kommentar für die Praxis nebst CRR, Nebenbestimmungen und Mindestanforderungen, Updatestand: 1. Ergänzungslieferung 2014, Werkstand: 6. Ergänzungslieferung 2024, Berlin, zitiert als: *Albert*, in: Reischauer/Kleinhans, KWG, Werkstand: 6. EL 2024, § 6.

Alexander, Kern, Principles of Banking Regulation, Cambridge 2019, zitiert als: *Alexander*, Principles of Banking Regulation.

Alexander, Kern, Stability and Sustainability in Banking Reform: Are Environmental Risks Missing in Basel III?, University of Cambridge Institute for Sustainability Leadership, UNEP FI, 16.10.2014, abrufbar unter: https://www.cisl.cam.ac.uk/resources/sustainable-finance-publications/banking-regulation, letzter Abruf am 31.03.2023, zitiert als: *Alexander*, Stability and Sustainability in Banking Reform: Are Environmental Risks Missing in Basel III?, CISL & UNEP FI, 2014.

Alexander, Kern/Fisher, Paul, Central Banking and Climate Change, in: Fisher, Paul (Hrsg.), Making the Financial System Sustainable, Cambridge 2021, S. 49-74, zitiert als: *Alexander/Fisher*, in: Fisher (Hrsg.), Making the Financial System Sustainable, S. 49.

Alexander, Kern/Fisher, Paul, Banking Regulation and Sustainability, in: Beekhoven van den Boezem, Frits-Joost/Jansen, Corjo/Schuijling, Ben (Hrsg.), Sustainability and Financial Markets, Deventer 2019, S. 7-32, zitiert als: *Alexander/Fisher*, in: Beekhoven van den Boezem/Jansen/Schuijling (Hrsg.), Sustainability and Financial Markets, S. 7.

Allen, William/Wood, Geoffrey, Defining and achieving financial stability, in: Journal of Financial Stability 2 (2006), S. 152-172, zitiert als: *Allen/Wood*, Journal of Financial Stability 2 (2006), S. 152.

Alpha, Jan-Ole, Das Staatsziel Finanzmarkstabilität – Verfassung- und europarechtliche Vorgaben für die Stabilität der Finanzmärkte, Berlin 2021, zitiert als: *Alpha*, Das Staatsziel Finanzmarktstabilität.

Aramonte, Sirio/Zabai, Anna, Sustainable finance trends, valuations and exposures, in: Markets send mixed signals, BIS Quaterly Review, September 2021, S. 1-14, zitiert als: *Aramonte/Zabai*, BIS Quaterly Review, September 2021, S. 1.

Arlt, Roland, Nachhaltigkeitsdarlehen nach den Sustainability Linked Loan Principles, in: BKR 2019, S. 477-484, zitiert als: *Arlt*, BKR 2019, S. 477.

Augsberg, Steffen, Rechtsetzung zwischen Staat und Gesellschaft, Möglichkeiten differenzierter Steuerung des Kapitalmarktes, Berlin 2003, zitiert als: *Augsberg*, Rechtsetzung zwischen Staat und Gesellschaft.

Bank of England, Transition in thinking: The impact of climate change on the UK banking sector, London, September 2018, abrufbar unter: https://www.bankofengland.co.uk/-/media/boe/files/prudential-regulation/report/transition-in-thinking-the-impact-of-climate-change-on-the-uk-banking-sector.pdf?la=en&hash=A0C99529978C94AC8E1C6B4CE1EECD8C05CBF40D, letzter Abruf am 31.03.2023, zitiert als: *Bank of England*, Transition in thinking, September 2018.

Bank of England, The impact of climate change on the UK insurance sector, a climate change adaptation report by the Prudential Regulation Authority, September 2015, abrufbar unter: https://www.bankofengland.co.uk/-/media/boe/files/prudential-regulation/publication/impact-of-climate-change-on-the-uk-insurance-sector.pdf, letzter Abruf am 31.03.2023, zitiert als: *Bank of England*, The impact of climate change in the UK insurance sector, September 2015.

Banque de France/Autorité de Contrôle Prudentiel et de Résolution, French banking groups facing climate change-related risks, Analyses et synthèses No.101 – 2019, abrufbar unter: https://acpr.banque-france.fr/sites/default/files/medias/documents/as_101_climate_risk_banks_en.pdf, letzter Abruf am 31.03.2023, zitiert als: *Banque de France/Autorité de Contrôle Prudentiel et de Résolution*, French banking groups facing climate change-related risks 2019.

Baranovic, Ivana/Busies, Iulia/Coussens, Wouter/Grill, Michael/Hempell, Hannah, The challenge of capturing climate risks in the banking regulatory framework: is there a need for a macroprudential response?, Macroprudential Bulletin, European Central Bank, Vol. 15. 2021, abrufbar unter: https://www.ecb.europa.eu/pub/financial-stability/macroprudential-bulletin/html/ecb.mpbu202110_1~5323a5baa8.en.html, letzter Abruf am 31.03.2023, zitiert als: *Baranovic u. a.*, The challenge of capturing climate risks in the banking regulatory framework: is there a need for a macroprudential response?, Macroprudential Bulletin, European Central Bank, Vol. 15. 2021.

Basler Ausschuss für Bankenaufsicht, Frequently asked questions on climate-related financial risks, 08.12.2022, zitiert als: *Basler Ausschuss für Bankenaufsicht*, FAQs zu Klimarisiken.

Basler Ausschuss für Bankenaufsicht, Principles for the effective management and supervision of climate-related financial risks, Guidelines, Juni 2022, zitiert als: *Basler Ausschuss für Bankenaufsicht*, Principles for the effective management and supervision of climate-related financial risks, Juni 2022.

Basler Ausschuss für Bankenaufsicht, Climate-related risk drivers and their transmission channels, Report, April 2021, zitiert als: *Basler Ausschuss für Bankenaufsicht*, Climate-related risk drivers and their transmission channels, Report, April 2021.

Basler Ausschuss für Bankenaufsicht, Guidelines on sound management of risks related to money laundering and financing of terrorism, Januar 2014, rev. July 2020, zitiert als: *Basler Ausschuss für Bankenaufsicht*, Leitlinien: Solides Management der Risiken im Zusammenhang mit Geldwäsche und Terrorismusfinanzierung.

Basler Ausschuss für Bankenaufsicht, Core Principles for effective banking supervision, Basel September 1997, zuletzt aktualisiert am 15.12.2019, zitiert als: *Basler Ausschuss für Bankenaufsicht*, Basler Grundsätze.

Basler Ausschuss für Bankenaufsicht, Charta, aktualisiert am 05.06.2018, zitiert als: *Basler Ausschuss für Bankenaufsicht*, Charta.

Basler Ausschuss für Bankenaufsicht, Basel III: Ein globaler Regulierungsrahmen für widerstandsfähigere Banken und Bankensystem, Dezember 2010, geändert Juni 2011, zitiert als: *Basler Ausschuss für Bankenaufsicht*, Basel III.

Basler Ausschuss für Bankenaufsicht, Internationale Konvergenz der Eigenkapitalmessung und Eigenkapitalanforderungen, Überarbeitete Rahmenvereinbarung, umfassende Version, Juni 2006, zitiert als: *Basler Ausschuss für Bankenaufsicht*, Basel II.

Battiston, Stefano/Dafermos, Yannis/Monasterolo, Irene, Climate risks and financial stability, in: Journal of Financial Stability 54 (2021) 100867, zitier als: *Battiston/Dafermos/Monasterolo*, Journal of Financial Stability 54 (2021) 100867.

Bauer, Denise/Schuster, Gunnar, Nachhaltigkeit im Wandel, in: Bauer, Denise/ Schuster, Gunnar (Hrsg.), Nachhaltigkeit im Bankensektor, Köln 2016, S. 1-4, zitiert als: *Bauer/Schuster*, in: Bauer/Schuster (Hrsg.), Nachhaltigkeit im Bankensektor, S. 1.

Bauer, Denise/Stegmaier, Martina, Nachhaltigkeit als (Regulierungs-) Konzept im Bankensektor, in: Bauer, Denise/Schuster, Gunnar (Hrsg.), Nachhaltigkeit im Bankensektor, Köln 2016, S. 5-37, zitiert als: *Bauer/ Stegmaier*, in: Bauer/Schuster (Hrsg.), Nachhaltigkeit im Bankensektor, S. 5.

Bauerschmidt, Jonathan, Finanzstabilität als Ziel der Bankenunion, in: ZHR 183 (2019), S. 476-503, zitiert als: *Bauerschmidt*, ZHR 2019, S. 476.

Becke, Guido, Auf dem Weg zur Nachhaltigkeit – Vom Change Management zum Mindful Change, in: Organisationsentwicklung: Zeitschrift für Unternehmensentwicklung und Change Management, Heft 4, 2010, S. 4-11, zitiert als: *Becke*, Zeitschrift für Unternehmensentwicklung und Change Management, Heft 4, 2010, S. 4.

Beltrán, Allan/Maddison, David/Elliot, Robert J. R., Is Flood Risk Capitalised into property values?, in; Ecological Economics, Volume 146, April 2018, S. 668-685, zitiert als: *Beltrán/Maddison/Elliot*, Ecological Economics Vol. 146 (2018), S. 668.

Berenguer, Maria/Cardona, Michel/Evain, Julie, Integrating Climate-related Risks into Banks' Capital Requirements, Institute for Climate Economics (I4CE), März 2020, abrufbar unter: https://www.i4ce.org/wp-content/ uploads/IntegratingClimate_EtudeVA.pdf, letzter Abruf am 31.03.2023, zitiert als: *Berenguer/Cardona/Evain*, I4CE, März 2020.

Bianchini, Roberto/Gianfrate, Gianfranco, Climate risks and the practice of corporate Valuation, in: Boubaker, Sabri/Cumming, Douglas/Nguyen, Duc K. (Hrsg.), Research Handbook of Finance and Sustainability, 2019, S. 436-457, zitiert als: *Bianchini/Gianfrate*, in: Boubaker/Cumming/Nguyen (Hrsg.), Research Handbook of Finance and Sustainability, S. 436.

Bieg, Hartmut/Krämer, Georg/Waschbusch, Gerd, Risiken bankbetrieblicher Tätigkeit, in: Bieg, Hartmut/Krämer, Georg/Waschbusch, Gerd/Igl. Andreas (Hrsg.), Bankenaufsicht in Theorie und Praxis, 6. Aufl., Frankfurt am

Main 2023, S. 1-64, zitiert als: *Bieg/Krämer/Waschbusch*, in: Bieg/Krämer/Waschbusch/Igl (Hrsg.), Bankenaufsicht in Theorie und Praxis, S. 1.

Bieg, Hartmut/Krämer, Georg/Waschbusch, Gerd, Notwendigkeit und Ziele bankenaufsichtsrechtlicher Regelungen, in: Bieg, Hartmut/Krämer, Georg/Waschbusch, Gerd/Igl. Andreas (Hrsg.), Bankenaufsicht in Theorie und Praxis, 6. Aufl., Frankfurt am Main 2023, S. 65-80, zitiert als: *Bieg/Krämer/Waschbusch*, in: Bieg/Krämer/Waschbusch/Igl (Hrsg.), Bankenaufsicht in Theorie und Praxis, S. 65.

Bierman, Bart, Sustainable Capital: Prudential Supervision on Climate Risks for Banks, in: Beekhoven van den Boezem, Frits-Joost/Jansen, Corjo/Schuijling, Ben (Hrsg.), Sustainability and Financial Markets, Deventer 2019, S. 129-162, zitiert als: *Bierman*, in: Beekhoven van den Boezem/Jansen/Schuijling (Hrsg.), Sustainability and Financial Markets, S. 129.

Binham, Caroline/Crow, David, Carney plans to test UK banks' resilience to climate change, Financial Times, 17.12.2018, abrufbar unter: https://www.ft.com/content/0ba2390a-ffd4-11e8-ac00-57a2a826423e, letzter Abruf am 31.03.2023 zitiert als: *Binham/Crow*, Financial Times, 17.12.2018.

Blömer, Ulrike, Grenzüberschreitende Sachverhalte im Bankenaufsichtsrecht, Frankfurt am Main 2010, zitiert als: *Blömer*, Grenzüberschreitende Sachverhalte im Bankenaufsichtsrecht.

Bodansky, Daniel, The Legal Character of the Paris Agreement, in: 25 Review of European, Comparative & International Environmental Law (2016), S. 142–150, zitiert als: *Bodansky*, 25 Review of European, Comparative & International Environmental Law (2016), S. 142.

Bolton, Patrick/Despres, Morgan/Pereira de Silva, Luiz Awazu/Samama, Frédéric/Svartzman, Romain, The green swan – Central banking and financial stability in the age of climatechange, BIS, Januar 2020, abrufbar unter: https://www.bis.org/publ/othp31.pdf, letzter Abruf am 31.03.2023, zitiert als: *Bolton u. a.*, The green swan, BIS, Januar 2020.

Boot, Arnoud/Schoenmaker, Dirk, Climate change adds to risk for banks, but EU lending proposals will do more harm than good, Blogpost vom 16.01.2018 auf bruegel.org, abrufbar unter: https://www.bruegel.org/2018/01/climate-change-adds-to-risk-for-banks-but-eu-lending-proposals-will-do-more-harm-than-good/, letzter Abruf am 31.03.2023, zitiert als: *Boot/Schoenmaker*, Blogpost bruegel vom 16.01.2018.

Bopp, Robert/Weber, Max, Sustainable Finance: Risiken und Chancen für Banken aus dem Klimawandel, Stuttgart 2020, zitiert als: *Bopp/Weber*, Sustainable Finance: Risiken und Chancen für Banken aus dem Klimawandel.

Bopp, Robert/Weber, Max, Sustainable Finance: Konzepte für eine nachhaltige Finanzwirtschaft, in: WPg 2020, 899–909, zitiert als: *Bopp/Weber*, WPg 2020, S. 899.

Borio, Claudio, Towards a macroprudential framework for financial supervision and regulation?, BIS Working papers, No. 128, 02.02.2003, zitiert als: *Borio*, BIS Working Papers, No. 128, Februar 2003.

Borio, Claudio/Drehmann, Mathias, Towards an operational framework for financial stability: "fuzzy" measurement and its consequences, in: BIS Working Papers, No 284, 11.06.2009, zitiert als: *Borio/Drehmann*, BIS Working Papers, No. 284, Juni 2009.

Bowen, Howard, Social Responsibilities of the Businessman, New York 1953, 1st Edition, zitiert als: *Bowen*, Social Responsibilities of the Businessman.

Braun, Ulrich, § 25a, in: Fischer, Reinfrid /Schulte-Mattler, Hermann (Hrsg.), Kommentar zu Kreditwesengesetz, VO (EU) Nr. 575/2013 (CRR) und Ausführungsvorschriften, Band 1, 6. Aufl., München 2023, zitiert als: *Braun*, in: Fischer/Schulte-Mattler (Hrsg.), KWG, 6. Aufl. 2023, § 25a.

Breitenfellner, Andreas/Pointner, Wolfgang/Schuberth, Helene, The Potential Contribution of Central Banks to Green Finance, in: Vierteljahrshefte zur Wirtschaftsforschung, Volume 88, 02.2019, S. 55–72, zitiert als: *Breitenfellner/Pointner/Schuberth*, Vierteljahrshefte zur Wirtschaftsforschung, Volume 88, 02.2019, S. 55.

Breuer, Stefan, § 12. Interne Revision und Berichterstattung an den Aufsichtsrat, in: Hopt, Klaus/Binder, Jens-Hinrich/Böcking, Hans-Joachim (Hrsg.), Handbuch Corporate Governance von Banken und Versicherungen, 2. Aufl. 2020, zitiert als: *Breuer*, in: Hopt/Binder/Böcking, (Hrsg.), Handbuch Corporate Governance von Banken und Versicherungen, § 12.

Bueren, Eckart, Sustainable Finance, in: ZGR 2019, S. 813-975, zitiert als: *Bueren*, ZGR 2019, S. 813.

Büsselmann, Elke, Bankenaufsicht und marktbezogenes Eigenkapital, Frankfurt am Main 1992, zitiert als: *Büsselmann*, Bankenaufsicht und marktbezogenes Eigenkapital.

Bundesanstalt für Finanzdienstleistungsaufsicht, Mitteilung: BaFin veröffentlicht 7. MaRisk-Novelle, 29.06.2023, abrufbar unter: https://www.bafin.de/SharedDocs/Veroeffentlichungen/DE/Meldung/2023/meldung_2023_06_29_BaFin_veroeffentlicht_siebte_MARisk_Novelle.html, letzter Abruf am 22.07.2023, zitiert als: *Bundesanstalt für Finanzdienstleistungsaufsicht*, Mitteilung zur MaRisk-Novelle.

Bundesanstalt für Finanzdienstleistungsaufsicht, Webseite, „Wertpapieraufsicht", zuletzt geändert am 21.11.2022, abrufbar unter: https://www.bafin.de/DE/DieBaFin/AufgabenGeschichte/Wertpapieraufsicht/wertpapieraufsicht_node.html, letzter Abruf am 31.03.2023, zitiert als: *Bundesanstalt für Finanzdienstleistungsaufsicht*, Wertpapieraufsicht.

Bundesanstalt für Finanzdienstleistungsaufsicht, Konsultation 06/2022 – Mindestanforderung an das Risikomanagement, 26.09.2022, Geschäftszeichen: BA 54-FR 2210-2022/0001, Entwurf der Änderungsversion zu den MaRisk, zitiert als: *Bundesanstalt für Finanzdienstleistungsaufsicht*, Konsultation 06/2022 – MaRisk, Entwurf der Änderungsversion.

Bundesanstalt für Finanzdienstleistungsaufsicht, Finanzmärkte im Klimawandel, BaFin Journal, Mai 2019, zitiert als: *Bundesanstalt für Finanzdienstleistungsaufsicht*, BaFin Journal, Mai 2019.

Bundesanstalt für Finanzdienstleistungsaufsicht, Webseite, „Bankenaufsicht", zuletzt geändert am 20.03.2019, abrufbar unter: https://www.bafin.de/DE/DieBaFin/AufgabenGeschichte/Bankenaufsicht/bankenaufsicht_node.html, letzter Abruf am 31.03.2023, zitiert als: *Bundesanstalt für Finanzdienstleistungsaufsicht*, Bankenaufsicht.

Bundesanstalt für Finanzdienstleistungsaufsicht, Jahresbericht, 2013, zitiert als: *Bundesanstalt für Finanzdienstleistungsaufsicht*, Jahresbericht 2013.

Bundesanstalt für Finanzdienstleistungsaufsicht, aufgehobenes Rundschreiben 22/2009 (BA) vom 21.12.2009 – Aufsichtsrechtliche Anforderungen an die Vergütungssysteme von Instituten, abrufbar unter: https://www.bundesbank.de/de/startseite/rundschreiben-22-2009-ba-aufsichtsrechtliche-anforderungen-an-die-verguetungssysteme-von-instituten-670972, letzter Abruf am 31.03.2023, zitiert als: *Bundesanstalt für Finanzdienstleistungsaufsicht*, Rundschreiben 22/2009 (BA) vom 21.12.2009.

Bundesanstalt für Finanzdienstleistungsaufsicht, Anlage 1: Erläuterungen zu den MaRisk in der Fassung vom 14.08.2009, abrufbar unter: https://

www.bundesbank.de/de/aufgaben/bankenaufsicht/einzelaspekte/risikomanagement/marisk/marisk-in-der-fassung-vom-14-08-2009-598772, letzter Abruf am 31.03.2023, zitiert als: *Bundesanstalt für Finanzdienstleistungsaufsicht,* Anlage 1: Erläuterungen zu den MaRisk in der Fassung vom 14.08.2009.

Bundesanstalt für Finanzdienstleistungsaufsicht, Rundschreiben 15/2009 (BA) – Mindestanforderungen an das Risikomanagement – MaRisk, Altfassung vom 14.08.2009. abrufbar unter: https://www.bundesbank.de/de/startseite/rundschreiben-15-2009-ba-mindestanforderungen-an-das-risikomanagement-marisk-598796, letzter Abruf am 31.03.2023, zitiert als: *Bundesanstalt für Finanzdienstleistungsaufsicht*, Rundschreiben 15/2009 (BA) – Mindestanforderungen an das Risikomanagement vom 14.08.2009.

Bundesanstalt für Finanzdienstleistungsaufsicht, Entwurf der MaRisk in der Fassung vom 16.02.2009, abrufbar unter: https://www.bundesbank.de/de/startseite/anlage-entwurf-der-marisk-in-der-fassung-vom-16-02-2009-599014, letzter Abruf am 31.03.2023, zitiert als: *Bundesanstalt für Finanzdienstleistungsaufsicht,* Entwurf der MaRisk in der Fassung vom 16.02.2009.

Bundesministerium für Wirtschaft und Technologie, Gutachten Nr. 3/10 des Wissenschaftlichen Beirats, Die Reform von Bankenregulierung und Bankenaufsicht nach der Finanzkrise, 16.04.2010, zitiert als: *Bundesministerium für Wirtschaft und Technologie*, Gutachten Nr. 3/10 des Wissenschaftlichen Beirats, Die Reform von Bankenregulierung und Bankenaufsicht nach der Finanzkrise.

Bundesregierung, Deutsche Sustainable Finance-Strategie, Mai 2021, abrufbar unter: https://www.bundesfinanzministerium.de/Content/DE/Downloads/Broschueren_Bestellservice/deutsche-sustainable-finance-strategie.pdf?__blob=publicationFile&v=6, letzter Abruf am 31.03.2023, zitiert als: *Bundesregierung*, Deutsche Sustainable Finance-Strategie.

Bundesregierung, Staatssekretärsausschuss für nachhaltige Entwicklung, Nachhaltige Finanzen (Sustainable Finance), Beschluss vom 25. Februar 2019; abrufbar unter: https://www.bundesregierung.de/resource/blob/974430/1583990/2ee1e2707c3eb99ea62ca6c64abd8b9d/2019-02-26-beschluss-sta-nhk-nachhaltige-finanzen-data.pdf?download=1, letzter Abruf am 31.03.2023, zitiert als: *Bundesregierung*, Staatssekretärsausschuss für nachhaltige Entwicklung, Beschluss vom 25.02.2019.

Bundesverband der Deutschen Industrie e.V., Stellungnahme, Einrichtung eines Rahmens zur Erleichterung nachhaltiger Investitionen vom 27.08.2018, abrufbar unter: https://bdi.eu/media/themenfelder/konjunktur_und_finanzmaerkte/publikationen/20180827_Stellungnahme_BDI_nachhaltige_Investitionen.pdf, letzter Abruf am 31.03.2023, zitiert als: *Bundesverband der Deutschen Industrie e.V.*, Stellungnahme, Einrichtung eines Rahmens zur Erleichterung nachhaltiger Investitionen vom 27.08.2018.

Bundesverband deutscher Banken, Nachhaltigkeitsmanagement – Impulse der privaten Banken, 11.09.2014, abrufbar unter: https://bankenverband.de/newsroom/presse-infos/private-banken-bekennen-sich-zur-nachhaltigkeit/, letzter Abruf am 31.03.2023, zitiert als: *Bundesverband deutscher Banken*, Nachhaltigkeitsmanagement.

Burghof, Hans-Peter/Rudolph, Bernd, Bankenaufsicht: Theorie und Praxis der Regulierung, Wiesbaden 1996, zitiert als: *Burghof/Rudolph*, Bankenaufsicht.

Campiglio, Emanuele, Financial regulators and sustainable development, in: Chiappero, Enrica (Hrsg.), Rules of Utopia – Policies to drive us out of the crisis, Mailand 2019, S. 109-125, zitiert als: *Campiglio*, in: Chiappero (Hrsg.), The rules of Utopia, S. 109.

Campiglio, Emanuele, Beyond carbon pricing: The role of banking and monetary policy in financing the transition to a low-carbon economy, 121 Ecological Economics (2016), S. 220–230, zitiert als: *Campiglio*, 121 Ecological Economics (2016), S. 220.

Campiglio, Emanuele/Dafermos, Yannis/Monnin, Pierre/Ryan-Collins, Josh/Schotten, Guido/Tanaka, Misa, Climate change challenges for central banks and financial regulators, in: 8 Nature Climate Change (2018), S. 462-468, zitiert als: *Campiglio u. a.*, 8 Nature Climate Change (2018), S. 462.

Capasso, Giusy/Gianfrate, Gianfranco/Spinello, Marco, Climate change and credit risk, EDHEC-Risk Institute Working Paper, 10.03.2020, zitiert als: *Capasso/Gianfrate/Spinello*, EDHEC-Risk Institute Working Paper 2020.

Carbone, Sante/Giuzio, Margherita/Kapadia, Sujit/Krämer, Johannes Sebastian/Nyholm, Ken/Vozian, Katia, The low-carbon transition, climate commitments and firm credit risk, ECB Working Paper Series No. 2631, Dezember 2021, zitiert als: *Carbone u. a.*, ECB Working Paper Series No. 2631, Dezember 2021.

Cardona, Michel/Berenguer, Maria Eduarda, What role for financial regulation to help the low-carbon transition?, Bericht, Institute for Climate Economics, Juni 2020, zitiert als: *Cardona/Berenguer*, I4CE Bericht Juni 2020.

v. Carlowitz, Hans C., Sylvicultura oeconomica, Anweisung zur wilden Baum-Zucht, Nachdruck der Ausgabe Leipzig, Braun, 1713, Veröffentlichungen der Bibliothek Georgius Agricola der Technischen Universität Bergakademie Freiberg, Freiberg 2000, zitiert als: *v. Carlowitz*, Sylvicultura oeconomica.

Carney, Mark, Letter to the Chair Elect of the Treasury Select Committee, 27.02.2020, abrufbar unter: https://publications.parliament.uk/pa/cm5801/cmselect/cmtreasy/correspondence/Mark-Carney-BoE-to-Chair-270220.pdf, letzter Abruf am 31.03.2023, zitiert als: *Carney*, Letter to the Chair Elect of the Treasury Select Committee, 27.02.2020.

Carney, Mark, Breaking the Tragedy of the horizon – climate change and financial stability, Lloyd's of London, Rede, 29.09.2015, abrufbar unter: https://www.bankofengland.co.uk/-/media/boe/files/speech/2015/breaking-the-tragedy-of-the-horizon-climate-change-and-financial-stability.pdf?la=en&hash=7C67E785651862457D99511147C7424FF5EA0C1A, letzter Abruf am 31.03.2023, zitiert als: *Carney*, Breaking the Tragedy of the horizon, Rede vom 29.09.2015.

Cevik, Serhan/Jalles, João Tovar, An Apocalypse Foretold: Climate Shocks and Sovereign Defaults, IMF Working Paper No. 2020/231, November 2020, zitiert als: *Cevik/Jalles*, IMF Working Paper No. 2020/231.

Chenet, Hugues/Ryan-Collins, Josh/van Lerven, Josh, Finance, climate-change and radical uncertainty: Towards a precautionary approach to financial policy, in: Ecological Economics 183 (2021) 106957, zitiert als: *Chenet/Ryan-Collins/van Lerven*, Ecological Economics 183 (2021) 106957.

Clayton, Jim/Devaney, Steven/Sayce, Sarah/van de Wetering, John, Climate Risk and Commercial Property Values: a review and analysis of the literature. UNEP FI, August 2021, abrufbar unter: https://www.unepfi.org/industries/investment/climate-risk-and-commercial-property-values/, letzter Abruf am 31.03.2023, zitiert als: *Clayton/Devaney/Sayce/van de Wetering*, Climate Risk and Commercial Property Values, UNEP FI, August 2021.

Climate Policy Initiative, What Makes a Transition Plan Credible? – Considerations for financial institutions, März 2022, abrufbar unter: https://www.climatepolicyinitiative.org/publication/what-makes-a-transition-plan-credible-considerations-for-financial-institutions/, letzter Abruf am

15.04.2023, zitiert als: *Climate Policy Initiative*, What Makes a Transition Plan Credible?.

Colaert, Veerle, The changing nature of financial regulation: Sustainable finance as a new EU-policy objective, in: Common Market Law Review 59 (2022), S. 1669-1710, zitiert als: *Colaert*, Common Market Law Review 59 (2022), S. 1669.

Coleton, Adrienne/Font Brucart, Maria/Gutierrez, Pilar/Le Tennier, Fabienne/ Moor, Christian, Sustainable finance -Market Practices, EBA Staff Paper Series, N. 6 – Januar 2020, zitiert als: *Coleton u. a.*, EBA Staff Paper Series, N. 6 – Januar 2020.

Cullen, Jay, After 'HLEG': EU Banks, Climate Change Abatement and the Precautionary Principle, in: Cambridge Yearbook of European Legal Studies, 20 (2018), S. 61–87, zitiert als: *Cullen*, Came. Yearbook Europ. L. Stud. 20 (2018), S. 61.

Dafermos, Yannis, Climate change, central banking and financial supervision: beyond the risk exposure approach, in: Kappes, Silvio/Rochon, Louis-Phillipe/Vallet, Guillaume (Hrsg.), The future of central banking, Cheltenham/Northampton 2022, S. 175-194, zitiert als: *Dafermos*, in: Kappes/Rochon/Vallet (Hrsg.), The future of central banking, S. 175.

Dafermos, Yannis/Nikolaidi, Maria, How can green differentiated capital requirements affect climate risks?, A dynamic macrofinancial analysis, in: Journal of Financial Stability 54 (2021) 100871, zitiert als: *Dafermos/ Nikolaidi*, Journal of Financial Stability 54 (2021) 100871.

Dagher, Jihad/Dell'Ariccia, Giovanni/Laeven, Luc/Ratnovski, Lev/Tong, Hui, Benefits and costs of bank Capital, IMF Staff Discussion Note 16/04, International Monetary Fund, Washington, DC., SDN/16/04, März 2016, zitiert als: *Dagher u. a.*, IMF Staff Discussion Note 16/04.

Dankert, Jacob/van Doorn, Lars/Reinders, Henk Jan/Sleijpen, Olaf, A Green Supporting Factor – The Right Policy?, in: SUERF Policy Note Issue No 43, Oktober 2018, zitiert als: *Dankert/van Doorn/Reinders/Sleijpen*, SUERF Policy Note Issue No 43, Oktober 2018.

De Arriba-Sellier, Nathan, Turning Gold into Green: Green Finance in the Mandate of European Financial Supervision, in: Common Market Law Review 58 (2021), S. 1097-1140, zitiert als: *De Arriba-Sellier*, Common Market Law Review 58 (2021), S. 1097.

Degenhart, Heinrich, Zweck und Zweckmäßigkeit bankaufsichtlicher Eigenkapitalnormen, Berlin 1987, zitiert als: *Degenhart*, Zweck und Zweckmäßigkeit bankaufsichtlicher Eigenkapitalnormen.

Demekas, Dimitri G./Grippa, Pierpaolo, Walking a Tightrope: Financial Regulation, Climate Change, and the Transition to a Low-Carbon Economy, in: Journal of Financial Regulation 2022, 8, S. 203-229, zitiert als: *Demekas/ Grippa*, Journal of Financial Regulation 2022, S. 203.

Demary, Markus/Neligan, Adriana, Are Green Bonds a Viable Way to Finance Environmental Goals?, IW-Report Nr. 28, IW Köln, 28.06.2018, zitiert als: *Demary/Neligan*, IW-Report 28/18.

Deutsche Bundesbank, Nachhaltigkeitsrisiken in der Bankenaufsicht, in: Monatsbericht April 2023, S. 75-96, zitiert als: *Deutsche Bundesbank*, Monatsbericht April 2023, S. 75.

Deutsche Bundesbank, Glossar, abrufbar unter: https://www.bundesbank.de/de/startseite/glossar, letzter Abruf am 31.03.2023, zitiert als: *Deutsche Bundesbank*, Glossar.

Deutsche Bundesbank, Webseite, MaRisk in der Fassung vom 14.08.2009, Stellungnahmen, abrufbar unter: https://www.bundesbank.de/de/aufgaben/bankenaufsicht/einzelaspekte/risikomanagement/marisk/marisk-in-der-fassung-vom-14-08-2009-598772, letzter Abruf am 31.03.2023, zitiert als: *Deutsche Bundesbank*, Stellungnahmen zu MaRisk-Entwürfen 2009.

De Witte, Bruno, Non-market values in internal market legislation, in: Nic Shuibhne, Niamh (Hrsg.), Regulating the Internal Market, Cheltenham 2006, S. 61-86, zitiert als: *De Witte*, in: Nic Shuibhne (Hrsg.), Regulating the Internal Market, S. 61.

Dietsch, Michel/Fraisse, Henri/Lecarpentier, Sadrine/Lé, Mathias, Lower bank capital requirements as a policy tool to support credit to SMEs: evidence from a policy experiment, in: EconomiX Working Papers 2019–12, Juni 2019, zitiert als: *Dietsch/Fraisse/Lecarpentie/Lé,* EconomiX Working Papers 2019–12.

Dobarganes, Lucía Piazza, Climate-Related and Environmental Risks in EU Banking Supervision, in: International Investment Law Journal, Volume 1, Issue 2, Juli 2021, S. 102-114, zitiert als: *Dobarganes*, International Investment Law Journal 2021, S. 102.

Döding, Karl, Shareholder Activism in der Finanzbranche aus der Perspektive des Aufsichtsrechts, in: ZBB 2020, S. 168-177, zitiert als: *Döding*, ZBB 2020, S. 168.

Dombret, Andreas, Greener finance, better finance? Wie grün sollte die Finanzwelt sein?, in: Zeitschrift für das gesamte Kreditwesen 2018, S. 330-334, zitiert als: *Dombret*, ZfgK 2018, S. 330.

Dombrovkis, Valdis, Rede: "Greening finance for sustainable business" vom 12.12.2017, SPEECH/17/5235, abrufbar unter: https://ec.europa.eu/commission/presscorner/detail/en/SPEECH_17_5235, letzter Abruf am 31.03.2023, zitiert als: *Dombrovkis*, Rede vom 12.12.2017.

D´Orazio, Paola/Popoyan, Lilit, Fostering green investments and tackling climate-related financial risks: Which role for macroprudential policies?, in: Ecological Economics 160 (2019), 25–37, zitiert als: *D´Orazio/Popoyan*, Ecological Economics 160 (2019), S. 25.

Duden, „Nachhaltigkeit", abrufbar unter: https://www.duden.de/rechtschreibung/Nachhaltigkeit, letzter Abruf am 31.03.2023, zitiert als: *Duden*, „Nachhaltigkeit".

Dunz, Nepomuk/Naqvi, Asjad/Monasterolo, Irene, Climate Sentiments, Transition Risk, and Financial Stability in a Stock-Flow Consistent Model, in: Journal of Financial Stability, 54 (2021) 100872, zitiert als: *Dunz/Naqvi/Monasterolo*, Journal of Financial Stability, 54 (2021) 100872.

Durner, Wolfgang, Wirtschaftsverfassung, in: Ehlers, Dirk/Fehling, Michael/Pünder, Hermann (Hrsg.), Besonderes Verwaltungsrecht, Band 1, Öffentliches Wirtschaftsrecht, 4. Aufl., Heidelberg 2019, S. 345-365, zitiert als: *Durner*, in: Ehlers/Fehling/Pünder (Hrsg.), Besonderes Verwaltungsrecht, Band 1, S. 345.

Dyllick, Thomas, Konzeptionelle Grundlagen unternehmerischer Nachhaltigkeit, in: Linne, Gudrun/Schwarz, Michael (Hrsg.), Handbuch Nachhaltige Entwicklung – Wie ist nachhaltiges Wirtschaften machbar?, Opladen 2003, S. 235-244, zitiert als: *Dyllick*, in: Linne/Schwarz (Hrsg.), Handbuch Nachhaltige Entwicklung, S. 235.

Eccles, Robert G./Ioannou, Ioannis/Serafeim, George, The Impact of Corporate Sustainability on Organizational Processes and Performance, in: Management Science, Vol. 60, No. 11, S. 2835-2857, zitiert als: *Eccles/Ioannou/Serafeim*, Management Science, Vol. 60, No. 11, S. 2835.

Elkington, John, Cannibals with forks, The Triple Bottom Line of 21st Century Business, Oxford 1997, zitiert als: *Elkington*, Cannibals with forks.

Emmenegger, Susan, The Basle Committee on Banking Supervision – a secretive club of giants?, in: Grote, Rainer/Marauhn, Thilo (Hrsg.), Regulation of International Markets, Cambridge 2006, S. 224-236, zitiert als: *Emmenegger*, in: Grote/Marauhn (Hrsg.), Regulation of International Markets, S. 224.

Energy efficiency Data Protocol and Portal, Final report on correlation analysis between energy efficiency and risk, EeDaPP final report, 26.08.2020, zitiert als: *Energy efficiency Data Protocol and Portal*, EeDaPP Final Report 2020.

Energy Efficiency Financial Institutions Group, Europäische Kommission, Directorate-General for Energy, The quantitative relationship between energy efficiency improvements and lower probability of default of associated loans and increased value of the underlying assets: final report on risk assessment, Publications Office of the European Union, 08.04.2022, abrufbar unter: https://data.europa.eu/doi/10.2833/532126, letzter Abruf am 31.03.2023, zitiert als: *Energy Efficiency Financial Institutions Group*, Final report on risk assessment, 08.04.2022.

Equator Principles Association (Hrsg.), Equator Principles, EP4, Juli 2020, abrufbar unter: https://equator-principles.com/resources/, letzter Abruf am 31.03.2023, zitiert als: *Equator Principles Association (Hrsg.)*, Equator Principles.

Europäische Bankenaufsichtsbehörde, Public Hearing, Guidelines on the management of ESG risks, Consultation Paper, 28.02.2024, abrufbar unter: https://www.eba.europa.eu/publications-and-media/events/public-hearing-guidelines-management-esg-risks, letzter Abruf: 21.09.2024, zitiert als: *Europäische Bankenaufsichtsbehörde*, Public Hearing on Consultation Paper on ESG risk management guidelines, Febraur 2024.

Europäische Bankenaufsichtsbehörde, Consultation paper, Draft Guidelines on the management of ESG risks, EBA/CP/2024/02, 18.01.2024, zitiert als: *Europäische Bankenaufsichtsbehörde*, Consultation Paper on ESG risk management guidelines, Januar 2024.

Europäische Bankenaufsichtsbehörde, EBA Final Report on greenwashing monitoring and supervision, EBA/REP/2024/09, 04.06.2024, zitiert als: *Europäische Bankenaufsichtsbehörde*, Final Report on greenwashing.

Europäische Bankenaufsichtsbehörde, The EBA Roadmap on Sustainable Finance, Dezember 2022, EBA/REP/2022/30, zitiert als: *Europäische Bankenaufsichtsbehörde*, Roadmap on Sustainable Finance, Dezember 2022.

Europäische Bankenaufsichtsbehörde, Report on the application of the infrastructure supporting factor – as of December 2021, EBA/REP/2022/29, 03.11.2022, zitiert als: *Europäische Bankenaufsichtsbehörde*, Report on the application of the infrastructure supporting factor, EBA/REP/2022/29, 03.11.2022.

Europäische Bankenaufsichtsbehörde, Discussion Paper, The role of environmental risks in the prudential framework, 02.05.2022, EBA/DP/2022/02, zitiert als: *Europäische Bankenaufsichtsbehörde*, Diskussionspapier vom 02.05.2022.

Europäische Bankenaufsichtsbehörde, Report on developing a framework for sustainable securitization, 02.03.2022, EBA/REP/2022/06, zitiert als: *Europäische Bankenaufsichtsbehörde*, Report on developing a framework for sustainable securitization, 02.03.2022.

Europäische Bankenaufsichtsbehörde, Final draft implementing technical standards in prudential disclosures on ESG risks in accordance with Article 449a CRR, 24.01.2022, EBA/ITS/2022/01, zitiert als: *Europäische Bankenaufsichtsbehörde*, ITS-Entwurf zu Art. 449a CRR.

Europäische Bankenaufsichtsbehörde, Report on Management and supervision of ESG risks for credit institutions and investment firms, EBA/REP/2021/18, 23.06.2021, zitiert als: *Europäische Bankenaufsichtsbehörde*, ESG-Bericht.

Europäische Bankenaufsichtsbehörde, Discussion Paper on Management and supervision of ESG risks for credit institutions and investment firms, EBA/DP/2020/03, 30.10.2020, zitiert als: *Europäische Bankenaufsichtsbehörde*, Diskussionspapier vom 30.10.2020.

Europäische Bankenaufsichtsbehörde, EBA Report on undue short-term pressure from the financial sector on corporations, 18.12.2019, zitiert als: *Europäische Bankenaufsichtsbehörde*, Report on undue short-term pressure, 18.12.2019.

Europäische Bankenaufsichtsbehörde, Action Plan on Sustainable Finance, 06.12.2019, abrufbar unter: https://www.eba.europa.eu/sites/default/documents/files/document_library/EBA%20Action%20plan%20on%20 sustainable%20finance.pdf, letzter Abruf am 31.03.2023, zitiert als: *Europäische Bankenaufsichtsbehörde*, Sustainable-Finance-Aktionsplan.

Europäische Bankenaufsichtsbehörde, Policy Advice on the Basel III Reforms: Credit Risk, Standardised Approach and IRB Approach, 02.08.2019, EBA-Op-2019-09a, zitiert als: *Europäische Bankenaufsichtsbehörde*, Policy Advice on the Basel III Reforms: Credit Risk, August 2019.

Europäische Bankenaufsichtsbehörde, Report on SMEs and SME Supporting Factor, EBA/OP/2016/04, 23.03.2016, zitiert als: *Europäische Bankenaufsichtsbehörde*, KMU-Bericht.

Europäische Kommission, Notice on the interpretation and implementation of certain legal provisions of the Disclosures Delegated Act under Article 8 of EU Taxonomy Regulation on the reporting of Taxonomy-eligible and Taxonomy-aligned economic activities and assets (second Commission Notice), (C/2023/305), 20.10.2023, zitiert als: *Europäische Kommission*, FAQs, C/2023/305.

Europäische Kommission, Proposal for a regulation on the transparency and integrity of Environmental, Social and Governance (ESG) rating activities, COM(2023) 314 final, 2023/0177(COD), 13.06.2023, zitiert als: *Europäische Kommission*, Entwurf einer ESG-Rating-Verordnung.

Europäische Kommission, Report to the European Parliament and the Council – On the functioning of the Securitisation Regulation, COM(2022) 517 final, 10.10.2022, zitiert als: *Europäische Kommission*, Art. 519a CRR-Bericht vom 10.10.2022.

Europäische Kommission, Summary Report, Targeted consultation on the functioning of the ESG ratings market in the EU and on the consideration of ESG factors in credit ratings, 03.08.2022, abrufbar unter: https://finance.ec.europa.eu/system/files/2022-08/2022-esg-ratings-summary-of-responses_en.pdf, letzter Abruf am 31.03.2023, zitiert als: *Europäische Kommission*, Summary Report der Konsultation zu ESG-Ratings vom 03.08.2022.

Europäische Kommission, Arbeitsunterlage der Kommissionsdienststellen, Bericht über die Folgenabschätzung, Teil 1, 27.10.2021, SWD(2021) 320 final, zitiert als: *Europäische Kommission*, Arbeitsunterlage der Kommissionsdienststellen, Bericht über die Folgenabschätzung zu den CRR III- und CRD VI-Entwürfen, Teil 1.

Europäische Kommission, Vorschlag für eine Richtlinie des Europäischen Parlaments und des Rates zur Änderung der Richtlinie 2013/36/EU im Hinblick auf Aufsichtsbefugnisse, Sanktionen, Zweigstellen aus Drittländern sowie Umwelt-, Sozial- und Unternehmensführungsrisiken und zur Änderung der Richtlinie 2014/59/EU, COM(2021) 663 final 2021/0341 (COD), 27.10.2021, zitiert als: *Europäische Kommission*, CRD VI-Entwurf.

Europäische Kommission, Vorschlag für eine Verordnung des Europäischen Parlaments und des Rates zur Änderung der Verordnung (EU) Nr. 575/2013 im Hinblick auf Vorschriften für das Kreditrisiko, das Risiko einer Anpassung der Kreditbewertung, das operationelle Risiko, das Marktrisiko und die Eigenmitteluntergrenze (Output-Floor), COM(2021) 664 final 2021/0342 (COD), 27.10.2021, zitiert als: *Europäische Kommission*, CRR III-Entwurf.

Europäische Kommission, Anhang der Mitteilung an das Europäische Parlament, den Rat, den Europäischen Wirtschafts- und Sozialausschuss und den Ausschuss der Regionen, Strategie zur Finanzierung einer nachhaltigen Wirtschaft, COM(2021) 390 final, 06.07.2021, zitiert als: *Europäische Kommission*, Anhang zur Strategie zur Finanzierung einer nachhaltigen Wirtschaft.

Europäische Kommission, Commission Staff Working Document, Accompanying the Communication from the Commission to the European Parliament, the Council, the European Economic and Social Committee and the Committee of the Regions, Strategy for Financing the Transition to a Sustainable Economy, 06.07.2021, SWD(2021) 180 final, zitiert als: *Europäische Kommission*, Arbeitspapier zur Strategie zur Finanzierung einer nachhaltigen Wirtschaft.

Europäische Kommission, Mitteilung an das Europäische Parlament, den Rat, den Europäischen Wirtschafts- und Sozialausschuss und den Ausschuss der Regionen, Strategie zur Finanzierung einer nachhaltigen Wirtschaft, COM(2021) 390 final, 06.07.2021, zitiert als: *Europäische Kommission*, Strategie zur Finanzierung einer nachhaltigen Wirtschaft.

Europäische Kommission, Development of Tools and Mechanisms for the Integration of ESG Factors into the EU Banking Prudential Framework and into Banks' Business Strategies and Investment Policies, Executive Summary, Mai 2021, zitiert als: *Europäische Kommission*, Studie Mai 2021.

Europäische Kommission, The European Pillar of Social Rights Action Plan, 04.03.2021, zitiert als: *Europäische Kommission*, Aktionsplan European Pillar of Social Rights.

Europäische Kommission, Summary Report of the Stakeholder Consultation on the Renewed Sustainable Finance Strategy, 8 April 2020 – 15 July 2020, 10.02.2021, abrufbar unter: https://finance.ec.europa.eu/system/files/2021-02/2020-sustainable-finance-strategy-summary-of-responses_en.pdf, letzter Abruf am 31.03.2023, *Europäische Kommission*, Zusammenfassender Bericht über die Konsultation der Stakeholder zur erneuerten Strategie für nachhaltige Finanzen.

Europäische Kommission, Mitteilung an das Europäische Parlament, den Europäischen Rat, den Rat, den Europäischen Wirtschafts- und Sozialausschuss und den Ausschuss der Regionen, Der europäische Grüne Deal, COM/2019/640 final, 11.12.2019, zitiert als: *Europäische Kommission*, Der europäische Grüne Deal.

Europäische Kommission, In-depth analysis in support of the commission communication COM (2018)773 – A Clean Planet for all – A European long-term strategic vision for a prosperous, modern, competitive and climate neutral economy, 28.11.2018, abrufbar unter: https://knowledge4policy.ec.europa.eu/publication/depth-analysis-support-com2018-773-clean-planet-all-european-strategic-long-term-vision_en, letzter Abruf am 31.03.2023, zitiert als: *Europäische Kommission*, In-depth analysis in support of the commission communication COM (2018)773.

Europäische Kommission, Mitteilung an das Europäische Parlament, den Europäischen Rat, den Rat, den Europäischen Wirtschafts- und Sozialausschuss, den Ausschuss der Regionen und die Europäische Investitionsbank, Ein sauberer Planet für alle – Eine Europäische strategische, langfristige Vision für eine wohlhabende, moderne, wettbewerbsfähige und klimaneutrale Wirtschaft, COM(2018) 773 final, 28.11.2018, zitiert als: *Europäische Kommission*, Ein sauberer Planet für alle.

Europäische Kommission, Fact Sheet, Frequently asked questions: Action Plan on financing sustainable growth, 08.03.2018, MEMO/18/1424, zitiert als: *Europäische Kommission*, FAQ zum Aktionsplan: Finanzierung nachhaltigen Wachstums.

Europäische Kommission, Mitteilung an das Europäische Parlament, den Europäischen Rat, den Rat, die Europäische Zentralbank, den Europäischen Wirtschafts- und Sozialausschuss und den Ausschuss der Regionen,

Aktionsplan: Finanzierung nachhaltigen Wachstums, COM(2019) 97 final, 08.03.2018, zitiert als: *Europäische Kommission*, Aktionsplan: Finanzierung nachhaltigen Wachstums.

Europäische Kommission, Vorschlag für eine Verordnung zur Änderung der Verordnung (EU) Nr. 1093/2010 zur Errichtung einer Europäischen Aufsichtsbehörde (Europäische Bankenaufsichtsbehörde), der Verordnung (EU) Nr. 1094/2010 zur Errichtung einer Europäischen Aufsichtsbehörde (Europäische Aufsichtsbehörde für das Versicherungswesen und die betriebliche Altersversorgung), der Verordnung (EU) Nr. 1095/2010 zur Errichtung einer Europäischen Aufsichtsbehörde (Europäische Wertpapier- und Marktaufsichtsbehörde), der Verordnung (EU) Nr. 345/2013 über Europäische Risikokapitalfonds, der Verordnung (EU) Nr. 346/2013 über Europäische Fonds für soziales Unternehmertum, der Verordnung (EU) Nr. 600/2014 über Märkte für Finanzinstrumente, der Verordnung (EU) 2015/760 über europäische langfristige Investmentfonds, der Verordnung (EU) 2016/1011 über Indizes, die bei Finanzinstrumenten und Finanzkontrakten als Referenzwert oder zur Messung der Wertentwicklung eines Investmentfonds verwendet werden, und der Verordnung (EU) 2017/1129 über den Prospekt, der beim öffentlichen Angebot von Wertpapieren oder bei deren Zulassung zum Handel auf einem geregelten Markt zu veröffentlichen ist, 20.09.2017, COM(2017)536, 2017/0230 (COD), zitiert als: *Europäische Kommission*, Entwurf zur Verordnung (EU) Nr. 2019/2175.

Europäische Kommission, Vorschlag für eine Verordnung zur Änderung der Verordnung (EU) Nr. 575/2013 in Bezug auf die Verschuldungsquote, die strukturelle Liquiditätsquote, Anforderungen an Eigenmittel und berücksichtigungsfähige Verbindlichkeiten, das Gegenparteiausfallrisiko, das Marktrisiko, Risikopositionen gegenüber zentralen Gegenparteien, Risikopositionen gegenüber Organismen für gemeinsame Anlagen, Großkredite, Melde- und Offenlegungspflichten und zur Änderung der Verordnung (EU) Nr. 648/2012, 23.11.2016, COM(2016) 850 final 2016/0360 (COD), zitiert als: *Europäische Kommission,* CRR II-Entwurf.

Europäische Kommission, Mitteilung an das Europäische Parlament, den Rat, die Europäische Zentralbank, den Europäischen Wirtschafts- und Sozialausschuss und den Ausschuss der Regionen, Auf dem Weg zur Vollendung der Bankenunion, 24.11.2015, COM(2015) 587 final, zitiert als: *Europäische Kommission*, Auf dem Weg zur Vollendung der Bankenunion, 24.11.2015.

Europäische Kommission, Mitteilung an das Europäische Parlament und den Rat, Fahrplan für eine Bankenunion, COM(2012) 510 final, 12.09.2012, zitiert als: *Europäische Kommission*, Fahrplan für eine Bankenunion, COM(2012) 510 final.

Europäische Kommission, Final Report of the Committee of Wise Men on the Regulation of European Securities Markets, Brüssel 15.02.2001, abrufbar unter: https://www.esma.europa.eu/sites/default/files/library/2015/11/lamfalussy_report.pdf, letzter Abruf am 31.03.2023, zitiert als: *Europäische Kommission*, Lamfalussy-Bericht.

Europäische Kommission, Banking Advisory Committe (1991-1994), Report of the Chairman, Dokument XV/1201/94-EN, Brüssel 1994, zitiert als: *Europäische Kommission*, Beratender Bankenausschuss (1991-1994), Bericht des Vorsitzenden.

Europäischer Ausschuss für Systemrisiken, Reports of the Advisory Scientific Committee, No 6 /Februar 2016, Too late, too sudden: Transition to a low-carbon economy and systemic risk, zitiert als: *Europäischer Ausschuss für Systemrisiken*, Reports of the Advisory Scientific Committee, No 6 /Februar 2016.

Europäische Wertpapier- und Marktaufsichtsbehörde, Outcome of ESMA Call for Evidence on Market Characteristics of ESG Rating and Data Providers in the EU, 24.06.2022, Brief an Europäische Kommission, ESMA22-328-603 zitiert als: *Europäische Wertpapier- und Marktaufsichtsbehörde*, Ergebnisse des Call for evidence zu ESG-Ratings, 24.06.2022.

Europäische Zentralbank, Risks from misalignment of banks' financing with the EU climate objectives, Assessment of the alignment of the European banking sector, Januar 2024, zitiert als: *Europäische Zentralbank*, Report, Risks from misalignment, Januar 2024.

Europäische Zentralbank, Säule-2-Empfehlungen, abrufbar unter: https://www.bankingsupervision.europa.eu/banking/srep/html/p2g.de.html, letzter Abruf am 31.03.2023, zitiert als: *Europäische Zentralbank*, Säule-2-Empfehlungen.

Europäische Zentralbank, ECB report on good practices for climate stress testing, Dezember 2022, zitiert als: *Europäische Zentralbank*, Good practices for climate stress testing, Dezember 2022.

Europäische Zentralbank, Good practices for climate-related and environmental risk management. Observations from the 2022 thematic review, November 2022, zitiert als: *Europäische Zentralbank*, Good practices for climate-related and environmental risk management, November 2022.

Europäische Zentralbank, 2022 climate risk stress test, Juli 2022, abrufbar unter: https://www.bankingsupervision.europa.eu/ecb/pub/pdf/ssm.climate_stress_test_report.20220708~2e3cc0999f.de.pdf, zitiert als: *Europäische Zentralbank*, Klimarisiko-Stresstest 2022.

Europäische Zentralbank, The state of climate and environmental risk management in the banking sector, Report on the supervisory review of banks' approaches to manage climate and environmental risks, 27.11.2021, zitiert als: *Europäische Zentralbank*, Report on the supervisory review of banks' approaches to manage climate and environmental risks, November 2021.

Europäische Zentralbank, ECB report on institutions' climate-related and environmental risk disclosures, November 2020, zitiert als: *Europäische Zentralbank*, Report on institutions' climate-related and environmental risk disclosures, November 2020.

Europäische Zentralbank, Financial Stability Review, Mai 2019, abrufbar unter: https://www.ecb.europa.eu/pub/financial-stability/fsr/special/html/ecb.fsrart201905_1%7E47cf778cc1.en.html#toc1, letzter Abruf am 31.03.2023, zitiert als: *Europäische Zentralbank*, Financial Stability Review, Mai 2019.

Europäische Zentralbank, Im Blickpunkt: Finanzstabilität, 24.05.2016, zuletzt aktualisiert: 15.08.2016, abrufbar unter: https://www.ecb.europa.eu/ecb/educational/explainers/tell-me-more/html/financial_stability.de.html, letzter Abruf am 31.03.2023, zitiert als: *Europäische Zentralbank*, Finanzstabilität.

Europäische Zentralbank, Beyond RoE – How to measure bank performance, September 2010, Appendix to the Report on EU Banking Structures, September 2010, zitiert als: *Europäische Zentralbank*, Beyond RoE – How to measure bank performance.

Europäische Zentralbank, Die geldpolitische Strategie der EZB, 08.05.2003, abrufbar unter: https://www.ecb.europa.eu/press/pr/date/2003/html/pr030508_2.de.html, letzter Abruf am 31.03.2023, zitiert als: *Europäische Zentralbank*, Die geldpolitische Strategie der EZB.

Europäische Zentralbank/Europäischer Ausschuss für Systemrisiken, Project Team on climate risk monitoring, The macroprudential challenge of climate change, Juli 2022, zitiert als: *Europäische Zentralbank/Europäischer Ausschuss für* Systemrisiken, The macroprudential challenge of climate change, Juli 2022.

Europäische Zentralbank/Europäischer Ausschuss für Systemrisiken, Project Team on climate risk monitoring, Climate-related risk and financial stability, Juli 2021, zitiert als: *Europäische Zentralbank/Europäischer Ausschuss für Systemrisiken*, Climate-related risk and financial stability, Juli 2021.

Europäische Zentralbank/Europäischer Ausschuss für Systemrisiken, Positively green: Measuring climate change risks to financial stability, Juni 2020, zitiert als: *Europäische Zentralbank/Europäischer Ausschuss für Systemrisiken*, Positively green: Measuring climate change risks to financial stability, Juni 2020.

European Banking Federation, Towards a Green Finance Framework, 28.09.2017, zitiert als: *European Banking Federation*, Towards a Green Finance Framework.

Fifka, Matthias, CSR- und Nachhaltigkeitsmanagement, 1. Aufl., Baden-Baden 2021, zitiert als: *Fifka*, CSR- und Nachhaltigkeitsmanagement.

Financial Stability Board, Principles for Sound Compensation Practices, 02.04.2009, abrufbar unter: https://www.fsb.org/2009/04/principles-for-sound-compensation-practices-2/, letzter Abruf am 31.03.2023, zitiert als: *Financial Stability Board*, Principles for Sound Compensation Practices.

Freis-Janik, Isabelle, Bankenaufsichtsrecht, in: Kümpel, Siegfried/Mülbert, Peter/Früh, Andreas/Seyfried, Thorsten, Bank- und Kapitalmarktrecht, 6. Aufl., Köln 2022, 2. Teil, zitiert als: *Freis-Janik*, in: Kümpel/Mülbert/Früh/Seyfried (Hrsg.), Bankenaufsichtsrecht.

French Banking Federation, Memo, How to successfully finance the energy transition, 21.03.2018, abrufbar unter: https://www.fbf.fr/en/how-to-successfully-finance-the-energy-transition/, letzter Abruf am 31.03.2023, zitiert als: *French Banking Federation*, Memo vom 21.03.2018.

French Banking Federation, Pressemitteilung, Concrete proposals for successfully funding the energy transition, 28.09.2016, abrufbar unter: https://www.fbf.fr/en/concrete-proposals-from-the-french-banking-federation-for-successfully-funding-the-energy-transition/, letzter Abruf am 31.03.2023, zitiert als: *French Banking Federation*, Pressemitteilung vom 28.09.2016.

Fritz, Wolfgang, Umweltschutz und Unternehmenserfolg: Eine empirische Analyse, Arbeitspapier, No. 93/06, 1993, Technische Universität Braunschweig, Institut für Marketing, Braunschweig, zitiert als: *Fritz*, Umweltschutz und Unternehmenserfolg: Eine empirische Analyse, Arbeitspapier, No. 93/06, 1993.

Fuest, Clemens/Hainz, Christa/Wackerbauer, Johann/Stitteneder, Tanja, Sustainable Finance – Eine kritische Würdigung der deutschen und europäischen Vorhaben, Impulse für die Wirtschaft, ifo, München 2020, abrufbar unter: https://www.ifo.de/publikationen/2020/monographie-autorenschaft/sustainable-finance, letzter Abruf am 31.03.2023, zitiert als: *Fuest u. a.*, ifo-Studie 2020.

Gemper, Bodo, Wirtschaftspolitik, Ordnungspolitische Grundlagen, Heidelberg 1994, zitiert als: *Gemper*, Wirtschaftspolitik.

Glasow, Falko, Nachhaltige Vergütungspolitik, in: Bauer, Denise/Schuster, Gunnar (Hrsg.), Nachhaltigkeit im Bankensektor, S. 105-135, zitiert als: *Glasow*, in: Bauer/Schuster (Hrsg.), Nachhaltigkeit im Bankensektor, S. 105.

Glatzl, Stefan, Geldpolitik und Bankenaufsicht im Konflikt, 1. Aufl., Baden-Baden 2009, zitiert als: *Glatz*, Geldpolitik und Bankenaufsicht im Konflikt.

Gleeson, Simon, On the International Regulation of Banking, 3. Ed., Oxford 2018, zitiert als: *Gleeson*, On the International Regulation of Banking.

Global Alliance for Banking on values, Strong and Straightforward: The Business Case for Sustainable Banking, November 2012, abrufbar unter: https://www.gabv.org/wp-content/uploads/2021/12/GABV-Report_Strong-and-Straightforward_The-Business-Case-for-Sustainable-Banking.pdf, letzter Abruf am 31.03.2023, zitiert als: *Global Alliance for Banking on values*, Strong and Straightforward: The Business Case for Sustainable Banking, Bericht 2012.

Global Reporting Initiative, Leitlinien zur Nachhaltigkeitsberichterstattung, letztes Update 2024, abrufbar unter: https://www.globalreporting.org/how-to-use-the-gri-standards/gri-standards-german-translations/, letzter Abruf am 29.09.2024, zitiert als: *Global Reporting Initiative*, Leitlinien zur Nachhaltigkeitsberichterstattung.

Gold, Russel, PG&E: The First Climate-Change Bankruptcy, Probably Not the Last, The Wall Street Journal, Artikel vom 18.01.2019, abrufbar unter: https://www.wsj.com/articles/pg-e-wildfires-and-the-first-climate-change-bankruptcy-11547820006, letzter Abruf am 31.03.2023, zitiert als: *Gold*, The Wall Street Journal, 18.01.2019.

Gros, Jürgen, Genossenschaftsverband Bayern, Risiko nachhaltiges Finanzwesen, Profil 12/2018, abrufbar unter: https://www.profil.bayern/12-2018/positionen/risiko-nachhaltiges-finanzwesen/, letzter Abruf am 31.03.2023, zitiert als: *Gros*, Risiko nachhaltiges Finanzwesen, Profil 12/2018.

Guin, Benjamin/Korhonen, Perttu, Does energy efficiency predict mortgage performance?, bank of England, Staff Working Paper No. 852, Januar 2020, zitiert als: *Guin/Korhonen*, Bank of England, Staff Working Paper No. 852, Januar 2020.

Gupta, Piyush, Understanding and Adopting ESG – An Overview, Part II: ESG Reporting as a Genesis of Fiduciary & Other Legal Obligations, Artikel vom 06.04.2021 auf www.rhtgrace.com, abrufbar unter: https://www.rhtgrace.com/understanding-and-adopting-esg-an-overview-part-ii-esg-reporting-as-a-genesis-of-fiduciary-other-legal-obligations/, letzter Abruf am 31.03.2023, zitiert als: *Gupta*, Part II.

Gupta, Piyush, Understanding and Adopting ESG – An Overview, Part I: The Evolution of ESG from CSR, Artikel vom 30.03.2021 auf www.rhtgrace.com, abrufbar unter: https://www.rhtgrace.com/understanding-and-adopting-esg-an-overview-part-i-the-evolution-of-esg-from-csr/, letzter Abruf am 31.03.2023, zitiert als: *Gupta*, Part I.

Gurlit, Elke, Instrumente makroprudenzieller Bankenaufsicht – unter besonderer Berücksichtigung zusätzlicher Kapitalanforderungen, Teil 1, in: WM 2015, S. 1217-1226, zitiert als: *Gurlit*, WM 2015, S. 1217.

Gurlit, Elke, Instrumente makroprudenzieller Bankenaufsicht – unter besonderer Berücksichtigung zusätzlicher Kapitalanforderungen, Teil 2, in: WM 2015, S. 1257-1264, zitiert als: *Gurlit*, WM 2015, S. 1257.

G20 Green Finance Study Group, G20 Green Finance Synthesis Report, 15.07.2016, abrufbar http://www.g20.utoronto.ca/2016/green-finance-synthesis.pdf, letzter Abruf am 31.03.2023, zitiert als: *G20 Green Finance Study Group*, Synthesis Report, 15.07.2016.

Habetha, Joachim /Schwennicke, Andreas, § 6, in: Schwennicke, Andreas/Auerbach, Dirk (Hrsg.), Kreditwesengesetz (KWG) mit Zahlungsdiensteaufsichtsgesetz (ZAG), 4. Aufl., München 2021, zitiert als: *Habetha/Schwennicke*, in: Schwennicke/Auerbach (Hrsg.), KWG, 4. Aufl. 2021, § 6.

Hannemann, Ralf/Weigl, Thomas/Zaruk, Marina, Mindestanforderungen an das Risikomanagement (MaRisk), Kommentar, Teilband 1, 6. Aufl., Stuttgart 2022, zitiert: *Hannemann/Weigl/Zaruk*, MaRisk.

Harthmann-Wendels, Thomas/Hellwig, Martin/Jäger-Ambrozewicz, Manfred, Arbeitsweise der Bankenaufsicht vor dem Hintergrund der Finanzmarktkrise, Forschungsbericht, Institut der deutschen Wirtschaft Köln Nr. 63, 2010, zitiert als: *Harthmann-Wendels/Hellwig/Jäger-Ambrozewicz*, Arbeitsweise der Bankenaufsicht vor dem Hintergrund der Finanzmarktkrise.

Hartig, Georg Ludwig, Anweisung zur Taxation und Beschreibung der Forste, 1. Theoretischer Teil, 4. Aufl., Gießen 1819, zitiert als: *Hartig*, Anweisung zur Taxation und Beschreibung der Forste.

Hartmann-Wendels, Thomas/Pfingsten, Andreas/Weber, Martin, Bankbetriebslehre, 7. Aufl., Berlin 2019, zitiert als: *Hartmann-Wendels/Pfingsten/Weber*, Bankbetriebslehre.

v. Hauff, Michael, Nachhaltige Entwicklung – Grundlagen und Umsetzung, 3. Aufl., München 2021, zitiert als: *v. Hauff*, Nachhaltige Entwicklung.

v. Heinemann, Olgard, Ermächtigt das Kreditwesengesetz die Bankenaufsicht zu währungspolitischen Maßnahmen?, Diss. Köln 1973, zitiert als: *v. Heinemann*, Ermächtigt das Kreditwesengesetz die Bankenaufsicht zu währungspolitischen Maßnahmen?.

Herdegen, Matthias, Art. 88 GG, in: Dürig, Günter (Begr.)/Herzog, Roman (Begr.)/Scholz, Rupert (Hrsg.), Grundgesetz-Kommentar, Werkstand: 104. EL April 2024, zitiert als: *Herdegen*, in: Dürig/Herzog/Scholz (Hrsg.), Grundgesetz-Kommentar, 104. EL 2024, Art. 88 GG.

Hellenthal, Ludger, Das Bankenaufsichtsrecht der Europäischen Gemeinschaft, Berlin 1992, zitiert als: *Hellenthal*, Das Bankenaufsichtsrecht der Europäischen Gemeinschaft.

High-Level Expert Group on Sustainable Finance, Final Report on Sustainable Finance – Financing a sustainable European economy 31.01.2018, abrufbar unter: https://finance.ec.europa.eu/system/files/2018-01/180131-sustainable-finance-final-report_en.pdf, letzter Abruf am 31.03.2023, zitiert als: *High-Level Expert Group on Sustainable Finance*, Final Report 2018.

High-Level Expert Group on Sustainable Finance, Interim Report on Sustainable Finance – Financing a sustainable European economy, 12.07.2017, abrufbar unter: https://finance.ec.europa.eu/system/files/2017-07/170713-sustainable-finance-report_en.pdf, letzter Abruf am 31.03.2023, *High-Level Expert Group on Sustainable Finance*, Zwischenbericht 2017.

High-Level Group on Financial Supervision in the EU, Bericht, The de Larosière Group, 25.02.2009, abrufbar unter: https://ec.europa.eu/economy_finance/publications/pages/publication14527_en.pdf, letzter Abruf am 31.03.2023, zitiert als: *High-Level Group on Financial Supervision in the EU*, De-Larosière-Bericht.

Hilke, Henning, Risiko und Bankenaufsicht, Eine rechtsvergleichende Analyse der präventiven Begrenzung bankbetrieblicher und systemischer Risiken, Frankfurt am Main 2014, zitiert als: *Hilke*, Risiko und Bankenaufsicht.

Hillen, Karl-Heinz/Klotzbach, Daniela, Art. 449a CRR in: Fischer, Reinfrid / Schulte-Mattler, Hermann (Hrsg.), Kommentar zu Kreditwesengesetz, VO (EU) Nr. 575/2013 (CRR) und Ausführungsvorschriften, Band 1, 6. Aufl., München 2023, zitiert als: *Hillen/Klotzbach*, in: Fischer/Schulte-Mattler (Hrsg.), KWG, 6. Aufl. 2023, Art. 449a CRR.

Hirsch, Jens/Hahn, Jonas, How flood risk impacts residential rents and property prices Empirical analysis of a German property market, in: Journal of Property Investment & Finance Vol. 36 No. 1, 2018, S. 50-67, zitiert als: *Hirsch/Hahn*, Journal of Property Investment & Finance Vol. 36 No. 1(2018), S. 50.

Höck, André/Klein, Christian /Landau, Alexander/Zwergel, Bernhard, The effect of environmental sustainability on credit risk, in: Journal of Asset Management (2020) 21, S. 85–93, zitiert als: *Höck u. a.*, Journal of Asset Management (2020) 21, S. 85.

Holle, Levien, Sustainable Finance auf globaler, europäischer und nationaler Ebene – Eine Einschätzung des BMF, in: BaFin Perspektiven 2/2019, S. 11-17, zitiert als: *Holle*, BaFin Perspektiven 2/2019, S. 11.

Hufeld, Felix, Kein Bonus für grüne Investments, in: RdF 2019, S. 177-179, zitiert als: *Hufeld*, RdF 2019, S. 177.

Hufeld, Felix, Neujahrspresseempfang 2018, Rede vom 17.01.2018 in Frankfurt am Main, abrufbar unter: https://www.bafin.de/SharedDocs/Veroeffentlichungen/DE/RedenInterviews/re_180117_neujahrspresseempfang.html, letzter Abruf am 31.03.2023, zitiert als: *Hufeld*, Rede vom 17.01.2018.

Humm, Hubert, Bankenaufsicht und Währungssicherung, Berlin 1989, zitiert als: *Humm*, Bankenaufsicht und Währungssicherung.

Institute of International Finance, Prudential Pathways: Industry Perspectives on Supervisory and Regulatory Approaches to Climate- related and Environmental Risks, abrufbar unter: https://www.iif.com/portals/0/Files/content/Regulatory/01_21_2021_prudential_pathways.pdf, letzter Abruf am 31.03.2023, zitiert als: *Institute of International Finance*, Prudential Pathways, Januar 2021.

Intergovernmental Science-Policy Platform on Biodiversity and Ecosystem Services, Summary for policymakers of the global assessment report on biodiversity and ecosystem services of the Intergovernmental Science, 2019, abrufbar unter: https://zenodo.org/record/3553579#.Y-yiYS9Xbu0, letzter Abruf am 31.03.2023, zitiert als: *Intergovernmental Science-Policy Platform on Biodiversity and Ecosystem Services*, Summary for policymakers of the global assessment report on biodiversity and ecosystem services of the Intergovernmental Science, 2019.

International Capital Market Association, Die Social Bond Principles, Freiwillige Leitlinien zur Emission von Social Bonds, Juni 2023, zitiert als: *International Capital Market Association*, Social Bond Principles.

Internationale Arbeitsorganisation, Kernarbeitsnormen, abrufbar unter: https://www.ilo.org/de/resource/erklaerung-der-iao-ueber-grundlegende-prinzipien-und-rechte-bei-der-arbeit-0, letzter Abruf am 31.03.2023, zitiert als: *Internationale Arbeitsorganisation*, Kernarbeitsnormen.

International Energy Agency, Global Energy and Climate Model, Report, Oktober 2022, abrufbar unter: https://www.iea.org/reports/global-energy-and-climate-model, letzter Abruf am 31.03.2023, zitiert als: *International Energy Agency*, Global Energy and Climate Model, Report, Oktober 2022.

International Platform on Sustainable Finance, Transition Finance Report November 2022, zitiert als: *International Platform on Sustainable Finance*, Transition Finance Report.

Jensen, Jonas Bjarke, Copenhagen Economics, Prudential treatment of green mortgages: Summary and Recommendations, Oktober 2021, abrufbar unter: https://copenhageneconomics.com/wp-content/uploads/2021/12/prudential-treatment-of-green-mortgages_summary-and-recommendations.pdf, letzter Abruf am 31.03.2023, zitiert als: *Jensen*, Copenhagen Economics, Oktober 2021.

Jöhr, Walter Adolf, Das Problem der Wirtschaftsordnung, in: Individuum und Gesellschaft, Festschrift zu Fünfzigjahrfeier der Handels-Hochschule St. Gallen, St. Gallen 1949, S. 231-372, zitiert als: *Jöhr*, in: Festschrift zu Fünfzigjahrfeier der Handels-Hochschule St. Gallen 1949, S. 231.

Kahn, Matthew/Mohaddes, Kamir/Ng, Ryan/Pesaran, M. Hashem/Raissi, Mehdi/Yang, Jui-Chung, Long-Term Macroeconomic Effects of Climate Change: A Cross-Country Analysis, IMF Working Paper, WP 19/215, Oktober 2019, zitiert als: *Kahn u. a.*, IMF Working Paper, WP 19/215, Oktober 2019.

Kaufhold, Ann-Katrin, Transfer und Transformation ökonomischen Wissens im Recht der Bankenaufsicht, in: Augsberg, Ingo (Hrsg.), Extrajuridisches Wissen im Verwaltungsrecht, Tübingen 2013, S. 151- 176, zitiert als: *Kaufhold*, in: Augsberg (Hrsg.), Extrajuridisches Wissen im Verwaltungsrecht, S. 151.

Kaza, Nikhil/Quercia, Roberto G./Chao, Yue Tian, Home Energy Efficiency and Mortgage Risks, in: Cityscape, Vol. 16 (2014), No. 1, S. 279-298, zitiert als: *Kaza/Quercia/Chao*, Cityscape, Vol. 16 (2014), No. 1, S. 279.

Kempen, Bernhard, Art. 127 AEUV, in: Streinz, Rudolf (Hrsg.), EUV/AEUV, Kommentar, 3. Aufl., München 2018, zitiert als: *Kempen*, in: Streinz (Hrsg.), EUV/AEUV, 3. Aufl. 2018, Art. 127 AEUV.

Kingreen, Thorsten, Art. 51 Grundrechte-Charta, in: Calliess, Christian/Ruffert, Matthias (Hrsg.), EUV/AEUV, Kommentar, 6. Aufl., München 2022, zitiert als: *Kingreen*, in: Calliess/Ruffert (Hrsg.), EUV/AEUV, 6. Aufl. 2022, Art. 51 EU-Grundrechte-Charta.

Kirchgeorg, Manfred/Meffert, Heribert, Ziele und Strategien des betrieblichen Umweltmanagements im Wandel, in: Wagner, Gerd Rainer (Hrsg.),

Unternehmensführung, Ethik und Umwelt, Hartmut Kreikebaum zum 65. Geburtstag, Wiesbaden 1999, S. 491-508, zitiert als: *Kirchgeorg/Meffert*, in: Wagner (Hrsg.), Unternehmensführung, Ethik und Umwelt, S. 491.

Kivisaari, Esko, Sustainable Finance and Prudential Regulation of Financial Institutions, in: Fisher, Paul (Hrsg.), Making the Financial System Sustainable, Cambridge 2021, S. 75-103, zitiert als: *Kivisaari*, in: Fisher (Hrsg.), Making the Financial System Sustainable, S. 75.

Klein, Florian, Die Nachhaltigkeit der Genossenschaftsbanken, Eine empirische Analyse, Aachen 2016, zitiert als: *Klein*, Die Nachhaltigkeit der Genossenschaftsbanken.

Klos, Manuela, Produktmanagement und Kunden von Nachhaltigkeitsbanken, in: Bauer, Denise/Schuster, Gunnar (Hrsg.), Nachhaltigkeit im Bankensektor, Köln 2016, S. 289-322, zitiert als: *Klos*, in: Bauer/Schuster (Hrsg.), Nachhaltigkeit im Bankensektor, S. 289.

Klump, Rainer, Wirtschaftspolitik: Instrumente, Ziele und Institutionen, 4. Aufl., München 2020, zitiert: *Klump*, Wirtschaftspolitik.

Kluth, Winfried, Öffentliches Wirtschaftsrecht, 1. Aufl., München 2019, zitiert als: *Kluth*, Öffentliches Wirtschaftsrecht.

Kohtamäki, Natalia, Die Reform der Bankenaufsicht in der Europäischen Union, Tübingen 2012, zitiert als: *Kohtamäki*, Die Reform der Bankenaufsicht in der Europäischen Union.

Kommission der Europäischen Gemeinschaften, Grünbuch, Europäische Rahmenbedingungen für die soziale Verantwortung der Unternehmen, KOM(2001) 366 endgültig, 18.07.2001, zitiert als: *Kommission der Europäischen Gemeinschaften*, Grünbuch.

Kommission der Europäischen Gemeinschaften, Mitteilung, Nachhaltige Entwicklung in Europa für eine bessere Welt: Strategie der Europäischen Union für die nachhaltige Entwicklung, 15.05.2001, KOM(2001)264 endgültig, zitiert als: *Kommission der Europäischen Gemeinschaften*, Strategie für die nachhaltige Entwicklung.

Korte, Stefan, Art. 53 AEUV, in: Calliess, Christian/Ruffert, Matthias (Hrsg.), EUV/AEUV, Kommentar, 6. Aufl., München 2022, zitiert als: *Korte*, in: Calliess/Ruffert (Hrsg.), EUV/AEUV, 6. Aufl. 2022, Art. 53 AEUV.

Korte, Stefan, Art. 114 AEUV, in: Calliess, Christian/Ruffert, Matthias (Hrsg.), EUV/AEUV, Kommentar, 6. Aufl., München 2022, zitiert als: *Korte*, in: Calliess/Ruffert (Hrsg.), EUV/AEUV, 6. Aufl. 2022, Art. 114 AEUV.

KPMG International, Studie, Expect the Unexpected: Building business value in a changing world, Part 1, Amstelveen 2012, abrufbar unter: https://assets.kpmg/content/dam/kpmg/pdf/2012/08/building-business-value-part-1.pdf, letzter Abruf am 31.03.2023, zitiert als: *KPMG International*, Report, Part 1.

KPMG International, Studie, Expect the Unexpected: Building business value in a changing world, Part 3, Amstelveen 2012, abrufbar unter: https://assets.kpmg/content/dam/kpmg/pdf/2012/10/building-busines-value-part-3-v2.pdf, letzter Abruf am 31.03.2023, zitiert als: *KPMG International*, Report, Part 3.

Krämer, Gregor, Ziele, Adressaten und Risiken der Bankenaufsicht, Aachen 2000, zitiert als: *Krämer*, Ziele, Adressaten und Risiken der Bankenaufsicht.

Krogstrup, Signe/Oman, Wiliam, Macroeconomic and Financial Policies for Climate Change Mitigation: A Review of the Literature, IMF Working Paper WP/19/185, September 2019, zitiert als: *Krogstrup/Oman,* IMF Working Paper WP/19/185.

Kropp, Ariane, Grundlagen der Nachhaltigen Entwicklung, Wiesbaden 2019, zitiert als: *Kropp*, Grundlagen der Nachhaltigen Entwicklung.

Krümmel, Hans-Jacob, Bankenaufsichtsziele und Eigenkapitalbegriff, Frankfurt am Main 1983, zitiert als: *Krümmel*, Bankenaufsichtsziele und Eigenkapitalbegriff.

Krümmel, Hans-Jacob, Bankpolitische Normen und ihre Wirkungen auf das Bankgeschäft, in: Kredit und Kapital, 1975, S. 524-548, zitiert als: *Krümmel*, Kredit und Kapital 1975, S. 524.

Kübek, Gesa/Terhechte, Jörg Philipp/ Art. 114 AEUV, in: Pechstein, Matthias/Nowak, Carsten/Häde, Ulrich (Hrsg.), Frankfurter Kommentar zu EUV, GRC und AEUV, Band III, 2. Aufl., Tübingen 2023, zitiert als: *Kübek/Terhechte*, in: Pechstein/Nowak/Häde (Hrsg.), Frankfurter Kommentar EUV/GRC/AEUV, 2. Aufl. 2023, Art. 114 AEUV.

Lach, Niklas, Marktinformation durch Bankrechnungslegung im Dienste der Bankenaufsicht, Sternenfels 2003, zitiert als: *Lach*, Marktinformation durch Bankrechnungslegung im Dienste der Bankenaufsicht.

Lachmann, Werner, Volkswirtschaftslehre 1, Grundlagen, 5. Aufl., Berlin, Heidelberg 2006, zitiert als: *Lachmann*, Volkswirtschaftslehre.

Langen, Markus/Donner, Kirsten, § 25a KWG, in: Schwennicke, Andreas/Auerbach, Dirk (Hrsg.), Kreditwesengesetz (KWG) mit Zahlungsdiensteaufsichtsgesetz (ZAG), 4. Aufl., München 2021, zitiert als: *Langen/Donner*, in: Schwennicke/Auerbach (Hrsg.), KWG, 4. Aufl. 2021, § 25a.

Lee, Min-Dong Paul, A review of the theories of corporate social responsibility: Ist evolutionary path and the road ahead, in: International Journal of Management Reviews 2008, Volume 10, Issue 1, S. 53-73, zitiert als: *Lee*, International Journal of Management Reviews 2008, Volume 10, Issue 1, S. 53.

Lepsius, Oliver, Gesetz und Gesetzgebung, in: Herdegen, Matthias/Masing, Johannes/Poscher, Ralf/Gärditz, Klaus Ferdinand (Hrsg.), Handbuch des Verfassungsrechts, 1. Aufl., München 2021, § 12, zitiert als: *Lepsius*, in: Herdegen/Masing/Poscher/Gärditz (Hrsg.), Handbuch des Verfassungsrechts, § 12.

Lepsius, Oliver, § 19 Ziele der Regulierung, in: Fehling, Michael/Ruffert, Matthias (Hrsg.), Regulierungsrecht, Tübingen 2010, S. 1055-1086, zitiert als: *Lepsius*, in: Fehling/Ruffert (Hrsg.), Regulierungsrecht, § 19.

Leschke, Martin, § 6 Regulierungstheorie aus ökonomischer Sicht, in: Fehling, Michael/Ruffert, Matthias (Hrsg.), Regulierungsrecht, Tübingen 2010, S. 281-331, zitiert als: *Leschke*, in: Fehling/Ruffert (Hrsg.), Regulierungsrecht, § 6.

Liepmann, Peter, Bankenverhalten und Bankenregulierung. Ein Beitrag zu einigen ungelösten Problemen der Geldverfassung, Berlin 1980, zitiert als: *Liepmann*, Bankenverhalten und Bankenregulierung.

Loan Market Association, Green Loan Principles, Februar 2023, zitiert als: *Loan Market Association*, Green Loan Principles.

Loan Market Association, Sustainability-Linked Loan Principles, Februar 2023, zitiert als: *Loan Market Association*, Sustainability-Linked Loan Principles.

MacNeil, Iain, Risk Control Strategies: An Assessment in the Context of the Credit Crisis, in: MacNeil, Iain/O'Brien, Justin (Hrsg.), The Future of Financial Regulation, London 2010, S. 141-159, zitiert als: *MacNeil*, in: MacNeil/O'Brien (Hrsg.), The Future of Financial Regulation, S. 141.

Malich, Jakub, Banks, ESG and Nonperforming Loans During Covid-19, MSCI Internetbeitrag vom 01.10.2020, abrufbar unter: https://www.msci.com/www/blog-posts/banks-esg-and-nonperforming/02113369423, letzter Abruf am 31.03.2023, zitiert als: *Malich*, Banks, ESG and Nonperforming Loans During Covid-19, MSCI Internetbeitrag vom 01.10.2020.

Manninen, Otso/Tiililä, Nea, Could the Green Supporting Factor help mitigate climate change?, in: Bank of Finland, Bulletin, 13.07.2020, S. 3-7, zitiert als: *Manninen/Tiililä*, Bank of Finland, Bulletin, 13.07.2020.

Markel, Elisabeth Doris, Qualitative Bankenaufsicht, Sternenfels 2010, zitiert als: *Markel*, Qualitative Bankenaufsicht.

Matikainen, Sini, Green doesn't mean risk-free: why we should be cautious about a green supporting factor in the EU, 18.12.2017, Grantham Research Institute on Climate Change and the Environment, LSE Commentary, abrufbar unter: https://www.lse.ac.uk/granthaminstitute/news/eu-green-supporting-factor-bank-risk/, letzter Abruf am 31.03.2023, zitiert als: *Matikainen*, LSE Commentary, 18.12.2017.

Matikainen, Sini/Campiglio, Emanuele/Zenghelis, Dimitri, The climate impact of quantitative easing, Mai 2017, Technical Report, London School of Economics, abrufbar unter: https://www.lse.ac.uk/granthaminstitute/wp-content/uploads/2017/05/ClimateImpactQuantEasing_Matikainen-et-al-1.pdf, letzter Abruf am 31.03.2023, zitiert als: *Matikainen/Campiglio/Zenghelis*, The climate impact of quantitative easing, Mai 2017, Technical Report, London School of Economics.

Meffert, Heribert/Kirchgeorg, Manfred, Marktorientiertes Umweltmanagement, 3. Aufl., Stuttgart 1998, zitiert als: *Meffert/Kirchgeorg*, Marktorientiertes Umweltmanagement.

Mehler, Franz, Ziel-Mittel-Konflikte als Problem der Wirtschaftspolitik, Ein Beitrag zur Theorie der Wirtschaftspolitik, exemplifiziert an der praktischen Agrarpolitik, Berlin 1970, zitiert als: *Mehler*, Ziel-Mittel-Konflikte als Problem der Wirtschaftspolitik.

Möslein, Florian/Mittwoch, Anne-Christin, Der Europäische Aktionsplan zur Finanzierung nachhaltigen Wachstums, in: WM 2019, S. 481-489, zitiert als: *Möslein/Mittwoch*, WM 2019, S. 481.

Monasterolo, Irene, Climate Change and the Financial System, in: Annual Review of Resource Economics 2020, Vol. 12, S. 299-320, zitiert als: *Monasterolo*, Annual Review of Resource Economics 2020, S. 299.

Monnin, Pierre, Central banks and the transition to a low-carbon economy, Council on Economic Policies, Discussion Note 2018/01, März 2018, zitiert als: *Monnin*, Central banks and the transition to a low-carbon economy, Council on Economic Policies, Discussion Note 2018/01.

Moody's Investors Service, Research Announcement: Moody's: Project finance bank loans for green use-of-proceeds projects demonstrate lower default risk, 18.02.2018, Moody's, zitiert als: *Moody's Investors Service,* Project finance bank loans for green use-of-proceeds projects demonstrate lower default risk, Research Announcement 18.02.2018.

MSCI, Webseite, „ESG Ratings", abrufbar unter: https://www.msci.com/our-solutions/esg-investing/esg-ratings, letzter Abruf am 31.03.2023, zitiert als: *MSCI*, ESG-Rating.

Müller-Graff, Art. 53 AEUV, Peter-Christian, in: Streinz, Rudolf (Hrsg.), EUV/AEUV, Kommentar, 3. Aufl., München 2018, zitiert als: *Müller-Graff*, in: Streinz (Hrsg.), EUV/AEUV, 3. Aufl. 2018, Art. 53 AEUV.

Müller, Werner A., Bankenaufsicht und Gläubigerschutz. Eine Analyse von Regulierungs- und Aufsichtsvorschriften für Kreditinstitute, Baden-Baden 1981, zitiert als: *Müller*, Bankenaufsicht und Gläubigerschutz.

Muthorst, Olaf, Grundlagen der Rechtswissenschaft, 2. Aufl., München 2019, zitiert als: *Muthorst*, Grundlagen der Rechtswissenschaft.

Næss-Schmidt, Sigurd/Hansen, Marin Bo/Heebøll, Christian/Stehen-Knudsen, Jossi/Fredslund, Niels Chrisitan/Wilke, Sabine, Do homes with better energy efficiency ratings have higher house prices?, Concluding Report, Danish Energy Agency, 14.02.2016, Copenhagen Economics, abrufbar unter: https://copenhageneconomics.com/wp-content/uploads/2022/05/copenhagen-economics-2016-do-homes-with-better-energy-efficiency-ratings-have-higher-house-prices.pdf, letzter Abruf am 31.03.2023, zitiert als: *Næss-Schmidt u. a.,* Copenhagen Economics, Februar 2016.

Neck, Reinhard/Schneider, Friedrich, Wirtschaftspolitik, München 2013, zitiert als: *Neck/Schneider*, Wirtschaftspolitik.

Network for Greening the Financial System, NGFS Scenarios for central banks and supervisors, September 2022, abrufbar unter: https://www.ngfs.net/sites/default/files/medias/documents/ngfs_climate_scenarios_for_central_banks_and_supervisors_.pdf.pdf, letzter Abruf am 31.03.2023, zitiert als: *Network for Greening the Financial System*, NGFS Scenarios for central banks and supervisors, September 2022.

Network for Greening the Financial System, Capturing risk differentials from climate-related risks – A Progress Report: Lessons learned from the existing analyses and practices of financial institutions, credit rating agencies and supervisors, Mai 2022, zitiert als: *Network for Greening the Financial System*, Capturing risk differentials from climate-related risks, Progress Report Mai 2022.

Network for Greening the Financial System, Case Studies of Environmental Risk Analysis Methodologies, Occasional Paper, September 2020, abrufbar unter: https://www.ngfs.net/sites/default/files/medias/documents/case_studies_of_environmental_risk_analysis_methodologies.pdf, letzter Abruf am 31.03.2023, zitiert als: *Network for Greening the Financial System*, Occasional Paper, September 2020.

Network for Greening the Financial System, Overview of Environmental Risk Analysis by Financial Institutions, Technical document, September 2020, abrufbar unter: https://www.ngfs.net/sites/default/files/medias/documents/overview_of_environmental_risk_analysis_by_financial_institutions.pdf, letzter Abruf am 31.03.2023, zitiert als: *Network for Greening the Financial System*, Technical Document, September 2020.

Network for Greening the Financial System, The Macroeconomic and Financial Stability Impacts of Climate Change, Research Priorities, Juni 2020, abrufbar unter: https://www.ngfs.net/sites/default/files/medias/documents/ngfs_research_priorities_final.pdf, letzter Abruf am 31.03.2023, zitiert als: *Network for Greening the Financial System*, The Macroeconomic and Financial Stability Impacts of Climate Change, Research Priorities, Juni 2020.

Network for Greening the Financial System, A Status Report on Financial Institutions' Experiences from working with green, non green and brown financial assets and a potential risk differential, Technical Document, Mai 2020, abrufbar unter: https://www.ngfs.net/sites/default/files/medias/documents/ngfs_status_report.pdf, letzter Abruf am 31.03.2023, zitiert als: *Network for Greening the Financial System*, Technical Document, Mai 2020.

Network for Greening the Financial System, Guide for Supervisors – Integrating climate-related and environmental risks into prudential supervision, Mai 2020, abrufbar unter: https://www.ngfs.net/sites/default/files/medias/documents/ngfs_guide_for_supervisors.pdf, letzter Abruf am 31.03.2023, zitiert als: *Network for Greening the Financial System*, Guide for Supervisory, Mai 2020.

Network for Greening the Financial System, Technical supplement to the First comprehensive report, Macroeconomic and financial stability – Implications of climate change, Juli 2019, abrufbar unter: https://www.ngfs.net/sites/default/files/medias/documents/ngfs-report-technical-supplement_final_v2.pdf, letzter Abruf am 31.03.2023, zitiert als: *Network for Greening the Financial System*, Technical supplement to the First comprehensive report, Juli 2019.

Network for Greening the Financial System, First Comprehensive Report, A call for action Climate change as a source of financial risk, April 2019, abrufbar unter: https://www.ngfs.net/sites/default/files/medias/documents/ngfs_first_comprehensive_report_-_17042019_0.pdf, letzter Abruf am 31.03.2023, zitiert als: *Network for Greening the Financial System*, First Comprehensive Report, April 2019.

Network for Greening the Financial System, First Progress Report, Oktober 2018, abrufbar unter: https://www.banque-france.fr/sites/default/files/media/2018/10/11/818366-ngfs-first-progress-report-20181011.pdf, letzter Abruf am 31.03.2023, zitiert als: *Network for Greening the Financial System*, First Progress Report, Oktober 2018.

Neus, Werner, Ziele der Bankenregulierung – ist mehr besser?, in: ZBB 2023, S. 233-243, zitiert als: *Neus*, ZBB 2023, S. 233.

Neus, Werner/Riepe, Jan, Regulierung der Finanzverfassung: Ökonomische Grundlagen, in: Binder, Jens-Hinrich; Glos, Alexander; Riepe, Jan (Hrsg.), Handbuch Bankenaufsichtsrecht, 2. Aufl., Köln 2020, § 6, zitiert als: *Neus/Riepe*, in: Binder/Glos/Riepe (Hrsg.), Handbuch Bankenaufsichtsrecht, § 6.

Nicholls, Robert/Reeder, Tim/Brown, Sally/Haigh, Ivan, The risks of sea-level rise for coastal areas, in: King, David/Schrag, Daniel/Dadi, Zhou/Ye, Qi/Ghosh, Arunabha (Hrsg.), Climate Change: A Risk Assessment, Cambridge University Press, 2015, S. 94-98, zitiert als: *Nicholls u.a.*, in: King/Schrag/Dadi/Ye/Ghosh (Hrsg.), Climate Change: A Risk Assessment, S. 94.

Niethammer, Thomas, Die Ziele der Bankenaufsicht in der Bundesrepublik Deutschland. Das Verhältnis zwischen „Gläubigerschutz“ und „Sicherung der Funktionsfähigkeit des Kreditwesens“, Berlin 1990, zitiert als: *Niethammer*, Die Ziele der Bankenaufsicht.

Nieto, María/Papathanassiou, Chryssa, Financing the orderly transition to a low carbon economy in the EU: the regulatory framework for the banking channel, in: Journal of Banking Regulation, 03.06.2023, zitiert als: *Nieto/Papathanassiou*, Journal of Banking Regulation (2023).

Oehmke, Martin/Opp, Marcus, Green Capital Requirements, 03.03.2022, Swedish House of Finance Research Paper No. 22-16, *Oehmke/Opp*, Green Capital Requirements, 03.03.2022.

Ohler, Christoph, Finanzmarktregulierung und -aufsicht, in: Ruffert, Matthias (Hrsg.), Enzyklopädie Europarecht, Band 5, Europäisches Sektorales Wirtschaftsrecht, § 10, 2. Aufl., Baden-Baden 2020, zitiert als: *Ohler*, in: Ruffert (Hrsg.), Europäisches Sektorales Wirtschaftsrecht, § 10.

Ohler, Christoph, Bankenaufsicht und Geldpolitik in der Währungsunion, München 2015, zitiert als: *Ohler*, Bankenaufsicht und Geldpolitik in der Währungsunion.

Organisation für wirtschaftliche Zusammenarbeit und Entwicklung, OECD Guidance on Transition Finance: Ensuring Credibility of Corporate Climate Transition Plans, Green Finance and Investment, 2022, abrufbar unter: https://www.oecd-ilibrary.org/environment/oecd-guidance-on-transition-finance_7c68a1ee-en, letzter Abruf: 15.04.2023, zitiert als: *OECD*, Guidance on Transition Finance: Ensuring Credibility of Corporate Climate Transition Plans.

Organisation für wirtschaftliche Zusammenarbeit und Entwicklung, Leitsätze für multinationale Unternehmen zu verantwortungsvollem unternehmerischem Handeln, 04.09.2023, abrufbar unter: https://www.oecd.org/de/publications/oecd-leitsatze-fur-multinationale-unternehmen-zu-verantwortungsvollem-unternehmerischem-handeln_abd4d37b-de.html, letzter Abruf am 29.09.2024, zitiert als: *OECD*, Leitsätze für multinationale Unternehmen.

Pache, Eckhard, Art. 51 Grundrechte-Charta, in: Pechstein, Matthias/Nowak, Carsten/Häde, Ulrich (Hrsg.), Frankfurter Kommentar zu EUV, GRC und AEUV, Band I EUV und GRC, 2. Aufl., Tübingen 2023, zitiert als: *Pache*, in: Pechstein/Nowak/Häde (Hrsg.), Frankfurter Kommentar, 2. Aufl. 2023, Art. 51 EU-Grundrechte-Charta.

Paraschiakos, Christos, Bankenaufsicht zwischen Risikoverwaltung und Marktbegleitung. Eine rechtsdogmatische und verwaltungswissenschaftliche Untersuchung bankenaufsichtsrechtlicher Unsicherheitsbewältigung am Beispiel der Eigenmittelregulierung, Tübingen 2017, zitiert als: *Paraschiakos*, Bankenaufsicht zwischen Risikoverwaltung und Marktbegleitung.

Park, Hyoungkun/Kim, Jond Dae, Transition towards green banking: role of financial regulators and financial institutions, in: Asian Journal of Sustainability and Soicial Responsibility (2020) 5:5, zitiert als: *Park/Kim*, Asian Journal of Sustainability and Soicial Responsibility (2020) 5:5.

Pechstein, Matthias, Art. 3 EUV, in: Streinz, Rudolf (Hrsg.), EUV/AEUV, Kommentar, 3. Aufl., München 2018, zitiert als: P*echstein*, in: Streinz (Hrsg.), EUV/AEUV, 3. Aufl. 2018, Art. 3 EUV.

Pereira da Silva, Luiz Awazu, Research on climate-related risks and fnancial stability: An „epistemological break"?, BIS, Rede vom 23.05.2019, abrufbar unter: https://www.bis.org/speeches/sp190523.htm, letzter Abruf am 31.03.2023, zitiert als: *Pereira da Silva*, Rede vom 23.05.2019.

Pflock, Thomas Martin, Europäische Bankenregulierung und das „Too big to fail-Dilemma", Berlin 2014, zitiert als: *Pflock*, Europäische Bankenregulierung und das „Too big to fail-Dilemma".

Platform on Sustainable Finance, Final Report on Social Taxonomy, 28.02.2022, abrufbar unter: https://commission.europa.eu/system/files/2022-03/280222-sustainable-finance-platform-finance-report-social-taxonomy.pdf, letzter Abruf am 31.03.2023, zitiert als: *Platform on Sustainable Finance*, Report on Social Taxonomy.

Porter, Michael, Wettbewerbsstrategien – Methoden zur Analyse von Branchen und Konkurrenten, aus dem Englischen von Volker Brandt und Thoas Carl Schwoerer, 12. Aufl., Frankfurt/New York 2013, zitiert als: *Porter*, Wettbewerbsstrategien.

Poscher, Ralf, § 3 Das Grundgesetz als Verfassung des verhältnismäßigen Ausgleichs, in: Herdegen, Matthias/Masing, Johannes/Poscher, Ralf/Gärditz, Ferdinand (Hrsg.), Handbuch des Verfassungsrechts, 1. Aufl., München 2021, zitiert als: *Poscher*, in: Herdegen/Masing, Poscher/Gärditz (Hrsg.), Handbuch des Verfassungsrechts, 1. Aufl. 2021, § 3.

Pufé, Iris, Nachhaltigkeit, 3. Aufl., Konstanz und München 2017, zitiert als: *Pufé*, Nachhaltigkeit.

Rat der Europäischen Union, Schlussfolgerungen des Rates zu einem Fahrplan zur Vollendung der Bankenunion, Pressemitteilung 353/16, 17.06.2016, zitiert als: *Rat der Europäischen Union*, Pressemitteilung 353/16, 17.06.2016.

Rat für nachhaltige Entwicklung, Deutscher Nachhaltigkeitskodex – Maßstab für nachhaltiges Wirtschaften, abrufbar unter: https://www.deutscher-nachhaltigkeitskodex.de, zitiert als: *Rat für nachhaltige Entwicklung*, Deutscher Nachhaltigkeitskodex.

Regnery, Peter, Bankenaufsicht, Bankeneigenkapital und Wettbewerb: Die Eigenkapitaldefinition nach der Vierten KWG-Novelle und der Einfluß auf die Wettbewerbssituation deutscher Kreditinstitute im Vergleich zur Eigenkapitalabgrenzung in Großbritannien, in: Schriften zur Bilanz- und Steuerlehre, Stuttgart 1994, zitiert als: *Regnery*, Bankenaufsicht, Bankeneigenkapital und Wettbewerb.

Reiling, Katharina, Der Hybride, Administrative Wissensorganisatin im privaten Bereich, Tübingen 2016, zitiert als: *Reiling*, Der Hybride.

Reppenthien, Thomas, § 25a KWG, in: Beck, Heinz/Samm, Carl-Theodor/ Kokemoor, Axel (Hrsg.), Kreditwesengeswtz mit CRR, Dokumentstand: 210. Lieferung 11/2019, Werkstand: 238. Lieferung 8/2024, Heidelberg, zitiert als: *Reppenthien*, in: Beck/Samm/Kokemoor (Hrsg.), KWG, Werkstand: 238. Lfg. 8/2024, § 25a.

Reznick, Mitch/Viehs, Michael, Pricing ESG Risk in Credit Markets, Research paper, Hermes Investment, Q2 2017, zitiert als: *Reznick/Viehs*, Pricing ESG Risk in Credit Markets, Research Paper, Hermes Investment, Q2 2017.

Richardson, Benjamin, Diffusing Environmental Regulation through the Financial Services Sector: Reforms in the EU and other Jurisdictions, in: Maastricht J. Eur. & Comp. L., Volume 10 (2003), Ausgabe 3, S. 233-264, zitiert als: *Richardson*, 10 Maastricht J. Eur. & Comp. L. 3 (2003), S. 233.

Röh, Jens, Die Stellung der Bankenaufsicht in der Wirtschaftsordnung des Grundgesetzes, Diss jur. Hamburg 1965, zitiert als: *Röh*, Die Stellung der Bankenaufsicht in der Wirtschaftsordnung des Grundgesetzes.

Röseler, Raimund, Nachhaltigkeit – Herausforderungen und Chancen für die Kreditwirtschaft, in: BaFinPerspektiven 2, 2019, S. 19-28, zitiert als: *Röseler*, BaFinPerspektiven 2/2019, S. 19.

Rott, Peter, Thesen zur Durchsetzung des Verbraucherschutzrechts durch die BaFin, in: WM 2019, S. 1189-, zitiert als: *Rott*, WM 2019, S. 1189.

Rudolph, Bernd, Gestaltungsformen bankaufsichtlicher Normen, in: wisu 1991, S. 596-601, zitiert als: *Rudolph*, wisu 1991, S. 596.

Ruffert, Matthias, Art. 3 EUV, in: Calliess, Christian/Ruffert, Matthias (Hrsg.), EUV/AEUV, Kommentar, 6. Aufl., München 2022, zitiert als: *Ruffert*, in: Calliess/Ruffert (Hrsg.), AEUV, 6. Aufl. 2022, Art. 3 EUV.

Ruffert, Matthias, § 7 Begriff, in: Fehling, Michael/Ruffert, Matthias (Hrsg.), Regulierungsrecht, Tübingen 2010, S. 332-362, zitiert als: *Ruffert*, in: Fehling/Ruffert (Hrsg.), Regulierungsrecht, § 7.

Schachtschabel, Hans, Wirtschaftspolitische Konzeptionen, 3. Aufl., Stuttgart, Berlin u. a. 1976, zitiert als: *Schachtschabel*, Wirtschaftspolitische Konzeptionen.

Schäfer, Frank A., § 6, in: Fischer, Reinfrid /Schulte-Mattler, Hermann (Hrsg.), Kommentar zu Kreditwesengesetz, VO (EU) Nr. 575/2013 (CRR) und Ausführungsvorschriften, Band 1, 6. Aufl., München 2023, zitiert als: *Schäfer*, in: Fischer/Schulte-Mattler (Hrsg.), KWG, 6. Aufl. 2023, § 6.

Schaltegger, Stefan/Burritt, Roger, Corporate Sustainability, in: Folmer, Henk, Tietenberg, Tom (Hrsg.), The International Yearbook of Environmental and Resource Economics 2005/2006 – a Survey of Current Issues, Cheltenham 2005, S. 185–222, zitiert als: *Schaltegger/Burritt*, in: Folmer/Tietenberg (Hrsg.), The International Yearbook of Environmental and Resource Economics, S. 185.

Schellekens, Guan/van Toor, Values at risk? Sustainability risks and goals in the Dutch financial sector, De Nederlandsche Bank, 2019, abrufbar unter: https://www.dnb.nl/media/hm1msmzo/values-at-risk-sustainability-risks-and-goals-in-the-dutch.pdf, letzter Abruf am 31.03.2023, zitiert als: *Schellekens/van Toor*, Values at risk? Sustainability risks and goals in the Dutch financial sector, 2019.

Schemmer, Elisabeth Larissa, Klimarisiken im Bankenaufsichtsrecht, Tübingen 2024, zitiert als: *Schemmer*, Klimarisiken im Bankenaufsichtsrecht.

Schlag, Martin, Art. 53 AEUV, in: Schwarze, Jürgen/Becker, Ulrich /Hatje, Armin/Schoo, Johann (Hrsg.), EU-Kommentar, 4. Aufl., Baden-Baden 2019, zitiert als: *Schlag*, in: Schwarze/Becker/Hatje/Schoo (Hrsg.), EU-Kommentar, 4. Aufl. 2019, Art. 53 AEUV.

Schoenmaker, Dirk/van Tilburg, Rens, What role for financial supervisors in addressing environmental risks?, in: Comparative Economic Studies, 2016, Vol. 58, Issue 3, S. 317–334, zitiert als: *Schoenmaker/van Tilburg*, Comparative Economic Studies (2016) 58, S. 317.

Schotten, Guido/van Ewijk, Saskia/Regelink, Martijn/Dicou, Diederik/Kakes, Jan, Time for transition – An exploratory study of the transition to a carbon-neutral economy", DNB Occasional Studies, Vol. 14 – 2, 2016, zitiert als: *Schotten u. a.*, 14 DNB Occasional Studies (2016).

Schroeder, Werner, Art. 288 AEUV, in: Streinz, Rudolf (Hrsg.), EUV/AEUV, Kommentar, 3. Aufl., München 2018, zitiert als: *Schroeder,* in: Streinz (Hrsg.), EUV/AEUV, 3. Aufl. 2018, Art. 288 AEUV.

Schünemann, Melissa/Patrick, Weltin, imug Impuls 2019 – Stresstest Nachhaltigkeit – Wie gut sind die 25 größten deutschen Banken?, Hannover 2019, abrufbar unter: https://www.imug-rating.de/wp-content/uploads/2022/06/imug_Impuls_Stresstest_Nachhaltigkeit_2019.pdf, letzter Abruf am 31.03.2023, zitiert als: *Schünemann/Weltin,* imug Impuls 2019 – Stresstest Nachhaltigkeit.

Schuler, Anton, Von der Nachhaltigkeit als Beschränkung zur nachhaltigen Entwicklung als Programm, in: Schweizerische Zeitschrift für Forstwesen 2000, S. 497-501, zitiert als: *Schuler,* Schweizerische Zeitschrift für Forstwesen 2000, S. 497.

Schulz, Thomas, Werttreiber Nachhaltigkeit: Einfluss der Corporate Sustainability Performance auf die Corporate Financial Performance, in: Wunder, Thomas (Hrsg.), CSR und Strategisches Management – Wie man mit Nachhaltigkeit langfristig im Wettbewerb gewinnt, Berlin/Heidelberg 2017, S. 67-80, zitiert als: *Schulz,* in: Wunder (Hrsg.), CSR und Strategisches Management, S. 67.

Schulz, Thomas, Gute Gründe, Nachhaltigkeit auf die Tagesordnung zu setzen, in: Schulz, Thomas/Bergius, Susanne (Hrsg.), CSR und Finance – Beitrag und Rolle des CFO für eine nachhaltige Unternehmensführung, Berlin/Heidelberg 2014, S. 3-34, zitiert als: *Schulz,* in: Schulz/Bergius (Hrsg.), CSR und Finance, S. 3.

Sekker, Vanessa, Bankenaufsicht und Kapitalgesellschaft, Anforderungen an Organmitglieder von in der Finanzbranche tätigen Kapitalgesellschaften und deren Haftung, Berlin 2019, zitiert als: *Sekker,* Bankenaufsicht und Kapitalgesellschaft.

Selmayr, Martin, Art. 127 AEUV, in: von der Groeben, Hans/Schwarze, Jürgen/Hatje, Armin (Hrsg.), Europäisches Unionsrecht, Band 3, 7. Aufl., Baden-Baden 2015, zitiert als: *Selmayr,* in: von der Groeben/Schwarze/Hatje (Hrsg.), Europäisches Unionsrecht, 7. Aufl. 2015, Art. 127 AEUV.

Solana, Javier, Climate change litigation as a financial risk, in: Green Finance, 2020, Volume 2. Ausgabe 4, S. 344-372, zitiert als: *Solana*, 2 Green Finance (2020), S. 344.

Solana, Javier, The power of the Eurosystem to Promote Environmental Protection, in: European Business Law Review 30, No. 4 (2019), S. 547-576, zitiert als: *Solvana*, 30 EBLR (2019), S. 547.

Steele, Graham, Confronting the „Climate Lehman Moment“: The Case for Macroprudential Climate Regulation, in: Cornell Journal of Law and Public Policy, Vol. 30, 2020, S. 109-157, zitiert als: *Steele*, Cornell Journal of Law and Public Policy, Vol. 30, 2020, S. 109.

Stern, Nicholas, The Economics of Climate Change, in: American Economic Review: Papers & Proceedings 2008, Volume 98, S. 1-37, zitiert als: *Stern*, 98 American Economic Review (2008), S. 1.

Strauß, Franziska, Soft Law als Steuerungsinstrument in der Bankenaufsicht, 1. Aufl. 2016, Baden-Baden 2016, zitiert als: *Strauß*, Soft Law als Steuerungsinstrument in der Bankenaufsicht.

Streinz, Rudolf, Art. 5 EUV, in: Streinz, Rudolf (Hrsg.), EUV/AEUV, Kommentar, 3. Aufl., München 2018, zitiert als: *Streinz,* in: Streinz (Hrsg.), EUV/AEUV, 3. Aufl. 2018, Art. 5 EUV.

Streit, Manfred, Theorie der Wirtschaftspolitik, 6. Aufl., Stuttgart 2005, zitiert als: *Streit*, Theorie der Wirtschaftspolitik.

Sustainable-Finance-Beirat der Bundesregierung, Shifting the Trillions – Ein nachhaltiges Finanzsystem für die Große Transformation, 31 Empfehlungen an die Bundesregierung, 25.02.2021, abrufbar unter: https://sustainable-finance-beirat.de/wp-content/uploads/2021/02/210224_SFB_-Abschlussbericht-2021.pdf, letzter Abruf am 31.03.2023, zitiert als: *Sustainable-Finance-Beirat der Bundesregierung*, Shifting the Trillions.

Tarullo, Daniel K., Banking on Basel – The future of International Financial Regulation, Washington 2008, zitiert als: *Tarullo*, Banking on Basel.

Task Force on Climate-related Financial Disclosures, Final Report, Final Report, Recommendations of the Task Force on Climate-related Financial Disclosures, 15.06.2017, abrufbar unter: https://assets.bbhub.io/company/sites/60/2021/10/FINAL-2017-TCFD-Report.pdf, letzter Abruf am

31.03.2023, zitiert als: *Task Force on Climate-related Financial Disclosures*, Finaler Bericht 2017.

Terhechte, Jörg Philipp, Art. 3 EUV, in: Grabitz, Eberhard (Begr.)/Hilf, Meinhard (Fortg.)/Nettesheim, Martin (Hrsg.), Das Recht der Europäischen Union, Werkstand: 82. EL Januar 2024, München, zitiert als: *Terhechte*, in: Grabitz/Hilf/Nettesheim (Hrsg.), Das Recht der Europäischen Union, 82. EL 2024, Art. 3 EUV.

Thomä, Jakob/Gibhardt, Kyra, Quantifying the potential impact of a green supporting factor or brown penalty on European banks and lending, Journal of Financial Regulation and Compliance, Vol. 27, No. 3, 2019, S. 380-394, zitiert als: *Thomä/Gibhardt*, Journal of Financial Regulation and Compliance, Vol. 27,3, S. 380.

Thomä, Jakob/Hilke, Anuschka, The Green Supporting Factor, Quantifiying the impact on European banks and green finance, 2 Degrees Investing Initiative, Working Paper No. 2018/1, April 2018, zitiert als: *Thomä/Hilke*, 2 Degrees Investing Initiative, Working Paper No. 2018/1.

Thommen, Jean-Paul/Achleitner, Ann-Kristin/Gilbert, Dirk, Ulrich/Hachmeister, Dirk/Jarchow, Svenja/Kaiser, Gernot, Allgemeine Betriebswirtschaftslehre, 9. Aufl., Wiesbaden 2020, zitiert als: *Thommen/Achleitner/Gilbert/Hachmeister/Jarchow/Kaiser*, Allgemeine Betriebswirtschaftslehre.

Tieben, Mirja, Das Drei-Säulen-System des Bankenmarktes als regulierungsrechtliche Steuerungsressource, Tübingen 2012, zitiert als: *Tieben*, Drei-Säulen-System.

Tietje, Christian, Art. 114 AEUV, in: Grabitz, Eberhard/Hilf, Meinhard/Nettesheim, Martin (Hrsg.). Das Recht der Europäischen Union, Werkstand: 82. EL Mai 2024, München, zitiert als: *Tietje*, in: Grabitz/Hilf/Nettesheim (Hrsg.), Das Recht der Europäischen Union, 82. EL 2024, Art. 114 AEUV.

Tirca, Diana-Mihaela/Aperti, Anisora-Niculina/Aceleanu, Mirela Ionela, Sustainability in Finance and Economics, in: Financing Sustainable Development, Key Challenges and Prospects, Herausgeber: Ziolo, Magdalena, Sergi, Bruno S., Cham 2019, S. 9-52, zitiert als: *Tirca/Aperti/Aceleanu*, Financing Sustainable Development, S. 9.

Tröger, Tobias, Strukturreform im Finanzsektor – Das Trennbankengesetz als untauglicher Versuch der Verwirklichung von Nachhaltigkeitszielen im Aufsichtsrecht, in: Bauer, Denise/Schuster, Gunnar (Hrsg.), Nachhaltigkeit im Bankensektor, Köln 2016, S. 137-161, zitiert als: *Tröger*, in: Bauer/ Schuster (Hrsg.), Nachhaltigkeit im Bankensektor, S. 137.

Tröger, Tobias, § 21 Finanzdienstleistungsrecht, in: Schulze, Reiner/Janssen, André/Kadelbach, Stefan (Hrsg.), Europarecht, 4. Aufl., Baden-Baden 2020, zitiert als: *Tröger*, in: Schulze/Janssen/Kadelbach (Hrsg.), Europarecht, § 21.

Tröger, Tobias, Marktdisziplin gegen Klimawandel – Veröffentlichungspflichten von Finanzmarktteilnehmern als Baustein der europäischen Strategie zur nachhaltigen Finanzierung, in: Bachmann, Gregor/Grundmann, Stefan/ Mengel, Anja/Krolop, Kaspar (Hrsg.), Festschrift für Christine Windbichler zum 70. Geburtstag, Berlin/Bosten 2020, S. 1447-1459, zitiert als: *Tröger*, in: Bachmann u. a. (Hrsg.), Festschrift für Christine Windbichler, S. 1447.

Tuchtfeldt, Egon, Bausteine zur Theorie der Wirtschaftspolitik, Bern und Stuttgart 1987, 2. Aufl., zitiert als: *Tuchtfeldt*, Bausteine zur Theorie der Wirtschaftspolitik.

Tuchtfeldt, Egon, „Wirtschaftspolitik", in: Albers, Willi/Born, Erich/Dürr, Ernst/ Hesse, Helmut u. a. (Hrsg.), Handwörterbuch der Wirtschaftswissenschaft (HdWW). Zugleich Neuaufl. des Handbuchs der Sozialwissenschaften, Bd. 9, Stuttgart u. a. 1982, S. 178-206, zitiert als: *Tuchtfeldt*, in: Albers/Born/Dürr/ Hesse u. a. (Hrsg.), Handwörterbuch der Wirtschaftswissenschaft, S. 178.

Tuori, Kaarlo/Tuori, Klaus, The Eurozone Crisis, Cambridge, 2014, zitiert als: *Tuori/Tuori*, The Eurozone Crisis.

Uhlmann, Christian, Individualschutz im Kapitalmarkt- und Bankenaufsichtsrecht, Tübingen 2021, zitiert als: *Uhlmann*, Individualschutz im Kapitalmarkt- und Bankenaufsichtsrecht.

UNEP FI, Principles for Responsible Banking, abrufbar unter: https://www. unepfi.org/banking/bankingprinciples/, letzter Abruf am 31.03.2023, zitiert als: *UNEP FI*, Principles for Responsible Banking.

UNEP FI, UNEP Statement by Financial Institutions on the Environment & Sustainable Development (May 1997), abrufbar unter: https://www. unepfi.org/fileadmin/statements/fi/fi_statement_en.pdf, letzter Abruf am 31.03.2023, zitiert als: *UNEP FI*, Statement on the Environment & Sustainable Development 1997.

UN Global Compact, Guide to Corporate Sustainability, Herausgeber der deutschen Version („Leitfaden für nachhaltiges Wirtschaften"):

Global Compact Netzwerk Österreich, 2014, abrufbar unter: https://d306pr3pise04h.cloudfront.net/docs/publications%2FUN_Global_Compact_Guide_to_Corporate_Sustainability_DE.pdf, letzter Abruf am 31.03.2023, zitiert als: *UN Global Compact*, Leitfaden für nachhaltiges Wirtschaften.

UN Global Compact, Who Cares Wins: connecting Financial Markets to a Changing World: recommendations by the financial industry to better integrate environmental, social and governance issues in analysis, asset management and securities brokerage, 2004, abrufbar unter: https://www.unepfi.org/fileadmin/events/2004/stocks/who_cares_wins_global_compact_2004.pdf, zitiert als: *UN Global Compact*, Who Cares Wins, Report 2004.

UNPRI, Principles for Responsible Investment, abrufbar unter: https://www.unpri.org/about-us/what-are-the-principles-for-responsible-investment, letzter Abruf am 31.03.2023, zitiert als: *UNPRI*, Principles for Responsible Investment.

Van Lerven, Frank/Ryan-Collins, Josh, Briefing Note: Adjusting Banks´ Capital Requirements in line with sunstainable finance objectives, New Economics Foundations 28.02.2018, S. 1-6, abrufbar unter: https://www.ucl.ac.uk/bartlett/public-purpose/sites/public-purpose/files/briefing-note-capital-requirements-for-sustainable-finance-objectives.pdf, letzter Abruf am 31.03.2023, zitiert als: *van Lerven/Ryan-Collins*, Briefing Note, Adjusting Banks' Capital Requirements in line with Sustainable Finance Objectives, 28.02.2018.

Veil, Rüdiger, Begriffe, Ziele und Regulierungskonzepte, in: Veil, Rüdiger (Hrsg.), Europäisches und deutsches Kapitalmarktrecht, 3. Aufl., Tübingen 2022, § 2, zitiert als: *Veil*, in: Veil (Hrsg.), Europäisches und deutsches Kapitalmarktrecht, § 2.

Vereinte Nationen, Conference of the Parties Twenty-fourth session Katowice, 2–14 December 2018, Katowice climate package, abrufbar unter: https://unfccc.int/process-and-meetings/the-paris-agreement/the-katowice-climate-package/katowice-climate-package, letzter Abruf am 31.03.2023, zitiert als: *Vereinte Nationen*, Umsetzungspaket von Kattowitz.

Vereinte Nationen, Paris Agreement, 12.12.2015, abrufbar unter: https://unfccc.int/process-and-meetings/the-paris-agreement/the-paris-agreement, deutsche Version abrufbar unter: https://www.bmz.de/de/service/lexikon/klimaabkommen-von-paris-14602, beides letzter Abruf am 31.03.2023, zitiert als: *Vereinte Nationen*, Pariser Klimaschutzübereinkommen.

Vereinte Nationen, Transforming our world: The 2030 Agenda for Sustainable Development, A/RES/70/1, 21.10.2015, zitiert als: *Vereinte Nationen*, 2030 Agenda.

Vereinte Nationen, Leitprinzipien für Wirtschaft und Menschenrechte, 2011 deutsche Version, abrufbar unter: https://www.auswaertiges-amt.de/blob/266624/b51c16faf1b3424d7efa060e8aaa8130/un-leitprinzipien-de-data.pdf, letzter Abruf am 31.03.2023, zitiert als: *Vereinte Nationen*, Leitprinzipien für Wirtschaft und Menschenrechte.

Vereinte Nationen, Millenniums-Erklärung vom 13.09.2000, A/RES/55/2, zitiert als: *Vereinte Nationen*, Millenniums-Erklärung.

Vereinte Nationen, Vereinte Nationen, AGENDA 21, Konferenz der Vereinten Nationen für Umwelt und Entwicklung Rio de Janeiro, Juni 1992; abrufbar unter: https://www.un.org/depts/german/conf/agenda21/agenda_21.pdf, letzter Abruf am 31.03.2023, zitiert als: *Vereinte Nationen*, Agenda 21.

Vereinte Nationen, Rahmenübereinkommen der Vereinten Nationen über Klimaänderungen, 09.05.1992, abrufbar unter: https://unfccc.int/resource/docs/convkp/convger.pdf, letzter Abruf am 31.03.2023, zitiert als: *Vereinte Nationen*, UNFCCC.

Voland, Thomas, Soziale und ökologische Verantwortung von Unternehmen des Finanzsektors unter besonderer Berücksichtigung der Nachhaltigkeitsberichterstattung, in: Bauer, Denise/Schuster, Gunnar (Hrsg.), Nachhaltigkeit im Bankensektor, Köln 2016, S. 251-272, zitiert als: *Voland*, in: Bauer/Schuster (Hrsg.), Nachhaltigkeit im Bankensektor, S. 251.

Wank, Rolf, Juristische Methodenlehre, 2020, zitiert als: *Wank*, Juristische Methodenlehre.

Waschbusch, Gerd, Bankenaufsicht: die Überwachung der Kreditinstitute und Finanzdienstleistungsinstitute nach dem Gesetz über das Kreditwesen, München 2000, zitiert als: *Waschbusch*, Bankenaufsicht.

Waschbusch, Gerd/Kiszka, Sabrina/Runco, Fabio, Nachhaltigkeitsrisiken und Bankenaufsichtsrecht, in: BKR 2020, S. 615-622, zitiert als: *Waschbusch/Kiszka/Runco*, BKR 2020, S. 615.

Waschbusch, Gerd/Kiszka, Sabrina/Strauß, Philipp, Nachhaltigkeit in der Bankenbranche, 1. Aufl., Baden-Baden 2021, zitiert als: *Waschbusch/Kiszka/Strauß*, Nachhaltigkeit in der Bankenbranche.

Weber, Markus, § 87 AktG; in: Hölters/Weber (Hrsg.), Aktiengesetz, 4. Aufl., München 2022, zitiert als: *Weber*, in: Hölters/Weber (Hrsg), AktG, 4. Aufl. 2022, § 87.

Weidman, Jens, Climate change and central banks, Welcome address at the Deutsche Bundesbank's second financial market conference, Frankfurt am Main, 29.10.2019, abrufbar unter: https://www.bis.org/review/r191029a.htm, letzter Abruf am 31.03.2023, zitiert als: *Weidman*, Rede vom 29.10.2019.

Weis, Mathias, Strategische Ausrichtung am Leitbild Nachhaltigkeit – am Beispiel der Schweizer Kantonalbanken, Dissertation Universität St. Gallen, Bamberg 2010, zitiert als: *Weis*, Strategische Ausrichtung am Leitbild Nachhaltigkeit.

Welcker, Johannes, Neuordnung der Bankenaufsicht, Frankfurt am Main 1978, zitiert als: *Welcker*, Neuordnung der Bankenaufsicht.

Weltkommission für Umwelt und Entwicklung der UN, Report, Our Common Future, 1987, abrufbar unter: http://www.un-documents.net/wced-ocf.htm, letzter Abruf am 31.03.2023, zitiert als: *Weltkommission für Umwelt und Entwicklung der UN*, Brundtland-Bericht.

Wissenschaftliche Dienste des Deutschen Bundestags, Einzelfragen zur Geldwäsche, Aufsichtsrechtliche Betrachtung, Sachstand, 08.04.2021, Az.: WD 4 – 3000 – 029/21, zitiert als: *Wissenschaftliche Dienste des Deutschen Bundestags*, Einzelfragen zur Geldwäsche.

Wissenschaftliche Dienste des Deutschen Bundestags, Sachstand, Corporate Social Responsibility (CSR), Aktueller Stand in Deutschland, 27.04.2016, Az. WD 5 – 3000 – 032/16, abrufbar unter: https://www.bundestag.de/resource/blob/424954/76374d447099012620a493400ba0001c/wd-5-032-16-pdf-data.pdf, letzter Abruf am 31.03.2023, zitiert als: *Wissenschaftliche Dienste des Deutschen Bundestags*, Sachstand CSR.

Wymeersch, Eddy, The Structure of Financial Supervision in Europe: About Single Financial Supervisors, Twin Peaks and Multiple Financial Supervisors, in: 8 European Business Organization Law Review (2007), S. 237-306, zitiert als: *Wymeersch*, 8 European Business Organization Law Review (2007), S. 237.

Zancanella, Paolo/Bertoldi, Paolo/Boza-Kiss, Benigna, Energy efficiency, the value of buildings and the payment default risk, JRC Science for Policy Report, Luxembourg, 2018, zitiert als: *Zancanella/Bertoldi/Boza-Kiss*, JRC Science for Policy Report 2018.

www.ingramcontent.com/pod-product-compliance
Ingram Content Group UK Ltd.
Pitfield, Milton Keynes, MK11 3LW, UK
UKHW021927290926
8980IPUK00016B/1490

9 783631 933909